Jost Hermand
Die deutschen Dichterbünde

Jost Hermand

Die deutschen Dichterbünde

Von den Meistersingern
bis zum PEN-Club

1998
Böhlau Verlag Köln · Weimar · Wien

Die Deutsche Bibliothek – CIP-Einheitsaufnahme

Hermand, Jost:
Die deutschen Dichterbünde : von den Meistersingern bis zum PEN-
Club / Jost Hermand. – Köln ; Weimar ; Wien : Böhlau, 1998
ISBN 3-412-09897-3

Umschlagabbildung:
Arthur Kaufmann: Die geistige Emigration, 1938–40,
beendet 1964–65 (Städtische Museen, Mülheim an der Ruhr)
© 1998 by Böhlau Verlag GmbH & Cie, Köln
Alle Rechte vorbehalten
Satz: primustype Hurler GmbH, Notzingen
Druck und Bindung: Pustet, Regensburg
Printed in Germany
ISBN 3-412-09897-3

INHALT

Einleitung

Zur Forschungssituation

Über die verschiedenartigen Zusammenschlüsse deutscher Autoren zu Dichterbünden oder anderen Formen literarischer Gesellschaften gibt es zwar eine Reihe detaillierter Einzelstudien, aber keine historisch ausgreifende Gesamtdarstellung. Wegen ihrer geistesgeschichtlichen oder formalistischen Grundhaltung ist die Neuere deutsche Literaturwissenschaft einer solchen Aufgabe – nach einigen positivistischen Forschungsansätzen im späten 19. Jahrhundert – immer wieder aus dem Wege gegangen. Lediglich in der Zeit zwischen 1965 und 1980, als die westdeutsche Germanistik auch die Frage der gesellschaftlichen Funktion von Literatur in ihren Interessensbereich einbezog, entwickelte sich innerhalb dieser Disziplin eine Richtung, die sich im Rahmen sogenannter Grundlagenforschungen – neben Aspekten der Literaturrezeption, des Verlagswesens und der Buchhandelsgeschichte – wesentlich konkreter denn je zuvor mit der sozialen Herkunft einzelner Autoren oder Autorinnen sowie ihrer Zugehörigkeit zu bestimmten Bünden, Kreisen, Orden, Klubs, Gewerkschaften oder literarischen Gesellschaften beschäftigte. Weil damals viele der jüngeren Literaturwissenschaftler und -wissenschaftlerinnen im Zuge ihrer Wende zur SPD und dann zur APO oder den verschiedenen K-Gruppen plötzlich einen Sinn für solidaritätsstiftende Aktionen bekamen, versuchten sie diese Haltung auch in den ideologischen Entscheidungen jener Schriftsteller und Schriftstellerinnen wiederzufinden, die im Hinblick auf die politischen, sozialen oder kulturellen Konstellationen ihrer Zeit nicht gezögert hatten, sich entweder lockeren Gruppenverbänden oder festgefügten Bünden, wenn nicht gar Parteiorganisationen anzuschließen. An Studien zu den Sozialdemokraten unter den Naturalisten, den politisch engagierten Expressionisten, den linksradikalen Gruppen der Weimarer Republik, dem Bund proletarisch-revolutionärer Schriftsteller, der Dortmunder Gruppe 61 sowie dem Werkkreis Literatur der Arbeitswelt bestand darum in diesen Jahren kein Mangel.[1]

Als jedoch diese Welle eines gesellschaftskritischen und zugleich gemeinschaftsbetonten Engagements im Zuge der allgemeinen Entideologisierungstendenzen der späten siebziger und frühen achtziger Jahre wieder abebbte, trat auch in der Literaturwissenschaft das Interesse an weltanschaulichen Absichts-

erklärungen bestimmter Autoren oder Autorinnen bzw. programmatisch ausgerichteter Dichterbünde zusehends in den Hintergrund. Was sich statt dessen
in dieser Disziplin verbreitete, waren weitgehend ins Subjektive, das heißt Plu-
ralistisch-Vereinzelte und damit Ideologisch-Unverbindliche tendierende
Theoriemodelle, die sich vornehmlich auf Termini wie Individualität, Diffe-
renz, persönliche Handschrift, Selbstrealisierung oder Identitätssuche stützten.
Hingegen erschienen Begriffe wie Gruppenbewußtsein, Solidarität, Engagement, Parteilichkeit oder Einsatz für eine „dritte Sache" den meisten Befürwortern und Befürworterinnen dieser Richtung im Hinblick auf Literarisches
plötzlich viel zu „emphatisch" und wurden daher von ihnen nur noch in
Anführungsstrichen verwendet.[2] Gruppenbetonte Intentionen oder gar parteipolitische Entscheidungen spielten demzufolge in der germanistischen Forschung nach 1980 eine immer geringere Rolle. Hier ging es mit einem Mal fast
ausschließlich um den subjektiven Faktor, aber nicht mehr um irgendwelche
ideologischen Kollektivvorstellungen, die im Rahmen dieser Sehweise häufig
genug als undemokratische, ja geradezu totalitaristische Über-Ich-Konstruk-
tionen abqualifiziert wurden.[3]

Allerdings sollte man im Hinblick auf diese Wendung ins Subjektive und
einem aus ihr resultierenden Desinteresse an programmatisch ausgerichteten
Dichterbünden oder anderen Formen literarischer Zusammenschlüsse zwischen zwei Richtungen unterscheiden, um so der Gefahr allzu fahrlässiger Pau-
schalisierungen zu entgehen: 1. einer sozialliterarisch eingestellten, welche solchen Gruppenbildungen nach wie vor ein relativ intensives, wenn auch aus dem
Politischen ins Apolitische oder zumindest Gesellschaftsneutrale zurückgestuf-
tes Forschungsinteresse entgegenbringt, sowie 2. einer sich als postmodern verstehenden, die – angesichts der angeblich immer diffuser werdenden politischen, sozialen und kulturellen Situation, in der keine klar erkennbaren Gruppen mehr zu erkennen seien – eine Beschäftigung mit solchen Fragen bereits als
obsolet empfindet und sich deshalb lieber mit enthistorisierten, das heißt ins
Phänomenologische verflüchtigten Problemen beschäftigt.

Im Rahmen der ersten Forschungsrichtung, falls man von einer solchen überhaupt noch sprechen kann, da sie von Jahr zu Jahr ständig kleiner wird, geht es
heutzutage – im Gegensatz zu den späten sechziger und siebziger Jahren – nicht
mehr um bestimmte parteipolitische Fragestellungen, sondern weitgehend um
diskurstheoretische, minderheitsspezische oder institutionsgeschichtliche Probleme. Weniger das, was die jeweils untersuchten Gruppen miteinander verband, steht in ihren Studien im Vordergrund, als das, worin sich ihre Mitglieder
voneinander unterschieden. Daher gilt das Hauptinteresse dieser Richtung
nicht mehr betont programmatisch auftretenden Dichterbünden, sondern eher
lockeren Zusammenschlüssen wie bohemischen Randgruppen, literarischen
Salons, privaten Lesezirkeln oder lokalen Dichtervereinen.[4] Und selbst im Hin-

blick auf solche Zusammenschlüsse sind die diesbezüglichen Forscher und Forscherinnen vornehmlich an der Frage interessiert, wie groß die Anteilnahme von gesellschaftlichen Außenseitern, meist Juden oder Frauen, an solchen Gruppen war, worin sie den wichtigsten Maßstab einer wahrhaft liberalen, das heißt pluralistischen Gesinnung sehen, während sie den gesamtgesellschaftlichen Zielsetzungen mancher dieser Vereinigungen, welche auch die Belange der unteren Klassen, wenn nicht der Gesamtheit aller Menschen ins Auge faßten, keine zentrale Bedeutung mehr zumessen.

Während innerhalb dieser Forschungsrichtung wenigstens einige der älteren sozialliterarischen Fragestellungen beibehalten werden, ist im Rahmen der sich als postmodern, poststrukturalistisch oder multikulturell verstehenden Germanistik das Interesse an gesellschaftspolitischen Orientierungsfragen im Hinblick auf bestimmte Autoren oder Autorinnen bzw. Dichtergruppen fast völlig verschwunden. Diese bewußte Verdrängung geht manchmal so weit, daß die intentionalen Absichten literarischer Texte und die hinter ihnen stehenden Weltanschauungen so stark abgewertet werden, daß in vielen Fällen als Erklärungsmodelle lediglich die psychische Getriebenheit oder die unbewußte Versprachlichung übrig bleiben, in denen sich zwar weiterhin einige, wenn auch meist unklar bleibende „Zeitgeist"-Elemente, aber keine ideologisch gesteuerten Bewußtseinsprozesse mehr erkennen lassen. Im Zuge dieses oft beschworenen Paradigmawechsels drängen demzufolge seit 1980 zusehends Germanisten und Germanistinnen in den Vordergrund, welche der menschlichen Fähigkeit zu einem solidarischen Verhalten höchst skeptisch gegenüberstehen. Falls sich die Anhänger und Anhängerinnen solcher Anschauungen überhaupt noch für literarische Gruppenphänomene interessieren, lassen sie – jedenfalls auf ihrem ästhetisierenden Flügel – höchstens einige der älteren Kunst-Ismen sowie bestimmte Post- oder Neoformen solcher Stilbildungen gelten. Statt jedoch Etikettierungen dieser Art, wie das bei den sozialgeschichtlich interessierten Gruppen der siebziger Jahre üblich war, auf ideelle Konzepte, politische Gesinnungen oder gar utopische Intentionen zurückzuführen, leiten sie selbst diese fast immer aus dem immanenten Verlauf der Kunst, das heißt aus novitätslüsternen Formveränderungen oder intertextuellen Bezugssystemen ab. Deshalb spielen zwar in diesem Bereich der germanistischen Literaturwissenschaft – wenn auch meist in vergröbernde Klischees wie Moderne, Postmoderne oder Neomoderne gepreßt – manche der früheren Kunst-Ismen weiterhin eine gewisse Rolle, während von sozio-politischen Gruppenphänomenen überhaupt keine Rede mehr ist. Die Studien dieser Richtung erwecken demzufolge oft den Eindruck, als seien die verschiedenen Literaturformen lediglich einer nicht näher definierten Zeitströmung unterworfene Textprodukte, aber nicht Werke bewußt schaffender Künstler und Künstlerinnen, die sich – angesichts der Konflikte ihrer Epoche – zu weltanschaulichen Entscheidungen durchrangen und diese mit dem nötigen Engagement, wenn nicht gar im solidarischen Zusammenschluß mit anderen Autoren oder Autorinnen in die gesellschaftliche Wirklichkeit umzusetzen versuchten.

Statt angesichts einer solchen Forschungssituation einfach zu resignieren oder den herrschenden Trends blindlings hinterher zu stolpern, scheint mir die Frage, warum es in den letzten 500 Jahren auf der deutschen Literaturszene immer wieder zu engagierten Zusammenschlüssen verschiedener Schriftsteller zu Gruppen oder Bünden gekommen ist, die mehr wollten als die heute ständig beschworene „Selbstrealisierung", keineswegs so antiquiert wie jenen Germanisten und Germanistinnen, die bei Diskussionen über die Möglichkeit neuer Engagementsformen nur noch höhnisch die Luft aus der Nase lassen und sich mit hartnäckigem Eigensinn auf subjektiv strukturierte Differenzmodelle berufen, bei denen Faktoren wie Entscheidungsfreiheit oder Solidarität überhaupt keine Rolle mehr spielen. Im Gegensatz zu einer solchen Haltung, die – politisch gesehen – meist auf ein quietistisches Gewährenlassen der wirtschaftlich dominierenden Schichten hinausläuft, sollten alle Historiker, Soziologen und Geisteswissenschaftler, die dieser bewußt „zerstreuenden" Privatisierungswelle kritisch gegenüberstehen, endlich neue Engagementsformen, und zwar nicht nur auf universitärer und kultureller, sondern auch auf gesamtgesellschaftlicher Ebene ins Auge fassen. Schließlich wären solche Tendenzen ins Gruppenbezogene heute so nötig wie selten zuvor, um angesichts der desolaten ökonomischen und ökologischen Verhältnisse erneut Hoffnung schöpfen zu können und selbst einem momentan zum akademischen Desengagement neigenden Fach wie der germanistischen Literaturwissenschaft wieder eine nutzversprechende Sinnstiftung zu geben.

Das historische Anschauungsmaterial

Der Begriff „Dichterbund" wird deshalb im Folgenden so konkret wie nur möglich, das heißt vor allem als sozio-literarische Engagementsform oder zumindest als gemeinschaftsstiftendes Organisationsprinzip verstanden. Was im Vordergrund stehen soll, sind fast ausschließlich Schriftstellervereinigungen, die den Charakter relativ genau zu definierender Verbände, Gesellschaften, Kreise, Bünde oder Orden hatten. Es geht also in diesem Buch weder darum, alle unter gesellschaftswissenschaftlichen Stichwörtern wie Salon, Boheme, Verein oder Bewegung noch alle unter formalästhetischen Stiletiketten wie Rokoko, Biedermeier, Jugendstil oder Neue Sachlichkeit auftretenden literarischen Gruppen als vollentwickelte Dichterbünde zu charakterisieren. Nur da, wo solche Vereinigungen klare ideologische Leitziele entwickelten und zugleich einen ausgeprägten Sinn für Solidarität oder zumindest innere Konsistenz bewiesen, soll von tatsächlichen Dichterbünden gesprochen werden. Das wirkt auf den ersten Blick etwas einengend. Dennoch bleiben selbst bei einer solchen Sicht im Bereich der deutschsprachigen Literatur immer noch über 100 literarische Zusammenschlüsse übrig, die einer derartigen Definition entgegenkommen und dementsprechend dargestellt werden sollen.

Für jeden historisch denkenden Menschen bieten die verschiedenen Dichterbünde in der deutschen Literatur der letzten 500 Jahre ein höchst lehrreiches Anschauungsmaterial dafür, wie es selbst unter den gern als „Einzelgänger" apostrophierten Dichtern und Dichterinnen immer wieder zu Vereinigungen gekommen ist, die sich auf ihre Weise – nämlich durch das gedruckte Wort, die Theaterszene, die Rede oder den Aufruf – in den Gang der politischen, sozialen oder kulturellen Entwicklung einzuschalten versuchten. Dabei läßt sich beobachten, daß die Hauptschubkraft hinter all diesen Bemühungen ein allmählich erstarkendes bürgerliches Selbstbewußtsein war, dem sich bis zu Beginn des 19. Jahrhunderts eine Reihe adlig-feudalistischer Reaktionsversuche entgegenzustemmen versuchte, während es sich seit dem Ende des 19. Jahrhunderts mit mehreren, von den mittelständischen Liberalen als „totalitär" bezeichneten Strömungen auseinandersetzen mußte und erst in den letzten Jahrzehnten in einer postbürgerlichen Gesellschaftsordnung aufzugehen beginnt, die wegen ihrer marktwirtschaftlichen Grundorientierung und ihren verfassungsmäßig garantierten Freiheitsvorstellungen als Demokratie, das heißt „Volksherrschaft", ausgegeben wird.

Aus den komplexen, ja zum Teil widersprüchlichen Geschichten dieser Auflehnungen, Anbiederungsmanöver und Niederlagen, die in diesem Buch „nacherzählt" werden sollen, ergibt sich die Einsicht in einen sozio-literarischen Diskursverlauf, der im Rahmen der hier ins Auge gefaßten Dichterbünde mit den frühbürgerlichen Meistersingern des 15. und 16. Jahrhunderts begann, sich im 17. Jahrhundert den fürstlich-absolutistischen Reformbemühungen anzupassen versuchte, im 18. Jahrhundert in ein höchst dramatisches Spannungsfeld aufklärerischer, empfindsam-resignierender, jakobinisch-rebellischer bzw. höfisch-abwiegelnder Tendenzen geriet und sich schließlich – nach biedermeierlichen Rückzugsversuchen und dem revolutionären Aufschwung der Achtundvierzigerbewegung – der autoritären Machtgesinnung der Bismarckschen Reichsgründung unterordnete. Anschließend kam es zwar zu einer Reihe naturalistischer, expressionistischer und sozialistischer Dichterbünde, die in ihren liberalen Tendenzen auch auf viele bürgerliche Autoren eine starke Anziehungskraft ausübten, doch dann machte der Sieg der Nationalsozialisten nochmals alle emanzipationsbetonten Bemühungen zunichte. Obwohl auch nach dem Ende des Dritten Reiches in beiden deutschen Staaten die ins Autoritäre drängenden Tendenzen noch eine Weile weiterwirkten, setzte sich schließlich im Westen und dann auch im Osten – sowohl politisch als auch literarisch –

ein ideologisch entschärftes Gemenge als pluralistisch geltender Strömungen durch, in dem zwar noch manche der ehemals als „bürgerlich" empfundenen Vorstellungen weiterwirkten, dessen Schwerpunkt sich jedoch immer stärker ins Populistische verlagerte.

Schon aus diesem höchst pauschalen Überblick wird ersichtlich, wie viele ideologische Konzepte in der Geschichte der deutschen Dichterbünde an der allmählichen Herausbildung eines mittelständischen Selbstbewußtseins und der ihr entgegentretenden gesellschaftlichen Gruppen beteiligt waren. In diesem Umfeld gab es nicht nur humanistische, aufklärerische, geistaktivistische, bildungsbetonte, ästhetisch-elitäre, modernistische, jugendbewegte, anarchistische, homoerotische oder gesellig-privatistisch orientierte Zusammenschlüsse, die sich als Teil einer bürgerlich-liberalen Emanzipationsbewegung verstanden, sondern auch aristokratische, kulturkonservative, völkische, faschistische, neoreligiöse, feministische, berufsständische, gewerkschaftliche, sozialdemokratische oder kommunistische Organisationen, welche den politischen, sozio-ökonomischen und kulturindustriellen Auswüchsen einer allzu freizügigen, rücksichtslosen und damit ausbeuterischen marktwirtschaftlichen Gesellschaftsordnung entgegenzutreten versuchten, indem sie sich eher zu gemeinschaftsbezogenen als zu subjektiv-ausgerichteten Leitzielen bekannten.

Allerdings sollte dieser Gegensatz, wie das häufig geschehen ist, nicht als ein grundsätzlicher verstanden werden. Selbst auf diesem Gebiet gibt es nicht nur ideologische Schwarz-Weiß-Gegensätze. Alle diese Strömungen und die mit ihnen liierten Dichterbünde haben sich zwar oft befehdet, weisen aber auch untergründige Gemeinsamkeiten auf, ja sind zum Teil sogar situativ bedingte Synthesen miteinander eingegangen. Es soll daher im Folgenden nicht nur das reduktionistische Gegensatzpaar „Fortschritt und Reaktion" im Vordergrund stehen, sondern auch der historisch genau bestimmbare Stellenwert der jeweiligen Dichterbünde und der hinter ihnen stehenden Weltanschauungen oder sozialen Aktionsprogramme herausgearbeitet werden. Schließlich sind im dialektischen Gang der Geschichte, der manchmal recht verschlungene Wege oder Abwege einschlägt, selbst Phänomene wie Kritikvermögen, Oppositionsgeist, Emanzipationsbestreben oder gar Solidarität nicht von vornherein positiv besetzte Begriffe, wie früher oft behauptet wurde. Es gehört nun einmal zu den Binsenweisheiten der heutigen Politologie, daß es neben einer gerechtfertigten Kritik auch eine ungerechtfertigte Kritik, neben verantwortungsbewußten auch verantwortungslose Kollektive, neben sinnvollen auch weniger sinnvolle Weltanschauungen gibt, ja daß sich ursprünglich als positiv konzipierte Vorstellungen im Laufe der historischen Entwicklung durchaus in ihr Gegenteil verkehren können.

Die Zugehörigkeit zu einem Dichterbund ist darum nicht von vornherein eine Auszeichnung, sondern deutet lediglich – ob nun in der einen oder der anderen

Richtung – auf ein über das Unverbindlich-Ästhetisierende hinausweisendes Engagement hin. Auch eine Gruppe von Ganoven kann einen Ehrenkodex haben, der das Wort „Solidarität" in sich einschließt. Auch Chaoten, die nur darauf aus sind, Fensterscheiben einzuschlagen, verstehen sich als „oppositionell". Und selbst manche Gurus irgendwelcher spinnerten Sekten glauben, etwas zur „Emanzipation" ihrer Anhänger beizutragen usw. Wie in allen anderen Bereichen des gesellschaftlichen Lebens muß deshalb auch auf diesem Gebiet stets eine genau differenzierende Sonde angesetzt werden, um nicht im Hinblick auf die hier ins Auge gefaßten Dichterbünde in vorschnelle Verallgemeinerungen zu verfallen. Ohne eine solche Optik ergebe sich nämlich die Gefahr, lediglich ent-ideologisierte Struktur- oder Diskursanalogien hervorzuheben, sich also mit allgemein gefaßten Konzepten wie „Integration", „Anziehung" oder „Freundschaft" zu begnügen, die – aufgrund ihrer Abstrahierung ins Phänomenologische – keine historische und damit auch keine politische Spezifik aufweisen. Eine gesellschaftswissenschaftliche Auseinandersetzung mit den höchst unterschiedlichen Dichterbünden wäre demnach nur relevant, wenn es ihr gelänge, bei der Entscheidung einzelner Dichter für diesen oder jenen Bund zugleich die weltanschauliche Qualität dieser Entscheidung herauszustellen, die in den meisten Fällen – im Hinblick auf das Oeuvre des betreffenden Dichters – nicht nur politische, sondern auch ästhetische Rückwirkungen hatte. Schließlich lebt alle große Literatur aus einer unverkennbaren Form-Inhalt-Dialektik, die man nicht fahrlässig auseinanderreißen sollte, wie das im Bereich mancher literaturwissenschaftlichen Theoriebildungen und der ihnen folgenden Interpretationsbemühungen der letzten 20 Jahre zum Teil geschehen ist.

Um diesem Relevanzanspruch gerecht zu werden, muß eine spezifisch historische und damit ideologiekritische Analyse der einzelnen Dichterbünde stets zweierlei beachten. Zum einen darf sie nicht vor der Fülle der hierbei auftauchenden Namen, Werke und Orte zurückschrecken, da sich eine sinnfällige sozio-politische Konkretisierung immer nur dann einstellt, wenn man seine Behauptungen an einem möglichst umfangreichen Material exemplifizieren kann und dabei selbst Abstecher in einen „kritschen Positivismus" nicht verabscheut. Zum anderen sollte sie sich stets fragen, welche ideologischen Wahlmöglichkeiten die einzelnen Schriftsteller und Schriftstellerinnen hatten, als sie sich diesem oder jenem Dichterbund anschlossen, um nicht von vornherein mit ahistorischen Erwartungen an sie heranzutreten. Und daraus ergibt sich sofort eine Fülle weiterer Fragen, die sich ebenfalls nicht ohne eine genauere Kenntnis der jeweiligen Zeitumstände beantworten lassen. Haben sie versucht, sich voller Bildungshochmut in elitären Sekten von der Welt abzusondern, oder erschien es ihnen wichtiger, die sie umgebende Gesellschaft in einem eingreifenden Sinne verändern zu wollen? Ging es ihnen primär um eine harmlose Geselligkeit oder auch eine verantwortungsbewußte Gemeinschaftlichkeit? Unterstellten sie sich einem Organisationsprinzip, das auch Forderungen wie Disziplin und Opferwilligkeit in sich einschloß, oder versuchten sie, selbst in den von ihnen gewählten Dichterbünden respektheischende oder profitorientierte Stars zu bleiben? Spielten sie sich innerhalb solcher Cliquen, Kreise und Kollektive in erster Linie als Musenlieblinge auf oder entwickelten sie auch ein Gesinnungsethos, dem die Hoffnung auf die Verwirklichung einer besseren Gesellschaft, vielleicht sogar einer konkreten Utopie zugrunde lag? Waren sie sich bewußt, welche Gefahren eine staatliche Vereinnahmung ihrer Bestrebungen in sich barg, oder ließen sie sich – voller Vertrauen auf die versittlichende Kraft ihrer ideologischen Zielsetzungen – von antihumanistischen oder ins Orthodoxe verhärteten politischen Regimen als Propagandisten der jeweiligen Parteilinie mißbrauchen?

Avantgardistische Zielsetzungen

Ich weiß, all dies sind „emphatische" Fragen, wie es heute gern heißt, die von vielen Germanisten und Germanistinnen – angesichts der verbreiteten Abwertung, wenn nicht gar völligen Destruierung älterer Engagementsformen – als hoffnungslos veraltet hingestellt werden. Und die politischen, gesellschaftlichen und kulturellen Entwicklungstrends der letzten Jahrzehnte, durch die fast alle bisherigen Ideologeme und kollektiven Engagementsformen, und zwar nicht nur die schlimmen, sondern auch die guten unter ihnen, im Strudel einer allerorts hochgelobten subjektorientierten und zugleich multikulturellen Ausdifferenzierung unterzugehen drohen, scheinen dieser Sehweise vollauf Recht zu geben. Doch stimmen solche Anpreisungen überhaupt? Ist es nicht eher so, daß im Rahmen des herrschenden marktwirtschaftlichen Systems, das immer stärker globalisierende Züge anzunehmen beginnt, sowohl die ethnischen als auch die einzelpersönlichen Unterschiede zusehends belangloser werden, mit anderen Worten: daß durch diesen Stillstand der Dialektik alles in den Zustand einer gesellschaftlichen Eindimensionalität zu münden scheint? Und stellt sich nicht damit die letztlich entscheidende Frage: führt diese Entwicklung wirklich zu jener Kultur des Pluralismus und der individuellen Selbstrealisierung, wie viele zweckoptimistisch eingestellte Postmoderne-Vertreter oder -Vertreterinnen behaupten, oder manifestiert sich in ihr lediglich jene konsumgerechte Nivellierung, durch die jede avantgardistische Sehnsucht nach einer Welt vollentwickelter, aber zugleich solidarisch miteinander verbundener Menschen, wie sie fast allen aufklärerisch-liberalen, radikaldemokratischen oder sozialistischen Dichterbünden zugrunde lag, absterben könnte?

Unter einer solchen Perspektive betrachtet, wirft die Frage nach der politischen Relevanz von Dichterbünden zugleich die Frage nach einem sinnvolleren Verhältnis von Ich und Gesellschaft schlechthin auf. In dieser Polarität sehen heute viele Menschen eine unaufhebbare Aporie, weshalb sie sich lieber auf das eigene Ich zurückziehen, als sich für ein besseres Verhältnis zwischen diesen beiden Grundgegebenheiten des menschlichen Lebens einzusetzen. Doch ein solcher Eskapismus führt zwangsläufig auf den Irrweg des Asozialen und damit Sinnentleerten. Es gibt nun einmal „nichts Richtiges im Falschen", wie schon Theodor W. Adorno mit ätzender Schärfe bemerkte.[5] Auch das Streben nach individueller Selbstverwirklichung, von dem seit der Entdeckung der bürgerlichen Subjektivität so viel die Rede ist, hätte nur dann einen Sinn, wenn es sich auf Wertvorstellungen stützen würde, die zugleich der Gesamtgesellschaft zugute kämen, wie das Ernst Bloch in exemplarischer Form in seinem Buch *Freiheit und Ordnung. Abriß der Sozialutopien* (1946) herausgestellt hat.

Und mit einer an solchen Sehweise sollte man in Zukunft auch an die verschiedenen Dichterbünde herangehen, deren wechselvolle Geschichte nicht nur ein bemerkenswerter Teil der deutschen Literaturgeschichte, sondern auch der deutschen Gesellschaftsgeschichte ist. Ob nun innerhalb selbstgewählter literarischer Vereinigungen oder innerhalb eines staatlichen Gesamtgefüges: in beiden dieser „Systeme" wurden allen Schriftstellern und Schriftstellerinnen, die sich nicht von den Meinungsmachern der herrschenden Mächte zu willfährigen Mitläufern und Mitläuferinnen degradieren ließen, unentwegt politische, soziale und kulturelle Entscheidungen abverlangt, mit denen sie sich als selbständig denkende und damit gesellschaftskritisch eingestellte Menschen exponierten. Nicht nur als Staatsbürger und Staatsbürgerinnen, auch als Dichter und Dichterinnen mußten sie sich im Hinblick auf die ideologischen Grundkonstellationen ihrer Zeit, was vor allem in Jahren oder Jahrzehnten politischer Krisen für sie höchst gefährlich sein konnte, als aufgeklärt handelnde Subjekte erweisen und in aller Schärfe zwischen eskapistischen und gesellschaftsfördernden, mit anderen Worten: parasitären und nichtparasitären Weltanschauungen unterscheiden können. Das war vom Anfang des 16. Jahrhunderts bis zur Mitte unseres Jahrhunderts so – und daran hat sich auch seitdem nicht viel geändert.

Daß nicht alle diese Prüfung bestanden haben, wissen wir zur Genüge. Dieses Buch soll daher nicht nur eine informationsreiche Geschichte erzählen, selbst wenn es auf den ersten Blick so aussieht. Es möchte zugleich durch die Beschäftigung mit den in ihm behandelten Dichterbünden sein Scherflein dazu beitragen, all jenen neuen Mut zu geben, die sich noch immer für verantwortungsbewußte Solidaritätsvorstellungen und ein weltanschaulich operatives Unterscheidungsvermögen einsetzen, um so der verbreiteten ideologischen Unverbindlichkeit entgegenzuwirken, die heutzutage jedem gesellschaftlichen Engagement von vornherein aus dem Wege geht. Ein solcher Gesinnungswechsel, der sich mit aktivistischer Akzentsetzung um die Heraufkunft einer neuen politischen und künstlerischen Avantgarde bemüht, wird sich nicht ohne eine verschärfte Kritik, aber auch nicht ohne neue Leitbilder in die Wege leiten lassen.

Wer ihn unterstützen möchte, müßte demnach alle weltanschaulichen Theoreme, die sich zwar demokratisch geben, aber lediglich auf eine private Verfreiheitlichung ohne soziale Wertvorstellungen hinauslaufen, ebenso scharf unter die Lupe nehmen wie alle Ideologien, die in ihrer Verwerfung des materialistisch-egoistischen Grundcharakters der gegenwärtigen Gesellschaftsordnung ihr Heil in religiös-sektiererischen oder national-chauvinistischen Parolen suchen. Was wir heute brauchten, sind im Hinblick auf eine bessere Gesellschaftsordnung weder rein privatistisch-solipsistische noch rein kollektiv-autoritäre Zielvorstellungen, sondern welche, die – im Sinne einer demokratisch vertretbaren Synthese von Liberalität und Sozialität – zwischen diesen beiden Extremen einen vernünftigen Ausgleich bewirken könnten.

Die Vertreter und Vertreterinnen einer solchen Hoffnung sollten sich deshalb ihre politischen und literarischen Leitbilder lieber bei den älteren aufklärerischen oder linksliberalen Dichterbünden und Avantgardebewegungen sowie den ökologiebewußten, friedensbetonten, feministischen oder radikaldemokratischen Gruppen der sogenannten Neuen sozialen Bewegungen suchen,[6] als den Idealen der allein auf technologische Avanciertheit bedachten Status-quo-Befürworter und Befürworterinnen hinterherzulaufen, die ständig neue Werbestrategien entwickeln, welche in letzter Konsequenz zu einer massenmedialen Gleichschaltung oder gar Narkotisierung breitester Bevölkerungsschichten führen könnten. Allerdings müßten sie sich dabei auf viel Widerstand gefaßt machen. Vor allem die angeblich pluralistisch orientierten Legitimationsgehilfen und -gehilfinnen des heutigen Gesellschaftssystems werden selbst wohlgemeinte Bemühungen dieser Art als „totalitaristisch" anprangern,[7] ja sich in letzter Instanz, um jeden Vorstoß zu sozialen Alternativvorstellungen als sinnlos hinzustellen, auf die Formel vom „Ende der Geschichte" berufen. Doch solche Vorwürfe sollten sie nicht verschrecken. Denn nur dann, wenn angesichts der herannahenden ökonomischen und ökologischen Katastrophen eine Wendung zu einer im besten Sinne kommunitaristischen Weltanschauung einsetzen würde, könnte sich endlich eine neue Avantgardebewegung herausbilden und somit unter den weithin entmutigten Schriftstellern und Schriftstellerinnen wieder eine ideologische Erwartungshaltung entstehen, die sich nicht mehr mit dem geradezu stereotyp gewordenen Wechsel von Post- und Neo-Bewegungen abfinden würde, deren von allen gesellschaftlichen Wertvorstellungen entleertes, das heißt rein marktwirtschaftlich-modisches Progressionsgehabe Walter Benjamin bereits vor mehr als einem halben Jahrhundert als die „ewige Wiederkehr des Neuen" zu entlarven suchte.[8]

Sich mit Dichterbünden zu beschäftigen, um es endlich auf den Punkt zu bringen, ist also beileibe kein rein akademisches Unterfangen. Im Gegenteil, die Auseinandersetzung mit einem solchen Phänomen könnte in allen Menschen, die sich noch um ein in ideologischen Entscheidungskriterien bewegendes Denken bemühen, durchaus neue Hoffnungen erwecken. Zugegeben, viele dieser Bünde haben falschen Zwecken gedient, sich korrumpieren lassen, sich in ihren Wirkungschancen getäuscht oder sich mit einem elitären Modernismus ohne gesellschaftliche Folgerungen begnügt. Aber, wie gesagt, es hat auch andere gegeben, die – wie die Aufklärer und Jakobiner, die Jungdeutschen und Vormärzler, die Naturalisten und Expressionisten, die Linksliberalen und Linken der Weimarer Republik sowie manche der basisorientierten Autoren der sechziger und siebziger Jahre – zu ihrer historischen Stunde für eine sinnvolle, die politischen, sozialen und kulturellen Verhältnisse verbessernde Haltung eingetreten sind und dabei selbst das Verbot ihrer Schriften, die Vertreibung aus Deutschland oder die Gefährdung ihres Lebens nicht gefürchtet haben. Daß sie damit – aufs Große und Ganze gesehen – nur wenig bewirkten, läßt sich leider nicht leugnen. Aber ohne sie hätten die Mächtigen noch „sicherer" auf ihren Stühlen gesessen, wie es bei Bertolt Brecht, einem der Hauptverfechter eines auf dem Prinzip der Solidarität beruhenden Avantgardekonzepts, einmal heißt.[9] Und das ist letztlich eine nicht zu unterschätzende Leistung.

Möge daher dieses Buch nicht nur Literaturwissenschaftler und -wissenschaftlerinnen, sondern alle Menschen interessieren, die weiterhin an ein eingreifendes Denken glauben, dem ein gesamtgesellschaftliches Verantwortungsbewußtsein zugrunde liegt. Schließlich bleiben Einzelne, und mögen sie sich noch so sehr abmühen, immer ohnmächtig, während ein Bund Gleichgesinnter – ob nun eine Bürgerinitiative, eine parteiähnliche Organisation oder auch eine Schriftstellervereinigung – viel eher die Chance hat, den Mißständen der eigenen Zeit oder gar den Gefahren der Zukunft auf eine wirksame Weise entgegenzusteuern. Nur jene, die selbst daran nicht mehr glauben und sich angesichts einer zwar deutlich wahrgenommenen, aber bewußt verdrängten Krisenstimmung zu einer „Hauptsache ich"- oder „Nach mir die Sintflut" -Haltung bekennen, sollten daher dieses Buch beiseite legen, um sich nicht in ihrem hartherzigen Egozentrismus beirren zu lassen. Freilich dürften sie dann den vielgeschmähten Idealisten und Idealistinnen, die sich in Gruppen – wie den Jusos, den Fundis und Mittalos unter den Grünen, den Pro-Familia-Beratern und Beraterinnen, den alternativen Landkommunen, den sozialdemokratischen Naturfreunden und -freundinnen, den Greenpeace-Aktivisten und -Aktivistinnen sowie den Befürwortern und Befürworterinnen einer rot-grünen Koalition – nach wie vor um eine aufklärerische Solidarität bemühen, nicht verwehren, sie als müde gewordene Zyniker und Zynikerinnen einzustufen. Denn eine Zukunft in einem menschenwürdigen und zugleich mitweltverträglichen Sinne wird nur dann gewährleistet sein,[10] wenn sich möglichst viele Menschen für einen neuen Gemeinschaftssinn einsetzen würden, statt das Feld von vornherein jenen zu überlassen, die sich durch das herrschende marktwirtschaftliche System lediglich in ihrem verbraucherischen Materialismus bestärkt fühlen.

Die Meistersinger

Im ritterlichen Gesellschaftsleben des Hochmittelalters und seiner Vorsingekultur gab es noch keine Dichterbünde. In ihr war jeder Minnesänger oder Spruchsangdichter – aufgrund seiner ungesicherten ökonomischen und sozialen Situation – weitgehend auf die Gunst einzelner Fürsten, Grafen oder anderer hoher Herren angewiesen, um überhaupt ein erträgliches Auskommen zu finden. In dieser Kultur herrschte deshalb das Gesetz des Wettstreits, wie es in legendärer Form in der Erzählung vom „Sängerkrieg auf der Wartburg" beschrieben wird. Unter solchen Voraussetzungen hätte Sängern wie Heinrich von Veldeke, Dietmar von Aist, Heinrich von Morungen, Reinmar von Hagenau, Walther von der Vogelweide, Rudolf von Neuenburg und Friedrich von Hausen ein berufsständischer Zusammenschluß wenig oder nichts geholfen. Auch als Gruppe wären sie weiterhin auf die „milte" der von ihnen umworbenen Patrone angewiesen geblieben. Von diesen Gönnern zu erwarten, daß sie – im Rahmen der herrschenden Mäzenatsvorstellungen – ihre Huld einer vielköpfigen Dichtergruppe, statt einzelnen Sängern zugewandt hätten, ist im Hinblick auf das 12. und 13. Jahrhundert noch unvorstellbar. Mit anderen Worten: die Minnesänger und Spruchsangdichter dieser Ära, von denen die meisten Ministerialen, also niedrig gestellte Ritter, waren, konnten sich ihren Lebensunterhalt nur durch poetische Dienstleistungen bei kulturell interessierten Herzögen oder Grafen erwerben. Und das setzte stets den Wettstreit mit anderen Dichtern ihrer Art voraus. Demzufolge waren sie zu einem Leben „fahrender Sänger" gezwungen und mußten von Hof zu Hof, von Reichstag zu Reichstag bzw. von Burg zu Burg ziehen, um den dortigen Hochadligen – vorübergehend oder für längere Zeit – durch ihren Gesang eine gebildete Kurzweil zu verschaffen.

Daran änderte sich auch im Spätmittelalter nicht viel. Selbst die fahrenden Sänger dieser Zeit, obwohl viele von ihnen, wie Frauenlob, Muskatblüt, Michael Beheim und Jörg Schiller, bereits Bürgerliche waren, entwickelten noch keine berufsständischen Solidaritätsgefühle, sondern buhlten mit ihren Liedern und Sprüchen nach wie vor um die Gunst einzelner Fürsten, wobei sie –

im Gegensatz zu den älteren Minnesängern – in steigendem Maße auch geistliche Themen aufgriffen. Erst als im Laufe des 15. Jahrhunderts in den Städten ein finanziell unabhängiges Bürgertum entstand, kam es zu ersten Zusammenschlüssen verschiedener Sänger zu mehr oder minder straff organisierten Dichterbünden. Eine führende Rolle spielten bei diesem Prozeß die Handwerksmeister der süddeutschen Reichsstädte, die ihr steigendes soziales Selbstbewußtsein auch auf literarischer Ebene – in Form sogenannter Singschulen oder Meistersingerbünde – herausstreichen wollten. Um im Rahmen solcher Bestrebungen den Eindruck des Neuartigen oder gar Rebellischen zu vermeiden, beriefen sie sich bei diesen Gründungen gern auf angeblich seit „altersher" bestehende Einrichtungen dieser Art. Besonders beliebt war es, bei derartigen Legitimationsbemühungen auf die zwölf Ahnherren des Meistergesangs hinzuweisen, welche diese „löbliche" Kunst bereits im 12. und 13. Jahrhundert gepflegt hätten. Neben „ehrbaren" Bürgern tauchen darum in solchen Aufzählungen auch Adlige und Theologen auf, mit denen sich die Meistersinger den rangverleihenden Nimbus des Edlen und Gelehrten zu geben versuchten. Wie stark sie hierbei Historisches mit Legendärem vermischten, beweist folgende aus dem Jahr 1496 stammende Liste der als vorbildlich hingestellten Altmeister der bürgerlichen Singschulen: „[1. und 2.] D. Heinrich Frauenlob. D. Henrich Migeling, beide doctores Theologiae. 3. M[agister] Klingspur. 4. M[agister] Starcke Popp. 5. H[err] Walther, ein Landherr von der Vogelweid. 6. H[err] Wolffgang Rohn, ein Ritter. 7. Conrad Marner ein Edelmann und Fünff erbar Bürger. 8. Barthol Regenbogen. 9. Der Römer von Zwickaw. 10. Conrad von Wirzburg. 11. Der Cantzler. 12. Der alte Stoll."[1]

Was sich aus dieser Zusammenstellung ablesen läßt, ist das Bedürfnis der frühen Meistersinger, ihre Bildung und Kunstfertigkeit herauszustreichen, um sich in aller Entschiedenheit von den fahrenden „fidelaere" und „gumpelliuten" abzusetzen. Ebenso nachdrücklich distanzierten sie sich vom älteren Minnesang als der erotischen „Standespoesie der adligen Oberschicht der Feudalgesellschaft".[2] Was sie dagegen nachahmenswert fanden, war die didaktische Lyrik von Spruchsangdichtern wie Bobbe, Frauenlob und Reinmar von Zweter, die einen deutlich moralisierenden Charakter hat. Ihre Vorstellung eines „Meisters" stammt demnach nicht allein aus der Berufssphäre der Handwerksmeister, sondern geht auch auf die Magister oder Meister des 14. und 15. Jahrhunderts zurück, in denen viele der um 1500 entstehenden Sängerbünde die maßgeblichen Begründer oder Vorläufer ihrer Kunst erblickten. Die weitaus größte Verehrung brachten sie Heinrich Frauenlob entgegen, von dem sie behaupteten, daß er bereits im frühen 14. Jahrhundert in Mainz die erste „sancschule" eingerichtet habe. Ja, andere Meistersinger erklärten mit ebenso selbstrechtfertigender Absicht, der nach wie vor ein mittelalterliches Traditionsbewußtsein zugrunde lag, daß Kaiser Otto I. den ersten Meistersingern schon im Jahr 962 in

Paris einen Kranz aufgesetzt habe. All das waren zwar wohlgemeinte, aber historisch nicht abzusichernde Legenden. Urkundlich belegt ist jedenfalls von der Tätigkeit dieser frühen Meistersinger nichts.

Ebenso ungesichert sind unsere Kenntnisse der Meistersinger des späten 14. und frühen 15. Jahrhunderts. Wir wissen lediglich, daß ihre Hauptvertreter fahrende Sänger waren, die in ihren Liedern anstelle ritterlich-höfischer Herren- und Frauenmotive meist religiöse oder moralische Fragen aufgriffen und ihre Zuhörer mit aristotelisch-scholastischer Bildung sowie spitzfindigen Allegorisierungen zu beeindrucken suchten. Von ihrer Kunst „über Gebühr eingenommen", legten sie sich gern den Titel „Meister" zu und bemühten sich, in dichterischen Wettkämpfen ihre „eigene Überlegenheit zu beweisen".[3] Von ihnen, vor allem von Sängern wie Michael Beheim und Jörg Schiller, übernahmen die süddeutschen Stadtbürgersänger, die sich für eine anspruchsvolle Liedkunst interessierten, im Laufe des 15. Jahrhunderts den Titel „Meister" und suchten mit bürgerlichem Selbstbewußtsein, offen zur Schau gestellter Bildung und forciertem Kunstsinn zu verhindern, daß ihre Lieder mit den Gassenhauern der „unehrlichen, das heißt minderberechtigten Spielleute in einen Topf geworfen wurden".[4] Im Gegensatz zu jenen Dilettanten, die keine Singschule besucht hatten, ging es ihnen nicht um den „usus", sondern um die „ars". Das umfassendste Dokument dieser frühen Meisterlieder ist die 1470 abgeschlossene *Kolmarer Handschrift*, die 900 Lieder enthält und von den späteren Meistersingern als „das alte Buch von Mainz" verehrt wurde.

Zu den bekanntesten Singschulen vor 1500 gehörten die in Augsburg, Mainz, Nürnberg und Straßburg. Das früheste Regelverzeichnis, mehrheitlich „Tabulatur" oder „Urschulzettel" genannt, das sich erhalten hat, entstand um 1500 in Nürnberg. Im gleichen Zeitraum oder kurze Zeit später wurden ähnliche Singschulen, wenn auch meist mit eigenen Tabulaturen, in Breslau, Donauwörth, Eferding, Eßlingen, Görlitz, Iglau, Kolmar, Memmingen, München, Nördlingen, Rothenburg, Schwaz, Steyr, Ulm und Wels eingerichtet bzw. in Mainz und Straßburg neu gegründet. Im Zentrum dieser frühen Singschulen scheint eindeutig Nürnberg gestanden zu haben, wo erst Hans Folz und Lienhard Nunnenbeck und dann Sixt Beckmesser, Fritz Kettner, Konrad Nachtigall, Hans Sachs, Konrad Vogelsang und Fritz Zorn die wichtigsten Vorbilder für den Meistersang abgaben. In der Nürnberger Meistersingergesellschaft betätigten sich im Laufe 16. Jahrhundert nachweislich 322 Dichter, Töneerfinder, Schreiber von Liederhandschriften, Spender und Organisatoren, die zu 76 Prozent dem Handwerkerstand entstammten, während bei anderen Mitgliedern die Berufsangaben fehlen oder unsicher sind.[5] Obwohl diese Handwerker meist eine wohlgesicherte Existenz hatten, gehörten sie nicht zu den Oberschichten Nürnbergs, also den Patriziern, Großkaufleuten, Ratskonsulenten, Gelehrten, Handelstreibenden und Vertretern des Größeren Rats, die eine Art oligarchischer Herrschaft ausübten. Die meisten von ihnen rekrutierten sich aus dem minderangesehenen Stand der Gewerbetreibenden, also dem „Volk" im damaligen Sinne. Dementsprechend wurden sie von den Ratsmitgliedern mit deutlicher Herablassung behandelt, ja zum Teil mit Schaustellern, Komödianten und Gauklern auf die gleiche Stufe gestellt. Daraus läßt sich folgern, daß die Meistersinger, die weder zur Oberschicht des Nürnberger Stadtbürgertums noch zu den völlig Besitz- und Rechtlosen zählten, ihre Kunst nicht als Beruf, sondern – ohne von irgendwelchen Patronen abhängig zu sein – als eine Art anspruchsvoller Freizeitbeschäftigung betrieben, die ihnen „anderweitig kaum vorhandene Zugänge zu sinnvoller kultureller Betätigung und Bildung eröffnete".[6]

Die nach 1500 in über 20 Städten aktiven Meistersingergesellschaften waren zum größten Teil folgendermaßen organisiert. Sie hielten entweder offene Singschulen ab, die der Genehmigung der Obrigkeit bedurften, oder sie trafen sich zu internen Veranstaltungen, die nicht genehmigungspflichtig waren. Wie die älteren Minnesänger liebten sie das sogenannte Wettsingen, welches fast immer darauf hinauslief, daß dem Sieger am Schluß entweder das „Schulkleinod", meist eine Münzkette mit dem Bild des Sängerkönigs David oder ein Kranz aus seidenen Blumen, verliehen wurde. Um in eine solche Gesellschaft aufgenommen zu werden, mußten unerfahrene Sänger oder Gesellen vorher eine Singschule besuchen und sich mit den in der dortigen Tabulatur festgelegten Vorschriften, das heißt der regelgerechten Abfassung eines Gedichts sowie den hierfür gebräuchlichen „Tönen", vertraut machen. Im Durchschnitt kamen die Meistersinger einmal im Monat zusammen. Vor diesem Treffen wurde häufig ein Schild, ein sogenannter Postenbrief, ausgehängt, auf dem der Zeitpunkt und der Versammlungsort angegeben waren. Fast alle diese Gesellschaften trafen sich, wie wir den Quellen entnehmen können, am Sonntagnachmittag nach dem Mittagsgottesdienst. Während der kirchlichen Hauptfeste, also zu Ostern, Pfingsten und Weihnachten, wurden außerdem besondere „Festschulen" abgehalten. Die bevorzugten Versammlungsorte solcher Treffen waren Kirchen, Rathäuser und später auch stillgelegte Klöster.

Beim „Hauptsingen", einer Art öffentlichem Konzert, mußten die Zuhörer, die weitgehend aus den Mitgliedern der jeweiligen Meistersingergesellschaft bestanden, manchmal ein Eintrittsgeld bezahlen. Vor dem eigentlichen Wettbewerb, wie es in Analogie zu ritterlichen Sängerkriegen oder Turnieren hieß, trug der verantwortliche „Schulhalter" stets ein Lied vor, „das zur Ruhe mahnte".[7] Danach begann der eigentliche Wettbewerb, bei dem sich die konkurrierenden Sänger einer nach dem anderen auf den dafür vorgeschriebenen „Singstuhl" setzen mußten. Als Sieger galt derjenige, dessen Lied die wenigsten Verstöße gegen die in der Tabulatur festgelegten Regeln enthielt. Ihm wurde am Schluß das von allen begehrte „Schulkleinod" verliehen. Die Entscheidung fällten die „Merker", die hinter einem Vorhang saßen und während des Vortrags

Postenbrief der Iglauer Meistersinger. In der Mitte Szenen aus dem Meistergesang. Zeichnung nach einem Gemälde von Johannes Waldhofer (1612)

der einzelnen Sänger die jeweiligen Fehler registrierten. Nach dem „Hauptsingen", bei dem das im religiösen Sinne Moralisierende im Vordergrund stand, traf sich die jeweilige Meistersingergesellschaft manchmal zum internen „Zechsingen" in Badestuben, Wirtshäusern oder der Wohnung eines ihrer Mitglieder, wo auch Lieder „lockeren" Inhalts – meist über tölpelhafte Bauern, zänkische Ehefrauen oder zum Hahnrei gemachte Ehemänner – vorgetragen wurden. Als ebenso wichtige Ereignisse des Singschullebens galten die „Taufe", eine Art „Treueverpflichtung des Sängers gegenüber der jeweiligen Gesellschaft", sowie die „Freiung", das heißt die „Zuerteilung des Meistertitels aufgrund eines selbstgeschaffenen oder kunstgerecht vorgetragenen, originalen Tons".[8]

Beim „Hauptsingen" wurden alle Lieder, die gegen die in der Tabulatur zusammengefaßten Regeln verstießen, als „wild" und damit kunstlos verworfen. Jedes den Regeln entsprechende Lied mußte eine ungerade Zahl von Strophen, also drei, fünf, sieben oder auch mehr Stanzen, haben. Das ganze Lied hieß „Bar", die einzelne Strophe „Gesätz" und das Reimschema „Gebänd". Bei dreiteiligen Liedern galten die beiden ersten Strophen oder „Stollen", wie sie genannt wurden, als „Aufgesang", die letzte, welche sowohl metrisch als auch musikalisch von den vorhergehenden Stollen abweichen mußte, als „Abgesang". Eine andere Hauptregel bestand darin, in allen Zeilen oder Strophen stets die gleiche Silbenzahl zu beachten, was sich zum Teil nur durch gewaltsame Wortverkürzungen erreichen ließ, die gegen die natürlichen Wortbetonungen verstießen. Wer im Hinblick auf diese Regeln bei den offiziellen Wettbewerben mehr als sieben Fehler machte, hatte „versungen" und und damit keine Chance, einen Preis zu gewinnen.

Die gleiche Aufmerksamkeit wandten die Merker den Melodien, Weisen oder „Tönen" zu. Während die Texte stets selbstverfertigte sein mußten, konnten die Meistersinger bei den Melodien auch auf ältere Töne zurückgreifen. Die Zahl der neuen Liedertexte war daher im Bereich des Meistergesangs wesentlich größer als die der neuen Töne. So entstanden allein in Nürnberg im 15. und 16. Jahrhundert über 6000 Gedichte zu Meistergesängen, während die Zahl der hierfür verwendeten Töne unter 200 blieb. Zu den bekanntesten dieser Töne zählten der „Lange Ton" von Frauenlob, der „Kreuzton" Marners, der „Briefton" von Barthel Regenbogen, der „Hofton" von Muskatblüt, die „Veilchenweise" von Hans Folz, die „Engelweise" von Hans Vogel, der „Abgeschiedene Ton" von Lienhard Nunnenbeck, der „Geteilte Ton" von Konrad Nachtigall sowie die „Morgenweise" von Hans Sachs.[9] Die meisten dieser Lieder wurden langsam und feierlich vorgetragen, und zwar stets a capella, das heißt ohne Instrumentalbegleitung. Im Gegensatz zu den Liedern der fahrenden Sänger, die oft im schlichten Volkston gehalten waren, enthielten fast alle Meistersingerlieder eine Fülle outrierter Koloraturen und anderer Verzierungen, mit denen die Verfasser ihre erlernte Kunstfertigkeit unter Beweis stellen wollten. Wohin diese gestelzte Spitzfindigkeit führen konnte, beweisen spätere Tönebezeichnungen wie „Heftige Granatkugelweise", „Geblümte Adlerweise", „Hohe Szepterweise" oder „Schreckliche Donnerweise".

Inhaltlich läßt sich bei diesen Liedern eine vorreformatorische und eine nachreformatorische Phase unterscheiden. In der ersten Phase herrschten weitgehend spätmittelalterliche Themen wie Memento-mori-Vorstellungen, der Preis der Jungfrau Maria sowie Fragen der scholastischen Theologie vor, während in der zweiten Phase, welche nach dem im Jahr 1517 erfolgten Thesenanschlag des Augustinermönchs und Theologieprofessors Martin Luther in Wittenberg begann, die neue protestantische Glaubenslehre mit ihrer Arbeitsethik und ihren Tugendgeboten in den Vordergrund trat. Vor allem Hans Sachs trug mit seinen Liedern erheblich zur Durchsetzung der Reformation im Meistergesang bei, indem er sich 1523 in seiner Schrift *Die Wittenbergisch Nachtigall/ Die man yetzt höret überall* offen zu Luther bekannte. In der Folgezeit dichtete Hans Sachs über 2000 lutherisch gefärbte Meisterlieder und gab damit vielen Meistersingern in den protestantisch gewordenen Reichsstädten ein Vorbild, sich ebenfalls in den Dienst der neuen Glaubenslehre zu stellen. Die meisten hielten sich dabei in ihrer Sprachgebung relativ eng an Luthers Bibelübersetzung und versahen sie lediglich mit religiös-moralischen Schnörkeln. Allerdings entsprachen diese Lieder wegen ihrer kunstvoll verzierten Weisen nicht den Vorstellungen Luthers und gingen deshalb nur in Ausnahmefällen, also bloß dann, wenn sie sich an Choralmelodien hielten, in den Kanon des protestantischen Gemeindegesangs ein. Katholisch orientiert blieben nach diesem Zeitpunkt lediglich die Meistersingergesellschaften in Freiburg, Kolmar und Mainz, zu denen – neben Handwerksmeistern – auch Vertreter anderer Stände wie Adlige und Geistliche, ja sogar einige Frauen als Mitglieder zugelassen wurden.

Rein quantitativ gesehen, erlebten die Aktivitäten der Meistersinger ihren Höhepunkt in der zweiten Hälfte des 16. Jahrhunderts. In diesem Zeitraum entstanden über 50 neue Tabulaturen, Gemerkbücher und Meistersingerordnungen, wurden neue Liederhandschriften abgeschlossen sowie erste Bücher über ihre Kunst – wie *Gründlicher Bericht des deutschen Meistergesangs* (1571) von Adam Puschmann und *Von der edlen und hochberühmten Kunst der Musica und deren Ankunft, Nutz und Wirkung wie auch vom Aufkommen der Meister-Sänger* (1598) von Cyriacus Spangenberg – veröffentlicht. Doch mit dieser Ausbreitung des Meistergesangs ging zugleich eine allmähliche Veräußerlichung seiner literarischen und musikalischen Praktiken einher. Obwohl sich manche Gruppen dieser Entwicklung durchaus bewußt waren, hielten sie dennoch aus moralischer Engherzigkeit und handwerklicher Pedanterie eisern an den alten Singgebräuchen fest. In wirkliche Schwierigkeiten gerieten sie erst nach Beginn des Dreißigjährigen Krieges, der auch andere kulturelle Aktivitäten in Deutschland stark behinderte oder gänzlich zum Erlöschen brachte. Manche Meistersingergesellschaften bestanden zwar noch bis ins 18., wenn nicht gar 19. Jahrhundert, hatten jedoch in ihrer Endphase nur noch eine Handvoll Mitglieder. Der letzte Meistersinger soll im Jahr 1922 in Memmingen gestorben sein.

Doch selbst ohne diese politischen Ereignisse und ihre Auswirkungen hätten sich die alten Singschulen kaum halten können. Schließlich bildete sich im frühen 17. Jahrhundert – vor allem im Zuge der literarischen Reformbemühungen, die von Martin Opitz ausgingen – ein völlig neues Dichtungskonzept heraus, das sowohl in seinen formalen als auch inhaltlichen Vorstellungen der didaktisch-biderben Meistersingerkunst diametral zuwiderlief. Die Vertreter dieser wesentlich anspruchsvolleren Richtung, die weitgehend aus dem höfisch orientierten Gelehrtenstand kamen, hatten für die ältere Lieddichtung der kleinbürgerlichen Meistersinger keinen „Gusto" mehr. Nachdem Opitz sein *Buch von der Deutschen Poeterey* (1624) publiziert hatte, wurden von seinen Anhängern nur noch antike Versmaße und romanische Gedichtformen als vorbildlich hingestellt. Daran änderte auch die *Kurtze Entwerffung des Teutschen Meister-Gesangs* nichts, die noch 1660 erschien, welche zwar im Sinne von Opitz einen starken Nachdruck auf betonungsgerechte Verse legte, aber in der Praxis weiterhin das ältere Prinzip der Silbenzählung zuließ. Wie sehr die Meistersingerei zu diesem Zeitpunkt bereits bei den „gelahrten" Rhetorikern in Vergessenheit geraten war, belegt am nachdrücklichsten die Schrift *Von der Meister-Singer Holdseligen Kunst* von Johann Christoph Wagenseil, die 1697 in seinem Buch *De civitate Noribergensi* erschien und wo es bereits in der Vorrede heißt: „So unbekannt die wahre Bewantnus der Ziegeiner uns bißhero gewesen, eben so wenig hat man gewust was man doch aus denen in Teutschland hin und wieder befindlichen wiewol aber sehr abnehmenden Meister-Singern machen solle."[10]

Aus diesem Entwicklungsgang der frühneuzeitlichen Meistersingergesellschaften, als den ersten deutschen Dichterbünden, läßt sich Folgendes schließen. In sozialer Hinsicht stand hinter ihnen ein starkes Gemeinschaftsempfinden, das im Sinne spätmittelalterlicher Bruderschaften noch kaum individuelle Abweichungen zuließ. Daher wirken fast alle Meisterlieder beim ersten Hören relativ ähnlich. Sie sind Produkte kleinbürgerlicher Handwerker, die sich trotz ihres steigenden Selbstbewußtseins keine rebellischen Ansichten leisteten, sondern sich in ihrer vorreformatorischen Phase den spätmittelalterlichen Ordo-Vorstellungen anpaßten und auch in ihrer protestantischem Phase weiterhin einen tiefen Respekt vor den angeblich von Gott eingesetzten Obrigkeiten behielten. Aufs Große und Ganze gesehen, überwog in diesen Schichten ein „genossenschaftliches" Denken, das sich im Hinblick auf die gemeinsam gepflegte Dichtkunst am Vorbild der Gilden, Zünfte und Bruderschaften orientierte.[11] Im Rahmen dieser Gesellschaften wollten sich die gebildeten Kleinbürger ebenso „einig" sein wie im Rahmen jener „Einigungen", das heißt Innungen, Werkstätten und Familiengemeinschaften, in denen sie den übrigen Teil ihres Lebens verbrachten. Sich an strenge Regeln zu halten, bedeutete deshalb für diese Handwerker nicht nur etwas Negatives, das heißt eine Einschränkung ihrer individuellen Besonderheiten und erotischen Bedürfnisse, sondern zugleich etwas Positives, nämlich das Bemühen, sich in eine Ordnung der Gleichen oder zumindest Ähnlichen einzureihen und die dementsprechenden gesellschaftlichen Verpflichtungen zu übernehmen. Aus diesem Grunde hat Hans Sachs in seinen Liedern, die sich auf die Stadt Nürnberg beziehen, immer wieder ein Hand-in-Hand-Arbeiten aller Bürger als das erstrebenswerte Ziel des städtischen Zusammenlebens hingestellt und dafür die Formel vom „gemeinen nutz" geprägt.

Die gleiche, an festen Normen orientierte Gesinnung äußert sich in der Verfertigung ihrer Lieder, die sich als gut gearbeitete Werkstücke in jenen überindividuellen Rahmen einfügen mußten, der durch die überlieferte und von allen Sangesbrüdern gebilligte Tabulatur vorgegeben war. Wie mit ihren Schuhen, Broten, Trinkgefäßen, Kleidungsstücken oder gegerbten Fellen wollten die Meistersinger die anderen Stadtbürger auch auf musikalischem Gebiet in erster Linie von der „Qualität ihrer Arbeitsleistung" überzeugen.[12] Sogar ihre Lieder sollten „gute Werke" sein, welche Fleiß und Redlichkeit bewiesen, sich in feste Formen und Wertvorstellungen einordneten und sich damit gegen wildes, unnützes Begehren abgrenzten. Demzufolge trieben fast alle Meistersinger ihre Kunst wie ein Handwerk, das schrittweise erlernbaren Regeln unterliegt. Selbst in diesem Bereich mußte jeder erst einmal Geselle sein, bevor er zum Meister aufrücken konnte. Ihre Lieder sind darum nicht Ausdruck einzelner, klar gesonderter Persönlichkeiten, sondern Ausdruck einer genau umrissenen Schicht von „Kunsthandwerkern", die sich auch in ihren Singschulen unumstößliche Regeln auferlegte und zugleich nachdrücklich betonte, ihre Gesänge lediglich „Gott zu ehre, zu aufferbawung guter sitten und zur außreutung des lasters" zu verfassen.[13]

So weit, so einleuchtend. Allerdings lassen sich schon in diesen kollektiven Absichtserklärungen, welche ständig den „gemeinen nutz" herausstrichen, ähnliche Widersprüche erkennen, wie sie später in vielen bürgerlichen Dichterbünden aufklaffen sollten. Schließlich waren diese Meistersingergesellschaften – trotz aller Tugendgebote – keine religiösen Orden, in denen jede Form einer selbstherrlichen Individualität verpönt war, sondern weltliche Vereinigungen, die sich im Rahmen einer marktwirtschaftlichen Gesellschaftsordnung entwickelten, in der bereits das Gesetz von Angebot und Nachfrage und damit ein unübersehbares Konkurrenzprinzip herrschte. Während also die Meistersinger

einerseits im Sinne spätmittelalterlicher Laienbruderschaften noch genossenschaftlich dachten und ihre Lieder weitgehend Eigentum der jeweiligen Singschulen blieben, huldigten sie andererseits beim „Hauptsingen" stets der Vorstellung eines unerbittlichen Wettstreits. Auf diese Weise kam es beim Kampf
um das „Schulkleinod" – mochten die einzelnen Meistersinger auch vorher
noch so nachdrücklich vom „gemeinen nutz" oder der „aufferbawung guter
sitten" geredet haben – häufig zu heftigen „Polemiken gegen Kunstrivalen"
sowie „moralischen Diffamierungen (schendungen)" einzelner Gegner, die sich
der Metaphern älterer Fechtkämpfe bedienten und in Einzelfällen recht „unflätige" Formen annahmen.[14]

Auf diese Weise brach schon innerhalb dieser noch stark vom mittelalterlichen Ordo-Denken beherrschten Dichterbünde jene Dialektik durch, die sich
immer dann einstellt, wenn dem Anspruch der genossenschaftlichen Einordnung der Wunsch nach subjektiver Anerkennung entgegentritt. Doch auch die
sozialen Differenzen trugen zu diesen Spannungen bei. So empfanden sich zwar
die Mitglieder der einzelnen Meistersingergesellschaften, wenn sie sich zu ihren
sonntäglichen Singschulen versammelten, durchaus als Gleiche, waren aber im
Alltag alles andere als gleich, sondern gingen höchst verschiedenen Handwerksberufen nach, verfügten über ein gutes oder ein kärgliches Einkommen
und unterschieden sich obendrein in ihren Bildungsvoraussetzungen. Die einen
hatten eigene Bücher, ja studierten sogar wie Hans Sachs lateinische Schriften,
die anderen besaßen nur ein rudimentäres literarisches und gelehrtes Wissen.
Die Reicheren protzten gern mit ihren Lesefrüchten, die Ärmeren priesen dagegen die Tugenden der Bescheidenheit. Jene, die in städtische Verwaltungsgremien aufgestiegen waren, legten ein herrisches Auftreten an den Tag, während
sich die weniger Angesehenen bewußt devot gaben. Mit anderen Worten: es
gab zwar unter den frühneuzeitlichen Meistersingern ein gewisses Innungsbewußtsein, aber keine konkret faßbare Solidarität, der ein sozio-politisches Programm oder eine gesellschaftsverändernde Utopie zugrunde gelegen hätte.
Obwohl sich die meisten für die neue Lehre des Protestantismus einsetzten, verbanden sie damit – im Gegensatz zu den unterdrückten und ausgehungerten
Bauern dieser Jahrzehnte – keine rebellischen Vorstellungen, für die sie notfalls
zum Spieß oder zur Sichel gegriffen hätten, sondern sie hielten sich streng an
Luthers Zwei-Welten-Lehre, das heißt an seine Devise, daß man einerseits Gott,
andererseits der von ihm eingesetzten Obrigkeit „gehorsamen" solle.

Wegen dieser quietistischen Haltung mußte der Meistersang im Übergang
vom 16. zum 17. Jahrhundert allmählich zu einer bürgerlichen Pflichtübung
erstarren, welche im gesellschaftlichen Abseits blieb und daher keinen Einfluß
auf die sozio-politischen Entwicklungen ausübte. Das heißt jedoch nicht, daß
der Meistersang überhaupt keine Funktion gehabt hätte. Er besaß durchaus
eine Reihe positiver Züge, die keineswegs unterschätzt werden sollten. Dazu

gehörte vor allem seine Tendenz zu einer halb religiösen, halb literarischen Versittlichung jener Kleinbürgerschicht, die bis dahin kaum mit irgendwelchen Formen höherer Bildung in Berührung gekommen war und deshalb zu einem „grobianischen" Verhalten neigte, das sie zwar als lasterhaft empfand, aber in Form oberflächlicher Reuebekenntnisse als entschuldbar hinstellte. Doch leider blieb der von diesen Kleinbürgern eingeschlagene Bildungsweg in fast allen Meistersingergesellschaften im Affirmativen stecken, da diese Bevölkerungsschicht, welche im Rahmen der Gesamtgesellschaft nur eine unbedeutende Minderheit war, weder einen politischen Veränderungswillen aufbrachte noch eine soziale Koalitionsmöglichkeit besaß. Während die Bauern – im Vertrauen auf ihre numerische Übermacht – im frühen 16. Jahrhundert in „großen Haufen" zu den Waffen griffen, um sich ihrer adligen Herren zu entledigen, bildeten die kleinbürgerlichen Handwerker eine recht marginale Gesellschaftsschicht, die zudem ein relativ erträgliches Auskommen hatte und daher keineswegs gesonnen war, mit ihren Gesellen, Dienstboten oder anderen Vertretern der untersten Klassen zu fraternisieren. Demzufolge hielten ihre Zünfte, Bruderschaften und Meistersingergesellschaften – ideologisch gesehen – zumeist an konservativen oder zumindest ordo-verpflichteten Vorstellungen fest. Jedenfalls lag ihnen der Gedanke einer Veränderung der Gesellschaft ins Enthierarchisierende und damit in einem demokratischen Sinne Emanzipierende noch völlig fern. Aus diesem Grund blieb auch ihre Kunst letztlich entwicklunglos, das heißt klammerte sich hartnäckig an die einmal festgesetzten Regeln und wurde dadurch im Zuge der inneren Dynamik der gesellschaftlichen und kulturellen Entwicklung allmählich obsolet.

Die Fruchtbringende Gesellschaft

Die ersten Dichter- und Gelehrtenvereinigungen nach den Meistersingern waren jene Sozietäten, welche als „Die Sprachgesellschaften des 17. Jahrhunderts" in die Literaturgeschichte eingegangen sind. Für ihre Entstehung lassen sich mehrere Gründe politischer, sozialer und kultureller Art anführen. Da um die Wende vom 16. zum 17. Jahrhundert die älteren Reichsstädte allmählich an Bedeutung verloren, die Territorialherren dagegen politisch erstarkten, bildete sich unter den fürstlichen Obrigkeiten zusehends ein Stand von höheren Verwaltungsbeamten heraus, der sich aus niederem Adel sowie akademisch gebildeten Bürgern zusammensetzte und im Rahmen des sich entwickelnden absolutistischen Zentralismus wichtige Verwaltungsposten übernahm. Damit kam es zu einer deutlichen Auseinanderentwicklung des Bürgertums in kleinbürgerliche Schichten, die im Bereich der „Poeterey" weiterhin am Meistersang festhielten, und einer von sozialen Aufstiegsgefühlen beflügelten Gelehrtenschicht, die sich eine Förderung ihrer geistigen und literarischen Interessen nur von den jeweiligen Landesherren und ihrem Verwaltungsadel versprach, denen sie sich als „nobilitas mentis" anzudienern oder gar gleichzustellen versuchte. Dementsprechend unterstützte diese Schicht alles, was den absolutistischen Herrschafts- und Reformabsichten der Territorialfürsten dieser Ära entgegenkam. Und dazu gehörten auch die besagten Sprachgesellschaften, die im Laufe des 17. Jahrhunderts – zu Anfang meist auf landesfürstliche Initiative – gegründet wurden.

Auf den ersten Blick gesehen, bestand das Hauptbestreben dieser Gesellschaften darin, sich in Anlehnung an ausländische Sozietäten ähnlicher Art – wie die 1548 in Frankreich gegründeten Pléiade, aus der später die Académie française hervorging, sowie die 1582 in Florenz ins Leben gerufenen Accademia della Crusca, welche den Weizen von der Kleie (crusca) trennen wollte – um die Standardisierung bzw. Reinerhaltung einer allgemein verbindlichen Hochsprache zu bemühen und die dafür nötigen Wörterbücher, Grammatiken und Rhetoriksammlungen herauszugeben. Um endlich eine würdevolle, das heißt „höheren" Interessen dienende Sprache zu schaffen, verdammten deshalb die deutschen Sprachgesellschaften sowohl alle sprachlichen „Ausrutscher" ins Volkstümlich-Grobianische als auch die vielen Fremdwörter, die sich im frühen 17. Jahrhundert – im Gefolge der Kavalierstouren des Adels, des Bildungshochmuts der bürgerlichen Gelehrten sowie der fremdländischen Truppen während des Dreißigjährigen Krieges – in der deutschen Sprache einzunisten versuchten. Statt dessen befürworteten sie eine Modernisierung und zugleich Veredelung des durch Luther geschaffenen Bibeldeutschs, das sich zu diesem Zeitpunkt – vor allem im mittel- und niederdeutschen Bereich, aber auch in den protestantischen Gegenden Süddeutschlands – immer stärker als die maßgebliche Hochsprache durchzusetzen begann.

Die gleichen Ziele setzten sich diese Sprachgesellschaften auf literarischem Gebiet. Anstatt sich weiterhin mit „niederen" Gattungen wie dem Meistergesang oder dem Fastnachtspiel zu begnügen und dabei einer handwerklich verfahrenden Silbenstecherei zu huldigen, die in vielen Fällen gegen die sinngerechte Wortbetonung verstieß, stellten sie die „höheren" Dichtungsformen der Antike und der romanischen Literaturen als die alleinigen Vorbilder einer zukünftigen deutschen Literatur hin. Zugleich befürworteten sie eine an den „exempla classica" geschulte rhetorische Eleganz, um so ein für allemal die kleinliche Pedanterie der Meistersinger sowie die Unfläterei mancher fahrenden Sänger aus dem Bereich der „Teutschen Helden-Sprache" und der von den gelehrten Reformern propagierten „hochlöblichen" Dichtungsformen zu verbannen. Der wichtigste und vielzitierte Befürworter dieser Tendenzen war Martin Opitz, dem jedoch nie die Rolle eines neuen literarischen „praeceptor Germaniae" zugefallen wäre, wenn sich nicht die während seiner Hauptschaffensperiode entstehenden Sprachgesellschaften für ähnliche oder gleiche Ziele eingesetzt hätten.

Die erste dieser Sprachgesellschaften wurde am 24. August 1617 – auf Anregung von Caspar von Teuteleben – auf Schloß Hornstein bei Weimar durch den Fürsten Ludwig von Anhalt-Köthen, der im Jahr 1600 während eines Italienaufenthalts Mitglied der Accademia della Crusca geworden war, als Fruchtbringende Gesellschaft ins Leben gerufen. Neben dem Fürsten Ludwig sollen an dieser Gründungsversammlung auch die drei Herzöge von Sachsen-Weimar, der Fürst von Anhalt-Dessau, ein Graf zu Bentheim und vier weitere Adlige teilgenommen haben. Schon in den ersten Jahren nach ihrer Gründung wuchs diese Gesellschaft im mitteldeutsch-protestantischen Bereich der Wettiner, Anhaltiner, Askanier, Sachsen und Thüringer schnell zu einer weithin respektierten Organisation an und grenzte sich in reichspatriotischer Gesinnung sowohl gegen die katholische Kaisermacht im Süden als auch gegen die Hohenzollern im Osten ab. In den dreißiger Jahren, als sie den Schwedenkönig Gustav Adolf als ihren „erlauchten Retter" verehrte, konnte sie sich bereits rühmen, an die 900 Mitglieder zu haben. Obwohl nach den Statuten dieser Gesellschaft die Konfessions- oder Standeszugehörigkeit keine Rolle spielen und jeder – in der Tradition der Humanisten des 16. Jahrhunderts – nur nach seinen geistigen Fähigkeiten beurteilt werden sollte, waren ihre Mitglieder fast alle Adlige und zugleich Protestanten. Um auch die hochadligen Damen in ihren Einflußbereich einzubeziehen, wurde am 5. September 1619 auf Schloß Rudolstadt durch Anna Sophia von Schwarzburg-Rudolstadt, eine Schwester Ludwigs von Anhalt-Köthen, ein der Fruchtbringenden Gesellschaft assoziierter Damenorden gegründet, der sich Tugendliche Gesellschaft nannte und dem bis 1643 103 Damen des reichsfreien Adels, fast alle fürstlichen oder gräflichen Ranges, beitraten, unter denen sich vor allem Sophia von Barley und Mühlingen, Eleonora Dorothea von Anhalt-Dessau, Anna Sibylla von Schwarzburg-Sondershausen, Loysa Amoena von Anhalt-Köthen und Elisabeth Juliane von Schwarzburg-Rudolstadt durch ihre Gedichte und Übersetzungen als weibliche poetae laureatae auszuzeichnen versuchten.

Als „Oberhaupt" der Fruchtbringenden Gesellschaft, als deren Ziel meist die „erhaltung guten vertrauens / erbauung wohlanständiger sitten / als auch nützlicher ausübung in des Volkes Landes-Sprache" hingestellt wurde,[15] obwohl sich dahinter auch handfeste politische Ansprüche territorialer Art verbargen, fungierte bis 1650 Fürst Ludwig von Anhalt-Köthen. Er allein, der den Namen „der Nährende" angenommen hatte, teilte jedem neuen Mitglied einen Ehrennamen, einen Sinnspruch und ein „scharfsinnig" ausgedachtes Emblem zu. Außerdem waren alle Mitglieder berechtigt, eine goldene Münze an „sittig-grünem Bande" zu tragen, die auf der einen Seite mit dem Namen, dem Sinnspruch und dem Emblem der Fruchtbringenden Gesellschaft und auf der anderen mit

ZV SEINER ZEIT. DER SIEGHAFTE.

ALLES ZV NVZEN. DIE FRVCHTBRINGENDE GESELSCHAFT.

Ordens Kleinod der F. G.
August Fürst zu Anhalt. 1621. v. 46.
Das Kraut Allermannsharnisch

Ordenskleinod der Fruchtbringenden Gesellschaft für August von Anhalt (der Sieghafte), 1621

den ihnen von Fürst Ludwig verliehenen Insignien verziert war. Diese Münze wurde den Neuaufgenommenen in Rahmen festlicher Initiationszeremonien überreicht, die – in Anlehnung an deutschsprachige Traditionen – „Hänselungen" hießen, was der Einführung in eine Hanse oder Innung entsprach.[16] Die anwesenden Mitglieder saßen dabei „an einem langen Tisch", mit dem „Oberhaupt an dem einen Ende, dem Neuankömmling am anderen". Nach der „Verlesung der Gesetze" und einer Reihe von Trinksprüchen mußte der Neophyt bzw. im Damenorden die Neophytin versprechen, sich fest an die Regeln zu halten.[17] Obwohl an den Sitzungen der männlichen Sektion von Zeit zu Zeit auch einige bürgerliche Dichter teilnahmen, überwog in ihnen weitgehend ein adliger Ehren- und Standeskodex. Zugegeben, auch die bürgerlichen Mitglieder erhielten wohlklingende Namen. So hieß Martin Opitz in dieser Gesellschaft

„der Gekrönte", Johann Michael Moscherosch „der Träumende", Andreas Gryphius „der Unsterbliche" und Johann Rist „der Rüstige". Und die meisten dieser Dichter waren eitel genug, sich die Aufnahme in diese „erlauchte" Gesellschaft als eine „hohe Ehre" anzurechnen.[18] Aber letztlich diente ihre Mitgliedschaft im Kreis der „Fruchtbringenden" eher einer geschickten Ästhetisierung jener politischen Überlebenstaktiken, mit denen die protestantisch-adlige Herrscherclique innerhalb dieser Gesellschaft durch die „gräßlichen Zeiten" des Dreißigjährigen Krieges hindurchzukommen versuchte.

Kurz vor seinem Tode bestimmte Fürst Ludwig von Anhalt-Köthen den Herzog Wilhelm IV. von Sachsen-Weimar zum neuen „Oberhaupt", welcher der Fruchtbringenden Gesellschaft bis zu seinem Abscheiden im Jahr 1662 vorstand. Unter seiner Leitung nahm diese Gesellschaft, die sich auch Palmenorden nannte, immer stärker den Charakter einer vornehmen Rittergesellschaft an, während das Interesse an wissenschaftlichen und literarischen Angelegenheiten zusehends in den Hintergrund trat. Dafür spricht die Tatsache, daß unter den 262 neuen Mitgliedern, die während der mittsechziger Jahre in die Fruchtbringende Gesellschaft aufgenommen wurden, nur 30 Bürgerliche, und zwar weitgehend arrivierte Hofbeamte, waren. Wilhelm IV. wollte in erster Linie als „Großmeister eines fürstlichen und adligen Ordens" angesehen werden.[19] Nach seinem Tode hatte die Fruchtbringende Gesellschaft fünf Jahre lang kein „Oberhaupt". Erst 1667 wurde Herzog August von Sachsen ihr neuer Administrator. Er nahm zwar noch „eine ziemliche Anzahl neuer Mitglieder" in die Gesellschaft auf,[20] kümmerte sich aber um Wissenschaftliches oder Literarisches ebenso wenig wie sein Vorgänger. Nach seinem Tode im Jahr 1680 setzte schließlich der allmähliche Verfall dieser Vereinigung ein.

Aus all dem ergibt sich, wie schwer es ist, die ideologischen und ästhetischen Zielsetzungen der Fruchtbringenden Gesellschaft auf einen sinnvollen Nenner zu bringen. Zu ihren Mitgliedern zählten zwar einige höchst bemerkenswerte Dichter wie Anton Ulrich von Braunschweig-Lüneburg, Siegmund von Birken, Andreas Gryphius, Georg Philipp Harsdörffer, Friedrich von Logau, Johann Michael Moscherosch, Martin Opitz, Caspar Stieler, Johann Rist und Philipp von Zesen, die sich durch die Aufnahme in diese hochangesehene Gesellschaft in ihrem literarischen Selbstbewußtsein zweifellos bestärkt sahen, aber letztlich keine unmittelbare Unterstützung durch sie erfuhren. Was dieser Gesellschaft fehlte, waren – genauer besehen – klar erkennbare gemeinschaftsstiftende Aktivitäten. Da die einzelnen Mitglieder zum Teil weit auseinander wohnten und zudem durch die Kriegsläufte oft am Reisen gehindert wurden, hielt die Fruchtbringende Gesellschaft nur selten feste Tagungen ab. Und wenn sie es tat, waren – vor allem während des Dreißigjährigen Krieges – oft nur ein bis zwei Dutzend ihrer Mitglieder anwesend, die es zwar nicht an den in Adelskreisen üblichen Ehrenbezeugungen fehlen ließen und sich nebenher auch über neu aufzunehmende Mitglieder oder bessere Rechtschreibungsregeln unterhielten, jedoch nur in Ausnahmefällen irgendwelche ins kulturelle Leben der Zeit eingreifenden Beschlüsse faßten.

Trotz dieses bescheidenen Fazits sollte man die Bedeutung der Fruchtbringenden Gesellschaft nicht von vornherein gering einschätzen. Ihre zwischen 1622 und 1646 herausgegebenen Programmerklärungen trugen durchaus zu einer Vereinheitlichung der Rechtschreibung, größeren Eleganz des schriftlichen Ausdrucks und Beseitigung allzu modischer Fremdwörter bei. Wie positiv das von vielen Autoren dieser Zeit empfunden wurde, belegen vor allem Schriften wie *Der Teutsche Palmbaum: Das ist / Lobschrift Von der Hochlöblichen Fruchtbringenden Gesellschaft Anfang / Satzungen / Vorhaben / Namen / Sprüchen / Gemählden / Schriften und unverwelklichen Tugendruhm* (1647) von Carl Gustav von Hille sowie *Der Neu-Sprossende Teutsche Palmbaum. Oder Ausführlicher Bericht / Von der Hochlöblichen Fruchtbringenden Gesellschaft Anfang / Absehen / Satzungen / Eigenschaft / und deroselben Fortpflanzung* (1668) von Georg Neumark. Hille strich besonders die deutschnationale Komponente der Fruchtbringenden Gesellschaft heraus und ereiferte sich gegen alle Autoren, welche die „reine Teutsche Sprache'" mit französischen oder lateinischen Wörtern zu einem „fremdvermischten Schaum" aufzublähen versuchten.[21] Neumark legte dagegen den Nachdruck eher auf das Höfische, das heißt wies voller Stolz darauf hin, daß der Fruchtbringenden Gesellschaft – neben einigen „vornehmen bürgerlichen Standes-Personen" – auch „ein König, drey Churfürsten, neun und vierzig Herzöge, vier Markgrafen, zehn Landgrafen, acht Pfaltzgrafen, neun zehn Fürsten, sechzig Grafen, fünf und dreißig Freyherrn und sechshundert Edelleut" angehörten.[22] Aufgrund dieses parvenühaften Standesbewußtseins setzte er sich in aller Schärfe von den verschiedenen Dialekten als der Sprache des „Pövels" ab und pries die Fruchtbringende Gesellschaft dafür, die deutsche Sprache von dem „Unflat bettlerischer Wortbesudelung" gereinigt und eine „herrlich ausgeführte Hochsprache" gefördert zu haben, die auch in Zukunft – wie ein wohlgepflegter Park – weiterhin der „Gärtnerpflege hoher Fürsten Hand" bedürfe, um nicht erneut von irgendwelchen Unkräutern überwuchert zu werden.[23]

Neben diesen Programm- und Lobschriften sollten auch Bücher wie *Deutscher Sprachlehre Entwurf* (1641) und *Deutsche Rechtschreibung* (1646) von Christian Gueintz sowie *Teutsche Sprachkunst / Darinn die Allerwortreichste / Praechtigste / reinlichste / vollkommene Uhralte Hauptsprache der Teutschen auß ihren Gruenden erhoben / dero Eigenschafften und Kunststuecke volliglich entdeckt / und also in eine richtige Form der Kunst zum ersten mahle gebracht worden* (1641), *Teutsche Vers-Reim Kunst* (1645) und *Ausfuehrliche Arbeit von der Teutschen Haupt Sprache / Worin enthalten Gemelter dieser Haupt Sprache Uhrankunft / Uhraltertum / Reinlichkeit / Eigenschaft / Vermoegen /*

Peter Isselburg: Eine Sitzung der Fruchtbringenden Gesellschaft. Von rechts nach links: Ludwig von Anhalt-Köthen (der Nährende), Wilhelm von Sachsen (der Schmackhafte), Johann Kasimir von Anhalt-Köthen (der Durchdringende), Hans Heinrich von Wutenau (der Gerade), Friedrich von Schilling (der Langsame), Bernhard von Sachsen-Weimar (der Austrucknende), Friedrich von Trotta (der Helfende), Dietrich von dem Werder (der Vielgekörnte), Tobias Hübner (der Nutzbare), Albrecht von Sachsen-Weimar (der Unansehnliche), Heinrich von Krage (der Gemäste) und Christoph von Krosigk (der Wohlbekommende)

Unvergleichlichkeit / Grundrichtigkeit / zumahl die Sprach Kunst und Vers Kunst Teutsch und guten theils Lateinisch voellig mit eingebracht (1663) von Justus Georg Schottelius nicht vergessen werden, deren Verfasser ebenfalls Mitglieder der Fruchtbringenden Gesellschaft waren, jedoch ihre Arbeiten nicht nur zum höheren Ruhme dieser „hochlöblichen Sozietät", sondern auch in allgemeinbildender Absicht verfaßten. Ein ähnlicher Tenor herrscht in allen Anweisungen, die sich in diesen Schriften im Hinblick auf eine neu zu schaffende deutsche Literatur finden. In ihnen dominiert meist die Forderung nach einer poetischen Schreibweise, die sich ganz eng an die Vorschriften der „klassischen" Rhetorik hält, das heißt das Regelbetonte, Erlernbare, Geistreiche und Kunstfertige in den Vordergrund rückt. Im Hinblick auf inhaltliche Vorgaben blieben dagegen ihre Autoren – außer dem herkömmlichen Nachdruck auf dem Gottesfürchtigen und Tugendhaften – relativ unbestimmt. Als poetologische und moralische Vorbilder stellten sie in dieser Hinsicht vor allem die Werke der Italiener und Franzosen hin, die von Hauptbeförderern dieser Gesellschaft auf „mustergültige" Weise ins Deutsche übersetzt wurden. So übertrug Diederich von dem Werder *La Gerusalemme liberata* von Torquato Tasso und *L'Orlando furioso* von Ludovico Ariosto in deutsche Verse, während der Prinzenerzieher Thomas Hübner Werke aus dem Nachfolgekreis der Pléiade, wie das Verseops *La semaine ou la création du monde* von Guillaume du Bartas, übersetzte und dabei erstmals den Alexandriner in die deutsche Verskunst einführte.

Aufs Große und Ganze gesehen, bestand demnach die Leistung der Fruchtbringenden Gesellschaft weniger in ihrer poetologischen als in ihrer sprachreinigenden Funktion. Unter den höchst ungünstigen Umständen des Dreißigjährigen Krieges schuf sie die sprachlichen und organisatorischen Rahmenbedingungen, durch die es nach dem Friedensschluß im Jahr 1648 wieder zu einem regen literarischen Leben kam. Die in den folgenden Jahrzehnten publizierten Werke lassen sich zwar nicht mit den gleichzeitigen Werken der französischen, italienischen, spanischen und englischen Literatur vergleichen, trugen jedoch erheblich dazu bei, daß man im Hinblick auf das 17. Jahrhundert überhaupt von einer relativ bedeutsamen deutschen Literatur sprechen kann. Obwohl also die Fruchtbringende Gesellschaft kein wirklicher Dichterbund war, hat sie durch ihren unermüdlichen Kampf um die Reinerhaltung der deutschen Sprache dennoch dafür gesorgt, daß es inmitten dieser für Deutschland verheerenden Zeit nicht zu einer totalen Sprachverderbnis kam. Unter dieser Perspektive betrachtet, diente sie nicht nur der Verfeinerung der höfischen Sitten sowie der Einführung einer neuen Verwaltungs- und Literatursprache, sondern war zugleich von nationalpädagogischem Nutzen.

Allerdings konnte sie nicht verhindern, daß sich die deutschen Territorialfürsten, welche aus dem Dreißigjährigen Krieg als die eigentlichen Sieger hervorgingen, seit den fünfziger Jahren immer stärker am Vorbild des französischen

Absolutismus orientierten, was zu einem neuerlichen Einbruch der französischen Sprache in den Bereich des höfischen Lebens führte. Und von den Wirkungen dieses Alamodewesens blieben auch die im Hinblick auf die Welt der Höfe verfaßten Schriften, mochten sie nun wissenschaftlicher oder literarischer Art sein, nicht ganz unbeeinflußt. Obwohl viele Mitglieder der Fruchtbringenden Gesellschaft – vor allem die Bürgerlichen unter ihnen – auch in der Folgezeit hartnäckig an der deutschen „Haupt Sprache" festhielten, ja sie gegen Ende des Jahrhunderts sogar an den Universitäten als Vorlesungssprache einzuführen versuchten,[24] erhielten sie dabei von jenen Fürsten, die in der Hofkultur von Versailles die höchste Manifestation eines aristokratischen Lebensstil sahen, immer weniger Unterstützung. Und so gaben selbst manche dieser Autoren ihrem Stil schließlich eine Wendung ins Metaphernreiche, Manierierte, Panegyrische, Prunkvolle, Schwülstige, kurz: Spätbarocke, um so mit ihren „hochlöblichen" Gönnern Schritt zu halten und nicht als altmodisch oder gar bürgerlich-niedrig zu gelten.

Die Deutschgesinnte Genossenschaft

Doch auch jene Autoren, die den eher bürgerlich orientierten Sprachgesellschaften dieser Ära beitraten, um an der Schaffung einer aus dem Geist der deutschen Sprache „hervorblühenden" Nationalliteratur mitzuwirken, hatten es keineswegs leichter. Trotz nobelster Absichten sahen sich auch sie – falls sie nicht ins Geistliche, sondern ins Weltliche tendierten – einer kaum aufzuhebenden Schwierigkeit gegenüber: nämlich dem Gegensatz zwischen der Unbildung des „großen Haufens", wie sie die Mehrheit der Bevölkerung bezeichneten, und ihrer eigenen, zum Teil höchst imponierenden Gelehrsamkeit, die sie entweder ihrem persönlichen Fleiß oder irgendwelchen fürstlichen Gnadenbeweisen verdankten. Und diese Kluft, die sich aufgrund der Exklusivität der damaligen Schul- und Universitätsbildung nur langsam verringerte, mußte unter den Mitgliedern dieser Sprachgesellschaften notwendig zu einem parvenühaften Dünkel führen, der selbst manche der „preiswürdigen" Ideale dieser Vereinigungen ins Arrogant-Elitäre verfälschte und damit ihrem Anspruch eines sozialen und geistigen Höhergeartetseins einen manierierten oder barock-exzessiven Charakter gab. Demzufolge waren die literarischen Ergebnisse der Anbiederung an den Adel oder der Verachtung des Kleinbürgertums häufig die gleichen. In beiden manifestierten sich die Frustrierungen einer winzigen bürgerlichen Gelehrten- und Literatenschicht, die ihre gesellschaftliche Randständigkeit durch einen vollmundigen, ja bramarbasierenden Stil zu kompensieren versuchte.

Ein gutes Beispiel dafür ist jene Deutschgesinnte Genossenschaft, die sich in
Anlehnung an die Fruchtbringende Gesellschaft ebenfalls um eine durchgreifende Reinigung und Vervollkommung der deutschen Sprache bemühte. Ihr
Initiator war Philipp von Zesen, der sich 1643 mit Hans Christoph von Liebe-
nau und Dietrich Petersohn in Hamburg – der zu diesem Zeitpunkt größten
protestantischen Stadt des Heiligen römischen Reiches deutscher Nation – entschloß, eine Sprachgesellschaft zu gründen, die er das Hochdeutsche Helikonische Rosenthal oder die Hochpreiswürdige Deutschgesinnte Genossenschaft
nannte. Im Gegensatz zur Fruchtbringenden Gesellschaft stammten ihre Mitglieder zu über 85 Prozent aus dem Bürgertum und nicht aus dem Adelsstand.
Obwohl auch im Hamburger Rosenthal die führenden Positionen meist Angehörigen der höheren Gesellschaftsschichten – darunter sogar zwei adligen
Damen, nämlich Ursula Hedwig von Veltheim und Catharina Regina von
Greiffenberg – vorbehalten blieben, war diese Vereinigung bei weiten nicht so
höfisch ausgerichtet wie die Fruchtbringende Gesellschaft und bestand vornehmlich aus Lehrern, Predigern und Rechtsanwälten wie Hans Ulrich Bach-
ofen, Daniel Bährholtz, Matthias Christophori, David Hanisius, Christian
Gottlieb Nüssler, Johann Gottfried Olearus, Johann Philipp Schmid und Mala-
chias Siebenhaar.

Im Gefolge der damals beliebten Zahlensymbolik teilte Zesen diese Gesellschaft in vier verschiedene „Zünfte" – die Rosenzunft, die Lilienzunft, die Näg-
leinzunft und die Rautenzunft – ein, deren Einteilungsprinzipien auf numero-
gischen, das heißt glücksverheißenden Kriterien beruhten. Während es in der
Fruchtbringenden Gesellschaft nur dem „Oberhaupt" erlaubt war, neue Mitglieder vorzuschlagen, durften in der Deutschgesinnten Genossenschaft auch
die Vertreter der einzelnen „Zünfte" solche Vorschläge machen. Nach ihrer
„Hänselung" erhielten alle Mitglieder des Helikonischen Rosenthals, wie es
den Gepflogenheiten der meisten Sprachgesellschaften dieser Ära entsprach,
einen Gesellschaftsnamen, einen Wahlspruch und ein Emblem, die sie auch in
ihren Schriften verwendeten. Bis zu seinem Tod im Jahr 1689 blieb Zesen, an
den alle Mitglieder jedes Jahr mindestens drei Briefe richten mußten, das Oberhaupt oder der Erzschreinhalter dieser Genossenschaft. Danach fristete sie
unter Johann Heinrich Gabler und Johann Peisker nur noch ein kümmerliches
Schattendasein und löste sich schließlich 1705 von selbst auf.

In den siebziger und achtziger Jahren hatte die Deutschgesinnte Genossenschaft etwa 200 Mitglieder, von denen manche – wie Siegmund von Birken,
Georg Philipp Harsdörffer, Johann Klaj und Johann Michael Moscherosch –
allerdings nur ehrenhalber aufgenommen wurden. Auf ihren unregelmäßig
stattfindenden Tagungen, an denen nie alle deutschgesinnten Genossen gleichzeitig teilnahmen, wurden meist Vorschläge zur Aufnahme neuer Mitglieder
oder Möglichkeiten zur Verbesserung der deutschen Sprache diskutiert. Und

zwar geschah dies stets im Rahmen jener von Zesen verfaßten *Zunftsatzung*, die alle Brüder und Schwestern des Helikonischen Rosenthals zu folgenden Verhaltensweisen verpflichtete: 1. ihre Schriften, ob nun in Versen oder in Prosa, dem Oberhaupt zuzuschicken, damit dieser sie im Erzschrein aufbewahren könne, 2. sich in diesen Schriften einer von allen unnötigen Fremdwörtern „gereinigten" deutschen Sprache zu bedienen, 3. untereinander alle „uneinigkeit/halsstarrigkeit/zank und neid-sucht" zu meiden und 4. statt dessen mit allen Mitgliedern der Deutschgesinnten Genossenschaft eine „aufrichtige und unzerbrüchliche freundschaft" zu pflegen, das heißt ihnen stets mit Rat und Tat beizustehen, statt sie im Sinne „unverschämter und naseweiser Lästermäuler" mit „schmähschriften/oder anders ungebührlich/an zu tasten". Durch solche Formen der Solidarität sollte verhindert werden, daß jedes „zweibeinichte Müllervieh", wie es im Ton eines standesbewußten Hochmuts hieß, „unsere Rosen- und Liljengenossen angigakken" könne.[25]

Soviel zu den genossenschaftlichen Ritualen und den sprachreformerischen Postulaten der Deutschgesinnten Gesellschaft, die in Zesens *Zunftsatzung* ausführlich beschrieben werden. Was dagegen wiederum fehlt, sind irgendwelche inhaltlichen Vorgaben. So werden zwar im 15. Paragraphen dieser Satzung alle „Mitgenossen dieser löblichen Gesellschaft" dazu angehalten, sich „nicht nur unter ein ander/sondern auch gegen alle menschen/liebseelig/freundlich/bescheidentlich" zu verhalten.[26] Doch von sozialen, moralischen oder politischen Gründen für ein so löbliches Benehmen erfährt man nichts. Es nimmt daher nicht wunder, daß sich die wissenschaftlichen und literarischen Arbeiten der Mitglieder dieser Genossenschaft – wie die ihrer Vorgänger in der Fruchtbringenden Gesellschaft – fast ausschließlich mit sprachlichen und poetologischen Fragen beschäftigen, statt auch auf die verheerenden Folgen des Dreißigjährigen Krieges, das heißt den stockenden Handel und Wandel, die Zerstörung vieler Bildungsstätten sowie das durch diesen Krieg verursachte menschliche Leid einzugehen.

Wie schnell die Mitglieder dieser Gesellschaft den Krieg vergessen und in den Bereich gelahrter Sprachtheorien entfliehen wollten, belegen vor allem Bücher wie *Hochdeutsche Rechtschreibung* (1657) und *Praepositionum Teutonaricum: der Deutschen Fürwörter kunstmäßige Fügung* (1661) von Johann Bellin, der 1646 als „der Willige" in die Deutschgesinnte Genossenschaft eingetreten war und sich als Herausgeber einiger ihrer *Sendschreiben* betätigt hatte. Der gleiche Eskapismus äußert sich in den Werken anderer Deutschgesinnter wie der *Selbst-lehrenden Alt-Neuen Poesie* (1685) von Theodor Kornfeld, den *Madrigalen* (1656) von Friedrich Scherertz sowie der *Geistlichen Schäferei* (1684) von Konrad Heinrich Viebing. Alle diese Schriften täuschen eine aufrechte und tapfere Genossenschaftlichkeit vor, die sich jedoch weitgehend im barock-übersteigerten Lob der eigenen Gesellschaft und ihrer „hochlöblichen"

Mitglieder erschöpft. Außer der unentwegt betonten Sprachpflege wird in ihnen lediglich eine reichlich verschwommene christliche Liebesethik propagiert. Doch selbst im Hinblick auf diese beiden Postulate mangelt es fast immer an Hinweisen, wie sich solche Ideale – aufgrund der unübersehbaren, wenn auch selten offen zugestandenen Isoliertheit dieses Dichterbunds – in die gesellschaftliche Praxis umsetzen ließen.

Demzufolge kommt in vielen Traktaten, Sendschreiben und Poesien dieser „Willigen", „Hurtigen" und „Rüstigen" (oder wie sie auch immer heißen mögen) ein Gelahrtheitsdünkel zum Durchbruch, der sich durch seine bis zur Geschraubtheit gesteigerten Formulierungskünste vom geistig „ungelenken" Pöbel wie von einer anderen Spezies Mensch abzusetzen versucht. Es gibt Literaturwissenschaftler und -wissenschaftlerinnen, die das in einem positiven Sinne als „barock" bezeichnen. In sozialliterarischer Hinsicht läßt sich dagegen diese Tendenz ins Selbstbeweihräuchernde und Formalästhetische eher als forcierte Parvenühaltung interpretieren. Um sich nicht in ihren parnassischen Hochgefühlen beirren zu lassen, zu den vom „großen Haufen" abgetrennten Olympiern oder zumindest vom Geiste der Poesie Auserwählten zu gehören, rückten viele dieser Autoren beim Dichten fast ausschließlich ihre eigene Kunstfertigkeit in den Vordergrund, während sie die Themen ihrer gesellschaftlichen Umwelt, welche sie in den Bereich der „Niedrigkeit" heruntergezogen hätten, bewußt ausblendeten. Auf diese Weise wurde das immer wieder vorgeschobene Telos dieses Deutschen Helikonischen Rosenthals, nämlich ein deutschgesinnter Genosse zu sein, zum Teil bis zur Unkenntlichkeit abgeschwächt. Schließlich wollte im Rahmen dieser Vereinigung jeder in erster Linie ein Poeta laureatus, aber kein weltanschaulich gewappneter Mitbruder oder gar Mitstreiter sein, der sich die Durchsetzung gemeinsamer Ziele zur Aufgabe macht.

Dennoch sollte man selbst im Hinblick auf die Deutschgesinnte Genossenschaft – bei aller Problematisierung des offen zur Schau gestellten Hochmuts mancher ihrer Mitglieder – nicht die ernstgemeinten sprachlichen wie auch poetischen Reformbemühungen dieser Dichter- und Dichterinnengruppe vergessen, ohne die der Zustand der Literatur in diesem Teil Deutschlands vielleicht noch desolater geblieben wäre. Daß sich diese Vereinigung – nach den verheerenden Auswirkungen des Dreißigjährigen Krieges und der krassen Unbildung weitester Bevölkerungsschichten – überhaupt um die Aufrechterhaltung einer „höheren", wenn auch zwangsläufig exklusiven Kultur bemühte, ist in mancher Hinsicht schon Verdienst genug. Und auch die Fernwirkung dieser Genossenschaft sollte nicht unterschätzt werden. Schließlich gab Zesen mit seinem Helikonischen Rosenthal vielen jungen Hamburger Kaufleuten und Juristen wichtige Anregungen, in ihren „müßigen Nebenstunden" auch die Dichtkunst nicht zu vergessen. Zu den bekanntesten Vertretern dieser Schicht gehörte Barthold Hinrich Brockes, dessen frühe Gedichte noch weitgehend unter dem Einfluß der galanten Lyrik der Zesen-Schule stehen. Ja, Brockes gründete 1714 in Hamburg eine Deutschübende Gesellschaft und zwei Jahre später eine Patriotische Gesellschaft, in denen – trotz mancher Tendenzen ins Frühaufklärerische – noch immer etwas vom Geist der älteren Sprachgesellschaften weiterwirkte.

Die Pegnitzschäfer

Während die Mitglieder der Fruchtbringenden Gesellschaft und der Deutschgesinnten Genossenschaft weitgehend im norddeutschen Bereich ansässig waren, hatte der Pegnesische Blumenorden, eine weitere Sprach- und Dichtungsgesellschaft dieser Zeit, sein Zentrum eindeutig in dem von der Pegnitz durchflossenen Nürnberg. Er wurde dort am 16. Oktober 1644, also ein Jahr nach der Einrichtung der Deutschgesinnten Genossenschaft, von Georg Philipp Harsdörffer und Johann Klaj gegründet. Seinen Ursprung verdankte er – einer Erzählung von Siegmund von Birken zufolge – einem Wettbewerb, bei dem der bessere Dichter, wie schon bei den Meistersingern, einen Kranz mit seidenen Blumen erhalten sollte. Da es jedoch den Kunstrichtern schwer gefallen sei, zwischen einem Gedicht von Harsdörffer und einem von Klaj einen qualitativen Unterschied zu finden, seien beide Dichter aufgefordert worden, sich aus dem besagten Kranz je eine Blume auszusuchen. Harsdörffer habe daraufhin die Maienblume, Klaj den Klee gewählt. Später hätten auch spätere Mitglieder dieses Ordens diesem Kranz je eine Blume entnehmen dürfen – und so sei schließlich der Löbliche Blumenorden an der Pegnitz entstanden.

Im Gegensatz zu den beiden ersten Sprachgesellschaften besaß der Pegnesische Blumenorden relativ wenige Mitglieder. Zwischen 1644 und 1658, als Georg Philipp Harsdörffer sein Oberhaupt war, wurden nur 14 neue Mitglieder in ihn aufgenommem. Erst Siegmund von Birken, der 1662 dieses Amt übernahm und es bis 1681 innehatte, nahm weitere 58 Mitglieder auf. Dagegen wuchs die Zahl der Blumengekrönten unter Martin Limburger, Magnus Daniel Omeis und Christoph Fürer, seinen Nachfolgern, nur unbeträchtlich an, das heißt blieb weit hinter der Mitgliederzahl der Fruchtbringenden Gesellschaft und der Deutschgesinnten Genossenschaft zurück. Fast alle seine Mitglieder, zu denen auch 14 Frauen gehörten, stammten aus Nürnberg und erhielten bei ihrem Eintritt in diesen Orden einen Gesellschaftsnamen, ein Blumenemblem und ein Ordensband. Untereinander bezeichneten sie sich als Blumen-Genossen, Blumen-Hirten oder Pegnitz-Schäfer, während sie ihre Vereinigung Gekrönter Blumen-Orden, Edel-gekrönter Blumen-Orden oder Löblicher Pegnesischer Blumen-Orden nannten. Über die zeitgenössische Sicht dieser Gesellschaft informieren am besten die *Fortsetzung der Pegnitz-Schäferey* (1645) und

Symbole der Pegnesischen Blumengesellschaft. Aus der 1744 herausgegebenen Festschrift „Historische Nachricht von deß löblichen Hirten- und Blumenordens an der Pegnitz Anfang und Fortgang" von Johann Herdegen

das *Himmel-klingende Schäferspiel der Blumen-Genossenschaft an der Pegnitz* (1688) von Siegmund von Birken sowie die *Historische Nachricht von deß löblichen Hirten- und Blumenordens an der Pegnitz Anfang und Fortgang* (1744) von Johann Herdegen.

Wie die zwei früheren Genossenschaften wollte auch der Nürnberger Blumenorden einerseits der „Reinbehaltung der Teutschen Sprache", andererseits der „Ausübung und Vermehrung der Dicht-Kunst" dienen, wie es bei Johann Herdegen heißt.[27] Allerdings läßt sich dabei im Laufe der Jahre eine deutliche Akzentverschiebung beobachten. Während unter Georg Philipp Harsdörffer eher die „Poeterey" im Vordergrund stand, war Siegmund von Birken stärker auf die Sprachpflege bedacht. Diese zwei Zielsetzungen spiegeln sich – neben den üblichen Berufungen auf christliche Tugendvorstellungen – auch in den „Satzungen" des Pegnesischen Blumenordens wider. Ihnen zufolge sollten seine Mitglieder 1. alle gekrönte Poeten oder Poetinnen sein, 2. nicht nur in der deutschen Dichtkunst, sondern auch in anderen Sprachen, Künsten und Wissenschaften bewandert sein, 3. sich bemühen, nicht allein neue deutsche Wörter zu erfinden, sondern auch in älteren deutschen Schriften nach inzwischen aus der Mode gekommenen deutschen Urwörtern zu suchen und diese in ihren Werken sinnvoll anzuwenden, sowie 4. mit ihren Werken zu Gottes Ehre beitragen und gute Beispiele einer für alle Menschen „ersprießlichen" Tugendlehre aufstellen.

Die ersten Zusammentreffen dieses Ordens fanden meist im „Poeten-Wäldlein" vor den Toren Nürnbergs statt. Johann Herdegen berichtete über sie: „Hier wurden entweder die von ihnen verfertigten Übersetzungen aus anderen Sprachen, oder aber die Gedichte, worinnen sie ihre eigenen Gedanken vorgetragen, von ihnen abgelesen, oder es wurde da verabredet, worüber, bey nächster Versammlung, ein jedes Mit-Glied seine Gedanken eröffnen solte, oder was, bey einer vorseyenden vornehmen Hochzeit für eine Materie zu einem auszuführenden Hirten-Gespräch möchte erwählet werden."[28] Später traf sich der Blumenorden auch im parkartig angelegten Mittelteil eines „Irrhains" oder im „Poeten-Stüblein" von Andreas Ingolstetter. Bei diesen Treffen trugen alle Mitglieder ein weißes Seidenband am linken Arm, in welches der Name des jeweiligen Gesellschafters sowie sein Blumenemblem eingestickt waren. Wer nicht zu diesen Versammlungen kommen konnte, nahm wenigstens – wie bei den anderen Sprachgesellschaften – in ausführlichen Briefen an den Aktivitäten dieses Ordens teil, von denen einige sogar veröffentlicht wurden. Neben Georg Philipp Harsdörffer und Johann Klaj gehörten zu den bekannteren Pegnitzschäfern und -schäferinnen, wenn auch meist nur pro forma, vor allem Anton Ulrich von Braunschweig-Lüneburg, Catharina Regina von Greiffenberg, Quirinus Kuhlmann, Johann Michael Moscherosch, Georg Neumark, Magnus Daniel Omeis, Johann Rist, Justus Georg Schottelius, Caspar Stieler und Philipp von Zesen.

Im Gegensatz zu anderen Sprachgesellschaften dieser Zeit, die recht zeremonielle Umgangsformen hatten, stand bei den Nürnbergern eher das Gesellige im Vordergrund. Besonders Harsdörffer unterbrach in seinen vielfältigen Schriften – nach horazischem Vorbild – das Lehrhafte gern mit unterhaltenden Partien, ja scheute selbst vor dem Anekdotischen und Spielerischen nicht zurück. Dafür sprechen vor allem seine *Frauenzimmer-Gesprechsspiele*, die zwischen 1641 und 1649 erschienen. In ihnen unterhält sich eine vornehme Gesellschaft von drei Herren und drei Damen, von denen vier dem Adel und zwei dem Bürgerstand angehören, auf eine höchst gebildete und zugleich betont höfische Weise über eine Reihe recht unterschiedlicher literarischer und wissenschaftlicher Themen, ohne daß dem Ganzen eine klar erkennbare Handlung zugrunde läge. Formal wechseln dabei längere und kürzere Gespräche mit Novellen, Anekdoten und geistreichen Zwischenbemerkungen ab. Und zwar trifft sich diese Gesellschaft im Landhaus eines älteren Hofmanns, namens Vespasian von Lustgau, wo es während einer Gondelfahrt, eines Spaziergangs durch den sorgfältig angelegten Park, bei der Betrachtung der reich ausgeschmückten Säle oder nach musikalischen Darbietungen zu einer Folge zwangloser Unterhaltungen kommt. „Man hat darin nicht mit Unrecht", hieß es später, eine Transponierung bürgerlicher Geselligkeit „in einen gelehrt höfischen Kreis gesehen".[29] Die gleiche Tendenz äußert sich in Harsdörffers dreibändigem *Nürnberger Trichter* (1647–1653), in dem er sich über die pedantischen Tabulaturbestimmungen der älteren Meistersinger lustig machte und einen literarischen Regelkanon aufstellte, der sich – wie bei Martin Opitz und der Fruchtbringenden Gesellschaft – auf antike und romanische Vorbilder stützt, wobei er vor allem an der italienischen Sprache geschulte Klangmalereien in den Vordergrund rückte.

Neben Georg Philipp Harsdörffer, dem Großliteraten, wirken viele der anderen Pegnitzschäfer, die wie er in Nürnberg ansässig waren, eher wie literarische Kleinmeister. Das gilt weniger für Siegmund von Birken und Johann Klaj als für Christoph Arnold, Johann Michael Dilherr, Johann Helwig, Johann Friedrich Riederer, Johann Saubert, Siegmund Gottlieb Staden und Johann Volckamer, welche sich neben poetischen und wissenschaftlichen Fragen auch für theologische Probleme interessierten. Zu ihren beliebtesten Dichtungsformen gehörten – außer jenen Friedensgedichten, Friedensspielen und Friedensoratorien, die sie in den Jahren 1648 und 1649 verfaßten – vor allem Übersetzungen, Singspiele und Gelegenheitsgedichte. Nicht minder eifrig wandten sich die Dichter dieses Ordens der Schäferpoesie zu, wobei sie sich in ihren Motiven meist an dem von Harsdörffer übersetzten spanischen Schäferroman *Diana* (1542) von Jorge de Montemayor orientierten. Aufgrund der geselligen Art ihrer Kunstübung entwickelten sie hierbei zum Teil eine sprachliche Anmut, die in ihrer tändelnden Verspieltheit auf die spätere Rokokodichtung vorausweist. Ja, einige dieser

Dichter unterschrieben ihre Werke bereits wie die Anakreontiker des 18. Jahrhunderts mit Schäfernamen wie Dafnis, Floridan oder Damon. Als Emblem dieser Gesinnung wählten sie gern das Bild einer Pansflöte, das sie mit dem horazischen Sinnspruch „Mit Nutzen erfreulich" versahen.

Um es auf den Punkt zu bringen: in der Dichtung der Pegnitzschäfer kommt ein Lebensgefühl zum Durchbruch, in dem sich das literarische Bemühen jenes Patriziats äußert, das nach der Beendigung des Dreißigjährigen Krieges – bei aller belehrenden Absicht – endlich wieder das Leichte, Unterhaltende, Gesellige oder Festliche in der Dichtkunst in den Vordergrund rücken wollte. Da sich nach dem Verfall des Meistergesangs in Nürnberg keine neue bürgerliche Stadtkultur entwickelt hatte, lehnten sich die literarisch interessierten Vertreter der oberen Gesellschaftsschicht dieser Stadt und die mit ihnen sympathisierenden Gelehrten zu diesem Zeitpunkt immer stärker an den höfischen Formen der französischen, spanischen und italienischen Fest- und Gesellschaftskultur an, um sich so von den älteren kleinbürgerlichen Kunstbemühungen abzusetzen und einen kulturellen Anschluß an den Lebensstil des absolutistischen Hofwesens zu gewinnen. Doch diesem Bemühen war kein Erfolg beschieden, da die frühere Bedeutung der freien Reichsstädte in diesen Jahrzehnten ständig zurückging. Deshalb blieb die mit höfischen Formen drapierte Schäferei an der Pegnitz letztlich ein fruchtloses Unterfangen, das lediglich der patrizischen Kurzweil diente. Statt eine neue, selbstbewußte Kultur anzustreben, verharrte der Nürnberger Blumenorden – aufgrund seiner sozialen Unentschiedenheit – in einem literarisch-gelehrten Vakuum, aus dem sich weder ein Weg in die Welt des fürstlichen Absolutismus noch in die Welt der bürgerlichen Aufklärung ergab.

Der Elbschwanenorden

Wie der Pegnesische Blumenorden schloß sich auch der 1658 von Johann Rist gegründete Elbschwanenorden in seinen sprachreformerischen Bemühungen in vielem den Satzungen der Fruchtbringenden Gesellschaft und der Deutschgesinnten Genossenschaft an. Dennoch besaß er – ideologisch und sozialliterarisch gesehen – einen durchaus eigenen Charakter. Während in den beiden erstgenannten Gesellschaften der Adel entweder eine führende oder zumindest zutiefst respektierte Rolle spielte und sich selbst bei den Nürnberger Pegnitzschäfern – trotz ihrer bürgerlich-patrizischen Herkunft – ein forciertes Streben ins Galante, zum Teil sogar Höfische beobachten läßt, herrschte im Elbschwanenorden eine eindeutig bürgerlich-protestantische Gesinnung, die sich auch in seinen Dichtungen niederschlug. Johann Rist war seit 1634 evangelischer Pfarrer in Wedel, einer kleinen Stadt an der Elbe unweit von Hamburg. Er verfaßte zwar auch weltliche Gedichte und Festspiele, wurde aber vorzugsweise durch seine geistlichen Lieder bekannt. Im Gegensatz zu den Pegnitzschäfern oder vielen Mitgliedern der Deutschgesinnten Genossenschaft hatte er keine gesellschaftlichen Aufstiegsbedürfnisse, sondern begnügte sich damit, daß in Hamburg – im Rahmen der „erbgesessenen Bürgerschaft" – auch die Geistlichen ein gewisses Mitspracherecht in vielen weltlichen Angelegenheiten hatten.[30]

Was wir über den Elbschwanenorden wissen, verdanken wir weitgehend den Schriften *Des Hochlöblich-ädeligen Swanen-Ordens Deudscher Zimber Swan* (1666) und *Der Träu-flihssender Zimber Swan Welcher des Swanen-Ordens zu des Uhrhäbers Läbezeit rühmlichst gewäsener Lobwürdiger Mitglieder Ordensnamen* (1669) von Conrad von Hövelen. Offenbar hat es die Elbschäfer schon in den frühen fünfziger Jahren als lockere Gruppe gegeben. Als Orden verstanden sie sich jedoch erst seit 1658, als Johann Rist – wohl auf Veranlassung des Herzogs August des Jüngeren von Braunschweig und des Herzogs Christian von Mecklenburg – dem Ganzen eine festere Form verlieh. Für die Behauptung, daß es dieser Vereinigung vornehmlich darum gegangen sei, der Fruchtbringenden Gesellschaft neue Mitglieder zuzuführen, haben sich nie triftige Belege finden lassen. Schon Conrad von Hövelen wiedersprach dieser These, indem er schrieb: „Unser Orden ist für sich / tuht keiner Gesel- oder Genos-schaft Ingriff / noch affet ungeschikt andren Orden nach."[31] Doch sei dem, wie es wolle. Fest steht dagegen, daß der Elbschwanenorden der Kleinste unter den vier wichtigsten Sprachgesellschaften dieser Ära war, das heißt lediglich 45 Mitglieder hatte.[32] Größten Wert legte Rist allerdings darauf, daß alle Neueintretenden „Gelärte Leute / Sinnreiche Geister / künstliche Mäister / und daferne es immer müglich / Käiserl. Gekrönte Poeten" sein sollten.[33] Demzufolge befanden sich unter seinen Mitgliedern tatsächlich 36 gekrönte Dichter. Während die Deutschgesinnten Genossen sowie die Pegnitzschäfer auch gebildete Adelsdamen und Patrizierinnen, welche über die genügende Muße verfügten, in ihre Bünde aufnahmen, verwahrten sich die Mitglieder des Elbschwanenordens ausdrücklich dagegen, ihre Ehehälften oder andere hartarbeitende und daher ungebildete Bürgersfrauen in ihre Gesellschaft aufzunehmen. Katholiken waren in dieser Vereinigung zwar nicht verpönt, stellten aber von vornherein keine Aufnahmegesuche.

Das Oberhaupt des Elbschwanenordens blieb bis zu seinem Tode Johann Rist. Er war es zugleich, der alle Neuaufnahmen zu genehmigen hatte. Auch die für den Orden gültige „Satzung" war sein Werk. In ihr wurde – wie in vielen Sprachgesellschaften dieser Jahrzehnte – von allen Mitgliedern unter anderem verlangt, sich 1. für die Beförderung einer gereinigten deutschen Sprache einzusetzen, 2. eine „Ware / Aufrichtige Unzertränliche Freund- und Bruderschaft" anzustreben, 3. ein blaues Seidenband zu tragen, worauf ihr Ordensname eingestickt war und an dem ein goldener Schwan hängen sollte, 4. anderen Mitgliedern nicht nur bei der Herausgabe ihrer Schriften behilflich zu sein, sondern ihnen auch „mit Hand / Mund und Fäder" beizuspringen, falls sie von Fremden angegriffen würden, sowie 5. zweimal im Jahr dem Oberhaupt des Ordens einen längeren Brief zu schreiben.[34]

Schon aus diesen wenigen Satzungspunkten geht hervor, daß der Elbschwanenorden vor allem eine Vereinigung miteinander korrespondierender Mitglieder war, die keine regelmäßigen Tagungen abhielt. Jedenfalls lassen sich solche nicht nachweisen. Zu seinen Mitgliedern zählten unter anderem Daniel Bährholz, Georg Greflinger, Friedrich Hoffmann, Conrad von Hövelen, Balthasar Kindermann, Ludwig Knaust, Johann Praetorius, Gottfried Wilhelm Sacer, Karl Taut und Gottfried Zamehl, die weitgehend unter Pseudonymen wie Agethander, Almesius, Candorin, Celadon, Epigrammacles, Fidelior, Florindo, Kleodor und Philoklyt publizierten. Die meisten von ihnen wohnten entweder in Hamburg oder im Preußischen, Kurbrandenburgischen und Braunschweigischen. Zu den engeren Freunden Rists zählte außerdem Johann Balthasar Schupp, der seit 1649 Hauptpastor von Hamburg war und sich als Verfasser deftiger Satiren sowie geistlicher Lieder mit antihöfischer Tendenz einen Namen machte. Daß fast alle Schriften der Mitglieder dieses Ordens religiöser Natur waren, ergab sich schon daraus, daß über ein Drittel von ihnen als Pfarrer im Dienste der protestantischen Kirche standen. Rist selber veröffentlichte gegen Ende seines Lebens einen Großteil seiner Werke in den drei Bänden der *Geistlichen Poetischen Schriften* (1657–59) sowie dem sechsbändigen Sammelwerk *Monatsgespräche* (1663–68).

Da sich nach Rists Tode im Jahr 1667 kein neues Oberhaupt für diesen Orden fand, fiel er schnell auseinander, zumal er ohnehin keine Tagungen abgehalten hatte und es daher kaum zu engeren Beziehungen unter den einzelnen Mitgliedern gekommen war. Obendrein stand auch die Vorherrschaft des Geistlichen einer sinnvollen Weiterentwicklung dieses Ordens hemmend im Wege. Sie lieferte zwar ihren Mitgliedern die nötigen inhaltlichen Vorgaben, bewirkte aber zugleich eine orthodoxe Formelhaftigkeit, die einen ungünstigen Einfluß auf ihre poetische Praxis hatte. Schließlich war das Luthertum zu diesem Zeitpunkt schon längst keine rebellische Bewegung mehr, sondern hatte sich zu einer Obrigkeitsreligion verfestigt, die kaum noch irgendwelche Neuerungen zuließ. Dadurch wurden die poetischen Impulse auf diesem Gebiet, die einem selbstbewußten, auf gesellschaftliche Erneuerung oder gar Veränderung drängenden Dichterbund den nötigen Auftrieb gegeben hätten, immer spärlicher. Wenn also später überhaupt noch vom Elbschwanenorden die Rede war, fiel meist nur der Name Johann Rist. Nur er, „der Rüstige", wie er in der Fruchtbringenden Gesellschaft, oder der „Daphnis aus Cimbrien", wie er bei den Pegnitzschäfern hieß, gab diesem Orden im Rahmen der Sprachgesellschaften des 17. Jahrhunderts einen „gebührlichen", das heißt als „löblich" anerkannten Status. Aufgrund dieses Ansehens gingen einige von Rists Gedichten, wie „O Ewigkeit, du Donnerwort", sogar in den Kanon der barocken Lyrik ein. Von seinen Anhängern sprach dagegen schon kurze Zeit später fast niemand mehr. Sie hatten zwar ihrem „Meister" alle sechs Monate einen längeren Brief geschickt, waren aber in ihren Poesien weitgehend im Bereich der protestantischen Gebrauchslyrik geblieben, statt sich auch als politisch, religiös und zugleich literarisch bedeutsame „Elbschwäne" zu profilieren, hinter deren Schaffen sich ein bestimmtes, über die protestantische Frömmigkeit hinausgehendes Programm erkennen ließe.

Die kleineren Sprachgesellschaften

Neben der Fruchtbringenden Gesellschaft, der Deutschgesinnten Genossenschaft, dem Pegnesischen Blumenorden und dem Elbschwanenorden entwickelten sich in den gleichen Jahrzehnten, bedingt durch die politische Zersplitterung sowie den mangelnden Reiseverkehr innerhalb des Heiligen römischen Reiches deutscher Nation, noch mindestens sechs weitere Sprachgesellschaften, die sich im Gegensatz zu wissenschaftlichen oder religiösen Vereinigungen dieser Ära – wie der Societas Christiana, der Bruderschaft der Rosenkreuzer, der Societas Ereunetica, dem Orden des Totenkopfes, den Sklavinnen der Tugend sowie der Sozietät derer Scientien – ebenfalls poetische oder sprachreformerische Ziele setzten. Während die drei erstgenannten Sprachgesellschaften bei ihren Bemühungen eher ins Höfische, Patrizische oder Galante tendierten, herrschte bei diesen Gesellschaften, deren Mitglieder fast durchweg bürgerliche Akademiker, Lehrer oder Pastoren waren, entweder eine an den geistlichen Zielen das Elbschwanenordens orientierte oder eine noch den akademischen Idealen des 16. Jahrhunderts verpflichte Tendenz ins Humanistische vor. Da diese Vereinigungen kein so großes Ansehen hatten wie jene, deren Mitglieder weitgehend aus den gehobenen Gesellschaftsschichten stammten, haben sie kaum nennenswerte Spuren hinterlassen. Über einige von ihnen wissen wir wenigstens das Nötigste. Dagegen hat sich von anderen nur eine dürftige und zudem chronologisch lückenhafte Anzahl von Dokumenten erhalten, aus denen sich ihre literarischen Absichten nur mit einiger Mühe erkennen lassen. Ja, manche kennen wir nur noch den Namen nach.

Beginnen wir mit jenen drei Gesellschaften, die offenbar im 17. Jahrhundert nicht ganz unbekannt waren, deren Ruhm jedoch danach schnell verblaßt sein muß. Da wäre erst einmal die Aufrichtige Gesellschaft von den Tannen, die offenbar schon in den dreißiger Jahren des 17. Jahrhunderts in Straßburg existierte, sich aber erst ab 1647 aktenkundlich nachweisen läßt. Als ihre Begründer gelten weithin Johannes Freinsheim, Andreas Hecht, Jesaias Rompler von Löwenhalt und Peter Samuel Thiederich. Die Zahl ihrer Mitglieder, die vornehmlich dem Bürgerstand entstammten, muß gering gewesen sein. Höchstwahrscheinlich waren die meisten von ihnen – wie Johannes Kueffer, Johann Michael Moscherosch und Samuel Schallesius – Freunde oder zumindest Gesinnungsgenossen Romplers. Daß sie die Tanne zu ihrem Symbol erwählten, geht sicher darauf zurück, daß dieser Baum in der barocken Emblematik als ein Sinnbild der „edlen Aufrichtigkeit" galt. Außerdem wissen wir, daß sich auch diese Gesellschaft – im Sinne der nord- und mitteldeutschen Dichterbünde dieser Zeit – um die „reine erbauung unserer währten Mutter-Sprach" bemühte, jedoch ohne sich hierbei über den älteren Meistersang lustig zu machen.[35] Allerdings lassen sich diese Bemühungen im einzelnen kaum belegen. Wie lange diese Gesellschaft bestand, ist ebenfalls nicht mit absoluter Sicherheit zu ermitteln.

Auch die Neunständige Häseschaft, die wahrscheinlich gegen Mitte der vierziger Jahre in Hamburg erstmals zusammentrat, hat nur wenige Spuren hinterlassen. Von ihren neun Mitgliedern, auf die ihr Ordensname verweist, ist nur Philipp von Zesen bekannt, dessen Gesellschaftsname – wegen seiner Zugehörigkeit zur Deutschgesinnten Genossenschaft – in dieser Vereinigung „Deutschhold" lautete. Wie alle diese Gesellschaften bemühte sich auch die Neunständige Häseschaft hauptsächlich um „die Reinlichkeit der Hochdeutschen Sprache".[36] Ob sie sonst noch irgendwelche, in Satzungen zusammengefaßte Ziele hatte, läßt sich aufgrund der wenig ergiebigen Quellenlage nicht mehr feststellen. Vermutungen zufolge scheint ihr Ende mit dem Tode Zesens zusammengefallen zu sein. Jedenfalls finden sich nach 1689 keine weiteren Erwähnungen dieser Gesellschaft mehr.

Ebenso klein muß jene Gruppe gewesen sein, die sich das Poetische Kleeblatt nannte und 1671 in Straßburg gegründet wurde. Ihre Stifter waren Johann Valentin Will, Friedrich Weiger sowie Christoph Becker, der an der dortigen Universität als Professor für Geschichte und Beredsamkeit wirkte. Als weitere Mitglieder lassen sich – wenigstens den Namen nach – Samuel Artopaeus, Johann Philipp Baetenstein, Philipp Ludwig Künast, Johann Kaspar Kuhn, Georg Letzel und Johann Valentin Scheid nachweisen. Obwohl diese Gesellschaft bis zum Beginn des 18. Jahrhunderts existierte, scheinen später keine neuen Mitglieder mehr hinzugekommen zu sein. Den Satzungen des Jahres 1673 zufolge, trafen sich die Mitglieder dieses Kleeblatts jeden Samstagabend um sechs Uhr in der Wohnung eines ihrer Gründungsmitglieder, um mit wissenschaftlichem Anspruch über Probleme der deutschen Sprache und Poesie zu diskutieren.

Der Vollständigkeit halber sei in diesem Zusammenhang noch auf drei weitere, ebenso kleine Sprachgesellschaften dieser Art hingewiesen: den schwäbischen Dichterkreis der Oettinger Blumengenossen, den 1693 gegründeten Belorbeerten Tauben-Orden und den 1695 erstmals erwähnten Leopolden-Orden. Während sich über die Oettinger Blumengenossenschaft, höchstwahrscheinlich ein Ableger des Pegnesischen Blumenordens, sowie den Belorbeerten Tauben-Orden kaum etwas Nennenswertes finden läßt, wissen wir über den Leopolden-Orden wenigstens, daß sein Begründer der reichsgräfliche Reuß-Plauensche Rat Johann Caspar Jungmichel von Michelsberg war, der die Satzungen dieses Ordens in seiner Schrift *Neuer Wachsthum der Deutschen Helden-Sprache durch den hochpreißlichen Leopolden-Orden* (1698) festlegte. Statt die „köstlichen Perlen-Reden" der deutschen Sprache weiterhin „mit dem unächten Putze Ausländischer Worte zu verfälschen", trat auch Jungmichel – wie alle diese Reformer seit der Fruchtbringenden Gesellschaft – für eine verstärkte „Reinigkeit" des Deutschen ein und erhoffte sich dabei eine Unterstützung von seiten Kaiser Leopolds I.[37] Sonst ist über diese Gesellschaft weiter nichts Erwähnenswertes bekannt.

Mit diesen bis zum Jahrhundertende bzw. dem Ende der sogenannten Barockära aktiven Sprachgesellschaften kam eine Entwicklung zum Abschluß, welche inmitten des von politischen, sozialen und religiösen Kämpfen erfüllten 17. Jahrhunderts von einer tiefen nationalen Sehnsucht zeugt, wenigstens im Bereich der Sprache und Kultur eine gewisse Einheitlichkeit zu erhalten. Daß sich diese Sehnsucht nur in Form vereinzelter Bünde, Kreise, Orden, Gesellschaften und Genossenschaften äußerte, ist bei der allgemeinen Zerrissenheit der politischen und sozialen Verhältnisse nur allzu verständlich. Daher traten zwar in diesen Jahrzehnten, wie wir gesehen haben, zahlreiche Sprach- und Literaturgesellschaften auf, die sich im Hinblick auf die Reinerhaltung der deutschen Sprache durchaus einig waren, sich jedoch nicht zu einer Deutschen Akademie zusammenschließen konnten, die ihren Bemühungen – im Sinne der Académie française in Frankreich – eine allgemeine Verbindlichkeit gegeben hätte. Schließlich gab es zu diesem Zeitpunkt in Deutschland noch immer Hunderte selbständiger Territorien, deren Herrscher aus dem Dreißigjährigen Krieg eher gestärkt als geschwächt hervorgegangen waren und somit der Herausbildung einer gesamtdeutschen Kultur weiterhin hemmend im Wege standen. Demzufolge fehlte es dem Heiligen römischen Reich deutscher Nation in dieser Ära an einem geistigen und kulturellen Mittelpunkt, der – wie Paris oder London – einen günstigen Nährboden für die Entstehung einer literarischen Kultur abgegeben hätte.

So gesehen, sind die vielen Sprachgesellschaften des 17. Jahrhunderts weniger Zeugnisse einer reichen literarischen Kultur als versprengte Defensivposten einzelner Fürsten- oder Dichterbünde, welche sich mit ihren beschränkten Mitteln gegen eine allgemeine Zersplitterung der deutschen Sprache in mehrere Dialekte sowie ein bedrohliches Anwachsen der Fremd- und Lehnwörter zu wehren versuchten. Daß ihnen dies – wenigstens auf der Ebene der poetischen Hochsprache – gelungen ist, steht wohl außer Frage. Allerdings ging diese Vereinheitlichung, die manchmal mit einem Hang zu übertriebener „Reinigung"

verbunden war, nicht ohne einen merklichen Verlust an Realistik und Volks-
tümlichkeit vonstatten. Das Ergebnis dieser Bemühungen war demnach höchst
zwiespältig. Zum einen setzte durch die Aktivitäten dieser Sprachgesellschaften eine Wendung zu höheren Literaturformen ein, die durchaus positiv zu
bewerten ist. Zum anderen verführte dieser Drang ins „Höhere" viele ihrer
Mitglieder – von den Geistlichen im Rahmen des Elbschwanenordens einmal
abgesehen – zu einer parvenühaften Vornehmtuerei, die in ihrer gestelzt-pathe-
tischen Art manchmal fast ans Komische streift. Immer wieder spürt man, wie
sich in den Schriften dieser Gesellschaften eine Sehnsucht nach Gemeinschaftlichkeit, ja selbst nach Solidarität manifestiert, für die es jedoch im Rahmen der
damaligen Ständeordnung noch keine gesellschaftliche Realisierungschance
gab. Dazu war einerseits die Autorität der Fürsten noch viel zu groß, ja geradezu
unantastbar, während andererseits das Bürgertum – durch den im Dreißigjährigen Krieg fast völlig zum Stocken gekommenen Handel und Wandel – wirtschaftlich so geschwächt war, daß es den verschiedenen Dichterbünden keine
tatkräftige Unterstützung bieten konnte. Deshalb kam es bis zum Beginn des
18. Jahrhunderts im Rahmen einiger, sich wegen ihrer mangelnden Schätzung
häufig auf übertriebene Weise selbstbeweihräuchernder literarischer Vereinigungen zwar zu wichtigen Sprachreinigungsversuchen wie auch zu poetischen
Einzelleistungen, die keineswegs gering geschätzt werden sollen, aber nicht zu
Dichterbünden, deren Ziel eine bürgerliche Emanzipation gewesen wäre.

Die Königsberger Kürbishütte

Eine Sonderrolle im Rahmen der hier behandelten Sprachgesellschaften spielte
jener Königsberger Dichterkreis, der unter der Bezeichnung „Kürbishütte an
der Pregel" in die Literaturgeschichte eingegangen ist. Über ihn wissen wir relativ gut Bescheid. Er wurde bereits im frühen 17. Jahrhundert, genauer im Jahr
1636, gegründet und setzte sich aus einer Gruppe von Lyrikern und Komponisten zusammen, die ihre Hauptaufgabe weniger in der Abfassung anspruchsvoller Sprach- und Dichtungstheorien als in der regelgerechten Verfertigung
geselliger Lieder und Gelegenheitsgedichte sahen. Ihr geistiges Oberhaupt war
Robert Roberthin, der als vielseitig gebildeter Sekretär am Königsberger Hof-
gericht tätig war und in enger Verbindung mit Martin Opitz stand, den er 1638
sogar nach Königsberg einlud. Allerdings war Roberthins Einfluß nicht so prä-
gend, daß man ihn – im Hinblick auf die Königsberger Dichter – als schulbil-
dend bezeichnen könnte. Letztlich war dieser Kreis überhaupt keine ordentli-
che, das heißt mit festen Statuten versehene Gesellschaft, sondern eher eine lok-
kere Vereinigung von literarisch und musikalisch Interessierten, die sich bei
angenehmem Wetter im Garten des Königsberger Domorganisten Heinrich

Die Kürbishütte. Der Versammlungsort des Königsberger Dichterkreises. Titelblatt eines Werkes von Heinrich Albert (1645)

Albert trafen. Und in diesem Garten stand jene Kürbs- oder Kürbishütte, in deren Früchte Albert und seine Freunde manchmal einzelne Liedverse schnitten und die dieser Gruppe ihren Namen gab. Ja, als Albert 1641 einen Band seiner Lieder herausgab, nannte er ihn ausdrücklich *Musicalische Kürbs Hütte*.

Bei den Königsbergern spielte überhaupt das Lied eine wesentlich größere Rolle als bei den anderen Sprach- und Dichtergesellschaften dieser Zeit. Und zwar geht das sowohl auf Heinrich Albert als auch auf das Wirken des dort ansässigen Kapellmeisters Johannes Eccard sowie die Bemühungen von Peter Hagen und Johannes Stobaeus zurück, welche sich nicht nur als Verfasser von Gedichten, sondern auch als Komponisten hervortaten. In den dreißiger Jahren hatte dieser Kreis etwa ein Dutzend Mitglieder, die sich im geselligen Umgang Schäfernamen zulegten und sich bei ihren Treffen – fast noch im Stile der Meistersinger – ihre Gedichte vortrugen oder auch vorsangen. Da viele dieser Texte tief empfundene, protestantisch-religiöse Todesmahnungen enthielten, wurden die Angehörigen dieses Kreises nicht nur als Kürbishütten-Poeten, sondern auch als „Sterblichkeitsbeflissene" bezeichnet. Überhaupt überwog bei vielen Anhängern dieser Gruppe – wie beim Elbschwanenorden – eine Gesinnung, die sich ihres bürgerlich-protestantischen Eigenwerts voll bewußt war und nicht von vornherein ins gesellschaftlich Höhere zu streben suchte. Trotz vieler Ergebenheitsadressen an die jeweiligen kurbrandenburgischen Fürsten und lokalen Obrigkeiten entwickelten deshalb die Königsberger nicht jenen Drang ins Patrizisch-Galante oder Höfische, wie er sich bei den Nürnberger Pegnitzschäfern beobachten läßt, sondern neigten als gebildete Vertreter des mittleren Bürgertums auch im Literarischen zu wesentlich schlichteren Formen als andere Barock-Poeten dieser Zeit, ja griffen, wie das aus diesem Kreis hervorgegangene Lied *Anke von Tharau* beweist, sogar volkstümliche Traditionen auf.

Dafür spricht vor allem das Wirken von Simon Dach, der seit 1626 in Königsberg lebte, sich dort an Roberthin und Albert anschloß und schließlich, nach einigen Jahren als Lehrer an der Kneiphöfischen Schule, 1639 zum Professor für Poesie an der Universität ernannt wurde. Dach war kein anspruchsvoller Theoretiker oder Reformer, sondern zog den intimen Umgang mit wenigen Gleichgesinnten dem Auftreten in der Öffentlichkeit vor. Die meisten seiner Gedichte sind religiöser Art und spiegeln in ihrem geistlichen Trostbedürfnis die Misere der Zeit während des Dreißigjährigen Krieges wider. Doch zugleich schrieb er fast tausend sogenannte Gelegenheitsgedichte, welche wohlhabende adlige oder bürgerliche Familien für die jeweils anfallenden Taufen, Trauungen und Beerdigungen bei ihm bestellten. Diese Gedichte, vor allem die poetischen „Todesanzeigen" oder „Trostreimchen", zeichnen sich bei aller Kunstfertigkeit nicht nur durch eine geradezu naiv anmutene Einfachheit, sondern auch durch eine starke Bindung an das Sangbare aus. In ihnen leistete Dach sein Bestes, während er Genres wie die Ode, das Sonnett und das Sinngedicht – wegen ihrer anspruchsvollen Formbetonheit – im Laufe seines Lebens allmählich aufgab.

Ähnliches läßt sich über die anderen Mitglieder dieses Kreises sagen. Zu ihnen gehörten vor allem Andreas Aldersbach, Christoph Kaldenbach, Jonas Koschwitz, Albert Lingemann, Georg Mylius, Valentin Thilo der Ältere und Christoph Wilkau, welche bis weit in die zweite Hälfte des 17. Jahrhunderts schriftstellerisch tätig blieben, während Simon Dach bereits 1759 starb. Nur wenn diese Autoren für den Hof dichteten bzw. dichten mußten, es also um die erforderlichen Huldigungen ging, strebten auch sie – wie die Deutschgesinnten Genossen oder Nürnberger Pegnitzschäfer – ins Pathetisch-Allegorische und bedienten sich poetisch überhöhter Bilder, mit denen sie den Eindruck einer an antiken Vorbildern geschulten Gelehrsamkeit zu erwecken suchten. Ansonsten bevorzugten sie Gedichtformen, die etwas Liedhaft-Schlichtes hatten, und für die sie im Gefolge Simon Dachs zum Teil eigene Melodien erfanden, damit sie schnell von Mund zu Mund gehen konnten. Inhaltlich neigten sie hierbei zu einer idyllisierenden Naturnähe und gefühlsmäßigen Innigkeit, die bereits auf die Gedichte der pietistisch-empfindsamen Dichtergruppen der vierziger und fünfziger Jahre des 18. Jahrhunderts vorausweisen.

Im Zeitalter der Frühaufklärung und Empfindsamkeit

Die Leipziger Deutsche Gesellschaft

Im Zuge der politischen Konsolidierung innerhalb der absolutistisch regierten Landesteile Deutschlands kam es gegen Ende des 17. Jahrhunderts zu folgenden sozio-ökonomischen Wandlungen, die hier wenigstens kurz angedeutet werden sollen: einerseits zum Niedergang der alten Reichsstädte und zur Auflösung der bisherigen Zunftordnungen, andererseits zum Aufblühen der landesherrlich geförderten Residenzen, Universitäten und Manufakturbetriebe. Sozialgeschichtlich gesehen, führte das im Hinblick auf die bürgerliche Klasse zu einer immer deutlicher werdenden Spaltung in ein politisch, geistig und kulturell weitgehend entmündigtes Kleinbürgertum sowie einen bürgerlichen Kaufmanns-, Gelehrten- und Verwaltungsstand, der sich eine gesellschaftliche Wertschätzung nur von einer Anpassung an die höfischen Kreise und deren Lebensregeln versprach. Eine allmähliche Änderung dieser Situation setzte erst im ersten Drittel des 18. Jahrhunderts ein, als sich in den oberen Schichten des Bürgertums jene aus Frankreich und England eindringende Geisteshaltung verbreitete, die bis heute als „Frühaufklärung" bezeichnet wird. Ihren ersten Höhepunkt erlebte diese Strömung um 1730, und zwar vor allem im Bereich jener protestantischen Landesteile Deutschlands, wo sich neben einem wohlhabenden Kaufmannsstand, wie in Leipzig und Hamburg, auch eine auf größere Geistesfreiheit pochende Intellektuellen- und Literatenschicht entwickelte, die sich in Zeitschriften, Lesegesellschaften und Dichterbünden eine eigene, wenn auch vorerst bescheidene Öffentlichkeit zu verschaffen suchte, in der sie sich nicht mehr ausschließlich als willfährige Untertanenschicht, sondern auch als Klasse selbständig denkender Individuen fühlen konnte.

Daß ein solches Streben – nicht nur wegen des Gegendrucks der Höfe, sondern auch wegen der Armut und der geistigen Rückständigkeit der kleinbürgerlichen Schichten – erst nach der Überwindung vieler Anfangsschwierigkeiten allmählich an Boden gewinnen konnte, beweisen unter anderem die poetischen Erzeugnisse dieses Zeitraums, deren bürgerliches Selbstbewußtsein anfangs noch recht unterentwickelt wirkt und in denen sich erst um die Jahrhundertmitte eine Perspektive andeutet, die von den Ansichten oder Bedürfnissen der eigenen Klasse ausgeht. Vor diesem Zeitpunkt herrschten in ihr – ange-

sichts der gesellschaftlichen Randständigkeit der bürgerlichen Schriftsteller –
vor allem vier, in sich widersprüchliche Tendenzen, in denen sich der halbher-
zige Übergangscharakter dieser frühaufklärerischen Jahrzehnte manifestierte:
1. sich zum Postulat einer aufklärerisch gesinnten Vernünftigkeit zu bekennen,
diese jedoch weitgehend in den Dienst fürstlich-absolutistischer Rationalisie-
rungsmaßnahmen zu stellen, 2. sich beim Schriftstellern auf rein literarische
Probleme zu beschränken, 3. sich in pietistisch-empfindsamer Manier auf das
eigene Ich zurückzuziehen oder 4. sich an anakreontisch-galanten Dichtungsformen zu erfreuen, bei denen weniger eine höfische Lebenslust als ein bürger-
lich-geselliges Genügsamkeitsgefühl im Vordergrund steht.

Für die strikt rationalistische Richtung sind vor allem die in diesem Zeitraum
entstehenden Deutschen Gesellschaften bezeichnend, die 1715 in Hamburg,
1727 in Leipzig, 1728 in Jena, 1730 in Nordhausen, 1733 in Weimar, 1736 in
Halle, 1738 in Göttingen, 1741 in Königsberg, 1746 in Helmstedt, 1755 in
Erlangen, 1760 in Wien und 1775 in Mannheim gegründet wurden. Diese
Gesellschaften übten zwar auf die bürgerlichen Akademiker- und Literaten-
kreise einen großen schulbildenden Einfluß aus, führten aber nicht zu tatsächlichen Dichterbünden im Sinne der Meistersinger, der Nürnberger Pegnitzschäfer oder der Mitglieder der Königsberger Kürbishütte. Die meisten von ihnen
waren weniger literarische Vereinigungen als gelehrte Sprachgesellschaften in
der Tradition des 17. Jahrhunderts, die sich vornehmlich um die Reinigung und
Verbesserung der deutschen Sprache bemühten. Aus diesem Grunde war in diesen Gesellschaften zwar viel von Reformbeflissenheit, Herrschaft des Verstandes, Beredsamkeit, Grammatik und schönen Wissenschaften die Rede, ja in
einigen wurden sogar literarische Probleme diskutiert, aber dabei kam es selten
zu Bemühungen, die sich in dichterisch bedeutsamen Werken niedergeschlagen
hätten. Genau besehen, hielten viele dieser Sozietäten die Arbeit an einer defini-
tiven deutschen Grammatik für wesentlich wichtiger als die Beschäftigung mit
einer neuen Poetik, die ihnen – unter zweckbetont-rationalistischen Gesichtspunkten – eher nebensächlich erschien.

Wohl den größten Einfluß innerhalb dieser vorwiegend akademisch orientierten Gruppen hatte anfänglich die von Johann Christoph Gottsched geleitete
Leipziger Deutsche Gesellschaft. Gottsched war 1724 als Vierundzwanzigjäh-
riger nach Leipzig gekommen, wo er sich ein Jahr später habilitierte und als Pri-
vatdozent Vorlesungen über Christian Wolffs *Vernünftige Gedanken* sowie
über ein vom französischen Klassizismus beeinflußtes System der Schönen Wissenschaften zu halten begann. Aufgrund dieser Vorlesungen und der von ihm
1725 begonnenen moralischen Wochenschrift *Die vernünftigen Tadlerinnen*
wurde ihm 1726 die Leitung der regelmäßig tagenden Deutschübenden poetischen Gesellschaft angeboten, die aus der 1717 von Johann Burchard Mencke
gegründeten Görlitzschen Poetischen Gesellschaft hervorgegangen war. Gott-

Johann Christoph Gottsched und seine Frau Luise Adelgunde. Anonymes zeitgenössisches Gemälde

sched akzeptierte dieses Angebot sofort und gab dieser Vereinigung bereits 1727 – nach dem „berühmten Exempel der vorlängst in Paris gestifteten Französischen Akademie", wie er kurz darauf schrieb[1] – den Namen „Deutsche Gesellschaft", um ihr damit eine weit über Leipzig hinausreichende Aura zu verleihen. Auf Gottscheds Vorschlag wurden von ihren Mitgliedern alle „Provinzial-Redensarten" schärfstens verurteilt und nur noch ein „reines Hochdeutsch" geduldet, „so wie man es in ganz Deutschland verstehen kann".[2] Im Hinblick auf die Aufnahmerituale dieser Gesellschaft setzte Gottsched durch, daß in Zukunft nicht mehr der gesellschaftliche Rang, sondern allein die einzelpersönliche Leistung entscheiden sollte. Daher mußte jeder Bewerber vorher eine „Probe seiner Geschicklichkeit" einsenden, die in der nächsten Versammlung von dem Sekretär vorgelesen wurde, um sämtlichen Mitgliedern die Chance zu geben, „ein Urteil darüber fällen zu können".[3] Was Gottsched damit bewirkte, war eine fortschreitende Akademisierung und zugleich Verbürgerlichung dieser Gesellschaft, in der vorher auch „adlige Personen" eine wichtige Rolle gespielt hatten. Wohl die besten Belege dafür finden sich in dem Sammelwerk *Der Deutschen Gesellschaft zu Leipzig eigene Schriften und Übersetzungen*, das zwischen 1730 und 1739 in drei Bänden herauskam, sowie in der von Gottsched selbst verfaßten *Nachricht von der Deutschen Gesellschaft zu Leipzig, bis auf das Jahr 1731 fortgesetzt. Nebst einem Anhange, von ihrer Deutschen Rechtschreibung, und einem Verzeichnisse ihres itzigen Bücher-Vorrats* (1731). Allerdings reichten selbst diese Bemühungen nicht aus, die Leipziger

Deutsche Gesellschaft in eine mit der Pariser Académie française vergleichbare
Institution umzuwandeln. Dazu waren die deutschen Verhältnisse in diesen
Jahren politisch noch zu zersplittert und erlaubten demzufolge keine nationalen Integrationsbemühungen. Ja, nicht einmal der sächsische Staat sah sich
bemüßigt, diese Gesellschaft finanziell oder institutionell zu unterstützen.

Aus diesem Grunde kam es zwar in Leipzig nicht zur Gründung einer Deutschen Akademie, was Gottsched ursprünglich als höchstes Ziel vorgeschwebt
hatte, aber doch zu einer Art Dichterbund. Dieser setzte sich aus einem Kreis
junger Akademiker, Literaten und Theaterleute zusammen, welche sich weitgehend an die in seinem *Versuch einer Kritischen Dichtkunst vor die Deutschen*
(1730) sowie in der von ihm herausgegebenen Zeitschrift *Beiträge zur kritischen Historie der deutschen Sprache, Poesie und Beredsamkeit* (1732–44) aufgestellten Regeln einer „vernünftigen" Dichtung hielten. Im Gefolge Gottscheds verdammten deshalb auch Luise Adelgunde Gottsched, Friederike
Karoline Neuber, Johann Christoph Rost, Christoph Otto von Schönaich und
Johann Joachim Schwabe, um nur die wichtigsten unter seinen Anhängern und
Anhängerinnen zu nennen, den in den spätbarocken Dichtungen herrschenden
„Schwulst", das heißt einen ins Opern- oder Märchenhafte aufgebauschten
Metaphernschwall, der überhaupt keinen Bezug zu den realen Problemen des
Lebens habe. Um diesen Reformabsichten eine möglichst große Breitenwir-
kung zu geben, publizierte der Gottsched-Kreis eine kaum übersehbare Fülle
literaturtheoretischer Schriften, Gedichte, Dramen, Übersetzungen und Sam-
melbände, die in ihrer vernunftbetonten und zugleich moralisierenden Ausdrucksweise auf die beginnende Aufklärungsliteratur in Deutschland einen
nachhaltigen Einfluß ausübten. Auf gesellschaftlicher Ebene wurde er dabei in
Leipzig durch einen der ersten literarischen Salons in Deutschland unterstützt,
in dessen Zentrum Christiane Marianne von Ziegler stand, die sich einerseits
am Vorbild der französischen Salondamen orientierte, jedoch andererseits nie
leugnete, wieviel sie den Gottschedschen Reformbemühungen verdankte.[4]

Daß die Schriften dieser beiden Gruppen von der Obrigkeit nicht sofort
beanstandet wurden, hängt weitgehend mit der Tatsache zusammen, daß sie
sich selbst in ihren „kritischen" Ansichten nie zu weit in noch ungesicherte
Bereiche vorwagten. Um überhaupt wirken zu können, fügten sie sich durchaus
in die Rahmenbedingungen der realexistierenden Ständegesellschaft ein, das
heißt stellten trotz ihrer frühaufklärerischen Wendung gegen die Dogmen der
christlichen Offenbarung das Gottesgnadentum der Herrscher und ihre daraus
abgeleiteten Machtbefugnisse keineswegs in Frage. Sowohl der Gottsched- als
auch der Ziegler-Kreis erfreuten sich daher wegen ihrer zwar aufklärerischen,
aber doch vorsichtig formulierten Anschauungen bei den literarisch interessierten Schichten Deutschlands, die in den dreißiger Jahren noch weitgehend in
einer autoritärer überformten Untertanenmentalität befangen waren, eines

beachtlichen Ansehens und wurden in mehreren Bürger- und Universitätsstädten vielfach nachgeahmt.

Da jedoch beide Kreise im Laufe der Zeit immer mehr Zugeständnisse an die herrschenden Schichten machten, mit anderen Worten: einerseits mit einem ins Nationalpädagogische tendierenden Anspruch auftraten, andererseits eine auch von den Fürsten gutgeheißene Anlehnung an den französischen Klassizismus befürworteten, mußte es in der Folgezeit, als dieser Widerspruch immer eklatanter wurde, unter den jüngeren Autoren, welche eine solche Haltung als „hypokritisch" verwarfen, zu neuen literarischen Gruppierungen kommen. Allerdings schreckten auch sie, und zwar sowohl politisch als auch sozial, vor allen Tendenzen ins Aufrührerische ängstlich zurück. Im Gegenteil, angesichts der Tatsache, bei dem immer noch weitgehend unaufgeklärten kleinbürgerlichen Publikum keinen gesellschaftlichen Rückhalt zu finden, rückten die meisten von ihnen selbst von Gottscheds nationalpädagogischen Zielen wieder ab. Statt dessen beschränkten sich die neu auftretenden Gruppen, wie bereits angedeutet, fast ausschließlich auf rein literarische Fragestellungen, zogen sich in die verinnerlichte Welt der empfindsamen Freundschaftsbünde zurück oder huldigten einem ins Anakreontische verklärten Glück im stillen Winkel. Und so gingen aus dieser antigottschedianischen Haltung zwar in den vierziger Jahren eine Fülle neuer Dichterbünde hervor, die jedoch weitgehend im Bereich des Intimen, Sektiererischen oder Cliquenhafte blieben. Eine Änderung in dieser Hinsicht setzte erst im letzten Drittel des 18. Jahrhunderts ein, als dieser Drang ins Gemeinschaftliche – im Zuge des steigenden bürgerlichen Selbstbewußtseins und der sich daraus ergebenden Auflehnungstendenzen – auch ins Politische übergriff und zu Dichterbünden führte, die sich nicht nur als Vereinigungen hochgestimmter Herzen, sondern auch als Zusammenschlüsse junger Rebellen verstanden, welche die Durchsetzung jenes Demokratiekonzeptes ins Auge faßten, das auf der Parole „Freiheit, Gleichheit und Brüderlichkeit" beruhte.

Die Bremer Beiträger

Ein gutes Beispiel eines für die vierziger Jahre typischen Freundschaftsbundes, der – geistesgeschichtlich gesehen – genau auf der Grenzscheide zwischen Frühaufklärung und Empfindsamkeit steht, bietet der Kreis um die Zeitschrift *Neue Beiträge zum Vergnügen des Verstandes und des Witzes* (1744–48), welche im Verlag des Bremer Buchhändlers Nathanael Saurmann erschien und nach ihrem Erscheinungsort auch *Bremer Beiträge* genannt wurde. Ihr Gründertrio bestand aus Johann Andreas Cramer, Karl Christian Gärtner und Johann Adolf Schlegel, zu denen sich als weitere Herausgeber schnell Johann Arnold Ebert,

Scherenschnitte der Bremer Beiträger Karl Christian Gärtner, Johann Adolf Schlegel und Johann Arnold Ebert

Nikolaus Dietrich Giseke, Konrad Arnold Schmid und Friedrich Wilhelm Zachariä gesellten. Die meisten von ihnen hatten als Schüler von Johann Christoph Gottsched angefangen und ihre ersten Schriften in der von Johann Joachim Schwabe, einem anderen Gottsched-Schüler, seit 1741 beim Leipziger Verleger Bernhard Christoph Breitkopf herausgegebenen Zeitschrift *Belustigungen des Verstandes und des Witzes* veröffentlicht. Erst als sich dieses Blatt – auf Gottscheds Geheiß – immer schärfer gegen die von den Schweizern Johann Jakob Bodmer und Johann Jakob Breitinger unterstützten empfindsam-mythologischen Dichtungsvorstellungen wandte, gründeten Cramer, Gärtner und Schlegel 1744 die besagten *Neuen Beiträge*, die weniger polemisch ausgerichtet waren und vor allem literarische Originaltexte veröffentlichten. Im Gegensatz zu Schwabe beschränkten sie sich hierbei – wie auch in der von Cramer, Ebert und Giseke herausgegebenen Zeitschrift *Der Jüngling* (1747–48) sowie der *Sammlung vermischter Schriften von den Verfassern der Bremerischen Neuen Beiträge zum Vergnügen des Verstandes und des Witzes* (1748–49) – von vornherein auf deutsche Werke, das heißt schlossen Übersetzungen grundsätzlich aus. Zu ihren Hauptautoren gehörten zu Anfang Gottlieb Wilhelm Rabener, Christian Fürchtegott Gellert und Abraham Gotthelf Kästner. Außerdem druckten die *Neuen Beiträge* 1748 im 4. und 5. Heft des vierten Bandes die drei ersten Gesänge von Friedrich Gottlieb Klopstocks *Der Messias* ab, die wegen ihres antigottschedianischen Gefühlspathos bei allen sich der Empfindsamkeit zuwendenden Kreisen ein gewaltiges Aufsehen erregten. Kurz darauf erschienen in der gleichen Zeitschrift einige der wichtigsten frühen Oden des *Messias*-Dichters, denen ein ähnlicher Erfolg beschieden war.

Anfangs wohnten die Mitglieder dieses Kreises, die sich meist noch in der Ausbildungsphase befanden, fast alle in Leipzig und waren zum Teil eng mitein-

ander befreundet. Es war das Neue an den *Bremer Beiträgen*, daß sie sich nicht
einer als „Oberhaupt" anerkannten Autorität unterordneten, sondern ein ausgesprochen „gemeinschaftliches Unternehmen" darstellten, dessen Mitarbeiter
nicht nur ein „Bund des Geistes, sondern auch des Herzens und der traulichsten
Freundschaft" vereinte.[5] Sie kamen durchweg einmal in der Woche zusammen,
lasen sich die inzwischen eingegangenen Aufsätze oder Dichtungen vor und
entschieden dann gemeinsam über deren Aufnahme oder Ablehnung, wobei
jede Stimme die gleiche Gewichtigkeit hatte. Allerdings hielt diese enge Zusammenarbeit nur wenige Jahre an. Danach verließen fast alle Mitglieder dieses studentischen Freundschaftsbundes die Leipziger Universität und nahmen Stellen
als Hofmeister, Grafenerzieher, Pastoren oder Lehrer am Braunschweiger Collegium Carolinum an, wo sie sich – im Hinblick auf das literarische Leben dieser Zeit – weiterhin für einen Mittelweg zwischen der Gottschedschen Regel-
poetik und einem größeren Nachdruck auf dem Gefühlsbetont-Kreativen im
Sinne der Schweizer und Klopstocks einsetzten. Außerdem versuchten sie nach
wie vor, an ihren älteren Leipziger Freundschaftsbindungen festzuhalten.

Im Gegensatz zu den in diesen Jahren immer zahlreicher auftretenden Pietisten, die sich von der äußeren Welt weitgehend abzuwenden versuchten, wollten die Bremer Beiträger in ihrer Anfangsphase noch durchaus auf die sie umgebende Gesellschaft einwirken und auch andere Vertreter des Bürgertums für die
von ihnen als bedeutsam empfundene Literatur interessieren. Doch schon nach
kurzer Zeit mußten sie einsehen, daß die von ihnen ins Auge gefaßten Subskribenten für rein literarische Werke bei weitem nicht so aufnahmebereit waren,
wie sie gehofft hatten. Die wissenschaftlich Interessierten dieser Jahre lasen
eher kritische Journale, die bürgerlichen Familienväter und ihre Frauen eher
moralisierende Wochenschriften. Eine rein literarische Zeitschrift war dagegen
noch ein Unikum, von dem sich viele nicht den nötigen Gebrauchswert versprachen. Die Bremer Beiträger klagten daher schnell, daß ihre Zeitschrift den Philosophen zu poetisch, den Politikern zu zeitenthoben und den Kaufleuten zu
unnütz erscheine. Demzufolge sahen sie sich in ihren Bemühungen schon nach
kurzer Zeit auf sich selbst und den engeren Kreis ihrer Freunde zurückgeworfen. Diese bittere Einsicht löste bei einigen von ihnen geradezu zwangsläufig
das Gefühl eines elitären Verkanntseins aus, mit dem sie sich über ihre gesellschaftliche Randständigkeit hinwegzutrösten versuchten.

Zu den gleichen Folgerungen kam es auf ideologischer Ebene. Trotz ihrer
weitgehend unpolitischen Gesinnung, welche für die bildungsbürgerlichen
Schichten der Jahrhundertmitte allgemein bezeichnend ist, entwickelten die
Bremer Beiträger zwar einerseits einen deutlichen Unmut gegen die „Stumpf-
heit" der deutschen Territorialfürsten, die sich wie Friedrich der II. von Preußen – im Unterschied zu den Hochadligen in den Sprachgesellschaften des 17.
Jahrhunderts – für deutsche Literatur kaum noch interessierten und als Hof-

sprache das Französische bevorzugten, gaben sich aber andererseits der utopischen Hoffnung hin, daß sich diese Fürsten „eines schönen Tages" dennoch in gute, tugendhafte, um das Wohl ihrer Bürger besorgte Landesväter verwandeln würden. Da jedoch dieser immer wieder herbeigesehnte Tag nie eintrat, begnügten sie sich damit, ihrem Ideal einer zwar landesfürstlich angeleiteten, aber zugleich benevolenten und kultivierten „Sozietät" lediglich im stillen Winkel, in der gesellschaftlichen Abseitslage, im Kreis der durch die gleichen Anschauungen miteinander verbundenen Freunde zu huldigen. Und diese Haltung führte auch in der Folgezeit immer wieder zu Dichterbünden, literarischen Zirkeln und ästhetischen Salons, in denen zwar ein hochgemuter aufklärerischer Geist herrschte, der sogar auf einige sogenannte Musenhöfe übergriff, aber in gesellschaftspolitischer Hinsicht nur eine geringe Wirkung hatte. Mit anderen Worten: das deutsche Bildungsbürgertum blieb – aufgrund der herrschenden Kleinstaaterei, der ökonomischen Rückständigkeit und konfessionellen Spaltung – auch in der Folgezeit weiterhin zersplittert und versuchte seine politische, wirtschaftliche und soziale Ohnmacht lediglich durch geistige „Inselbildungen" im Sinne der Bremer Beiträger oder anderer solcher Kreise wettzumachen, deren einziges Bindeglied meist die vielbeschworene Freundschaft war.[6]

Der Hallesche Dichterbund

Im Gegensatz zu den Gottschedianern und den Rationalisten unter den Bremer Beiträgern, die mit frühaufklärerischen Vorstellungen auf das literarisch interessierte Bürgertum der dreißiger und vierziger Jahre einzuwirken versuchten, zogen es andere der nach 1740 entstehenden Dichterbünde vor, sich aus der Misere der gesellschaftlichen Realität von vornherein in stille Enklaven brüderlich verbundener Konventikel zurückzuziehen. Eine wichtige Rolle spielte in diesem Zusammenhang die sich zu gleicher Zeit vollziehende Ausbreitung des Pietismus, der das Wesen des Christentums vor allem im höchstpersönlichen Gefühlserlebnis erblickte und damit innerhalb des orthodox erstarrten Protestantismus eine neue Freundschafts- und Liebesethik begründete. Demzufolge wandte sich diese Bewegung sowohl gegen die kalte Welt des fürstlichen Absolutismus als auch gegen die bürgerliche Frühaufklärung und vertrat – in strenger Abgeschiedenheit von der bösen Welt „da draußen" – eine zwar aus den Schriften Luthers abgeleitete, aber ins Sektiererische radikalisierte Zwei-Welten-Lehre.

Statt sich in die bestehende Gesellschaft einzugliedern oder sie reformieren zu wollen, empfanden sich die pietistischen Gruppen im Gefolge Philipp Jakob Speners als eine „ecclesiola in ecclesia",[7] die – wegen der Unsicherheit und Vergänglichkeit aller irdischen Verhältnisse – einen ungewöhnlich starken Nachdruck auf die freundschaftliche Vertrautheit aller in ihrem Geiste verbundenen Menschen legte, von denen der eine des anderen Beichtvater und Seelsorger sein sollte. Statt wie im höfisch-zeremoniellen oder auch universitären Leben in freundschaftlichen Beziehungen vornehmlich konventionell geprägte Umgangsformen oder gar Strategien der Gunstgewinnung zu sehen, wurde in pietistischen Kreisen unter Freundschaft vor allem ein gesteigerter Austausch ähnlich gestimmter Seelen verstanden. Dadurch trat an die Stelle des „imaginären, aber als gegenwärtig vorgestellten Christus", in dem viele Menschen aufgrund eines tiefen Mißtrauens gegen alle anderen Menschen bisher ihren einzigen, wahren Freund erblickt hatten, schließlich der „wirkliche Freund, auf den sich die sehnsüchtig zärtliche, seelisch bewegte Christusliebe übertrug".[8] Im Gefolge dieser Entwicklung, die bald auch den Bereich der Literatur ergriff, wurde in diesen Kreisen zusehends von „anteilnehmenden Liaisons", ja „innig verschmelzenden Seelen" gesprochen. Aus diesem Gründe verwandelte sich selbst das Dichten im Rahmen dieser Bewegung immer stärker in einen Ausdruck gleichgestimmter Seelen, was um die Mitte des 18. Jahrhunderts zu vielen erst pietistisch, dann empfindsam gestimmten Dichterfreundschaften oder Dichterbünden führte.

Wohl das beste Beispiel eines solchen aus dem Geiste des Pietismus erwachsenden Dichterbundes bildet das enge Freundschaftsverhältnis zwischen Jakob Immanuel Pyra und Samuel Gotthold Lange, die sich sogar zur gemeinsamen Veröffentlichung ihrer Gedichte entschlossen. Ihre pietistische Grundhaltung und damit ihr geradezu brüderliches Freundschaftsverhältnis verdankten sie, nachdem sie erst eine unter dem Einfluß Gottscheds stehende Gesellschaft zur Förderung der deutschen Sprache, Poesie und Beredsamkeit gegründet hatten, dem damals vielgerühmten Professor Joachim Lange, der an der Hallenser Universität Theologie lehrte und der Vater Samuel Gotthold Langes war. Die bürgerliche Öffentlichkeit wurde mit ihrer höchst persönlichen, ins Bekenntnishafte gesteigerten Form des Dichtens erstmals vertraut gemacht, als Johann Jakob Bodmer 1745 die Gedichte Pyras und Langes unter dem Titel *Thirsis und Damons freundschaftliche Lieder* in Zürich herausbrachte, um so – im Sinne der von Johann Jakob Breitinger und ihm unterstützten Cotterie der Mahler, einem bereits seit 1721 in Zürich bestehenden Dichterbund – dem strengen Rationalismus Gottscheds ein weiteres Bollwerk einer gefühlsbetont-religiösen Gesinnung entgegenzusetzen. Allerdings ersetzte Bodmer in diesen Gedichten die Namen Pyra und Lange – als ein Zugeständnis an den ins Anakreontische übergehenden spätbarocken Zeitgeschmack – durch die Schäfernamen Thirsis und Damon, was in einem seltsamen Widerspruch zur bürgerlich-pietistischen Seelenhaftigkeit des Ganzen steht. Schließlich sind dies keine Schäfergedichte im im Stile der höfisch-galanten Manier des Nürnberger Blumenordens mehr, sondern lyrische Ergüsse, aus denen ein tiefreligiöser Ernst spricht. Im Gegensatz zu den Pegnitzschäfern oder den Gottschedianern steht hier weder das Kunstvoll-Arrangierte noch das Scharfsinnig-Moralisierende, sondern das Weihevolle im Vordergrund, das von emotionaler Ergriffenheit zeugt. In diesen Gedichten sollte „Wahrheit" herrschen, nicht falscher Schein oder veräußerlichte Formerfindung.

Dementsprechend verzichteten Pyra und Lange nicht nur auf den übersteigerten Metaphernschwall der Lyriker der Barock-Ära, sondern sogar auf den Reim. Sie wollten ihren Lesern ein Vorbild wahrhaft heiliger Dichtung geben, in der Geistliches und Weltliches, das heißt kollektive Frömmigkeit und persönliche Freundschaft, auf eine gefühlsmäßig-unbestimmte Weise ineinander übergehen. Im Gegensatz zu allen „Vernünftlern" verstanden sie unter Freundschaft zum ersten Mal etwas Heiliges, einen „Bund", der den ihm angehörigen Menschen das Gefühl geben sollte, zu einer Elite auserwählter Menschen zu gehören, die sich in alle Schärfe von der lasterhaften, von Kabalen erschütterten Welt der Höfe sowie der von merkantiler Habgier geprägten Welt des Handelsbürgertums abzusetzen versucht. In den Dichtungen von Pyra und Lange wird daher – im Zuge einer Inneren Emigration – die ehr- und mammonsüchtige Welt von vornherein im Argen gelassen und als Gegenwelt dazu ein Refugium der Freundschaft anvisiert, in dem lediglich jene edleren Menschen leben, die nicht nur Bildung und Kultur besitzen, sondern zugleich zu einer höheren Form seelischer Intimität fähig sind. Daher geht bei ihnen das „Pathos der Weltabkehr" stets mit dem Gefühl einer tröstenden „Gemeinschaft" Hand in Hand, ja das eine bedingt das andere geradezu.[9]

Neben Pyras und Langes *Freundschaftlichen Liedern* kommt diese pietistisch-empfindsame Grundstimmung am besten in Pyras religiösem Kleinepos *Der Tempel der wahren Dichtung* zum Ausdruck, das er 1737 seinem Freund Lange widmete. In ihm betreten beide Dichter am Schluß das heilige Gebäude der Poesie, wo sie nicht nur Moses, König David, Martin Luther und John Milton, sondern auch Martin Opitz, Simon Dach, Paul Gerhardt, Andreas Gryphius und Johann Rist, also den Hauptdichtern des deutschen Protestantismus, begegnen. Anschließend werden sie hier – wie die bereits vorher Genannten – mit immergrünen Lorbeerkränzen zu auserwählten Dichtern des heiligen Geistes geweiht. Mit dieser halb religiösen, halb poetischen Selbsterhöhung gab Pyra der dichterischen Einbildungskraft jenen Zug ins Sakrale, der sowohl die Werke des jungen Friedrich Gottlieb Klopstock und seiner Freunde als auch die anderer empfindsam-gestimmter Dichterbünde des 18. Jahrhunderts nachhaltig beeinflussen sollte. Das hatte zwar auch negative Aspekte, führte aber zugleich zur gefühlsmäßigen Vertiefung einer von der Gefahr rationalistischer Einengungen bedrohten Literatur, wie sie in strikter Befolgung der Reformabsichten Gottscheds eingetreten wäre. Schließlich besaß eine rein weltliche Literatur in diesem von religiösen Vorstellungen weiterhin überformten Zeitalter noch längst nicht jene Gewichtigkeit wie die von Gefühlen des Schmerzes, des Todes und der Auferstehung beherrschte geistliche Dichtung. Ihr mangelnder Tiefgang machte sich daher nicht nur in den ins Moralisierende tendierenden Schriften der sogenannten Frühaufklärung Gottschedscher Prägung, sondern auch in jener Literatur bemerkbar, die sich in diesem Zeitraum aus Aversion gegen alles Lehrhafte oder Geistliche lieber einer galant-anakreontischen Ausdrucksweise bediente, dabei jedoch wegen ungenügender politischer oder sozialer Zielsetzungen meist ins Harmlos-Verspielte abglitt.

Der Halberstädter Dichterkreis

Wohl die bekannteste dieser anakreontischen Inselbildungen, die ebenfalls auf dem Prinzip der Freundschaft beruhte, war im zweiten Drittel des 18. Jahrhunderts der Halberstädter Dichterkreis. Er ging auf eine Hallenser Studienfreundschaft zwischen Johann Wilhelm Ludwig Gleim, Johann Peter Uz und Johann Nikolaus Götz zurück, die sich um 1740 herausgebildet hatte. Im Gegensatz zu den Bremer Beiträgern, die nach ihrer Leipziger Studentenzeit schnell auseinander liefen und keine weiteren Gemeinschaftsaktivitäten mehr entfalteten, überstand dieser Bund, obwohl Gleim nach Halberstadt, Uz nach Ansbach und Götz nach Winterburg ging, seine Anfangsphase. Er nahm sogar im Laufe der Zeit immer mehr Mitglieder in sich auf und wurde schließlich zu einem weitgespannten Beziehungsnetz vielfacher Freundschaftsbünde, in deren Mittelpunkt eindeutig Gleim stand, der als Domsekretär und Kanonikus in Halberstadt ein gutes Auskommen gefunden hatte. Als eminent austauschbedürftiger Mensch lud Gleim seine Freunde immer wieder in sein Haus ein, wo er sie auf höchst gastfreundschaftliche Weise betreute und in ihren literarischen Neigungen – so weit er konnte – zu fördern suchte. Daher galt er bald als begehrenswerter Freund, der sich nicht nur als väterlicher Mentor junger Talente bewährte, sondern auch mit Gleichaltrigen – wie Ewald Christian von Kleist und Karl Wilhelm Ramler – einen „förderlichen" Briefwechsel unterhielt, der weitgehend auf den Ton freundschaftlicher Verbundenheit abgestimmt war.

Wie viele deutsche Dichter dieser Zeit sah auch Gleim bereits früh ein, wie gering im Rahmen der damaligen Gesellschaftsordnung die Möglichkeiten waren, auf dem Weg über die Literatur eine spezifisch bürgerliche Öffentlichkeit zu begründen. Er versuchte zwar, 1758 als Preuße mit seinen *Preußischen Kriegsliedern* sein Scherflein zur siegreichen Beendigung des Siebenjährigen Krieges beizutragen, zog sich aber ansonsten – nach seiner Sekretärtätigkeit für den Alten Dessauer – ins Provinzielle, in einen stillen Winkel, nach Halberstadt zurück. Im Gegensatz zu Pietisten wie Pyra und Lange nahm sich Gleim hierbei

sowohl den sich vom Hofleben fernhaltenden englischen Edelmann Anthony
Ashley Cooper, den ersten Earl of Shaftesbury, als auch antike Autoren wie
Anakreon und Horaz zum Vorbild, die ebenfalls ein auf äußere Ehre und
öffentliche Einflußnahme verzichtendes Leben gepriesen hatten. Und je mehr
sich Gleim aus dem öffentlichen Leben zurückzog, um so nachdrücklicher
pflegte er seine Freundschaftsbeziehungen. Statt weitere „Preußenlieder" zu
schreiben, hielt er sich an die von den Fürsten ausgegebene Losung „Ruhe ist
die erste Bürgerpflicht", ja verzichtete sogar in seinem späteren Leben darauf,
seine Dichtungen öffentlich erscheinen zu lassen. Statt dessen ließ er sie auf
eigene Kosten drucken und verschickte dann die sorgfältig hergestellten Exemplare an seine Freunde,[10] zu denen neben Uz, Götz, Ramler und Kleist auch
Johann Jakob Wilhelm Heinse, Johann Georg Jacobi, Friedrich Gottlieb Klopstock und Johannes Müller gehörten. Obendrein hängte er im schönsten Zimmer seines Hauses die Porträts all dieser Männer auf, um wenigstens in diesem
„Freundschaftstempel" stets von ihnen umgeben zu sein.[11] Besorgt, daß dieser
Umgang erlahmen könnte, schickte er fast jeden Tag einem seiner Freunde ein
neues Gedicht oder einen seiner heiter-empfindsamen Briefe zu.

Als wichtigstes Dokument dieses schon zu Gleims Lebzeiten legendär werdenden Freundschaftskultes veröffentlichte er zwischen 1746 und 1771 vier
Bände mit *Freundschaftlichen Briefen*, die schnell zu Vorbildern anderer Brief-
sammlungen ähnlich gearteter Freundschafts- und Dichterbünde wurden, ja
eine selbständige und weithin geachtete literarische Gattung begründeten. Mit
diesen Bänden wollte Gleim den literarisch „empfindlichen" Menschen unter
seinen Zeitgenossen nachahmenswerte Beispiele eines natürlichen, das heißt
heiteren und zugleich seelenvollen Briefstils geben, der auf alle zeremoniellen
Schnörkel und erstarrten Formeln der höfischen Galanterie verzichtet. Dabei
schloß er sich eng an die Bild- und Formenwelt eines ins Idyllische verharm-
losten Rokoko an und beschrieb das Winkelglück eines schäferlichen Landle-
bens, bei dem nicht das Arbeitsame, sondern das Gefühlvoll-Tändelnde und
Spielerische im Vordergrund steht.

Das gleiche gilt für die Gedichte, die Gleim und seine Freunde in dieser zärt-
lich-empfindsamen Manier schrieben. Auch sie preisen unablässig das stille
Glück im gesellschaftlichen Abseits, wo sich die wahrhaft Weisen mit den kleinen Freuden des Lebens – dem Weingenuß, dem freundschaftlichen Verstehen
und der geistvollen Geselligkeit – zufrieden geben. Was dabei noch an die höfische oder patrizische Schäferpoesie des 17. Jahrhunderts erinnert, wird wie in
den *Freundschaftlichen Briefen* durchgehend ins Idyllisch-Verspielte abgeschwächt. Schon in Gleims erstem Gedichtband, dem *Versuch in scherzhaften
Liedern* (1744), gibt es keine aufwühlenden Leidenschaften mehr, welche die
Verliebten – im Sinne des Manierismus oder des Barock – an den Rand des
Wahnsinns treiben könnten. Statt dessen herrscht in ihnen ein harmloses Spiel

Freundschaftszimmer im Gleim-Haus zu Halberstadt

mit anakreontisch verbrämten Bildungselementen, das einerseits von einem
Bemühen um literarische Stilisierung zeugt, andererseits – aufgrund der mangelnden Wahrnehmung gesellschaftlicher Spannungen und Konflikte – häufig
ins Oberflächlich-Optimistische abgleitet. Immer wieder lesen wir, daß der ver-
ständige Genuß kleiner weltlicher Freuden der einzige Lebenszweck des Menschen sei. Dahinter steht die gleiche „Carpe diem"-Gesinnung, der schon die
Dichter des Hellenismus und der römischen Kaiserzeit gehuldigt hatten, was
zwar die Entstehung weltabgewandter Freundschaftsverhältnisse, aber nicht
ins politische und gesellschaftliche Leben eingreifender Dichterbünde begün-
stigte. Ja, in mancher Hinsicht verhinderten gerade solche privaten Freundschaftsverhältnisse, ob nun pietistisch-empfindsamer oder anakreontisch-ver-
spielter Art, die Entstehung bürgerlicher Avantgardebewegungen, die mit aufklärerischer Entschiedenheit für eine ins Demokratische drängende Umgestaltung der politischen und gesellschaftlichen Verhältnisse eingetreten wären.
Doch welche Vertreter des deutschen Bürgertums hätten solche Tendenzen
bereits in den vierziger und fünfziger Jahren des 18. Jahrhunderts tatkräftig

unterstützt? Wahrscheinlich nur wenige. Dazu war die politische, ökonomische und soziale Basis dieser Klasse noch viel zu schwach. Also begnügten sich die Aufgeklärteren unter den Schriftstellern dieser Ära – von wenigen Ausnahmen abgesehen – damit, ihr allmählich steigendes bürgerliches Selbstbewußtsein wenigstens im Verborgenen, im Kreise ihrer Freunde, in „sezessionistischer" Absonderung von der „feudal-absolutistischen Gesellschaft",[12] zur Schau zu stellen und hierin ihr „Genügen" zu finden, wie man zur Zeit Gleims gesagt hätte.

Der gescheiterte Epochenumbruch

Der Göttinger Hainbund

Da sich die wirtschaftliche Situation innerhalb vieler deutscher Staaten nach der Beendigung des Siebenjährigen Krieges im Jahr 1763 zusehends stabilisierte und so das Bürgertum allmählich etwas vertrauensvoller in die Zukunft schauen konnte, verstärkten sich auch im Kultur- und Geistesleben der siebziger und achtziger Jahre jene Tendenzen, die von linksliberalen Germanisten und Germanistinnen früher als „fortschrittlich" bezeichnet wurden. Ja, unter einigen Schriftstellern dieser Ära nahm die bisher nur zaghaft angedeutete Sehnsucht nach Freiheit, Gleichheit und Brüderlichkeit im Laufe der siebziger Jahre zum Teil so rebellische Formen an, daß die ältere Empfindsamkeitsstimmung immer stärker in einen Haß auf alles Galante, Luxuriöse und damit letztlich Höfische überging. Und je intensiver solche Gefühle wurden, desto hoffnungsvoller wurde zugleich der politische Utopismus innerhalb mancher Freundschaftsbünde dieser Ära.

Ein erstes Beispiel dafür ist jene Dichtergruppe, für die sich die Bezeichnung „Göttinger Hain" eingebürgert hat. Zu ihren Mitgliedern – darunter Ernst Theodor Johann Brückner, Karl Christian Clausewitz, Karl Friedrich Cramer, Christian Hieronymus Esmarch, Johann Friedrich Hahn, Ludwig Christoph Hölty, Johann Anton Leisewitz, Johann Martin Miller, Gottlob Dietrich Miller, Friedrich Leopold zu Stolberg, Christian zu Stolberg, Johann Heinrich Voß und Johann Thomas Ludwig Wehrs – gehörten vor allem jene literarisch interessierten Göttinger Studenten aus dem niedersächsisch-hannöverschen Bereich, deren Publikationsorgan der seit 1770 von Heinrich Christian Boie herausgegebene Göttinger *Musenalmach* war. Sechs von ihnen schlossen am 12. September 1772 in der Nähe des Dorfes Weende unter einer Gruppe als heilig empfundener Eichen in spontaner Aufwallung einen „ewigen Bund" der Freundschaft,[1] bei dem sie sich durch einen Eid verpflichteten, ihr Leben fortan ausschließlich in den Dienst der Tugend, das Vaterlandes und der Freiheit zu stellen. Zum „Ältesten" des Bundes wurde durch vorher verteilte Lose Johann Heinrich Voß gewählt. Letzterer schrieb wenige Tage nach diesem Ereignis an seinen Freund Brückner: „Ach, mein liebster Freund, da hätten sie hier sein sollen. Die beiden Millers, Hahn, Hölty, Wehrs und ich gingen noch des Abends

nach einem entlegenen Dorfe. Der Abend war außerordentlich heiter und der
Mond voll. Wie überließen uns ganz den Empfindungen der schönen Natur.
Wir aßen in einer Bauernhütte eine Milch und begaben uns darauf ins freie
Feld. Hier fanden wir einen kleinen Eichengrund, und zugleich fiel uns allen
ein, einen Bund der Freundschaft unter diesen heiligen Bäumen zu schwören.
Wir umkränzten die Hüte mit Eichenlaub, legten sie unter den Baum, faßten
uns alle bei den Händen, tanzten so um den eingeschlossenen Stamm herum, –
riefen den Mond und die Sterne zu Zeugen unseres Bundes an, und versprachen
uns ewige Freundschaft. Dann verbündeten wir uns, die größte Aufrichtigkeit
in unserer Urteilen gegeneinander zu beobachten und zu diesem Endzwecke die
schon gewöhnliche Versammlung noch genauer und feierlicher zu halten. Ich
ward durch Los zum Ältesten erwählt. Jeder soll Gedichte auf diesen Abend
machen und ihn jährlich begehen. "

Statt im Gefolge der von Johann Joachim Winckelmann entfachten Grie-
chenschwärmerei im musenbewohnten Parnaß den Kultort wahrer Dichtung
zu sehen, empfanden die Göttinger Bundesbrüder – im Sinne der Klopstock-
schen Ode *Der Hügel und der Hain* von 1767 – das auf die germanische Vorzeit
zurückgehende Eichenwäldchen als den würdigsten Ort deutscher Dichtung.
Außerdem entschlossen sich die Mitglieder dieses Bundes, sich Namen wie Bar-
denhold, Gottschalk, Haining, Minnehold, Sangrich, Teuthart und Werdomar
zu geben, um auch auf dieser Ebene ihre innere Verbundenheit mit der nor-
disch-deutschen Bardentradition herauszustreichen. Bei gutem Wetter trafen
sich die Hainbündler fast jeden Samstagnachmittag (im ersten Jahr fast 40 Mal)
und lasen sich wechseitig ihre gerade verfaßten Werke vor, von denen die besten
– nach vielen Lobhudeleien – im Gefolge der Sprachgesellschaften des 17. Jahrhunderts und Gottscheds Deutscher Gesellschaft in ein sogenanntes *Bundesbuch* aufgenommen wurden. Obendrein führte Johann Martin Miller als Bun-
dessekretär das von allen respektierte *Bundesjournal*, in dem er sämtliche Aktivitäten dieser Vereinigung festzuhalten versuchte.

Den Dichter, den die Göttinger Hainbündler unter den deutschen Autoren
ihrer Zeit am meisten verachteten, war der von ihnen – wegen seiner *Komi-
schen Erzählungen* (1765), aber auch anderer Werke wie *Idris und Zenide*
(1768) – als höfisch-galant und dementsprechend französelnd empfundene
Rokoko-Poet Christoph Martin Wieland. Doch auch an den als zu nüchtern
empfundenen Rationalisten und Klassizisten der ersten Hälfte des 18. Jahrhunderts ließen sie kaum ein gutes Haar. Um so inbrünstiger verehrten sie dagegen
Friedrich Gottlieb Klopstock, und zwar vor allem wegen seines christlich-pro-
testantischen Tugendkults, seines nordisch gefärbten Nationalismus, seiner
schroffen Ablehnung der französischen Hofkultur sowie seiner mehrteiligen
Wingolf-Ode von 1747, die dem Lob einer vom Geiste der Empfindsamkeit
geprägten Freundschaft gewidmet ist. Einer der Höhepunkte ihrer Aktivitäten

Seite aus dem „Bundesjournal" des Hainbundes vom 20. Hornung 1773

war demzufolge der am 2. Juli 1773 feierlich begangene Geburtstag Klopstocks. Nach Vossens Beschreibung spielte sich diese Festivität folgendermaßen
ab: „Gleich nach Mittag kamen wir auf Hahns Stube, die die größte ist, zusammen. Eine lange Tafel war gedeckt und mit Blumen geschmückt. Oben stand ein
Lehnstuhl ledig für Klopstock, mit Rosen und Levkoyen bestreut, und auf ihm
lagen Klopstocks sämtliche Werke. Unter dem Stuhle lag Wielands *Idris* zerrissen. Jetzt las Cramer aus den Triumphgesängen und Hahn etliche sich auf
Deutschland beziehende Oden von Klopstock vor. Und darauf tranken wir Kaf-
fee; die Fidibis waren aus Wielands Schriften gemacht. Boie, der nicht raucht,
mußte doch auch einen anzünden und auf den zerrissenen *Idris* stampfen. Her-
nach tranken wir in Rheinwein Klopstocks Gesundheit, Luthers Andenken,
Hermanns Andenken, des Bundes Gesundheit, dann Eberts, Goethens, Herders
usw. Klopstocks Ode *Der Rheinwein* ward vorgelesen und noch einige andre.
Nun war das Gespräch warm. Wir sprachen von Freiheit, die Hüte auf dem
Kopf, von Deutschland, von Tugendgesang. Dann aßen wir, punschten, und
zuletzt verbrannten wir Wielands *Idris* und Bildnis."[2] Auch Klopstocks Besuch
in Göttingen im September 1774 bewirkte noch einmal eine solche Hochstim-
mung. Es waren daher die Hainbündler, die sich besonders energisch für die
Verbreitung von Klopstocks 1774 in Hamburg erschienener *Gelehrtenrepu-
blik* einsetzten, für die Boie allein in Göttingen 342 Subskribenten anwerben
konnte. Ja, manche Mitglieder dieses Bundes glaubten sich in der „heiligen
Kohorte" der zwölf „edlen und vaterländischen Jünglinge" gegen Ende dieses
Werkes persönlich wiederzuerkennen, was sie abermals in eine heilig-glühende
Stimmung versetzte.

Die Dichtungen, welche die Hainbündler während dieser Jahre schrieben
und zum Teil auch publizierten, lassen sich folgendermaßen charakterisieren.
Um sich in den Dienst einer innigst herbeigesehnten patriotischen Erweckungsbewegung zu stellen, verfaßten sie vor allem Lieder und Balladen, da sich solche
Werke – in gesungener Form – auch ohne gedruckte Texte verbreiten ließen.
Die Motive, denen sie lediglich eine volkstümlichere Fassung zu geben versuchten, übernahmen sie fast alle von Klopstock. Wie in seinen Oden ist daher auch
in ihren Gedichten einerseits ständig von den Gräbern der Altvordern, dem teu-
tonischen Dichtergott Braga, den deutschen Eichen, den germanischen Harz-
bergen, dem angestammten Landleben, der Schlichtheit der bäuerlichen Hütten, der längst fälligen Rückkehr zur Urvätersitte sowie von Vaterlandshelden
wie Hermann dem Cherusker, Wilhelm Tell und Ulrich von Hutten, von deutscher Treu und Redlichkeit, ja von der Todesbereitschaft fürs heilige Vaterland
die Rede, während andererseits ebenso häufig gegen welsche Tücke, Sittenver-
derbnis, Frivolität, Flatterhaftigkeit, Prunksucht, Intrigantenwesen und buhle-
rische Liederlichkeit vom Leder gezogen wird. Mit anderen Worten: Bescheidenheit steht hier gegen Luxus, Tugend gegen Dekadenz, Germania gegen

Lutetia, als dränge bereits alles auf einen Befreiungskampf der Söhne Teuts gegen die verderbenbringenden Römer und Gallier hin. Vieles, was dabei auf den ersten Blick wie christgermanischer Hochmut, kleinbürgerliche Borniertheit oder überspitzter Nationalismus wirkt, ist allerdings bei genauerem Zusehen eher Ausdruck einer spezifisch mittelständischen Aversion gegen jene französelnd-luxurierende „Hofmanier", der in diesen Jahren besonders der deutsche Adel und die mit ihm liierte Großbourgeoisie nachzueifern suchten.

Über die in den Gedichten des Göttinger Hains ausgedrückten Sentiments sollten deshalb nur jene lächeln, welche die Freiheit zum alleinigen Werte erheben, während sie Gleichheit und Brüderlichkeit als gering erachten. Schließlich wird in ihren Versen nicht nur die höfische „Galanterie", der „Flitterstaat" sowie die Verliebtheit in „Prunk und Geld", kurz: der gesamte „Franzensbrauch", sondern auch jene bürgerlich-kapitalistische Bereicherungsgier verworfen, die sich zur gleichen Zeit in Frankreich entwickelte und von anderen demokratisch gesinnten deutschen Patrioten dieser Ära ebenso scharf abgelehnt wurde.[3] Als positive Gegenbilder zu den oberen Klassen mit ihren Schranzen und Kokotten priesen deshalb diese Dichter gern die einfachen Bauern, Dienstmädchen und kleinbürgerlichen Biedermänner, die zwar keinen kulturellen Schliff und keine Ahnentafeln, aber dafür einen ausgeprägten Sinn für Gerechtigkeit und Bescheidenheit hätten. Nur jene Menschen, die in „kleinen Hüttchen" ein anspruchsloses, den Gesetzen der Natur entsprechendes Leben führten, erschienen den Hainbündlern als zutiefst „edel und gut". Solche Vorstellungen gingen weit über jene klassizistisch-empfindsame oder rokokohafte Bukolik hinaus, mit der selbst die Höfe und das Großbürgertum in der zweiten Hälfte des 18. Jahrhunderts vorübergehend flirteten. Ein Großteil der Mitglieder dieses Bundes glaubte anfangs tatsächlich, daß es möglich sei, wieder zu einem an germanischer oder altdeutscher Einfachheit orientierten Leben zurückzukehren, welches sich gegen den entsittlichenden Einfluß der oberen Klassen absperrt, um nicht in den korrumpierenden Sog der städtischen und merkantilistischen Modernisierungsschübe zu geraten. Aus diesem Grunde stellten sie den Vertretern der oberen Klassen anfangs gern das Leitbild des selbstgenügsamen Landmanns, des Simplex teutonicus, als des eigentlichen, ewigen, wahrhaft sittlichen Menschens entgegen.[4]

Allerdings sahen die empfindsamen Schwärmer unter den Göttinger Hainbündler schon nach wenigen Jahren ein, wie unrealistisch ihre Träume von einer anderen, besseren deutschen Gesellschaft waren, die allein auf der christgermanischen Vorstellung eines freien, edlen Bauerntums beruht, das alle Verführungen des als französelnd empfundenen Hoflebens sowie der kapitalistischen Marktwirtschaft voller Verachtung von sich weist. Schon im Wintersemester von 1774 auf 1775 kehrten daher mehrere Hainbündler Göttingen den Rücken, um an anderen Universitäten weiter zu studieren oder einen Brotberuf zu ergreifen. Ja, im Laufe des Jahres 1775 verließen auch Voß, Hölty und die Gebrüder Stolberg, die zum harten Kern dieses Bundes gehörten, Göttingen auf Nimmerwiedersehen. Schließlich blieb nur Boie in Göttingen übrig. Doch selbst er zog im Februar 1776 nach Hannover um, nachdem er seinen *Musenalmanach* vorher in andere Hände übergeben hatte. Wohl am längsten hielt Voß dem alten Bund die Treue. Als ihn Johann Martin Miller und dessen Vetter Gottlieb Dietrich 1804 in Ulm besuchten und das frühere *Bundesbuch* mitbrachten, feierte er mit ihnen am 12. September, dem Jahrestag der einstigen Verbrüderung, noch einmal ein nostalgisch gestimmtes Bundesfest. Erst danach rückte auch Voß, der für kurze Zeit sogar den Gedanken erwogen hatte, mit einigen Bundesbrüdern nach Tahiti auszuwandern, um dort eine Kolonie des „einfachen Lebens" zu gründen, von den utopischen Vorstellungen einer allgemeinen Rückumwälzung oder „Revolutio" zu den bäuerlich-natürlichen Grundbedingungen des menschlichen Zusammenlebens endgültig ab.

Aber völlig starb der Geist des Göttinger Hainbundes auch in den folgenden Jahrzehnten nicht aus. Immer dann, wenn es in Deutschland erneut zu antifeudalistischen oder antifranzösischen Affektentladungen kam, brach auch er wieder durch. Das zeigte sich vor allem in der Epoche der sogenannten Befreiungskriege, als Männer wie Ernst Moritz Arndt, Johann Gottlieb Fichte und Johann Ludwig Jahn auftraten, die allerdings – im Ankampf gegen den französischen Imperialismus – den von Klopstock beeinflußten Nationalismus des Göttinger Hains so weit verschärften, daß er eindeutig chauvinistische Züge annahm. Und damit verlor dieser Geist jenen utopischen Charakter, den er um 1775, als sein Patriotismus noch stark demokratische Züge aufwies, durchaus besessen hatte.

Die Musenhöfe in Darmstadt und Weimar

Das gleiche Gefühlspathos, das die Mitglieder des Göttinger Hainbundes beseelte, kam in den siebziger Jahren auch an anderen Orten zum Durchbruch, wo junge, von Friedrich Gottlieb Klopstock, Samuel Richardson oder Jean-Jacques Rousseau beeinflußte Schriftsteller aufeinandertrafen und sich zu mehr oder minder lockeren Freundschaftsbünden zusammenschlossen. Obwohl keiner dieser Bünde so rebellisch auftrat wie der Kreis der Göttinger Klockstockianer, herrschte auch in ihnen oft eine deutliche Tendenz ins Antihöfische und damit Volkstümelnde oder zumindest Volksverbundene. Das gilt vor allem für jene Straßburger Dichtergruppe, zu der in den Jahren 1770–71 neben Johann Gottfried Herder und Johann Wolfgang Goethe auch Heinrich Leopold Wagner, Johann Heinrich Jung-Stilling und Jakob Michael Reinhold Lenz gehörten, die sich nicht nur für die Werke Klopstocks und Rosseaus, sondern auch die

Werke Homers, Pindars, Shakespeares, Ossians, Johann Georg Hamanns sowie den „unerschöpflichen Born" der Volkspoesie begeisterten. Aufgrund dieser Gesinnung verfaßten sie leidenschaftserfüllte Gedichte, Romane und Dramen, die gegen alle Regeln der höfischen oder bürgerlich-rationalistischen Etikette verstießen und später gern als Manifestationen der „Sturm und Drang"-Bewegung in der deutschen Literatur hingestellt wurden.

Doch Zusammenschlüsse dieser Art, die wie der Kreis der Bremer Beiträger oder der Göttinger Hainbündler aus studentischen Bekanntschaften oder Freundschaften hervorgingen, hielten meist nicht lange vor. Sobald die führenden Mitglieder solcher Gruppen ihr Studium abschlossen oder zu einer anderen Universität überwechselten, verlief sich das Ganze wieder. Auch die sich daran anschließenden Briefwechsel bildeten nur in Ausnahmefällen einen echten Ersatz für die menschliche Unmittelbarkeit, die von diesen Gruppen so hochgeschätzt wurde. Schließlich wollten die von „Sturm und Drang"-Gefühlen beseelten jungen Dichter ihre Wünsche und Triebregungen nicht nur dem Papier anvertrauen, sondern strebten zugleich danach, in jedem Augenblick ihres Lebens einen neuen seelisch-erotischen Höhepunkt zu erfahren. Ihr Ideal wurde deshalb immer stärker der prometheische Einzelne, der „große Kerl", das „Genie". In titanischer Auflehnung gegen die „Götter" forderten sie mit ihren ungestüm aufs Papier geworfenen Schriften manchmal die gesamte Gesellschaft in die Schranken, ohne sich groß um die Realisierbarkeit ihrer hochfahrenden Pläne zu kümmern. Eine solche Haltung, die durch rousseauistische Empörungs- und Überbietungsgesten stets aufs Neue angefacht wurde, geht – sozialgeschichtlich gesehen – weitgehend auf die isolierte Situation jener jungen, rebellisch gesinnten Intellektuellen in den verschiedenen deutschen Staaten zurück, die mögliche Sympathisanten noch am ehesten unter ebenso unzufrieden-überspannten Studenten oder Schriftstellern, aber nicht unter den weiterhin in kleinstaatlicher Zersplitterung und Untertanengesinnung dahinlebenden Kaufmanns- und Handwerkerschichten dieser Ära fanden.

Zu den wenigen anderen, die ebenfalls mit solchen Ideen liebäugelten und zum Teil einen leicht überspannten Geniekult trieben, gehörten einige der kleineren deutschen Fürstenhöfe, welche sich wegen ihrer politischen Bedeutungslosigkeit wenigstens kulturell hervortun wollten. Die Anregungen dazu kamen freilich weniger von den jeweiligen Fürsten als ihren toleranten, aufklärerisch gesinnten Gemahlinnen, die sich nicht allein mit repräsentativen Verpflichtungen abfinden wollten, sondern ihre finanziellen Mittel und ihren gesellschaftlichen Einfluß auch dazu benutzten, sich mit Künstlern und Wissenschaftlern zu umgeben, um so ihrem zeremoniellen Schattendasein einen Anflug ins Höhere zu geben. Allerdings mußten diese Künstler und Wissenschaftler dabei ihre Neigungen zum Rebellisch-Volkstümlichen entweder aufgeben oder verheimlichen, mit anderen Worten: sich den Gepflogenheiten einer ins Höfische übersetzten Empfindsamkeit anpassen. Schließlich blieben ihre Gönnerinnen, und mochten sie noch so „liberal" auftreten, letztlich Fürstinnen, die trotz aller musischen Neigungen stets ihre eigenen Standesinteressen im Auge behielten, das heißt sich als Landesherrinnen der von ihnen mitregierten Staaten empfanden.

Einer dieser Höfe war in den siebziger Jahren Darmstadt, wo die Landgräfin Henriette Christiane Karoline von Zweibrücken, die Frau Ludwig IX. von Hessen-Darmstadt, seit 1765 mit Hilfe mehrerer hochgebildeter und literarisch interessierter Hofbeamter, darunter Peter Andreas Hesse, Johann Heinrich Merck und Friedrich Carl von Moser, eine Art Musenhof einzurichten versuchte. Nachdem es ihr nicht gelungen war, Johann Georg Hamann, der wegen seines philosophisch-orakelhaften Stils der „Magus des Nordens" genannt wurde, als Prinzenerzieher an ihren Hof zu ziehen, übertrug sie Franz Michael Leuchsenring, einem der bekanntesten Seelenhirten der Empfindsamkeit, die Erziehung ihrer Söhne. Für ihren hohen Bildungsstand spricht der ausgedehnte Briefwechsel, den Karoline mit französischen Philosophen wie Voltaire und Helvetius sowie mit Friedrich II. von Preußen unterhielt, der ihr Wesen mit der Formel „Femina sexu, ingenio vir" zu umschreiben versuchte.[5]

Doch auch an Literatur war Karoline, wie ihre beiden Hofdamen Luise von Ziefler („Lila") und Henriette von Roussillion („Urania"), sehr interessiert. So war sie die erste, die 1771 in Darmstadt 34 Exemplare von Klopstocks *Oden und Elegien* für ihre engeren Freunde und Freundinnen drucken ließ. Daher fühlten sich viele der bekannteren Dichter und Dichterinnen dieser Jahre – darunter Gleim, Klopstock, Wieland, Matthias Claudius, Sophie La Roche, Johann Kaspar Riesbeck und Helfrich Peter Sturz – durch den musischen Geist, der an ihrem Hofe herrschte, angezogen und genossen voller Dankbarkeit die großzügige Gastfreundschaft der dort versammelten „schönen Seelen". Ja, manche knüpften zugleich enge Beziehungen zu Merck und Leuchsenring an. Wohl den größten Eindruck auf die dortigen halb pietistisch, halb rousseauistisch gestimmten Musenfreunde und -freundinnen, aus denen Leuchsenring einen förmlichen Orden der hochgestimmten Seelen zu machen versuchte, machte anfangs der „alte, gute, sanfte, muntere, ehrliche Vater Gleim", der in ihnen Gefühle der „zärtlichsten" Verbundenheit weckte.[6] Ebenso angetan war der höfische Literaturzirkel von Herder, der im August 1770 in Darmstadt eintraf und im Hause des Staatsministers Hesse die junge Karoline Flachsland („Psyche") kennen- und liebenlernte, mit der er nach seiner Abreise einen überschwenglichen Briefwechsel begann und die er später heiratete. Danach war es Goethe, der 1772 nach Darmstadt kam und von dem örtlichen Empfindungskult so stark beeindruckt war, daß er den dortigen Musenhof eine „Gemeinschaft der Heiligen" nannte. Wie Herder genoß auch er, sich in Darmstadt für eine Weile völlig seinen Gefühlen hingeben zu können, mit Gleichgesinnten

Melchior Kraus: Gesellschaft bei der Herzogin Anna Amalia in Weimar (1795). Von links nach rechts: Johann Heinrich Meyer, Henriette von Fritsch, Johann Wolfgang Goethe, Friedrich Hildebrand von Einsiedel, Herzogin Anna Amalie, Elise Gore, Charles Gore, Emilie Gore, Luise von Göchhausen und Johann Gottfried Herder

durch die Natur zu pilgern oder sich wechselseitig empfindungsreiche Briefe und Gedichte vorzulesen, wobei er manche Anregungen zu seinen *Leiden des jungen Werthers* (1774) erhielt.

Ein ähnlicher Musenhof entstand kurze Zeit später in Weimar, der Residenzstadt des Herzogtums Sachsen-Weimar-Eisenach. Hier regierte seit 1759 die Prinzregentin Anna Amalia, die in den sechziger Jahren erst einmal die Finanzen des durch die Mißwirtschaft ihrer Vorgänger sowie die Auswirkungen des Siebenjährigen Krieges weitgehend ruinierten Landes aufzubessern versuchte, aber in den frühen siebziger Jahren auch ein Bedürfnis nach kultureller Repräsentation entwickelte.[7] Der erste Schriftsteller, den Anna Amalia 1772 als Erzieher des noch unmündigen Prinzen Carl August nach Weimar berief, war Wieland. 1775 holte sie auch den jungen Goethe, ein Jahr später Herder an ihren Hof. Außerdem zog Anna Amalia zu ihren Lesegesellschaften auch die als Gelegenheitsdichter hervorgetretenen Kammerherren Friedrich Hildebrand von Einsiedel und Karl Friedrich Siegmund von Seckendorff, den Verleger Friedrich Justin Bertuch, den märchendichtenden Gymnasialprofessor Karl August Musäus sowie die Hofdame Luise von Göchhausen heran. Von großer Bedeutung für die Ausstrahlungskraft dieses Kreises war der 1773 von Wieland

in Weimar gegründete *Teutsche Merkur*, der sich unter den philosophisch-bel-
letristischen Veröffentlichungen der siebziger Jahre schnell zum auflagenstärk-
sten Blatt seiner Art entwickelte. Und auch der meteorhaft aufleuchtende
Ruhm Goethes, der 1773 seinen *Götz von Berlichingen*, 1774 seine *Leiden des
jungen Werthers* und 1776 seine *Stella* veröffentlichte, ließen Weimar plötzlich
als das Zentrum einer neuen deutschen Literatur erscheinen.

Besonders aktiv wurde dieser Kreis nach 1775, als Anna Amalia die Regie-
rungsgeschäfte ihrem inzwischen mündig gewordenen Sohn Carl August übertrug und sich fortan fast ausschließlich ihren musischen Interessen widmete. Ihr
Lesezirkel, zu dem fast alle Literaturinteressierten der höfischen Gesellschaft in
Weimar gehörten, traf sich in den folgenden Jahren fast jede Woche einmal im
sogenannten Tafelrundenzimmer des von ihr bewohnten Wittumspalais. In ihm
ging es in erster Linie um Gefühl und Esprit, während der gesellschaftliche
Rang nur eine untergeordnete Rolle spielte. Das gleiche galt für die Gruppe von
Theaterliebhabern und -liebhaberinnen, zu der neben Anna Amalia vor allem
Bertuch, Einsiedel, Göchhausen, Goethe und Seckendorff gehörten, die entweder im Theatersaal des Wittumspalais oder im Tiefurter Park zwar anspruchsvolle, aber leicht zu spielende Stücke aufführte. Ja, zwischen 1781 und
1784 gab Anna Amalia mit ihrem Kreis sogar eine Zeitschrift, das *Tiefurter
Journal*, heraus, in dem neben kuriosen Anekdoten auch eine Reihe belangvol-
ler Dichtungen erschien.

Doch trotz all dieser Aktivitäten kam es in diesen Jahren am Weimarer Hof
nicht zu einem wirklichen Dichterbund mit klarer programmatischer Zielsetzung. Dazu waren einerseits die Unterschiede zwischen Herder, Goethe und
Wieland zu groß. Andererseits hätte sich der Hof jeder Tendenz ins eindeutig
Volkstümliche, Demokratische oder gar aufgeklärt Rebellische sofort wider-
setzt. Also blieb die ideologische Situation am Weimarer Musenhof weitgehend
ungeklärt oder bestenfalls pluralistisch. Genau besehen, herrschte auch hier,
wie in Darmstadt, eine Haltung, die man heute als repressive Toleranz bezeichnen würde. Beide Höfe verhielten sich zwar den bürgerlich-liberalen Schriftstellern durchaus großzügig gegenüber und gestatteten ihnen sogar einige ideologische Lizenzen. Allerdings übten Karoline von Hessen-Darmstadt und Anna
Amalia von Sachsen-Weimar-Eisenach diese Toleranz nur solange, wie die
betreffenden Autoren nicht gegen die Grundregeln des benevolenten Absolutismus verstießen. Und das sahen Goethe und Herder, trotz ihrer bürgerlich-auf-
geklärten Reformabsichten, auch ein. Sie versuchten sich dementsprechend zu
akkommodieren und wurden dafür – als bewährte Angestellte des Weimarer Für-
stenhauses – später sogar in den niederen Adelsstand erhoben.

Freimaurer, Illuminaten und Jakobiner

Wohl am deutlichsten läßt sich die prekäre Situation der deutschen Intelligenz gegen Ende des 18. Jahrhunderts an Hand jener in Geheimbünden oder Winkellogen aktiven Aufklärer illustrieren, die sich weder mit empfindsamen Kompensationsgefühlen noch mit ins adlig-höfische Leben eingegliederten Randpositionen zufrieden gaben, sondern nach einer Gesamtumwälzung der feudalistischen Unterdrückungs- und Willkürherrschaft trachteten. Wo ließ sich jedoch eine solche Radikalität überhaupt propagieren, ohne – wie Christian Friedrich Daniel Schubart oder Karl Friedrich Bahrdt – sofort im Gefängnis zu landen? Selbst wer solche Ideen lediglich in anonymen Flugschriften oder Broschüren verbreitete, bei denen oft sogar die Erscheinungsorte weggelassen wurden, setzte sich sofort der Gefahr aus, von den überall herumspionierenden Spitzeln der Fürsten entdeckt und hochnotpeinlichen Verhören ausgesetzt zu werden, die meist auf Landesverweisung oder Einkerkerung hinausliefen. Daher übten fast alle aufmüpfigen Autoren dieser Zeit, sogar die rebellischsten unter ihnen, ständig Selbstzensur oder schlossen sich aufklärerischen Orden oder Bünden an, von denen sie sich eine gewisse Rückendeckung versprachen. Zu diesen Vereinigungen gehörten anfangs vor allem die privaten Lesegesellschaften und Freimaurerlogen, aus denen sich später – im Zuge der allmählichen Radikalisierung des aufklärerischen Gedankenguts und im Gefolge der Französischen Revolution von 1789 – der Illuminatenorden sowie die verschiedenen Jakobinerklubs entwickelten, die sich zwar nicht als typische Dichterbünde charakterisieren lassen, in denen jedoch die Schriftsteller oft eine entscheidende Rolle spielten.

Den Auftakt zu dieser Entwicklung bildeten die sogenannten Lesegesellschaften, die in der zweiten Hälfte des 18. Jahrhunderts in fast allen deutschen Städten gegründet wurden. Da in ihnen jedes Mitglied die gleichen Rechte besaß, dienten diese Gesellschaften der Verbreitung einer demokratischen Grundgesinnung, die es vorher nicht einmal in Ansätzen gegeben hatte. Die Mitglieder dieser Gesellschaften lasen nicht nur die in den Klubräumen ausliegenden Bücher, Broschüren, Zeitschriften und Zeitungen, sondern diskutierten auch über aktuelle Themen und Theorien, wobei sie die schöngeistigen Werke fast ebenso ernst nahmen wie die politischen oder wissenschaftlichen. Die meisten von ihnen gehörten den begüterten und zugleich kultivierten Schichten des Bürgertums an, das heißt setzten sich aus Verwaltungsbeamten und Professoren sowie Verlegern und Literaten zusammen. So konstituierte sich in Berlin schon um die Jahrhundertmitte der sogenannte Montagsklub, der sich als sehr langlebig erwies und zu dessen Mitgliedern unter anderem Thomas Abbt, Johann Erich Biester, Johann Jakob Engel, Friedrich Gedike, Leopold Friedrich Goekkingk, Moses Mendelssohn, Friedrich Nicolai, Karl Wilhelm Ramler, Johann

Georg Sulzer und für kurze Zeit auch Gotthold Ephraim Lessing gehörten, die
häufig in den von Sulzer und Ramler herausgegebenen *Kritischen Nachrichten
aus dem Reiche der Gelehrsamkeit* (1750–52) sowie der von Nicolai ab 1765
edierten *Allgemeinen deutschen Bibliothek* publizierten. Die entschiedenen
Aufklärer innerhalb dieses Klubs wandten sich einerseits gegen den bürgerlichen Quietismus und die protestantische Orthodoxie, andererseits gegen den
frömmelnden Pietismus, die übertriebene Empfindsamkeit sowie die irrationalen Seiten des Sturm und Drang und bekannten sich unter vernunftbetonter
Perspektive zu humanistisch-kosmopolitischen Idealen, die zum Teil bereits
sozialkritische Elemente aufwiesen.

Fast die gleichen Ziele verfolgten viele der im gleichen Zeitraum gegründeten
Freimaurerlogen, in denen allerdings neben aufklärerisch eingestellten Bürgern
auch Adlige, ja sogar Fürsten Mitglieder wurden, entweder weil sie tatsächlich
mit gewissen Ideen der Aufklärung sympathisierten oder weil sie sich wenigstens den Schein der Liberalität und Toleranz geben wollten. Wie in den Lesegesellschaften herrschte auch in ihnen weitgehend das die herkömmlichen Stan-
desunterschiede überwindende Prinzip der geistigen Ranggleichheit, was viele
Aufklärer in der Hoffnung beflügelte, in diesen Logen utopische Vorboten
einer zukünftigen Befreiung zu sehen. Obwohl sich die meisten Freimaurerge-
sellschaften bewußt unpolitisch gaben, bildeten sie dennoch eine Art geheimer
Gegenöffentlichkeit, in der sich – wenn auch von seltsam anmutenden Ritualen
überdeckt – ein oppositioneller Geist entwickelte, der geradezu unentwegt auf
die Bildung neuer Bünde, Kreise und Orden drängte, in denen viele Schriftsteller dieser Ära, die sich als kümmerlich bezahlte Hofmeister oder Lehrer ihr Brot
verdienen mußten und von ihren adligen Herren oft bewußt gedemütigt wurden, endlich auf Gleichgesinnte stießen und sich als „Menschen unter Menschen" fühlen konnten. Daher verwandelten sich manche dieser Logen zusehends in geheime Dichterbünde, in denen all jene freigeistigen Autoren, die sich
unter den herrschenden Bedingungen gesellschaftlich an den Rand gedrängt
fühlten, intellektuelle Zufluchtsorte fanden.

Ähnliches gilt für den Illuminatenorden, den Adam Weishaupt 1776 an der
Ingolstädter Universität als Gegenbewegung zu den in Bayern besonders reaktionär auftretenden Jesuiten und Rosenkreuzern gründete. Die meisten Mitglieder dieses Ordens bekannten sich zur atheistisch-materialistischen Aufklä-
rungsphilosophie eines Holbach oder Helvetius und waren fest davon überzeugt, daß jeder Mensch, falls er sich zu einer aufgeklärten Gesinnung durch-
ringe, zu einer bisher ungeahnten Vervollkommnung fähig sei. Demzufolge
nannten sich viele Illuminaten in ihren Anfängen voller Stolz „Perfectibilisten".
Von den demokratisch, das heißt antimonarchistisch gesinnten Dichtern dieser
Jahre unterstützten vor allem Carl Ignaz Geiger sowie Adolf Freiherr Knigge,
wie er sich selber nannte, die Illuminaten und versuchten, die eindeutig revolu-

tionären Ideen Weishaupts, der bei seinen Anhängern unter dem Decknamen „Spartacus" bekannt war, auch in die älteren Freimaurerlogen einzuschmuggeln. Auf dem Höhepunkt seiner Aktivitäten besaß der Illuminatenorden zwischen 600 bis 700 Mitglieder. Vor allem in Bayern gewann er einen solchen Einfluß, daß er 1784 vom Kurfürsten Karl Theodor auf Anraten der Jesuiten verboten wurde. Darauf flohen viele seiner Mitglieder außer Landes, um nicht eingekerkert zu werden.

Ein ähnliches Schicksal erlitt die Deutsche Union, die 1788 von Karl Friedrich Bahrdt in Halle als eine geheime Berufsgenossenschaft radikaldemokratisch gesinnter Schriftsteller gegründet wurde, welche die „Errichtung von Lesegesellschaften und Kommunbibliotheken" fördern sollte, um so die Aufklärung bis in „Hütten des Volkes" zu verbreiten, wie es in ihrer Gründungsurkunde hieß. Es war Bahrdts Ziel, den Einfluß der staatshörigen Verleger auf den Buchdruck und Buchhandel weitgehend auszuschalten und literarische Selbsthilfeorganisationen in Form genossenschaftlicher Druckereien und Verkaufsstellen zu schaffen, um so auch den unterdrückten, weil rebellischen Autoren endlich eine Verdienst- und Wirkungschance zu geben. Über 500 Aufklärer, darunter wiederum Schriftsteller wie Adolf Freiherr Knigge, ja sogar einige emanzipierte Juden und Frauen erklärten sich mit den Zielen dieser Union solidarisch. Einen seiner Hauptgegner sah Bahrdt in dem ehemaligen Rosenkreuzer Johann Christoph von Wöllner, der 1788 zum preußischen Justizminister aufstieg und sofort nach seinem Amtsantritt das berüchtigte Wöllnersche Religionsedikt erließ, das allen aufklärerischen Bestrebungen mit scharfen Zensurbestimmungen entgegenzutreten versuchte. Als sich Bahrdt erdreistete, noch im gleichen Jahr seine gegen Wöllner gerichtete satirische Komödie *Das Religionsedikt* zu publizieren, wurde er im April 1789 von den Hallenser Behörden in Isolierhaft gesperrt und obendrein von August von Kotzebue in seiner Schrift *Dr. Bahrdt mit der eisernen Stirn* als verbohrter Dummkopf angeprangert. Bahrdt kam zwar ein Jahr später wieder frei, starb jedoch 1792 an den Folgen einer Krankheit, die er sich im Gefängnis zugezogen hatte.

In Bahrdts Todesjahr wurde in Glogau von August Wilhelm von Leipziger als neue aufklärerische Geheimloge der Bund der Evergeten, das heißt der Gutesstifter, gegründet, der bewußt an Bahrdts Deutsche Union anzuknüpfen versuchte und sich zugleich für die Ordensphantasien in dem Roman *Dya-Na-Sore, oder: Die Wanderer* (1787–89) von Wilhelm Friedrich von Meyern begeisterte. Dieser Bund bestand zwar nur aus zehn Mitgliedern, darunter wiederum mehreren Schriftstellern, entfaltete aber, vor allem auf Drängen von Christian Jakob Contessa, Hans von Held und Joseph Zerboni, in vielen aufgeklärten Zeitschriften dieser Jahre, wie der *Berlinischen Monatsschrift*, eine äußerst rührige Propaganda für die radikaldemokratischen Auffassungen des amerikanischen Revolutionärs Thomas Paine sowie die luxusfeindliche Tu-

Johann Jakob Hoch: Sitzung des Mainzer Jakobinerklubs, Ausschnitt (1793)

gendlehre Jean-Jacques Rousseaus. Besonders Held trat in seinen Gedichten –
im Hinblick auf die Französische Revolution – energisch dafür ein, daß alle
feudalistischen Privilegien endlich beseitigt werden müßten und kein Staats-
mann „mehr groß sein dürfe, der nicht auch Bürger wäre".[8] Mit solchen
Anschauungen gerieten die Evergeten, wie zuvor Bahrdt und seine Freunde,
schnell in Konflikt mit den preußischen Behörden, die nicht zögerten, mehrere
ihrer führenden Köpfe wegen staatsfeindlicher „Wühlerei" vor Gericht zu
stellen, einzusperren oder ihrer Stellen zu berauben, um sie zu zermürben und
damit zum Einlenken zu zwingen. Und das zeitigte auch die staatlicherseits
gewünschten Ergebnisse, zumal sich die Französische Revolution nicht in dem
Sinne entwickelte, wie ihre liberalen oder demokratisch gesinnten Bewunde-
rer unter den Evergeten zu Anfang geglaubt hatten. Vor allem bei den Liberalen führte der staatliche Gegendruck schnell zu Resignationserscheinungen,
das heißt der Überzeugung, daß der politischen Umwandlung eine ästhetisch-
sittliche Erziehung im Sinne Friedrich Schillers vorangehen müsse, um keine
Tendenzen ins Anarchische zu begünstigen. Doch auch die Radikalen innerhalb dieses Bundes büßten im Laufe der Zeit ihren anfänglichen Enthusiasmus
zusehends ein und äußerten ihre revolutionären Anschauungen nur noch
unter Freunden, um nicht eingekerkert, des Landes verwiesen oder gar hinge-
richtet zu werden.

Ähnliches gilt für jene revolutionär gesinnten Gruppen, die sich zwischen 1789 und 1794 in den linksrheinischen Gebieten sowie in Hamburg und Wien, den beiden größten deutschen Städten, formierten und seit einiger Zeit als deutsche Jakobiner bezeichnet werden. Eine konkrete Chance zu revolutionären Umwälzungen hatten diese Gruppen allerdings nur dort, wo ihnen die französischen Truppen zu Hilfe kamen. So konstituierte sich am 23. Oktober 1792 in Mainz, zwei Tage nachdem diese Stadt durch die Armee Custines erobert worden war, nach dem Vorbild des Pariser Jakobinerklubs eine revolutionäre Gesellschaft der Freunde der Freiheit und Gleichheit, die schnell von 20 auf 500 Klubisten anwuchs, unter denen sich neben Professoren und Studenten auch eine Reihe Schriftsteller befanden.[9] Zu den wichtigsten Mitgliedern dieses Klubs gehörte George Forster, der ihm zeitweilig sogar als Präsident vorstand. Wie bei Bahrdts Deutscher Union und dem schlesischen Evergetenbund lag auch hier der Hauptakzent auf einer allgemeinen Volksaufklärung und nicht auf irgendwelchen akademisch-philosophischen oder ästhetischen Vorstellungen. Allerdings kam es auch in Mainz schnell zu heftigen Richtungskämpfen zwischen dem liberalen und dem radikaldemokratischen Flügel, was schließlich zur Selbstauflösung der Mainzer Gesellschaft der Freunde der Freiheit und Gleichheit führte. Doch das bewahrte die dortigen Klubisten keineswegs davor, im Juli 1793, als die Reichstruppen Mainz zurückeroberten, von den kurfürstlichen Behörden ebenso scharf verfolgt zu werden wie alle anderen auf Einführung demokratischer Rechte in Deutschland drängenden Gruppen.

Nicht viel besser erging es den deutschen Jakobinern in Hamburg und Wien, als die Welle der Revolutionsbegeisterung wieder abebbte und die dortigen Behörden zum Gegenschlag ausholten. In Hamburg waren die Voraussetzungen für eine demokratische Propaganda zu Anfang besonders günstig, da hier – aufgrund der vorteilhaften Handelsbedingungen – ein Bürgertum entstanden war, das Wert darauf legte, als liberal zu gelten. Noch günstiger waren die Verhältnisse in Altona, das zur dänischen Krone gehörte und wo der Minister Peter von Bernstorff die Zensur weitgehend aufgehoben hatte. Darum erschienen in diesen beiden Städten zur Zeit der Französischen Revolution mehr Bücher und Broschüren, die sich zu radikaldemokratischen oder jakobinischen Ideen bekannten, als in irgendeinem anderen Teil des rechtsrheinischen Deutschlands.[10] Einer der ersten Autoren, der in Hamburg-Altona in aller Offenheit das revolutionäre Gedankengut unterstützte, war der Romancier, Dramatiker und Publizist Friedrich Wilhelm von Schütz, ein aus Sachsen zugewanderter Lessing-Verehrer und Parteigänger der Illuminaten, der sich vor allem in seinem *Niedersächsischen Merkur* für die Einführung einer demokratischen Grundordnung in Deutschland einsetzte, die auch den bisher Unterdrückten und Entrechteten endlich zu ihren vollen Menschenrechten verhelfen würde. Als daher im November 1792 die Nachrichten von der Errichtung der Mainzer Republik

Hamburg erreichten, war es Schütz, der mit dem französischen Gesandten
François Lehoc in Hamburg eine Lesegesellschaft gründete, die sich in ihrer
Satzung eng an die Statuten der Mainzer Gesellschaft der Freunde der Freiheit
und Gleichheit anlehnte. Dieser Klub hatte etwa 60 bis 80 Mitglieder und
wählte den liberalen Großkaufmann Georg Heinrich Sieveking zu seinem
ersten Vorsitzenden. Politisch sympathisierten die meisten seiner Mitglieder
mit den Vorstellungen der Pariser Gironde. Als jedoch die Spannungen zwischen den radikalen und den gemäßigten Revolutionsfreunden immer stärker
wurden, löste sich dieser Klub wieder auf. Ja, Schütz wurde wegen seiner „aufrührerischen" Ansichten 1793 sogar aus Hamburg ausgewiesen. In ähnliche
Schwierigkeiten gerieten nach diesem Zeitpunkt andere Hamburger Revolu-
tionsfreunde wie Heinrich Christoph Albrecht, Friedrich Gottlieb Klopstock,
Johann Albert Hinrich Reimarus und Heinrich Würzer, die sich anfänglich in
vielen Zeitschriftenbeiträgen, Traktaten, Gedichten oder Dramen für die Ideen
der Französischen Revolution einsetzten, aber dann – wie die Mitglieder des
schlesischen Evergetenbundes – allmählich resignierten oder wegen des konter-
revolutionären Drucks nur noch im Verborgenen weitergrollten.

Noch dramatischer gestaltete sich die politische Lage in Wien. Allerdings
waren es hier weniger die Gelehrten und Schriftsteller, die für eine Durchsetzung der bürgerlichen Freiheiten eintraten, als jene staatlichen Beamten, welche sich im Zuge der von Kaiser Joseph II. eingeleiteten Reformen zwischen
1780 und 1790 immer stärker radikalisierten und die schließlich zwischen
1790 und 1792, während der kurzen Regierungszeit des ebenso reformfreudi-
gen Kaisers Leopold II., deutlich jakobinische Positionen bezogen. Im Zentrum
dieser Bewegung stand Andreas Riedel, der 1790/91 ein politisches Reform-
programm für die deutschen Erblande der Donaumonarchie entwarf, das einen
merklichen Drall ins Republikanische aufwies. Um ihn scharte sich im Jahr
1792 ein Demokratenzirkel von etwa 30 Mitgliedern, der mit einer Fülle politischer Satiren und revolutionärer Lieder unter der Wiener Bevölkerung eine aufrührerische Stimmung erzeugen wollte. Der führende Kopf innerhalb dieser
Gruppe war neben Riedel zweifellos Franz Hebenstreit. Für seine jakobinische
Gesinnung spricht vor allem sein 1792 verfaßtes sozialutopisches Gedicht
Homo Hominibus, in dem er sich mit humanistisch-revolutionärem Elan gegen
die von Thomas Hobbes aufgestellte These wandte, daß der Mensch nicht des
Menschen Freund, sondern des Menschen Wolf sei. Hierbei gebrauchte Heben-
streit, der im Sinne der französischen Frühsozialisten im Privateigentum die
Grundursache aller gesellschaftlichen Übel sah, zum erstenmal in der deutschen
Literatur das Wort „Kommunismus". Ebenso radikal ist sein berühmt-berüch-
tigtes *Eipeldauerlied*, das er 1793 im Wiener Dialekt verfaßte und in dem er alle
Unterdrückten aufrief, sich gegen jene Herrenschichten aufzulehnen, welche
das sogenannte niedere Volk nur als „Arschpapier" betrachteten.[11] Während

Leopold II. solche Tendenzen noch teilweise geduldet hatte, setzte 1793 unter seinem Nachfolger Franz II. wieder eine Rückwendung zur feudalistischen Privilegienordnung des Ancien régime ein. Erbittert über die Vorgänge in Paris sowie die aufmüpfige Gesinnung einiger hoher Staatsbeamter ließ Franz II. die meisten Wiener Jakobiner kurzerhand verhaften, vor Gericht stellen und schließlich hinrichten oder zu langen Gefängnisstrafen verurteilen.

Chronologisch gesehen, währte die Phase der deutschen Radikalaufklärung etwa 15 Jahre, also von 1780 bis 1795. Die Mehrheit ihrer Vertreter kam aus den seit der Jahrhundertmitte bestehenden Freimaurerlogen, welche sich als moralische Institutionen verstanden, die der Menschenveredelung und Menschenverbrüderung dienen sollten. Aus diesen Logen gingen sowohl der Illuminatenorden als auch die Deutsche Union und der Evergetenbund hervor, die im Hinblick auf den Umsturz der feudalistisch-absolutistischen Gesellschaftsordnung bereits wesentlich konkretere Ziele ins Auge faßten als die älteren Freimaurer. Doch auch sie drangen selten in die Arena politischer Aktionen vor, sondern blieben meist im Bereich aufklärerischer Appelle stecken, da die Zahl der demokratisch gesinnten Bürger in Deutschland noch immer viel zu klein war, um eine wirklich revolutionäre Bewegung in Gang zu setzen. Demzufolge blieben die meisten Ansätze zu einer rebellischen Gesinnung selbst bei den Radikalaufklärern weitgehend im Moralischen oder Belletristischen stecken, ohne in die tagespolitische Realität überzugreifen.

Viele dieser Bewegungen, sogar die aus den demokratisch-patriotischen Lesegesellschaften hervorgehenden Mainzer, Hamburger und Wiener Jakobinergruppen, waren daher weniger politische Aktionsgruppen als Dichterbünde, die ihr Hauptvehikel im Kampf gegen das brutale Willkürregiment der Fürsten wie auch den „Unverstand des breiten Haufens" in einer operativen Publizistik sahen, die sich aus literarischen Genres zusammensetzte, von denen sie sich eine politische Breitenwirksamkeit versprachen. Dazu gehörten vor allem Gedichte, welchen sich populäre Melodien unterlegen ließen, in literarische Form gefaßte „Sendschreiben" an Bauern, Bürger oder gar die gesamte deutsche Nation, satirische Reisebeschreibungen, utopische Romane im Gefolge der französischen Rousseauisten sowie in einem allgemein-verständlichen Ton gehaltene Kleinformen wie Briefe, Reden oder Dialoge. Die besten Beispiele dafür finden sich in jakobinischen Zeitschriften wie *Der Bürgerfreund* von Matthias Metternich, *Der patriotische Volksredner* von Heinrich Würzer, *Der neue Mensch* von Georg Conrad Meyer, der *Obscuranten-Almanach* von Georg Friedrich Rebmann, *Der niedersächsische Merkur* von Friedrich Wilhelm von Schütz, *Argos* von Eulogius Schneider und *Die Annalen der Menschheit* von Carl Ignaz Geiger.[12] Ja, selbst von der Bühne herab versuchten die deutschen Radikalaufklärer und Jakobiner Einfluß auf das „breite Publikum" zu gewinnen, wie die Aufführungen des Bürger-National-Theaters in

Titelblatt des „Obscuranten-Almanachs auf das Jahr 1798 mit dem Motto: „Wer Ketten trägt, wird durch die Ketten schlecht. / Die Sklaverey lähmt unseres Geistes Schwingen. "

Mainz und des Altonaer Nationaltheaters Johann Friedrich Ernst Albrechts beweisen, wo entweder Satiren auf den fürstlichen und klerikalen Despotismus oder Stücke aufgeführt wurden, welche die kühnen Taten von Freiheitshelden wie Masaniello oder Klaus Störtebecker verherrlichten.

Wie gesagt, alle diese Aktivitäten waren nur möglich, weil sich die literarische und akademische Intelligenz in Deutschland durch den revolutionären Geist in Frankreich ermuntert sah, ebenfalls auf größere Freiheiten zu drängen oder gar den Umsturz der bestehenden Gesellschaftsordnung ins Auge zu fassen. Da es jedoch im Rahmen dieser Bewegung nicht zu einem Bündnis zwischen den radikaldemokratisch auftretenden Intellektuellen und einer breiten, aufrührerisch gestimmten Volksbewegung kam, mußten solche Versuche notwendig scheitern. Dennoch bilden die Aktivitäten der deutschen Freimaurer, Illuminaten, Evergeten, Radikaldemokraten und Jakobiner in der Geschichte der deutschen Dichterbünde Höhepunkte eines aufrührerischen Geistes, dessen politische und moralische Absichtserklärungen von seltener Lauterkeit waren. In den Bemühungen dieser Autoren, von denen viele ihr Leben aufs Spiel setzten, von Land zu Land gejagt wurden oder lange Freiheitsstrafen verbüßen mußten, kam zum erstenmal eine Gesinnung zum Ausdruck, für die im frühen 19. Jahrhundert der Begriff „Avantgarde" geprägt wurde. Schließlich faßten diese Bünde, Gruppen und Orden nicht nur politisch, sondern auch ästhetisch eine Entwicklung ins Auge, welche sich die Gesamtumwälzung des Ancien régime in eine auf den Prinzipien der „Freiheit, Gleichheit und Brüderlichkeit" beruhenden Gesellschaftsordnung zur Aufgabe setzte. Daher verlangten sie auch von den Dichtern, sich zu Bünden zusammenzuschließen und in erster Linie für demokratisch-aufklärerische und zugleich kosmopolitische Ziele einzutreten, statt weiterhin in empfindsamer Betulichkeit ihr eigenes Ich zu kultivieren, in den Dienst höfischer Musenzirkel zu treten oder sich im Sinne der Göttinger Hainbündler auf national-pathetische Zielsetzungen zu beschränken.

Der „klassische" Dichterbund

Im Gegensatz zu den meisten Autoren ihrer Zeit hielten sich Johann Wolfgang Goethe und Friedrich Schiller in den achtziger und neunziger Jahren von den allerorts entstehenden Dichterbünden weitgehend fern. Goethe hatte sich zwar 1770–71 in Straßburg dem Kreis der sogenannten Stürmer und Dränger um Johann Gottfried Herder angeschlossen und anschließend enge Beziehungen zum Darmstädter Musenhof aufgenommen, ließ sich jedoch schon dort nicht auf eine bestimmte literarische oder ideologische Programmatik festlegen. Die gleiche Einstellung behielt er nach 1775 in Weimar bei, wo er sich zwar aktiv an dem Lesezirkel um Anna Amalia beteiligte, aber letztlich – aufgrund seines wachsenden Ruhms – eine von den anderen Mitgliedern dieses salonartigen Kränzchens respektierte Sonderrolle spielte. Ähnlich verhielt sich der junge Schiller, der zwar ebenfalls eine Vielzahl literarisch gebildeter Freunde besaß, aber zu allen Kreis- und Ordensbildungen eine ähnliche Distanz zu wahren suchte. Zwischen Goethe und Schiller, die im Laufe der achtziger Jahre – neben Klopstock und Wieland – zu den beiden anerkanntesten deutschen Dichtern aufstiegen, wollte sich daher anfangs keine fruchtbare Beziehung entwickeln.

Sogar in der Zeit zwischen Juli 1787 und Januar 1789, als Schiller in Weimar wohnte, kamen sich die zwei weder menschlich noch ästhetisch näher. Wie wir wissen, konnte Goethe mit den Frühwerken Schillers, vor allem mit den *Räubern* (1781), ja selbst noch dem *Don Carlos* (1787), wegen ihrer politischen Schärfe und theatralischen Überspanntheit nicht viel anfangen. „Ich vermied Schillern", schrieb Goethe später, „der sich in Weimar aufhaltend, in meiner Nachbarschaft wohnte. An keine Vereinigung war zu denken. Niemand konnte

leugnen, daß zwischen zwei Geistesantipoden mehr als ein Erddiameter die
Scheidung mache, da sie denn beiderseits als Pole gelten mögen, aber deswegen
in eins nicht zusammenfallen können."[13] Als ebenso wesensfremd empfand der
junge Schiller den in Weimar geradezu allgewaltig auftretenden Goethe. Demzufolge schrieb er am 2. Februar 1789, kurz nach seiner Berufung als unbesol-
deter ao. Professor für Neuere Geschichte an die Jenaer Universität, in einem
Augenblick ungezügelten Unmuts über Goethes herablassende Kälte an seinen
Freund Christian Gottfried Körner: „Öfters um Goethe zu sein, würde mich
unglücklich machen: er hat auch gegen seine nächsten Freunde kein Moment
der Ergießung, er ist an nichts zu fassen; ich glaube in der Tat, er ist ein Egoist in
ungewöhnlichem Grade." Ja, am 9. März des gleichen Jahres ließ er sich in
einem weiteren Brief an Körner sogar zu der Bemerkung hinreißen: „Dieser
Mensch, dieser Goethe, ist mir einmal im Wege, und er erinnert mich so oft, daß
das Schicksal mich hart behandelt hat. Wie leicht ward *sein* Genie von seinem
Schicksal getragen, und wie muß *ich* bis auf die Minute noch kämpfen."

Die in diesen Briefen zum Ausdruck kommende Spannung, der viele Gegensätze psychologischer und intellektueller Art zugrunde lagen, lockerte sich erst
in den frühen neunziger Jahren, als Goethe und Schiller – inmitten der politischen Unruhen, die durch den Beginn der Französischen Revolution und die
nachfolgenden Koalitionskriege ausgelöst wurden – plötzlich nach einem über
den jeweiligen Parteibildungen stehenden ideologischen Fixpunkt suchten, der
zur Basis einer menschlichen und zugleich ästhetischen Neuorientierung werden könnte. Bei diesem Bemühen wollten sie sich zwar deutlich von den „Ausschreitungen" der Pariser Jakobinerherrschaft distanzieren, ohne jedoch ihre
grundsätzlich aufklärerische Perspektive preiszugeben. Den Auftakt dazu bildete Schillers Brief vom 13. Juni 1793, in dem er Goethe zur Mitarbeit an der
von ihm gegründeten und herausgegebenen Zeitschrift *Die Horen* aufforderte,
die nach den radikaldemokratischen „Exaltationen" der Jahre zwischen 1789
und 1793 einen neuen „klassischen", das heißt an überzeitlichen Normen
geschulten Maßstab setzen und damit zur Beruhigung der politischen Situation
beitragen sollte. Und Goethe, der ein ähnliches Mäßigungsbedürfnis hatte,
sagte sofort zu, da er sich von einer solchen Zusammenarbeit nicht nur eine
Bereicherung des Spielplans des Weimarer Hoftheaters, sondern – nach der
Lektüre von Schillers Schrift *Über Anmut und Würde* (1793) – auch eine programmatische Gemeinsamkeit in ästhetischen Fragen versprach.

Zum ersten entscheidenden Gespräch zwischen Goethe und Schiller kam es
Ende Juli 1794, als sich beide bei einer Zusammenkunft der Naturforschenden
Gesellschaft in Jena zufällig trafen und Schiller den erst ungläubig verdutzten,
aber dann faszinierten Goethe in das berühmte Gespräch über die Urpflanze
verwickelte. Daraufhin wagte Schiller am 23. August, dem zehn Jahre älteren
Goethe in einem längeren Brief zu erklären, worin er die Unterschiede, aber

auch die Gemeinsamkeiten ihrer auf den ersten Blick so diametral entgegenge-
setzten Denk- und Anschauungsweisen sehe. In dem Antwortschreiben, das
Goethe bereits vier Tage später verfaßte, schrieb Letzterer mit freudiger Genugtuung, daß es Schiller „mit freundschaftlicher Hand" so trefflich verstanden
habe, auf seine Besonderheiten einzugehen und gleichsam die „Summe" seiner
Existenz zu ziehen. Darauf lud Goethe Anfang September Schiller ein, doch
zwei Wochen als sein Gast nach Weimar zu kommen, um sich mit ihm über alle
anstehenden Probleme einmal gründlich aussprechen zu können. Dieser Einladung leistete Schiller sofort Folge. Damit war zwar kein Grundstein zu einer tieferen Freundschaft, aber doch einem „taktischen Bündnis" gelegt,[14] welches
sich auf das Schaffen beider so produktiv auswirkte, daß viele Literaturwissenschaftler später die Zeit von 1795 bis 1805, dem Jahr von Schillers Tod, als das
„klassische Jahrzehnt" oder die Periode der „Weimarer Hochklassik" bezeichnet haben.[15]

Wie stark dieser wechselseitige Einfluß war, läßt sich schon in den ersten Jahren ihrer Zusammenarbeit erkennen, in denen bei beiden erneut die Literatur in
den Vordergrund trat. Während Schiller in dieser Zeit seine Neigung zur Histo-
riographie abschwächte, vernachlässigte Goethe plötzlich seine bisher höchst
intensiv betriebenen naturwissenschaftlichen Studien und widmete sich wieder
stärker seinem dichterischem Schaffen. So schrieb Goethe 1794 für Schillers
Horen die *Unterhaltungen deutscher Ausgewanderten* und ließ dort außerdem
einen Teil seiner *Römischen Elegien* abdrucken. Schiller verfaßte ein Jahr später seine Schrift *Über naive und sentimentalische Dichtung* sowie seine Briefe
Über die ästhetische Erziehung des Menschen, in denen er sich nicht nur mit
Goethe auseinandersetzte, das heißt sich selbst als einen bewußt-modernen und
Goethe als einen eher unbewußt-antikisch schaffenden Dichter hinstellte, sondern auch ein humanistisches Bildungskonzept entwarf, welches sich aus den
politischen „Wirren der Zeit" zu den Höhen wahrer Menschlichkeit zu erheben versuchte. Zugleich nahm Schiller lebhaften Anteil an Goethes Roman
Wilhelm Meisters Lehrjahre, dessen erster Band 1795 erschien.

Enttäuscht über die geringe Resonanz, welche die *Horen* (1795–97) und die
sie begleitenden Schriften beim literarisch interessierten Publikum hatten, verfaßten Goethe und Schiller ab Dezember 1795 nahezu 400 kritische Epigramme, die sie *Xenien* nannten und in denen sie sich gegen die ästhetische
Abstumpfung der lediglich mit den tagespolitischen Ereignissen beschäftigten
„breiten Masse" wandten. Ein Jahr später schufen Goethe und Schiller – in
wechselseitiger Anregung – die meisten ihrer durch eine strenge Form und
einen deutlich objektivierten Inhalt ausgezeichneten Balladen. Ja, 1796 begannen beide, sich wieder mit Plänen für Theaterstücke zu beschäftigen: Schiller
entwarf seine *Wallenstein*-Trilogie, Goethe bemühte sich, seinem seit langem
liegengebliebenen *Faust* eine abschließende Gestalt zu geben.

Alles in allem, der Bund, den Goethe und Schiller im Jahr 1794 geschlossen
hatten, wirkte sich auf ihr literarisches Schaffen äußerst produktiv aus. Ja, nicht
allein das, sie versuchten sich zugleich in einem ausgedehnten Briefwechsel über
die ästhetischen Grundprinzipien einer wahrhaft großen und damit „klassischen" Dichtung klar zu werden. Beide wollten hinter der äußeren Erscheinungen Flucht in den verschiedenen Dichtungsformen endlich das Gesetzliche,
Ewige erkennen, um so ihren Werken einen Zug ins Normative, Klassische zu
geben. Im Gegensatz dazu stellten sie alles Zeitverhaftete – zum Teil wegen der
Enttäuschung über den Verlauf der Französischen Revolution – als etwas Ver-
gängliches, wenn nicht gar Niedriges hin. Glanz und Elend dieser Form von
„Klassik" bestanden also darin, daß Goethe und Schiller in dieser Zeit zwar
Werke von höchster Formvollendung und menschlicher Würde schufen, aber in
ihren Inhalten eine zeitenthobene Objektivität anstrebten, die manchmal deutlich klassizistisch-erstarrte Züge aufweist. Dafür sprechen nicht nur Balladen
wie *Die Braut von Korinth* oder *Die Kraniche des Ibykus*, welche in Aufbau und
Versform kaum zu überbieten sind, aber gerade deswegen etwas Kühles, ja fast
Kaltes ausstrahlen, sondern auch antikisierende Dramen wie Schillers *Die
Braut von Messina* (1803) und Goethes *Die natürliche Tochter* (1804), die auf
dem Höhepunkt dieser programmatischen Hochklassik entstanden.

Um sich trotz aller Gegensätze, die auch in diesen Jahren weiterbestanden,
noch intensiver austauschen zu können, gab Schiller 1799 seine Professur in
Jena auf und zog nach Weimar um, wo in den folgenden Jahren seine *Maria Stuart*, die *Braut von Messina* und der *Wilhelm Tell* uraufgeführt wurden. Durch
diese Aktivitäten, die anfangs unter den Spätaufklärern oder Jakobinern auf
entschiedenen Widerstand stießen, stieg Weimar um 1800 immer stärker zu
einem der wichtigsten Zentren deutscher Kultur auf. Schließlich lebten hier
nicht nur Goethe und Schiller, sondern auch Herder und Wieland, die sich zwar
dem hochklassischen Programm Goethes und Schillers nicht anschlossen, aber
immer noch als hochbedeutende Dichter, Publizisten und Gelehrte galten.
Daher kamen in diesen Jahren auch Johann Gottlieb Fichte, Georg Wilhelm
Friedrich Hegel, Friedrich Hölderlin, Alexander von Humboldt, Wilhelm von
Humboldt, Heinrich von Kleist, Jean Paul, Friedrich Wilhelm Schelling, August
Wilhelm Schlegel und Ludwig Tieck für Wochen oder Monate nach Weimar,
um mit beiden oder zumindest einem der beiden „Dioskuren" Kontakte aufzunehmen und so an dem Glanz, der von ihnen ausging, wenigstens indirekt teil-
zunehmen.

Lediglich die jungen Romantiker in Jena, die sich anfangs von den Romanen
Goethes, vor allem seinem *Wilhelm Meister*, durchaus angezogen fühlten, entwickelten im Laufe der Jahre eine immer stärkere Abneigung gegen die Werke
der Weimarer Hochklassik, die ihnen trotz aller Zeitabgehobenheit nicht
mythologisch, märchenhaft oder magisch genug erschienen, worin sie die

Goethe und Schiller im Gespräch. Nach einer Johann Christian Reinhart zugeschriebenen karikaturistischen Federzeichnung aus dem Jahr 1804

Hauptbestandteile einer wahrhaft „poetischen" Literatur erblickten. Auf solche Tendenzen reagierten Goethe und Schiller, wie wir wissen, höchst negativ. Auch sie hatten sich zwar – angesichts der Hinrichtung Ludwig des XVI. und der als „Schreckensherrschaft" verschrieenen Jakobinerdiktatur in Paris – wie die meisten liberal-reformistisch gesinnten Intellektuellen in Deutschland von allen revolutionären Tendenzen abgewandt, waren aber dabei im Gegensatz zu vielen Romantikern nie so weit gegangen, dem rationalistisch-fortschrittlichen Geist der Aufklärung schlechthin den Rücken zu kehren und ein irrational-gefühlsbetontes Untertauchen im Mythischen, Religiösen oder Numinosen zu empfehlen.

Aufgrund dieser Haltung, mit der Goethe und Schiller selbst in einer schwierigen, von vielen Widersprüchen zerrissenen Zeit am Postulat der geistigen Souveränität festzuhalten versuchten, manövrierten sie sich zusehends in eine politische und ästhetische Abseitslage hinein. Die kleinbürgerlichen Leseschichten, die wegen ihrer Unbildung oder bewußt eskapistischer Neigungen lediglich empfindsame Liebesromane oder handlungsreiche Ritter- und Räubergeschichten verschlangen, nahmen ihre Schriften ohnehin nicht wahr, während sich die jakobinisch gestimmten Rebellen sowie ihre reaktionären Antipoden, die ins Religiöse tendierenden Romantiker, bewußt von ihnen abwandten. Demzufolge blieb ihr Konzept einer ästhetischen Erziehung der Menschheit notwendig ein unerfüllbares Postulat. Schließlich hatten Goethe und Schiller in diesen Jahren, die weitgehend im Zeichen der Französischen Revolution, der Koalitionskriege, des napoleonischen Imperialismus und des Zusammenbruchs des Heiligen römischen Reichs deutscher Nation standen, ein solches Konzept nur darum entwickeln können, weil ihnen der Weimarer Hof eine von allen äußeren Bedrängnissen abgeschirmte Intellektuellenexistenz ermöglichte, die fast der von Paradiesvögeln gleichkam.

Erst als Schiller im Jahr 1805 starb, wurde sich Goethe bewußt, auf welch verlorenem Posten er eigentlich stand. Wohin er in den nächsten Jahren blickte, überall verbreitete sich unter der jungen Intelligenz das Gedankengut einer national gefärbten Romantik, die ihm zutiefst mißfiel. Allerorten sang man patriotische Lieder, schloß sich der Jahnschen Turnerbewegung an und hoffte auf einen günstigen Augenblick, um das deutsche Vaterland von der erdrückenden Franzosenherrschaft zu befreien. Goethe, der Napoleon noch immer als einen Bändiger der Französischen Revolution bewunderte und zugleich als Weimarscher Hofbeamter jede Tendenz ins Deutsch-Nationale, die seinen Fürsten vom Thron gefegt hätte, scharf ablehnte, wurde deshalb wegen seiner politischen Haltung von den jungen Befreiungskriegern und dann den Burschenschaftern zusehends als „Fürstendiener" angegriffen und sein mit Schiller erarbeitetes utopisches Konzept einer geistig-ästhetischen Befreiung des Menschen als im schlechtesten Sinne unkonkret hingestellt. Aus diesem Grunde zog sich Goethe in der Folgezeit immer stärker auf sich selbst zurück, anstatt noch einmal einen Dichterbund ins Auge zu fassen und mit diesem in die kulturellen oder gar politischen Debatten der Folgezeit einzugreifen.

Romantische Dichtergruppen

Ideologisch und literatursoziologisch wohl am schwierigsten auf einen Nenner zu bringen, ist jene Bewegung, die gemeinhin als „Romantik" bezeichnet wird. Obwohl sie in mancher Beziehung einen weltanschaulichen Gegenschlag zu vielen Ideen der bürgerlichen Aufklärung bildete, ja in ihren religiösen und ständestaatlichen Vorstellungen zum Teil bis auf barocke oder mittelalterliche Gesellschaftskonzepte zurückgriff, entwickelte sich in ihrem Schoß zugleich eine nationaldemokratische Strömung, die zwar viele jener progressiven Züge vermissen läßt, welche noch der Göttinger Hain in dieser Hinsicht hatte, aber dennoch in den Zusammenhang jener gesellschaftlichen Umbruchskonzepte gehört, die für die Zeit zwischen 1775 und 1815 allgemein typisch sind. Aufgrund dieser Widersprüchlichkeit blieb die Romantik nicht nur politisch, sondern auch literarisch so zerrissen, daß zwar einige kurzlebige Dichtergruppen, aber keine wirklichen Dichterbünde mit festen Statuten oder zumindest einer auf Solidarität beruhenden Programmatik aus ihr hervorgingen.

Schon die sogenannte Frühromantik, die sich in Jena, Dresden und Berlin um Zeitschriften wie *Athenäum* (1798–1800), *Poetisches Journal* (1800) und *Europa* (1803–05) scharte, war eher ein lockerer Freundeskreis als ein wirklicher Bund, obwohl ihr Friedrich Leopold von Hardenberg (Novalis), August Wilhelm Schlegel, Friedrich Schlegel, Ludwig Tieck, Dorothea Veit und im weiteren Sinne Friedrich Wilhelm Schelling und Friedrich Ernst Daniel Schleiermacher auch eine programmatische Richtung zu geben versuchten. Ihre Leitvorstellungen blieben jedoch aufgrund ihrer ins Wunderbare, Phantastische oder Mystische, das heißt Antirationalistische ausschweifenden Tendenzen zum Teil so nebulös, daß sich aus ihnen kein klar durchdachtes System einer gesellschaftlichen Ordnung ableiten läßt. Aber irgendwelche kollektiven Telos-Orientierungen hätten die meisten Frühromantiker, denen es eher um eine symbiotische Grenzüberschreitung aller geistigen Vorstellungen ins Religiös-Unendliche als um gesellschaftsbezogene Reformen ging, ohnehin kategorisch abgelehnt. Ihre Ziele waren – im Gegensatz zu den humanistisch-normativen Vorstellungen der Aufklärung und der Weimarer Hochklassik – vorwiegend subjektiv-exzentrischer Art. Sie strebten nicht nach politischen oder sozialen Veränderungen, die stets eine opferbereite Solidarität voraussetzen, sondern empfanden sich als „Messiasse im Plural", von denen jeder Einzelne – im Gegensatz zu den lediglich auf gefühllose Vernünftigkeit und pedantische Pflichterfüllung eingeschworenen „Philistern" – seine bis ins Unendliche reichende Selbsterfüllung und Selbsterlösung ins Auge faßte.

Allerdings ging dieser frühromantische Drang ins Wunderbare und Exzentrische – aus Abneigung gegen den als „französisch" empfundenen Rationalismus – schon kurz nach 1800 immer stärker ins Germanisch-Deutschbewußte oder Altertümelnd-Christkatholische über und verlor dadurch seine anfänglich ins Subjektiv-Libertäre drängenden Züge. Noch ausgeprägter wurden diese Tendenzen ins Nationale oder Religiöse, als Napoleon Bonaparte mit seinen Armeen in Deutschland einmarschierte und damit dem seit dem 17. Jahrhundert funktionsunfähig gewordenen Heiligen römischen Reich deutscher Nation den seit langem befürchteten Todesstoß versetzte. Durch diesen Okkupationsakt kam es in vielen deutschen Staaten auf kultureller Ebene zu einer Fülle romantisch-verworrener Gegenbewegungen, bei denen sich ideologisch manchmal kaum unterscheiden läßt, ob sie lediglich eine Befreiung Deutschlands im Dienste der alteingesessenen fürstlichen Dynastien oder eine Befreiung des unterdrückten Volkes zugunsten einer deutschen Einheitsstaates anvisierten. Schließlich war für die meisten Menschen damals noch nicht Deutschland, sondern ihr jeweiliger Bundesstaat, also Preußen, Sachsen oder Bayern, ihr eigentliches „Vaterland".

Für die Ambivalenz solcher Anschauungen liefert im Bereich des Literarischen wohl das erste Beispiel der relativ unbekannte Berliner Nordsternbund, der sich um den *Grünen Almanach* (1804–5) gruppierte und dem unter anderem ebenso deutschromantisch wie vaterländisch-preußisch eingestellte Autoren wie Adalbert von Chamisso, Karl August Varnhagen von Ense, Julius Eduard Hitzig, David Johann Ferdinand Koreff, Friedrich de la Motte-Fouqué, Friedrich Wilhelm Neumann und Ludwig Robert angehörten. Seine kulturpolitischen Hauptanregungen verdankte dieser Kreis vornehmlich den *Vorlesungen über schöne Literatur und Kunst*, die August Wilhelm Schlegel zwischen 1801 und 1804 in Berlin hielt, in denen er sich gegen die seit 1750 im Zeichen der westeuropäischen Aufklärung entstandene Literatur wandte und statt dessen – mit deutlich verklärender Absicht – auf die wahrhaft großen, weil spezifisch „deutschen" Dichtungen des Mittelalters zurückgriff.[16] Vor allem den *Parzival* und das *Nibelungenlied* stellte Schlegel als gelungene Synthesen aus nationalgermanischen und christlichen Elementen hin, die er den Dichtern dieser Jahre als Vorbilder einer neureligiös-romantischen Gegenwartsliteratur empfahl. Welche Wirkungen das auf den Nordsternbund hatte, beweisen die Werke von Fouqué, die in den folgenden Jahren unter Titeln wie *Historie vom edlen Ritter Galmy* (1806), *Sigurd, der Schlangentöter* (1808), *Vaterländische Schauspiele* (1811) und *Dramatische Dichtungen für Deutsche* (1813) herauskamen.

Eine ähnliche Gesinnung herrschte im Bereich der sogenannten Jüngeren Romantik, deren Mitglieder, darunter Achim von Arnim, Clemens Brentano, Joseph von Eichendorff und Josef Görres, sich zwischen 1805 und 1808 in Heidelberg aufhielten. Wichtige Anregungen empfing dieser Kreis von den germanistischen Vorlesungen, die Görres 1806 an der dortigen Universität hielt. Wohl den besten Einblick in die literarischen Absichten dieser Autoren bietet die *Zeitung für Einsiedler*, die Arnim 1808 herausgab. An ihr arbeiteten sowohl Friedrich und August Wilhelm Schlegel als auch andere romantisch orientierte Autoren wie die Brüder Grimm, Justinus Kerner, Friedrich de la Motte-Fouqué, Philipp Otto Runge, Ludwig Tieck und Ludwig Uhland mit. Während sich die Frühromantiker in ihren Schriften – wie Wilhelm Heinrich Wackenroder in seinen *Herzensergießungen eines kunstliebenden Klosterbruders* (1797), Friedrich Schlegel in seiner *Lucinde* (1799), Novalis in seinem Traktat *Die Christenheit oder Europa* (1799), Schleiermacher in seinen *Reden über die Religion* (1799) und Schelling in seinem Essay *Von der Weltseele* (1799) – vorwiegend religiösen, libertären oder philosophisch spekulativen Ideen hingegeben hatten, herrschte bei den Heidelberger Romantikern eher die Tendenz zum Sammeln oder Umarbeiten altdeutscher Texte vor, mit der sie die Entstehung eines deutschen Nationalbewußtseins zu fördern versuchten. Dafür sprechen vor allem Werke wie die von Arnim und Brentano herausgegebene Liedersammlung *Des Knaben Wunderhorn* (1806), aber auch die von Görres veröffentlichten *Deutschen Volksbücher* (1807) sowie die von Jakob und Wilhelm Grimm bearbeiteten *Kinder- und Hausmärchen* (1812). Diese Aktivitäten gaben zwar den Mitgliedern dieses Kreises das Gefühl einer ideologischen und kulturellen Zusammengehörigkeit, führten aber – wie schon bei den Vertretern der Jenaer Frühromantik – nicht zu einer als Bund zu bezeichnenden Konsolidierung. Und so zerfiel auch dieser Kreis bereits nach drei bis vier Jahren.

Gesellschaftlich festere wie auch politisch konkretere Formen nahmen diese ins Nationale zielenden romantischen Tendenzen erstmals in den unmittelbaren Vorbereitungsphase der sogenannten Befreiungskriege an, als sich überall deutschromantische Lesezirkel oder patriotisch gesinnte Vereinigungen bildeten, deren Anhänger die von den Aufklärern weitgehend verachteten Dichtungen der germanischen und mittelalterlichen Vergangenheit – noch nachdrücklicher als August Wilhelm Schlegel oder die Heidelberger Romantiker – in den Dienst einer völkischen Erweckungsbewegung gegen die Franzosen zu stellen versuchten. Dafür spricht der 1808 in Königsberg gegründete Tugendbund, der sich – unter Aufbietung aller als spezifisch „teutsch" oder „teutonisch" ausgegebenen Traditionen – die Befreiung vom napoleonischen Joch zur Aufgabe setzte, aber von Friedrich Wilhelm III., dem preußischen König, wegen seiner nationaldemokratischen, das heißt gesamtdeutschen und damit den Eigenwert Preußens vernachlässigen Tendenzen schon ein Jahr später wieder verboten wurde. Ähnlich Gesinnte schlossen sich 1814 dem von Ernst Moritz Arndt ins Leben gerufenen Deutschen Gesellschaften an.[17] Doch auch diese Vereinigungen wurden 1815 in Preußen aufgrund einer königlichen Ordre wieder aufgehoben, konnten allerdings von ihrem deutschromantischen und zugleich demokratisch-patriotischen Gedankengut manches an die im gleichen Jahr gegründete Burschenschaft weitervermitteln.

Mit ähnlichen Problemen hatte die am 18. Januar 1811, dem Krönungstag der preußischen Monarchie, von Achim von Arnim und Adam Müller in Berlin gestiftete Christlich-deutsche Tischgesellschaft zu kämpfen. In sie konnte jeder aufgenommen werden, wie es in ihrer Gründungsurkunde hieß, der ein „Mann von Ehre, guten Sitten und christlicher Religion" war und zugleich versprach, kein „lederner Philister" zu sein.[18] Zu ihren bekanntesten Mitgliedern gehörten Adlige und Politiker wie Karl von Clausewitz, August Neithardt von Gneisenau und Fürst Anton von Radziwill, Gelehrte und Publizisten wie Johann Gottlieb Fichte, Adam Müller und Karl Friedrich von Savigny sowie romantische und nichtromantische Schriftsteller wie Achim von Arnim, Clemens Brentano, Adalbert von Chamisso, Joseph von Eichendorff, Heinrich von Kleist und Friedrich de la Motte-Fouqué. Ihre Publikationsorgane waren erst die seit 1810 erscheinende Zeitschrift *Pantheon* und dann die kurz darauf von Kleist gegründeten und redigierten *Berliner Abendblätter* (1810–11).

Im Hinblick auf die Christlich-deutsche Tischgesellschaft kann man von einem richtigen „Bund" mit festen Statuten und regelmäßigen Versammlungs-

terminen sprechen. Dennoch lassen sich seine Mitglieder – trotz ihrer konservativen Grundgesinnung, die zum Teil auch antiliberale und antisemitische Züge
in sich einschloß – nicht über einen Kamm scheren. Was alle anstrebten, war die
Befreiung Preußens von der französischen Fremdherrschaft. Allerdings faßten
sie hierbei deutlich unterschiedene Taktiken und Strategien ins Auge. Während
die eher nationaldemokratisch Gesinnten unter ihnen die durch den preußischen Staatsminister Karl August von Hardenberg fortgesetzten Steinschen
Reformen durchaus begrüßten, versprachen sich andere Mitglieder dieser
Runde eine Stärkung des preußischen Widerstandes gegen Napoleon lediglich
von einem hartnäckigen Festhalten an älteren feudalistischen Ständestaatsvor-
stellungen. Den reaktionären Pol vertrat vor allem der zum Katholizismus
übergetretene Adam Müller, der 1808 mit seinem Buch *Elemente der Staats-
kunst* als entschiedener Befürworter des Feudalstaates aufgetreten war und
später wegen seiner Schrift *Von der Notwendigkeit einer theologischen Grundlage der gesamten Staatswissenschaften* (1819) von Fürst Klemens Wenzel von
Metternich in den Adelsstand erhoben wurde. Auf der anderen Seite des politischen Spektrums stand der von freimaurerischen und girondistischen Ansichten beeinflußte Kleist,[19] der sich jedoch wegen des romantisch-konservativen
Grundzugs der von ihm aus nationaldemokratischen Motiven unterstützten
Tischgesellschaft bei der Herausgabe der *Berliner Abendblätter* immer wieder
zu ideologischen Kompromissen gezwungen sah, mit denen er es sowohl den
Konservativen als auch den Reformern recht zu machen versuchte. Als diese
Bemühungen scheiterten, nahm er sich am 21. November 1811 das Leben.
Nach dem Bankrott der *Berliner Abendblätter* und dem Tod Kleists wurde die
Christlich-deutsche Tischgesellschaft zusehends reaktionärer und ging schließlich 1816 in der Christlich-germanischen Tischgesellschaft auf, zu deren Mitgliedern kaum noch Schriftsteller gehörten, sondern die zu einem Sammel-
becken jener Kräfte wurde, aus denen später in Preußen die stark von der Jun-
kerklasse geprägte Konservative Partei hervorging.

Ein ähnlicher Wandlungsprozeß ins Reaktionäre läßt sich innerhalb jenes
Vereins beobachten, der aus einem Kreis junger Offiziere, Juristen, Theologen
und Schriftsteller hervorging, welcher sich ab 1815 in Berlin jede Woche einmal
bei dem Wirt Mai in der Schloßfreiheit traf und demzufolge als der Kreis der
Maikäfer bezeichnet wurde. Auch hier war die ideologische Grundhaltung,
welche maßgeblich von den Brüdern Leopold und Ludwig von Gerlach beeinflußt wurde, eine christlich-konservative. Wie die meisten Mitglieder der
Christlich-deutschen Tischgesellschaft vor ihnen traten die Maikäfer für ein
strenges Legitimitätsdenken, eine ständische Gliederung der Gesamtgesellschaft und eine Unterstützung der restaurativen Leitziele der Heiligen Allianz
ein. Von den romantischen Autoren gehörte nur Clemens Brentano diesem
Bund an, der zu diesem Zeitpunkt nach einer religiösen Fundierung seiner ins

Schwanken geratenen romantischen Ideenwelt suchte und diese schließlich Anfang 1817 in einer Generalbeichte fand, worauf er sich mehrere Jahre der Niederschrift der träumerisch-halluzinatorischen Eingebungen der stigmatisierten Nonne Anna Katharina Emmrick in Dülmen widmete.

Wie wir wissen, lebte der romantische Geist auch in den folgenden Jahren weiter, verlor jedoch seine ursprünglich libertär-metaphysische und dann deutschnationale Ausrichtung und paßte sich immer stärker den nach dem Wiener Kongreß von 1815 herrschenden politischen und ideologischen Leitlinien der Metternichschen Restauration an. Im Bereich der Berliner Literatur bietet dafür die am 3. November 1824 von Julius Eduard Hitzig gegründete Mittwochsgesellschaft ein lehrreiches Beispiel. Sie traf sich anfangs mittwochs und später montags in der Mohrenstraße 49, im sogenannten Englischen Haus, und unterhielt zugleich gute Beziehungen zum Berliner *Gesellschafter*. Zu ihren Mitgliedern zählten vor allem Willibald Alexis, Adalbert von Chamisso, Wilhelm Contessa, Joseph von Eichendorff, Franz von Gaudy, Wilhelm Gubitz, Wilhelm Hauff, Karl von Holtei, Ernst Christoph von Houwald, Karl Immermann, Wilhelm Müller, Wilhelm Neumann, Ernst Raupach, Ludwig Rellstab, Karl Simrock, Friedrich August von Staegemann, Karl Streckfuß und Friedrich von Uechtritz. Während Ernst Theodor Amadeus Hoffmann und seine Serapionsbrüder Clemens Brentano, Ludwig Devrient und Friedrich de la Motte-Fouqué noch kurz zuvor im Weinhaus Lutter und Wegner mit wild-genialischen Tiraden über die Philister hergefallen waren, ging es in der Mittwochsgesellschaft wesentlich gesitteter zu. Hier wurde nicht bei erregten Gesprächen getafelt, getrunken und gelacht, sondern der Gelehrsamkeit und der Dichtkunst gehuldigt. Ebenso kultivierte Umgangsformen herrschten in der Gesellschaft für in- und ausländische Literatur, später meist Literarische Gesellschaft genannt, die in der zweiten Hälfte der zwanziger Jahre aus der Mittwochsgesellschaft hervorging, ohne sich allerdings offiziell von ihr abzuspalten.

Einen ähnlichen Zuschnitt hatten die Tübinger Verbindung „Romantika" um Ludwig Uhland und Justinus Kerner sowie der spätere Schwäbische Dichterbund, zu dem neben Uhland und Kerner auch Karl von Gerok, Hermann Kurz, Karl Mayer, Gustav Pfizer, Gustav Schwab, Wilhelm Waiblinger sowie in einem weiteren Sinne auch Wilhelm Hauff, Nikolaus Lenau und Eduard Mörike gehörten. Auch sie lassen sich kaum als Dichterbünde im Sinne der voraufgegangenen Jahrzehnte charakterisieren. Hierfür waren sie in ihrer gesellschaftlichen Struktur nicht eng genug vernetzt und verzichteten obendrein – entweder aus Furcht vor der verschärften Zensur oder aus konformistisch-konservativer Gesinnung – auf jede programmatisch-ideologische Zielsetzung. Trotz mancher Anregungen von seiten Jean Pauls und der Heidelberger Romantik verflachte daher ihr ursprünglicher Impuls ins Volkstümlich-Deutschbewußte im Laufe der Jahre immer stärker ins Biedermeierlich-Idylli-

Wilhelm von Breitschwert: Ludwig Uhland und Gustav Schwab bei Justinus Kerner in Weins-
berg (um 1840)

sche. Aus diesem Grunde verspottete Heinrich Heine – von avanciert liberaler Perspektive aus – die Autoren dieser Gruppen in seinem *Schwabenspiegel* als idyllisch-provinzlerische „Dichterlinge", die sich mit lokalpatriotischer „Gemütlichkeit" an den „Gelbveiglein und Metzelsuppen des teuren Schwabenlandes" erfreuten.[20]

Zusammenschlüsse wie die Berliner Mittwochsgesellschaft und der Schwäbische Dichterbund sind gute Seismographen dafür, wie die politische Erregungswelle, die in der Zeit zwischen der Französischen Revolution und dem Sieg der Koalitionsarmeen über Napoleon auch die Literatur ergriffen hatte, nach der Wendung ins Konservative auf dem Wiener Kongreß allmählich abebbte. Lediglich die Burschenschafter versuchten nach 1815 noch gegen die Wiedereinführung des Ancien régime zu opponieren. Doch auch sie wurden durch die Karlsbader Beschlüsse, die alle Zeitungen, Zeitschriften und Broschüren einer scharfen, legitimistisch ausgerichteten Vorzensur unterwarfen, schon 1819 weitgehend mundtot gemacht. Durch diese massiven Eingriffe der staatlichen Behörden in das Kulturleben war daher nach 1820 die Zeit der deutschbewußten oder romantischen Dichterbünde erst einmal vorbei. An ihre Stelle traten entweder ästhetische Teegesellschaften bzw. bürgerliche Salons oder bewußt unverbindliche Dichtervereinigungen, die sich im Zuge der biedermeierlichen Beruhigungsphase zwischen 1820 und 1830 weitgehend auf den „geselligen" Charakter von Literatur beschränkten, um nicht von den Obrigkeiten verdächtigt zu werden, weiterhin nationaldemokratischen oder burschenschaftlichen Gesinnungen anzuhängen.

RÜCKZÜGE INS BIEDERMEIERLICHE

Die Wiener Ludlamshöhle

Nach dem Wiener Kongreß von 1815 und den Karlsbader Beschlüssen von 1819 waren alle Träume einer durchgreifenden Reform oder gar revolutionären Umgestaltung der bestehenden sozio-politischen Verhältnisse im Sinne der bürgerlichen Aufklärung, des deutschen Jakobinismus, ja selbst der deutschnational eingestellten Romantik erst einmal ausgeträumt. Was in der Folgezeit herrschte, war jene Restaurationspolitik à la Fürst Metternich, die mit allen Mitteln der Verlags- und Pressezensur sowie der Bespitzelung und polizeilichen Überwachung großer Teile der Intelligenz wieder jenen Zustand herzustellen versuchte, wie er einmal vor den hoffnungsvollen, aber gescheiteren Aufbrüchen der gesellschaftlich unzufriedenen Schichten innerhalb des deutschen Bürgertums bestanden hatte. Und dieser Restaurationsversuch gelang auch halbwegs, da sich diese Bevölkerungsklasse – aufgrund der allgemeinen Verarmung, die durch die lange Zeit der Koalitionskriege und der sich daran anschließenden Kriege gegen Napoleon entstanden war – in den Jahren nach 1815 viel zu geschwächt fühlte, um sich zu irgendwelchen rebellischen Maßnahmen aufzuraffen. Demzufolge setzte in der Folgezeit eine geistige und kulturelle Lähmung ein, für die sich der Begriff „biedermeierlich" eingebürgert hat, mit dem auf Seiten der Geschichtsschreibung jener Rückzug ins Private, Häusliche, ja bewußt Verharmlosende und Idyllische charakterisiert wird, der nicht nur den verschiedenen Künsten, sondern auch dem allgemeinen Lebensgefühl dieser Ära sein unverkennbares Gepräge gibt.

Es wäre darum vergebliche Liebesmüh, in den zwanziger Jahren des 19. Jahrhunderts nach politisch engagierten oder zumindest programmatisch ausgerichteten Dichterbünden zu suchen. Was an ihre Stelle trat, waren jene biedermeierlichen Literatursalons, in denen meist – nach mehr oder minder geistreichen Teegesprächen – bewußt harmlos gehaltene Gedichte oder Damenalmanachnovellen vorgelesen wurden. Allerdings lassen sich im Hinblick auf diese Salons deutliche Unterschiede feststellen. Einige von ihnen hatten in der Tradition der Musenhöfe des 18. Jahrhunderts noch einen prononciert aristokratischen Zuschnitt, andere glichen sich dagegen immer stärker den bürgerlichen Lebensformen an, weshalb sie – neben einigen Adligen – vor allem von Schrift-

Johann Blaschke: Die Mitglieder der Pich-
lerschen Salons (1832). Von links nach
rechts: Johann Nepomuk Denis, Heinrich
von Collin, Karoline Pichler, Johann Lud-
wig Deinhardstein und Karl Mastelier

stellern, Professoren und anderen Intellektuellen frequentiert wurden.[1] In der Wiener Altstadt unterhielt Karoline Pichler einen solchen Salon, in dem um 1820 vor allem Friedrich und Dorothea Schlegel sowie deren Freunde und Bekannte verkehrten, während zehn Jahre später dort Autoren wie Heinrich von Collin, Johann Ludwig Deinhardstein, Johann Nepomuk Denis und Karl Mastelier ein- und ausgingen. In Berlin spielte diese Rolle der Salon von Rahel Levin, die nach ihrer Hochzeit den Namen Friederike Varnhagen von Ense angenommen hatte, wo sich vor allem die Vertreter der Hegel-Gruppe, aber auch andere ortsansässige Professoren und Poeten, darunter der junge Heinrich Heine, trafen. Obwohl diese Salons schnell zu wichtigen Begegnungsstätten verschiedenster Intellektueller und Schriftsteller wurden, in denen sich ein Konversationsstil herausbildete, der auch auf die Novellen-, Reise-, Brief- und Memoirenliteratur dieser Jahre übergriff – wirkliche Dichterbünde entstanden in ihnen nicht. Dazu blieb das Salongespräch meist zu unverbindlich, ja ging häufig in den Plauderton des Geistreichelnden, wenn nicht gar des privaten Klatsches über.

Eine der wenigen biedermeierlichen Literatenvereinigungen, welche sich – aufgrund ihrer vereinsmäßig festgelegten Statuten – dennoch als eine Art Dichterbund bezeichnen läßt, ist die Wiener Ludlamshöhle. Daher sei sie in ihren zeittypischen Geselligkeitsformen etwas genauer charakterisiert. Sie ging

1816–17 aus einem stammtischartigen Kreis um Ignaz Franz Castelli hervor, der als Freund der leichteren Muse im Laufe seines Lebens über 800 Gelegenheitsdichtungen, Balladen, Fabeln, Märchen, Schwänke, Epigramme, Romanzen, Scharaden und Liederkränze sowie 170 Lustspiele, Geschichtsdramen, Opernlibretti, Travestien und Possen verfaßte, die größtenteils von anakreontisch-witzelnder Unverbindlichkeit sind. Auch die literarischen Hervorbringungen vieler seiner Freunde, wie Johann Ludwig Deinhardstein, Franz Ignaz Holbein, Joseph Stierle Holzmeister und Moritz Gottlieb Saphir, haben meist den Charakter biedermeierlich-verspielter Geselligkeitsdichtungen. Dennoch zog Castelli auch eine Reihe ernstzunehmender Autoren wie Eduard Bauernfeld, Franz Grillparzer, Karl von Holtei und Johann Christian von Zedlitz an, welche die lockere und zugleich geistreiche Atmosphäre, die in diesem Kreise herrschte, offenbar zu schätzen wußten.

Anfänglich traf sich diese Gruppe beim Beinl-Wirt im Fliegenden Rößl und galt daher als die Beinler-Gesellschaft. Ihren Namen Ludlamshöhle erhielt sie erst, als der dänische Dramatiker Adam Gottlob Oehlenschläger 1817 nach Wien kam und dort am 15. Dezember im Theater an der Wien sein Schicksalsdrama *Ludlams Höhle* aufführen ließ. Obwohl Castelli und seine Freunde nach der Premiere dieses Stücks frenetischen Beifall spendeten, konnten sie es nicht vor dem Durchfall retten. Anschließend unterhielten sie sich im Gasthof Haidvogel in der Schlossergasse noch so lange über die Vor- und Nachteile dieses Dramas, daß ihnen der geschäftstüchtige Wirt vorschlug, ihre Zusammenkünfte in Zukunft in der Hinterstube seines Lokals abzuhalten. Darauf entschieden sich die hier Versammelten, sich jeden Samstag, ja manchmal sogar unter der Woche in diesem Gasthaus zu treffen, dessen Wahrzeichen ein nackter Bacchus war, der auf einem Faß reitet. Zugleich beschlossen sie, aus Trotz gegen die Ablehnung des Oehlenschlägerschen Stückes, ihren Kreis von nun an „Die Ludlamshöhle" zu nennen. Was sie in der Folgezeit – von ihren Treffen im Gasthof Haidvogel inspiriert – an Gelegenheitsdichtungen verfaßten, erschien zumeist in bewußt harmlos-unterhaltsamen Organen wie *Die Trattnerhof-Zeitung, Die Fliegenden Blätter für Magen und Herz, Der Wächter, Der Kellersitzer* und *Die Wische*.

Dieser Dichterbund entwickelte weder ein progressives noch ein im landläufigen Sinne konservatives literarisches Programm, sondern verstand sich in erster Linie als eine biedermeierliche Ulkgesellschaft. Aus diesem Grunde empfahl er seinen Mitgliedern, sich aus allen ideologischen Streitfragen herauszuhalten und sich einer unbeschwerten Geselligkeit hinzugeben, zu der auch das gemeinsame Singen von Liedern gehörte, zu denen Castelli den Text verfaßte und die dann von Antonio Salieri oder Ignaz Moscheles in Musik gesetzt wurden. Der Burgtheaterschauspieler Heinrich Anschütz faßte den Zweck dieser Vereinigung, die sich meist zwischen Theaterschluß und Mitternacht traf, in dem Motto zusammen: „Zerstreuung durch Unterhaltung, Unterhaltung durch geistreichen Scherz und Erleichterung der Verdauung durch Lachen."[2] Dennoch legten die Mitglieder der Ludlamshöhle genaue Aufnahmebedingungen und andere Geselligkeitsritale fest, um ihrem Verein eine innere Konsistenz und Dauerhaftigkeit zu geben. Eine wichtige Rolle spielten dabei die bewußt ins Blödelnde stilisierten Spitznahmen, die sich die Ludlamiten wechselseitig zulegten. Castelli, der Mittelpunkt dieser Tischrunde, erhielt den Ludlamsnamen „Cif Charon der Höhlenzote" bzw. wurde von den anderen wegen seiner anzüglichen Witze als „Meister der Frivolitätswissenschaft" gefeiert.[3] Grillparzer hieß in dieser Runde „Sapphokles der Istrianer", Heinrich Anschütz „Lear der Neuwieder", Josef Biedermann „Pipo Canasta der Maurenbrecher", Deinhardstein „Sansmestill von Disputoriwat", Holtei „Huldtei der Schirmherr der Abruzzen", Ignaz Jeitteles „Roller der Unbegreifliche", Moritz Saphir „Witzbold der Rebeller, Ludlams lapis infernalis", Karl Scholz „Rauchmar der Zigarringer", Gabriel Seidl „Zweipfiff der Sizilianer" und Zedlitz „Columbus Turturella".

Als sich der Kreis der Ludlamiten im Laufe der Jahre auf rund 100 Mitglieder erweiterte, zu denen neben Schriftstellern auch Schauspieler, Sänger, Kapellmeister, Professoren und Kaufleute gehörten, wurde der Burgschauspieler Karl Schwarz zum neuen Oberhaupt erkoren und mit dem Titel „Kalif" ausgezeichnet. Alle eingeschriebenen Mitglieder galten in diesem Kreis als „Körper", während Besucher oder Novizen nur den Rang von „Schatten" hatten und erst nach längerer Teilnahme an den Zusammenkünften der Ludlamshöhle aus dem Reich der Schatten in die Welt der Körper aufsteigen durften. Bei solchen Anlässen mußte jedes neue Mitglied seinen bisherigen Schattennamen ablegen und sich obendrein verpflichten, im Kreis der Ludlamsbrüder – unter Ausschluß alles Politischen – nur von scherzhaften, närrischen Dingen zu reden. Welche Rolle dabei der Alkohol spielte, läßt sich leicht ausmalen. Zu den ausländischen Mitgliedern zählten unter anderem Carl Maria von Weber und Friedrich Rückert, die von den Wiener Ludlamsbrüdern die Spitznamen „Agathus der Zieltreffer, Edler von Samiel" und „Voran der Geharnischte" erhielten, womit sie auf Webers *Freischütz* (1821) und Rückerts *Geharnischte Sonette* (1814) anspielen wollten. Wenn einer von den Ludlamiten auf Reisen ging, mußte er erst ein Abreiselied vorsingen. Außerdem wurde ihm von den anderen ein Reisepaß mitgegeben, der meist aus witzigen Randbemerkungen auf einer Speisekarte bestand, deren Tinte mit Pfeffer statt mit Streusand getrocknet wurde – und ähnliche Späße mehr.

Doch selbst solche Albereien bewahrten die Ludlamiten nicht davor, im Zuge der allgemeinen Verschärfung des restaurativen Klimas nach den Karlsbader Beschlüssen von 1819 in den Verdacht des Subversiven zu geraten. Dementsprechend nahm Alois von Persa, der Oberdirektor der Wiener Polizei, der

Sitzung der Ludlamshöhle. Moritz Gottlieb Saphir (Dritter von links), Carl Maria von Weber (stehend) und Franz Grillparzer (rechts am Rand)

unter den Liberalen in Wien allgemein als der „Allbelaurer" galt, die am 10. Dezember 1825 abgehaltene Feier zur Aufnahme des 100. Ludlamsbruders zum Anlaß, in Zukunft ein schärferes Auge auf diese stammtischartige Autorenrunde zu werfen. Doch zum Verhängnis wurde der Ludlamshöhle erst die Tatsache, daß einer ihrer Brüder, der als Schauspieler zu einem Gastspiel im Zarenreich weilte, in St. Petersburg in eine Verschwörung verwickelt wurde und die dortigen Behörden der Wiener Polizei seinen Ludlamspaß zugeschickt hatten. Darauf ließ Persa in der Nacht vom 18. auf den 19. April 1826 von 32 seiner besten Beamten alle Ludlamsdokumente, einschließlich der Bilder, Tabakspfeifen und Porträts, beschlagnahmen sowie bei Castelli, Grillparzer und Zedlitz Haussuchungen durchführen. Obwohl bei diesen Untersuchungen nichts Verdächtiges gefunden wurde, untersagte Persa wenige Tage später dem Verein jedes weitere Zusammentreffen. Und alle Mitglieder der Ludlamshöhle akteptierten dieses Verbot, da sie ohnehin keine politisch-rebellischen Ansichten hegten und lediglich eine heitere Geselligkeit pflegen wollten, die sich auch ohne das Etikett eines offiziellen Dichterbundes in kleineren Kreisen – wie beim

Wirt Adelgeist in der Nähe des Landhauses, beim Stern auf der Brandstätte oder im Silbernen Kaffeehaus – fortsetzen ließ.

Erst im Jahr 1840, als sich die Zensurbestimmungen etwas lockerten, wurde in Wien auf Vorschlag des Schriftstellers Friedrich Kaiser ein neuer literarischer Verein gegründet, der sich „Concordia" nannte und regelmäßig im Kaiser von Österreich in der Singergasse tagte. An seinen Zusammenkünften nahmen abermals Bauernfeld, Castelli, Grillparzer, Holtei und Zedlitz, aber auch Neuankömmlinge auf der literarischen Szene wie Johann Nepomuk Nestroy sowie als Durchreisende Adam Gottlob Oehlenschläger und Karl Gutzkow teil. Da sich auch diese Gesellschaft durch die Aufnahme von Gelehrten und anderen Bildungsbeflissenen schnell vergrößerte, schloß sich darauf eine Reihe von Autoren, um wieder unter sich zu sein, auf Anregung Holteis zum „Soupiritum" zusammen. Diese Gruppe kam anfangs im Matschkerkof in der Singergasse, später in der Wohnung Alexander Baumanns zusammen, worauf sie den Namen Baumanns- oder Gnomenhöhle annahm. 1855 folgte als neue Künstlergesellschaft die wiederum von Friedrich Kaiser gegründete „Grüne Insel", die sich regelmäßig in einem Wirtshaus auf der Leopoldstädter Insel traf. Neben älteren Ludlamiten und Soupiriten wie Castelli, Grillparzer und Kaiser sowie literarischen Neophyten wie Moritz Barach, Ludwig August Frankl, Karl Adam Kaltenbrunner, Leopold Kompert, Heinrich Laube, Wilhelm von Marsano, Salomon Mosenthal und Julius Alexander Schindler gehörten zu dieser Gruppe auch viele Musiker, Schauspieler und Architekten, welche wie die Schriftsteller ebenfalls bewußt ulkig klingende Spitznamen erhielten. Diese Gesellschaft bestand noch bis zum Anfang des 20. Jahrhunderts, legte sich aber wie die Ludlamshöhle kein besonderes Programm zu. Aus den schriftlichen Äußerungen ihrer Mitglieder geht hervor, daß sie fast ausschließlich einer mehr oder minder geistreichen Geselligkeit huldigte, bei der das Interesse an Literatur zusehends zum Vorwand wurde, sich einmal in der Woche in stammtischartiger Runde versammeln zu können. Daß hierbei die übliche Kannegießerei über alle höheren Belange triumphierte, läßt sich zwar nicht nachträglich dokumentieren, aber zumindest erahnen.

Der Tunnel über der Spree

Was in Wien die Ludlamshöhle war, war in Berlin der Tunnel über der Spree, nämlich eine biedermeierliche, auf geistreichen Ulk eingeschworene Literaturgesellschaft. Wegen der repressiven Maßnahmen der Karlsbader Beschlüsse sowie der konservativ-vaterländischen Gesinnung vieler seiner Mitglieder blieb auch der Tunnel lange Zeit bewußt im Bereich des Unprogrammatischen. Seine Gründung geht auf Moritz Gottlieb Saphir zurück, der 1825 von Wien nach

Berlin übersiedelte, da er sich in der Donaumetropole wegen seiner stachligen Wortwitze bei der Polizei unbeliebt gemacht hatte. Saphir hätte in Berlin, wo angeblich ein wesentlich aufgeklärterer Geist herrschte, gern eine politische Rolle gespielt. Dazu waren jedoch auch in dieser Stadt die Zensurbestimmungen noch zu streng. Also blieb er Journalist und gründete 1826 die *Berliner Schnellpost für Literatur, Theater und Geselligkeit*, mit der er – wegen seiner halb geistreich-bissigen, halb biedermeierlich-blödelnden Kritiken – schnell Furore machte. Außerdem versammelte er am 3. Dezember 1827 in seiner Wohnung einen Kreis jüngerer Schriftsteller um sich, um mit ihnen einen Dichterbund zu gründen. In offener Konkurrenz zu den bereits bestehenden literarischen Vereinigungen, wie dem altehrwürdigen Montagsklub, der seit 1756 existierte, sowie der 1824 von Julius Eduard Hitzig gegründeten Mittwochsgesellschaft, die ihm unter der Hand wissen ließen, daß er als Jude bei ihnen unerwünscht sei,[4] nannte er diese Vereinigung erst Berliner Sonntags-Verein und dann – mit überwitziger Pointiertheit – Tunnel über der Spree.

Als Vorbild dieses Literaturvereins diente ihm die Wiener Ludlamshöhle. Saphir, sein erster Vorsitzender, hieß im Berliner Tunnel das „angebetete Haupt", „ah, das Haupt" oder „Aristophanes der Eckensteher", der zweite Vorsitzende nach einer unbeliebten Spontini-Oper „das Alcidohr", der Kassenwart der „Kassendefraudant" und der Protokollführer der „Gsillllschawfter", um damit Friedrich Wilhelm Gubitz, dem Herausgeber des Berliner *Gesellschafter*, eins auszuwischen. Wirkliche Mitglieder hatten in dieser Gesellschaft den Status von „Makulaturen", während Durchreisende oder Gäste nur als „Entwürfe" figurierten. Zu ihrem Schutzpatron erkor sie den „weisen Narren" Till Eulenspiegel. Von ihm übernahmen die Mitglieder des Tunnels auch die Angewohnheit, sich bei ihren Zusammenkünften mit einer „langen Nase" zu begrüßen. Außerdem stellte der Berliner Tunnel wie die Wiener Ludlamshöhle scherzhafte Diplome und Reisepässe aus. Bei seinen sonntäglichen Versammlungen wurden nicht nur geistreiche Gespräche geführt, sondern auch Possen extemporiert oder witzige Minnehöfe abgehalten, bei denen die einzelnen Mitglieder ihre Anschauungen über die Liebe preisgeben mußten. Mit anderen Worten: der Tunnel über der Spree verstand sich anfangs in erster Linie als eine Narrengesellschaft, in der über alles – außer über Politisches oder Religiöses – gewitzelt werden durfte. Besonders gelungene Späße oder Geistreicheleien wurden als literarische „Späne" in Saphirs *Berliner Schnellpost* abgedruckt. Als Saphir 1828 eine Reise nach Leipzig unternahm, gründete er dort im Hotel de Pologne einen Neben-Tunnel, der sich Sonntagsgesellschaft des Peter oder Tunnel über der Pleiße nannte und in dem vor allem Carl Herloßsohn, genannt „Faust der Auerbachhöfling", aktiv wurde. Wie im Berliner Tunnel hieß es in seinem Gründungsprotokoll im biedermeierlichen Witzton: „Diese Gesellschaft hat folgende Tendenzen: 1. gar keine Tendenzen;

2. eine gelegentliche Lobhudeleitendenz; und 3. eine humoristisch-literarische Tendenz."[5]

Im folgenden Jahr kam es in Berlin zwischen den Tunnelmitgliedern zu so heftigen Streitigkeiten, daß sich zwei der Hauptkampfhähne, nämlich Saphir und Eduard Maria Ottinger, entschieden, freiwillig auszuscheiden, um so einen Auseinanderfall des Ganzen zu verhindern. In der Folgezeit erweiterte sich der Tunnel schnell und nahm neben Schriftstellern auch Gelehrte, Maler und Musiker in seine Reihen auf. Und damit änderte sich seine Grundorientierung, wie die neuen Statuten des Jahres 1835, die Carl Löwe und Louis Schneider entwarfen, nur allzu deutlich beweisen. In ihnen wurde nicht nur das Närrische, sondern auch das Helfende und Läuternde der in ihm betriebenen Kunstübungen betont. So hieß es jetzt im zweiten Paragraphen: „Die Tendenz des Vereins ist, in einem heiteren, geselligen Zusammensein produktiv-künstlerische Tätigkeit zu fördern und durch freundlich-ernste Beurteilung der gelieferten Arbeiten sowohl den Arbeitenden das Fortschreiten auf dem richtigen Wege zu erleichtern, als in sämtlichen Mitgliedern einen reineren ästhetischen Geschmack zu erhalten und auszubilden."[6]

Obendrein traten in der Tunnelgesellschaft seit den frühen dreißiger Jahren, als die Vertreter des Jungen Deutschland die literarische Szene zu beeinflussen suchten, die betont „ulkigen" Possen und Travestien zusehends in den Hintergrund. Statt dessen setzten sich die Tunnel-Mitglieder vorübergehend für den Freiheitskampf der Griechen gegen die Türken ein und bedauerten zugleich das Schicksal der polnischen Insurgenten, deren Aufstände gegen das zaristische Regime 1831 blutig unterdrückt worden waren. Besonders aktiv innerhalb des Tunnels waren zu diesem Zeitpunkt das „angebetete Haupt" Ludwig Lesser, dessen Gedichte, Theaterkritiken und Rätsel in fast allen deutschsprachigen Zeitungen erschienen, sowie Louis Schneider, der Sekretär dieser Gesellschaft, der allerdings stockpreußisch gesinnt war, ein *Lesebüchlein für den preußischen Infanteristen* verfaßt hatte und später Vorleser des Königs wurde. Bemerkenswerte literarische Talente gab es in den dreißiger und frühen vierziger Jahren unter den Tunnel-Autoren, von Heinrich Smidt und Moritz von Strachwitz einmal abgesehen, kaum. Die Mehrheit bestand aus gebildeten oder halbgebildeten Dilettanten, die im Sinne der Parole „Ernst ist das Leben, heiter ist die Kunst" im gelegentlichen Reimeschmieden einen vergnüglichen Zeitvertreib sahen. Der junge Paul Heyse, der wesentlich höhere Ambitionen hatte, hielt sich deshalb als Gymnasiast und aufstrebender Schriftsteller von den Tunnel-Abenden fern und gründete 1845 mit anderen literarisch Interessierten seines Alters einen eigenen literarischen Verein, der er „Club" nannte.

Seinen künstlerischen Höhepunkt erlebte der Berliner Tunnel über der Spree während der Zeit nach der Achtundvierziger Revolution, als sich in ihm die zwar staatstreue, aber liberale Intelligenz zusammenschloß und der junge

Theodor Fontane, der dem Tunnel seit 1844 angehörte, drei Jahre lang das Amt des Sekretärs übernahm.[7] Auch in diesen Jahren wurden im Tunnel – wie zu Saphirs Zeiten – noch regelmäßig literarische Werke vorgelesen, kritisiert und mit Preisen versehen, sowie in den anschließenden Gesprächen eine Fülle philosophischer und ästhetischer Fragen angeschnitten, bei denen allerdings das Tagespolitische nach wie vor weitgehend ausgespart blieb. Zu diesem Zeitpunkt trafen sich die Tunnel-Mitglieder jeden Sonntag zwischen 17 und 20 Uhr in einem Saal des Café Belvedere neben der St. Hedwigskathedrale. Um sich von den üblichen Standes-und Rangunterschieden freizumachen, redeten sich alle Anhänger dieses Kreises mit Decknamen an, die im Laufe der Zeit das Biedermeierlich-Verspielte im Stile der Wiener Ludlamshöhle allmählich abstreiften und zusehends ernster wurden. So hieß Friedrich Eggers im Tunnel „Anakreon", Fontane „Lafontaine", Emanuel Geibel „Bertrand de Born", Christoph Friedrich Hesekiel „Claudius", der inzwischen dieser Vereinigung ebenfalls beigetretene Paul Heyse „Hölty II", Franz Kugler „Lessing", Adolph Menzel „Rubens", Otto Roquette „Ottowald", Christian Friedrich Scherenberg „Cook", Theodor Storm „Tannhäuser" usw. Neben diesen und anderen Schriftstellern gehörten dieser Runde, die etwa 30 Mitglieder umfaßte, auch einige Gelehrte, Maler, Adlige, Ärzte und höhere Offiziere an, die entweder zu den regelmäßigen Treffen kamen oder zumindest an den drei alljährlich stattfindenden Tunnel-Festivitäten – dem Sommer-Tunnel, dem Eulenspiegel-Tunnel und dem Stiftungsfest – teilnahmen.

Wegen der unvermeidlichen Differenzen zwischen der Mehrheit der zwar liebenswürdigen, aber unbedarften Sonntagspoeten und der Minderheit der anspruchsvollen Autoren ging aus dem Haupt-Tunnel im November/Dezember 1852 als eine Art Neben-Tunnel der Rütli-Kreis hervor, der von Friedrich Eggers gegründet wurde und in dem die niveauvolleren Schriftsteller den Ton angaben. Den ironischen Namen „Rütli" trug dieser Kreis, zu dem neben Eggers vor allem Fontane, Geibel, Heyse, Kugler, Menzel und Storm gehörten, weil in ihm – im Gegensatz zur Rütli-Verschwörung in Schillers *Wilhelm Tell* – alle politischen Gespräche noch schärfer verpönt waren als im Haupt-Tunnel.[8] Hier sollte in nachmärzlicher Resignation lediglich über Literatur und nicht über jenes „Garstige" gesprochen werden, was zu den sogenannten Ausschreitungen der Revolution von 1848/49 geführt habe. Eine ähnliche Stimmung herrschte im Ellora-Kreis, der sich im gleichen Jahr Zeit vom Haupt-Tunnel abspaltete und regelmäßig in Hause Franz Kuglers traf. Auch er bestand bis weit in die fünfziger Jahre hinein und bot an ästhetischen sowie allgemein-kulturellen Fragen interessierten Schriftstellern die Gelegenheit, miteinander ins Gespräch zu kommen, ohne sich dabei auf irgendeine ideologische Leitlinie festlegen zu müssen. Und das kam der Mehrheit der „gebrannten Kinder" der Achtundvierziger Revolution, die auch unter den gewandel-

Adolph Menzel: „Heute bei mich". Entwurf einer Einladungskarte zu einer Rütli-Sitzung (1852). Franz Kugler als Karyatide, Paul Heyse mit Leier, Bernhard von Lepel mit dem Helm des Garderegiments, Karl Bormann als Vogel, Theodor Fontane mit Zylinder, Wilhelm von Merckel mit Richtschwert und Waage der Justitia und Adolph Menzel mit langem friderizianischen Zopf

ten Umständen der Nachmärz-Ära weiterhin literarisch aktiv bleiben wollten, durchaus entgegen.

Der Bonner Maikäferbund

Bevor die jungdeutschen und vormärzlichen Zusammenschlüsse unter den deutschen Schriftstellern behandelt werden sollen, die Teil jener zweiten Welle des bürgerlichen Liberalismus waren, welche im Gefolge der Aufklärung abermals eine durchgreifende Demokratisierung der deutschen Gesellschaft herbeizuführen versuchte, muß noch ein kurzer Blick auf den Bund der Maikäfer geworfen werden, der zwar erst am 29. Juni 1840 in Bonn gegründet wurde, aber geistig noch immer in das spätromantisch-biedermeierliche Klima der zwanziger und dreißiger Jahre gehört und erst in seiner Schlußphase in den Vormärz einmündete. In seinem Zentrum standen der protestantische Theologe Gottfried Kinkel und die katholische Dichterin und Musiklehrerin Johanna Mathieux, geborene Mockel, deren stadtbekanntes „Verhältnis" zu vielen Klatschereien Anlaß gab und die erst nach der Überwindung vieler gesellschaftlicher Hindernisse heiraten konnten. Schon durch diese Grundkonstellation geriet dieser Kreis, der als ein relativ harmloses Teekränzchen begann, bei den Konservativen schnell in den Geruch des „Emanzipierten", zumal Kinkel schon als junger Dozent ein Außenseiter war, der in seinen Vorlesungen immer wieder gegen offizielle Lehrmeinungen, wie den Unsterblichkeitsglauben, opponierte.

Zu den Gründungsmitgliedern dieser Vereinigung, die sich von Anfang an „Maikäferbund" nannte, gehörten neben Gottfried Kinkel und Johanna Mathieux der Architekt Andreas Simons und der Jurist Sebastian Longard. Später kamen noch der Theologe Willibald Beyschlag, der Kunsthistoriker Jacob Burckhardt, der Naturwissenschaftler Friedrich Carl Fresenius, der Jurastudent Leo Hasse und der Historiker Alexander Kaufmann hinzu. Zu Ehrenmitgliedern dieses Bundes wurden die Dichter Nikolaus Becker, Wolfgang Müller von Königswinter und Arnold Schlönbach ernannt. Diese Gruppe traf sich jede Woche einmal im Hause von Johanna Mathieux, die 1840 von ihrem Mann geschieden worden war. Bei diesen Treffen wurden nicht nur selbstverfaßte Dichtungen vorgelesen, sondern auch Lieder und Klavierstücke zu Gehör gebracht. Wie viele der eher geselligen als gemeinschaftsbetonten Dichterbünde dieser Zeit legten sich auch die Mitglieder des Maikäferbundes witzige Vereinsnamen zu. So hieß Johanna Mathieux bei den anderen Maikäfern die „Directrix" oder „Königin", Gottfried Kinkel der „Urmaikäfer", „Wolterwurm" oder „Minister", Leo Hasse der „Oelkäfer", Alexander Kaufmann der „Rosenkäfer", Andreas Simons der „Holzbockkäfer" usw.

Besondere Vereinsstatuten gab es im Maikäferbund nicht. Nur an einer Gepflogenheit wurde jahrelang festgehalten, nämlich alle in diesem Kreis entstandenen Dichtungen in ein Bundesbuch, genannt *Der Maikäfer*, einzutragen, das im Laufe der Jahre auf sieben Bände anwuchs. Dabei handelte es sich anfangs vor allem um humoristische Beiträge, also Witze, heitere Sprüche, Rätsel oder Anekdoten, die im Maikäfer-Jargon als „Stucks" galten. Einige der dort niedergeschriebenen Dramen, wie etwa *Die Heilung des Weltschmerzlers* oder *Orestius und Pilatius*, wurden in „geselliger Manier", wie es damals hieß, von mehreren Mitgliedern dieses Kreises gemeinsam verfaßt. In den Erzählungen überwog weitgehend das Heitere, auf einen gehobenen, aber nicht zu anspruchsvollen Konversationston Abgestimmte. Aber auch Märchenhaftes und Lokalgeschichtliches findet sich immer wieder. Im Bereich der Lyrik dominierten – neben zahlreichen Übersetzungen aus dem Lateinischen und Griechischen sowie aus mehreren modernen Sprachen – vor allem die Scherz- und Gelegenheitsgedichte.

Die Gesamtstimmung der Treffen dieses Kreises, bei denen sich alle Mitglieder mit einem grünseidenen Band schmückten, an dem ein aus Metall gestanzter Maikäfer hing, muß eine äußerst lockere, ja witzige gewesen sein. Wie in vielen literarischen Kränzchen dieser Jahre trugen die Maikäfer bei ihren Zusammenkünften nicht nur ihre neuesten Schriften vor und genehmigten sich von Zeit zu Zeit ein Gläschen Wein, sondern studierten auch humorvolle Theaterstücke ein, die sie vor einen kleineren Kreis zur Aufführung brachten. Außerdem veranstalteten sie alljährlich im Juni ein sorgfältig vorbereitetes Stiftungsfest, das meist in der mit Efeu und Blumengewinden ausgeschmückten Wohnung von Johanna Mathieux's Eltern stattfand und bei dem am Schluß der Gewinner einer vorher gestellten literarischen Preisaufgabe einen Kranz aufgesetzt bekam. Im Jahr 1841 war es Kinkel, der diesen Kranz für sein Versepos *Otto der Schütz* erhielt.

Als Johanna Mathieux, die Seele des Ganzen, Anfang 1843 Maximiliane von Arnim in einem längeren Brief über diese Aktivitäten berichtete, kam es im März des gleichen Jahres in Berlin sogar zu einer Nachahmung des Maikäferbundes, der sich „Der Kaffeter" oder der „Verein der Kaffeeologen" nannte und sich um die Schwestern Karoline und Wilhelmine Bardua scharte. Wie in Bonn mußten seine Mitglieder bei den allwöchentlichen Treffen jeweils ein neues künstlerisches Produkt mitbringen, wobei neben Dichtungen auch Kompositionen und Bilder als gleichrangige Leistungen galten. Um nicht hinter den Maikäfern zurückzustehen, wurden in Berlin alle literarischen Werke ebenfalls in ein Bundesbuch eingetragen, das die *Kaffeterzeitung* oder das *Cafeblatt* hieß. Auch hier erhielten sämtliche Angehörige dieses Kreises, zu dem anfänglich nur junge, unverheiratete Frauen zugelassen wurden, der aber später auch männliche Mitglieder wie Herman Grimm und Emanuel Geibel aufnahm, einen Ver-

Ottilie von Graefe: Präsident Maiblümchen (Maximiliane von Arnim) und Kaffeologin St. Malo (Amalie von Herder). Zeichnungen für die „Kaffeterzeitung" (1846)

einsnamen. So hieß Gisela von Arnim „Marilla Fittchersvogel", Maximiliane von Arnim „Präsident Maiblümchen", Karoline Bardua „Altmeister Bardolio", Wilhelmine Bardua „Nimus", Ottilie von Graefe „Sir Odillons", Amalie von Herder „St. Malo", Marie Lichtenstein „Marius" und Anna von Wolzogen „Anollo". Außerdem trugen alle Mitglieder bei den jeweiligen Sitzungen braune Papierhüte, an denen lange rosa Schleier hingen usw.

Auf den ersten Blick nehmen sich alle diese Aktivitäten recht „biedermeierlich" aus. Und im Kaffeterbund waren sie es wohl auch. Selbst der Maikäferbund – wenn man von der gesellschaftlichen „Anstößigkeit" der Beziehung zwischen Gotttried Kinkel und Johanna Mathieux einmal absieht, die erst im Mai 1843, nach einer gesetzlich vorgeschriebenen Wiederverheiratungsfrist von drei Jahren nach Johannas Scheidung, kirchlich getraut werden konnten – wirkt in seinen Anfängen ausgesprochen harmlos. Vor allem seine in der *Maikäferzeitung* festgehaltenen Dichtungen, die neben gesellig-witzigen „Stucks" meist im Ton einer verwässerten Rheinromantik oder einer idyllisierenden Mittelalterschwärmerei abgefaßt sind, bestätigen das. Viele dieser Werke lassen sich deshalb von den Werken der ebenso deutlich ins Biedermeierliche tendierenden Schwäbischen Schule der dreißiger und vierziger Jahre kaum unterscheiden, ja sind in manchem noch verspielter oder sentimentaler.

Allerdings mischten sich bei den Bonner Maikäfern im Laufe der Jahre in das bunte Ragout relativ harmloser Liebhaberwerke auch einige aufmüpfig-libe-

rale Töne, die sich bei den biedermeierlichen oder spätromantischen Dichterbünden dieser Jahre nicht finden. Das trifft vor allem auf die Beiträge Kinkels
zu, die im Laufe der vierziger Jahre derart rebellisch wurden, daß es zwischen
ihm und den anderen Mitgliedern des Maikäferbundes zu unerträglichen Spannungen kam, die schließlich 1847 zur Auflösung dieses Bundes führten. Während fast alle anderen Mitglieder dieser Vereinigung im konservativen Lager
blieben, wurde aus Kinkel nach diesem Zeitpunkt einer der lautesten Sprecher
radikaldemokratischer, ja proletarischer Gesinnungen, der für angeblich wohlgemeinte Reformen innerhalb einer monarchisch geleiteten Gesellschaftsordnung nicht mehr viel übrig hatte. Aus diesem Grunde legte er seine Dozentur
nieder, übernahm 1848 die Redaktion der auf uneingeschränkte Freiheit drängenden *Neuen Bonner Zeitung*, beteiligte sich ein Jahr später am Badischen
Aufstand und wurde nach seiner Gefangennahme zu lebenslänglicher
Festungshaft verurteilt. Nachdem ihn Carl Schurz – nach einem Plan Johanna
Kinkels – in der Nacht zum 6. September 1850 aus dem Zuchthaus in Berlin-
Spandau befreite, floh er mit Schurz nach England, wohin ihm im Januar 1851
auch Johanna folgte.

GLANZ UND ELEND DES LIBERALISMUS

Das Junge Deutschland

Der deutsche Liberalismus, der in den späten zwanziger und frühen dreißiger Jahren den biedermeierlichen Tendenzen entgegenzutreten versuchte, stand von Anfang an auf schwachen Füßen. Erstens war Deutschland auch in dieser Zeit noch ein weitgehend agrarisch strukturiertes Land, in dem es noch keine nach wirtschaftlicher Selbständigkeit strebende Bourgeoisie gab, und zweitens schritt Fürst Metternich, nachdem er in den frühen zwanziger Jahren erst einmal gegen die spätromantischen und burschenschaftlichen Tendenzen vorgegangen war, nach der Pariser Julirevolution von 1830 ebenso scharf gegen die aus Frankreich eindringenden liberalen Ideen ein und veranlaßte 1835 jenen berühmt-berüchtigten Bundestagsbeschluß, der die Verbreitung aller mit solchen Ideen sympathisierenden Schriften massiv einschränkte. Dennoch hat diese Politik nicht verhindern können, daß sich im Zuge der frühen vierziger Jahre in Deutschland eine Stimmung der Unzufriedenheit verbreitete, die nach der Initialzündung der Pariser Februarrevolution von 1848 auch in diesem Land zu einer Aufsässigkeit führte, die in den nach Freiheit drängenden Reden des Frankfurter Paulskirchenparlaments sowie den Aufständen in Baden und in der Pfalz kulminierte, aber dann von den herrschenden Dynastien blutig niedergeschlagen wurde. Obwohl die bürgerliche Klasse in der Nachmärz-Ära der fünfziger und sechziger Jahre große ökonomische Fortschritte zu ihren Gunsten erzielen konnte, verloren durch das Scheitern der Achtundvierziger Revolution selbst die Liberalen in ihren Reihen für lange Zeit ihre avantgardistische Ausrichtung und schlossen entweder ihren Burgfrieden mit den bestehenden Monarchien oder verklärten den industriellen Aufschwung als eine für weiteste Bevölkerungsschichten segensreiche Entwicklung. Lediglich im Zuge des Naturalismus um 1890 rafften sie sich noch einmal zu einem rebellischen Elan auf, der jedoch eine kurzlebige Episode blieb und um die Jahrhundertwende entweder von einer großbürgerlich-impressionistischen Lebemannseinstellung oder einer anspruchsvollen Stifter- und Seherpose abgelöst wurde.

Den Auftakt zu dieser Gesamtentwicklung bildete auf literarischer Ebene jener Autorenkreis, der zwischen 1830 und 1840 als das Junge Deutschland galt. Ob sich diese Autorengruppe tatsächlich als ein Dichterbund bezeichnen läßt, war schon im frühen 19. Jahrhundert umstritten und wurde auch später immer wieder angezweifelt.[1] Für die Triftigkeit solcher Argumente lassen sich sowohl Beweise als auch Gegenbeweise erbringen. Einer der ersten, der das Junge Deutschland als eine von anderen literarischen Gruppenbildungen deutlich unterschiedene Bewegung hinstellte, war Heinrich Heine in seiner *Romantischen Schule* (1836), wo er im dritten Abschnitt dieser Schrift die Vertreter des „heutigen jungen Deutschlands" als jene Schriftsteller beschreibt, „die keinen Unterschied machen wollen zwischen Leben und Schreiben, die nimmermehr die Politik trennen von Wissenschaft, Kunst und Religion, und die zu gleicher Zeit Künstler, Tribune und Apostel sind".[2] Heine sah also sehr wohl, daß mit dieser Autorengruppe eine literarische Avantgarde auf den Plan getreten war, die sich – im Hinblick auf eine größere gesellschaftliche Relevanz ihrer Schriften – sowohl von den hochliterarischen Illusionen der sogenannten Kunstperiode klassischer und romantischer Provenienz als auch von dem verspielt-geselligen Charakter der biedermeierlichen Literatenvereine zu distanzieren versuchte.

Da ein solches Bemühen auch Heines eigenen Aspirationen entsprach, steigerte er sich in den mittdreißiger Jahren gern in einen panegyrischen Ton hinein, wenn es galt, das Junge Deutschland den älteren Literaturströmungen als etwas wahrhaft Neues, Modernes, Vorwärtsweisendes entgegenzusetzen. „Ein neuer Glaube", schrieb er, beseelt diese Gruppe „mit einer Leidenschaft, von welcher die Schriftsteller der früheren Periode keine Ahnung hatten. Es ist dies der Glaube an den Fortschritt, ein Glaube, der aus dem Wissen entsprang."[3] Heine stützte sich dabei auf die saint-simonistische Utopie, „daß die Erde", falls „alle Mittel der Industrie" sinnvoll eingesetzt würden, „groß genug sei, daß sie jedem hinlänglich Raum bietet, die Hütte seines Glückes darauf zu bauen; daß diese Erde uns alle anständig ernähren kann, wenn wir alle arbeiten und nicht Einer auf Kosten der Anderen leben will; und daß wir nicht nötig haben, die größere und ärmere Klasse an den Himmel zu verweisen".[4] Als die wichtigsten Vertreter dieses Zukunftsglaubens, die seit der Französischen Julirevolution einen geradezu „apostolischen Eifer" für die Freiheit und Gleichheit aller Menschen an den Tag legten, bezeichnete er in seiner *Romantischen Schule* Karl Gutzkow, Heinrich Laube, Gustav Schlesier und Ludolf Wienbarg. Sie verdienen, beteuerte Heine, wegen „der richtigen Auffassung unserer Zeit und ihrer Bedürfnisse" unter den „Chorführern" dieser Bewegung genannt zu werden.[5]

Was diese Autoren als die Kriterien einer wahrhaft liberalen Literatur empfanden, ist oft dargestellt worden. In Stichworten zusammengefaßt, lassen sich vor allem folgende Tendenzen als spezifisch „jungdeutsch" charakterisieren: die durchgehende Lobpreisung der Französischen Julirevolution, die nachdrückliche Distanzierung von goetheanischen und romantischen Kunstan-

schauungen, die Neigung zu politisch gefärbten Personalsatiren, die Bevorzugung „eingreifender" Literaturformen wie des engagierten Reiseberichts, des
Tendenzromans und der Agitationslyrik, die unablässige Religionskritik, die
Befürwortung der Wiedereinsetzung des Fleisches in seine natürlichen Rechte,
die Unterstützung der Frauenemanzipation, die Forderung nach Abschaffung
der Zensur sowie das Aufgreifen sozialpolitischer Fragestellungen. Außerdem
liebten fast alle Jungdeutschen die Verhohnepiepelung des deutsch-biedermei-
erlichen Michels, der sich selbst durch noch so scharfe Appelle nicht zu politischen Aktionen hinreißen lasse.

Daß solche Tendenzen von den Vertretern der Metternichschen Restauration
nicht widerspruchslos hingenommen würden, war vorherzusehen. Wohl die
schärfste Aktion gegen das Junge Deutschland war jenes Bundestagsdekret
vom 10. Dezember 1835, in dem sämtliche deutschen Regierungen aufgefordert wurden, „gegen die Verfasser, Verleger, Drucker und Verbreiter der Schriften aus der unter der Bezeichnung ‚Das junge Deutschland' oder ‚Die junge
Literatur' bekannten literarischen Schule, zu welcher namentlich Heinrich
Heine, Karl Gutzkow, Heinrich Laube, Ludolf Wienbarg und Theodor Mundt
gehören, die Straf- und Polizeigesetze ihres Landes, sowie die gegen den Miß-
brauch der Presse bestehenden Vorschriften, nach ihrer vollen Strenge in
Anwendung zu bringen, auch die Verbreitung dieser Schriften, sei es durch den
Buchhandel, durch Leihbibliotheken oder auf sonstige Weise, mit allen ihnen
gesetzlich zu Gebot stehenden Mitteln zu verhindern".[6] Für die fünf Betroffenen, wie auch für Ludwig Börne, dessen Name kurz darauf dieser Liste ange-
fügt wurde, erwies sich dieser Beschluß als äußerst einschneidend. Wie schon
die Illuminaten, Radikalaufklärer oder Jakobiner unter den deutschen Schriftstellern zwischen 1775 und 1795 wurden manche von ihnen – sofern sie in
Deutschland lebten – verhaftet, vor Gericht gestellt, ja sogar zu Freiheitsstrafen
verurteilt. Mit ähnlichen beruflichen Behinderungen, Druckverboten und
anderen politisch motivierten Schikanen hatten liberale Autoren wie Franz
August Gathy, Adolf Glassbrenner, Franz Kottenkamp, Ferdinand Gustav
Kühne, August Lewald, Robert Prutz, Johannes Scherr, Richard Otto Spazier
und Ernst Willkomm zu kämpfen, die zwar in dem Bundestagsbeschluß nicht
mit Namen genannt wurden, aber im weiteren Sinne ebenfalls zum Jungen
Deutschland gehörten.

Es ist etwas beschämend, wie schnell die meisten Jungdeutschen daraufhin
ihre oppositionelle Haltung aufgaben und sich zum Teil erst in den vierziger
Jahren wieder mit einem neuen kritischen Elan in die politische Arena begaben.
Die Ursachen hierfür sind unschwer einzusehen. Wie bereits die deutschen
Jakobiner vor ihnen sahen viele Jungdeutsche um 1835 ein, daß sie sich in
einem politischen Vakuum befanden, das heißt nicht von einer breiteren, revolutionären Volksbewegung getragen wurden. Nicht einmal ihre eigene Klasse

unterstützte sie voll, die sich im Zuge der um 1835 einsetzenden Industrialisierung Deutschlands immer stärker einer Bourgeois- oder gar Parvenümentalität
hingab und für ein sozialbetontes Rebellentum nur noch ein müdes Lächeln
übrig hatte. Demzufolge mußten die Jungdeutschen als Propagandisten eines
bürgerlich-liberalen Fortschritts auftreten, den ihre eigene Klasse schon mehrheitlich in einem eindeutig materiellen Sinne verstand und sich deshalb bereits
über die sogenannten Intelligenzler lustig zu machen begann („Hätt' er gute
Geschäfte gemacht, hätt' er nicht Bücher schreiben müssen", soll der reiche
Salomon Heine über seinen Neffen Heinrich gesagt haben). So gesehen, gehörten viele Vertreter dieser Autorengruppe zur ersten Welle jener bürgerlich-
unbürgerlichen Intellektuellen, die sich zwar noch als Repräsentanten spezifisch aufklärerischer Freiheitsideale empfanden, aber zugleich einen tiefgehen-
den Haß auf den durch das industrielle Zeitalter ermöglichten bürgerlichen
Bereicherungsdrang entwickelten und sich damit als freischwebende Liberale
bereits von ihrer eigenen Klasse wegzubewegen suchten. Aber an wen hätten sie
sich – ohne irgendeine solidarische Rückendeckung – mit ihren Ideen sonst
wenden sollen? Sollten sie als Tribunen der unteren Volksschichten auftreten?
Sollten sie sich als politisch verfolgte Außenseiter bedauern lassen? Oder sollten sie mit elitärer Arroganz dem Troß der Spießer und Philister einfach den
Rücken kehren und sich in den Innenbereich der Kunst zurückziehen?

Zwischen Aktivismus und Resignation war also in dieser Bewegung viel
Spielraum – und es hat kaum einen Jungdeutschen gegeben, der sich dieser
Doppelrolle und der sich daraus ergebenden Widersprüchlichkeit nicht bewußt
geworden wäre. Immer wieder warfen sich Börne, Gutzkow, Heine, Laube,
Wienbarg usw. als Repräsentanten großer, übergreifender Ideen auf und fühlten zugleich, daß sie fast niemanden hinter sich hatten. Nicht einmal von ihren
Gesinnungsgenossen wurden sie bedingslos unterstützt. Denn wo kein gesellschaftlicher Rückhalt existiert, das heißt eine bestimmte Avantgarde nicht in
einem klar erkennbaren sozialen Umfeld verankert ist, kann es auch keine Solidarität geben. Und das hatte weitreichende Konsequenzen. Indem die Jungdeutschen – im Gegensatz zu den Meistersingern, den Sprachgesellschaften der
Barockära, den empfindsamen Dichterbünden des 18. Jahrhunderts, den Mitgliedern des Göttinger Hains, den deutschen Jakobinern, den Weimarer Klassikern, den verschiedenen Romantikerbünden sowie den biedermeierlichen
Dichtervereinen – auf alle religiösen, ständischen, nationalen, ästhetischen,
freundschaftlichen oder geselligen Normen verzichteten, konnte sich unter
ihnen kein Gefühl der Solidarität oder zumindest inneren Zusammengehörigkeit entwickeln. Wie viele der späteren bürgerlichen Liberalen, die – aufgrund
ihrer gesellschaftlichen Isolierung – in der einzelpersönlichen Freiheit den
höchstmöglichen Wert erblicken, wollten sie sich schon im Rahmen dieser
Bewegung vornehmlich als extrem unterschiedliche Individuen aufspielen.

Aufgrund dieser Einstellung zogen die Jungdeutschen nicht nur gegen die Konservativen zu Felde, sondern wandten sich ebenso häufig gegen ihre eigenen Gesinnungsgenossen. Immer wieder konkurrierten sie miteinander, gaben vor, den anderen politisch um eine Nasenlänge voraus zu sein, kehrten ihre persönlichsten Eigenarten an den Tag, intrigierten gegeneinander, kurzum: hatten weitgehend nur ihren eigenen Selbstverwirklichungsdrang im Auge, statt sich auch irgendeiner „dritten Sache" unterzuordnen. Obwohl es über 30 jungdeutsche Autoren gegeben hat, bildeten sie also keine wirkliche Front, ja lassen sich, wenn man es genau nimmt, nur mit einiger Mühe als „Gruppe" bezeichnen. Hier stand letztlich jeder für sich allein, und zwar als freie, einzelne Persönlichkeit, als Witzbold, als Provokateur, als Entfant terrible, als Don Quixote, als Gadfly – oder was es sonst noch an liberalen oder liberalistischen Ausprägungen dieses bürgerlich-antibürgerlichen Literatentyps gibt.

Aber nicht nur der forcierte Freiheitskult und die mangelnde gesellschaftliche Rückversicherung machten die Jungdeutschen zu Einzelgängern. Auch der im Zeichen eines verstärkten kapitalistischen Durchsetzungsdranges und des damit verbundenen Profitmotivs stehende Zeitungs-, Zeitschriften- und Buchmarkt, wie er sich in den dreißiger Jahren entwickelte, erwies sich als ein gefährliches Hindernis auf dem Wege zu einer möglichen Solidarität innerhalb dieser Bewegung. Schließlich wurde auf diesem Sektor um die liberalen Marktanteile ebenso erbittert gerungen wie um die konservativen. Hier konnte man sich als Liberaler nur durchsetzen, wenn man die anderen Liberalen mit einer für eine solche Haltung erforderlichen Brillanz ausstach, wenn man besser, geistreicher, witziger, polemischer, bissiger, sensationeller, brüskierender schrieb als die anderen, das heißt sich um jene „marktgerechte Originalität" bemühte, die Walter Benjamin einmal als das entscheidende Kennzeichen des gesamten bürgerlich-liberalen Schreibgewerbes bezeichnet hat.[7]

Aus diesem Grunde waren unter den Jungdeutschen nicht nur die Heineaner mit den Börneanern verfeindet, sondern geradezu alle mit allen, um sich vor den erhofften Lesern mit dem Nimbus der höchstpersönlichen Einmaligkeit auszuzeichnen. Das zeigt sich am deutlichsten in jenen Passagen, wo sie ihren liberalen Mitstreitern – mit einem hintergründigen Pokerface – eine grenzenlose Ichsucht oder gar nichtswürdige Konkurrenzhaltung vorwarfen. So bemängelte etwa Gutzkow an Heine dessen „ganz unentwickelte Charakterbildung" und klagte ihn an, nur von seinem ursprünglichen „subjektiven Kapitale" zu leben.[8] Seinen Konkurrenten Laube bezichtigte der gleiche Gutzkow, ein „oberflächlicher Forscher" und „schlotteriger Stilist" zu sein.[9] Und Laube replizierte, indem er Gutzkow als „unruhigen Kopf" oder „unfaßbare Persönlichkeit" diffamierte.[10] Nicht viel feiner, ja in manchem noch ärger ist das, was Heine über Börne, Glassbrenner über Heine, Heine über Gutzkow, Börne über Heine usw. geschrieben haben. Immer wieder versuchten die Auto-

ren dieser Richtung, sich selbst ins hellere Licht zu rücken, indem sie den anderen einen schlechten Stil vorwarfen, sie wegen mangelnder Progressivität
angriffen, eine „Debatte" inszenierten, kurz: indem sie die anderen in den
Augen der Leser herabsetzten. Wie in weiten Bereichen der späteren Feuille-
tonkultur diente hier schon vieles vornehmlich der eigenen Imagebildung und
Imagepflege. Deshalb verfuhren manche Jungdeutsche zum Teil selbst mit
Gesinnungsgenossen oder sogenannten besten Freunden rein strategisch,
indem sie diese nicht vor den Wagen des Weltgeistes, sondern vor ihren eigenen
Karren spannten und damit zu „res extensa" eigener Bedürfnisansprüche
instrumentalisierten.

Unter einer solchen Perspektive betrachtet, war diese Bewegung bereits Teil
jener bürgerlich-liberalen „Moderne", bei der subjektive Verfreiheitlichung
und steigende Kommerzialisierung ein problematisches Junktim bilden. Während die radikaldemokratischen und rousseauistisch-jakobinischen Aufklärer
des 18. Jahrhunderts noch eine für alle Menschen geltende „Freiheit, Gleichheit und Brüderlichkeit" anstrebten, trat in den Schriften dieser Bewegung an
die Stelle des idealistisch gesinnten Citoyen immer stärker der bürgerliche
Emporkömmling, der den Fortschritt der Menschheit weitgehend mit seiner
eigenen Privilegienerweiterung gleichsetzt. So gesehen, waren die Jungdeutschen im frühen 19. Jahrhundert die ersten deutschen Autoren, für welche Sub-
jektivierung und Politisierung fast das Gleiche bedeuteten. Aus diesem Grunde
verzichteten sie weitgehend auf das im klassizistisch-kunstautonomen oder
romantisch-reaktionären Sinne strapazierte „Poetische" und bemühten sich
um eine bewußte Verheutigung oder Operationalisierung von Literatur. Als
liberal eingestellte Zeitschriftsteller wollten sie die im Zuge der Metternichschen Restauration erstarrten Verhältnisse „wieder zum Tanzen bringen",
indem sie alle bisher anerkannten Autoritäten auf höchst provokante Weise in
Frage stellten und sich zu einem subjektiven Durchsetzungsdrang bekannten,
aus dem sich – wie sie hofften – im Sinne eines mobilisierenden Stimulator-
effekts später eine allgemeine Verfreiheitlichung ergeben würde.

Im Sinne solcher Anschauungen betrachteten sich die meisten Vertreter dieser Richtung voller Stolz als in die Öffentlichkeit drängende Publizisten und
nicht als weltfremde Schriftsteller oder gar Poeten. Um nicht nur die Kunst-
schmuser oder die Kompensationshungrigen im stillen Kämmerlein, sondern
auch die an einem ins Gesellschaftliche aktivierten Lebensstil interessierten
Schichten zu erreichen, schrieben sie betont anzüglich, spritzig, auf eine libera-
lisierende Wirkung bedacht. Die früher oft gestellte Genrefrage relegierten sie
meist in den Bereich des Unwichtigen, wenn nicht Antiquierten. Was sie für
maßgeblich hielten, war nicht die Befolgung irgendwelcher Regeln, sondern
der zu erzielende Effekt. Daher erschien ihnen alles erlaubt, nur nicht das
„genre ennuyeux". Selbst ihre Dramen, Kurzepen und Romane mußten sich

diesem Hang zum Unmittelbaren, in die Wirklichkeit Greifenden fügen. Am liebsten schrieben sie jedoch Essays, Briefe, Feuilletons oder Reisebilder, wie überhaupt Kleinteiliges, auf der Stelle-Konsumierbares, Interessant-Zugespitztes, um ihre Leser nicht mit mühsam ausgearbeiteten, auf die Ewigkeit zugeschnittenen Großleistungen zu belästigen. Es gibt deshalb kaum ein vollendetes oder abgerundetes Werk im Bereich dieser Literatur. Alles wirkt offen, auf Ergänzung, auf Fortsetzung im Leben oder in der Gesellschaft gedacht. Was die Jungdeutschen verfaßten, sollte nicht von der Realität wegführen, sondern im Gegenteil auf die hinlenken. Sie schrieben nicht für die Nachwelt, sondern stellten sich – so gut oder so schnell sie es konnten – der „Forderung des Tages".

Das Ergebnis dieser jungdeutschen Avantgardisierung von Literatur, die nur das im subjektiven Sinne Freiheitliche gelten ließ, war ein ästhetischer Modernisierungsschub, den die bürgerlich-liberal konditionierten Leser von damals als äußerst stimulierend, wenn nicht gar mitreißend empfanden. Diese Literatur wurde nicht geschrieben, um ihren Lesern irgendein Jenseitiges oder innerlich Erfühltes vorzugaukeln, ihren künstlerischen Formsinn zu befriedigen oder sie in eine Welt autonomie-ästhetischer Perfektion zu entführen, sondern sollte ihnen einen Leitfaden zu einem erfüllteren Leben an die Hand geben, ihnen den Weg zu konkreten Freuden und Hoffnungen weisen, mit anderen Worten: ihnen eine bessere „Lebenspraxis" ermöglichen, wie man später im Hinblick auf solche avantgardistischen Überlegungen gesagt hätte. Was die Jungdeutschen – im Gegensatz zum Poetisch-Abgehobenen – als das eigentliche Wesen ihrer Literatur (oder auch Nichtliteratur) hinstellten, war daher einzig und allein jenes unmittelbare „Leben", das von Natur aus einen anarchisch-freiheitlichen Grundzug habe und nicht den Gesetzen irgendwelcher angemaßten Autoritäten, nicht einmal denen einer normativ gesetzten Kunsttheorie, unterworfen werden dürfe. „Das Leben ist weder Zweck noch Mittel", schrieb Heine dementsprechend 1830 in seinem Essay *Verschiedenartige Geschichtsauffassung*, „das Leben ist ein Recht. Das Leben will dieses Recht gelten machen gegen den erstarrenden Tod, gegen die Vergangenheit, und dieses Geltenmachen ist die Revolution."[11]

Durch diese nachdrückliche Akzentuierung des „Lebendigen" gibt es, um auch auf die Negativa dieser Bewegung zu kommen, in der jungdeutschen Literatur wenig, was sich als überindividuell und damit solidaritätsstiftend charakterisieren ließe. Vieles ist hier vornehmlich Mittel zum Zweck, das sich unter wechselnden Konstellationen und in wechselnden Situationen nach strategischen Gesichtspunkten einsetzen ließ. Darin kommen zwar auch einige progressive Zielsetzungen zum Ausdruck, für welche die linksliberalen Kunsttheoretiker 20. Jahrhunderts die Adjektive „entauratisierend" oder „operationell" prägten. Doch mit dieser fortschreitenden Funktionalisierung wurde zugleich eine der wichtigsten Qualitäten von Literatur, nämlich ihre Fähigkeit, ein gesamtgesellschaftliches Telos aufzurichten, einem cliquenhaften oder gar privatistischem Ausdrucksverlangen geopfert, durch das auch die Literatur immer stärker in den Bereich des liberal-kapitalistischen Marktes, das heißt des Modisch-Kommerzialisierbaren geriet. Was also die Literatur bei diesem Prozeß der jungdeutschen Avantgardisierung operationell hinzugewann, nämlich ein strategisches Mittel im Kampfe zur Durchsetzung bürgerlich-liberaler Selbstverwirklichungsbedürfnisse zu werden, indem sie Debatten anregte, die Kritikfähigkeit beförderte, wache Geister auf den Plan rief, keinen Stein auf dem anderen ließ, kurz: eine skandalumwitterte „Öffentlichkeit" schuf, verlor sie zugleich an überindividuellen, vorbildlichen und damit zielsetzenden Elementen.

Was daher schon die Vormärzler und dann die Achtundvierziger den Jungdeutschen vorwarfen, war vor allem ihr modernistisch-elitäres Fortschrittskonzept, dem ein spezifisch bürgerlicher, sprich: vom Volke abgehobener Durchsetzungsdrang zugrunde liege, der nur selten den Bereich des Elitären überschreite. Vor allem Friedrich Engels bezichtigte in seinem Verriß des Jungen Deutschlands die Vertreter dieser Bewegung, sich in einem höchst oberflächlichen Sinne am „Popanz der Moderne" orientiert zu haben, ohne dabei auf irgendwelche tieferen sozialen oder geschichtsphilosophischen Fragen eingegangen zu sein.[12] Andere Vormärzler gebrauchten im Umkreis solcher Polemiken noch schärfere Diffamierungsvokabeln wie ichsüchtig, parasitär oder volksvergessen. Doch solche Urteile sollten nicht zu ernst genommen werden. Schließlich waren auch manche Vormärzler – bei allem ehrenwerten sozialen Engagement – nicht ganz frei von bürgerlich-liberalen Eitelkeiten und sahen sich zudem auf einen Literaturbetrieb angewiesen, in dem ebenfalls das Prinzip der Konkurrenz und damit die Gefahr von Entgleisungen ins Boshafte oder Zänkische herrschte. Dennoch gelang es vielen Vormärzlern, ob nun auf politischem, sozialem oder ästhetischem Gebiet, wesentlich entschiedener aufzutreten als die Jungdeutschen. Statt ihre eigenen Sorgen als die einzig maßgeblichen hinzustellen, gingen sie in ihren Werken auch auf die Nöte der Kleinbürger, Handwerker und Arbeiter, kurz: der Masse des Volkes ein, um damit jene Klassen zu erreichen, von denen sie sich eine revolutionäre Umwälzung der Gesamtgesellschaft versprachen.

Damit verglichen, machen die meisten Jungdeutschen keine besonders gute Figur. Und doch sollte man auch sie gelten lassen, zumindest als Vorhut der auf sie folgenden Avantgarde der Vormärzära, mit anderen Worten: als eine „avantgarde avant la lettre", die für viele der späteren Vormärzler – selbst für den besagten Engels, der als Zögling Gutzkows begann – eine wichtige Durchgangsphase in ihrer politischen, geistigen und ästhetischen Entwicklung war. Jedenfalls haben die Jungdeutschen viel dazu beigetragen, die deutsche Literatur, die zwischen 1815 und 1830 in einen klassizistischen, spätromantischen oder biedermeierlichen Schlummer gefallen war, wieder zu neuem Leben zu erwecken. Daß es jedoch bei dieser Auferweckung mit einer oberflächlichen Journalisierung, Operationalisierung, Entauratisierung, Modernisierung, Liberalisierung und Avantgardisierung allein nicht getan war, sollte sich in der Folgezeit immer wieder herausstellen. Doch das gehört bereits auf ein anderes Blatt.

Der Leipziger Literatenverein

Während es manche Belletristen unter den Jungdeutschen in den dreißiger Jahren durchaus genossen, die biedermeierlichen Zensoren durch witzige Verschleierungen oder Umspielungen ihrer wahren Absichten hinters Licht zu führen, waren die ins Radikale drängenden Vormärz-Autoren zwischen 1840 und 1848 immer weniger gewillt, sich in die Randbezirke des ästhetischen Raffinements abdrängen zu lassen. Schließlich wollten sie mit ihren Schriften nicht nur die gebildete Bourgeoisie, sondern auch die breite Masse des ungebildeten Volkes erreichen, die sich nur mit plakativ vergröberten Parolen oder kolportagehaft mitreißenden Romanhandlungen, aber nicht mit subjektiv überspitzten Geistreicheleien zu einer rebellischen Gesinnung aufputschen ließ. Demzufolge lehnten sich in diesem Zeitraum nicht nur einzelne Autoren, sondern auch größere Schriftstellergruppen wie der Leipziger Herweghklub und der Berliner Kreis der Freien in steigendem Maße gegen die herrschende ideologische Bevormundung von seiten der auf Erhaltung des Ancien régime bedachten fürstlichen Verwaltungsbehörden auf, um sich endlich in aller Offenheit zu ihren gesellschaftskritischen Gesinnungen bekennen zu können.

Zu ersten Unmutserklärungen dieser Art auf berufsständischer Ebene kam es in Leipzig, wo sich eine Reihe bekannter Verlagshäuser befand und zugleich die alljährliche Buchmesse abgehalten wurde. Den Anstoß zu diesen Protesten bildete die im Januar 1840 in Leipzig abgehaltene 4. Säkularfeier der Erfindung der Buchdruckerkunst durch Johannes Gutenberg, zu der die liberalen Leipziger Autoren nicht in dem Maße herangezogen wurden, wie sie gehofft hatten. Darauf gründeten sie am 27. April 1842 auf Betreiben von Linksliberalen wie Robert Blum und Karl Biedermann den ersten deutschen Schriftstellerverband, der als Leipziger Literatenverein in die Geschichte der berufsständischen Schriftstellerorganisationen in Deutschland eingegangen ist. Dieser Verein traf sich in den Sommermonaten jeden Freitag im Jähnisch'schen Garten, in den Wintermonaten zum gleichen Termin im Hotel de Bavière oder der Bierstube Johannisthal. Das große Wort bei den dort stattfindenden Diskussionen, die oft eine eindeutig politische Note hatten, führten neben Blum und Biedermann vor allem oppositionelle Autoren wie Carl Herloßsohn und Gustav Kühne. Andere

bekannte Mitglieder dieser Vereinigung, die zwar nicht alle in Leipzig wohnten, aber diesen Verband aktiv unterstützten, waren Berthold Auerbach, Friedrich Gerstäcker, August Heinrich Hoffmann von Fallersleben, Wilhelm Jordan,
Heinrich Laube, Albert Lortzing, Hermann Marggraff, Moritz Saphir, Carl
Spindler, Alexander Weill und Ernst Willkomm. Am stärksten setzte sich dieser
Verein zu Anfang gegen das immer noch weitverbreitete Raubdruckwesen und
die Auswüchse der Zensur sowie für eine finanzielle Unterstützung in Not gera-
tener Autoren ein. Dementsprechand hieß es im ersten Paragraphen seiner
Gründungsurkunde: „Die Mitglieder sind verpflichtet, alle Angelegenheiten,
die den Vorteil und die Ehre der Literatur betreffen, dem Vereine zur Kenntnis
und zur Sprache zu bringen. Nachdruck, gesetzlicher und ungesetzlicher
Zustand der Presse, Handhabung der Zensur: diese drei Punkte wird seiner-
seits der Leipziger Schriftstellerverband zu Gegenständen unausgesetzter Bera-
tung und Entschließung machen."[13]

Es spricht für die rasche Ausweitung des deutschen Buch- und Pressewesens
in den vierziger Jahren, daß dieser Verein schon nach wenigen Monaten 130
Mitglieder, davon 100 in Leipzig ansässige, zählte. Aufgrund dieses schnellen
Aufschwungs veranstaltete er bereits Ende April 1842 die erste deutsche
Schriftstellerversammlung in Leipzig, bei der weniger die erwarteten Festban-
kette als die lebhaften Plenumsdiskussionen im Vordergrund standen, welche
sich weitgehend mit gesellschaftspolitischen Fragen und den damit verbunde-
nen finanziellen Aspekten beschäftigten. So sagte Karl Biedermann auf dieser
Tagung mit vorher kaum gehörter Offenheit: „Tun wir nicht in affektierter
Idealität spröde gegen die materielle Basis unseres schriftstellerischen Wirkens.
Der allergrößte Teil von uns sind sogenannte freie Literaten, Leute, die von der
Feder leben. Schämen wir uns doch nicht, dies auszusprechen! Es ist keine
Schande, mit dem geistigen Kapitale und der geistigen Arbeit zu erwerben, was
andere mit dem toten Gelde und der mechanischen Arbeit der Hand. Was dabei
an Idealität verloren geht, das gewinnen wir, das gewinnt noch mehr das Allgemeine durch die freiere Stellung der jetzigen Schriftstellerwelt, welche nicht
mehr von der Gunst der Höfe abhängig, nicht mehr durch Beziehungen zu Aka-
demien und anderen Pyrtaneen beengt ist."[14]

Auf dieser Tagung wurde also zum erstenmal unverblümt darüber geredet,
was auch spätere berufsständische Schriftstellervereinigungen immer wieder
auf die Tagesordnung ihrer Verbände gesetzt haben: nämlich das erwerbsmä-
ßige Schreiben endlich als einen Beruf wie viele andere und nicht mehr als eine
von allen materiellen Voraussetzungen abgehobene Beschäftigung irgendwelcher Idealisten, Musenlieblinge oder formulierungssüchtiger Dichterlinge auf-
zufassen. Die Mitglieder dieses Vereins drangen nicht auf andersgeartete ästhetische Programme, sondern eine allgemeine, gesetzlich festgelegte Presse- und
Meinungsfreiheit, die es ihnen ermöglicht hätte, sich auch mit gesellschaftskri-

tischen Ansichten den nötigen Lebensunterhalt zu verdienen. Ja, sie wußten
bereits, daß sich solche gesellschaftspolitischen Veränderungen nicht im Alleingang, sondern nur auf der Basis gemeinsamer Bestrebungen durchsetzen lassen.
Daher ließen sie es in der Folgezeit nicht an Aufrufen zu einer verstärkten
berufsständischen Solidarität fehlen, zumal sie immer wieder mitansehen mußten, wie einzelne ihrer Mitglieder, die sich politisch zu weit nach vorn gewagt
hatten, von den staatlichen Behörden zur Rechenschaft gezogen oder gar aus
Sachsen ausgewiesen wurden.

Wie aufrührerisch die Stimmung in diesem Verein war, zeigte sich vor allem
beim Besuch Georg Herweghs im Oktober 1842 in Leipzig, dessen *Gedichte
eines Lebendigen* (1841) damals im Munde aller Liberalen waren. Zu seinen
Ehren veranstaltete der Leipziger Verein am 22. dieses Monats eine Feier, auf
der Herwegh das noch unveröffentlichte, revolutionäre Gedicht „Die Lerche
war's und nicht die Nachtigall" vortrug, welches ihm den politischen Spitznamen „Die eiserne Lerche" eintrug. Anläßlich dieser Feier, bei der Herwegh von
den Linksliberalen stürmisch umjubelt werde, kam es zugleich zu „lautstarken
Forderungen nach bürgerlicher Freiheit und Einigung der deutschen Staaten".[15] Einen ebenso großen Anklang fanden in diesem Kreis die *Unpolitischen
Lieder* (1840) von August Heinrich Hoffmann von Fallersleben, die selbstverständlich einen unverblümt „politischen" Charakter hatten, sowie die *Lieder
eines kosmopolitischen Nachtwächters* (1840) von Franz Dingelstedt und die
Verbotenen Lieder (1844) von Adolf Glassbrenner. Während der ehemalige
Jungdeutsche Heinrich Laube, der in den frühen vierziger Jahren die Haltung
eines Rechtsliberalen bezog, angesichts dieser Entwicklung der Vereinsaktivi-
täten eher zu Mäßigung riet, bekannten sich die Linksliberalen um Robert
Blum in der Folgezeit immer stärker zu einer unnachgiebigen Haltung in Fragen Zensur und Meinungsfreiheit. Aufgrund dieser Haltung entschlossen sich
eine Reihe österreichischer Autoren, darunter Karl Beck, Moritz Hartmann,
Jakob Kaufmann, Ignaz Kuranda und Alfred Meißner, die in ihrem „Vater-
lande" als verdächtig galten, in diesen Jahren nach Leipzig überzusiedeln, wo
ihre Schriften vor allem von dem liberalen Verleger Philipp Reclam jun. gefördert wurden. Ja, 1844 wagte der Leipziger Literatenverein sogar, bei den sächsischen Behörden mit einer Resolution vorstellig zu werden, in der er sich energisch für eine unbehinderte Pressefreiheit einsetzte.

Ähnliche Forderungen wurden auf der vom 27. bis 29. April 1845 in Leipzig
tagenden Deutschen Schriftstellerversammlung laut, zu der Karl Biedermann in
dem von ihm herausgegebenen *Herold*, einer *Wochenschrift für Politik, Literatur und öffentliches Gerichtsverfahren*, aufgerufen hatte. Diesem Aufruf leisteten etwa 100 Autoren und 150 Gäste Folge, die sich im großen Saal des Hotel de
Prusse versammelten. Die Begrüßungsansprache hielt Karl Biedermann, das
erste Grundsatzreferat unter dem Titel „Über die Notwendigkeit einer Annähe-

rung der deutschen Schriftsteller untereinander" Heinrich Wuttke. Das Haupt-
thema war wiederum die staatliche Zensur, gegen die sich viele der Anwesenden mit den „nachdrücklichsten Worten" wandten, wie es später im Versamm-
lungsprotokoll hieß.[16] Doch auch solche Unmutsäußerungen verhallten im
Leeren. Ja, angesichts der „politischen Poesie", die „jetzt eine so große Rolle
spielt" und sich „in ihren Liedern tief in das Gemüt der Jugend einprägt", wie
es in einem Geheimbericht dieser Jahre heißt, glaubte der Staat, die Literatur
und Presse – mittels der von ihm ausgeübten Zensur – noch schärfer überwachen zu müssen als zuvor, um so zu verhindern, daß die Anschauungen der liberalen Autoren zum „Gemeingut" aller Bürger werden könnten.[17] Aufgrund dieser staatlichen Gegenmaßnahmen spaltete sich der Leipziger Literatenverein
zusehends in einen liberal-gemäßigten Flügel, dem unter anderen Friedrich
Gerstäcker, Hermann Marggraff und Ernst Willkomm angehörten, und einen
demokratisch-radikalen Flügel unter Robert Blum, was ihn in seinen weiteren
Aktionen stark behinderte. Das zeigte sich schon im Jahr 1846, in dem es aufgrund interner Zwistigkeiten nicht möglich war, einen weiteren Schriftstellerkongreß nach Leipzig oder eventuell auch Stuttgart einzuberufen. Noch entmu-
tigter wurden die Linken innerhalb des Vereins, als sich die sächsischen Mini-
sterien in Dresden rundweg weigerten, dem von Biedermann und Wuttke ausgearbeiteten Entwurf zu einem neuen Verlagsrecht ihr „geneigtes Ohr" zu lei-
hen und diese Petition einfach in den Papierkorb wandern ließen.

Das Fazit dieser Entwicklung war, daß die mangelnde Solidarität der in diesem Verein nur locker zusammengeschlossenen Schriftsteller und Journalisten
sowie die Unnachgiebigkeit der staatlichen Behörden schließlich zu einem allmählichen Ermatten dieses in seiner Frühphase höchst rebellisch gestimmten
Verbandes führten. Dadurch traten die politischen Tendenzen dieser Vereinigung mehr und mehr zugunsten rein professioneller Interessen in den Hintergrund. Doch trotz dieser Wendung ins Pragmatische geriet der Leipziger Literatenverein auch nach 1845 immer wieder in die Schußlinie der um die staatliche
Oberhoheit besorgten Behörden, worauf er noch zaghafter wurde. Und damit
erlosch die Hoffnung, daß sich unter den vormärzlichen Schriftstellern eine
wirklich Phalanx revolutionärer Autoren herausgebildet hätte. Lediglich in der
Achtundvierziger Revolution kam es – vor allem in Berlin und Wien sowie im
Umkreis der von Karl Marx in Köln herausgegebenen *Neuen Rheinischen Zeitung* – für einige Monate zu einer engeren Zusammenarbeit rebellisch gesinnter
Autoren. Diese Aktivitäten wurden jedoch von den staatlichen Behörden nach
1848 so unbarmherzig geahndet, daß es viele der gesellschaftskritischen
Schriftsteller vorzogen, sich der drohenden Einkerkerung durch eine Flucht
nach Paris, London, Zürich oder in die USA zu entziehen.

Daher erfolgten in den fünfziger Jahren – trotz des wirtschaftlichen Aufschwungs und der damit verbundenen Ausweitung des Buch- und Pressewesens

– nirgends Neugründungen selbstbewußter und zugleich programmatisch
anspruchsvoller Journalisten- oder Schriftstellerorganisationen. Was fehlte,
war eine politische Hoffnung oder gar Utopie, die den in Deutschland verbliebenen Autoren ein Ziel und damit die Möglichkeit einer Solidarisierung zugunsten einer „dritten Sache" gegeben hätte. Demzufolge blieb die geistige und
kulturelle Stimmung in der Nachmärz-Ära ideologisch weitgehend orientie-
rungslos. Es gab zwar auch in diesen Jahren noch einige sich weiterhin als liberal verstehende Dichterkreise, aber diese blieben meist gesellig-lokaler Natur
oder beschränkten sich auf rein berufsständische Interessen. Auf diese Weise
hielten sie zwar den Literaturbetrieb am Leben, trugen aber wenig zur Entstehung geistig oder ästhetisch bedeutender Leistungen bei.

Der Münchner Dichterkreis

Wohl der bekannteste Schriftstellerbund der Nachmärz-Ära war der Münchner Dichterkreis, der im Jahr 1852 gegründet wurde. Im Gegensatz zu biedermeierlichen oder vormärzlichen Literatenklubs, die wie die Wiener Ludlamshöhle, der frühe Berliner Tunnel über der Spree, der Bonner Maikäferbund
oder der Leipziger Literaturverein rein bürgerlichen Ursprungs waren, verdankte der Münchner Dichterkreis seine Entstehung ausschließlich dem im
März 1848 durch die erzwungene Abdankung seines Vaters auf den Thron
gekommenen König Maximilian II. von Bayern.[18] Während sich Ludwig I., sein
abgesetzter Vater, vornehmlich für Architektur, Plastik und Malerei interessiert
hatte, galt das Hauptinteresse des neuen Königs weitgehend der Poesie und
Wissenschaft. Um aus München ein Zentrum der deutschen Literatur zu
machen, holte Maximilian vier der bekanntesten Dichter seiner Zeit, nämlich
Friedrich von Bodenstedt, Emanuel Geibel, Paul Heyse und Adolf Friedrich von
Schack, an seinen Hof. Zugleich versuchte er durch Neubesetzungen wichtiger
Lehrstühle an der Münchner Universität mit namhaften Gelehrten aus dem
Norden oder der Schweiz, wie Johann Kaspar Bluntschli, Justus von Liebig,
Wilhelm Heinrich Riehl und Heinrich von Sybel, von denen die meisten Prote-
stanten waren, München auch zu einem Ort geistes- und naturwissenschaftli-
cher Forschung zu machen.

Auf diese Weise entstand neben den Altmünchner Adels- und Bürgerschich-
ten, die zum größten Teil partikularistisch und ultramontan eingestellt waren,
eine Neumünchner Dichter- und Professorengruppe, die wegen ihrer freigeistigen Art von den eingefleischten Bajuwaren mit großem Mißtrauen betrachtet
wurde. Besonders neidisch auf diese „Nordlichter", wie sie bald hießen, waren
die einheimischen Schriftsteller, darunter August Becker, Karl Heigel, Eduard
Ille, Franz von Kobell, Franz von Pocci, Hermann Schmid und Ludwig Steub,

Franz von Pocci: Großer Steeplechase der nach München berufenen Dichter Emanuel Geibel, Adolf von Schack, Paul Heyse, Philipp Moritz Carriere und Friedrich Bodenstedt (1858). Der einheimische Franz von Kobell ruft den Fremden zu: „Gescheckete Luadr, laßts mi a mit!"

die entweder dem bereits bestehenden Poetenverein an der Isar oder dem Verein für deutsche Dichtkunst angehörten. Doch Maximilian II., der in Göttingen und Berlin studiert hatte, ließ sich durch dieses Ressentiment nicht beirren. Im Gegenteil, er verhielt sich den Neuankömmlingen gegenüber äußerst „gnädig" und versuchte, sie in jeder Weise zu unterstützen und an seinen Hof zu binden. Aus diesem Grunde veranstaltete er allwöchentlich in der Grünen Galerie der Residenz eine geistige Tafelrunde oder ein sogenanntes Symposion, zu dem er jeweils zehn bis zwölf der neuberufenen Poeten und Professoren einlud. In der ersten Stunde ging es meist um ein wissenschaftliches Thema, während anschließend – nach einer kurzen Pause – die anwesenden Schriftsteller aus ihren neuesten Werken vorlasen. Als Protokollführer diente bis 1856 der königliche Privatbibliothekar Franz Löhrer, der sich auch als Gelegenheitsdichter versuchte. Danach willigte Paul Heyse ein, dieses Amt zu übernehmen. Die Folge dieser Symposien, deren Grundtendenz eine rechtsliberale bis konservative war, hörte erst mit dem Tode Maximilian II. im Jahre 1864 auf.

Um die Spannungen zwischen den Altmünchner und den Neumünchner Dichtern zu vermindern, gründete Heyse im Winter 1856/57 – gegen den anfänglichen Einspruch Geibels, aber mit Unterstützung Julius Grosses – einen außerhalb des Hofes tagenden literarischen Verein nach dem Muster des Tunnels über der Spree, der sich in Anlehnung an eine humoristische Romanze Her-

mann Linggs, welche die Zeile „Im heil'gen Teich zu Singepur/Da liegt ein altes
Krokodil" enthielt, die Gesellschaft der Krokodile nannte und zu dessen Versammlungen auch Altmünchner Autoren eingeladen wurden. Dieser Kreis
tagte jeden Sonntagnachmittag, und zwar anfangs im Café Zur Stadt München
und später im Café Daburger. Den Vorsitz führte zuerst Geibel, später fiel er
Heyse zu. Die Protokolle dieser Sitzungen wurden in biedermeierlicher Tradition in einer aus Pappdeckeln gefertigten Pyramide aufbewahrt. In den Diskussionen der Krokodile, wie die Dichter dieser Runde bald hießen, taten sich vor
allem Bodenstedt, Geibel, Grosse und Heyse, aber auch Franz Bonn, Moritz
Carriere, Felix Dahn, Franz von Dingelstedt, Max Haushofer, Karl Heigel, Wilhelm Hertz, Hans Hopfen, Oskar Horn, Heinrich Leuthold, Hermann Lingg,
Melchior Meyr, Heinrich Reder, Viktor Scheffel und Franz Trautmann hervor,
während Adolf von Schack lediglich ein „Ehrenkrokodil" blieb und an diesen
Zusammenkünften nur in Ausnahmefällen teilnahm.[19]

Wie in der Ludlamshöhle, im Tunnel über der Spree oder im Maikäferbund
legten sich Mitglieder dieser Vereinigung in biedermeierlicher Tradition einen
witzig klingenden Deck- oder Übernamen zu. So hieß Bodenstedt „Apis",
Dahn das „Gnu", Geibel das „Urkrokodil", Grosse das „Ichneumon", Heyse
der „Eidechs", Leuthold der „Alligator", Lingg das „Teichkrokodil", Meyr
„Ibis" usw. Trotz vieler Einladungen blieben die Altmünchner Dichter, vor
allem Eduard Ille und Franz von Pocci, dieser Vereinigung meist fern und trafen
sich lieber in ihren angestammten, aber allmählich zur Bedeutungslosigkeit
verblassenden Vereinen. Neben dem Haupt-Krokodil bildete sich später noch
eine Art Neben-Krokodil heraus, das sich in der Wohnung der literaturinteressierten Staatsrätin von Ledebour traf und sich „Die Ecke" nannte, da sowohl
Geibel als auch Heyse „nur um die Ecke zu gehen brauchten", um zur Wohnung von Frau von Ledebour zu gelangen.[20] Im Gegensatz zu diesem Klübchen,
das nur wenige Jahre existierte, bestand die Gesellschaft der Krokodile bis
1883, tagte in den frühen siebziger Jahren vorübergehend in Heyses Haus und
kam in ihrer letzten Phase meist im Café National zusammen.

Während sich in der Literatur der fünfziger Jahre unter dem programmatischen Einfluß von Gustav Freytag, Otto Ludwig, Friedrich Spielhagen und
Friedrich Theodor Vischer als neue Stilrichtung der sogenannte bürgerliche
Realismus entwickelte, hielten die Münchner Krokodile – in seltsamem Wider-
spruch zu ihrer biedermeierlichen Vereinsmeierei – an einer anspruchsvoll-
klassizistischen Literaturvorstellung fest, die ihnen den ironischen Beinamen
„Die Idealisten" eintrug. Im Gegensatz zur Mehrheit der „Realisten", die sich
in ihren Romanen und Erzählungen fast durchgehend um eine unmittelbare
Gegenwartsbezogenheit und erzählerische Objektivität bemühten, ließen die
Münchner – unter Berufung auf die Weimarer Hofklassik und das in der ersten
Hälfte des 19. Jahrhunderts entstandene Platenidentum – in Form und Inhalt

Theodor Pixis: Ein Festabend der Münchner Dichter (1865). Von links nach rechts: Julius Grosse, Hermann von Lingg, Adolf Zeising, Wilhelm Hertz, August Becker, Johannes Trautmann, Johann Heinrich Riehl, Adolf von Schack, Heinrich Leuthold, Emanuel Geibel, Paul Heyse, Melchior Meyr, Friedrich von Kobell, Philipp Moritz Carriere, Ludwig Steub, Hermann Schmid und Felix Dahn

lediglich das seit altersher Bewährte gelten. Wie bei den gleichzeitigen französischen Parnassiens waren ihre höchsten literarischen Kriterien „die sorgfältige Pflege der Formenreinheit, die Vorliebe für den hohen Stil, die Schulung an der Antike und die übrigen Klassiker der Weltliteratur sowie eine Neigung zu dem Vornehmen sowohl in der Wahl als in der Behandlung der Stoffe", wie sich Felix Dahn ausdrückte.[21]

Aufgrund dieser Einstellung gingen die Autoren des Münchner Dichterkreises, unter Ausnahme Heyses, dem Roman und der Erzählung größtenteils aus dem Wege und bevorzugten eher Formen wie Gedichte, Versepen oder Dramen. Außerdem pilgerten fast alle – mindestens einmal in ihrem Leben – in den Fußspuren Goethes und Platens nach Italien und übersetzten zugleich antike

und romanische Schriftsteller, um so dem „klassischen" Geist so nah wie nur
möglich zu kommen, während sie alles Moderne in der Kunst – vor allem die
Wendung zu sozialen und tagespolitischen Fragen – scharf ablehnten. Um diesem höfisch gefärbten Klassizismus einen repräsentativen Charakter zu geben,
veröffentlichte Geibel 1862 *Ein Münchner Dichterbuch*, in dem er einige
Werke aus dem Umkreis der Krokodile erstmals mit maßstabsetzendem
Anspruch einer breiteren Öffentlichkeit vorstellte. Heyse ließ dieser Publikation 1882 mit gleicher Absicht das *Neue Münchner Dichterbuch* folgen, mit
dem er sich nochmals zu einem hohen, jetzt bereits gründerzeitlich gefärbten
Dichtungskonzept bekannte, dessen reinste Verwirklichung er neben seinen
eigenen Werken in den Werken seiner Mitkrokodile Bodenstedt, Geibel,
Grosse, Lingg, Schack und Scheffel sah.

Dabei war dieser „Freundesbund" keineswegs so solidarisch, wie er sich in
seinen offiziellen Verlautbarungen oft gab.[22] In Briefen an Dritte stellten die
Münchner ihre Vereinskollegen häufig als „Hanswurste" oder „traurige
Gestalten" hin, deren Poesien überhaupt keinen „seelischen Gehalt" hätten.[23]
Schließlich standen auch sie, trotz ihres immer wieder betonten Idealismus, in
einer bürgerlich-liberalen Konkurrenzsituation, die ihnen als ehrgeizigen
„Überfliegern" keinen selbstlosen Edelmut erlaubte. Aus diesem Grunde versuchten sie, sich durch eine geschickte Imagepflege stets ins rechte Licht zu rük-
ken und daraus den größtmöglichen Gewinn zu ziehen, der ihnen einen behäbi-
gen Lebensstil ermöglichte. Doch auch an dem nötigen Fleiß ließen sie es nicht
fehlen. Mit literarischer Versiertheit schufen sie ein Werk nach dem anderen,
um ständig im Gespräch zu bleiben und sich so die Gunst jener Leser und Leserinnen zu erhalten, die wie sie auf „Besitz und Bildung" schworen. Und der
Erfolg schien ihnen recht zu geben. Diese Bildungsbürger fanden nämlich in
den Werken des Münchner Dichterkreises genau das, was sie in der Alltags-
prosa der meisten anderen Schriftsteller ihrer Zeit vermißten: eine aalglatte
Formbeherrschung und zugleich einen Griff ins Höhere, von dem fast die Aura
des Weltliterarischen ausging. Während sie die Romane der Realisten an die
schäbige Betriebsamkeit des bürgerlichen Geschäftslebens erinnerten, wurden
sie in den Schöpfungen dieser Dichtergruppe in die Gefilde des Sentimental-
Erhabenen entführt, wo sich alles in „Poesie", das heißt in schönen Schein, auf-
zulösen schien.

Welches Ansehen der Münchner Dichterkreis in den fünfziger, sechziger und
siebziger Jahren des vorigen Jahrhunderts innerhalb der deutschen Bildungsbourgeoisie hatte, ist heute kaum noch vorstellbar. Nicht nur die großzügige
Unterstützung des bayerischen Königs gab dieser Gruppe ihren hohen literarischen Status, auch der von ihr propagierte Historismus, vor allem in seiner alt-
deutschen und klassizistischen Variante, gewann dieser Autorenvereinigung
bei den konservativ bis rechtsliberal eingestellten Leserschichten immer mehr

Anhänger und Anhängerinnen. Und da sich dieser Trend zum Historismus – aus Aversion gegen die Billigprodukte der industriellen Massenfabrikation – ständig verstärkte, nahm die Wertschätzung des Münchner Dichterkreises in diesem Zeitraum keineswegs ab, sondern wurde eher noch größer. Das gilt vor allem für die Jahre nach der Gründung des Zweiten Reiches, als sich auf kulturellem Sektor eine allgemeine Tendenz zu Rückgriffen auf ältere Stilformationen verbreitete, mit der auch die gründerzeitlichen Autoren ihren Beitrag zur politischen Wiederherstellungsideologie zu leisten versuchten.[24] Aus diesem Grunde schlossen sich nach 1871 in mehreren deutschen Städte eine Reihe von Autoren zu Dichterbünden zusammen, die sich an betont antimodernen Formvorstellungen sowie weit in die deutsche Geschichte zurückgreifenden Themen orientierten. Einige, wie Arno Holz und Oskar Jerschke, bevorzugten dabei hochtrabende Vereinsnamen wie Wartburgbund, um sich schon in der Etikettierung ihrer Bünde zur Tradition der deutschmittelalterlichen Minnesänger oder zum deutsch-protestantischen Sprachschöpfer Luther zu bekennen. Statt auf die sich schnell wandelnde ökonomische und soziale Situation innerhalb des neuen Reiches einzugehen, gaben sich diese Autoren gern einer Großmannssucht hin, mit der sie sich den Rang literaturbesessener Übermenschen zu geben versuchten. Diese Entwicklung mußte notwendig dahin führen, daß es in den achtziger Jahren – nach der durch den Gründerkrach und der auf ihn folgenden wirtschaftlichen Depression – auch literarisch zu betont vehementen Reaktionen gegen die anmaßenden Genieallüren sowie den aristokratisch-unrealistischen Historismus kommen mußte. Und damit brach endlich wieder die Stunde einer neuen Avantgarde an, die sich diesmal unter dem Banner des Naturalismus versammelte.

Doch bevor es dazu kam, regierte in der Literatur der späten Nachmärz-Ära und dann der Phase der Bismarckschen Reichsgründung eine bewußt schönfärberische Tendenz, mit der sich die Autoren dieser beiden Epochen entweder auf den „Olymp des Scheins" zurückzuziehen versuchten, wie das Friedrich Nietzsche später charakterisierte, oder sich zumindest bemühten, jenen bürgerlichen Realismus, wie er sich in den fünfziger und sechziger Jahren entwickelt hatte, im Sinne Paul Heyses, Felix Dahns und Conrad Ferdinand Meyers auf die Höhe des Münchner Platenidentums zu heben. Und beiden dieser Tendenzen folgte die dünkelhafte Bildungsbourgeoisie dieses Zeitraums nur allzu willig, während sie den „Realisten", deren Werke sie an die „graue Prosa" der zunehmenden Verstädterung und Industrialisierung gemahnte, nur einen niederen Rang zugestand.

Die Wuppertaler Dichterbünde

Als lehrreiche Beispiele solcher ästhetischen Flucht- oder Absetzungstendenzen innerhalb der Nachmärz-Ära seien die Wuppertaler Dichterkreise herausgegriffen, die sich seit den frühen fünfziger Jahren konstituierten und bis weit in die siebziger, ja achtziger Jahre aktiv blieben. Da Wuppertal im Zentrum der sich in diesen Jahren rasch entwickelnden Industrialisierung und Verstädterung lag, sind gerade sie besonders typisch dafür, wie die an diesen Prozessen profitierende Bourgeoisie, die als die wichtigste Trägerschicht des Liberalismus galt, alle mit diesen Veränderungen zusammenhängenden Probleme durch ein überbetontes Harmoniestreben geistig und kulturell abzuwiegeln versuchte. Um nicht mit der immer dringlicher werdenden sozialen Frage konfrontiert zu werden, schotteten sich die Dichter dieser Kreise, die weitgehend aus begüterten Kaufmannsfamilien stammten, von den rebellischen Themen der Vormärz-Schriftsteller dieser Gegend, wie denen Georg Weerths und Ferdinand Freiligraths, sorgfältig ab und beschränkten sich bewußt darauf, die häßliche Wirklichkeit des Fabrikmilieus aus dem Bereich ihrer Kunst herauszuhalten und vornehmlich gesellschaftlich unverbindliche Idealvorstellungen zu beschwören.

Die Vorläufer dieser Kreise waren einige biedermeierliche Lesekränzchen, Liebhabertheater und Lesevereine, wie sie sich in den dreißiger und vierziger Jahren im Schoße des gehobenen Bürgertums in vielen deutschen Städten, so auch in Wuppertal, herausgebildet hatten. Die Form eines regulären Vereins erhielten diese auf viele Familien verteilten Bemühungen erstmals 1850, als sich vier junge und zugleich literarisch interessierte Wuppertaler Kaufleute, nämlich Hugo Oelbermann, Emil Rittershaus, Wilhelm Wens und Karl Siebel, zu einem Dichterkreis zusammenschlossen, den sie voller Lokalpatriotismus den Wupperbund nannten. Um ihrem Verein ein größeres Renommee zu geben, nahmen sie sofort Kontakte zu bereits angesehenen Wuppertaler Dichtergrößen wie Adolf Schults und Friedrich Roeber auf, die sie zu Ehrenmitgliedern ihres Bundes ernannten.[25] Zugleich luden sie lokale Honoratioren wie Rechtsanwälte, Kapellmeister und Organisten ein, sich an den Aktivitäten ihres Bundes zu beteiligen. Dadurch wuchs dieser Kreis schnell auf 20 Mitglieder an, die sich als Autoren vor allem auf dem Feld der Lyrik und der Literaturkritik betätigten.

Welches Ziel dieser Bund in seiner frühen Phase im Auge hatte, geht wohl am besten aus einem im Juni 1853 geschriebenen Brief Karl Siebels, einem der Gründer des Wupperbundes, an den Düsseldorfer Schriftsteller Wolfgang Müller von Königswinter hervor, wo es unter anderem heißt, daß er sich vor allem darum bemühe, all jenen „Comptoristen", bei denen sich trotz ihrer anstrengenden Berufsarbeit „noch ein Fünkchen Leben und Geist unter der Asche" erhalten habe, allwöchentlich wenigstens an einem Abend die Chance zu bieten, sich in die höheren Regionen des Daseins aufzuschwingen. Als programmloser Liberaler erwartete Siebel daher von seinen Freunden und Mitbündlern sowie den jungen Sekretären und Comptoiristen, die er um sich versammelte, weder ein politisches noch ein soziales Engagement, sondern lediglich einen Sinn für Ichbetontes und zugleich Geistig-Abgehobenes. In diesem Bund solle jeder, erklärte er in dem gleichen Brief, allein seinen privaten Neigungen nachgehen und nach einer „ausgeprägten Persönlichkeit" streben. Denn nur durch die „Reibung der Geister", wie es mit betont bürgerlich-konkurrentistischer Akzentsetzung hieß, werde „der Geist gestärkt und zu herrlicher Flamme aufgefrischt".[26]

Als sich der Wupperbund gegen Mitte der fünfziger Jahre durch den Wegzug wichtiger Mitglieder auflöste, wurde er durch das Sonntagskränzchen im Hause Friedrich Roebers ersetzt, wo man eigene Gedichte vortrug oder Dramen in verteilten Rollen las, in dem also ebenfalls ein vereinsmäßig-geselliger Charakter herrschte. Als dieses Kränzchen in den frühen sechziger Jahren allmählich an Anziehungskraft verlor, versammelte Ludwig von Lilienthal, einer der reichen Elberfelder Fabrikanten, eine neue Dichtergruppe um sich, an deren Treffen nicht nur die in Wuppertal ansässigen Autoren, sondern auch auswärtige Schriftsteller wie August Heinrich Hoffmann von Fallersleben und Robert Prutz teilnahmen. Doch dieser Kreis, an dem sich auch Schauspieler und Maler beteiligten, wurde schließlich so weitläufig, daß er sich kaum noch als Dichterbund im engeren Sinne bezeichnen läßt. Erst die Dichtergruppe „Der Frühling", die 1871 von drei Wuppertaler Fabrikantensöhnen gegründet wurde, sowie der Poetenzirkel Jung-Wuppertal, welcher sich seit 1886 um Rudolf Herzog scharte, lassen sich wegen ihrer auf Schriftsteller begrenzten Mitgliederaufnahme wieder als genuine Dichterbünde charakterisieren.

In gesammelter Form erschienen einige der aus dem ersten Wupperbund hervorgegangenen literarischen Produkte erstmals in der 1854 publizierten Anthologie *Album aus dem Wuppertale*, auf die im gleichen Jahr noch der Band *Dichtergarben aus dem Wuppertale* folgte. Diesen, wie allen folgenden Veröffentlichungen der verschiedenen Wuppertaler Dichterkreise, liegt zwar eine freundschaftlich verbundene Gesinnung zugrunde, die jedoch keinerlei programmatische Ausrichtung aufweist, sondern stets locker aneinander gereihte Einzelschicksale in den Vordergrund rückt. Was sich in ihnen widerspiegelt, sind weder gemeinsam ins Auge gefaßte Ziele noch irgendwelche praktischen Handlungsanleitungen. Die jeweiligen Autoren bemühten sich lediglich, ihrem beruflichen Werdegang innerhalb einer kapitalistisch organisierten Industriewelt durch wohlklingende Verse eine höhere Weihe zu geben. Da jedoch die bürgerlich-liberalen Bildungskonzepte, die diesen Gedichten zugrunde liegen, noch einer aufgeklärt-vorindustriellen Welt entstammten, in der die rapide Ankurbelung der maschinellen Produktion sowie die Ausbeu-

tung des Proletariats weitgehend unbekannt waren, haben viele ihrer Werke
einen falschen Zungenschlag, das heißt wirken wie bewußte Schönfärbereien
oder sentimental verbrämte Mehrwertgefühle.

Dem entspricht, daß sich manche dieser Autoren ständig beklagen, sich ihrer
hehren Dichterberufung nur am Feierabend hingeben zu können, während sie
sich tagsüber ein schweres „Arbeitsjoch" auferlegen müßten. Überhaupt ist ihr
Bild des Dichters – nach alter Tradition – noch immer das eines zur höchsten
Kunst Berufenen, dessen bildungsbürgerliche Sehnsucht darin besteht, „in Hel-
las Sonnenschein zu wandeln".[27] Da ihnen jedoch eine solche Existenz nicht
vergönnt sei, gaben sie vor, wenigstens in ihren Gedichten einen Abglanz der von
ihnen erträumten höheren Welt widerzuspiegeln. Zu ihren Hauptvokabeln
gehörten darum Verben wie „verklären" und „harmonisieren", um so von
jenem anonym bleibenden Leid abzulenken, das nun einmal „schicksalhaft" in
jedes menschliche Leben eingreife. Lediglich die Realität abzuschildern, erklärten sie wiederholt, hieße sich auf das „Niedere" einzulassen und damit „dem
Gemeinen Tribut zu zahlen". Selbst da, wo die Wuppertaler Dichterfabrikan-
ten und ihre Comptoiristen in ihren Versen einmal „wildverworrene Klänge"
anschlugen, gebrauchten sie als Schlußakkord stets das Wort „Versöhnung".
Sogar im Bereich historischer Stoffe, der durchaus Ausflüge ins „Tragische"
erlaubt hätte, wichen sie vor tiefgreifenden Konflikten meist ins Allgemein-
Menschliche aus und schwächten damit das Gesellschaftlich-Konkrete ins Poe-
tisch-Abstrakte ab.

In all dem äußert sich eine Neigung zum Abwiegelnden, die bei weitem nicht
so harmlos ist, wie sie auf Anhieb wirkt. Schließlich versuchten in diesen
Gedichten einige Vertreter der neureichen Industriebourgeoisie mit dem
Anspruch aufzutreten, auch gebildet, auch kulturbewußt, auch literarisch produktiv zu sein – und sich dadurch von dem Verdacht zu reinigen, allein an
Geschäftliches zu denken. Doch dieser Schein trügt. Letztlich herrscht in ihren
Poetastereien eine Gesinnung, die Friedrich Theodor Vischer im Hinblick auf
die sentimentalen Genrebilder der Düsseldorfer Malerschule dieser Jahre einmal als „klebrig" bezeichnet hat.[28] Doch etwas anderes war von den Dichtern
der verschiedenen Wuppertaler Dichterbünde kaum zu erwarten. In ihren Werken manifestiert sich das ideologische Dilemma junger Kaufmanns- und Fabri-
kantensöhne, die sich trotz ihres unerbittlichen Konkurrenzstrebens und ihrer
rücksichtslosen Ausbeutung der für sie malochenden Arbeiter weiterhin mit
dem frühbürgerlich-liberalen Schein der Bildung, ja der dichterischen Geniali-
tät zu umgeben versuchten.

Der Verband deutscher Journalisten- und Schriftstellervereine

Während freischaffende Schriftsteller im späten 18. und frühen 19. Jahrhundert noch Ausnahmeerscheinungen waren, kam es durch die allmähliche Verstädterung und Industrialisierung Deutschlands während der Vormärz- und dann verstärkt der Nachmärz-Ära zu einer Ausbreitung des Buch- und Pressewesens, die immer mehr Schriftstellern die Möglichkeit bot, ihre Existenz vornehmlich oder gar ausschließlich auf ihre literarische oder journalistische Tätigkeit zu begründen. Demzufolge gab es seit 1840 in vielen Städten eine stattliche Anzahl von Autoren, die sich nicht mehr in erster Linie als „Dichter", sondern als Literaturproduzenten verstanden, welche ihre Werke in den verschiedensten Druckmedien – ob nun dem Buch, der Anthologie, der Zeitschrift oder der Tagespresse – unterzubringen versuchten. Da es auf diesem Gebiet noch kaum Copyright-Regeln gab, das heißt alle Verlage oder Zeitungen anderswo erschienene Publikationen relativ ungehindert nachdrucken konnten, sahen sich diese freischaffenden Schriftsteller schließlich gezwungen, ihren Zwecken dienende Vereine oder Klubs zu gründen, um in gemeinsamer Front für den Schutz ihres geistigen Eigentums und damit ihrer Verdienstmöglichkeiten einzutreten.

Der erste bürgerlich-liberale Schriftstellerverein dieser Art entstand, wie bereits dargestellt, 1840 in Leipzig. Da diesem Verein auch eine Reihe vormärzlich rebellischer Autoren wie Robert Blum, Carl Biedermann, Carl Herloßsohn, Gustav Kühne, Hermann Marggraff und Ernst Willkomm angehörten, die sich im Gegensatz zu den Mitgliedern biedermeierlicher Literaturgesellschaften wie der Ludlamshöhle oder des Tunnels über der Spree nicht ins Unpolitische abdrängen ließen, wurde er von den staatlichen Behörden so lange unter Druck gesetzt, bis er schließlich resignierte. Noch vorsichtiger taktierten die „Freiheitsfreunde" nach der gescheiterten Achtundvierziger Revolution. Angesichts der Tatsache, daß die radikalen Autoren fast alle Deutschland verlassen mußten, um möglichen Kerkerstrafen zu entgehen, verzichteten zu diesem Zeitpunkt selbst viele der übriggebliebenen Liberalen auf Aktivitäten, die den Behörden Anlaß zu neuen Bespitzelungen oder Verfolgungen gegeben hätten. Doch zu einer wirklichen Beruhigung kam es auf der literarischen Szene erst in der Zeit um 1860, als der freisinnige Geist der Vormärz-Ära auch in der Literatur zusehends von einem beschaulich-resignativen Zustandsrealismus sowie einem formalästhetisch-orientierten Historismus im Sinne des Münchner Dichterkreises abgelöst wurde. Demzufolge konnten es sich die staatlichen Behörden nach diesem Zeitpunkt durchaus leisten, im Hinblick auf das Presse-, Buch- und Zeitschriftenwesen etwas nachsichtiger zu werden. Und das wiederum nahmen die Schriftsteller zum Anlaß, sich erneut über die immer dringlicher werdenden finanziellen Aspekte ihrer Profession Gedanken zu machen und sich zu Literaturvereinen zusammenzuschließen, die – unter Ausschaltung aller politischen Fragestellungen – ihren Interessen als freischaffenden Autoren dienen sollten. Charakteristische Beispiele solcher nachmärzlichen Verbände sind der 1859 gegründete Wiener Journalistenverein Concordia sowie der sich 1863 konstituierende Verein Berliner Presse, die sich – neben der Pflege des geselligen Umgangs – vor allem um die Einrichtung von Kranken- und Sterbe-kassen für alternde Schriftsteller bemühten. Außerdem fanden seit der Mitte der sechziger Jahre auch einige deutsche Journalistentage statt, bei denen es jedoch ebenfalls hauptsächlich um Fragen der Altersversorgung ging.

Die ersten Versuche zur Neugründung eines gesamtdeutschen Schriftsteller-verbandes wurden auf den Autorentagungen von 1867 in Leipzig, 1868 in Dresden und 1869 in Weimar unternommen, zeitigten aber keine nachhaltigen Ergebnisse, zumal die Mitgliederzahl dieser Vereinigungen selten über 100 anstieg. Zur Gründung des Allgemeinen Deutschen Schriftstellerverbandes kam es erst 1876 in Leipzig, also nach der 1871 vollzogenen Reichseinigung. Dieser Verband, der durch mehrere Umstrukturierungsphasen hindurchging, nannte sich ab 1895 Verband Deutscher Journalisten- und Schriftstellerver-eine, ab 1900 Allgemeiner Schriftstellerverein und schließlich ab 1909 Schutz-verband deutscher Schriftsteller. Obwohl die überwiegende Mehrheit seiner Mitglieder Journalisten und Publizisten waren, setzten 1876 auch damals renommierte Schriftsteller wie Friedrich von Bodenstedt, Robert Hamerling, Hermann Lingg, Levin Schücking und Friedrich Spielhagen ihren Namen unter den Aufruf zur Gründung dieses Verbandes. Im Zuge erster Demokratisie-rungstendenzen innerhalb des Zweiten Kaiserreichs wurden sogar Schriftstel-lerinnen von diesem Verband „nicht ausgeschlossen", wie es hieß. Um 1880 besaß diese Organisation, die sich vor allem mit berufsständischen und rechtli-chen Fragen beschäftigte, etwa 200 Mitglieder. Von den betont „modern", das heißt naturalistisch, impressionistisch oder symbolistisch eingestellten Autoren und Autorinnen traten ihm allerdings nur zweit- und drittrangige bei. Die mei-sten seiner Mitglieder waren entweder ältere Schriftsteller oder Journalisten, die bei den großen Zeitungen ständig um ihre Stellen bangten und sich bei den alljährlichen Versammlungen, die dieser Verband veranstaltete, auch einmal „wichtig" vorkommen wollten.

Irgendwelche politischen oder weltanschaulichen Ziele setzte sich dieser Ver-band in seiner Gründungsphase nicht. Er verstand sich als berufsständische Dachorganisation der vielen kleineren Autorenverbände, die zwischen 1875 und 1905 in Berlin, Breslau, Brünn, Darmstadt, Darmstadt, Dresden, Eisenach, Elberfeld, Frankfurt am Main, Graz, Hagen, Hamburg, Karlsbad, Karlsruhe, Kiel, Leipzig, Lübeck, Mainz, Mannheim, München, Nürnberg, Stuttgart, Wien und Zürich entstanden waren. Die meisten dieser Organisationen nann-ten sich entweder Presse-Vereine oder Journalisten- und Schriftstellervereine und traten im Laufe der Jahre fast alle dem 1895 gegründeten Verband Deutscher Journalisten- und Schriftstellervereine bei. Dieser Verband rief wie alle Berufsverbände dieser Zeit alljährlich Versammlungen oder Delegiertentage ein. Dort wurden die Satzungen überprüft, der Rechnungsbericht vorgelesen, neue Mitgliederkarten ausgestellt, die Höhe der Beitragszahlungen festgesetzt, ein Schieds- und Ehrengericht gewählt, ein Büro für Stellenvermittlung eingerichtet, ein größerer Schutz geistigen Eigentums gefordert, ein neuer Präsident gewählt und über eine mögliche Erweiterung der Witwen- und Krankenversicherung geredet. Von besonderer Wichtigkeit war dabei das 1886 in Bern beschlossene und 1887 in Kraft tretende internationale Urheberrecht, nach dem es in Zukunft keine unberechtigten Nachdrucke und Übersetzungen mehr geben sollte. Ähnliche Ziele verfolgte das Kartell lyrischer Autoren, das 1902 von Otto Julius Bierbaum, Carl Busse, Richard Dehmel, Gustav Falke, Hugo von Hofmannsthal, Arno Holz und Detlev von Liliencron gegründet wurde und sich gegen den unautorisierten, mit anderen Worten: unbezahlten Nachdruck einzelner Gedichte wandte.[29]

All das hielt sich im Rahmen der üblichen Vereinsmeiereien und berufsständischen Interessenvertretungen dieser Zeit, ohne daß dabei nach irgendwelchen tieferen Sinngebungen gefragt wurde. Wenn solche Fragen dennoch auftauchten, sprach sich die Verbandsleitung meist lediglich für eine erweiterte, das heißt von allen weltanschaulichen Fragestellungen befreite Liberalität aus, statt ihren Bemühungen – außer der vage gehaltenen Forderung, etwas zu einer „freieren Kultur" beizutragen – ein programmatisch fundiertes Telos zu geben. Dementsprechend hieß es im Schlußabschnitt der 1905 gedruckten Satzung des Allgemeinen Schriftstellervereins: „Die Presse und das Schrifttum können durch keine staatliche Zunftbildung, durch keine noch so scharfen Normativbestimmungen, durch keinen Examenszwang und keinerlei Reglementierung in bestimmte Bahnen gezwängt werden. Ihr Lebenselement ist die Freiheit. Jedem Zwange entzieht sie die Natur ihrer Arbeit. Auch gibt es außerhalb dieses Standes keine Instanz, die ihnen die rechten Bahnen mit überlegener Sachkenntnis und Einsicht anweisen könnte. Die rechte Leitung kann nur aus dem Berufe kommen. Nur die Selbstdisziplin kann unpassende Elemente ausschalten, ungünstige Praktiken bekämpfen, überlebte Schranken niederwerfen, kann die sittlichen, intellektuellen und künstlerischen Kräfte voll entfalten, die das Schrifttum und insbesondere sein jüngstes und stärkstes Kind, die Presse, zum Lehrer und Erzieher der Welt zu stärkerer und freierer Kultur machen."[30]

Trotz solcher „allgemein-menschlich" klingender Verlautbarungen hatten jedoch alle diese Journalisten- und Schriftstellervereine eine durchaus klar umrissene Ideologie, nämlich die der „begeisterten und freudigen" Zustimmung zum Zweiten Kaiserreich und der durch die rapide Industrialisierung geweckten Hoffnung auf ein „neues goldenes Zeitalter der Aussöhnung und

friedlichen Ausgleichung aller Gegensätze".[31] Solche Beteuerungen liefen in
letzter Instanz auf einen Dominanzanspruch der zwar bürgerlichen, aber
staatstreuen Presse und damit eine Ausschaltung aller oppositionellen Kräfte
hinaus, die den immer wieder apostrophierten „Burgfrieden" zwischen dem
nationalliberalen Bildungsbürgern und der Hohenzollerndynastie in Frage stellen könnten. Franz Mehring, der seit Ende der achtziger Jahre ausschließlich
für die sozialdemokratische Parteipresse schrieb, äußerte sich daher 1892 sehr
abschätzig über die vom Allgemeinen Deutschen Schriftstellerverband einberufenen Jahresversammlungen, welche stets mit einem „Hoch auf den Kaiser"
begännen und auf denen danach zwar viel „jubiliert und toastiert", aber wenig
„gearbeitet und gekämpft" werde.[32] Mehring lobte zwar das mutige Auftreten
einzelner Verbandsmitglieder, vor allem das von Leopold Schönhoff und Maximilian Harden, stellte aber dem Verband als Ganzem ein recht negatives Urteil
aus. Allerdings war er realistisch genug, um einzusehen, welche Macht hinter
den Besitzern der großen Presse- und Verlagshäuser stand und wie gering zu
diesem Zeitpunkt die Chancen eines rebellischen Journalismus waren. „Wollten sich die proletarisch denkenden Elemente zu einem Verbande zusammenschließen, der dem Kapitalismus wirklich die Zähne zeigte", schrieb er 1892
erbittert, „so würden sie von rechts und links, von vorne und von hinten über-
rannt werden, teils durch die literarische Reservearmee, teils durch das kapitalistische Korps der Rache. Es wäre keine Schlacht, sondern nur ein Schlachten zu
nennen, und billigerweise darf man dem Schriftstellerstande als solchem weder
die Courage noch das proletarische Klassenbewußtsein absprechen, weil er vor
einem Kampfe zurückschreckt, in dem ihm auch nicht die entfernteste Aussicht
auf Erfolg winkt."[33]
    Wie recht Mehring mit solchen Zweifel hatte, sollte sich im Laufe der neunzi-
ger Jahre nur allzu deutlich herausstellen. Schließlich war selbst die SPD – aufgrund der klar erkannten Machtposition ihrer Gegner – nicht von vornherein
geneigt, jeden rebellisch auftretenden Schriftsteller ohne weiteres zu unterstützen und sich damit der Gefahr auszusetzen, vom Staat, wie schon in den Jahren
1878 bis 1890, erneut kriminalisiert zu werden. Und diese Haltung wirkte auf
die zwar linksgesinnten, aber zugleich bürgerlich-selbstbewußten Autoren dieser Ära nicht besonders ermunternd, sich zu systemkritischen Dichterbünden
zusammenzuschließen oder gar Mitglieder dieser Partei zu werden.

Die Friedrichshagener

Zu den wenigen Autorengruppen, die in den achtziger und neunziger Jahren in
Opposition zum Zweiten Kaiserreich traten, gehört vor allem der Friedrichshagener Dichterkreis. Seine wichtigsten Vertreter waren Wilhelm Bölsche, Hein-

rich Hart, Julius Hart und Bruno Wille. Diese vier Schriftsteller sympathisierten seit den frühen achtziger Jahren mit der sich allmählich herausbildenden naturalistischen Bewegung und entschlossen sich, im Osten Berlins – in dem zwischen Seen und Kiefernwäldern gelegenen Vorort Friedrichshagen – eine Art linker Dichterkolonie zu gründen. Die ersten, die sich hier im Sommer 1888 niederließen, waren Bölsche und Wille. Die Brüder Hart folgten ihnen zwei Jahre später. Als Wahrzeichen ihres Dichterbundes wählten sie ein geflügeltes Schweinchen, um so auf die Beschimpfungen Wilhelms II. zu reagieren, der die literarischen Werke des Naturalismus als „Rinnsteinkunst" bezeichnet hatte. Ideologisch gesehen, orientierten sich die Friedrichshagener in ihren Anfängen vornehmlich an naturwissenschaftlich-materialistischen, darwinistischen und sozialdemokratischen Vorstellungen. Dafür sprechen Publikationen wie die Schriftenreihe *Kritische Waffengänge* (1882–84) von Heinrich und Julius Hart, der Traktat *Die naturwissenschaftlichen Grundlagen der Poesie. Prolegomena einer realistischen Ästhetik* (1887) von Wilhelm Bölsche, der programmatische Aufsatz *Die realistische Bewegung. Ihr Ursprung, ihr Wesen, ihr Ziel* (1889) von Heinrich Hart sowie der Lyrikband *Einsiedler und Genosse* (1890) von Bruno Wille.

Miteinander bekannt wurden diese vier Autoren in dem am 6. Mai 1886 von dem Berliner Arzt Dr. Konrad Küster – in Verbindung mit den Schriftstellern Leo Berg und Eugen Wolff – gegründeten Verein „Durch!", der alle sozial engagierten Autoren aufforderte, sich mit den neuesten soziologischen und naturwissenschaftlichen Erkenntnissen vertraut zu machen und diese in ihren Dramen und Romanen in engagierter Form zum Ausdruck zu bringen. Seit der gescheiterten Vormärz-Bewegung wurde in diesem Verein zum ersten Mal wieder mit positiver Akzentsetzung von einer wahrhaft „modernen", ja geradezu avantgardistischen Literatur gesprochen, die sich an die Spitze aller progressiven Kräfte stellen solle. Ein solches Programm bedeutete in diesen Jahren neben einer offenen Parteinahme für den als atheistisch geltenden Darwinismus zugleich ein Bekenntnis zu der immer noch um staatliche Anerkennung ringenden Sozialdemokratie, die seit 1878 von Bismarck zu einem halb illegalen Status verurteilt worden war. Darum wandten sich die Mitglieder des Vereins Durch!, zu denen neben den bereits Genannten auch Conrad Alberti, Paul Ernst, Adalbert von Hanstein, Otto Erich Hartleben, Carl Hauptmann, Gerhart Hauptmann, Karl Henckell, Arno Holz, John Henry Mackay, Johannes Schlaf, Gustav Stetter und Julius Türk gehörten, in aller Entschiedenheit gegen den herrschenden Bismarck- und Hohenzollernkult, den staatlich geförderten Klassizismus, den aufgedonnerten Stil des Meininger Hoftheaters, die Bayreuther Wagner-Verherrlichung, das literarische Platenidentum des Münchner Dichterkreises wie überhaupt gegen alles, was ihnen spezifisch gründerzeitlich oder wilhelminisch erschien, und setzten sich für einen gesellschaftskritischen

Realismus ein, den manche dieser Autoren in Anlehnung an die Romankon-
zepte Émile Zolas als „Zolaismus" oder „Naturalismus" bezeichneten.

Daß sich innerhalb dieses Vereins bürgerlich-liberale und sozialistische Vorstellungen oft seltsam vermischten oder hart aufeinander prallten, deutete
bereits im ersten Jahr seines Bestehens auf innere Widersprüche hin, die im
Laufe der Zeit notwendig zur Auflösung dieser Gruppe führen mußten. So sah
etwa Bruno Wille die Hauptabsicht dieses Vereins in der „‚Durch'-Setzung des
Naturalismus",[34] während Adalbert von Hanstein erklärte: „‚Durch' wollten
wir, das heißt wir wollten die eigene Individualität zur Entwicklung bringen."[35]
Daher gründete Wille – unzufrieden mit den subjektiv-liberalen Anschauungen
mancher Durch-Mitglieder – bereits kurze Zeit später mit avantgardistischem
Eifer eine sozialengagierte Vereinigung, die sich Ethischer Klub nannte. Zu
ihren wichtigsten Mitgliedern gehörten – außer den vier Friedrichshagenern –
unter anderem Conrad Alberti, Richard Dehmel, Paul Gizycki, Otto Erich
Hartleben, Arno Holz, Franz Oppenheimer sowie Johannes Schlaf. Da bei den
Treffen dieser Gruppe vor allem die „sozialdemokratischen Heißsporne" den
Ton angaben, wie es später auf konservativer Seite ironisch hieß,[36] blieb die
Literatur bei vielen der dort geführten Diskussionen auf der Strecke. Und so
löste sich dieser Klub, von dem sich einige Mitglieder auch die Behandlung kul-
tureller Fragen versprochen hatten, schon nach wenigen Sitzungen wieder auf.

Dagegen konnte sich der Verein Durch! etwas länger halten. Zum ersten Vorsitzenden dieser Vereinigung wurde 1886 Leo Berg, zu seinem Stellvertreter
Eugen Wolff gewählt. Wie manche der früheren Dichterbünde führte auch dieser Verein ein *Bundesbuch*, das obendrein durch ein *Protokollbuch* ergänzt
wurde. Die meisten Treffen fanden an Freitagabenden statt. Von besonderer
Eindringlichkeit sollen die Vorträge Bergs über Ibsens *Gespenster*, Bölsches
über die naturwissenschaftlichen Grundlagen der Poesie und Gerhart Hauptmanns über Georg Büchner gewesen sein. Die sich daran anschließenden Diskussionen drehten sich meist um die Frage „Naturalismus oder Idealismus?",
was für viele der Anwesenden zugleich eine Entscheidung für oder wider die
Sozialdemokratie bedeutete. Manche der in diesem Kreise gehaltenen Vorträge
erschienen 1887–88 in der *Deutschen akademischen Zeitschrift*, der *Deutschen Literaturzeitung* oder im *Magazin für die Literatur des In- und Auslandes*. Eine große Beachtung fanden im Rahmen dieses Vereins die *Zehn Thesen*,
welche der Literaturhistoriker Eugen Wolff 1886 in der *Deutschen akademischen Zeitschrift* veröffentlichte, in denen er im Hinblick auf die ästhetischen
Darstellungsweisen zwischen Idealismus, Naturalismus und Realismus unterschied und sich dabei eindeutig auf die Seite der in den realistischen und naturalistischen Strömungen zum Ausdruck kommenden Tendenzen stellte, die eine
„Neugestaltung der menschlichen Gesellschaft" ins Auge faßten. Er rief daher
in seiner 10. These alle jungen Autoren auf, sich zum „gemeinsamen Kampfe"

gegen jene „enggeschlossene Phalanx" der Reaktion zusammenzuschließen, welche sich die rücksichtslose Unterdrückung der „Moderne" zum Ziel gesetzt habe.[37]

1889, im Jahr der Jahrhundertfeier der Französischen Revolution, verschärften sich solche Tendenzen sogar noch. Dafür spricht nicht nur der aufmüpfige Ton, den die Brüder Hart in diesem Jahr in ihrem *Kritischen Jahrbuch* anschlugen, sondern auch die Gründung der Freien Bühne in Berlin, die ihre Hauptaufgabe darin sah, politisch „anstößigen" Stücken, die mit der staatlichen Zensur in Konflikt gerieten, zur Aufführung zu verhelfen. Dieses Theater, dem Otto Brahm und Paul Schlenther vorstanden, wurde in erster Linie durch seine Inszenierungen von Werken Henrik Ibsens und des jungen Gerhart Hauptmann bekannt, dessen Drama *Vor Sonnenaufgang* 1889 auf dieser Bühne einen sensationellen Premierenerfolg hatte. Ein Jahr später gründete der Verleger Samuel Fischer als Organ dieses Theaters die Zeitschrift *Freie Bühne*, die vor allem unter dem Einfluß Willes und Bölsches, welche schon seit der Gründung des Ethischen Klubs auf ein stärkeres politisches Engagement der jungen Naturalisten für die SPD gedrängt hatten, einen Kurs einschlug, der in allen entscheidenden sozialen und künstlerischen Fragen eine avantgardistische Radikalität vertrat. Als Herausgeber dieser Zeitschrift fungierte für eine Weile Wilhelm Bölsche, der sich besonders für Hauptmann, aber auch für andere zum linken Flügel des Naturalismus gehörende Autoren einsetzte.

Das Jahr 1890 war überhaupt für den Naturalismus und damit auch für die Friedrichshagener von entscheidender Bedeutung. Schließlich wurden in diesem Jahr auf Wunsch des jungen Kaisers Wilhelm II. nicht nur die Sozialistengesetze am 30. September endgültig aufgehoben, sondern auch Bismarck, der mit „Blut und Eisen" regierende Reichskanzler, welcher in allen Sozialdemokraten lediglich „vaterlandslose Gesellen" sah, aus seinem Amt entfernt. Diese Entscheidungen wirkten sich für die linken Vertreter der kulturellen Entwicklung erst einmal positiv aus. Von besonderer Wichtigkeit war für sie der Wegfall der meisten staatlichen Unterdrückungsmaßnahmen gegenüber der SPD sowie die Aufhebung gewisser Zensurbestimmungen, denen sich die naturalistische Avantgarde des Vereins Durch! und des aus ihm hervorgegangenen Friedrichshagener Dichterkreises bisher gegenüber gesehen hatten. Nach 1890 war es für diese Gruppen wesentlich leichter, sich offen zu sozialistischen oder zumindest radikaldemokratischen Solidaritätskonzepten zu bekennen, welche in den Augen der Obrigkeit vor diesem Zeitpunkt noch als „staatsgefährdend" galten und zum Teil längere oder kürzere Freiheitsstrafen nach sich zogen.

Im Zuge dieser Entwicklung wurde Friedrichshagen, das bisher im literarischen Leben Berlins nur eine untergeordnete Rolle gespielt hatte, plötzlich zu einem wichtigen Treffpunkt vieler mit den neuesten naturwissenschaftlichen, sozialistischen und naturalistischen Strömungen sympathisierender Schriftstel-

Bruno Wille wird von seinen Freunden Wilhelm Bölsche, Julius Hart und zwei Pennbrüdern im Friedrichshagener Gefängnis besucht (1890?)

ler, Politiker und Wissenschaftler. Demzufolge ließen sich hier neben den bereits genannten vier Schriftstellern nach 1890 auch Ola Hansson, Wilhelm Hegeler, Ludwig Jakobowski, Hans Land, John Henry Mackay und Erich Mühsam nieder. Zu den literarischen Durchzüglern, die gern zu Lesungen, Diskussionen oder dionysisch aufgezogenen Festen nach Friedrichshagen kamen, gehörten Anfang der neunziger Jahre vor allem Richard Dehmel, Hans von Gumppenberg, Max Halbe, Otto Erich Hartleben, Carl Hauptmann, Karl Henckell, Georg Hirschfeld, Arno Holz, Laura Marholm, August Strindberg und Frank Wedekind. Doch nicht nur Schriftsteller und Schriftstellerinnen, auch eine Reihe linker Politiker, darunter Paul Kampfmeyer, Gustav Landauer, Georg Ledebour, Max Schippel, Wilhelm Spohr, Hermann Teistler und Albert Weidner, wohnten nach 1890 vorübergehend oder auf längere Zeit in Friedrichshagen. Lediglich Gerhart Hauptmann zog es vor, sich im etwas entfernter gelegenen Erkner ein Haus zu kaufen. Unter den damaligen Voraussetzungen war die Entscheidung, in Friedrichshagen oder Erkner zu wohnen, eine bewußte Entscheidung *für* den Osten Berlins, das heißt die ärmeren Gegenden dieser rasch anwachsenden Großstadt, und damit eine Entscheidung *gegen* den Berliner Westen, wo sich die gehobene Bourgeoisie in den gleichen Jahren ihre Villen oder Landhäuser bauen ließ. Aber es war zugleich ein Entschluß, zwar *neben* den Arbeitern, aber nicht *mitten unter* ihnen, sondern eher in idyllischen, von Kiefern umstandenen Stadtrandsiedlungen zu wohnen. Datür spricht ein Gedichtband wie *Einsiedler und Genosse. Soziale Gedichte* (1890) von Wille, in dem diese zwiespältige Einstellung eines gesellschaftlich engagierten Autors, der trotz seiner dem Proletariat verbundenen Gesinnung zugleich ein bürgerlicher Individualist bleiben wollte, bereits im Titel zum Ausdruck kommt.

Damit ist nicht gemeint, daß die Friedrichshagener ihren sozialistischen Idealen schon in dem Augenblick, als sie ihre ersten Erfolge einheimsten, untreu wurden. Ihre Entscheidung zu einer Doppelexistenz als „Einsiedler und Genossen" hing letztlich mit dem allgemeinen Wandel des politischen und kulturellen Klimas nach 1890 zusammen, der nicht nur positive, sondern auch negative Entwicklungen in Gang setzte. So führte beispielsweise die Aufhebung der Sozialistengesetze zu einem merklichen Anwachsen, aber auch forciert legalistischen Kurs der SPD. Während die Sozialdemokraten in den achtziger Jahren, als sie von Staats wegen noch unbarmherzig unterdrückt wurden, im Untergrund einen geradezu „heroischen" Widerstandsgeist bewiesen hatten, vermieden sie nach 1890 alle als „radikal" geltenden Überspitzungen, um nicht wieder in den Zustand der Illegalität zurückgeworfen zu werden. Hieraus erklärt sich ihr höchst vorsichtiger, wenn nicht gar skeptischer Umgang mit manchen jener jungen Literaten, die in den späten achtziger Jahren mit dieser Partei vornehmlich darum sympathisiert hatten, weil sie ein Ventil für ihren jugendlichen Übermut brauchten und es daher aufregend fanden, sich für etwas Riskantes, Halbverbotenes, „Anrüchiges" wie die SPD einzusetzen.

Während Wille und seine Freunde anfangs glaubten, im Rahmen der Sozialdemokratie einen relativ eigenen Kurs steuern zu können, ja vielleicht sogar die gesamte Berliner SPD unter ihren Einfluß zu bringen, zeigte sich im Laufe des Jahres 1890, daß zwischen ihrem ungestümen Rebellionsgeist und der eher vorsichtig taktierenden Parteiführung August Bebels ein kaum aufzuhebender Gegensatz bestand. Als erster Stein des Anstoßes erwies sich die von Wille und anderen Friedrichshagenern am 29. Juni dieses Jahres – nach dem Vorbild der Freien Bühne – gegründete Freie Volksbühne, mit der sie auch den Berliner Arbeitern endlich einen Zugang zur Welt des Theaters eröffnen wollten. Die Premiere der ersten Aufführung, zu der die Eintrittskarten verlost wurden, um eine absolute Chancengleichheit zu garantieren, fand am 19. Oktober, also drei Wochen nach der Aufhebung der Sozialistengesetze, statt. Die ersten Stücke auf dem Spielplan waren Ibsens *Stützen der Gesellschaft*, Hauptmanns *Vor Sonnenaufgang* und Ibsens *Volksfeind*. Eine Woche vor der jeweiligen Premiere wurden die Arbeiter von einem der Friedrichshagener oder einem anderen linksorientierten Intellektuellen in die politischen Fragestellungen der betreffenden Dramen eingeführt. Um den Kontakt zwischen den Schriftstellern und Arbeitern noch enger werden zu lassen, luden die Friedrichshagener alle Mitglieder der Freien Volksbühne sogar mehrfach zu großen Volksfesten an den Müggelsee ein.

Doch diese linke Solidarität sollte nicht lange währen. Als sich Wille 1891 im Hinblick auf den 1. Mai für spontane Arbeitsniederlegungen einsetzte und der SPD auch andere „linksradikale" Maßnahmen empfahl, wurde die von ihm angeführte halbanarchistische Fraktion der „Freien Sozialisten" oder „Jungen", wie sie bald hieß, im Herbst 1891 auf dem Erfurter Parteitag der SPD offiziell aus der Partei ausgeschlossen. Das führte im nächsten Jahr dazu, daß die SPD Julius Türk und Franz Mehring aufforderte, Bruno Wille aus seinem Amt als Vorsitzender der Freien Volksbühne zu verdrängen. Und dieser Coup gelang Mehring auch, der sich in erregten Generalversammlungen nach der Abwahl Willes als neuer Vorsitzender durchsetzte. Darauf traten fast alle Friedrichshagener aus der Partei aus und gründeten unter der Leitung Willes die Neue Freie Volksbühne. Diesem neuen Bühnenverein schlossen sich zwar die meisten linken Schriftsteller, aber nur ein Bruchteil der theaterinteressierten Arbeiter an. Und zwar wurde Wille bei seinem Bemühen, den Arbeitern weiterhin als „modern" geltende Stücke naturalistischer Autoren vorzusetzen, vor allem von Wilhelm Bölsche, Julius Hart, Otto Erich Hartleben, Wilhelm Hegeler, Ludwig Jakobowski, Gustav Landauer und John Henry Mackay unterstützt. Allerdings wuchs die Zahl der Zuschauer nicht in dem Maße, wie die Friedrichshagener gehofft hatten. Daher stellten sie schließlich die Neue Freie Volksbühne wieder ein und überließen das Feld dem Sozialdemokraten Franz Mehring, dem es gelang, bis 1895 7000 Mitglieder für die von ihm geleitete Freie Volksbühne zu gewinnen.

Das weitere Schicksal des Friedrichshagener Dichterkreises läßt sich unschwer vorhersehen. Wie alle linksbürgerlichen Dichterbünde, die keinen festen Halt an einer politischen Organisation fanden, zerfiel auch diese Gruppe, nachdem sie eine Weile im literarischen Rampenlicht gestanden hatte, ebenso schnell, wie sie entstanden war. Statt sich wie bisher in solidarisch gestimmten Aktionsgruppen zusammenzuschließen, gingen nach 1891/92 die meisten dieser Autoren plötzlich ihre eigenen Wege oder schlossen sich Boheme-Gruppen wie „Das Schwarze Ferkel" in Berlin an. „Der sozialistische Geist machte einem ausgeprägt individualistischen Platz", schrieb einer der Friedrichshagener wenige Jahre später, „das demokratische Empfinden wurde mehr und mehr durch aristokratische Neigungen zersetzt, anarchistische Bestrebungen überwucherten die nationalen und sozialen."[38] Vor allem jene Mitglieder dieser Gruppe, die sich von der SPD nicht genügend „geschätzt" fühlten, zogen sich in der Folgezeit in einen unpolitisch genüßlichen Schmollwinkel zurück und verstanden sich wieder als freischaffene bürgerliche Schriftsteller, deren sozialpolitisches Engagement immer stärker hinter einer vom Genius loci gespeisten, aber zugleich subjektiv gestimmten Naturmystik zurücktrat. Das trifft besonders auf die Gebrüder Hart, Bruno Wille und Wilhelm Bölsche, die vier Ur-Friedrichshagener, zu, welche sich zwischen 1895 und 1905 zu einer neuromantischen Naturbeseelung bekannten, die sowohl Züge der damals beliebt werdenden Heimatkunst als auch symbolistische und jugendstilhafte Elemente in sich aufnahm. Trotz mancher anarcho-bohemischen Züge trat so in ihren Werken zusehends die Friedrichshagener Landschaft mit ihren märkischen Seen und Kiefernwäldern in den Vordergrund, die sich allerdings im Laufe der Jahre – durch steigende Entgrenzungen ins Mystische – mehr und mehr in ein sagendurchsetztes Märchenreich einer monistischen Allbeseelung verwandelte.

Dafür kurz einige Beispiele. So ist etwa die Schlußpassage von Julius Harts Gedichtband *Triumph des Lebens* (1898), der ein poetischer Darwinismus zugrunde liegt, welcher immer stärker ins Numinose einer unfaßbaren Weltseele tendiert, „Die Insel der Seligen" überschrieben. Ja, in anderen Hartschen Werken dieser Zeit, denen er Titel wie *Menschheitsfrühling, Stimmen in der Nacht, Träume der Mittsommernacht* oder *Weltpfingsten* gab, wird in aller Offenheit auf Ernst Haeckels Welträtsel-Spekulationen angespielt und daraus eine Allbeseelung abgeleitet, bei der zwischen Naturpoesie und mystischer Religiosität kaum noch zu unterscheiden ist. Ähnliches gilt für Bölsches Roman *Die Mittagsgöttin* (1891), in dem es zwar um die Entlarvung eines spiritistischen Mediums geht, jedoch das Ganze ebenfalls den Geist einer neuromantischen, mit märkischen Requisiten ausgestatteten Stimmungskunst atmet, dem die Sehnsucht nach der Überwindung eines lediglich naturwissenschaftlich verstandenen Materialismus zugrunde liegt. Noch deutlicher wird dieser mystische Stimmungslyrismus in Bölsches pseudo-darwinistischem Hauptwerk *Das Liebesleben in der Natur* (1900–1903), wo selbst durchaus objektiv gesehene biologische Fakten in einen poetisch-flirrenden Stimmungszauber eingetaucht werden, um so den Eindruck eines hocherotisierten Weltplasmas zu erwecken, das sich von amöbenhaften Einzellern zu immer komplizierteren Formen des Lebens entwickelt, in denen das Bewußtsein der biologischen Allverbundenheit sämtlicher gezeugten und weiterzeugenden Wesen seinen höchsten Kulminationspunkt erreicht.

Auch Bruno Wille schloß sich dieser naturmystischen Weltsicht an, wie schon seine Lyrikanthologie *Einsiedelkunst aus der Kiefernheide* (1897) beweist, deren Gedichte weitgehend den Sympathisanten des Friedrichshagener Dichterkreises – also Otto Julius Bierbaum, Richard Dehmel, Max Halbe, Otto Erich Hartleben, Carl und Gerhart Hauptmann, Karl Henckell, Lou Andreas-Salomé und Ernst von Wolzogen – gewidmet sind. Wie in Harts *Triumph des Lebens* steht hier ein poetisch gefärbter Darwinismus im Vordergrund, den kurze Zeit später sogar der ehemals „konsequente" Naturalist Arno Holz in seinem Gedichtzyklus *Phantasus* (1898–99) aufgriff, dessen zweiter Teil mit

der bekannten Zeile „Sieben Billionen Jahre vor meiner Geburt/war ich eine
Schwertlilie" beginnt. Noch stärker wurde die totale Anthropomorphisierung
der Natur in Willes *Offenbarungen des Wacholderbaums. Roman eines Allse-
hers* (1901), dem derselbe Haeckelsche Monismus zugrunde liegt wie Bölsches
Liebesleben in der Natur. Auch in Willes *Offenbarungen*, wie auch in seinen
Schriften *Materie ohne Geist* (1901), *Die Christus-Mythe als monistische
Weltanschauung* (1903), *Das lebendige All. Idealistische Weltanschauung auf
naturwissenschaftlicher Grundlage im Sinne Fechners* (1905), *Darwins Weltanschauung* (1906) und *Der heilige Hain* (1908), scheint alles auf ein kommen-
des Paradies hinzusteuern, in dem sich – vom kleinsten Atom bis zum höchst-
entwickelten Lebewesen – jene naturmystischen „Geheimnisse" manifestieren,
die schon der alte Goethe erahnt habe.

Angesichts dieser Werke läßt sich selbst im Hinblick auf die zweite Phase des
Friedrichshagener Dichterkreises noch von einem untergründigen Gruppenbewußtsein sprechen. Während jedoch das naturalistisch-sozialistische Engagement der ersten Phase zeitweilig einen deutlich solidarisierenden Charakter
hatte, mußte die Wendung zu einer ichbezogenen Naturmystik trotz aller
angestrebten „Allbeseelung" schließlich zu einer schrittweisen Zersplitterung
und dann Auflösung dieses Kreises führen. Wille versuchte zwar noch einmal
mit Bölsche, aber auch unter Beteiligung von Gottlieb Hermann Brunnhofer,
Hermann Friedmann, Ernst Haeckel, Karl Henckell, Hugo Höppener (Fidus),
Otto Juliusburger und Rudolf Steiner, durch die Gründung des naturmystisch
orientierten Giordano-Bruno-Bundes für einheitliche Weltanschauung einen
neuen Kreis idealistisch gestimmter Künstler um sich zu scharen, aber dieser
Bund löste sich schon kurze Zeit später wieder auf. Auch die Gruppe „Die
Kommenden", die Ludwig Jakobowski unter Beteiligung von Peter Hille,
Hans Land, Erich Mühsam, Johannes Schlaf und Rudolf Steiner zur gleichen
Zeit ins Leben rief, lief – im Zuge ständig neuer Sezessionierungen – bald wie-
der auseinander.

Wohl das meiste Aufsehen im Rahmen dieser naturmystisch orientierten
Gruppenbildungen, die aus dem Geiste der Friedrichshagener Künstlerkolonie
hervorgingen, erregte Julius Hart, der von 1900 bis 1902 die Zeitschrift *Die
neue Gemeinschaft* herausgab, in der er Pläne für gartenstadtähnliche Siedlun-
gen auf monistisch-freireligiöser Basis entwarf. Ja, er versuchte sogar, diese
Pläne mit seinem Bruder Heinrich sowie Felix Hollaender, Paul Kampfmeyer,
Gustav Landauer, Erich Mühsam, Wilhelm Spohr und Albert Weidner in die
Tat umzusetzen, indem er im Mai 1902 sein großstädtisches Domizil in der
Uhlandstraße aufgab und in Schlachtensee, einem Vorort Berlins, für sich und
seine Freunde eine leerstehende, mit alten Bäumen umstandene Villa mietete.
Allerdings beschränkte sich die hier angestrebte Solidarität schnell auf gele-
gentliche Festveranstaltungen, allwöchentliche Diskussionsabende und

gemeinsam eingenommene Mahlzeiten, bei denen es – wegen der überspannten Individualitätsvorstellungen und anarcho-bohemischen Lebenserwartungen der meisten Mitglieder dieser kommuneähnlichen „Gemeinschaft" – schnell zu erbitterten Zwistigkeiten kam, so daß auch diese Literatenkolonie nur von kurzer Dauer war. Man „spielte Bauer", gab sich der „gesunden Land- und Gartenarbeit" hin, steckte die Kinder in „geschlechtslose Kittelchen", um sie auf das künftige Gemeinschaftsleben vorzubereiten – wollte jedoch gleichzeitig ganz „Individuum", ganz „Dichter" bleiben, was zwangsläufig zu vielen weltanschaulichen Halbheiten führte.[39] Daher war das Scheitern dieser Kolonie, die sich nicht nur als Konkurrenzunternehmen zu anderen Kolonien dieser Art verstand, sondern deren Mitglieder sich auch untereinander durch eine forcierte Originalität wechselseitig auszustechen versuchten, von Anfang an vorprogrammiert.

Nur einer der vielen Bünde, Kreise und Orden, die aus der hier skizzierten naturmystischen Bewegung hervorgingen, überstand die anfänglichen Schwierigkeiten und entwickelte sich – aufgrund wesentlich strengerer Organisationsprinzipien und zugleich religiöser Bindungen – zu einer Gemeinschaftsform, die bis heute weiterbesteht. Und das war die 1913 von Rudolf Steiner gegründete Anthroposophische Gesellschaft, die sich allerdings nicht als Dichterbund charakterisieren läßt.

Die Dioskuren des konsequenten Naturalismus

Einen ähnlichen Verlauf nahm die literarische Entwicklung von Arno Holz und Johannes Schlaf, die sich im Winter 1887 auf 1888 zu einer Schriftstellerunion zusammenschlossen, um dem internationalen Naturalismus auch in Deutschland zum endgültigen Durchbruch zu verhelfen, sich jedoch nach ihrer Trennung im Jahr 1892 wieder stärker zu ihrer jeweiligen „poetischen Eigenart" bekannten. Trotz vielfältiger Beziehungen zu den anfangs ebenfalls mit naturalistischen Tendenzen sympathisierenden Friedrichshagenern, denen sie im Verein Durch! und im Ethischen Klub begegneten, blieben allerdings Holz und Schlaf ideologisch auf dem bürgerlich-liberalen Flügel dieser Bewegung und lehnten jede Beziehung zu sozialdemokratischen oder anarchistischen „Umtrieben" entschieden ab.[40] Der von ihnen angestrebte „Bund" blieb daher ein rein literarischer und versuchte nicht, durch Gruppenbildungen, Theatergründungen oder proletarische Sommerfeste am Müggelsee auch in das soziopolitische Getriebe Berlins einzugreifen. Ihre Solidarität bestand allein in ihrer auf das gemeinsame Werk bezogenen Freundschaft – und hörte in dem Moment auf, als diese Arbeitsgemeinschaft im Jahr 1892 an menschlichen und literarischen Rivalitäten und Prioritätsansprüchen zerbrach.

Der Hauptantrieb zu diesem Bund ging zweifellos von Holz aus. Als er 1885 in Berlin den Philologiestudenten Schlaf kennenlernte, der dem „Bund der Lebendigen" angehörte und gerade ins Schriftstellerfach überwechseln wollte, hatte Holz bereits zwei Lyrikbände publiziert und stellte gerade eine dritte Anthologie mit eigenen Gedichten, nämlich *Das Buch der Zeit. Lieder eines Modernen*, zusammen, die 1886 herauskam und ihm den Ruhm des führenden jüngst- oder gründeutschen Autors eintrug, wie die damals entstehende naturalistische Bewegung in Deutschland allgemein charakterisiert wurde. Schlaf dagegen hatte zu diesem Zeitpunkt noch nichts veröffentlicht und war anfangs durchaus willig, sich als die zartere Natur dem robusteren Holz unterzuordnen oder zumindest anzupassen. Daraus entstand eine Dichterfreundschaft, die vier Jahre währte und 1892 in der 309 Seiten umfassenden Publikation *Neue Gleise. Gemeinsames von Arno Holz und Johannes Schlaf*, die weithin als das Hauptwerk des „konsequenten Naturalismus" angesehen wurde, ihren Abschluß fand.

Die enge Zusammenarbeit beider, ihr „Bund", spielte sich im Einzelnen folgendermaßen ab. Statt wie die anderen frühen Naturalisten nach Friedrichshagen zu ziehen, lebten Holz und Schlaf längere Zeit in einem Sommerhäuschen in Berlin-Niederschönhausen zusammen, das ihnen der Besitzer, um einen Hausmeister zu sparen, kostenlos zur Verfügung gestellt hatte. Holz befand sich zu diesem Zeitpunkt als Autor in einer tiefen Krise. Statt weiterhin Gedichte zu verfassen, und mochten diese inhaltlich auch noch so schockierende Themen aufgreifen, hatte er nach der Lektüre von Werken Émile Zolas, Henrik Ibsens, Hippolyte Taines, John Stuart Mills, Herbert Spencers sowie führender Naturwissenschaftler seiner Zeit eingesehen, daß sich eine wahrhaft „moderne" Literatur ausschließlich prosaisch-exakter, das heißt photographischer und phonographischer Mittel bedienen müsse. Um dieser Tendenz auch in Deutschland zum Durchbruch zu verhelfen, ja sich an ihre Spitze zu setzen, stellte darum Holz zu diesem Zeitpunkt längere theoretische Überlegungen an, wie sich der französische oder auch skandinavische Naturalismus in eine noch konsequentere Form bringen ließe, die er zum Teil in dem Band *Die Kunst, ihr Wesen und ihre Gesetze* (1891–92) zusammenfaßte. Schlaf, der Weichere und Sensiblere, der kurz zuvor mit der Arbeit an einem Roman aus dem Studenten- und Kleine-Leute-Milieu begonnen hatte, sollte im Rahmen dieses mit höchstem Ehrgeiz begonnenen Projekts sein Schüler, Helfer und zugleich Stoffzubringer sein.

Die ersten Schriften, die Holz und Schlaf gemeinsam verfaßten, waren die Prosastudien *Die kleine Emmi, Krumme Windgasse 20, Ein Abschied, Ein Tod, Papa Hamlet* und *Papierne Passion*, von denen einige 1889 in dem Bändchen *Papa Hamlet* erschienen, als dessen Autor sie einen gewissen Bjarne P. Holmsen vorschoben. Kurz darauf schlossen sie die Arbeit an ihrer *Familie*

Johannes Schlaf: Arno Holz und Johannes Schlaf arbeiten an der „Familie Selicke" (1892)

Selicke ab, in der sie die gleiche photographische und phonographische Wiedergabe der gesellschaftlichen Wirklichkeit, die sie als konsequenteste Form des Naturalismus empfanden, auf die Form des Dramas zu übertragen versuchten. Als dieses Werk am 7. April 1890 von der Freien Bühne in Berlin uraufgeführt wurde, erzielte es zwar einen Achtungserfolg, wurde aber nicht – wie Holz gehofft hatte – als jenes modernistische oder avantgardistische Werk gefeiert, das den Auftakt zu einer völlig neuen Literaturrichtung bilde. Ja, schon kurze Zeit später war im Hinblick auf das naturalistische Drama in Berlin und dann in ganz Deutschland nur noch von Gerhart Hauptmann die Rede, der sich mit Stücken wie *Vor Sonnenaufgang* (1889), *Das Friedensfest* (1890), *Einsame Menschen* (1891) und *Die Weber* (1892) schnell als der wirkungsmächtigste Dramatiker dieser Richtung auf dem Theater durchsetzte.

Als daher die gesammelten Werke von Holz und Schlaf 1892 in dem Band *Neue Gleise* erschienen, wirkte dieses Buch schon wie ein Abgesang auf den

konsequenten Naturalismus und den Dichterbund der beiden. Um das allen
Lesern deutlich zu machen, schrieben Holz und Schlaf hier im Vorwort:
„Heute, wo jeder von uns schon längst wieder anderen, weiteren Zielen zuge-
wandt steht, (mag es vielleicht nicht verwundern), wenn wir den Wunsch
gehegt, uns nun endlich, und zwar auch äußerlich, mit unserer einstigen soge-
nannten ‚Firma‘, wie man sie ja wohl nannte, abzufinden. Und das konnten wir
nur mit der Herausgabe dieses Buches."[41] Was darauf noch als gemeinsames
Produkt beider folgte, war lediglich das Büchlein *Der geschundene Pegasus.*
Eine Mirlitonade in Versen (1892), dessen Gedichte von Holz und dessen 100
Zeichnungen von Schlaf stammen. In ihm versuchten sie in einer an Wilhelm
Busch erinnernden Bildergeschichte auf eine zum Teil selbstkarikierende Weise
darzustellen, unter welchen Bedingungen sich ihre gemeinsame Arbeit an der
Familie Selicke abgespielt hatte.

Danach brach dieser Dichterbund auseinander. Durch die Spannungen, die
sich zwischen ihnen entwickelt hatten, geriet Schlaf zu diesem Zeitpunkt in
eine schwere Nervenkrise, die bis zum Jahr 1897 anhielt und seine zeitweilige
Einlieferung in eine Heilanstalt erforderlich machte. Was die beiden in der Folgezeit produzierten, setzte zwar in manchem ihre gemeinsam verfaßten Werke
fort, ging aber bei Holz immer stärker ins Anspruchsvolle, Großspurige und
Polemische über, während es bei Schlaf eher lyrisch-monistische Züge annahm.
Und doch sollte über die Phase ihrer engen Zusammenarbeit kein Gras wach-
sen. Da der Naturalismus in den späten neunziger Jahren als eine wichtige
Phase der allerorten propagierten „Moderne" in die Literaturgeschichte einging, kam es zwischen Holz und Schlaf zu einer in vielen Pamphleten und
Essays ausgetragenen Fehde darüber, wem der größere Anteil an dem Ruhm
gebühre, der Erfinder des „konsequenten Naturalismus" zu sein. Indem sich
beide – im Zuge der Zeit – immer stärker einem prononcierten Individualismus
zuwandten, wurden sie zwangsläufig ständig arroganter und streitsüchtiger.
Wie in der ökonomischen Sphäre des marktwirtschaftlichen Liberalismus, der
in diesen Jahren in Deutschland eine seiner großen Konjunkturzeiten erlebte,
wuchs sich diese Auseinandersetzung schließlich zu einem Streit aus, der fast an
die Kämpfe verschiedener Gesellschafter einer Komanditgesellschaft um
Aktienanteile oder sorgfältig gehütete Patente erinnert. Jeder von beiden wollte
plötzlich derjenige gewesen sein, der als der eigentliche Wegbereiter der
Moderne den Löwenanteil zu den technischen Innovationen des Naturalismus
beigesteuert hatte.

Am massivsten trat dabei Holz auf. Während er in seinem Drama *Sozialari-*
stokraten (1896) vor allem seine früheren Friedrichshagener Dichterfreunde,
aber auch sich selbst einer halb ulkigen, halb satirischen Kritik unterzogen
hatte, wandte sich seine Polemik immer direkter gegen Schlaf, jene „Flöte, auf
der ich gespielt habe", wie er jetzt abschätzig schrieb.[42] Das belegt neben brief-

lichen Äußerungen seine Schrift *Johannes Schlaf, ein notgedrungenes Kapitel* (1902), auf die er 1908 sein Drama *Sonnenfinsternis* folgen ließ, in dem sich zwei Künstlertypen – der „giftige", „bösartige", „hämische", „perfide", „klägliche Tropf" Musmann und der stolz-kühne Hollrieder – gegenüberstehen, die deutlich biographische bzw. autobiographische Züge aufweisen. „Man schließt keine Kompromisse", heißt es hier mit sozialdarwinistisch-marktwirtschaftlicher Härte, „man setzt sich durch, oder man krepiert."[43]

Doch auch Schlaf ließ es in diesen Jahren an Angriffen auf Holz nicht fehlen. Bereits 1898 erklärte er in der *Zukunft* im Hinblick auf seine Rolle innerhalb des Naturalismus: „Ich bin der Initiator unserer neuen Richtung."[44] 1902 schrieb er in der Zeitschrift *Das literarische Echo* voller Stolz auf seine Urheberrechte an der *Familie Selicke*: „Ich habe dieses Stück konzipiert, habe es entworfen, habe es aufgebaut und habe es auch niedergeschrieben und ausgestaltet; ich allein. – Von Holz stammen nur ein paar kleine, ganz unwesentliche Feilen in den ersten Szenen des ersten Aufzuges und einige andere gegen Schluß des Stückes."[45] Ja, in der Folgezeit ließ Schlaf unter folgenden Titeln drei Broschüren gegen Holz erscheinen, die von ressentimentgeladenen Äußerungen gegen seinen früheren Freund und Koproduzenten nur so strotzen: *Noch einmal „Arno Holz und ich"* (1902), *Mentale Suggestion. Ein letztes Wort in meiner Streitsache mit Arno Holz* (1905) sowie *Diagnose und Faksimile. Notgedrungene Berichtigung eines neuen, von Arno Holz gegen mich gerichteten Angriffs* (1906).

Was zu Beginn dieses Dichterbundes so vielversprechend aussah, endete also in einem tiefen Zerwürfnis, in dem sich die Kehrseite des bürgerlichen Liberalismus des 19. Jahrhunderts zu erkennen gibt, nämlich nicht nur zur Befreiung vom feudalistischen und klerikalen Joch, sondern auch zu einem Kampf aller gegen alle – einem ehrgeizigen Starverhalten ohne Solidaritätsgefühle – beigetragen zu haben. Und das mußte im Bereich des Literarischen immer wieder zu Tendenzen führen, sich als Autor innerhalb der bestehenden Konkurrenzgesellschaft als der Bessere, Einfallsreichere, Stärkere aufzuspielen, der nur noch sein eigenes Ich im Auge hat.

Neukatholische, neuklassische und völkische Dichterbünde

Obwohl die Tendenz ins Naturalistische bei den Friedrichshagenern und ihren Freunden nur sechs bis sieben Jahre anhielt und dann in einen von allen system-kritischen Engagementsformen gereinigten Naturlyrismus oder formalen Inno-vationismus überging, lösten ihre Werke im Rahmen der rechtsliberal bis kon-servativ eingestellten Bildungsbourgeoisie eine Reihe offener oder nur mühsam verhohlener Schockwirkungen aus. Während Teile des auf politische und öko-nomische Emanzipation drängenden Bürgertums die rebellischen Aspekte der Vormärz-Literatur noch durchaus begrüßt hatten, fühlten sich die inzwischen gesellschaftlich aufgestiegenen Nachkommen dieser Klasse, als es in den späten achtziger Jahren erneut zu solchen rebellischen Tendenzen kam, ja diese von manchen mit der SPD sympathisierenden Autoren in den Dienst des Proletari-ats gestellt wurden, erstmals in ihrer ideologisch und kulturell führenden Rolle in Frage gestellt. Vor allem Werke wie das *Buch der Zeit* (1886) von Arno Holz, *Meister Timpe* (1888) von Max Kretzer, *Der Arbeitsmann, Vierter Klasse* und *Maifeierlied* (1891) von Richard Dehmel sowie *Vor Sonnenaufgang* (1889), *Die Weber* (1892) und *Der Biberpelz* (1893) von Gerhart Hauptmann, in denen sich die Verve einer echten Avantgarde äußerte, bewirkten in diesen Schichten eine Fülle ängstlicher oder auch militanter Abwehrreaktionen, ja führten sogar dazu, sich an Wertvorstellungen anzuklammern, die einen christ-lich-konservativen, klassisch-goethezeitlichen oder germanisch-völkischen Charakter hatten.

Zugegeben, nicht alle literarisch interessierten Schichten innerhalb des wil-helminischen Bürgertums neigten zu solchen Reaktionen. Es gab im Rahmen dieser Klasse auch einen sich als modern, wenn nicht gar fortschrittlich-liberal verstehenden Flügel, der sich seit der Mitte der neunziger Jahre, als auf die lang-anhaltende wirtschaftliche Depression der späten siebziger und achtziger Jahre eine ebenso langanhaltende Konjunkturperiode folgte, einem als befreiend aus-gegebenen Lebebedürfnis und Genußverlangen hingab, dessen literarische Ausdrucksformen von den Zeitgenossen gern als „impressionistisch" bezeich-net wurden.[1] Darunter verstanden sie jene positive Entfremdung, welche die zunehmende Fragmentierung, ja Anonymisierung des Lebens in den sich rapide

ausbreitenden Großstädten mitsamt ihrer Zerstreuungs- und Vergnügungs-
möglichkeiten nicht als bedrohliche Vereinsamung des Einzelnen in der Masse,
sondern als gesteigerte Chancenfülle in menschlicher und kultureller Hinsicht
empfand. Falls sich innerhalb dieser Schichten, die sich zu einer intensivierten
Subjektivität, amoralischen Bindungslosigkeit und ästhetischen Reizsamkeit
bekannten, bestimmte Künstler überhaupt noch zu Gruppen zusammenfan-
den, dann meist nur im Rahmen bohemischer Randgruppen[2] oder sogenannter
Sezessionen,[3] in denen meist die Tendenz herrschte, sich aus bürgerlich-antibürgerlichen Affekten oder bewußt elitären Neigungen vom Rest der als
banausisch hingestellten Gesellschaft bewußt abzusondern. Ihr einziges Telos,
falls sie sich überhaupt um programmatische Zielsetzungen bemühten, war
meist eine allgemeine Verfreiheitlichung, die sämtliche älteren Wertvorstellungen als obsolet hinstellte und nur noch das fesselfreie Ich anerkannte.

Die nicht an dieser wirtschaftlichen Konjunktur beteiligten bürgerlichen
Schichten empfanden dagegen die allgemeine Anonymisierung innerhalb des
modernen Großstadtlebens als einen fortschreitenden Wertzerfall und damit
Kulturverlust, dem sie auf ihre Weise, nämlich mit weltanschaulich überspannten Traktaten und ebenso hochgestochenen künstlerischen Werken, entgegen-
zuarbeiten versuchten. Ihnen imponierte es nicht, daß Deutschland zwischen
1870 und 1913 aus einem relativ rückständigen Land zur zweitstärksten Industriemacht der Welt – nach den USA – geworden war und es dadurch zu einem
steigenden materiellen Wohlstand für immer breitere Schichten der Gesellschaft kam. Sie wollten keine Industrialisierung und Vergroßstädterung, sie
wollten „Kultur", und zwar Kultur auf allerhöchstem Niveau, um so allen Bürgern des von Bismarck geschaffenen Zweiten Reiches endlich ein Gefühl innerer Größe zu geben. Demzufolge liefen ihre Ideologien meist auf die Forderung
einer „fortschrittlichen Reaktion" hinaus, die sich auf der Grundlage eines
romantisch-utopischen Antikapitalismus und zugleich romantisch-utopischen
Antisozialismus um die Weltanschauung einer bürgerlich-völkischen „Mitte"
bemühte. Hauptanregungen zu dieser angestrebten Besinnung auf das Unver-
änderliche, Ewig-Große, ja ins Metaphysische Reichende, mit denen diese
Schichten allen Tendenzen ins Verheutigende und damit in ihrem Sinne „Ent-
leerende" entgegenzutreten versuchten, erwarteten sie von neuzubildenden
Dichterkreisen, Dichterbünden oder Dichterorden, in deren Ideologiearsena-
len – wie in den Programmen der Künstlerkolonien, Jugendorganisationen,
neureligiösen Sekten und philosophischen Zirkel um 1900 – auch eine Reihe
christlich-konservativer, goetheanisch-klassizistischer oder urzeitlich-germani-
scher Vorstellungen eine wegweisende Rolle spielen sollten.

Unter den sich als christlich verstehenden Dichterbünden machten vor allem
die im süddeutschen und österreichischen Bereich angesiedelten katholischen
Dichterbünde zeitweilig von sich reden. Einer der ersten dieser Bünde war jener

Wiener Dichter- und Kritikerkreis, der ab 1891 in Wien als Opposition gegen
den Naturalismus, aber auch gegen die impressionistischen Tendenzen innerhalb der sogenannten Jung-Wiener Gruppe um Hermann Bahr, Hugo von Hofmannsthal und Arthur Schnitzler auftrat. Er nannte sich Iduna. Freie Gesellschaft für Literatur und wurde von Fercher von Steinwand ins Leben gerufen.
Diese Gruppe versammelte sich nicht nur jeden Dienstagabend, sondern gab
auch unter dem Titel *Iduna* von Anfang 1892 bis Anfang 1893 eine Zeitschrift
heraus, in der fast ausschließlich gruppenbezogene Dichtungen und kritische
Beiträge erschienen. Zu ihren wichtigsten Mitgliedern gehörten neben Steinwand vor allem Franz Christel, Hans Fraungruber, Hans Grasberger, Marie-
Eugenie delle Grazie, Franz Herold, Franz Himmelbauer, Richard von Kralik,
Fritz Lemmermayer, Guido List, Ludwig von Mertens, Elimar von Oldenburg
und Rudolf Steiner. Außer ihrem offen bekannten Katholizismus spielen in den
Werken dieser Gruppe auch heimatlich-ostmärkische und urzeitlich-germani-
sche Motive eine wichtige Rolle, mit denen die Mitglieder der Iduna ihre Abneigung gegen die aus dem „westlichen" Ausland einströmenden impressionistischen und symbolistisch-dekadenten Tendenzen zum Ausdruck bringen wollten. Ähnliche Absichten unterstützten im Laufe der neunziger Jahre in Wien
gegründete Vereinigungen wie der Verband katholischer Schriftsteller und
Schriftstellerinnen Österreichs sowie die Deutschösterreichische Schriftsteller-
Genossenschaft, die sich zum Teil sogar mit den antisemitischen Parolen der
Christlich-sozialen Partei unter Karl Lueger identifizierten.

Wohl der rührigste Organisator innerhalb dieser deutschösterreichischen
Literaturgesellschaften war Richard von Kralik, der nach der Auflösung der
Iduna die Reste dieses Vereins in regelmäßigen Abständen in seine Wohnung
einlud, um sie weiterhin in ihrer Abneigung gegen die in Wien immer stärker
werdenden impressionistischen Tendenzen innerhalb des Literaturbetriebs zu
unterstützen. Ja, Kralik fühlte sich in dieser Fronde gegen alles Modernistische
nach 1900, als auch im Deutschen Reich mehrere Dichtergruppen auftraten,
die sich ins Religiöse, Heimatliche oder Völkisch-Monumentale tendierende
Ziele setzten, so bestärkt, daß er 1906 die Zeitschrift *Der Gral* gründete, in der
er einen weiteren Anlauf unternahm, sich gegen die „widersittlichen Auswüchse" der ästhetischen Beziehungslosigkeit zu wenden und eine Dichtung
auf „geweihtem" Boden zu fordern.[4] Während sein literarischer Konkurrent
Carl Muth, der seit 1903 die Zeitschrift *Hochland* herausgab, die ebenfalls zu
einer Neubegründung katholischer Literatur auf antisemitisch-völkischer Basis
beitragen sollte, gewisse Errungenschaften der literarischen Moderne keineswegs verwarf, unterstützte Kralik einen katholischen Konservativismus, der auf
der absoluten „Superiorität" der „katholischen gläubigen Weltanschauung"
über alle „modernen, naturalistischen, gottentfremdeten" Ideologien des späten 19. Jahrhunderts beruhte.[5] Was er ins Auge faßte, war eine „ethisierende

Literatur",[6] die in keinem ihrer Werke vom rechten Pfad der christ-katholischen Glaubensgewißheit abweichen sollte. Aus diesem Grunde schrieb Kralik als Vorsitzender des von ihm geleiteten Gralbundes, dem unter anderem Karl Domanig, Franz Eichert, Christoph Flaskamp, Wilhelm Oehl, Ansgar Pöllmann und Johann Adam Trabert angehörten, eine Fülle von Versepen, Legenden und Festspiele wie das *Mysterium vom Leben und Leiden des Heilands*, von denen er sich – wie viele der in diesen Jahren auftretenden Ordensgründer, Kreisstifter oder Dichterpropheten – eine volksbildnerische Wirkung versprach. Daß sich diese nicht einstellte, läßt sich nicht allein auf Kraliks mangelnde dichterische Begabung zurückführen, sondern hängt zugleich mit seiner orthodox verengten Funktionsbestimmung von Literatur zusammen, welche ihm zwar einen kleinen Kreis ergebener Jünger und früherer Iduna-Anänger zuführte, aber sowohl das modern als auch das völkisch interessierte Literaturpublikum kaum ansprach.

Während sich Kralik bei seinen Bemühungen um ein nachnaturalistisches deutsches Monumentaldrama vor allem auf christ-katholische Motive stützte, griff die Dramatikerrunde, die sich zur gleichen Zeit um Paul Ernst scharte und zu der vor allem Emanuel von Bodmann, Leo Greiner, Samuel Lublinski, Wilhelm Schmidtbonn, Heinrich Schnabel, Wilhelm von Scholz und Johannes Tralow gehörten, bei ihrem Bemühen, der sensualistischen Eindrucksfülle der Impressionisten und den dekorativem Verskünsteleien der Symbolisten, im Bereich des Dramas ein ins Monumentale drängendes „Stilwollen" entgegenzusetzen, eher auf die als „klassisch" geltenden Traditionen dieser Gattung zurück. Als lockerer Bund gleichgesinnter Autoren um einen maßstabsetzenden Meister versuchte diese Gruppe – nach der naturalistischen „Depravierung" des Dramas ins Niedere, der sich sogar Paul Ernst in seinen Anfängen schuldig gemacht habe, sowie der ästhetizistischen „Entartung" dieses Genres im Laufe der neunziger Jahre ins Impressionistisch-Verspielte – dem Drama wieder jene Würde zurückzugeben, die es einmal in der attischen Tragödie, bei Shakespeare und den deutschen Klassikern, ja selbst noch bei Friedrich Hebbel besessen habe. Wegen dieser Tendenz, nämlich die deutschen Theater aus profitsüchtigen Geschäftsunternehmen oder dekorativen Schaulustbühnen à la Max Reinhardt in „Weihestätten des Geistes" umwandeln zu wollen, wurden Paul Ernst und seine Freunde von den zeitgenössischen Kritikern gern als Vertreter einer forcierten „Neuklassik" eingestuft, denen angesichts der Bühnenerfolge eines Herbert Eulenberg, Ernst Hardt, Gerhart Hauptmann, Hugo von Hofmannsthal, Arthur Schnitzler, Eduard Stucken und Karl Vollmöller, die zu den Lieblingen der deutschen Bühnen zwischen 1900 und 1914 gehörten, sicher kein großer Erfolg beschieden sein würde.

Doch diese Kritik stimmte die Vertreter dieser Gruppe keineswegs mutlos, sondern stachelte sie eher an, sich um so vehementer gegen die verbreiteten Fin-

de-siècle oder Jugendstil-Tendenzen in den Dramen der späten neunziger Jahre
sowie der Zeit nach 1900 zu wenden und ihnen eine fortschreitende Erschlaf-
fung ins Dekadente oder einen inhaltslosen Dekorativismus vorzuwerfen. Im
Gegensatz dazu bestanden sie auf tiefgreifenden sittlichen Konflikten sowie
einer formalen Strenge, die sich keine Läßlichkeiten ins Abwegige oder Spielerische erlaubt. Was diese Autoren in letzter Instanz wollten, war mehr rationale
Klarheit, mehr Ethos, mehr verantwortungsbewußtes Entscheidungsvermö-
gen, um so zu einer moralischen und politischen Läuterung des deutschen Geistes beizutragen. In schroffer Distanzierung von allen prononcierten Linken
oder Reaktionären faßten sie demzufolge eine Gemeinschaft mündig geworde-
ner Geistmenschen ins Auge, die auch auf der Bühne nach Werken verlange,
welche sich dem kategorischen Imperativ unterstellen.

Der erste Vertreter solcher Tendenzen war Samuel Lublinski, der sich schon
1899 in seinem Buch *Literatur und Gesellschaft im 19. Jahrhundert* für eine
„klassisch" durchgeformte Dramatik einsetzte. Zu einem regelrechten Programm faßte er diese Gedanken 1904 in seiner *Bilanz der Moderne* zusammen,
die in dem Satz gipfelte: „So kam plötzlich die Sehnsucht nach ‚Stil' empor,
nach weniger impressionablen, mehr ruhigen, aber dafür großen und mächtigen Formen."[7] Noch schärfer äußerte er sich in dieser Hinsicht in seiner Schrift
Der Ausgang der Moderne (1909), in der er die aristokratischen „Neuromanti-
ker" wegen ihrer „organisierten Stillosigkeit" kurzerhand als „Schädlinge"
abfertigte.[8] Am meisten empörte ihn die Hofmannsthalsche These, daß der
Mensch lediglich ein Spielball „dunkler" Mächte sei,[9] worin er ein gefährliches
Kokettieren mit dem Irrationalen sah. Im Gegensatz dazu forderte Lublinski
eine „klassische Kunst", welche an die antike Tragödie, das *Nibelungenlied*
und die *Divina Commedia* gemahne. Die von Lublinski geforderte Monumen-
talkunst hat deshalb von vornherein etwas Strenges, Gewaltsames, Seinsollen-
des. Er selbst faßte dieses Postulat in der herrischen Formel zusammen: „Die
moderne Kunst wird monumental sein, oder sie wird gar nicht sein."[10]

Um im Bereich des deutschen Dramas neben Leitbildern wie Schiller und
Hebbel auch einen zeitgenössischen Kronzeugen für seine Theorien zu haben,
berief sich Lublinski meist auf Paul Ernst, den ersten „Klassiker" inmitten einer
Zeit der „Stillosigkeit", wie es im *Ausgang der Moderne* heißt. Er sei der einzige, bei dem man einen „dramatischen Stil, eine geschlossene Form, einen logischen Aufbau, eine klare Handlung und einen durchdachten und durchgeführten Willenskonflikt" finde. Nur bei ihm werde das „Konstruktive" der modernen Stilgesinnung nicht allein auf das Formale, auf des schmückende Beiwerk
im Sinne des Jugendstils, sondern auch auf das Inhaltliche angewendet.[11] Daher
habe nur er jenen solipsistischen Individualismus überwunden, wie er für das
Drama der neunziger Jahre typisch sei. Nur bei Paul Ernst, erklärte Lublinski
mit geistethischer Emphase, finde sich die Forderung nach einer konsequenten

Objektivierung der Charaktere, mit der er dem dramatischen Geschehen wieder eine überindividuelle Zielsetzung zu geben versuche, statt sich lediglich von momentanen Eingebungen leiten zu lassen.

Paul Ernst selber befaßte sich mit solchen Problemen vor allem in seinem Manifest *Der Weg zur Form* (1906). Wie Lublinski empfand er nach 1900 nicht Hofmannsthal, sondern Schiller als sein Vorbild, dessen vorzeitigen Tod er als den „größten Verlust" der deutschen Literatur bezeichnete. Im Gegensatz zur klassisch-humanistischen Tradition setzte er jedoch der Welt der Moderne, diesem „Mühlwerk ohne Geist, ohne Verstand, ohne Gewissen, ohne Ehre, ohne Scham und ohne Seele",[12] einen Geistbegriff entgegen, der immer stärker ins Elitäre tendierte. Nur durch eine Wendung zu einer heroischen Überwelt, die ganz im Zeichen des „seelischen Adels" stehe, könne auch im Drama an die Stelle der Charakterschwächlinge oder Durchschnittsmenschen wieder der große Einzelne treten, der trotz aller Hindernisse seinen schicksalshaft bestimmten Weg mit innerer Größe zu Ende gehe. Ernst verdammte daher sowohl den impressionistischen Psychologismus als auch die Tainesche Milieutheorie, nach denen der Mensch nur ein Produkt seiner Nerven oder äußeren Umstände sei. Statt sich mit solchen Banalitäten abzugeben, erklärte er, müsse man in Zukunft dazu übergehen, sich nur noch mit heroischen Konfliken auseinanderzusetzen. Kleinbürger oder Proletarier, die zur „eingeformten Masse" gehörten, ließ Ernst daher nur als Episodenfiguren gelten.[13] Als Hauptfiguren der großen Tragödie kamen für ihn bloß die „Mitglieder der höheren freien Gesellschaftschichten" in Frage, da nur sie nicht dem unmittelbaren Selbsterhaltungstrieb unterworfen seien und somit über die nötige „sittliche Entscheidungsfreiheit" verfügten, wie er mit betont antimaterialistischer Perspektive schrieb.[14]

Sein erstes Werk in dieser Richtung war der *Demetrios* (1905), an dem sich schon Schiller und Hebbel versucht hatten. Um allen Milieuballast abzuwerfen, wird hier das Motiv vom falschen Zaren in die Welt des Klassischen, ins Griechisch-Spartanische, übertragen. Trotz dieser Stilisierung bleibt deutlich, daß Ernst in diesem Drama ein Bild seiner eigenen Gegenwart, der von ihm so verachteten Zeit der Heloten, Demagogen und Betrüger, zu entwerfen versucht, in der die alte „Ordnung" zu zerbrechen droht und das „Edle" dem Hader der Parteien ausgeliefert wird. Noch anspruchsvoller wirkt seine *Brunhild* (1909), wohl das bezeichnendste Drama dieser Richtung, in dem Gunter und Chriemhild, die Dunklen und Selbstsüchtigen, den blonden Lichtgestalten Siegfried und Brunhild entgegentreten, die durch göttlichen Ratschluß schon einmal miteinander verbunden waren. Da sich die falschen Verkoppelungen im Verlauf der Handlung allmählich lockern, steuert alles einem „tragischen" Ende zu. Dramaturgisch hält sich das Ganze streng an die „drei Einheiten". Obendrein wird jeder Akt durch einen Dialog zwischen einem Wächter und einer Magd eingeleitet, um den einzelnen Abschnitten einen antik-chorhaften Rahmen zu geben.

Die gleiche forcierte Monumentalität herrscht in Ernsts Dramen der Weltkriegsära. So muß sich in seinem Drama *Preußengeist* (1915) der launenhafte junge Friedrich, der spätere Friedrich II., unbarmherzig der Staatsraison unterordnen, wodurch aus einem verwöhnten Musensohn ein Monarch wird, der alle persönliche Wünsche dem Wohl des Staates opfert. Ständig fallen hier Worte wie: „Ich bin Soldat, mein Leben ist nicht mein;/Ich geb es hin nach meiner Schuldigkeit" oder „Und jeder hat sein eigen Ich vergessen/Und tut, was recht, und weiß nur seine Pflicht". Am Schluß gebraucht Ernst sogar das Bild der „deutschen Sonne", die ihr Licht über der ganzen Welt aufgehen läßt.[15] Ebenso deutschbewußt wirkt sein *York* (1917), ein Drama der deutschen Offiziersehre, das sich inhaltlich zwischen formelhafter Monumentalität und antifranzösischen Affektentladungen hin und her bewegt. Welche literarische Rolle sich Ernst aufgrund solcher Dramen anmaßte, geht aus seiner Äußerung hervor, daß man in Zukunft nur noch die „erhebenden und großen Meisterwerke der Vergangenheit" und von den „Heutigen" lediglich das aufführen solle, „das nach jener Richtung geht", mit anderen Worten: seine eigenen Werke sowie die Werke seines Kreises.[16]

Und von einem solchen „Kreis" konnte man in den Jahren kurz vor dem Ersten Weltkrieg tatsächlich sprechen. Was um 1900 als ein lockerer Bund ähnlich orientierter Dramatiker begonnen hatte, die meist etwas jünger als Paul Ernst waren, formierte sich in diesen Jahren immer stärker zu einer Dramatiker-Phalanx, die sich in Anlehnung an Ernst und Lublinski um das Banner der „Neuklassik" scharte. Wohl der wichtigste Repräsentant dieser Gruppe war Wilhelm von Scholz, der sich in seinen *Gedanken zum Drama* (1915) ebenfalls zu einem Tragödienkonzept bekannte, das sich um eine „monumentale" Verknappung bemüht.[17] Um nicht ins Psychologische abzuschweifen, stellte auch Scholz die These auf, sich nur auf bereits vorgeformte Stoffe zu stützen, die sich den strengen Stilgesetzen des „Neuklassizismus" wesentlich besser unterwerfen ließen als die differenzierten Lebensverhältnisse der Moderne, „Ein Drama großen Stils", schrieb er, „spielt mit Vorteil in entlegener oder phantastischer Zeit. Der Zuschauer wird nicht fortwährend an sich und seine kleinliche Alltagsumgebung erinnert. Er erlebt alles nicht psychologisch, kleiner, sondern größer, ferner, vom Zufälligen entkleidet, künstlerischer. Diese Entpsychologisierung des Dramas ist jeder psychologisch geschulten, psychologisch denkenden Zeit besonders notwendig."[18]

Eine solche These war als Gegenschlag zum übersteigerten Nuancenkult des Impressionismus zum Teil berechtigt, wurde jedoch von den Vertretern des Paul-Ernst-Kreises vornehmlich als Aufruf zu einer Wendung ins ins Mythologische, Religiöse, Monumentale, das heißt Überindividuelle verstanden. So spielt etwa die *Meroë* (1906) von Scholz in einem archaisch-asiatischen Märchenstaat, in dem noch Aberglauben und Orakelwesen herrschen. Seine Dramen *Der Gast* (1900) und *Das Herzwunder* (1918) erinnern dagegen an mittelalterliche Legenden- oder Mysterienspiele. Wie in Hofmannsthals *Jedermann* (1911) sind hier alle Charaktere bewußt typenhaft angelegt, um den Eindruck allegorischer Vertretungen bestimmter Tugenden oder Laster zu erwecken. Ähnliche Tendenzen finden sich bei Emanuel von Bodmann, der sich ebenfalls bemühte, in den Bereich der „idealen Tragödie" vorzudringen, indem er seinen Dramen ein „verdichtetes und vereinfachtes Weltbild" zugrunde legte.[19] So wird die Handlung seines Dramas *Die heimliche Krone* (1909), der Tragödie eines Lebensreformers, der auch als König „rein" bleiben will und schließlich ein schmachvolles Demetrios-Schicksal erleidet, völlig ins Religiöse entrückt. Wie die *Meroë* von Scholz spielt das Ganze in einem fernen asiatischen Land, wo der phantasievollen Monumentalisierung keine Schranken gesetzt sind. Die gleiche Stilisierung herrscht in Dramen wie *Gunther und Brunhild* (1808) von Samuel Lublinski sowie *Kriemhild* (1910) von Heinrich Schnabel, in denen fast die gesamte Ahnenfolge dieser neoklassizistischen Richtung Revue passiert. Und auch die Frühwerke von Johannes Tralow, wie seine *Inge* (1910) und sein Brunhild-Kriemhild-Drama *Die Mutter* (1914), deren dramatische Spannung ebenfalls auf „heroischen" Willenskonflikten beruht, stehen noch im Banne solcher Monumentalisierungsbestrebungen.

Obwohl der Paul-Ernst-Kreis in den Jahren zwischen 1905 und 1915 durch seine theoretischen Publikationen und seine Dramen durchaus einiges Aufsehen erregte, blieben seine Fernwirkungen eher begrenzt. Sein Konzept einer neuklassischen Dramatik paßte zwar gut in die allgemeinen „Stilkunst"-Tendenzen dieser Ära, konnte sich aber trotz einiger Reformbemühungen anspruchsvoller Theaterleute und Regisseure gegen die Übermacht des am Realismus, Naturalismus oder Impressionismus geschulten Theaterwesens nicht recht durchsetzen. Dazu waren seine Stoffe – in ihrer bewußten Zeitferne und archaisierenden Stilisierung – einfach zu entlegen und ließen deshalb die Mehrheit des Theaterpublikums, falls sie überhaupt aufgeführt wurden, relativ kalt. Trotz aller Berufung auf die attische Tragödie sowie auf Schiller und Hebbel waren letztlich die Dramen dieses Kreises doch nicht „klassisch", das heißt lebenserfüllt, sittlich aufrüttelnd, von den gesellschaftlichen Konflikten ihrer eigenen Zeit geprägt, sondern blieben weitgehend formale Stilexperimente, auf die selbst der Begriff „Klassizismus" nicht recht paßt. Schließlich herrscht in ihnen eine Abstraktheit, die sich bewußt gegen jeden „lebensspendenden" Zustrom einer sozialen oder psychologischen Konkretheit sperrt, um nicht von jenen zeitgenössischen Tendenzen beeinflußt zu werden, die zwar ihre Autoren im Bereich des Politischen, Ökonomischen und Gesellschaftlichen widerwillig anerkannten, vor denen sie jedoch die Kunst, jedenfalls in ihren höchsten

Manifestationen, auszunehmen versuchten. Das Drama oder besser die Tragödie galt ihnen – wie in alter Zeit – als das letzte Reservat, in dem noch die ewigen, vom Geist der Zeit nicht angerührten Fragen verhandelt werden sollten,
um so wenigstens auf diesem Gebiet jenen Idealen zu dienen, die selbst durch
noch so mächtige Modernisierungsschübe nicht zu relativieren seien.

Durch diese falsche Dichotomie begaben sich die Angehörigen dieses Kreises
von vornherein ins gesellschaftliche Abseits, wo sie sich zu ihrer Identitätsstif-
tung weitgehend der Pose verkannter Genies hingaben. Ob ihnen die Zeitschrift *Die Form* oder *Die neue Klassik*, die sie 1904 mit dem Verleger Hans
von Müller planten und die sich mit „gebändigter Kraft" sowohl gegen den
„formlosen Naturalismus" als auch die „kraftlose Neuromantik" wenden
sollte,[20] eine größere Wirkung verschafft hätte, sei dahingestellt. Selbst wenn
dieses Blatt nicht aus finanziellen Gründen gescheitert wäre, hätte sich der
Paul-Ernst-Kreis auch mit ihm keine seinen literarischen Intentionen entsprechende Wirkung verschafft. Dazu waren seine literarischen Zielsetzungen einfach zu hochgestochen. Eine konkretere Sinngebung ihres Schaffens fanden
manche seiner Mitglieder erst zu Beginn des Ersten Weltkrieges, als sie sich –
wie Paul Ernst – in den Dienst eines kulturmissionarisch überhöhten Deutsch-
tums stellten. Weil jedoch diese Zielsetzung nach 1916 zusehends verblaßte,
verlor der Paul-Ernst-Kreis schließlich seine letzte Legitimation und spielte in
den frühen zwanziger Jahren keine maßstabsetzende Rolle mehr.

Nicht viel anders erging es jenen konservativen oder ultrakonservativen
Gruppen, die sich in ideologischer Tuchfühlung mit den Schriften von Paul de
Lagarde, Julius Langbehn, Friedrich Lienhard oder Jörg Lanz von Liebenfels
als Repräsentanten einer Völkischen Opposition zur offiziellen Politik des Wilhelminischen Reiches verstanden und ihre Hauptwirkung zwischen 1900 und
1914 entfalteten, bis auch sie – im Zuge der Kriegsmüdigkeit nach 1916 – viel
von ihrer bisherigen Anziehungskraft einbüßten. Die meisten dieser Gruppen
vertraten ein „Deutschbewußtsein", das sich auf mittelständischer Basis, das
heißt mit romantisch-antikapitalistischer und zugleich romantisch-antisoziali-
stischer Ausrichtung gegen die vaterlandsvergessenen Großkapitalisten und die
ebenso vaterlandsvergessene sozialdemokratische Arbeiterbewegung wandte.
Diese konservativen Revolutionäre sahen schon um die Jahrhundertwende im
Zweiten Reich nur ein Interimsreich, auf das „in nicht allzu ferner Zeit" sicher
ein Drittes Reich folgen würde, in dem sich ihre Sehnsucht nach einem gemein-
schaftsbewußten und zugleich rassereinen Vaterland erfüllen würde. Wohl die
schärfsten Forderungen erhoben in diesem Umkreis der Alldeutsche Verband
unter Heinrich Claß, der Deutschbund unter Friedrich Lange, der Volkserzie-
her-Bund unter Wilhelm Schwaner, die Hammer-Bewegung unter Theodor
Fritsch, der Vortrupp unter Hermann Popert, der Mittgart-Bund unter Willibald Hentschel, die Guido-von-List-Gesellschaft, der Deutsche Wehrverein,

Werbeschrift des Werdandi-Bundes (1908)

der Germanen-Orden, der Skalden-Orden, der Wälsungen-Orden, die Thule-
Gesellschaft und die Nordungen, deren rassistisch-chauvinistische Ideologie-
komplexe bereits eine eindeutig präfaschistische Note hatten.

Auf kulturellem Sektor gehörte vor allem der Werdandi-Bund, der sich die
germanische Norne der Gegenwart zu seiner Gallionsfigur erkor, zu dieser viel-
gestaltigen, bis weit in die Bereiche des Jugendstils, der Neuklassik und der Heimatkunst hineinreichenden Bewegung. Er wurde im Mai 1907 auf Initiative
Friedrich Seeßelbergs, eines Professors für Baukunst an der Technischen Hochschule Berlin, gegründet und verstand sich als eine Parallele zur Bayreuther
Gesamtkunstidee Richard Wagners, des heißt wollte allen Künsten wieder eine
betont „deutsche" oder „nationalidealistische" Zielsetzung geben, wie er es
nannte. Doch das war leicher gesagt als getan, da während dieses Zeitraums
selbst spezifisch deutsch empfindende Künstler in ihren Werken nicht gern auf
ihre persönliche Eigenart verzichten wollten, die auf dem Kunst- und Literatur-
markt als ihr besonderes Markenzeichen galt. Daher entwickelte dieser Bund
zwar eine Reihe weltanschaulicher Programmvorstellungen, welche in ihrer
Betonung der nationalen Komponente eine relative Geschlossenheit aufweisen,
übte aber auf seine Mitglieder, die sich weitgehend aus bildenden Künstlern,
Architekten, Schriftstellern und Schauspielern zusammensetzten, keinen
Zwang aus, sich auf einen von allen anerkannten „Stil" festzulegen. Selbst im
Bereich des Ideologischen war der Werdandi-Bund keineswegs so rigoros wie
etwa der Deutschbund, der Mittgart-Bund oder die Hammer-Bewegung. Daher
wäre es kurzschlüssig, die völkischen Erklärungen des Antisemiten Arthur
Moeller van den Bruck, des Rassentheoretikers Houson Stewart Chamberlain,
des Literaturhistorikers Adolf Bartels oder des deutschen Gobineau-Anhängers
Ludwig Schemann, die zum Teil in der 1908 gegründeten Vereinszeitschrift
Werdandi. Monatsschrift für deutsche Kunst und Wesensart erschienen, als
Manifestationen einer klar umrissenen Parteilinie dieses Bundes zu interpretie-
ren. Schließlich veröffentlichten in der gleichen Zeitschrift auch Männer wie
Theodor Heuss und Eduard Spranger, die sich zwar in einem weiteren Sinne als
deutschnational, aber nicht als völkisch oder rassistisch einstufen lassen.

Die gleiche ideologische Vielfalt herrschte unter den Schriftstellern, die dem
Werdandi-Bund als Mitglieder beitraten. Zu ihnen gehörten neben älteren
Ehrenmitgliedern wie Marie von Ebner-Eschenbach, Wilhelm Raabe und Ernst
von Wildenbruch, die sich in diesen Bund „hineinkomplimentieren" ließen,[21]
vor allem Ferdinand Avenarius, Michael Georg Conrad, Felix Dahn, Franz
Evers, Carl Alexander von Gleichen-Rußwurm, Julius Hart, Carl Hauptmann,
Bernhard Kellermann, Friedrich Lienhard, Börries von Münchhausen, Georg
von Ompteda, Willy Pastor, Emil von Schoenaich-Carolath, Oskar Schin-
drazheim, Eduard Stucken, Karl Vollmöller, Richard Voß und Hans von Wolzogen. Die Gründe für ihren Eintritt in diesen Bund werden bei den einzelnen

Autoren sehr unterschiedlich gewesen sein. Manche waren sicher zutiefst „völkisch" gesinnt. Viele wollten sich dagegen lediglich einen weiteren Leserkreis verschaffen, indem sie sich – neben anderen Organisationen – auch diesem Bund anschlossen. Schließlich entfaltete der Werdandi-Bund in den ersten Jahren seines Bestehens eine rege Propagandatätigkeit für seine Ziele, indem er neben der Werdandi-Zeitschrift auch eine Werdandi-Bücherei ins Leben rief, in vielen deutschen und österreichischen Städten ständig neue Werdandi-Zweiggruppen gründete und zugleich eine enge Zusammenarbeit mit Vereinen und Verbänden wie dem Dürerbund, dem Vaterländischen Schriftenverein, dem Verband nationaler Vereine für Groß-Berlin, der Gobineau-Gesellschaft und dem Alldeutschen Verband anstrebte. Außerdem veranstaltete er zahlreiche Lesungen, Vorträge und Balladenabende sowie gutbesuchte Werdandi- und Edda-Feste. Ebenso wichtig erschien manchen Autoren, daß er sich in seinen programmatischen Erklärungen für eine Reinhaltung der deutschen Sprache sowie die Beibehaltung der „deutschen Schrift" einsetzte.

Allerdings verschafften alle diese Aktivitäten dem Werdandi-Bund schon vor 1914 nicht die von ihm ersehnte Breitenwirkung. Daher mußte er seine Zeitschrift bereits 1912 einstellen und seinen Autoren empfehlen, dafür in der Zeitschrift *Eckart. Ein deutsches Literaturblatt* zu publizieren. Ja, während des Ersten Weltkrieges wandten sich – nach der anfänglichen Kriegsbegeisterung – gegen 1916/17 noch mehr Mitglieder von ihm ab. Und auch die Versuche, diesen Bund im Jahr 1921 als Gegenbund zu den in der Kunst und Literatur der frühen Weimarer Republik auftretenden „Entartungserscheinungen", wie Seeßelberg schrieb,[22] neu aufleben zu lassen, blieben ohne Erfolg. Die Gründe für dieses zweimalige Scheitern sind nicht leicht auf einen Nenner zu bringen. Wahrscheinlich lagen sie auch an der Unfähigkeit Seeßelbergs, diesem Bund durch feste Satzungen und eine energische Drittmittelbeschaffung eine solidere Grundlage zu geben. Doch das war es sicher nicht allein. Ein prononciert politischer Dichterbund braucht stets eine ihn stützende Partei. Das wäre in seinem Fall der Alldeutsche Verband gewesen. Falls sich jedoch der Werdandi-Bund ideologisch so klar festgelegt hätte, wäre ihm ein Großteil seiner Mitglieder schon kurz nach seiner Gründung davongelaufen oder gar nicht erst beigetreten. Schließlich wollten sich selbst die betont völkischen Autoren dieser Jahre nicht zu Sprachrohren einer politischen Partei degradieren lassen, sondern auch auf ihre persönliche Note bedachte Bildungsbürger bleiben und zugleich ihre literarischen Marktanteile im Auge behalten. Daher kam es in den wirtschaftlichen Konjunkturjahren des wilhelminischen Reiches zwischen 1892 und 1914, in denen Deutschland zur zweitstärksten Industriemacht der Welt aufstieg, weder auf sozialdemokratischer noch auf völkischer Seite zu Dichterbünden, die sich einem parteipolitischen Programm unterworfen hätten. Sogar viele Naturalisten sowie Sympathisanten der Völkischen Opposition blieben letzt-

lich Einzelgänger, die eher ins Führerhafte als ins Gemeinschaftsbetonte strebten. Zu ideologisch genau umrissenen Solidaritätsbekundungen kam es erst, als
sich in der ökonomischen Krisenphase der Weimarer Republik nach 1929
schließlich eine Reihe von Autoren und Autorinnen entschloß, sich entweder in
den Dienst der NSDAP oder der KPD zu stellen. Und selbst das ging in beiden
Lagern nicht ohne Schwierigkeiten ab, wie wir sehen werden.

Der George-Kreis

Eine extreme Sonderrolle innerhalb der sozialpolitischen, lebensreformeri-
schen, naturphilosophischen, neureligiösen, neuklassischen oder völkischen
Dichterbünde der frühen neunziger Jahre spielte jener Kreis, der sich um den
jungen Stefan George scharte. Während sich die andere Literaturcliquen und
-bünde dieser Zeit – bei aller Hochschätzung spezifisch poetischer Ausdrucks-
weisen – vor allem um die Durchsetzung ihrer ideologischen Programme
bemühten, ging es George anfänglich nur um die Kunst, die „reine Kunst". Als
aristokratischer Außenseiter mied er jeden Kontakt mit Dichterkollegen, die
mit journalistischer Geschäftigkeit durch ständig neue Verlautbarungen, Leitartikel oder Stiletiketten die nötige Aufmerksamkeit auf sich zu ziehen versuchten. All das erschien ihm, der von einer absoluten Autonomie der Kunst
träumte, ausgesprochen marktschreierisch, unvornehm, ja geradezu vulgär.
Der frühe George verstand unter wahrer Kunst nur jenen Bereich, wo in höchster Formvollendung eine vom azurnen Licht des Himmels angestrahlte Schönheit residiere, deren Thron auf dem häufig apostrophierten „Olymp des
Scheins" stehe. Besonders verhaßt war ihm darum die Welt der Presse, des
Theaters und des Kritikerwesens: also all das, wo es nicht wirklich um die
Kunst, sondern nur um die Geschäftigkeit, die Eitelkeit, das gesellschaftliche
Sichspreizen oder gar – wie im Naturalismus – um die Anbiederung an den
„Pöbel" gehe, der für das Wesen reiner Kunst ohnehin keinen Sinn aufbringe
und auch nie aufbringen werde.

Aus diesem Grunde nahm George Anfang der neunziger Jahre nur Kontakte
mit Dichtern auf, welche die gleiche Verachtung für den herrschenden Literaturbetrieb an den Tag legten wie er und sich in die vom Neoimpressionismus
oder der Art nouveau-Bewegung bereitgestellten „künstlichen Paradiese"
zurückzuziehen versuchten. Dazu gehörten anfänglich der junge Hugo von
Hofmannsthal sowie eine Reihe ausländischer Autoren, darunter der Franzose
Paul Gérardy, der Pole Waclaw Rolicz-Lieder und der Holländer Albert Verwey.
Um diesen Freundschaften ein literarisches Zentrum zu geben, gründete
George 1892 unter dem Titel *Blätter für die Kunst* eine Zeitschrift, die wegen
ihres „streng exklusiven charakters" nur an „intime gefährten und gefährtin-

Jan Toorop: Doppelporträt Albert Verwey und Stefan George (1896)

nen" verschickt werden sollte. Ihre erste Folge erschien in einer Auflage von
200 Exemplaren. Wie die späteren Folgen, die meist pro Jahr fünf Hefte umfaß-
ten, enthielt sie vor allem Lyrik, aber auch einige Merksprüche und kürzere
Essays. Sowohl in ihrer betont zeitfernen, ins Idealische erhobenen Themen-
wahl als auch ihrer ausgefallenen Wortwahl, irritierenden Kleinschreibung und
seltsamen Interpunktion setzte sich diese Zeitschrift in aller Schärfe von der ins
Sozialistisch-Rebellische drängenden *Freien Bühne* (1890–1892) ab. Auf ihren
Seiten sollte keine Gesellschaftskritik getrieben werden, welche sich dem
Gedankengut des „Fortschritts" verschreibt. Sie verwarf daher alle „unterhal-
tend-belehrenden", „bürgerlich-pöbelhaften" oder sozialistischen Tendenzen,
denen die Gesinnung von „leuten niederer abstammung" zugrunde liege.[23]
Dennoch hatten auch Georges *Blätter für die Kunst* eine deutliche Tendenz. Im

Gegensatz zu den „weltverbesserungen und allbeglückungsträumen" des
Naturalismus, in denen man gegenwärtig „den keim zu allem neuen" sehe, die
ja recht nützlich sein mögen, „aber in ein anderes gebiet gehören als das der
dichtung", wie es bereits im ersten Heft der ersten Folge hieß,[24] faßte George in
ihr eine Ausbildung der „dichterischen erziehung und des geschmacks" ins
Auge, die weitgehend „absichtslos" sei. Mit anderen Worten: er wollte die
Dichtung „von jedem dienst" befreien. In ihrer höchsten Ausformung sollte sie
eine „kunst aus der Anschauungsfreude, aus rausch und klang und sonne" sein,
die alles „niedere" aus ihrem Bannkreis auszuschalten versucht.[25]

Mit dieser Sehnsucht nach einem künstlerisch intensivierten Leben verstand
sich schon der frühe George als ausgesprochen antibürgerlich, ja geradezu
revolutionär. Allerdings blieb er hierbei lange Zeit im Bereich des rein Ästhetischen und folgte damit lediglich jenen bürgerlichen Bildungsschichten, die sich
im Laufe der neunziger Jahre – nach einer langen wirtschaftlichen Depression
und einer plötzlich einsetzenden Wohlstandsgesinnung – um eine allgemeine
Verfeinerung ihres Geschmacks bemühten. Im Bereich der Kulturgeschichte
haben sich für diese neue Mentalität Begriffe wie Symbolismus, Jugendstil oder
Fin de siècle eingebürgert, die Thomas Mann später unter der Bezeichnung der
„machtgeschützten Innerlichkeit" zusammenfaßte. So gesehen, war die ästhetisierende Pose des jungen George, „extra muros" zu stehen, in vielem eine
Selbsttäuschung. Schließlich deckte sich der in ihr zum Ausdruck kommende
Antikapitalismus und Antisozialismus durchaus mit der „Haltung" vieler aka-
demisch-bildungsbürgerlicher Kreise um die Jahrhundertwende, die sich von
den industriellen und großstädtischen Modernisierungsschüben zusehends an
den Rand gedrängt fühlten und auf diesen Verlust wie George, wenn auch mit
weniger Emphase, ebenfalls mit dem Anspruch reagierten, wenigstens im
Bereich des geistigen und kulturellen Lebens weiterhin die alte Präzeptoren-
rolle spielen zu dürfen. Und diese Haltung wurde ihnen, sofern sie keinen politischen Anspruch damit verbanden, von den wilhelminischen Führungsschichten ohne weiteres zugestanden. Demzufolge befanden sich George wie auch
andere Ästheten und Lebensreformer der späten neunziger Jahre keineswegs
„extra muros", wie sie oft behaupteten, sondern blieben durchaus „intra
muros". Letztlich nahmen sie alle an der durch die wirtschaftliche Konjunktur
in Gang gesetzten Geschmacksrevolte teil, der lediglich das Prinzip einer von
oben tolerierten Sezession, aber keine wirkliche Auflehnung zugrunde lag.

Dementsprechend überwog in den *Blättern für die Kunst* eindeutig das
Ästhetische, während das Programmatische eher am Rande blieb und sich
außerdem fast ausschließlich auf künstlerische Fragen beschränkte. Zu Anfang
propagierte George meist das betont Raffinierte und Auserlesene im Sinne seiner *Pilgerfahrten* (1891), seines *Algabal* (1892) sowie seiner *Bücher der Hir-
ten- und Preisgedichte der Sagen und Sänge und der hängenden Gärten* (1895),

worin ein Kunstwollen zum Ausdruck kommt, das sich nicht mehr auf die von den sogenannten Eindruckskünstlern gepriesene „Kategorie der Gegebenheit" stützte, sondern die sinnlichen Wahrnehmungen schon in statu nascendi umzuformen versuchte. Aus dem impressionistischen Spiegelbild wurde so ein neoimpressionistisches „GEBILDE", das auf alle kunsttötenden Beimischungen der Wirklichkeit verzichtet und etwas bewußt Gemachtes, Bauliches, Artifizielles hat. Das Ergebnis dieser Stilisierungstendenz sollte eine reine „Wortkunst" sein, die nur noch den Prinzipien der Schönheit und Erlesenheit dient und daher alle Worte meidet, „auf denen der menge stempel fleckt", wie es voller Verachtung für jene Menschen heißt, die Nietzsche als die „Vielzuvielen" oder „Allermeisten" bezeichnet hatte.[26]

Den gleichen Ästhetizismus erwartete George von seinen Freunden und Mitarbeitern der *Blätter für die Kunst*. Und einige, wie Georg Fuchs, Hugo von Hofmannsthal, Carl August Klein, Fritz Koegel, Felix Maltz, Carl Rouge, Arthur Stahl und später Leopold von Andrian-Werburg, Maximilian Dauthendey, Ernst Hardt, Henry von Heiseler, Richard Perls, Lothar Treuge, Oskar H. A. Schmitz, Karl Gustav Vollmöller, Emil Rudolf Weiss und Walter Wenghöfer, paßten sich dieser Tendenz auch eine Weile an. Doch entweder waren sie als Dichter nicht bedeutend genug oder sie trennten sich, wie Dauthendey, Hardt, Hofmannsthal und Vollmöller, wieder von George. Ähnliche Spannungen entwickelten sich zwischen George und den sogenannten Münchner Kosmikern, das heißt Ludwig Derleth, Ludwig Klages, Rudolf Pannwitz, Alfred Schuler und Karl Wolfskehl, deren Hauptstärke nicht im Bereich des Dichterischen, sondern des Mystisch-Spekulativen, Nietzeanisch-Dionysischen, Mythossüchtigen oder Lebensverkultenden lag und die sich, außer Wolfskehl, der treu zu George hielt, nach 1900 immer nachdrücklicher als selbsterwählte Propheten eigener synkretistischer Weltanschauungen oder Privatreligionen aufwarfen.

Aus diesem Grunde blieb das Ergebnis der ästhetischen Reformbemühungen des frühen George relativ mager. Seine *Blätter für die Kunst* nahmen zwar an Auflagenstärke zu, erwiesen sich aber als ein Publikationsorgan, das selbst in literarischen Zirkeln weniger beachtet wurde als bewußt erlesene Kunstzeitschriften wie *Pan* (1895–1900), *Die Insel* (1899–1902) oder *Ver Sacrum* (1896–1900). Wie so mancher ästhetische Schwärmer dieser Jahre zog George daraus um 1900 die Konsequenz, den Schritt in die größere Öffentlichkeit zu wagen und seiner Sehnsucht nach einer durchgreifenden Umgestaltung des literarischen Lebens ein kreisbildendes Zentrum zu geben. Dementsprechend wandelte sich George zu diesem Zeitpunkt aus einem Schüler Mallarmés, das heißt einem technisch versierten Wortkünstler, in einen Priesterdichter, dessen höchstes Ideal nicht mehr das Motto „L'art pour les artistes", sondern ein ethischer Gestaltungswille war, der aus dem Sektierischen einer lockeren Freundschaftsgruppe zusehends ins Bündisch-Religiöse tendierte. Diese klare Absage

an einen ins Private tendierenden Ästhetizismus ging Hand in Hand mit einer
Einheitsforderung, die alle individuellen Besonderheiten wie Originalität, Lau-
nenhaftigkeit und Preziösentum als schwächlich oder gar effeminiert verwarf.
Nicht die unverbindliche Reihung, sondern die verpflichtende „MITTE" sollte
von nun an im Zentrum von Georges literarischen und menschenbildnerischen
Bemühungen stehen. An die Stelle raffinierter Wortspielereien traten demnach
in seinem Werk immer stärker zyklische Ausdrucksformen oder Symbole, die
sich auf die Gesamtheit des Lebens bezogen, wodurch sich das persönliche
Erlebnis, die einmalige Empfindung oder der momentane Impuls in einen
Gemeinschaftsausdruck wandelte, der auf der strikten Anerkennung überindividueller Satzungen beruhte.

In klar umrissene Regeln gebracht wurde diese neue Weltanschauung weniger durch George selbst als durch jene studentischen Jünger, die sich seit der
Jahrhundertwende um ihn scharten. Dafür sprechen vor allem die Aufsätze im
Jahrbuch für die geistige Bewegung, das nicht von George, sondern von Friedrich Gundolf und Friedrich Wolters herausgegeben wurde, und die oft nur eine
nachträgliche Formulierung dessen enthielten, was der „Meister" längst reali-
siert hatte. Hier wetterte Gundolf 1910 gegen die zunehmende „erregtheit und
beweglichkeit", an denen die „moderne" kranke, und behauptete apodiktisch:
„Nur im vereinfachen liegt heute das heil, nicht mehr im vermehren und erwei-
tern." Mit ähnlicher Akzentsetzung sprach Karl Wolfskehl von der „auf
zusammenfassung der impulse, auf vereinfachung der ziele gerichteten haltung" des George-Kreises.[27] Anstatt weiterhin die „fülle des interessanten, reiz-
vollen, aufregenden" zu vermehren, wollte dieses *Jahrbuch* der deutschen
Jugend wieder ein Gefühl für „ernst, würde und ehrfurcht" geben.[28] Während
im Impressionismus der Dichter lediglich ein Seismograph äußerer Eindrücke
gewesen sei, müsse man jetzt von großen Dichtern wieder eine Wendung zum
Wesentlichen erwarten. Darum hieß es an anderer Stelle: „Die heut nötigen kul-
turheilande sehn wir in den formbringern, nicht in den formsprengern."[29]
Schon das erste *Jahrbuch* bekannte sich daher zu Bildeindrücken, die etwas
deutlich Konturiertes und Plastisches haben. Weniger die Stimmung sei für ein
großes Dichtwerk das Entscheidende, hieß es hier, als die Linie, die graphische
Knappheit, die plastische Ausgestaltung.

In Georges dichterischem Schaffen bildet die entscheidende Wende zu dieser
gemeinschaftsstiftenden „MITTE" und damit steigenden Monumentalität des
poetischen Ausdrucks sein *Teppich des Lebens* (1900), wohl sein erstes konse-
quent durchgeformtes Gedichtwerk, das auf dem Prinzip „strenger linien-
kunst" beruht. Während in den *Büchern der Hirten und Preisgedichte, der
Sagen und Sange und der hängenden Gärten* (1895) noch die impressionisti-
sche Vielfalt der Welt enthalten war, ob nun in mittelalterlicher, orientalischer,
minnesängerlicher, antiker oder idyllischer Form, unterwarf George jetzt jedes

Gedichtwerk einem durchgehenden Programm. Das Exotische und Raffinierte verschwand auf diese Weise immer stärker hinter dem Naheliegenden und Heimatlichen. Statt römischen Caesarenprunk oder überladene Schloßszenerien zu beschreiben, verfaßte George plötzlich Strophen wie „Schon lockt nicht mehr das wunder der lagunen / Wie deine wogen – lebensgrüner Strom" oder „In diesen einfachen gefilden lern / Den hauch der den zu kühlen frühling mindert / Und ihrem kindestammeln horche gern."[30]

Das Ergebnis dieser Umorientierung war eine Simplizität, die zu einer steigenden Vorliebe für völkisch-bäuerliche und gotisch-religiöse Motive führte. Beispielhaft dafür sind Gedichte wie *Der Freund der Fluren* oder *Das Kloster*, wo es sich um idyllisch-vereinfachte Bilder in klarer, hodlerscher Zeichnung handelt. Auf das Reim- und Rhythmengepränge der frühen Hymnen folgt hier die gedämpfte Sprache eines von der „MITTE" Ergriffenen. Die poetischen Bilder wirken nicht mehr empfunden, nicht mehr nacherlebt, sondern drücken allgemeine Situationen aus, die von einem Kreis gleichgestimmter Anhänger als etwas Überindividuelles anerkannt werden sollen. Gundolf nannte diesen Wandel einen Übergang vom „orgiastischen" zum „domhaften" oder „bildnerisch Hellenischen". An die Stelle der vibrierenden Vokalmelodie des *Algabal* trat somit ein Predigtton, der etwas Spruchhaftes und Litaneienmäßiges hat. Eine zentrale Bedeutung bekamen dabei Huldigungen oder Gespräche mit geliebten Personen, denen man auf ihrer Lebensbahn mit ethischen Leitsprüchen zu Hilfe kommen wollte. Neben solchen gesprächshaften Formen, wie Dialogen und Spruchweisheiten, begegnen zugleich Tafeln und Monumente, auf denen neue Gesetze verkündet werden. Und all das geschieht im Ton apodiktischer Bestimmtheit, der keinen Zweifel an der Rechtmäßigkeit dieser Satzungen aufkommen läßt.

Wohl am nachdrücklichsten äußert sich diese neue Monumentalität in dem Gedichtwerk *Der siebente Ring* (1907), in dem sich George nach den resigniert ermatteten Versen im *Jahr der Seele* und dem dekorativen Reigen im *Teppich des Lebens* mit der Aura des Prophetischen umgab. Die „unermeßliche fracht äußerer möglichkeiten", die zu „schillerndem spiel" verführte, wird hier durch „einfache geschehnisse" ersetzt, in denen das Führerbewußtsein eines von Gott Begnadeten zum Ausdruck kommen soll. An die Stelle zarter Gobelintöne, aufgelichteter und doch verhaltener Farben treten in diesem Band bewußt harte Effekte. So heißt es nicht mehr wie im *Jahr der Seele*: „Entflieht auf leichten kähnen / Berauschten sonnenwelten / Daß immer milde tränen / Euch eure flucht entgelten",[31] sondern laut und entschieden: „Nun da schon einige arkadisch säuseln / Und schmächtig prunken: greift er die fanfare, / Verletzt das morsche fleisch mit seinen sporen / Und schmetternd führt er wieder ins gedräng."[32] Der sanfte Rhythmus der frühen Werke Georges geht dadurch in ein Formschaffen über, dem eine Hypertrophie des Willens zugrunde zu liegen scheint.

Alles wird dem Zwang des Sakralen unterworfen, um eine Diktion zu erzielen, die den Eindruck des Priesterlichen erwecken soll. Vor allem der Mittelteil des Ganzen, *Maximin* überschrieben, ist wie ein weltliches Meßbuch gehalten, bei dem die irritierende Kleinschrift und die fehlende Interpunktion einen Ersatz für das Latein bieten sollen. Das gleiche gilt für den Tonfall der einzelnen Gedichte. Wo bisher das Gesellig-Dekorative bestimmend war, herrscht jetzt das Feierlich-Monumentale, der bronzene Vers.

Das dichterische und religiöse Zentrum dieser Phase in Georges Leben und Werk bildete eindeutig der Jüngling Maximin, ein leibgewordener Heilsbringer von griechischer Schönheit und christlicher Sanftmut, an dem sich George zu einem Kultstifter steigerte, der endlich die ihm gemäße sakrale Pose gefunden hatte. Von dieser Warte aus gesehen, bekommt seine aristokratische Massenfeindschaft, die sich schon in seinen frühen Werken beobachten läßt, plötzlich eine ganz andere Schärfe und ideologische Bestimmtheit. Anstatt sich wie im *Algabal* als „salbentrunkener prinz" in spätantike „paradis artificiels" zurückzuziehen, trat George im *Siebenten Ring* mit dem Anspruch eines übermenschlichen Zeitrichters auf, als stünde das Jüngste Gericht oder der Brand des Tempels bevor. Das Dichterische, das bildliche Eingebettetsein in die Landschaft, wird dementsprechend immer stärker vom Rhetorischen verdrängt. Wie ein Halbgott warf hier George seiner eigenen Zeit, die sich von der religiösen Überformung des Menschen zu emanzipieren versuchte, den Fehdehandschuh ins Gesicht, ja bestrafte sie mit Bann und Fluch, als habe er die Macht, „ex cathedra" zu sprechen.

Noch entschiedener äußert sich diese Haltung in seinem *Stern des Bundes* (1914), dem Höhepunkt dieser tyrannischen Machtbesessenheit, die nur Anschluß oder Ausschluß zu kennen scheint: „Ihr fahrt im hitzigen taumel ohne ziel/Ihr fahrt im sturm ihr fahrt durch see und land/Fahrt durch die menschen/Und eure lösung ist durch euch der tod", „Das niedre fristet larvenhaft sich fort/Bescheidet vor vollendung sich mit tod" oder „Verzeihung heischen und verzehn ist greuel".[33] In diesem Band werden keine Stimmungen mehr gestaltet, sondern nur noch Haltungen gezeigt. Ein harter, metallner Ton herrscht vor. Nicht genug, daß sich George selber einen unmenschlichen Zwang auferlegt, auch andere werden diesem Zwang unterworfen. Besonders deutlich wird diese herrscherliche Pose in folgenden Zeilen, wo sich der richterliche Ton in eine hartherzige Vernichtungsraserei überschlägt: „Ihr baut verbrechende an maß und grenze: /‚Was hoch ist kann auch höher!' doch kein fund/ Kein stütz und flick mehr dient [...] es wankt der bau/Und an der Weisheit end ruft ihr zum himmel: /‚Was tun eh wir im eignen schutt ersticken/Eh eignes spukgebild das hirn uns zehrt?'/Der lacht: zu spät für stillstand und arznei!/Zehntausend muß der heilige wahnsinn schlagen/Zehntausend muß die heilige seuche raffen/Zehntausende der heilige krieg."[34]

Gedichte wie dieses richten sich nicht mehr an einen Kreis von Kunstjüngern, sondern an ein willfähriges Gefolge, das sich einem priesterlichen Herrscher unterordnet, den die Mitglieder dieses Kreises schon zu Lebzeiten wie eine mythische Gestalt verehrten. Nicht der versierte Reimtechniker der neunziger Jahren steht in Gedichtwerken wie *Der siebente Ring* und *Der Stern des Bundes* im Mittelpunkt, sondern der Kultstifter, der einer Schar von Entschlossenen mit herrischen Maximen den Weg zu weisen versucht, und zwar unnahbar, aus weiter Entfernung, wie es sich für einen anspruchsvollen Führer geziemt. Aus hellenischer Leibvergottung, renaissancehafter Ichbesessenheit und Nietzsches Übermenschenvorstellung erwächst hier ein Heroenkult, der eindeutig ins Imperiale tendiert. Das gilt vor allem für jene Gedichte, die George während des Ersten Weltkrieges sowie in den frühen zwanziger Jahren verfaßte und die 1928 Eingang in sein Gedichtwerk *Das neue Reich* fanden. In ihnen wird unter völkischer Perspektive immer stärker das Bild eines „Starken von oben" beschworen, der in der Schar der ihm ergebenen Jünger jenes „geheime Deutschland" heranzuwachsen glaubt, dem später im „Neuen Reich" der Führungsanspruch zufallen sollte.

Der gleiche Wandel läßt sich in den Schriften fast aller Angehörigen des George-Kreises beobachten. Während in den neunziger Jahren in ihm noch die Nur-Dichter und Kunstfreunde dominiert hatten, trat nach der Jahrhundertwende – neben relativ unbedeutenden Lyrikern wie Johann Anton, Robert Boehringer, Ernst Morwitz, Ludwig Thormaehlen und Woldemar von Uxkull-Gyllenband – im Rahmen dieses Kreises zusehends eine Phalanx junger Akademiker in den Vordergrund, die zwar nebenher auch Gedichte schrieb oder Übersetzungen bedeutender Werke der Weltliteratur vorlegte, aber sonst vor allem mit wissenschaftlichen Publikationen von sich reden machte. Die zentrale Figur innerhalb dieser Gruppe war anfangs Friedrich Gundolf, der in den Jahren zwischen 1908 und 1916 neben seinen Shakespeare-Übertragungen, zu denen George seine Übersetzung der Shakespeareschen *Sonette* beisteuerte, sein Buch *Shakespeare und der deutsche Geist* sowie seine monumentale *Goethe*-Monographie herausbrachte. Ein fast ebenso großes Ansehen innerhalb des George-Kreises genossen der Kulturhistoriker Berthold Vallentin, der Historiker Ernst Kantorowicz, der Kunsthistoriker Wilhelm Stein, der klassische Philologe Heinrich Friedemann, der Volkswirtschaftler Edgar Salin, die Philosophen Friedrich Wolters und Kurt Hildebrandt sowie die Germanisten Ernst Bertram und Max Kommerell, deren Schriften vornehmlich überragenden Größen wie Platon, Cäsar, Friedrich II. von Hohenstaufen, Winckelmann, Hölderlin, Schiller, Napoleon und Nietzsche gewidmet waren. Auch sie versuchten die von ihnen verehrten „Leuchttürme der Menschheit" in der von George propagierten Weise zu mythischen Gestalten zu erhöhen, um ihnen auf diese Weise den Anstrich des Führerhaften, ja Halbgöttlichen zu geben. Und

Stefan George mit Freunden und Anhängern in der Halle der Villa Lobstein (1919). Sitzend von links nach rechts: Stefan George, Friedrich Gundolf, Ernst Glöckner und Berthold Vallentin. Stehend von links nach rechts: Ernst Gundolf, Woldemar von Uxkull-Gyllenband, Erich Boehringer, Ernst Morwitz, Percy Gothein und Ludwig Thormaehlen

zwar nahm George – durch Gespräche und Korrekturen – an fast allen dieser Bücher einen maßgeblichen Anteil und ließ in ihnen nichts durchgehen, was gegen den Kern seiner Weltanschauung verstoßen hätte. Noch stärker als mit seinen früheren Dichterfreunden versuchte er mit diesen Männern jenen „Staat im Staate" aufzubauen, den er als eine Gegenwelt zur herrschenden bürgerlich-materialistischen Gesellschaftsordnung verstand.

Während George, wie gesagt, diese Gegenwelt in den neunziger Jahren noch im Bereich der reinen Kunst erblickt hatte und sich dann – im Rahmen der sich damals breit entfaltenden neureligiösen Bewegung – wie Alfred Schuler und Rudolf Steiner – zum Kultstifter aufzuschwingen versuchte, verstand er sich in der Zeit nach dem Ersten Weltkrieg im Sinne der „Konservativen Revolution" immer stärker als charismatisch begnadeter Führer, der in der parlamentarischen und kapitalistischen Betriebsamkeit der Weimarer Republik lediglich einen Verfall der älteren Wertvorstellungen erblickte. „Unangetastet vom geilen markt", wie es in dem Gedichtband *Das neue Reich* (1928) heißt, faßte

George jetzt nur noch die Möglichkeit einer radikalen Rückkehr zu einer ins „Morgige" weisenden ideellen Konzeption einer neuen Gesellschaftsform ins Auge, in der – in seinem Sinne – Großes wieder groß und Kleines wieder klein sein sollte. Und dazu erschien ihm in seinen literarisch überspitzten Träumen geradezu jedes Mittel – selbst ein geradezu diktatorisch auftretender Männerbund – recht, auf dem nicht der Makel des Niedrigen „fleckt", sondern der sich nur seiner großen Aufgabe widmet.

Aus einer Gruppe Gleichaltriger und Gleichberechtigter wurde durch diesen hochgespannten Anspruch im Laufe der Jahrzehnte ein nach dem Modell von „Herrschaft und Dienst" aufgebautes Gefolgschaftssystem, in dem es nur noch den alles bestimmenden „Meister" und einen um ihn herum gruppierten homoerotisch gestimmten Männerbund gab, in den nur jene berufen wurden, die Georges Vorstellung von männlicher Schönheit und überzeugender Geistigkeit entsprachen. Vor allem von den Jüngeren unter seinen Anhängern erwartete George absoluten Gehorsam, ja pflegte sie oft scharf zurechtzuweisen. Überhaupt gab es für George zu diesem Zeitpunkt nur noch „Erwählte" und „Verworfene". So war Max Kommerell für ihn erst sein „Maxim" und dann nach dem Bruch von 1930 „die eklige Kröte". Nicht viele, sondern bedeutende, ihm verpflichtete Anhänger wollte er haben, die er im Sinne des platonisch-aristokratischen Bildungsideals der Paideia zu geistigen Führernaturen heranzubilden hoffte. Und das gab seinem Kreis – trotz einiger als „Verrat" empfundener Eheschließungen – jene im Rahmen einer privilegierten bürgerlich-liberalen Bildungsschicht nur durch eine straffe Autorität zu ermöglichende Konsistenz und Dauerhaftigkeit.

In den zwanziger Jahren hatte dieser Kreis etwa 30 Mitglieder. Ihm anzugehören, wurde als eine „hohe Ehre" empfunden. Ja, manche warteten oft jahrelang, bis ihnen endlich das Glück zuteil wurde, in diesen Orden der Erwählten aufgenommen zu werden. Dem George-Kreis konnte man nicht einfach beitreten. In ihn wurde nur aufgenommen, wer dem großen „Meister" als bildsam, substantiell und adelig erschien. Außerdem mußte er unter Beweis stellen, daß er nicht gegen das Prinzip von „Herrschaft und Dienst" verstoßen würde. All das wurde zwar mit vielen menschlichen Versagungen und Unterwerfungsgesten erkauft, gab aber dem George-Kreis seine kaum vergleichbare innere Geschlossenheit. Diese bewährte sich sogar in den schweren Jahren nach 1933, als die jüdischen Wissenschaftler unter Georges Anhängern Deutschland verlassen mußten und die im Dritten Reich Verbliebenen von den Nationalsozialisten – wie alle anderen selbsterwählten Führergestalten im nationalkonservativen Lager – zwar geduldet, aber als potentielle Rivalen angesehen wurden. Doch zu diesem Zeitpunkt war der George-Kreis schon längst kein Dichterbund mehr, obwohl manche seiner Mitglieder, die sich später um die in Holland erscheinende Zeitschrift *Càstrum peregrini* scharten – weiterhin Gedichte

schrieben oder sich an Übersetzungen versuchten. Jetzt waren es die Professoren, die in dieser Runde den Ton angeben. Und damit scheidet der George-Kreis
in seiner letzten Phase für unsere Untersuchung weitgehend aus.

Kosmiker und Charontiker

Daß auf eine Zeit des geistigen Niedergangs eine Epoche großer Umwälzungen,
ja einer „Umwertung aller Werte" folgen werde, war unter den neuromantisch,
neuklassisch oder neuheidnisch gesinnten Intellektuellen um 1900 fast ein
Gemeinplatz. Aufgrund dieser Überzeugung stößt man in ihren Schriften überall auf die Parole Nietzsches, der korrumpierenden Welt der christlich-spieß-
bürgerlichen Heuchelei und kapitalistisch-materialistischen Profitgier endlich
wieder Leitbilder des Heroischen und Kulturbewußten entgegenzusetzen, um
so die Welt der modernen Verstädterung und Industrialisierung vor einer allgemeinen Entwürdigung ins Niedere zu retten. Im Gefolge solcher Anschauungen trat zu diesem Zeitpunkt eine geradezu unübersehbare Fülle selbsterwähl-
ter Führertypen, Religionsstifter, Dichterpropheten oder Ordensgründer auf,
die mit der Pose einsamer Rufer in der Wüste aufbruchswillige Jünger um sich
zu scharen versuchten. Wie Stefan George brachten auch sie in ihren Schriften –
meist in Form von Gedichten, Weissagungen, Tafeln oder metaphysisch überhöhten Proklamationen – gern ein poetisches Element ins Spiel, um dieser Aufbruchsgesinnung einen möglichst würdevoll-stilisierten, das heißt dichterisch
stilisierten Ausdruck zu verleihen. Demzufolge stießen die Vertreter dieser
Richtung nur selten ins Konkret-Politische vor. In vielen Fällen erschöpfte sich
ihre herrische Pose in halb literarisch, halb philosophisch formulierten Text-
sorten, die trotz ihres maßlosen Anspruchs weitgehend im Bereich der oft apostrophierten „machtgeschützten Innerlichkeit" blieben.

Eine der ersten Ausformungen dieses Geistes oder besser Übergeistes war
jene „Kosmische Runde", die sich gegen Mitte der neunziger Jahre in München
bildete. Ihre Hauptvertreter waren Karl Wolfskehl, Alfred Schuler, Ludwig Klages und Ludwig Derleth. Wolfskehl, der Sohn eines vermögenden Bankiers, gab
sich nach seiner Dissertation über *Germanische Werbungssagen* auf Anregung
Georges, den er 1893 kennenlernte, ganz seiner dichterischen „Berufung" hin.
Obwohl er entschlossen war, sich völlig in den Dienst seines neuen Meisters
und seiner *Blätter für die Kunst* zu stellen, ja Georges „Knecht", vielleicht
sogar sein „Petrus" zu werden, bewies Wolfskehl dennoch eine relative Selbständigkeit. Seine frühen Gedichte, die er zum Teil in den *Blättern* und dann in
den Bänden *Ulais* (1897) und *Gesammelte Dichtungen* (1903) veröffentlichte,
lassen neben starken Einflüssen von seiten Georges auch ebenso nachhaltige
Wirkungen von seiten der deutschen Romantik, Bachofens, Nietzsches sowie

zionistischer Vorstellungen erkennen. In bilderreicher und zugleich symbolisch überhöhter Sprachgebung wird in ihnen eine synkretistische Privatreligion beschworen, der die Sehnsucht nach einer Wiedergeburt weit entfernter, frühmenschheitlicher Mythen zugrunde lag. Aus dem gleichen Grunde trat Wolfskehl bei den feierlichen Maskenzügen und Dichterfesten, die er um 1900 in seinem Schwabinger Haus veranstaltete, gern mit purpurnem Gewand, Weinlaubkranz und langem goldenen Stab als berauschter Bacchus auf, während sich George bei solchen Anlässen lieber als römischer Cäsar in eine weiße Toga hüllte, um sich mit der Aura des Herrscherlichen zu umgeben. Bei anderen solcher Feste erschien George mit ebenso gebieterischer Pose als Dante, während er Wolfskehl die Rolle des Homer überließ.

Fast die gleiche Sehnsucht ins Heidnisch-Archaische läßt sich zu gleicher Zeit bei Alfred Schuler beobachten, der wie Wolfskehl in den neunziger Jahren seinen Wohnsitz nach München verlegte, um sich dort als Privatgelehrter dem Studium frühgeschichtlicher und antiker Mysterienkulte zu widmen. Auch er ließ sich von Johann Jakob Bachofens *Mutterrecht. Eine Untersuchung über die Gynaicocratie der Alten Welt in ihrer religiösen und rechtlichen Natur* (1861) inspirieren und begegnete schließlich ebenfalls George. Noch stärker als Wolfskehl, auf dessen Festen Schuler gern als Magna mater auftrat, wollte er der „verdorrten" Gegenwart als Dichter, Forscher, Mystiker, Denker und Religionsstifter Bilder eines noch unentfremdeten, aus antiken Mythen gespeisten Lebens entgegensetzen, verschmähte jedoch das gedruckte Wort als Ausdruck eines das Urtümliche verfälschenden Mediums und versuchte, lediglich durch herrisch herausgeschleuderte Proklamationen oder Ansprachen auf andere Menschen einzuwirken. Als sich selbst überhöhender Seher glaubte er aus der biotischen Schicht seiner „Blutseele" zu leben, die allen wahrhaft hohen Menschen, wie ihm, ein unverkennbares Charisma gebe. Im Gefolge Nietzsches wandte er sich deshalb in aller Schärfe gegen die gesamte jüdisch-christliche Tradition, welche die heilsbringende Swastika zum Todessymbol des Kreuzes erniedrigt, ja kastriert habe, wodurch große Teile der Menschheit von ihren „quintessentiellen" Bedürfnissen abgelenkt worden seien. Nur beim jungen Goethe fänden sich noch „Glutreste" jener alten Traditionen, schrieb Schuler, denen jedoch später der „Dolchstoß der Französischen Revolution" endgültig den Garaus gemacht habe. Seine Hoffnung auf eine neue Welt – jenseits des gegenwärtig herrschenden Materialismus, Egoismus, Liberalismus, Parlamentarismus, Industrialismus und Sozialismus – setzte darum Schuler fast ausschließlich auf ein Neuheidentum, vor allem eine Erneuerung der antiken Mysterienkulte. Erst nach einer Neubegegnung mit dem Numinosen, erklärte er, werde es wieder jene „telesmatischen" Menschen mit der „wirbelnden Swastika in der Blutseele" geben, die sich in neuen Gemeinschaften als „Sonnenkinder" und „Essenzträger" an kosmischen Urbildern orientieren würden.[35]

Gruppenporträt von Karl Wolfkehl, Alfred Schuler, Ludwig Klages, Stefan George und Albert Verwey (April 1902)

Nachdem Schuler diese Ideen gegen Anfang der neunziger Jahre in einem sechs-bändigen Roman unter dem Titel *Nero Dominus* darzustellen versuchte, von dem sich jedoch nur wenige Blätter erhalten haben, schrieb er 1895 mit kalli-graphisch stilisierter Goldschrift auf purpurnen Tafeln seine *Cosmogoniae Fragmenta* nieder, welche er – als einer möglichen Förderin seiner Ideen – der österreichischen Kaiserin Elisabeth überreichen wollte, die jedoch, kurz bevor es dazu kam, ermordet wurde. Ebenso wenig wurde aus Schulers Plänen, Nietz-sche gegen Ende der neunziger Jahre durch korybantische Tänzer mit rotkup-fernen, das heißt von der „Blutseele" erleuchteten Harnischen aus seiner Umnachtung wieder ins aktive Leben zurückzuholen oder auf einem 1899 in München veranstalteten Römischen Fest Georges Seele zu „erobern".

Wohl den größten Einfluß übte Schuler auf den jungen Alfred Klages aus, der Anfang der neunziger Jahre ebenfalls nach München kam und dort sowohl Schuler als auch George kennenlernte. Anfangs fühlte sich Klages als junger Lyriker weniger von Schuler als von George angezogen, über den er noch 1902 eine geradezu kultisch verklärende Broschüre herausbrachte. Da jedoch George und Schuler als Kreis- und Religionsstifter mit dem gleichen Alleinver-tretungsanspruch auftraten, mußte sich Klages schließlich für einen von beiden entscheiden. Er tat dies im Jahr 1904, in dem er jede Beziehung zu George als

auch zu Wolfskehl, den er für die „Verjudung" des George-Kreises verantwortlich machte, abbrach. Um so enger hielt er sich dafür an Schuler, der sich zum
gleichen Zeitpunkt ebenfalls von George distanzierte, weil er ihm nicht nur seinen Philosemitismus, sondern auch seine Feigheit in homoerotischen Fragen
verübelte. Welche weltanschaulichen Konzepte Klages in diesen Jahren faszinierten, geht am besten aus seinem schon 1913 verfaßten, aber erst 1944 publizierten Band *Rhythmen und Runen* hervor. Hier schrieb er, daß er als junger
Mann Nietzsche vor allem als Philosophen des „Orgiastischen" bewundert
habe. Zugleich hätten ihn Bachofens Schriften über Mutterecht und Gräber-
symbolik mit geradezu „chthonischen Schauern" erfüllt. Doch einen tatsächlichen „Glauben an die Wirklichkeit mythischer Mächte" sowie eine Hoffnung
auf ihre „Wiederkehr" habe ihm erst der ekstatische Esoteriker Schuler, dieser
bedeutendste „Magus" der neureligiösen Szene um 1900, vermittelt. Von ihm
habe er erfahren, daß die alten Mythen die eigentlichen „Waffenkammern der
Eingeweihten" seien und sich nur in ihnen die letzte Hoffnung gegen den alles
„fressenden Brand des Kapitalismus" verkörpere.[36] Daher legte Klages seinem
Mentor Schuler bis zur Niederschrift seines Buchs *Vom kosmogonischen Eros*
(1922) alle seine Schriften zur „Billigung und Prüfung" vor. Nur durch seinen
Zuspruch fühlte er sich darin bestätigt, daß es – angesichts der allgemeinen Entwürdigung aller älteren Werte ins Niedrige – heute vor allem darum gehe, in
den wenigen übriggebliebenen „höheren Menschen" wieder einen Sinn für
Glut, Rausch, Schöpfertum, Ekstase, Körperlust, Blutseele, Substanz und Her-
rengeist zu wecken.

Ludwig Derleth, der Vierte in diesem Bunde, zog kurz vor der Jahrhundertwende, nach einigen Jahren als Gymnasiallehrer im Fränkischen, ebenfalls
nach München und wurde dort wegen seines anspruchsvollen Auftretens, mit
dem er sich den Anschein eines *poeta vates* zu geben versuchte, von George
sowie den drei Vertretern der Kosmischen Runde sofort als artverwandt
begrüßt. Seine ersten Gedichte, in denen er sich in nietzscheanischer Manier zur
Sehnsucht nach einer wieder von den „Mächten der Tiefe" inspirierten Welt
bekannte, publizierte er 1896 in der Zeitschrift *Pan* und dann in Georges *Blät-*
tern für die Kunst. Doch es waren weniger diese Gedichte als seine hochfahrenden, auf die Gründung eines „Neuen Reiches" drängenden Proklamationen,
welche neben der Lektüre von Thukydides und Plutarch auch eine genaue
Kenntnis der frühgriechischen Orphiker, Nietzsches und Bachofens verrieten,
die Wolfskehl, Schuler und Klages im Jahr 1900 veranlaßten, einen engeren
Kontakt mit Derleth aufzunehmen. Und auch George bemühte sich um ihn, der
Derleth 1907 in seinem Band *Der siebente Ring* sogar ein Gedicht widmete.
Doch zu weiteren Kontaktaufnahmen kam es danach nicht. Schließlich blieb
Derleth – bei aller Neigung zum Kosmogonischen und Militanten – letztlich
doch dem katholischen Aspekt der spätrömischen Antike verhaftet, wodurch

sich seine Beziehung zun Wolfskehl, Schuler und Klages allmählich lockerte.
Aber auch ohne diesen Bezug zum Katholizismus wäre eine engere Zusammenarbeit dieser vier Dichter und Denker auf die Dauer nicht möglich gewesen.
Dazu waren sie allesamt viel zu ichbesessen und neigten in ihren privatreligiö-
sen Ansprüchen weniger zum Solidarischen als zum Führerhaften. Im Rahmen
dieser Kosmischen Runde wollte jeder sein eigener Kreis- und Religionsstifter
sein, statt sich in eine Gemeinschaft Gleichgesinnter einzuordnen oder sich gar
in den Dienst eines anderen Führers zu stellen. Daß sich Schuler anfänglich von
George und dann von Klages, Klages zuerst ebenfalls von George und dann von
Schuler angezogen fühlte, spricht letztlich nicht gegen eine solche Haltung.
Dies waren vorübergehende Phasen, in denen sie aus Jüngern zu künftigen Mei-
stern heranzureifen hofften.

Ähnliches trifft auf andere „Kosmiker" dieser Jahre wie Theodor Däubler
oder Alfred Mombert zu, die in ihren Gedichtwerken mit ebenso gluterfüllten
und zugleich metaphysisch überhöhten Weltveränderungsvorstellungen an die
Öffentlichkeit traten. Auch sie erregten zwar im Bereich der literarisch Interessierten zeitweilig viel Aufsehen, drangen aber mit ihren lyrischen Proklamationen selten in einen breiteren gesellschaftlichen oder kulturpolitischen Diskurs
ein. Dazu fehlte es ihnen entweder an persönlicher Überzeugungskraft oder
dem nötigen organisatorischen Talent. Ja, bei manchen dieser Kosmiker war
dieser Weltveränderungsanspruch lediglich eine literarische Pose, mit der sie
ihrem bescheidenen Talent einen ins Mythische gesteigerten Nimbus zu geben
versuchten. Daher erwarben sie sich zwar den Ruhm, schwerständliche Exzen-
triker zu sein, konnten aber nur in Ausnahmefällen eine ihnen ergebene Gefolgschaft um sich scharen. Genauer besehen, bemühten sich die meisten – aufgrund ihrer forcierten Selbstbezogenheit – auch gar nicht darum. Es gab unter
diesen lyrischen Sehernaturen sogar solche, die gerade das Verkanntsein als den
entscheidenden Beweis ihrer inneren Größe empfanden.

Zu den wenigen Dichtern in diesem Bereich, denen es gelang, einen Kreis ergebener Jünger um sich zu scharen, gehört Otto zur Linde, der vor allem durch
seinen charontischen Mythos und den von ihm angeregten Charon-Kreis in die
Literaturgeschichte eingegangen ist. Linde war wie die drei Münchner Kosmiker fest davon überzeugt, daß Dichtung nicht primär ästhetisch, sondern metaphysisch ausgerichtet sein müsse. Daher sah er im Laufe der Jahre in sich selbst
immer stärker einen Seher, Religionsstifter oder zumindest Sendboten über-
wirklicher Verbindlichkeiten, dessen Visionen einem Kreis gläubiger Anhänger
zugute kommen sollten. Im Zentrum seines Denkens stand vor 1914 eine von
Nikolaus von Cues abgeleitete Kugel-Philosophie, mit der er sich bemühte, den
christlich-idealistischen Dualismus von Leib und Seele zugunsten einer Identi-
tätsphilosophie von Ich und Universum aufzuheben, um so das „Selbst" zu
einem metaphysischen Subjekt, wenn nicht gar Analogon Gottes zu erheben.

Statt wie George durch seinen Maximin-Kult das Leiblich-Sinnliche in den Vordergrund zu rücken, strebte Linde eher eine geistbestimmte Vermittlung zwischen Antikischem und Christlichem an, wobei er den Hauptakzent auf das
Mythisch-Vermittelnde, das Grenzüberschreitende, kurz: das „Charontische"
legte. Sein literarischer Ausgangspunkt war hierbei der evolutionistische
Aspekt in den *Phantasus*-Gedichten (1899) von Arno Holz, den Linde jedoch
schnell aus dem Darwinistisch-Biologischen ins Metaphysische abwandelte,
um so der mythenbildenden Kraft des menschlichen Geistes neue Impulse zu
vermitteln. Aufgrund dieser visionären Weltanschauung sah er in sich selbst
schließlich einen Mystagogen, Erlöser oder Heilsbringer, welcher den Abgrund
zwischen dem Chthonischen und dem Kosmischen in Werken wie *Gedichte,
Märchen, Skizzen* (1901), *Fantoccini* (1902) und *Die Kugel. Eine Philosophie
in Versen* (1909) durch einen brückenschlagenden Mythos zu überwinden
hoffte.

Die Idee, um diesen charontischen Mythos einen Kreis gleichgesinnter Dichter zu scharen, kam Otto zur Linde 1903, als er den jungen, von den Vorsokra-
tikern und Nietzsche begeisterten Rudolf Pannwitz kennenlernte, der sich
gerade von Wolfskehl und George abgewandt hatte. Mit Pannwitz gab daraufhin Linde ab Januar 1904 in Berlin die Zeitschrift *Charon* heraus, die den
Untertitel *Monatsschrift für Dichtung, Philosophie und Darstellung* trug und
ein „Seelenfährmann" zwischen dem Abgründigen und dem Erhabenen sein
sollte. Ein Jahr später gründeten Linde und Pannwitz den Charon-Verlag, in
dem bis zum Jahr 1915 insgesamt 31 Bücher, und zwar neben eigenen Schriften
vor allem Publikationen von *Charon*-Beiträgern und -beiträgerinnen wie Erich
Bockemühl, Verena zur Linde, Franziska Ott, Rudolf Paulsen und Karl Röttger
erschienen. Zur ersten Krise zwischen Linde und Pannwitz kam es 1906, worauf Pannwitz sein Amt als Mitherausgeber des *Charon* niederlegte und in Werken wie *Dionysische Tragödien* (1913), *Die heiligen Gesänge der Hyperboräer*
(1914) und *Zehn Mythen* (1919) seinen eigenen Stil zu finden suchte. Linde
gab nach dem Ausscheiden von Pannwitz dem *Charon* 1909 den neuen Untertitel *Monatsschrift für modernes geistiges Leben. Insbesondere Reform der
Lyrik. Publikationsorgan der „Berliner Dichterschule".* Neben den bereits
Genannten erwiesen sich dabei Salomo Friedländer, Heinrich Gösch, Kurt
Gröbe, Wilhelm Janecke, Gottfried Kölwel, Julie Kruse, Max Päpke, Johannes
Schlaf, Else Lasker-Schüler, Werner Schwartzkopf und Filo Schwerdt als die
wichtigsten Beiträger und Beiträgerinnen, während Sympathisanten wie Theo-
dor Däubler, Walter von Molo, Alfred Mombert und Albert Verwey eher im
Hintergrund blieben. Trotz seines hohen Anspruchs war Linde bei der
Annahme seiner *Charon*-Beiträge keineswegs so exklusiv wie George bei der
Auswahl geeigneter Texte für seine *Blätter*. Statt eine totale Verpflichtung auf
seine eigene Person zu fordern, versuchte er alle zu gewinnen, die sich als

„selbstbewußte Einzelne", wie er selber schrieb, in den "Geisterstaat" seiner mythisch-charontischen Weltschau einzuordnen versuchten.[37] Und Linde hatte durchaus Erfolg mit dieser Strategie und konnte die Gesamtauflage seiner Zeitschrift zwischen 1904 und 1908 von 400 auf 4000 Exemplare pro Heft steigern.

Ab 1909 wurde der Dichter-Denker Karl Röttger, den Linde ein Jahr zuvor kennen- und schätzen gelernt hatte, Mitherausgeber des *Charon*. Dieses Amt übte er bis 1911 aus. Danach leitete er die der Charon-Gruppe eng verbundene Zeitschrift *Die Brücke*, die sich eine *Monatsschrift für Zeitinterpretation* nannte und in der neben jungen Dichtern hauptsächlich Pädagogen und Soziologen publizierten. Wie Linde betonte Röttger in seinen eigenen Werken – wie den Gedichtsammlungen *Wenn Deine Seele einfach wird* (1909), *Tage der Fülle* (1910) und *Die Lieder von Gott und dem Tod* (1912), aber auch Prosawerken wie den *Christuslegenden* (1914), *Der Eine und die Welt* (1917) und *Das Gastmahl der Heiligen* (1920) – vor allem die Suche nach dem tieferen Wesensgehalt des Lebens, kurz: dem immer wieder beschworenen Substantiellen und Eigenschöpferischen. Im Sinne vieler Gottsucher dieser Jahre ging es auch Röttger, wie vor ihm schon Pannwitz, letztlich nur um den „eigenen Weg". Dadurch entfernte er sich allmählich immer weiter vom Zentrum des von Linde postulierten charontischen Mythos. Doch worin bestand dieser Mythos eigentlich? Und wie hätte er den *Charon*-Beiträgern und -Beiträgerinnen einen festeren ideologischen Bezugspunkt, ja vielleicht sogar eine Basis für ein kreishaft-solidarisches Verhalten geben können?

Genau besehen, lag diesem Mythos wie fast allen Mythenschöpfungen seit Nietzsches *Also sprach Zarathustra* (1883), diesem Buch für „Alle und Keinen", wie es verräterischerweise heißt, lediglich das Konzept einer individuellen „Selbstverwirklichung" zugrunde. „Wer sich zum Charon schart", schrieb Linde einmal, „ist vor allem und dauernd Einzelner. Der Charon ist: Der Einzelne. Und der gibt sich seinen Eigenwert."[38] Linde gab zwar diese Selbstverwirklichung zugleich als eine Weltverwirklichung, das heißt kosmisch grundierte Identitätssuche aus, ging aber dabei – trotz aller literarischen Aufschwünge ins Numinose – kaum über die Grenzen des bürgerlichen Liberalismus hinaus. Indem er seinen charontischen Mythos – wie in *Thule Traumland* (1911) – als eine „Religion ohne Gott" bezeichnete, die keine Autorität über dem eigenen Selbst anerkennt, blieb er letztlich ein elitärer Außenseiter, der zwar in seinen Gedichten ständig ins Universum ausgriff, aber jeden Kontakt zu der ihn umgebenden gesellschaftlichen Umwelt peinlich mied. Daher kam zu seinen Charon-Abenden, die er jeden Mittwoch ab halb 9 Uhr in seiner Wohnung abhielt, stets derselbe kleine Kreis der engsten Freunde und seelisch Nahen. Auch die Charon-Gruppen, die sich nach 1910 in Barmen, Düsseldorf, Erfurt, Essen. Hannover, Magdeburg, Marburg und München bildeten, gediehen nicht über das Konventikelhafte hinaus. Linde ließ sich zwar von diesen Gruppen als „geheimer König" ehren, ja fühlte sich geschmeichelt, wenn die *Charon*-Beiträger und -Beiträgerinnen von seiner „Sendung" oder seinem „Prophetentum" sprachen, konnte aber keinem dieser Ehrentitel einen in die gesellschaftliche Realität eingreifenden Sinn verleihen. Aus diesem Grunde schlossen sich seine Anhänger nie zu einem wirklichen Kreis, Bund oder Orden zusammen, sondern gründeten 1911 – unter dem Vorsitz von Rudolf Paulsen – lediglich eine Gesellschaft der Charon-Freunde, deren Hauptzweck offenbar darin bestand, ihrem literarischen Oberhaupt eine erträgliche Lebensbasis zu ermöglichen.

Der Bund Heimatschutz

Während sich die Vertreter des Gralbundes, des Paul Ernst-Kreises, des Werdandi-Bundes, des Stefan George-Kreises sowie die sogenannten Kosmiker und Charontiker in schroffer Ablehnung der von ihnen als Zivilisationsentartungen empfundenen Industrialisierung und Verstädterung Deutschlands in Ideologien hineinsteigerten, die einen deutlichen Zug ins Mystische, Religiöse, Mythologische oder Vorzeitlich-Archaische aufweisen, verhielten sich die literarischen Vertreter des 1904 in Dresden gegründeten Bund Heimatschutz, obwohl sie im Hinblick auf die fortschreitende Industrialisierung und Verstädterung fast die gleichen Vorbehalte anmeldeten wie die ebengenannten Kreise und Bünde, wesentlich pragmatischer. Sie wichen nicht von vornherein ins Hochliterarische oder Sektiererisch-Überspannte aus, sondern schlossen sich mit nüchtern denkenden Kommunalpolitikern, Universitätsprofessoren, Oberschullehrern sowie bereits bestehenden Naturschutzbünden zusammen, um ihrer Organisation eine weit in die wilhelminische Gesellschaft hineinreichende Wirkung zu geben. Obwohl auch sie gern naturverklärende Gedichte und Romane klassischer und romantischer Provenienz heranzogen, um ihren Thesen einen größeren Nachdruck zu geben, stützten sie sich anfangs meist auf die Schriften des Münchner Soziologen und Kulturwissenschaftlers Wilhelm Heinrich Riehl, der bereits in seinen Büchern der fünfziger und sechziger Jahre – wie zum Beispiel der vierbändigen *Naturgeschichte des deutschen Volkes als Grundlage einer deutschen Nationalpolitik* (1851–69) – unter nationaler Perspektive die rapide umsichgreifende Industrialisierung als das Hauptübel eines aus dem „Westen" importierten modernistischen Ungeistes hingestellt und die Naturverbundenheit des „ewigen Bauern" als die entscheidende Garantie einer Bewahrung der deutschen Wesenseigentümlichkeiten herausgestrichen hatte.

Unter Berufung auf solche Thesen trat in der Folgezeit eine Reihe von Autoren auf, die sich als Vertreter einer betont „völkischen" Opposition gegen alle

forcierten Industrialisierungsprogramme wandten und sich statt dessen für das
angestammte Landleben begeisterten. Statt jene Landflucht gutzuheißen, die
dazu führte, daß die Zahl der Großstädter in Deutschland zwischen 1871 und
1914 von zwei auf vierzehn Millionen anstieg, beschworen sie immer wieder
die „gute, alte Zeit" und die Freuden des „einfachen Lebens", von denen sie
sich eine Erhaltung der „natürlichen Lebensordnungen" versprachen. Vor
allem in den neunziger Jahren schwoll diese Opposition, und zwar von Julius
Langbehns *Rembrandt als Erzieher* (1890) bis zu Karl Oldenburgs *Deutschland als Industriestaat* (1897), zu einem Chor von Stimmen an, der lautstark
beklagte, daß das deutsche Reich seine landwirtschaftliche Autarkie verliere,
sich auf die risikoreichen Wechselfälle des Welthandels einlasse, seine natürlichen Rohstoffe einem profitorientierten Fortschrittsgeist opfere und schließlich
seine Bürger und Bürgerinnen dazu zwinge, in den „Steinwüsten" und „Back-
steingebirgen" der Großstädte ein entseeltes, wenn nicht gar entmenschtes
Dasein zu fristen.[39]

Was man zu diesem Zeitpunkt als Heimatschutzbewegung bezeichnete, geht
weitgehend auf das Wirken und die Schriften von Ernst Rudorff zurück, der
1880 in seinem Aufsatz *Über das Verhältnis des modernen Lebens zur Natur*
die eher allgemein gehaltenen Äußerungen Riehls über die fortschreitende
Naturzerstörung erstmals ins Sozio-Ökonomische zu konkretisieren versuchte.
Rudorff machte für diesen Zerstörungsprozeß neben der hemmungslosen
Industrialisierung und Flurbereinigung vor allem den steigenden Egoismus der
großstädtischen Touristen verantwortlich, der dazu geführt habe, „die Natur in
ihrem eigensten Wesen zu zerstören unter dem Vorgeben, sie dem Genuß
zugänglich zu machen".[40] Ebenso folgenreich waren zwei Aufsätze, die er 1897
unter dem Titel *Heimatschutz* in den *Grenzboten* publizierte und die 1901
unter dem gleichen Titel auch als Buch herauskamen. Die von Riehl noch gefeierte „Wildnis", heißt es hier, gebe es inzwischen nicht mehr. Allerorts habe sich
das „kahle Prinzip der geraden Linie und des Rechtecks" durchgesetzt, so daß
die meisten „Feldmarken wie nationalökonomische Rechenexempel" aussä-
hen. Überall würden „Reklameinschriften und Reklameschilder" angebracht.
Überall baue man Eisenbahnbrücken durch die schönsten Gebirgstäler und
errichte Fabriken an malerischen Flußufern. Überall machten sich Sommer-
frischler breit, die selbst inmitten der Natur nicht auf ihren „Komfort" verzichten könnten. Mit anderen Worten: überall lege man der Landschaft ein „Joch
abstrakter Nutzungsysteme" auf, das ihr „völlig fremd" sei, um sie zum eigenen
Gewinn und Vergnügen „bis zum letzten Tropfen auszupressen". Wie alles
andere werde sie dadurch zusehends in „Kapital" umgesetzt oder zur „Ware"
erniedrigt.[41]

Als Rudorff dieses Büchlein herausbrachte, stand er mit seinen Forderungen
schon längst nicht mehr allein da. Der Heimatschriftsteller Heinrich Sohnrey,

einer seiner Gesinnungsgenossen, hatte bereits 1893 das Monatsblatt *Das Land. Zeitschrift für die sozialen und volkstümlichen Angelegenheiten auf dem Lande* gegründet, in dem er sich ebenfalls aktiv gegen die herrschende „Landflucht" und den „Volkstod" in den großen Städten wandte. Hugo Cowentz, ein anderer Repräsentant dieser Richtung, war fünf Jahre später im Preußischen Abgeordnetenhaus dafür eingetreten, auch in Deutschland nach amerikanischem Vorbild große „Staatsparks" anzulegen, um damit wenigstens Teile der bedrohten Landschaft vor dem vernichtenden Zugriff der Industrie und den Auswüchsen des Massentourismus zu retten. Noch deutlicher wurde Paul Schultze-Naumburg in seiner Schrift *Die Gestaltung der Landschaft durch den Menschen*, die im gleichen Jahr wie Rudorffs Buch *Heimatschutz* erschien: „Die Industrie nahm ganze Länder in Beschlag und trug keinen anderen Gedanken, als nur in möglichst kurzer Zeit möglichst viele finanzielle Werte herauszuholen. Für das, was ohne Not und gedankenlos zerstört wurde, war kein Verlustkonto angelegt." Er stellte sogar schon die Frage: „War diese Methode, die Landschaft zu gestalten, die einzig richtige und notwendige? Zwang das neue Wirtschaftssystem unausweichlich dazu, diese Wege einzuschlagen, oder wäre es möglich gewesen, neue Ziele und bewährte Methoden zu vereinigen? Trägt überhaupt die beginnende Verwüstung der landschaftlichen Schönheit zur Erhöhung der Erträgnisse bei, und steht nicht am Ende das allgemeine und nationale Wohl mit ihr im Widerspruch."[42]

Als 1904 in Dresden der Bund Heimatschutz gegründet wurde, an dessen erster Tagung neben Ernst Rudorff auch Schriftsteller wie Peter Rosegger, Wilhelm Bölsche, Heinrich Sohnrey und Friedrich Lienhard teilnahmen, wählte man Paul Schultze-Naumburg zum Vorsitzenden dieser Vereinigung. Wie der Satzung dieses Bundes zu entnehmen ist, sollte seine Aufgabe darin bestehen, die „deutsche Heimat in ihrer natürlichen und geschichtlich gewordenen Eigenart zu schützen" und neben der „Erhaltung der ländlichen und bäuerlichen Bauweise" vor allem für den „Schutz des Landschaftsbildes" und die „Rettung der einheimischen Tier- und Pflanzenwelt" einzutreten.[43] Daß sich solche Ziele nur *gegen* das herrschende Wirtschafts- und Sozialsystem durchsetzen ließen, war vielen der Gründungsmitglieder durchaus bewußt. So erklärte Carl Johann Fuchs in einem seiner Grundsatzreferate: „Es ist der Kampf gegen den rücksichtslos das Gewordene und seine Schönheiten zerstörenden Kapitalismus, der in letzter Linie allen Fragen des Heimatschutzes zugrunde liegt."[44]

Allerdings waren manche Heimatschützer und die mit ihnen verbundenen Schriftsteller idealistisch genug anzunehmen, daß die Überwindung oder Einschränkung des Kapitalismus lediglich eine Sache des „guten Willens" sei. Darin wurden sie jedoch bald eines anderen belehrt. Als sie nämlich den Bau eines Wasserkraftwerkes bei Laufenburg am Rhein verhindern wollten, um den

„malerischen Charakter" der dortigen Stromschnellen zu erhalten, stießen sie sofort auf unüberwindliche Schwierigkeiten und wurden von den zuständigen Firmen als „antiquiert" belächelt. Als sie dennoch weitere solcher Erhaltungsmanöver in die Wege leiteten, setzte der Bund der Industriellen 1911 eine Kommission zur Beseitigung der Auswüchse der Heimatschutzbestrebungen ein, die allen landschafts- und naturschützenden Kampagnen entgegentrat und sich dabei auf den „Fortschritt", die „Stärkung des Vaterlandes", die Notwendigkeit neuer Arbeitsplätze und dergleichen mehr berief.[45]

Angesichts dieses Gegendrucks blieb den meisten Heimatschützern bis zum Beginn des Ersten Weltkrieges nichts anderes übrig, als sich aufs Räsonieren und Lamentieren zu verlegen. Hierbei bedienten sie sich einer doppelten, aber komplementären Strategie. Auf der einen Seite versuchten sie im Sinne von Heinrich Sohnreys und Ernst Löbers Buch *Das Glück auf dem Lande* (1906), den Bauern klar zu machen, wie gut sie es hätten, inmitten der Natur wohnen und arbeiten zu dürfen. Auf der anderen Seite stellten sie das Leben in den großen Städten als eine wahre „Hölle" hin, in der alles Gesunde und Natürliche notwendig verkümmere. Wohl die besten Belege dafür finden sich in den Schriften jener Heimatschriftsteller, die sich bereits seit der Mitte der neunziger Jahre für eine Stärkung des Bauerntums einsetzten und 1904 entweder dem Bund Heimatschutz beitraten oder zumindest mit ihm sympathisierten. So wurde beispielsweise die führende Zeitschrift dieser Literatur, nämlich die *Heimat*, im Jahr 1900 von den Heimatkunstautoren Adolf Bartels und Friedrich Lienhard mitbegründet. Auch die „Los von Berlin"-Bewegung ging auf eine Schrift Lienhards, und zwar sein Manifest *Die Vorherrschaft Berlins* (1900), zurück. Wie viele Natur- und Heimatschützer stellten diese Autoren, die auf die unterschiedlichste Weise miteinander „vernetzt" waren, fast immer den deutschen Bauern ins Zentrum ihrer Werke. Hierfür nutzten sie bevorzugt das Genre des Romans, in dem sie zurecht die populärste Literaturform dieser Ära sahen.

Auf diese Weise kam es nach 1895 zu einer wahren Flut von Heimat- und Bauernromanen, die in den vorausgegangenen Jahrzehnten eine relativ untergeordnete Rolle gespielt hatten. Als die Hauptvertreter dieser Gattung galten damals Adolf Bartels, Heinrich Federer, Gorch Fock, Gustav Frenssen, Jakob Christoph Heer, Hermann Hesse, Paul Keller, Timm Kröger, Hermann Löns, Wilhelm von Polenz, Peter Rosegger, Jakob Schaffner, Heinrich Sohnrey, Lulu von Strauß und Torney, Helene Voigt-Diederichs und Fedor von Zobeltitz. Die Romane dieser Autoren wurden von den Wortführern der Heimatschutzbewegung – nach der großstädtischen „Renommisterei" der gründerzeitlichen Parvenüliteratur, den naturalistischen „Entgleisungen" ins Schmutzige und Bordellhafte sowie der westlich-internationalistischen „Dekadenz" der impressionistisch-symbolistischen Fin-de-siècle-Literatur – geradezu überschwenglich als die wichtigsten Manifestationen einer tiefgreifenden Rückbesinnung auf eine bäuerliche Verbundenheit mit der Scholle und damit ein wahrhaftes Deutschtum hochgejubelt. „Die Bauern in der Literatur", erklärte Michael Georg Conrad, ein vom Naturalismus zur Heimatkunst bekehrter Autor, 1902 emphatisch, „damit hebt allemal ein neuer Geistesfrühling an."[46]

Wie schon in den Proklamationen Wilhelm Heinrich Riehls und der Heimatschutzbewegung ist in diesen Werken das übergreifende Motiv und die Ursache allen Übels meist der „Moloch Großstadt", während Natürliches und Gesundes von vornherein mit bäuerlichen Grundwerten assoziiert wird. Die positiven Figuren dieser Romane sind daher ausnahmslos an der Scholle hängende Erbsassen oder mit mystischen Einsichten begabte Spökenkieker, die dem Ungeist des Kapitalismus, und mag er sich noch so verführerisch geben, mit tiefem Mißtrauen begegnen und sich nicht verlocken lassen, das ihnen anvertraute Land zu verkaufen und in die Stadt zu ziehen. Ihnen gegenüber stehen, wie in Gustav Frenssens *Jörn Uhl* (1901), meist städtische Händlertypen, denen des kapitalistische Schachern bereits in Fleisch und Blut übergegangen ist. Solche Geschäftemacher werden fast immer als „Fremde" dargestellt, die sich nicht scheuen, den Bauern mit den übelsten Tricks das verlogen-gleisnerische Bild eines bequemen Großstadtlebens vorzugaukeln. Wie in vielen Manifesten der Heimatschutzbewegung läuft deshalb in diesen Romanen fast alles auf die Formel „Deutsch gleich schollebewußt, undeutsch gleich kapitalistisch" hinaus.

Wenn die Autoren dieses Bundes romanhafte Zukunftsbilder entwarfen, waren dies meist Werke, in denen die Stadtmenschen entweder durch unvorhergesehene Naturkatastrophen wieder zum Bäuerlichen zurückfinden oder dieser Umkehrwille durch nationalistisch-rassistische Ideologieprediger ausgelöst wird. Zur ersten Gruppe gehört ein Roman wie *Planetenfeuer* (1899) von Max Haushofer, in dem die großstädtische Bevölkerung – nach Jahrzehnten einer sozial-liberalen Koalition, in denen sie drogensüchtig und gebärfaul geworden ist – erst durch einen mörderischen Kometenregen wieder einen Sinn für Instinktives, Natürliches und Deutsch-Bäuerliches bekommt. Zur zweiten Gruppe zählt der Roman *In purpurner Finsternis* (1895) von Michael Georg Conrad, der unter nietzscheanischer Perspektive darstellt, wie sich durch die allgemeine Verstädterung und Industrialisierung im „Teutaland" eine Mediokrität verbreitet, die keine „übermenschlichen" Leistungen mehr erlaubt. Niemand weiß mehr, was Natur, Kunst oder Größe ist. Alles hat den Ausdruck einer „seelenlosen Mechanik" angenommen. Wohin man blickt, dominieren Eisenbahnen und Fabriken, die „schwarze Rauchwolken" um sich verbreiten. An manchen Stellen türmen sich bereits „kollossale Schuttberge" auf. Die meisten Menschen machen den Eindruck „erbärmlicher Stadtleichen", die sich ohne Kontrolle „ins Blaue hinein vermehren", obwohl sie dadurch immer tiefer im „Elend" versinken. Als die vier Hauptursachen dieser Übel werden der „Kapitalismus", die „Geldwirtschaft", die „Weltmarktspekulation" und die

„Konkurrenztollheit" angeprangert. Auf die Schilderung des korrupten „Teutalandes", sprich: des wilhelminischen Deutschland, folgt anschließend ein Bild des von Conrad erträumten „Nordica"-Landes, dessen Bewohner wieder „freie Naturmenschen" sind, in einer tier- und blumenreichen Landschaft leben, fast ausschließlich als Bauern arbeiten, auf „überflüssiges Maschinenwerk" verzichten, im Sinne der damaligen Lebensreformbewegung vorwiegend „Rohes essen" und ihre politischen Hoffnungen auf einen zukünftigen Erlöser, einen Zarathustra der „germanischen Rasse", setzen.[47]

Wie die Programmschriften der Heimatschutzbewegung sind zwar die mit ihr sympathisierenden oder aus ihr hervorgegangenen Romane noch nicht im heutigen Sinne „ökologiebewußt", tendieren aber in diese Richtung. Allerdings wird der „grüne" Kern ihrer ideologischen Entwürfe, Lamentationen oder Utopien meist von nationalistischen Ideologien überdeckt, die zum Teil recht penetrant sind und in ihren chauvinistisch-rassistischen Tendenzen unmittelbar zum deutschen Faschismus überleiten, den sowohl Bartels als auch Frenssen und Schultze-Naumburg später aktiv unterstützt haben. Dennoch zeigt sich in diesen Werken zugleich ein soziales, wenn auch ins Chauvinistische depraviertes Gewissen, das in naturbewahrender Hinsicht durchaus positive Züge aufweist und in einem deutlichen Zusammenhang mit den damit verbundenen Gruppenbildungen steht. So gesehen, unterscheiden sich manche dieser Werke grundsätzlich von jener bürgerlich-impressionistischen Ideologie um 1900, die – im Zuge einer gewaltig angeheizten ökonomischen Hochkonjunktur – fast ausschließlich eine solipsistische Subjektivität, konsumistische Bedürfnissteigerung und sinnlos schweifende Mobilität befürwortete. Während in diesem Bereich vornehmlich von den gesteigerten Bedürfnissen der „westlich"-orientierten Crème der Gesellschaft die Rede ist, wird im Rahmen der Heimatkunst- und Heimatschutzbewegung ein Bescheidenheitsethos und soziales Bewußtsein propagiert, das die sogenannte dritte Sache nicht von vornherein der ersten Sache zum Opfer bringt. Im Gegensatz zu der bisherigen Einschätzung dieser Bewegung könnte man daher unter ökologiebewußter Perspektive sagen: gerade da, wo diese Bewegung ins Nationale, das heißt Gesamtgesellschaftliche tendiert, kommen in ihren schlimmsten Parolen, wie es Thomas Mann später im Hinblick auf den Nationalsozialismus formulierte, zugleich ihre bedenkenswertesten Tendenzen zum Ausdruck.

Es waren daher weniger die Liberalen als jene Autoren, die lange Zeit als ausschließlich „reaktionär" galten, welche im Rahmen ihrer Rückwendung zu bäuerlichen oder nationalen Wertvorstellungen um die Jahrhundertwende als die schärfsten Gegner der kapitalistisch-industriellen Skrupellosigkeit im Umgang mit der Natur auftraten. Dafür spricht, daß sich Adolf Bartels in seinem Buch *Der Bauer in der deutschen Vergangenheit* (1900), in dem er den „ewigen Bauern" als Vorbild einer wahren Menschlichkeit hinstellte, zugleich

Fidus: Bekenntnis zur Bodenreformbewegung (um 1900)

vehement gegen den „industriellen Radikalismus" wandte, der sich zum
gefährlichsten Feind des deutschen Volkes entwickelt habe.[48] Kurze Zeit später
schrieb er im Sinne einer Ideologie, die sich um 1900 als „fortschrittliche Reaktion" verstand: „An Telegraphen, Eisenbahnen, Dampfschiffe, elektrisches
Licht, Börsenpapiere glauben wir allerdings nicht, sondern halten die Leute, die
das tun, für reaktionär."[49] Ähnliche Äußerungen finden sich bei Hermann
Löns, der 1911 empört erklärte, daß der bisherige „Naturschutz" weitgehend
„Pritzelkram" geblieben sei, da er aufgrund seiner marginalisierten Stellung in
der Gesellschaft lediglich „en detail" arbeiten konnte, während der Staat den
kapitalistischen Naturverhunzern alle Möglichkeiten eingeräumt habe, „en
gros" vorzugehen und damit zu einer immer „grauenhafteren Verschandelung
der deutschen Landschaft" beizutragen.[50]
    Daß solche Erklärungen vor 1914 eher von bisher als reaktionär oder präfa-
schistisch abgewerteten Autoren als von den sogenannten guten Bürgern vorge-
bracht wurden, die vornehmlich auf die Erweiterung ihrer ohnehin schon
beachtlichen Privilegien bedacht waren, sollte zu denken geben. Sie belegen,
daß ein ökologisches Denken eher aus einem heimatlichen, regionalen oder
nationalen Verantwortungsbewußtsein als aus einer subjektivistischen oder
liberalistisch-internationalistischen Lebenseinstellung hervorgehen kann, die
in dieser Hinsicht oft einen blinden Fleck aufweist. Ja, sie belegen zugleich, daß
ein über die Literatur hinausgreifendes Ethos stets auf einem Gruppenbewußtsein beruhen muß, das zwar – wie die Bodenreform- und Heimatschutzbewegung im wilhelminischen Reich – von den herrschenden Mächten unterdrückt
werden kann, aber dennoch, falls es die genügende Konkretheit besitzt, die ein-

zige Basis bildet, überhaupt Konzepte zu entwickeln, die eine ökologische Relevanz aufweisen. Daß solche Konzepte unter dem Gegendruck der herrschenden
Gesellschaftsschichten auch bizarre Formen annehmen oder von ideologischen
Randgruppen im Sinne ihrer Programme umfunktioniert werden können, läßt
sich leider nicht leugnen. Aber ohne derartige Gruppenbildungen hätten solche
Konzepte vielleicht überhaupt keine Chance gehabt, von den Zeitgenossen
wahrgenommen und von späteren Bewegungen, wie den Grünen, erneut aufge-
griffen zu werden.

Die Dichter des Wandervogels

Obwohl der Wandervogel, wie der Bund Heimatschutz, kein eigentlicher Dichterbund war, verdient er im Rahmen einer Geschichte der Gruppenbildungen
deutscher Schriftsteller um 1900 dennoch ein kurzes, wenn auch nicht unwich-
tiges Kapitel. Schließlich wird der Wandervogel nicht nur in vielen Romanen
der Jahrhundertwende und der Folgezeit als ein gemeinschaftsstiftendes Ereignis ersten Ranges dargestellt, sondern hat bereits seit seiner Entstehung im Jahr
1898 – als sich in Berlin eine Steglitzer Gymnasiastengruppe unter der Leitung
von Frank Fischer erstmals zu einer Jugendgruppe zusammenschloß, welche
die Urzelle des späteren Wandervogels bildete – eine Reihe junger Schriftsteller
angezogen, die mit ihren Veröffentlichungen auf die Lebenseinstellung und die
Ideologie dieser Bewegung einen aktiven Einfluß auszuüben versuchten.
Außerdem publizierten die verschiedenen Wandervogelgruppen in ihren Zeitschriften von Anfang an Leseempfehlungen und Buchbesprechungen, aus
denen sich ein literarisch beeinflußtes Gruppenbewußtsein ablesen läßt, das auf
die Schaffung einer autonomen Jugendkultur hinzielte. Dabei orientierten sie
sich in ihren gesellschaftspolitischen und kulturellen Erwartungen – in deutlicher Ablehnung des Wilhelminismus – weitgehend an den lebensreformeri-
schen, naturbezogenen und zum Teil auch völkischen Ideologiekonglomeraten
jener Fortschrittlichen Reaktion, denen sich auch die Mitglieder anderer
Bünde, Kreise und Orden dieser Jahre, wie die des Stefan-George-Kreises oder
des Bund Heimatschutz, verbunden fühlten. Im Falle des Wandervogels gehörten dazu vor allem die betonte Großstadtfeindlichkeit, die Ablehnung der Industrialisierung, die Wertschätzung der unverdorbenen deutschen Landschaft,
die Hinwendung zum „einfachen Leben" sowie die damit verbundenen
Bekenntnisse zu einem neuen Gemeinschaftsgefühl.

Es wäre daher falsch, die Jugendbewegung vor dem Ersten Weltkrieg lediglich als Phänomen neuromantischer Naturschwärmerei oder Wanderlust abzu-
tun. Solche Tendenzen haben im Rahmen dieser Bewegung selbstverständlich
auch eine Rolle gespielt. So gab es Scharen von Wandervögeln, die vor allem für

Werke wie die *Biene Maja und ihre Abenteuer* (1912), *Himmelsvolk* (1915)
und *Eros und die Evangelien* (1921) von Waldemar Bonsels schwärmten, in
denen – im Gefolge von Romanen wie *Jost Seyfried* (1905) von Cäsar Flaischlen
oder *Einhart der Lächler* (1907) von Carl Hauptmann – ein verblasenes
Gemisch aus großstadtfeindlichen, pantheistischen und naturlyristischen Elementen herrscht, das sich nur als „neuromantisch-unverbindlich" charakterisieren läßt.[51] Und im Gefolge solcher Werke traten auch im Umkreis des Wandervogels eine Reihe von Autoren auf, die in ihren Romanen und Erzählungen
mit jugendbewegter Akzentsetzung gern einen fernwehsüchtigen, in alles Grü-
nende, Frühlingshafte, Jungfräuliche verliebten Einzelwanderer als Mittel-
punktsfigur verwendeten, der sich zwar von der fortschreitenden Naturverschandelung und dem egoistischen Besitzstreben seiner Mitmenschen ange-
ekelt fühlt, aber noch unfähig ist, dazu irgendwelche kritischen Alternativen zu
entwickeln.

Es dauerte deshalb eine Weile, bis die verantwortungsbewußteren Führer
und Autoren des Wandervogels erkannten, daß ihre Sehnsucht nach Erhaltung
der von ihnen so hochgeschätzten Natur auch eine aktive Unterstützung anti-
kapitalistischer Bestrebungen im Sinne Wilhelm Heinrich Riehls und Ernst
Rudorffs erforderte. Ein gutes Beispiel dieser Umorientierung bildet die
Geschichte *Hans Heiners Fahrt ins Leben* (1913) von Heinrich Zerkaulen, in
der für die allgemeine Naturverschandelung vor allem die rapide umsichgreifende Industrialisierung verantwortlich gemacht wird, durch die viele vom
Land in die Städte abgewanderten Menschen zu seelenlos „funktionierenden
Maschinen" geworden seien.[52] Und zwar wird das anhand der Verschmutzung
des Rheins durch die an seinen Ufern entstehenden Fabriken dargestellt und –
in schroffer Ablehnung solcher Prozesse – am Schluß eine Rückkehr zu den
Lebensweisen der früheren Bauernbevölkerung und ihrer engen Verbundenheit
mit der Natur gefordert. Noch konkreter – in ihrer Verurteilung des atomisier-
ten Charakters der modernen Großstadtgesellschaft und ihrer totalen Natur-
entfremdung – wirken jene Romane und Erzählungen, in denen, wie in *Hinaus
in die Ferne!* (1910) und *Wanderfahrten* (1913) von Edmund Neuendorff oder
Mit Laute und Rucksack (1916) von August Trinius, gemeinschaftliche Ausflüge von Wandervögeln und ähnlichen Jugendorganisationen geschildert werden, um so den betont „bündischen" Charakter dieser Bewegung zum Ausdruck zu bringen. In ihnen finden sich immer wieder Appelle, die durch die
Ausbreitung der Industrie bedrohte Natur zu schonen und zugleich realisier-
bare Modelle neuer Formen des gesellschaftlichen Zusammenlebens zu entwik-
keln. Einer besonderen Beliebtheit unter den Wandervögeln erfreute sich deshalb der Roman *Helmut Harringa* (1910) von Hermann Popert, der als Herausgeber der Zeitschrift *Der Vortrupp* eine völkische Aufbruchsgesinnung vertrat, die zwar auch rasseneugenische Tendenzen enthielt, sich aber zugleich im

Sinne der Lebensreformer dieser Ära zu Alkoholabstinenz, Großstadtfeindlichkeit, Antiindustrialismus und Freilichtkultur sowie den von Riehl und Rudorff
inspirierten Heimatschutzkonzepten bekannte. Darum stellte er seinen Harringa als einen Wanderer dar, der erst seßhaft wird, als er auf der Insel Föhr ein
grünes Jugendparadies entdeckt, dessen Bewohner sich von allen Resterschei-
nungen des prestigehungrigen Großstadtlebens und der wilhelminischen
Untertanenmentalität freizumachen versuchen.

Ihren ideologischen Kulminationspunkt erlebten diese Tendenzen bei dem
am 12. und 13. Oktober 1913 auf dem Hohen Meißner – mitten in der Mär-
chenlandschaft der Gebrüder Grimm – von den verschiedenen Wandervogel-
verbänden veranstalteten Protesttreffen gegen den schwerterrasselnden Militarismus der wilhelminischen Führungsschichten, die zu diesem Zeitpunkt in
allen großen deutschen Städten Jahrhundertfeiern zur Erinnerung an die Völ-
kerschlacht bei Leipzig in Szene setzten, welche in der ideologischen Vorbereitung des Ersten Weltkriegs eine große Rolle spielen sollten. Mit Vertretern der
Lebensreformbewegung, der Landschulheime, des Bund Heimatschutz, des
von Eugen Diederichs gegründeten Sera-Kreises sowie des St. Michaelsbundes
um den Maler Fidus bekannten sich hier zwei- bis dreitausend Mitglieder der
Freideutschen Jugend, wie sich die vereinigten Wandervogelgruppen jetzt
nannten, gegen den übermäßigen Konsumismus der kapitalistischen Wirt-
schaftsordnung, der in seiner materialistischen Gesinnungslosigkeit notwendig
zu einer Auflösung aller menschlichen Bindungen und zugleich einem unge-
hemmten Raubbau an der Natur führen müsse. Wie schon vorher bei den
Lebensreformern auf dem Monte Verità, den Anhängern der Neuen Gemeinschaft oder der Obstbaukolonie Eden bei Berlin entstanden dabei utopische
Erwartungen, die sich später – wegen ihrer rousseauistischen Überspanntheiten
oder des massiven Gegendrucks des herrschenden Systems – nicht einlösen ließen. Um tatsächliche Änderungen bewirken zu können, dazu wäre eine wesentlich größere Gefolgschaft nötig gewesen. Der Wandervogel hatte zwar mehr
Mitglieder als der Stefan-George-Kreis oder die Kosmiker und Charontiker, ja
vielleicht sogar mehr als der Bund Heimatschutz, aber selbst die zwei- bis dreitausend Anhänger, die sich auf dem Hohen Meißner versammelten, fühlten sich
– inmitten der Millionenbevölkerung des Zweiten Reiches – letztlich wie eine
winzige Minderheit, die zwar mit Unterstützung durch ältere Schriftsteller und
Wissenschaftler einen vorübergehenden Mediensturm bewirkte, aber nicht an
den Grundfesten des sie umgebenden marktwirtschaftlichen Systems rütteln
konnte.

Zu welchen ideologischen Frustrierungen das führte, belegt unter anderem
die Schrift *Mensch und Erde*, die Ludwig Klages 1913 zur Festschrift des Treffens auf dem Hohen Meißner beisteuerte. „Unter den Vorwänden von Nutzen,
‚wirtschaftlicher Entwicklung‘ und ‚Kultur‘“, hieß es hier verbittert, gehe heute

die Industrialisierung „in Wahrheit auf *Vernichtung des Lebens* aus. Er, der ‚Fortschritt', trifft es in allen Erscheinungsformen, rodet Wälder, streicht Tiergeschlechter, löscht die ursprünglichen Völker aus, überklebt und verunstaltet mit dem Firnis der Gewerblichkeit die Landschaft und entwürdigt, was er von Lebewesen noch übrigläßt, gleich dem ‚Schlachtvieh' zur bloßen Ware." Die Folgerungen, die Klages daraus zog, grenzten eindeutig ans Dystopische: „So hatten wir denn beisammen die Früchte des ‚Fortschritts'! Wie ein fressendes Feuer fegt er über die Erde hin, und wo er die Stätte einmal gründlich kahl gebrannt, da gedeiht nichts mehr, solange es noch Menschen gibt! Vertilgte Tier- und Pflanzenarten erneuern sich nicht, die heimatliche Herzenswärme der Menschheit ist ausgetrunken, verschüttet der innere Born, der Liederblüten und heilige Feste nährte, und es bleibt ein mürrisch-kalter Alltag, mit dem falschen Flitter lärmender ‚Vergnügungen' angetan."[53]

Doch zum Glück ließen sich nicht alle mit der Freideutschen Jugend sympathisierenden Schriftsteller von solchen Depressionen überwältigen. Es gab auch andere, welche sich im Gefolge dieses Treffens für eine aus dem Geist der Jugend erwachsende Solidarität mit der Natur einsetzten. Dafür spricht beispielsweise der Roman *Frau Harke* (1917) von Wilhelm Kotzde, der nicht nur eine mit nationalistischen Akzenten versehene Darstellung der Wandervogelbewegung ist, sondern sich zugleich am Beispiel einer Flußregulierung gegen die Zerstörung der natürlichen Biotope wendet und einen wesentlich „sanfteren" Umgang mit der Natur befürwortet. Ähnliche Forderungen erhob Ely Kempin in seinen utopischen Romanen *Die heilige Insel* (1917) und *Die Insel des Friedens* (1923). In ihnen wird ein grünes Eiland beschrieben, auf der die Menschen nicht nur untereinander, sondern auch mit der Natur einen „ewigen Frieden" geschlossen haben, statt sich wie bisher von den Mächtigen im Staate zu Besitzgier und Kriegsbegeisterung aufputschen zu lassen.

Wohl die schärfsten Äußerungen dieser Art finden sich in den Werken Hans Paasches, der anfänglich in Poperts *Vortrupp* publizierte und zugleich als Mitglied mehrerer Naturschutzverbände aktiv war, bis er sich schließlich gegen Ende des Ersten Weltkriegs den Pazifisten und Sozialisten anschloß, worauf er 1920 von Mitgliedern der Brigade Ehrhardt ermordet wurde.[54] Seine in diesem Zusammenhang wichtigste Schrift ist *Die Forschungsreise des Afrikaners Lukanga Mukara ins innerste Deutschland*, die 1912/13 in Fortsetzungen in Poperts *Vortrupp* erschien und in vielen Details mit den Forderungen des Bund Heimatschutz sowie der ökologiebewußten Schriften des Wandervogels übereinstimmt. Paasche bediente sich in ihr der Perspektive eines angeblich ungebildeten Schwarzen, der erstmals ins Land der „Bildung", nach Deutschland, kommt und dort eine Gesellschaft vorfindet, in der die fortschreitende Industrialisierung und Verstädterung zwar auch zu einigen Kulturblüten, aber überwiegend zu Profitgier, Konsumexzessen und Suchterscheinungen sowie einer

bedrohlichen Naturzerstörung geführt haben. Fast die gleiche Sehweise ver-
wandte Erich Scheurmann 1920 in seinem Buch *Der Papelagi*, bei dem es sich
um fiktive Berichte des Südseehäuptlings Tuiavii aus Tiavea handelt, der bei
einem Besuch in Deutschland über die Besitzgier, Ausbeutungssucht und
Naturmißhandlung der weißen „Herrenmenschen" ebenso schockiert ist wie
Paasches Lukanga Mukara.

In diesen beiden Büchern erreichte der avantgardistische Elan des Wandervogels und der Freideutschen Jugend seinen Höhepunkt. Andere Autoren, die diesen Organisationen als Mitglieder angehörten oder zumindest mit ihnen sympathisierten, schwenkten dagegen in den zwanziger Jahren immer stärker in
eine ideologische Linie ein, deren bündische Tendenzen zum Teil so stark ins
Völkische oder Rassistische tendierten, daß sie von den Schriften der Präfaschisten kaum noch zu unterscheiden waren. Jedenfalls findet sich unter ihnen keiner mehr, der den linkskritischen und schriftstellerischen Rang eines Paasche
aufweist. Und damit verlor diese Bewegung, was in gleichem Maße für den
Bund Heimatschutz gilt, die Unterstützung jener Schriftstellergruppe, die zwischen 1904 und 1914 gerade damit begonnen hatte, sich als ökologiebewußter
Dichterbund zu organisieren, aber angesichts der Verwüstungen des Ersten
Weltkrieges und der Übermacht des kapitalistischen Systems mehrheitlich resignierte, sich irgendwelchen „barfüßigen Propheten" anschloß[55] oder bei völkischen Erweckungsbewegungen Zuflucht suchte.

Die Ära der expressionistischen Revolte

Der Bund der Werkleute auf Haus Nyland

Während die Neuklassiker um Paul Ernst, der George-Kreis, die Münchner Kosmiker und die Charon-Gesellschaft aufgrund ihrer mythologischen oder geistidealistischen Überspanntheiten weitgehend im gesellschaftlichen Abseits blieben und auch jene Autoren, die mit der Heimatschutz-Bewegung oder dem Wandervogel bzw. der Freideutschen Jugend sympathisierten, lediglich die bürgerlichen Bildungsschichten anzusprechen versuchten, bemühten sich einige der nach 1910 entstehenden expressionistischen Dichtervereinigungen um eine wesentlich größere Breitenwirkung. Statt sich mit Achtungserfolgen im Rahmen der bürgerlichen Oberschicht zu begnügen, wandten sie sich von Anfang an mit unverhohlen antiwilhelminischer Tendenz und zugleich avantgardistischer Emphase an die breite Masse des Volkes, die ihnen als das entscheidende Potential einer künftigen Revolution erschien. Aus diesem Grunde boten sie alle sprachlichen Mittel – selbst die der ekstatischen Verkündigung oder des schreihaften Gestammels – auf, um die von ihnen ins Auge gefaßte Mehrheit der Bevölkerung gegen den herrschenden Ungeist der fortschreitenden Militarisierung und Kommerzialisierung des Zweiten Kaiserreichs zu mobilisieren, das zwischen 1890 und 1910 zur stärksten Industriemacht Europas aufgestiegen war und in seinen politischen und ökonomischen Führungsschichten eine maßlose Überheblichkeit, ja imperialistische Aggressionslust an den Tag legte.

Dennoch hatten diese Gruppen nicht nur politische, sondern auch literarische Ambitionen, das heißt empfanden sich zugleich als Cliquen oder Clubs deutlich unterschiedener Einzeldichter, die keineswegs auf ihre „persönliche Note" verzichten wollten. Im Gegensatz zu vielen Naturalisten der späten achtziger und frühen neunziger Jahre, die sich in ihrem Kampf gegen Kaiser Wilhelm II. und die ihn unterstützenden Generäle und Großindustriellen vorübergehend für die realpolitischen Forderungen der Sozialdemokratie eingesetzt hatten, sympathisierten die meisten dieser expressionistisch-spätwilhelminischen Dichterbünde eher mit linkssektiererischen Gruppen und stellten zugleich ihre Vorliebe für sprachliche Innovation, inhaltliche Besonderheit und unmittelbare Ichhaftigkeit zur Schau, um nicht in den Bereich „banaler" Zweckdichtungen abzusinken. Für viele von ihnen, selbst wenn sie noch so

ekstatisch für eine allgemeine Menschenverbrüderung schwärmten, spielte
daher auch die jeweils modische Stilkomponente der literarischen Entwicklung
– ob nun in maschinenkultischer, neopathetischer, futuristischer, tataktivisti-
scher oder dadaistischer Ausprägung – eine nicht zu unterschätzende Rolle. Die
logische Folgerung dieser ambivalenten Einstellung war, daß die von ihnen so
emphatisch geforderte Hinwendung zur „Lebenspraxis" häufig genug im
Bereich des Ästhetischen und damit – realpolitisch gesehen – Ineffektiven stek-
kenblieb. Dennoch sollte man die als „expressionistisch" bezeichneten Gruppen nicht alle über einen Kamm scheren, sondern auch auf ihre ideologischen
und literarischen Besonderheiten eingehen. Aufs Große und Ganze gesehen,
lassen sich dabei fünf Hauptgruppen – die Nyländer, der Neue Club, die Wal-
den-Anhänger, der Aktionskreis und die Berliner Dadaisten – unterscheiden,
bei denen es zwar im Hinblick auf ihren Mitgliederstamm und ihre ideologischen Zielvorstellungen auch Überschneidungen gibt, die aber trotz alledem
klar erkennbare Profile aufweisen.

Einer der ersten dieser expressionistischen Dichterbünde, der allerdings in
mancher Hinsicht eine Sonderrolle spielte, war der Nyland-Kreis oder der
Bund der Werkleute auf Haus Nyland, wie er sich zu Anfang nannte. Obwohl
das Haus Nyland in Hopstein bei Osnabrück in ländlich-idyllischer Verborgen-
heit lag, wurde dort kein Heimatkunst-Programm ausgeheckt, wie man auf
Anhieb erwarten könnte, sondern ein Dichterkreis gegründet, der sich – unter
tataktivistisch-proletarischer Perspektive – nachdrücklich mit den durch die
rapide Industrialisierung Deutschlands entstandenen Problemen auseinandersetzen wollte. Zu seinen Gründungsmitgliedern gehörten Jakob Kneip, Wilhelm Vershofen und Josef Winckler, zu denen sich später noch Max Barthel,
Karl Bröger, Gerrit Engelke, Heinrich Lersch und Otto Wohlgemuth gesellten.
Welchem literarischem Programm sich diese Autoren verschrieben, kommt vor
allem in der Vierteljahrsschrift *Quadriga* zum Ausdruck, die sie von 1912 bis
1914 herausgaben und der sie 1918 noch den Einzeljahrgang *Nyland* nach-
schickten. In deutlicher Verachtung des „weltfremden Ästhetizismus" und der
„unfruchtbaren L'art pour l'art-Gesinnung",[1] wie sie für den Jugendstil und
den George-Kreis typisch seien, traten diese Werkleute in ihren programmatischen Verlautbarungen für eine Literatur ein, die sich der „ätzenden und zersetzenden Verneinung" des modernen Proletariats mit einem „unbesieglichen
Zukunftsglauben" an einen volkhaften Gemeinschaftsgeist entgegenstemme,
der aus dem „kampf- und arbeitsreichen Streben" der in der heutigen Fabrik-
welt tätigen Angehörigen des vierten Standes erwachsen werde.[2] Aus diesem
Grunde wandten sie sich nicht nur gegen die verschmockten Werke des Jugendstils, sondern auch gegen das abgestandene „Evangelium der Arme-Leute-Poe-
sie zwischen Mitleid und Jammer", wie es sich bei Émile Zola, Gerhart Hauptmann und Arno Holz finde,[3] und sahen ihre literarischen Vorbilder eher in den

optimistisch gestimmten Hymnen sozialengagierter Dichter wie Richard Dehmel, Émile Verhaeren und Walt Whitman.

Als der Zukunft zugewandte Autoren griffen dabei einige der Werkleute auf Haus Nyland eine Reihe von ins Utopisch-Weltverändernde zielende Tendenzen auf, die sich – im Sinne des damaligen Sprachgebrauchs – als durchaus „expressionistisch" bezeichnen lassen. Wie bei anderen jungen Rebellen der Jahre um 1910 herrschte selbst bei ihnen zu Anfang eine eschatologische Erwartungshaltung, die trotz ihrer inhaltlichen Bezogenheit auf das Industriemilieu immer wieder zu pseudoreligiösen Übersteigerungen neigte, welche sich auch bei anderen Gruppen dieser Richtung finden. So heißt es etwa in einer frühen Absichtserklärung des Nyland-Bundes: „Wir sind von jenen, die sich aufmachten, dem Erlöser den Weg zu bereiten. Sind in diesem Sinne politisch: zum Wollen und Wirken geläutert aus der Menschheit Not. Wir leben dem Amt und der Gnade, das Reich der tausend Jahre zu suchen."[4] Diesem verblasenen Idealismus entspricht, daß Josef Winckler, obwohl er neben seinem ekstatischen Ergüssen auch humoristische Erfolgsbücher wie *Der tolle Bomberg* schrieb, schon 1912 in seinen *Eisernen Sonetten* die modernen Maschinen, welche in den großen Fabriken aufgestellt würden, als „zauberschöne Wunderwesen", ja „Mütter neuer Äonen" besang, denen man nicht mehr mit „hochmütiger Verachtung", sondern mit „hingebungsvoller Verehrung" entgegentreten solle.[5] Schließlich seien in den heutigen Fabrikhallen, behauptete er, keine zu rein physischer Arbeit verurteilten Sklaven, sondern „schöpferische Tatmenschen" am Werke, die sich um eine kreative Umgestaltung des Natürlichen ins Produkthafte bemühten und daher fast mit Künstlern zu vergleichen seien.

Dagegen hat die Industriewelt in den Werken von Gerrit Engelke, Paul Zech und Heinrich Lersch einen etwas dunkleren Charakter. Engelke wurde den Werkleuten auf Haus Nyland von Richard Dehmel empfohlen, die daraufhin 1914 einige seiner Gedichte unter dem Titel *Dampforgel und Singstimme* in ihrer *Quadriga* veröffentlichten. Engelkes wichtigste Gedichte erschienen später in seinem Sammelband *Rhythmus des neuen Europa* (1921). Wie die *Eisernen Sonette* Wincklers waren auch sie auf die moderne Welt der Maschinen bezogen, sahen aber darin nur einen „Teil jenes gottvollen Ganzen", das wir als „unsere Welt" bezeichnen, und wiesen zugleich auf das menschliche Leid innerhalb des proletarischen Fabrikmilieus hin.[6] Auch der expressionistische Industriedichter Paul Zech, der bereits 1913 mit seinem zwischen Faszination und Abgestoßensein hin- und herschwankenden Gedichtband *Das schwarze Revier* einiges Aufsehen erregt hatte, nahm Beziehungen zu den Nyländer Werkleuten auf, ohne sich jedoch ihrem engeren Kreis anzuschließen. Obwohl sich Zech zweitweilig für die SPD engagierte, hielt er – wie die Werkleute auf Haus Nyland – seine Dichtungen von allen parteipolitischen Tendenzen frei, ja vermischte die sozialkritischen Partien seiner Werke gern mit mythisierenden Ele

menten, um nicht aus dem „Poetischen" ins Programmatische abzugleiten und
dadurch seinen Status als „Dichter" einzubüßen. Ähnliches gilt für Heinrich
Lersch, der in der Spätphase dieses Kreises wohl den größten Erfolg für sich
verbuchen konnte. Trotz mancher düsteren Bilder ertönt auch in seinen
Gedichten – bis zu dem Band *Mensch im Eisen. Gesänge von Volk und Werk*
(1925) und dem Roman *Hammerschläge* (1930) – weiterhin ein mit expressionistischen Metaphern angereichertes Lied der gigantischen „Walzwerke,
hydraulischen Pressen und Ziehbänke" sowie der „schaffenden Hände" jener
Werktätigen, die sich zum Wohle aller regen und damit in vorbildlicher
Gemeinschaftsgesinnung eventuell drohende Katastrophen zu verhindern wissen.[7]

Dagegen machte in dem 1923 von Otto Wohlgemuth herausgegebenen Sammelband *Ruhrland. Dichtungen werktätiger Menschen* das Expressionistische
allmählich einer größeren „Sachlichkeit" Platz. Statt utopischer Erwartungen
steht hier das „harte Vollbringen" im Vordergrund.[8] Noch deutlicher wurde
diese ideologische Ernüchterung in der 1924 von Wilhelm Haas edierten
Anthologie *Antlitz der Zeit. Sinfonie moderner Industriedichtung*, in der
neben Nyland-Werkleuten wie Max Barthel, Karl Bröger und Josef Winckler
auch einige Autoren des 1923 gegründeten Ruhrlandkreises zu Worte kamen,
die sich in einem vernunftrepublikanischen Sinne um eine größere „Objektivität" bemühten, um nicht nach dem Abflauen des Expressionismus als „veraltet" zu gelten und sich damit einer literarischen Kritik auszusetzen, deren wichtigstes Kriterium der Nouveauté-Reiz der jeweils erschienenen Werke war.
Doch damit greifen wir bereits auf eine Zeit voraus, in der die rechtsliberalen
Kritikerschichten – wegen der als „Sachlichkeit" ausgegebenen Stabilisierung
des entideologisierten Status quo der marktwirtschaftlichen Verhältnisse – die
Existenz von Dichterbünden, welche mit gesellschaftsverändernden Programmen auftraten, ohnehin eher belächelten als begrüßten.

Neuer Club und Neopathetisches Cabaret

In Berlin, das seit der Gründerzeit das eigentliche Zentrum des literarischen
Lebens im Zweiten Kaiserreich war, hatte sich inzwischen eine Reihe weiterer
Autorengruppen gebildet, die sich ebenfalls zum Expressionismus bekannten.
Hier trafen sich die jungen Dichter allerdings nicht wie Werkleute auf Haus
Nyland in einem idyllischen alten Bauernhaus, sondern in den literarischen
Kaffeehäusern rund um den Kurfürstendamm, darunter dem Café Austria, dem
Café Sezession sowie dem noch bekannteren Café des Westens, von Freunden
und Feinden auch Café Größenwahn genannt. In diesen Kaffeehäusern wurden
von den hektisch rauchenden und unentwegt redenden Mitgliedern dieser

Gruppen vor allem die jeweiligen literarischen Neuerscheinungen und betont „modernen" Theateraufführungen diskutiert, Kontakte zu Verlegern und Zeitschriftenherausgebern aufgenommen, Freundschaften, Liebesaffären und Lebensbünde angeknüpft und schließlich sogar einige, wenn auch nur locker zusammenhängende, aber ideologisch durchaus verschiedenartig ausgerichtete Dichterbünde gegründet, deren Vertreter häufig aus dem studentischen Milieu kamen und die dem, was wir heute „Expressionismus" nennen, durch ihre jugendliche Unbedingtheit sein spezifisches Profil gaben.

Der erste dieser Dichterkreise ging aus der Freien wissenschaftlichen Vereinigung hervor, die eine nichtschlagende Verbindung der Berliner Universität war und zu der vor allem die Studenten Hans Davidsohn, Franz Grüner, Kurt Hiller, Friedrich Koffka, Kurt Levy, Erwin Loewenson, Erich Unger, John Wolfsohn und Edgar Zacharias gehörten. Ihre Aufsätze, Gedichte und Kritiken publizierten sie weitgehend in den *Beigaben* zu den Monatsberichten dieser Vereinigung, die seit 1907 von Kurt Hiller mitredigiert wurden. Als die vornehmlich an Literatur und Philosophie interessierten Studenten dieses Kreises die üblichen Trinkgelage und herkömmlichen Verbindungsriten leid hatten, traten sie im Herbst 1908 aus dieser Verbindung aus und gründeten im März 1909 ihren eigenen Verein, den sie Neuer Club nannten. Im November 1909 warben sie mit einem *Aufruf* am Schwarzen Brett der Berliner Universität um Gleichgesinnte und luden sie zur Eröffnungsveranstaltung dieser Vereinigung in Neumanns Festsäle am Hackeschen Markt ein. Allerdings konnten sie sich nur schwer auf ein klar umrissenes Programm einigen. Die Gründungsmitglieder dieses Clubs wußten zwar genau, wogegen sie waren, nämlich den geistlosen Materialismus, die untertänige Hohenzollernverkultung und die rigoros erstarrte Moral innerhalb der führenden Schichten des wilhelminischen Reichs, aber kaum, was sie einer solchen „Dekadenz" als alternativ oder gar zukunftsweisend entgegensetzen sollten. In diesem Punkt begnügten sie sich meist mit ebenso viel- wie nichtssagenden Schlagwörtern wie „Leben", „Intensität", „Regeneration", „Schöpfertum" oder „heidnische Körperlichkeit", wobei sie sich gern auf Nietzsches Motto beriefen: „Daß wir wirkende Wesen, Kräfte sind, ist unser Grundglaube."[9]

Daher blieb der Neue Club zwangläufig eine Gemeinschaft von Individualisten, die sich zwar in erster Linie als „freigewordene Menschen" und damit Anti-Bürger verstanden, aber letztlich auf spezifisch bürgerlichen Standortbestimmungen im Sinne eines extremen Liberalismus oder dogmenlosen „Sensationismus" verharrten, wie es in ihren frühen Verlautbarungen oft heißt. Im Zuge dieses „Lebens gegen die Zeit" drangen sie in ihrer Ideenwelt selten über das Utopistische eines ichbezogenen Avantgardismus hinaus, dessen wichtigste Zielrichtung – unter weitgehender Absehung politischer und sozialer Tendenzen – die Steigerung der eigenen Lebensintensität blieb. Auch die voluntaristische Absicht, zu einer „Welttransformation durch Pathos" beizutragen, änderte an dieser Grundtendenz wenig, da sie selbst dieses Veränderungspathos fast durchgehend aus ihrem subjektiven Auflehnungsbedürfnis ableiteten.

Um dieser Individualistengruppe dennoch eine gewisse gemeinschaftsstiftende Kohärenz zu geben, traf sich der Neue Club anfangs jeden Mittwochabend im Fledermauszimmer des Nollendorf-Kasinos in der Kleiststraße und diskutierte neben literarischen auch philosophische, kulturtheoretische und allgemeine weltanschauliche Probleme. Sein Vorsitzender war der junge Philosoph Kurt Hiller, während zu seinen bekanntesten Mitgliedern Hans Davidsohn, Erwin Loewenson, Robert Majut, Erich Unger und John Wolfsohn gehörten. Da bereits die erste öffentliche Veranstaltung dieser Gruppe im November 1909 unter den literaturinteressierten Studenten der Berliner Universität ein großes Aufsehen erregt hatte, schlossen sich ihr kurze Zeit später auch andere junge Dichter wie Ernst Blaß, Ernst Engert, Georg Heym, Robert Jentsch und Armin Wassermann an. Ebenso interessiert zeigten sich Heinrich Eduard Jacob, Rudolf Kurtz und Armin T. Wegner an den Aktivitäten dieses Clubs, wurden jedoch keine regulären Mitglieder. Den größten Einfluß innerhalb dieser Gruppe hatte anfänglich Kurt Hiller, und zwar vor allem wegen seiner polemischen Aggressivität und seines Engagements für eine neue Art von Lyrik, die er erst als „fortgeschritten" und dann als „expressionistisch" bezeichnete. Die jungen Dichter dieses Kreises, von denen vor allem Hans Davidsohn, der sich als Lyriker Jakob van Hoddis nannte, durch sein Gedicht *Weltende* schnell bekannt wurde, nannten sich daher entweder „Neopathetiker", „Ausdruckskünstler" oder „Expressionisten", um so ihre leidenschaftliche Ablehnung der als „erschlafft" empfundenen impressionistisch-symbolischen Literatur der Jahrhundertwende zum Ausdruck zu bringen.

In seinem Bestreben, sich eine größere Öffentlichkeit zu verschaffen, veranstaltete der Neue Club von Anfang an – neben einer allwöchentlichen Diskussionsrunde – auch eine Reihe von Vorträgen und Dichterlesungen, in deren Mittelpunkt nicht nur die Werke seiner eigenen Mitglieder, sondern auch solche von Max Brod, Jakob Wassermann und Frank Wedekind standen. Die meisten dieser Veranstaltungen liefen seit Juni 1910 unter der Bezeichnung „Neopathetisches Cabaret". Neben Hoddis trug hier Heym erstmals seine später berühmt gewordenen Gedichte *Der Gott der Stadt*, *Umbra vitae* und *Der Krieg* vor und avancierte dadurch als Verkünder drohender Katastrophen, auf die jedoch eine um so strahlendere Morgenröte folgen würde, schnell zur Hauptattraktion dieser Vereinigung. Außerdem erwog der Neue Club im Sommer 1910, eine eigene Bühne zu gründen, um so jungen, rebellischen Dramatikern, die von den führenden Bühnen rigoros unterdrückt würden, eine Chance zu geben, sich endlich Gehör zu verschaffen. Eine Weile plante dieser Club sogar die Herausgabe einer gruppenbezogenen Zeitschrift unter Titeln wie *Neopa-*

thos oder *Neue Jugend*, welche die Künstler der Dresdner „Brücke" illustrieren
sollten. Aber aus beiden dieser Projekte wurde nichts. Die Hauptaktivität dieser Gruppe blieb deshalb das Neopathetische Cabaret.

Dieses Cabaret wandte sich zwar mit leidenschaftlich vorgetragenen Welt-
veränderungsparolen an eine emphatisch beschworene Menschheit, zog aber
letztlich nur jene oppositionellen Künstler und Intellektuellen an, welche mit
dem offiziellen Kulturbetrieb des wilhelminischen Reiches ohnehin unzufrieden waren. Zu seinen Vortragsabenden, die häufig im Café Kutschera am Kurfürstendamm stattfanden, kamen daher lediglich Studenten, Bohemiens,
Schauspieler, Maler und Schriftsteller, die fast allen von den Neopathetikern
vorgetragenen Chansons, Gedichten, philosophischen Traktaten, Klavierstük-
ken oder kurzen Dramenszenen frenetisch Beifall spendeten. Inhaltlich handelte es sich bei den dort rezitierten, gesungenen, gespielten oder gemimten
Werken weitgehend um Beschwörungen jenes „dämonischen", aber zugleich
„hinreißenden" Großstadtlebens, dem die jungen Expressionisten mit einer
seltsamen Ambivalenz gegenüberstanden, da sie sich – bei aller Ablehnung der
rapiden Industrialisierung und Kommerzialisierung – der vielfältigen Reize, die
ihnen die moderne Großstadt bot, keineswegs entziehen konnten und auch
nicht entziehen wollten. Demzufolge fand zwar dieses Cabaret bei den anderen
Außenseitern der wilhelminischen Gesellschaft eine große Zustimmung, wurde
aber von den Exponenten des herrschenden Kulturbetriebs geflissentlich über-
sehen. Ja, die Vertreter der restlichen 99 Prozent der „Menschheit" nahmen
überhaupt nicht wahr, daß ein solches Cabaret überhaupt existierte.

Da der Neue Club – außer einer Lebensphilosophie à la Friedrich Nietzsche
oder Georg Simmel – kein klares ideologisches Programm und deshalb auch
kein wirkliches Gemeinschaftsgefühl entwickelte, spaltete er sich bereits im
Frühjahr 1911 in zwei Sektionen. Auf der einen Seite standen Blaß, Hiller und
Wassermann, auf der anderen Heym, Hoddis und Loewenson. Hiller und seine
Freunde gründeten daraufhin im Herbst 1911 eine neue literarische Vereinigung, welche sie Club Gnu nannten und die im Café Austria sowie in den Buchhandlungen Reuß und Pollack bald eigene Cabaret-Abende veranstalteten, an
denen auch Frühexpressionisten wie Johannes R. Becher, Carl Einstein, Franz
Pfemfert, Ludwig Rubiner, Herwarth Walden, Franz Werfel und Paul Zech teilnahmen und sich zum „Ethos der Intensität" bekannten. Eine Auswahl der dort
vorgetragenen Gedichte erschien 1912 unter dem Titel *Kondor*, die schnell zum
Vorbild für weitere expressionistische Lyrikanthologien wurde. Obwohl Hiller
– nach dem Ausscheiden von Blaß, der 1913 vorübergehend unter den Einfluß
von Stefan George geriet – den jungen Walter Hasenclever als Mitarbeiter
gewann, stellte er die Gnu-Abende im Frühjahr 1914 wieder ein und widmete
sich zwischen 1916 und 1923 in seinen *Ziel-Jahrbüchern* vornehmlich philosophischen und politischen Fragen, ja versuchte 1919 in Berlin – im Überschwang

der allgemeinen Revolutionsbegeisterung – sogar eine eigene Aktivistenpartei zu gründen, die sich jedoch bald wieder auflöste.

Das Neopathetische Cabaret hatte aufgrund des extravaganten Individualismus seiner Mitglieder eine noch kürzere Lebensdauer. Seine letzte Veranstaltung fand am 3. April 1913 als Trauerfeier für den in der Havel ertrunkenen Georg Heym statt. Anschließend publizierten einige Clubmitglieder beim Rowohlt-Verlag noch die nachgelassenen Gedichte Heyms unter dem Titel *Umbra vitae*. Ja, einzelne Neopathetiker trafen sich weiterhin in unregelmäßigen Abständen, bis der Kriegsbeginn im August 1914 – wegen des mangelnden Zusammengehörigkeitsgefühls dieser Vereinigung, die noch immer dem Prinzip des „Sensationismus" huldigte – zur endgültigen Auflösung der letzten Grüppchen des Neuen Clubs führte.

Der Sturm-Kreis

Die zweite expressionistische Gruppe, die seit 1910 in Berlin Furore machte, nannte sich „Der Sturm". Ihr Initiator war Herwarth Walden, der sich bereits seit der Jahrhundertwende unentwegt für eine Aufsehen erregende, provozierend „avantgardistische" Kunst eingesetzt hatte. Seit seiner Eheschließung mit Else Lasker-Schüler im Jahr 1901 versuchte er mit ihr im Café des Westens eine Reihe junger Künstler und Autoren an sich zu binden. Dazu gehörten neben Alfred Döblin, Peter Hille und Paul Scheerbart anfangs auch einige Mitglieder der Neuen Gemeinschaft der Brüder Hart sowie der Gruppe Die Kommenden, welche Ludwig Jakobowski um sich versammelt hatte. Mit ihnen gründete Walden 1903 den Verein für Kunst, der vielen damals als „modern" geltenden Autoren die Chance gab, Vorträge zu halten oder aus ihren Werken vorzulesen. Neben den bereits Genannten traten hier unter anderem Peter Altenberg, Hermann Bahr, Arno Holz, Heinrich Mann, Thomas Mann, Alfred Mombert und Frank Wedekind auf. Anfang 1908 wurde Walden Herausgeber des in Berlin erscheinenden *Magazin für Literatur des In- und Auslandes*, das er mit dem Untertitel *Monatsschrift für Literatur, Musik, Kunst und Kultur* versah und in welchem er vor allem Texte seiner Freunde Döblin und Hille sowie anderer Autoren wie Peter Baum, Rudolf Blümner, Otto Flake, Otto Freundlich, Erich Mühsam, Ludwig Rubiner und René Schickele abdruckte. Allerdings gab er die Herausgeberschaft dieses Blatts schon nach drei Nummern wieder auf. Im Herbst 1908 trat Walden in die Redaktion des *Morgen*, einer *Wochenschrift für deutsche Kultur*, ein, wo er abermals Beiträge seiner Freunde unterbrachte, aber bereits nach 17 Nummern – wegen der angeblichen „Rasanz" dieser Texte – wieder vor die Tür gesetzt wurde. Daraufhin übernahm Walden im Januar 1909 eine Redakteurstelle bei der Zeitschrift *Der neue Weg*, die von der Genos-

August Stramm und Herwarth Walden (1914). Zwei Sturm-Künstlerkarten

senschaft deutscher Bühnenangehöriger herausgegeben wurde. Auch hier trat er erneut für von ihm bevorzugte „Avantgardisten" wie Blümner, Döblin, Scheerbart, Salomo Friedländer und Ferdinand Hardekopf ein und wurde darum nach kurzer Zeit von seinem Posten entfernt. Das gleiche geschah, als Walden 1909 eine andere Theaterzeitschrift übernahm, die er in *Das Theater* umbenannte. Auch hier entschieden sich die hinter diesem Blatt stehenden Geldgeber schon nach wenigen Monaten, ihn wegen seiner „Radikalität" zu entlassen.

Daraufhin entschloß sich Walden 1910, mit Unterstützung seiner Freunde Blümner, Döblin, Friedländer, Hardekopf, Lasker-Schüler, Rubiner und Schikkele eine eigene Wochenschrift zu gründen, der er den bewußt provozierenden Titel *Der Sturm* gab. Unter Berufung auf Nietzsche wandte sich dieses Blatt sowohl gegen den bürgerlich-selbstgenügsamen, häufig ins Journalistische oder Triviale absinkenden wilhelminischen Kulturbetrieb als auch gegen die „falsche Romantik" von Gerhart Hauptmanns *Versunkener Glocke* sowie den „verkrampften" Klassizismus Stefan Georges und wollte statt dessen einer Literatur zum Durchbruch verhelfen, die einer Befreiung der bisher als „dunkle Mächte" verteufelten Regungen des Instinkthaften dienen sollte. In den Jahren von 1910 bis 1914 publizierte darum Walden im *Sturm* vor allem ins Krasse, Provozierende, Obszöne tendierende Texte von Blümner, Döblin, Friedländer,

Scheerbart, Peter Baum, Gottfried Benn und William Wauer, zu denen sich im
Laufe der Zeit immer mehr ins Archaisch-Wilde tendierende Illustrationen
expressionistischer Graphiker sowie Essays zu Fragen expressionistischer
Malerei gesellten. Außerdem gründete Walden 1910 eine Kunstgalerie und
1914 einen eigenen Verlag, um der von ihm geförderten Sturm-Kunst größere
Wirkungsmöglichkeiten zu eröffnen.

Im Hinblick auf die Literatur läßt sich im *Sturm* seit 1914 eine deutliche Tendenz zu einer immer intensiveren Wortkonzentration beobachten. Diese
Wende wurde eingeleitet durch die Einflüsse des italienischen Futurismus, dessen Hauptvertreter, nämlich Filippo Tommaso Marinetti, 1913 in Waldens
Galerie einen vielbachteten Vortrag hielt, sowie durch die von den Manifesten
des Futurismus beeinflußten Gedichte des jungen August Stramm. Beiträge von
Autoren wie Döblin, Blaß, Lasker-Schüler, Scheerbart und Zech machten daher
im *Sturm* zusehends Platz für Texte von Stramm, Franz Richard Behrens, Kurt
Heynecke, Adolf Knoblauch, Kurt Liebmann, Günther Mürr, Wilhelm Runge
und Lothar Schreyer, die sich um eine zu äußerster Knappheit, ja Hyperkon-
densation neigende „Wortkunst" bemühten. Obwohl diese Art von Wortkunst
bis in die frühen zwanziger Jahre zu den Hauptcharakteristika der Sturm-Publi-
kationen gehörte, die – wie im Bereich der Zürcher Dada-Gruppe – schließlich
in den Gedichten von Willy Knobloch, Otto Nebel und Kurt Schwitters die
Form abstrakter Lautgedichte annahm, vollzog sich im *Sturm*, der sich bis
dahin aus allen politischen Fragen weitgehend herausgehalten hatte, ab 1919
zugleich eine deutliche Politisierung oder zumindest Ideologisierung, welche
Herwarth Walden im Februar und August dieses Jahres mit seinen Aufsätzen
Kunst und Leben sowie *Künstler, Volk und Kunst* einleitete. In ihnen wandte er
sich erstmals mit linker Akzentsetzung ökonomischen Grundfragen zu. Das
gleiche tat Lothar Schreyer, der in seinen Sturm-Aufsätzen aus dem gleichen
Zeitraum auf die fortgesetzte Ausbeutung der Arbeiter, die ungerechten Eigen-
tumsverhältnisse sowie die entfremdende Arbeitsteilung einging und im Sinne
des verbreiteten Novembrismus dieser Jahre die Utopie einer Gemeinschaft
„neuer Menschen" entwarf, in der alle wieder im Einklang mit den kosmischen
Urgesetzen leben würden. Eine ähnliche Einstellung bezog William Wauer in
seiner antikapitalistischen Studie *Gold, Währung, Kapital*. Diese ideologische
Akzentverschiebung führte im Laufe der Jahre dazu, daß die literarischen Texte
immer stärker hinter den ökonomischen und politischen Essays zurücktraten.
Vor allem nach seiner ersten Reise in die Sowjetunion, von der Walden als überzeugter Kommunist zurückkehrte, interessierte ihn das Ästhetische immer
weniger.

Und damit nahm auch die Zahl der Sturmkunst-Abende, die vor allem während der Zeit des Ersten Weltkriegs in Berlin einiges Aufsehen erregt hatten, allmählich ab. Das gleiche gilt für die Sturm-Ausstellungen, welche Walden in sei-

ner Berliner Galerie unter Titeln wie „Der Blaue Reiter", „Die Pathetiker", „Die Neue Sezession", „Kubisten", „Expressionisten", „Futuristen", „Französische Expressionisten" usw. veranstaltet hatte. Auch sie wurden seit den frühen zwanziger Jahren merklich uninteressanter. Ein ähnliches Schicksal ereilte die Sturm-Bühne. Sie erwuchs aus der Sturm-Schule, die Walden 1917 eröffnet hatte und an der neben Malern wie Heinrich Campendonk, Paul Klee, Georg Muche und Gabriele Münter auch von Walden beeinflußte Theaterpraktiker wie Blümner und Schreyer eine spezifisch expressionistische Bühnen- und Schauspielkunst unterrichteten. Als erstes Stück führte die Sturm-Bühne im Oktober 1918 August Stramms Kurzdrama *Sancta Susanna* auf, das bereits 1914 in der *Sturm*-Zeitschrift erschienen war. Zur Unterstützung dieser Bemühungen gründete Walden 1918 sogar eine Zeitschrift unter dem Titel *Sturm-Bühne. Jahrbuch des Theaters der Expressionisten*, von der jedoch – wegen mangelnden Interesses – bis zum Oktober 1919 nur acht Nummern erscheinen konnten. Obwohl die Sturm- oder Kampf-Bühne, wie sie sich nannte, noch acht weitere Stücke von Hölderlin, Schreyer, Stramm und Walden aufführte, wurde auch sie ein Opfer der frühen Nachkriegszeit. Obendrein verließ Schreyer kurz darauf Berlin und ging als Theaterleiter ans Weimarer Bauhaus.

Noch schwieriger wurde die Situation für Walden nach 1923, als die Neue Sachlichkeit auf den Plan trat und allen ins Utopische tendierenden Projekten den Boden entzog. Walden versuchte zwar zu diesem Zeitpunkt noch einmal, mit Schreyer eine Internationale Vereinigung der Expressionisten, Kubisten und Konstruktivisten zu gründen. Aber auch dies erwies sich als ein Fehlschlag. Und so entschied sich Walden – aus Haß gegen den wirtschaftlichen Pragmatismus der sogenannten Stabilisierungsperiode der Weimarer Republik – schließlich für den Kommunismus und schlug im Juni 1932 sein Domizil in Moskau auf.

Die Gruppe um die Zeitschrift *Aktion*

Einen recht ähnlichen Verlauf nahm die Entwicklung des sogenannten Aktionskreises in Berlin. Er ging aus einer Literatenclique hervor, die sich um 1910 im Café des Westens – zwei Tische von Herwarth Walden und seinen Freunden entfernt – um den Journalisten Franz Pfemfert scharte. Zu dieser Gruppe gehörte anfangs eine stattliche Zahl junger, rebellischer Expressionisten wie Gottfried Benn, Paul Boldt, Carl Einstein, Ferdinand Hardekopf, Jakob van Hoddis, Franz Jung, Oskar Kanehl, Hugo Kersten, Max Oppenheimer, Karl Otten, Anselm Ruest und Carl Sternheim. Ja, manchmal tauchten in diesem Kreise auch Johannes R. Becher, Franz Blei, Max Brod, Salomo Friedländer, Iwan Goll, Otto Gross, Walter Hasenclever, Heinrich Mann, Peter Scher

und René Schickele auf, die sich ebenfalls als Konspiratoren gegen den herrschenden Wilhelminismus empfanden und ihre Publikationen in den Dienst
eines weltverändernden Aktivismus stellen wollten.

Pfemfert war zuerst, das heißt zwischen 1910 und 1911, als Schriftleiter des
von Georg Zepler herausgegebenen Wochenblatts *Der Demokrat* bekannt
geworden, das sich im Untertitel *Zeitschrift für freiheitliche Politik und Literatur* nannte und für die Freisinnige Volkspartei eintrat. Dort hatte Pfemfert vor
allem Texte von Einstein, Hoddis, Rubiner, aber auch von Hiller, Heym und
Friedländer abgedruckt, die damals weitgehend Mitglieder des Neuen Clubs
waren. Als er im Februar 1911 – nach parteipolitischen Zwistigkeiten mit Zepler – die Zeitschrift *Die Aktion* gründete, der er den Untertitel *Wochenschrift
für Politik, Literatur, Kunst* gab, waren es deshalb die gleichen sechs Autoren,
die ihn hierin besonders aktiv unterstützten. Aber auch die anderen, eben auf-
gezählten Autoren lieferten fast alle Beiträge für die ersten Jahrgänge dieses
Blatts, das in einer Durchschnittsauflage von 2000 Exemplaren erscheinen
konnte.

Ideologisch gesehen, war die *Aktion* die einzige Zeitschrift des Frühexpressionismus, die von Anfang an einen – im damaligen Sinne – „linken" Kurs steu-
erte und von ihren Beiträgern und Beiträgerinnen nicht nur einen extravaganten Subjektivismus, sondern auch eine gewisse politische Solidarität erwartete.
Überspannte „Sensationisten" wie Hiller, Hoddis und Scher wandten sich
daher bereits 1912 wieder von Pfemfert ab und verfolgten ihre eigenen Ziele.
Die anderen Aktionsautoren blieben jedoch Pfemfert relativ treu. Viele von
ihnen trugen nicht nur zu seiner Zeitschrift bei, sondern erschienen auch zu seinen Autorenabenden und nahmen an den von ihm veranstalteten „Revolu-
tionsbällen" teil. Auf diese Weise wollten sie eine Bewegung in Gang setzen, aus
der schließlich die „Große Deutsche Linke" hervorgehen sollte.[10] Was sie darunter verstanden, bleibt allerdings in ihren frühen Verlautbarungen meist etwas
unklar. Wie die Mitglieder des Neuen Clubs wußten zwar diese Autoren genau,
wogegen sie waren, nämlich den wilhelminischen Nationalismus, die erstarrten
bürgerlichen Moralvorstellungen, das an Adelsrang oder Kapitalbesitz orientierte gesellschaftliche Prestigedenken sowie die staatlich-klassizistische Kul-
turfassade, sahen aber noch nicht, was sie all dem – außer einigen unkonkreten
Allgemeinheiten wie „Leben", „Aktion" oder „Intensität" – entgegensetzen
sollten.

Da die frühen Aktionsautoren durchweg aus bildungsbürgerlichen Schichten
stammten, bezogen sie in ihrem Haß auf den Wilhelminismus keine proleta-
risch-sozialistischen Positionen, sondern verstanden das Wort „links" weitgehend im Sinne jener innerbürgerlichen Sezession, deren Anhänger sich in Café-
häusern oder Künstlervierteln unter den Losungen eines säkularisierten „Kul-
turkampfes" zu vereinigen suchten,[11] ohne dabei auf ihren forcierten Intellek-

tualismus oder gar Ästhetizismus zu verzichten. Im Sinne Heinrich Manns empfanden sich viele von ihnen in erster Linie als „Geistige", die zur Rechtfertigung ihrer rebellischen Gesinnung keine spezifisch politischen oder sozialen, sondern eher idealistisch-ethische, humanitär-pazifistische sowie bohemehaft-anarchische Gesichtspunkte ins Feld führten. Die meisten huldigten jenem romantischen Antikapitalistismus, wie er beispielsweise dem Manifest *Der Dichter greift in die Politik* zugrunde liegt, das Ludwig Rubiner 1912 in der *Aktion* publizierte. In ihm stellte er als seine sub- oder lumpenproletarischen „Kameraden" im Aufstand gegen die bürgerliche Gesellschaft vor allem die „Prostituierten, Zuhälter, Sammler von verlorenen Gegenständen, Gelegenheitsdiebe, Nichtstuer, Liebespaare inmitten der Umarmung, religiös Irrsinnigen, Säufer, Kettenraucher, Arbeitslosen, Pennbrüder, Einbrecher" usw. hin, die keine Lust mehr hätten, sich vom herrschenden Regime an die Kandare nehmen zu lassen.[12] Dem Dichter sprach er in diesem Zusammenhang die Rolle zu, sich in erster Linie durch seinen intensiven Geist und seine seelische Radikalität, das heißt als wild entflammter „Störer" und „Zerstörer", auszuzeichnen.[13]

Kein Wunder, daß sich im Umkreis solcher Exaltationen manche der frühen Aktionsautoren – in ihrem extremen Individualismus, ihrer sozialen Vereinzelung und ihrem anarchistischem Auslebebedürfnis – eher an Max Stirner und Michail Bakunin als an den Theoretikern der deutschen Sozialdemokratie orientierten, die ihnen viel zu kompromißbereit, ja harmoniesüchtig erschienen. Lediglich Rosa Luxemburg und Karl Liebknecht nahmen Pfemfert und Rubiner wegen ihrer antimilitaristischen Haltung von ihrer Verdammung der fortschreitenden Verkleinbürgerlichung der SPD aus. Allerdings wurden diese politischen Auseinandersetzungen und Klärungsprozesse im August 1914, als Wilhelm II. den Ersten Weltkrieg ausrief und alle linken Diskussionen verstummen mußten, jäh unterbrochen. Durch dieses Ereignis änderte sich im Hinblick auf die *Aktion* nicht nur die Zusammensetzung ihrer Beiträger, sondern auch die Art ihrer Gedichte, Essays oder Leitartikel. Einige Mitglieder dieses Kreises wurden zum Heeresdienst eingezogen, andere, wie Hardekopf, Oppenheimer und Rubiner, gingen als Pazifisten in die neutrale Schweiz und publizierten dort in den von René Schickele herausgegebenen *Weißen Blättern*.

Angesichts dieser Situation sah sich Pfemfert nach Kriegsbeginn gezwungen, zumal die Zensur immer schärfer gegen systemkritische Schriften einschritt, in der *Aktion* nur noch politisch unverfängliche Texte abzudrucken. Die gleiche Vorsicht übte er im Hinblick auf das *Aktionsbuch* (1916) sowie die Reihen *Aktions-Lyrik* und *Aktions-Bücher der Aeternisten*, die er im gleichen Jahr – in Zusammenarbeit mit Benn, Einstein, Hardekopf, Jung, Klemm, Otten, Rubiner und anderen – herauszugeben begann. Ein Jahr später eröffnete Pfemfert in der Kaiserallee eine Buch- und Kunsthandlung, in der er expressionistische Künstler wie Otto Freundlich, Max Oppenheimer, Hans Richter, Karl Schmidt-Rott-

Felixmüller: Titelblatt der „Aktion" (1920) mit einem Porträt von Franz Pfemfert

luff und Georg Tappert ausstellte. Seine ideologisch-ästhetische Einstellung während dieser Jahre, in denen er mit seinen „linken" Anschauungen weitgehend hinterm Berg halten mußte, läßt sich am besten mit Adjektiven wie „antibürgerlich", „bohemisch-anarchistisch" oder „forciert-modernistisch" charakterisieren, wobei er – den Stil der von ihm abgedruckten Texte betreffend – vor allem eine sogenannt aeternistisch-simultane, das heißt auf bewußte Vermischung der Zeitebenen beruhende Schreibweise unterstützte, welche zwar nicht so extrem wie die „Wortkunst" des Sturm-Kreises war, aber ebenfalls ins Asyntaktische, ja Bizarre, wenn nicht bewußt Ver-Rückte tendierte.

Nach Ausbruch der Novemberrevolution trat Pfemfert als Vorsitzender der von ihm 1915 im Untergrund gegründeten Antinationalen Sozialistenpartei (ASP) wieder offen systemkritisch auf und ließ sofort 100 000 Flugblätter verteilen, in denen er zur Unterstützung des Spartakusbundes und damit zum Umsturz der bestehenden Verhältnisse aufrief. Zugleich organisierte er in Berlin bis zum Ende des Jahres 1918 fünf öffentliche Veranstaltungen der ASP, wobei er aus den Reihen der Schriftsteller vor allem von Albert Ehrenstein, Karl Otten, Hans Siemsen und Carl Zuckmayer unterstützt wurde. Außerdem nahmen Pfemfert und seine Gesinnungsgenossen enge Beziehungen zur Novembergruppe und zum Rat geistiger Arbeiter auf, die sich damals in Berlin konstituierten, das heißt traten wie der Spartakusbund und die Unabhängigen Sozialdemokraten (USPD) – im Gegensatz zu den Mehrheitssozialdemokraten unter Friedrich Ebert – für jede Form eines Sozialismus ein, dem eine linksradikale Gesinnung zugrunde lag. Aus Pfemfert dem Dichter, Essayisten, Verleger und Kunsthändler wurde so über Nacht Pfemfert der politische Aktivist, dem wie vielen Schriftstellern und Malern, die sich Anfang 1919 der von Kurt Eisner ausgerufenen Münchner USPD-Republik oder der von Heinrich Vogeler in Worpswede gegründeten Barkenhoff-Kommune anschlossen, rein ästhetische Fragen immer unwichtiger erschienen.

Aufgrund dieses ideologischen Umschwungs änderte Pfemfert seit Januar 1919 die *Aktion* in ein Blatt, in dem die literarischen Beiträge zusehends seltener wurden und das sich als politisches Agitationsorgan im Sinne eines novembristischen Revolutionismus in erster Linie gegen die „heilige Dreieinigkeit von Kapitalismus, Militarismus und Imperialismus" wandte. Obwohl nicht direkt ausgesprochen, liefen seine Parolen weitgehend auf eine Unterstützung der den Spartakusbund ablösenden Kommunistischen Partei Deutschlands (KPD) hinaus. Eine Kursänderung in der *Aktion* trat erst ein, als sich die KPD im Oktober 1919 auf ihrem 2. Parteitag in Heidelberg in eine unter der Leitung Paul Levis stehende Gruppe, welche eine enge Zusammenarbeit mit den Gewerkschaften, und eine Gruppe spaltete, welche zur Gründung revolutionärer Arbeiter-Unionen aufrief. Die oppositionelle Fraktion, zu der auch Pfemfert und einige seiner politischen Freunde gehörten, schloß sich daraufhin am 4. April 1920 zur

Kommunistischen Arbeiter-Partei Deutschlands (KAPD) zusammen. Ihre *Leit-sätze*, die zum Kampf gegen die „gelben" Gewerkschaften und zu außerparla-mentarischen Aktionen im Sinne des holländischen Linkskommunisten Anton Pannekoeks aufriefen, erschienen am 17. April in der *Aktion*. Diesen Kurs unterstützte Pfemfert bis Anfang 1921. Erst als sich die KAPD immer enger an die leninistische Internationale anschloß und dadurch ihren syndikalistischen Charakter weitgehend einbüßte, wandte sich Pfemfert auch von dieser Partei ab und unterstützte lediglich jene Gruppen innerhalb der Arbeiter-Unionen, die weiterhin einen auf dem Rätesystem aufgebauten Sozialismus befürworteten.

Von den älteren Beiträgern der *Aktion*, von denen die meisten vor einem so radikalen Kurs zurückschreckten oder ihn zumindest für unrealistisch hielten, blieben deshalb um 1920 nur Albert Ehrenstein, Felixmüller, Otto Freundlich, Oskar Kanehl, Erich Mühsam und Carl Sternheim übrig. Ansonsten dominier-ten auf den Seiten der *Aktion* vornehmlich leidenschaftsgefärbte Bekenntnisse junger Politiker, die sich weiterhin zu einem revolutionären Sozialismus bekannten, dem sie seit Mitte der zwanziger Jahre eine deutlich antistalinisti-sche, das heißt trotzkistische Ausrichtung gaben. Auch in diesen Jahren hielt Pfemfert weiterhin unbeirrbar am proletarischen Charakter seiner Revolu-tionsvorstellung fest und verwarf alle linksliberalen Hoffnungen auf eine sozia-listische Republik, wie sie viele Novembristen, vor allem im Rat geistiger Arbeiter, geteilt hatten. Daher findet sich seit den frühen zwanziger Jahren in der *Aktion* eine Tirade nach der anderen gegen „Literaten", „Geistige", „Intel-lektuelle" oder „Bourgeoisknechte" wie Kasimir Edschmid, Kurt Hiller, Rudolf Leonhard, Siegfried Jakobsohn, Heinrich Mann, René Schickele, Fritz von Unruh, Alfred Wolfenstein und Theodor Wolff, die lediglich versuchten, wie es hieß, sich mit ihren Feuilletons im *Berliner Tageblatt*, der *Frankfurter Zeitung* oder der *Weltbühne* literarische Lorbeeren zu erwerben, statt sich im Sinne Karl Liebknechts und Rosa Luxemburgs für eine das herrschende Unrechtssystem endgültig abschaffende proletarische Räterepublik einzuset-zen.

Dazu paßt, daß Pfemfert seit 1928 seiner *Aktion* den Untertitel *Zeitschrift für revolutionären Kommunismus* gab und auf die Mitarbeit von geistsozialisti-schen Schriftstellern weitgehend verzichtete. Nach diesem Zeitpunkt wurde die *Aktion* wie auch die von Pfemfert herausgegebene *Kommunistische Aktions-Bibliothek* fast nur noch von linksradikalen Journalisten, Politikern oder Arbeitern gelesen. Ihr letztes Heft erschien im August 1932. Im März 1933 ver-ließ Pfemfert Deutschland und verbrachte den Rest seines Lebens – nach Zwi-schenaufenthalten in Prag, Paris und New York – seit 1941 als Photograph in Mexiko-City, ohne sich je wieder als Herausgeber oder Autor zu betätigen.

Die Berliner Dadaisten

Ein weiterer gruppenbildender Verlagsgründer und Zeitschriftenherausgeber innerhalb der expressionistischen Dichtergruppen war Wieland Herzfelde. Er kam 1914 erstmals nach Berlin. Als er bei Kriegsbeginn eingezogen wurde, fügte er sich dieser „vaterländischen" Pflicht ohne die geringsten Skrupel. An der belgischen Front wandelte er sich jedoch schon nach wenigen Wochen aus einem dienstwilligen Soldaten in einen entschiedenen Kriegsgegner, worauf er Anfang 1915 wegen „unziemlicher" Dienstverweigerung aus der Armee ausgestoßen wurde. Wieder in Berlin angekommen, nahm er im Café des Westens sofort Kontakte zu anderen pazifistisch gesinnten Schriftstellern auf und befreundete sich außerdem mit Malern wie George Grosz und Ludwig Meidner, die ebenfalls gegen den Krieg eingestellt waren. Mit diesen neuen Freunden plante Herzfelde 1916 die Gründung einer pazifistischen Zeitschrift, hörte aber, daß die Herausgabe eines neuen Periodikums – auf die Dauer des Krieges – nicht ohne die Erlaubnis der zuständigen Militärbehörden möglich sei. Da er unter diesen Bedingungen für ein betont pazifistisches Blatt keine Chance sah, zugelassen zu werden, überredete er Heinz Barger, der vor dem Krieg die Zeitschrift *Neue Jugend* herausgegeben hatte, die jedoch nach sechs Nummern wieder eingegangen war, ihm die immer noch bestehende Lizenz für dieses Blatt zu übertragen. Als Barger einwilligte, gaben Wieland Herzfelde und sein Bruder Helmut, der sich aus Affekt gegen die „Gott strafe England"-Reden Kaiser Wilhelm des II. John Heartfield nannte, unter der Pro-forma-Herausgeberschaft Bargers ab Juli 1916 eine Zeitschrift heraus, die sich zwar ebenfalls notgedrungen *Neue Jugend* nannte, aber mit ihrer relativ harmlosen Vorgängerin nur wenig gemeinsam hatte.

Die Hauptbeiträger dieser Zeitschrift waren Johannes R. Becher, Theodor Däubler, Kasimir Edschmid, Albert Ehrenstein, Salomo Friedländer, George Grosz, Franz Jung, Gustav Landauer, Else Lasker-Schüler sowie Richard Huelsenbeck, der im Januar 1917 – nach der Auflösung des dadaistischen Cabaret Voltaire in Zürich – ebenfalls nach Berlin kam. In den fünf Heften der *Neuen Jugend*, die Wieland Herzfelde zwischen Juli 1916 und März 1917 zusammenstellte, überwog eindeutig das Literarische, da eine offen pazifistische Haltung sofort zum Verbot dieser Zeitschrift geführt hätte. Als der frühere Herausgeber Barger, der gegen den Expressionismus eingestellt war, dem Ganzen eine andere Richtung geben wollte, gründeten die Brüder Herzfelde einen eigenen Verlag, den Malik-Verlag, wodurch sie sich zwar von Bargers Vormundschaft befreiten, aber durch ihre größere politische Schärfe sofort den Zensor auf den Plan riefen, der die von ihnen weiterhin herausgegebene *Neue Jugend* kurzerhand verbot. Um dieses Verbot zu unterlaufen, brachten sie die beiden nächsten Nummern der *Neuen Jugend* als großformatige Wochenausgaben heraus, in

denen sich erstmals spezifisch aktivistische Proklamationen finden. Der gleiche
Wandel läßt sich im Hinblick auf die Vortragsabende beobachten, welche diese
Gruppe im Winter 1916 auf 1917 in Berlin und anderen deutschen Städten veranstaltete. Auf ihnen trugen Becher, Däubler, Ehrenstein, Grosz, Herzfelde und
Lasker-Schüler immer schärfere Dichtungen gegen den Krieg vor, die das Publikum manchmal derart spalteten, daß es zu tumultartigen Szenen kam und erst
durch den Einsatz von Polizeikommandos wieder „Ruhe und Ordnung" hergestellt werden konnten.

Diese Szenen bestärkten den Kreis um die *Neue Jugend* in der Überzeugung,
daß sich eine durchgreifende Veränderung der Verhältnisse nur durch politische Aktionen, aber nicht durch literarische Publikationen herbeiführen lasse.
Angesichts der Russischen Oktoberrevolution von 1917 entschieden sich deshalb die meisten Mitglieder dieser Gruppe ideologisch für den Kommunismus,
der am schärfsten gegen die von ihnen gehaßte „Bürgerlichkeit" auftrat. Im Stil
griffen sie dabei in ihren Publikationen und öffentlichen Auftritten gern auf
jene alogischen, zum Teil an hanebüchenen Unsinn erinnernden Wort- und
Satzkonstruktionen zurück, welche die Berliner Impertinisten um Adolf Undo
sowie die Zürcher Dadaisten um Hans Arp, Hugo Ball, Emmy Hennings, Marcel Janco, Sophie Taeuber und Tristan Tzara entwickelt hatten, um so eine möglichst provozierende Aufmerksamkeit auf sich zu lenken. Vor allem Huelsenbeck bediente sich in seinen frühen *Dada-Reden*, die er im Berliner Kunstsalon
von I. B. Neumann vortrug, solcher sprachlichen Mittel, um sich über den cha-
rontisch oder neopathetisch „angehauchten" Frühexpressionismus mit seiner
Tendenz zu pseudoreligiöser Verinnerlichung und zugleich lebensphiloso-
phisch angeheizter Ekstatik lustig zu machen. Die gleiche Lust am Schockieren-
den ergriff Anfang 1918 Grosz, Jung, John Heartfield und Raoul Hausmann,
die am 21. Januar 1918 in Berlin den Club Dada gründeten. Kurze Zeit später
schlossen sich dieser Gruppe der als Oberdada gefeierte Johannes Baader, der
Pipidada Walter Mehring, der Kunstjournalist Carl Einstein, die Malerin Hannah Höch sowie der zum zweiten Mal aus der Armee entlassene Wieland Herzfelde an, welche dem in Zürich praktizierten Dadaismus, den Hugo Ball wegen
seiner Neigung zum Lautmalerischen, Bruitistischen und Absurden später als
ein „Narrenspiel aus dem Nichts" bezeichnete, eine deutlich linksgerichtete
Note gaben.

Schon das erste Manifest der Berliner Dadaisten vom 12. April 1918 wandte
sich deshalb ausdrücklich gegen jede Form eines ästhetisierenden Eskapismus
oder einer geistliberalen Lehnstuhl-Politik und bezog im Hinblick auf die
anstehenden politischen, ökonomischen und sozialen Fragen eine radikale, ja
fast überradikale sozialistische Position. Ebenso systemkritisch gab sich das
sechste Heft der Reihe *Freie Straße*, das Huelsenbeck im Sommer 1918 unter
dem Titel *Club Dada. Wunder der Wunder!* herausbrachte. In ihm herrschte

bereits jene skandallüsterne Atmophäre, mit der die Berliner Dadaisten auch in
ihren späteren Veröffentlichungen und Aktionen die „Wut der Spießer" her-
auszufordern versuchten.[14] Um nur ja jeden Eindruck des Feierlichen oder Bier-
ernsten zu vermeiden, vermischten sie dabei das Politische stets bewußt mit
kabarettistischen Elementen. Das gilt vor allem für die Zeit der Novemberrevolution, aber auch noch für das Frühjahr 1919. So zögerte Baader am 17.
November 1918 keineswegs, die im Berliner Dom versammelte Gemeinde
sowie den ehemaligen Hofprediger mit gotteslästerlichen Slogans wie „Jesus ist
Wurst" zu schockieren. Kurze Zeit später traten fast alle Berliner Dadaisten, um
ihre Radikalität unter Beweis zu stellen, entweder der Kommunistischen Partei
Deutschlands (KPD) bzw. linkssektiererischen Organisationen wie der Allgemeinen Arbeiter-Union (AAU) oder der Kommunistischen Arbeiter-Partei
Deutschlands (KAPD) bei. Am 6. Februar 1919 erregte Baader noch einmal ein
polit-dadaistisches Aufsehen, als er sich – aus Protest gegen den antikommunistischen Kurs der SPD – in Weimar mit Brachialgewalt Eingang in den Saal der
Nationalversammlung verschaffte und dort Flugblätter verteilte, die zum Boy-
kott der neugegründeten Republik aufriefen. In scharfer Konfrontation zu allen
von der SPD eingeleiteten Maßnahmen wollten Baader und Hausmann daraufhin Anfang April 1919 nicht nur einen Antinationalen Rat der unbezahlten
Arbeiter, sondern sogar eine Republik Dada gründen. Ja, am 19. April wurde
Baader im Reichsministerium des Äußeren vorstellig und forderte, an den Frie-
densverhandlungen von Versailles teilnehmen zu können. All das führte zwar
zu nichts, machte aber den daran Beteiligten einen Heidenspaß, der eine anstek-
kende Wirkung haben sollte.

Auch an ebenso frappierenden Publikationen ließ es der Club Dada nicht fehlen. Seine erste Halbmonatsschrift kam am 15. Februar 1919 unter dem Titel
Jedermann sein eigener Fußball heraus und enthielt Texte von Grosz, Friedländer, Heartfield, Herzfelde und Mehring. Auf einem spektakulären Marsch
durch Berlin konnte diese Gruppe rund 7600 Exemplare dieser ersten Nummer
absetzen und wurde sogar, wie gehofft, auf dem Heimweg wegen „ungebührli-
chen" Verhaltens vorübergehend festgenommen. Wieder auf freien Fuß gesetzt,
erhielten Grosz und Herzfelde von den zuständigen Behörden ein Schreiben,
das ihnen den Druck einer zweiten Nummer dieser Zeitschrift „strengstens"
untersagte. Das gleiche Schicksal ereilte die Halbmonatsschrift *Die Pleite*, die
der Club Dada im März 1919 gründete. Auch sie wurde von der Zensur mehrfach aus dem Verkehr gezogen und schließlich im Januar 1920 endgültig verboten. Andere Publikationen dieser Art, wie *Der Dada* oder *Der blutige Ernst*,
wurden zwar nicht ausdrücklich indiziert, erwiesen sich aber wegen ihrer sektiererischen Überspanntheit als ebenso kurzlebig. Politisch wohl das schärfste
unter diesen Blättern war die Zeitschrift *Der Gegner. Blätter zur Kritik der
Zeit*, welche Karl Otten und Julian Gumperz gründeten und die dann, wie *Der*

Dada, vom Malik-Verlag übernommen wurde. Die Hauptbeiträger dieser Blätter waren wiederum Einstein, Friedländer, Grosz, Hausmann, Heartfield, Herzfelde, Huelsenbeck, Jung und Mehring. Am *Gegner* beteiligte sich außerdem Erwin Piscator, der dieses Blatt vor allem als Tribüne für sein Proletarisches Theater benutzte.

Welche Mischung aus Sinn und Unsinn in diesen Publikationen herrschte, beweist das Manifest gegen den Manifestismus, das im ersten Heft der Zeitschrift *Der Dada* erschien und folgende Programmpunkte enthielt: „Die internationale revolutionäre Vereinigung aller schöpferischen und geistigen Menschen der ganzen Welt auf dem Boden des radikalen Kommunismus fordert: 1. Die Einführung der progressiven Arbeitslosigkeit durch umfassende Mechanisierung jeder Tätigkeit, 2. die sofortige Expropriation des Besitzes und kommunistische Ernährung aller, sowie die Errichtung der Allgemeinheit gehörender Licht- und Gartenstädte, die den Menschen zur Freiheit entwickeln, 3. die öffentliche Speisung aller schöpferischen und geistigen Menschen auf dem Potsdamer Platz, 4. die öffentliche Verpflichtung der Geistlichen und Lehrer auf die dadaistischen Glaubenssätze, 5. den brutalsten Kampf gegen alle Richtungen sogenannter geistiger Arbeiter (Hiller), gegen deren versteckte Bürgerlichkeit und gegen den Expressionismus und die nachklassische Bildung, wie sie vom *Sturm* vertreten wird, 6. die sofortige Errichtung eines Staats-Kunsthauses und die Aufhebung des Besitzbegriffs in der neuen Kunst, 7. die Einführung des simultanëistischen Gedichtes als kommunistisches Staatsgebet, 8. die Freigabe der Kirchen zur Aufführung bruitistischer, simultanëistischer und dadaistischer Gedichte, 9. die sofortige Durchführung einer großdadaistischen Propaganda mit 150 Zirkussen zur Aufklärung des Proletariats, 10. die Kontrolle aller Gesetze und Verordnungen durch den dadaistischen Zentralrat der Weltrevolution, sowie 11. die sofortige Regelung aller Sexualbeziehungen im international dadaistischen Sinne durch die Errichtung einer dadaistischen Geschlechtszentrale.“[15]

Ihren Höhe- und zugleich Endpunkt erlebten diese sich ins Abstruse überschlagenden Aktivitäten zwischen Januar und Juli 1920. Den Auftakt dazu bildeten die dadaistischen Abende, die Baader, Hausmann und Huelsenbeck Anfang des Jahres in Dresden, Hamburg, Karlsbad, Leipzig und Prag veranstalteten, bei denen sie Reden *Über den tellurischen Wahnsinn* hielten sowie *Phantastische Gebete* und bruitistisch untermalte *Simultangedichte* vortrugen. Dabei wurden sie von dem belustigt-empörten Massenpublikum, das manchmal bis zu 2000 Menschen umfaßte, meist solange ausgepfiffen oder niedergebrüllt, bis die Polizei wieder Ruhe und Ordnung herstellen konnte. Etwas gemäßigter ging es bei der Ersten Internationalen Dada-Messe in der Berliner Galerie des Finanz-Dada Otto Burchard zu, welche vom 30. Juli bis 15. August 1920 stattfand und die letzte großangelegte Selbstdarstellung der

Eröffnung der Ersten Internationalen Dada-Messe in Berlin am 30. Juli 1920. Von links nach rechts: Raoul Hausmann, Hannah Höch, Otto Burchard, Johannes Baader, Wieland Herzfelde mit Frau, Schmalhausen, George Grosz und John Heartfield

Ziele und Bemühungen dieser Bewegung war. Obwohl an ihr sämtliche Berliner Dadaisten teilnahmen und damit ein deutliches Gruppenbewußtsein demonstrierten, kam es kurz darauf zur schrittweisen Auflösung des Club Dada. Schließlich waren die ideologischen Unterschiede zwischen Grosz, Heartfield und Herzfelde auf der einen sowie Baader, Hausmann und Huelsenbeck auf der anderen Seite doch zu groß, um dieser ohnehin zum chaotischen Wirrwarr tendierenden Richtung einen inneren Zusammenhalt zu geben. Demzufolge wurde in den Wochen und Monaten nach der Berliner Dada-Messe der Gegensatz zwischen diesen beiden Fraktionen immer eklatanter. Im Rahmen des einen Lagers ging der Dadaismus in die Merz-Kunst eines Kurt Schwitters und den Surrealismus eines Max Ernst über, während sich das andere Lager um Wieland Herzfeldes Malik-Verlag einer wesentlich

konkreteren linken Politik und zugleich einer mit realistischen Stilmitteln
arbeitenden sozialkritischen Literatur zuwandte.

Ungelöste Widersprüche

Das Ergebnis aller expressionistischen Auflehnungsversuche – ob nun auf seiten der Werkleute auf Haus Nyland, der Neopathetiker, der Sturm-Anhänger,
der Pfemfertschen Aktivisten oder der Berliner Dadaisten – wirkt auf den ersten
Blick wie ein absolutes Chaos. Neben modernistisch-großstädtischen Tendenzen, die nur das fesselfreie Ich im Auge hatten, begegnen in anderen Schriften
dieser Bewegung solidaritätsentflammte Bekenntnisse zum Industrieproleta-
riat, die sich an Wir-Gefühlen berauschten, deren höchstes Ideal eine sozialistisch ersehnte Weltgemeinschaft war. Mit anderen Worten: einerseits manifestierte sich im Expressionismus eine der extremsten Formen des bürgerlichen
Liberalismus, die – unter Berufung auf die Ideen Max Stirners, Friedrich Nietzsches, Michail Bakunins oder Gustav Landauers – alle ins Kollektive drängenden Gesellschaftslehren entschieden von sich wies und sich, ob nun in politischen, moralischen, kulturellen oder ästhetischen Fragen, für eine individual-
anarchistische Ungebundenheit aussprach; andererseits kam es im Expressionismus, vor allem in seinen antimilitaristisch-pazifistischen sowie den auf sie
folgenden novembristisch-revolutionären Strömungen, immer wieder zu
ebenso massiven Bekenntnissen zu einer kommunionistischen, kommunitaristischen oder kommunistischen Verbundenheit mit dem Proletariat, die sich
voller Selbstkritik gegen jenes bürgerlich-privilegierte Individualbewußtsein
des wilhelminischen Zeitalters wandten, in dem nicht die geringste Spur eines
sozialen Gewissens geherrscht habe. Aufgrund dieser weltanschaulichen Polarität könnte man fast sagen, daß der extreme Ichkult fast genauso expressionistisch ist wie die extreme Verkultung irgendwelcher Kollektive, die von
bestimmten avantgardistischen Gruppen oder Dichterbünden dieser Ära oft
mit der gleichen leidenschaftlichen Intensität vorgetragen wurden.

Unter einer weiträumigen Perspektive betrachtet, ist ein solches ideologisches Tohuwabohu nur allzu verständlich. Schließlich fehlte es dieser Bewegung, um sich zu einer größeren Klarheit durchzuringen, an einer ausreichen-
den Vorbereitungszeit. Wenn man bedenkt, wieviel weltanschauliche Bemühungen der Französischen Revolution von 1789 vorangegangen sind, wird
schnell einsichtig, warum die expressionistisch-aktivistisch-dadaistische
Revolte von vornherein zum Scheitern verurteilt war. Noch wenige Jahre vor
dem Auftreten der ersten Expressionisten hatte im Zweiten Reich fast die
gesamte geistige und kulturelle Szene im Zeichen einer wilhelminischen Prot-
zeneitelkeit sowie einer volkhaften Heimatkunst, eines preziösen Jugendstils

und eines in Religiöse oder Völkische tendierenden Monumentalismus gestanden, in denen von den technischen und sozialen Umwälzungen dieser Ära fast nichts zu spüren war. Daher blieb auch der Expressionismus – schon durch seine zeitliche Nähe – von vielen dieser Tendenzen weiterhin durchsetzt und überlagert. Aus diesem Grunde zerfiel er trotz der weltballumspannenden Emphase mancher seiner Exponenten ständig in neue Cliquen, Kreise oder Kollektive, die durch ihre ideologischen und ästhetischen Sezessionsbestrebungen – neben der dominierenden Mehrheit der Konservativen, Zentrumsanhänger und revisionsfreudigen Sozialdemokraten – politisch nur eine marginale Rolle spielen konnten.

Als politische Bewegung wirkt deshalb der Expressionismus wie eine Revolution der Zufrühgekommenen. Mangelnde Reife und überspannter Idealismus überdeckten häufig die eigentlichen Ziele dieser Bewegung oder verzerrten sie ins Lächerliche. Verschiedene Literatengruppen revolutionären Geistes bemächtigten sich gegen Ende des Ersten Weltkrieges einer Zufallsrevolution, deren Konsequenzen ihnen zumeist unklar blieben. Schließlich wurde die Revolution der Tat, die sich zwischen November 1918 und Frühjahr 1919 abspielte, nicht von den literarischen Programmatikern der expressionistischen Revolte, sondern von den kriegsmüden, meuternden Soldaten in Gang gesetzt. Daß diese Revolution in einem Mißerfolg endete, war demnach weder die Schuld derer, die sie gemacht haben, noch derer, die als junge, weitgehend weltfremde Schriftsteller einer solchen Aufgabe überhaupt nicht gewachsen waren. Die Schuld, falls man von einer solchen überhaupt sprechen kann, lag also weniger bei den Soldaten oder Literaten als bei jenen, die aufgrund ihrer politischen Erfahrungen wesentlich befähigter dazu gewesen wären, nämlich den älteren Politikern und Sachverständigen. Sie hätten den revolutionären Tendenzen ein konkretes Ziel geben müssen. Von Gruppen oder Grüppchen rebellisch gestimmter Künstler wie dem Sturm-Kreis, den Anhängern Franz Pfemferts, den Dadaisten, dem Rat geistiger Arbeiter in Berlin, der Barkenhoff-Kommune um Heinrich Vogeler in Worpswede oder dem Ugrino-Bund von Hans Henny Jahnn im Niedersächsischen,[16] die zumeist im Bereich der „machtgeschützten Innerlichkeit" des wilhelminischen Reiches großgeworden waren, ließ sich die Bewältigung einer solchen Aufgabe schwerlich erwarten. Ihnen war aufgrund ihrer Unvertrautheit mit der modernen Industriegesellschaft oft gar nicht klar, worauf das spezifisch „Umstürzlerische" ihres Tuns eigentlich hinzielte. Daß die Forderung des Tages darin bestand, sich als Revolutionäre in erster Linie *gegen* den herrschenden Personenkult mit all seinen autoritären oder auch parasitären Begleiterscheinungen und *für* eine leistungsbezogene Sachkultur zu engagieren, wurde nur wenigen unter ihnen wirklich bewußt.[17] Der Ausgang ihrer Revolte, die entweder im Verzückt-Subjektivistischen oder im Utopisch-Kommunitären steckenblieb, war deshalb ebenso tragisch wie kläglich. Weder die Führertypen im Rahmen des geistidealistischen Lagers wie Kurt Hiller noch die Propagandisten einer allgemeinen Menschheitsverbrüderung wie Kurt Eisner, Gustav Landauer und Ernst Toller, die in Form eines revolutionären Dichterbundes im Frühjahr 1919 innerhalb der Bayerischen Republik für kurze Zeit die Macht ergriffen,[18] setzten sich politisch durch, sondern die auf Erhaltung des ökonomischen und gesellschaftlichen Status quo bedachten Sozialdemokraten, welche nach einer kurzen Turbulenzphase mit den Parteien der bürgerlichen Mitte wieder die alten Zustände herstellten.

Aber es waren nicht allein die politischen Machtverhältnisse, die zum Scheitern der expressionistischen Revolte beitrugen. Die Niederlage dieser Bewegung beweist zugleich, daß unter marktwirtschaftlichen Bedingungen und den mit ihnen zusammenhängenden kulturellen Erwartungen selbst ein noch so radikal vorgetragenes Engagement, wenn es nicht von den Wunschvorstellungen breiter Bevölkerungsschichten getragen wird, von vornherein nur geringe Durchsetzungschancen hat. Dementsprechend sahen sich die expressionistischen Gruppen – trotz ihres hochgespannten Idealismus, den sie in ihren Anfängen aufbrachten – wegen des ausbleibenden gesellschaftlichen Echos meist schon nach wenigen Jahren gezwungen, sich den neu auftauchenden Moden anzupassen, um überhaupt als sogenannte freie Schriftsteller weiterexistieren zu können. So betrachtet, ebbte das expressionistische Engagement und Gruppenbewußtsein nach 1921–22 nicht nur aus sozio-politischen, sondern auch aus marktwirtschaftlichen Gründen schnell ab. Einerseits hatte sich die Utopie einer Gesamtumwälzung der bestehenden Verhältnisse verflüchtigt, andererseits wollte das ambitionierte Kunstpublikum – nach zehn Jahren Expressionismus – endlich einen neuen Stil präsentiert bekommen. Und das war nach diesem Zeitpunkt die allerorten angepriesene „Neue Sachlichkeit", deren Anhänger – angesichts der Pleite des Expressionismus – erst einmal auf alle ideologischen Konzepte und damit Anreize zu neuen literarischen Gruppenbildungen verzichteten.

Die Gruppe 1925

Als nach der aufwühlenden Kriegs- und Nachkriegsära, dem Abebben der expressionistischen Aufruhrgesinnung sowie den verschiedenen rechten und linken Putschversuchen im Jahr 1923 eine wirtschaftliche Stabilisierung einsetzte und die sogenannten Vernunftsrepublikaner auf den Plan traten, glaubten viele der bürgerlichen Liberalen, daß jetzt auch politisch, ideologisch und kulturell eine Ära der Beruhigung eintreten würde. Doch diese Hoffnung trog. Schließlich ließen die Rechten, ob nun die alten Monarchisten oder die neuen Völkischen, trotz einiger Fehlschläge, wie etwa Adolf Hitlers Marsch auf die Münchner Feldherrnhalle im November 1923, keineswegs davon ab, sich innerhalb der von ihnen gehaßten oder zumindest geringgeschätzten Weimarer Republik einen größeren Wirkungsraum zu verschaffen. Bei diesem Bemühen bedienten sie sich nicht nur der deutschnational gesinnten Reichstagsparteien, sondern auch einflußreicher Industrieller, Pressekonzerne sowie der in höheren Positionen wirkenden Beamtenschicht, welche die neue Regierung ohne größere personelle Veränderungen aus dem Zweiten Kaiserreich übernommen hatte. Eine besondere Rolle innerhalb dieser Schicht, jedenfalls was das kulturelle Leben betrifft, spielten in dieser Hinsicht die leitenden Justizbeamten. Vor allem die am 1922 gegründeten Leipziger Reichsgericht amtierenden Richter, aber auch die Vorsitzenden der Berliner Strafkammern ließen nicht davon ab, alle mit antimilitaristischen, antikapitalistischen oder im weiteren Sinne systemkritischen Tendenzen sympathisierenden Schriften als „staatsgefährdend" anzuprangern, um so den konservativen Autoren eine bessere Durchsetzungschance zu geben.

Ihren ersten Höhepunkt erlebte diese Unterdrückungskampagne im Jahr 1925, als in schneller Folge Bücher wie *Hamburg auf den Barrikaden. Erlebtes und Erörtertes aus dem Hamburger Aufstand 1923* von Larissa Reißner, *Barrikaden an der Ruhr. Erzählungen aus den Kämpfen des Ruhrproletariats* von Kurt Kläber, *Thomas Münzer* von Berta Lask, *Der rote Schmied* von Karl Raichle sowie *Arbeiter, Bauern, Soldaten. Entwurf zu einem revolutionären Kampfdrama, Vorwärts, du Rote Front!* und *Leichnam auf dem Thron* von Johannes R. Becher auf Beschluß der Gerichte kurzerhand beschlagnahmt wurden. Gegen Willi Münzenberg, einen der wichtigsten linken Verleger, leitete der zuständige Berliner Staatsanwalt beim Leipziger Reichsgericht sogar einen Hochverratsprozeß ein, wobei er – wie bei anderen Prozessen dieser Art – bereits die Tatsache der Mitgliedschaft in der KPD als „belastend" hinstellte. Daß dieses rücksichtslose Vorgehen der Gerichte gegen „unliebsame" Werke auf seiten der liberalen, linksliberalen und linken Schriftsteller und Schriftstel- lerinnen, die sich dadurch ebenfalls bedroht sahen, zu Gegenreaktionen führen würde, wurde von den Gerichten zwar einkalkuliert, aber nicht besonders ernst genommen.

Den Auftakt zu solchen Reaktionen bildete der Artikel *Zu Hilfe! Zu Hilfe!* von Heinrich Eduard Jacob, der am 9. August 1925 im *Berliner Tageblatt* erschien. Kurz darauf schaltete sich der Schutzverband Deutscher Schriftsteller (SDS) unter seinem Vorsitzenden Theodor Heuss mit mehreren Protesterklä- rungen an den Reichsjustizminister sowie Resolutionen in der *Frankfurter Zei- tung* und dem SDS-Organ *Der Schriftsteller* in diese Affäre ein. Zugleich erschienen eine Reihe engagierter Einzelproteste namhafter Autoren sowie ein von über 150 prominenten Verlegern, Künstlern, Schriftstellern und Wissen- schaftlern unterzeichneter *Aufruf für die Freiheit der Kunst* in der Tagespresse. Noch schärfer zog die Rote Hilfe Deutschland in ihrer Broschüre *Politische Justiz gegen Kunst und Literatur* gegen die Zensurmaßnahmen der Gerichte vom Leder. Ja, im Zuge dieser Kampagne kam es im gleichen Jahr in Berlin sogar zur Gründung eines neuen Dichterbundes, der sich Gruppe 1925 nannte und sich ebenfalls aktiv an diesen Protesten beteiligte.

Die erste Anregung zu dieser Gruppenbildung ging von Rudolf Leonhard aus, der im September 1925 ein Rundschreiben an Willy Haas, Walter von Hol- lander, Leo Matthias, Kurt Tucholsky, Adrien Turel, Eduard Trautner und Alfred Wolfenstein, also weitgehend linksliberale bis linke Autoren, ver- schickte, in dem er sie zu einer gemeinsamen Aktion gegen die „Beschlagnahme literarischer Werke" aufforderte. Ende November gab sich diese Gruppe die Bezeichnung „Arbeitsgemeinschaft der Schriftsteller 1925". Neben den von Leonhard bereits Angeschriebenen äußerten jetzt auch Autoren wie Bertolt Brecht, Johannes R. Becher, Friedrich Burschell, Alfred Döblin, Manfred Georg, Bernard Gillemin, Walter Mehring und Eugen Ortner ein lebhaftes Interesse an solchen Aktionen. Am 27. Januar 1926 sandte daraufhin Leon- hard, der innerhalb dieser Vereinigung zwar nicht als Vorsitzender, aber doch als Organisator fungierte, ein weiteres Rundschreiben aus, in dem er auch Gott- fried Benn, Ernst Blaß, Ernst Bloch, George Grosz, Hermann Kasack, Kurt Ker- sten, Egon Erwin Kisch, Oskar Loerke, Ludwig Marcuse, Robert Musil, Joseph Roth, René Schickele, Hans Siemsen, Paul Schlesinger, Ernst Toller und Paul Westheim aufforderte, der Gruppe 1925 als Mitdiskutierende beizutreten. Und eine Reihe dieser Autoren leistete dieser Einladung auch Folge und nahm im

Januar und Februar 1926 an den im Café Alschäfsky stattfindenden Treffen
lebhaften Anteil. Bei diesen Zusammenkünften wurden nicht nur Protestaktio-
nen verabredet, wie etwa eine gemeinsame Aktion gegen die Beschlagnahme
von Bechers Roman *Levisite* und das vom Reichstag verabschiedete Schmutz-
und Schundgesetz, sondern auch die Möglichkeiten öffentlicher Vorträge und
Lesungen sowie die Verbindung mit der Schauspielergruppe „Der Block" und
der französischen Zeitschrift *Cahiers du Sud* erörtert. Zugleich faßten die
Anwesenden eine Gruppenbibliothek, eine gruppeneigene Buchgemeinschaft
und vor allem eine gruppeneigene Zeitschrift ins Auge, um so den einzelnen
Mitgliedern dieser Vereinigung, die damals noch zu den jungen und zum Teil
unbekannten Autoren gehörten, einen größeren Wirkungsraum zu verschaffen.

Viele Mitglieder dieser Gruppe waren jüdischer Herkunft, linksgerichtet
oder beides – und mußten daher 1933 fast alle Deutschland verlassen. Was sie
im Jahr 1925 verband, war vor allem ihr entschiedenes Eintreten für eine juri-
stisch uneingeschränkte Freiheit auf dem Gebiet politisch orientierter Literatur,
da sie sich in diesem Punkt durchaus selbst angesprochen oder zumindest mit-
betroffen fühlten. Auf ihren vierzehn offiziellen Zusammenkünften von
Anfang 1926 bis Anfang 1927 diskutierten sie darum – wie der Schutzverband
deutscher Schriftsteller, die Kampfgemeinschaft für Geistesfreiheit, der Bund
entschiedener Schulreformer, die Deutsche Liga für Menschenrechte und die
Vereinigung linksgerichteter Verleger – vor allem Möglichkeiten verschärfter
Proteste gegen die zunehmende Verfolgung oppositioneller Autoren, kamen
jedoch über wohlgemeinte Resolutionen kaum hinaus. Auch die Debatten über
eine gruppeneigene Zeitschrift verliefen schon nach kurzer Zeit im Sande, da
diese Vereinigung – aufgrund ihrer lockeren Struktur – weder fähig noch willens war, sich auf ein relativ klar umrissenes Programm festzulegen, sondern
weitgehend auf eine kameradschaftliche oder arbeitsgemeinschaftliche Verbundenheit vertraute. Nicht einmal in der Frage eines Vorsitzenden kam es zu
endgültigen Entscheidungen. Und auch bei den Diskussionen über eine gruppeneigene Zeitschrift befürworteten die meisten eine ständig wechselnde Herausgeberschaft, da sich niemand ein neues Arbeitssoll zumuten wollte. Diese
Zeitschrift sollte zuerst beim Verlag Die Schmiede und dann bei S. Fischer
erscheinen. Doch beide Projekte – wie auch der Plan einer Buchgemeinschaft
junger Autoren – zerschlugen sich wieder, da den Lektoren der genannten Verlage eine engere Zusammenarbeit mit einer so diffusen literarischen Vereinigung offenbar zu problematisch erschien.

Die Gruppe 1925 liefert wohl das beste Beispiel dafür, wie schwer es unter
den liberalen Voraussetzungen der mittzwanziger Jahre war, im Rahmen einer
Dichtergruppe, die sich nicht auf eine programmartig ausgearbeitete Satzung
festlegen wollte, einen festeren Zusammenhalt zu erreichen. Ja, es stellt sich die

Frage, ob diese Gruppe eine solche ideologische Gleichgesinntheit – außer einer relativ vagen Linksorientierung – überhaupt anzustreben versuchte. Schließlich plädierte Leonhard als pluralistisch eingestellter Liberaler immer wieder dafür, auch Andersgesinnte einzuladen, um durch die Gegensätzlichkeit der Standpunkte eine möglichst lebhafte Diskussion in Gang zu setzen. Aus diesem Grunde blieb das Ganze – im Gegensatz zu den um Herwarth Walden oder Franz Pfemfert gescharten expressionistischen Dichtergruppen, die über ein Jahrzehnt zusammenhielten – ein zwar interessanter, aber anarchischer Debattierklub, aus dem keine gemeinschaftsstiftenden Aktionen hervorgingen. Es gab zwar zeitweilig eine Kerngruppe, zu der vor allem Becher, Brecht, Burschell, Döblin, Ehrenstein, Kasack, Leonhard und Wolfenstein gehörten, doch für die meisten anderen hatten die Treffen dieser Gruppe, bei denen sie sich als originelle oder auch nur lautstarke Diskussionspartner profilieren konnten, lediglich einen geistig anregenden oder persönlichkeitsbereichernden Charakter. Daher lief diese Gruppe – deren Autoren weitgehend freischaffende Journalisten und Schriftsteller waren, die schon aus Rücksicht auf jene konservativen Verlage und Zeitungen, von denen sie finanziell abhängig waren, lieber eine forcierte Bindungslosigkeit an den Tag legten, als sich als parteigebundene Linke bloßzustellen – bereits nach einem Jahr wieder auseinander.

Andere bürgerlich-pluralistische Dichterorganisationen

Ein ähnliches Schicksal hatten gleichgeartete Dichtergruppen wie der Klub 1926, die Linken Leute, Der junge Kreis oder die Schriftsteller-Arbeitsgemeinschaft, die zur gleichen Zeit an die Öffentlichkeit traten. Auch ihnen fehlte es an führenden Köpfen, literarischen Programmen und ideologischen Kristallisationspunkten. Die meisten dieser Vereinigungen verstanden sich wie die Gruppe 1925 als liberale oder linksliberale Debattierklubs, deren Mitglieder vor allem an freundschaftlichen Aussprachen und gegenseitiger Förderung interessiert waren. Wie vielen bürgerlich-liberalen Autoren seit der Aufklärung des 18. Jahrhunderts ging es selbst den Aktiveren innerhalb dieser Gruppen in erster Linie um Freiheit, Zensurlosigkeit und die Erweiterung geistiger Privilegien. Daher unterstützten sie zwar einen kritischen Widerspruchsgeist, dem die Hoffnung auf eine fair geführte Streitkultur zugrunde lag, waren aber nicht bereit, damit zugleich ihre persönliche und literarische Existenz aufs Spiel zu setzen. Schließlich wußten sie nur allzu gut, wie viele ihrer Kollegen und Kolleginnen seit 1919 – wegen ihrer Beziehungen zum Spartakus-Bund, ihrer Mitarbeit an satirischen Zeitschriften wie *Der Knüppel*, ihrer angeblich gotteslästerlichen Gedichte oder ihrer offenen Parteinahme für die von der KPD angeführten Arbeiteraufstände in Hamburg und im Ruhrgebiet – angeklagt, eingeker-

kert oder zu Geldstrafen verurteilt worden waren. Deshalb verfaßten sie zwar
kritische Resolutionen, traten aber nicht offen gegen die Staatsgewalt auf,
zumal durch die im Jahr 1925 erfolgte Wahl Paul von Hindenburgs zum Präsidenten der Weimarer Republik die Rechten ohnehin immer stärker Oberwasser
bekamen.

Im Hinblick auf die Chancen neuer literarischer Gruppenbildungen hatte
diese Einstellung folgende Konsequenzen. Solange die wirtschaftliche Situation
relativ stabil blieb, also bis zum Ausbruch der Weltwirtschaftskrise im Oktober
1929, gaben sich die Konservativen eine Zeitlang recht liberal und entschärften
sogar einige ihrer Unterdrückungsmaßnahmen gegen die linkskritische Literatur. Demzufolge wiegten sich manche der oppositionellen Autoren eine Weile
durchaus in der Illusion, das Schlimmste bereits hinter sich zu haben. Das gilt
vor allem für die Mitglieder der zwei angesehensten bürgerlich-liberalen Literatenvereinigungen dieser Jahre: die deutsche Sektion innerhalb des internationalen PEN-Clubs und die Sektion für Dichtkunst an der Preußischen Akademie
der Künste in Berlin.

Der PEN-Club war 1921 in London von Catherine Amy Dawson-Scott als
eine Art geistiger Völkerbund aller bedeutenden Leute der „Feder" gegründet
worden. Obwohl er zu Anfang eher eine Art distinguierter Dinner-Klub war,
stellte er als seine Hauptziele gern den Kampf gegen den Völker- und Rassen-
haß sowie die Unterdrückung freier Meinungsäußerung hin. In Deutschland
besaß er gegen Mitte der zwanziger Jahre sechs Mitglieder, nämlich Karl
Federn, Gerhart Hauptmann, Heinrich Mann, Arthur Schnitzler, Hermann
Sudermann und Ernst Toller, die vornehmlich wegen ihrer literarischen Prominenz Eingang in diesen Club gefunden hatten, jedoch kaum Einfluß auf seine
Aktivitäten oder gar Resolutionen besaßen und daher im Rahmen dieser Organisation wenig oder nichts gegen die Unterdrückung noch unbekannter oder
unangesehener linker Schriftsteller in der Weimarer Republik unternehmen
konnten. Als daher der PEN-Club unter dem Vorsitz von John Galsworthy vom
16. bis 19. Mai 1926 seine 4. Internationale Tagung in Berlin abhielt und es vermied, sich mit Fragen der Meinungsunterdrückung auseinanderzusetzen,
wurde er sowohl von der Gruppe 1925 als auch von der Berliner Ortsgruppe im
Schutzverband deutscher Schriftsteller als ein Club der „Fracks und Abendtoi-
letten" angegriffen, der überhaupt keine konkrete Funktion habe und sich
lediglich aus repräsentativen Gründen treffe.

Auch die am 19. März 1926 aufgrund eines Erlasses des preußischen Kultus-
ministers Konrad Haenisch ins Leben gerufene Sektion für Dichtkunst an der
Akademie der Künste in Berlin verhielt sich in diesem Punkte nicht viel mutiger.
Max Liebermann, der Präsident dieser Akademie, schlug als pluralistisch ein-
gestellter Liberaler als die ersten fünf Mitglieder dieser Sektion Ludwig Fulda,
Gerhart Hauptmann, Arno Holz, Thomas Mann und Stefan George vor, erhielt

Die Dichterakademie

Wenn die Dichter akademisch werden,
wer'n die Dichter selbstverständlich stolz,
nur das Fleisch fällt von den Dichterpferden,
und die Pferdchen sehn dann leicht wie Holz.

Aber wenn die Reiter mit Gesängen
auf den linksgericht'ten und den rechtsgericht'ten Staat
nach der Krippe, nach der Lorbeerkrippe drängen,
weiss das Volk doch, dass es Dichter hat.

Thomas Theodor Heine: Die Dichterakademie (1928) mit Karikaturen von Thomas Mann,
Theodor Däubler, Max Halbe, Bernhard Kellermann u. a.

jedoch von Holz und George entschiedene Absagen. Auch Hauptmann sagte
erst „nein" und ließ sich erst zwei Jahre später in die Akademie aufnehmen.
Nach der offiziellen Gründung dieser Sektion am 26. Oktober 1926 wurden
Fulda, Mann und Hermann Stehr mit der Zuwahl von 24 weiteren Sektions-
mitgliedern betraut. Drei der von ihnen ins Auge gefaßten Kandidaten, nämlich
Hugo von Hofmannsthal, Rainer Maria Rilke und Hermann Sudermann, lehnten die ihnen angebotene Mitgliedschaft ab. Bei der Mehrheit der anderen –
darunter Hermann Bahr, Max Halbe, Ricarda Huch, Georg Kaiser, Bernhard
Kellermann, Oskar Loerke, Heinrich Mann, Walter von Molo, Wilhelm von
Scholz, Eduard Stucken, Jakob Wassermann und Franz Werfel – herrschte
dagegen durchaus die Bereitschaft, sich in dieser Sektion für liberale Bestrebungen einzusetzen. Lediglich Erwin Guido Kolbenheyer, Josef Ponten und Wilhelm Schäfer bezogen als Vertreter nationalkonservativ ausgerichteter Litera-

turvorstellungen von Anfang an eine ideologische Gegenposition und wandten sich nicht nur gegen linke, sondern auch gegen liberale Literaturauffassungen. Doch diese Gruppe blieb in der Minderheit und konnte daher im Januar 1928, als Neuwahlen ins Haus standen, nicht durchsetzen, daß auch völkisch gesinnte Autoren wie Hans Friedrich Blunck, Paul Ernst, Hans Grimm oder Börries von Münchhausen Mitglieder der Sektion wurden. Statt dessen erhielten Theodor Däubler, Alfred Döblin, Leonhard Frank, Alfred Mombert, René Schickele und Fritz von Unruh die für die Zuwahl erforderliche Stimmenmehrheit. Den Vorsitz führte zu diesem Zeitpunkt Wilhelm von Scholz, dem als ständiger Sekretär Oskar Loerke zur Seite stand. Obwohl am 5. Januar 1931 rechtsstehende Autoren wie Kolbenheyer, Schäfer und Emil Strauß aus Protest gegen die liberale Grundstimmung dieser Sektion aus der Akademie ausschieden, gab es keinen merklichen Linksruck innerhalb dieser Gruppe, zumal durch die Zuwahl von Rudolf G. Binding, Karl Schönherr und Ina Seidel der nationalkonservative Flügel erneut gestärkt wurde.

Zu den primären Aufgaben dieser Sektion gehörten folgende: „1. die Erstattung der vom Minister verlangten oder sonst erforderlichen die Dichtkunst betreffenden Gutachten, 2. Vorschläge und Anregungen zur Pflege und Förderung des künstlerischen Schrifttums, 3. die Ausschreibung von Wettbewerben und Entscheidung über Vergebung von Preisen und Stipendien auf dem Gebiet der Dichtkunst, 4. Vorschläge für Verleihung von Auszeichnungen und Ehrungen für Dichter und 5. Veranstaltung von Vorträgen aus dem Gebiet der Dichtkunst."[1] Und diesen Aufgaben unterzogen sich die Mitglieder dieser Sektion auch, indem sie sich gegen das vom Reichstag diskutierte Schmutz- und Schundgesetz aussprachen, auf Antrag von Heinrich Mann eine Diskussion über den geplanten Hochverratsprozeß gegen Johannes R. Becher auf die Tagesordnung setzten, in die Zensurdebatten des Preußischen Landtags eingriffen, 500 Schulbücher und andere Unterrichtsmaterialien auf ihre Lehrtauglichkeit prüften, Titellisten für Schulbüchereien zusammenstellten sowie Vortragsreihen an der Berliner Universität veranstalteten, auf denen Alfred Döblin, Oskar Loerke, Thomas Mann, Wilhelm von Scholz, Wilhelm Schäfer und Jakob Wassermann als Sprecher auftraten.

Im Rahmen dieser Aktivitäten wandten sich die meisten Sektionsmitglieder ausdrücklich gegen jede Form von Parteilichkeit und stellten stets in einem liberalen Sinne die Autonomie des literarischen Schaffens als das letztlich erstrebenswerte Ziel ihrer Bemühungen hin. Erst nachdem am 27. Januar 1931 Heinrich Mann zum neuen Vorsitzenden und Ricarda Huch zu seiner Stellvertreterin gewählt wurde, gaben einige Mitglieder dieser Sektion ihre politische Reserve allmählich auf und begannen, mit spezifisch linken Impulsen zu sympathisieren, was erbitterte ideologische Richtungskämpfe auslöste. Als es am 9. Januar 1932 erneut zu Zuwahlen kam, stellten daher die Liberalen Martin

Generalversammlung der Sektion für Dichtkunst an der Preußischen Akademie der Künste (1930). Von links nach rechts stehend: Bernhard Kellermann, Alfred Döblin, Thomas Mann und Max Halbe; sitzend: Hermann Stehr, Alfred Mombert, Eduard Stucken, Wilhelm von Scholz, Oskar Loerke, Walter von Molo, Ludwig Fulda und Heinrich Mann

Andersen Nexö, Bertolt Brecht, Alfred Kerr, Robert Musil, Carl Zuckmayer, Stefan Zweig und Arnold Zweig, die Rechten Hans Friedrich Blunck, Paul Ernst, Agnes Miegel und Börries von Münchhausen als ihre Kandidaten auf. Doch tatsächlich gewählt wurden schließlich Gottfried Benn, Rudolf G. Binding, Max Mell, Rudolf Pannwitz und Alfons Paquet, wodurch es weder zu einem Zuwachs der linken noch der rechten Fraktion kam, sondern die bürgerlichen Liberalen in der Mehrheit blieben.

Demzufolge konnte es nicht ausbleiben, daß in der Endphase der Weimarer Republik, als sich der politische Machtkampf immer stärker auf den Gegensatz zwischen den Kommunisten und den Nationalsozialisten zuspitzte, die meisten Mitglieder dieser Sektion von den Rechten als zu links und den Linken als zu rechts angegriffen wurden. So diffamierte etwa der *Völkische Beobachter* 1931 den Versuch einiger Sektionsmitglieder, bei der Auswahl der Schullesebücher mitwirken zu wollen, als einen „Dolchstoß der Literaten".[2] Ebensowenig Sympathien fand diese Sektion nach 1930 bei den Dichtergruppen des kommunistischen Lagers, die in ihr – wie in der deutschen Sektion des PEN-Clubs – weitgehend einen auf Repräsentation bedachten wilhelminischen Altherrenklub sahen, dem nicht das Recht zustehe, im Namen der gesamten Autorenschaft der Weimarer Republik zu sprechen oder sich gar als literarisches Gewissen der Nation aufzuspielen. Für sie galt immer noch, was Leo Lania schon am 16.

April 1926 anläßlich der Gründung dieser Sektion in der *Literarischen Welt* geschrieben hatte, nämlich daß sie „keine Schöpfung eines überragenden Geistes, kein Organ der Dichter", sondern lediglich eine „von der Obrigkeit eingesetzte Institution" sei.

Eine der wenigen liberalen Schriftstellerorganisationen, die in der zweiten Hälfte der zwanziger Jahre etwas mehr Zivilcourage aufbrachte, war der 1909 in Berlin gegründete Schutzverband deutscher Schriftsteller (SDS). Obwohl ihm fast alle bedeutenden Autoren und Autorinnen der Weimarer Republik angehörten, also auch hier die Gefahr einer Veräußerlichung ins Repräsentative oder zumindest Prestigebetonte bestand, gab es in ihm immer wieder linksliberale oder linke Vorstandmitglieder, die diesem Verband eine betont aktivistische Note zu geben versuchten. Das stand an sich im Widerspruch zu seinen Satzungen, nach denen sich diese Vereinigung – als eine Nachfolgeorganisation der Journalisten- und Schriftstellerverbände des 19. Jahrhunderts – vor allem für folgende professionelle Belange einsetzen sollte: „1. die Forderung der Berufsgemeinschaft aller deutschen Schriftsteller, 2. den Abschluß von Tarifverträgen über Verlagsbedingungen und die Vergütung schriftstellerischer Arbeit, 3. die Gewährung von Rechtsberatung in allen Streitigkeiten, die aus dem Arbeitsverhältnis der Mitglieder als Schriftsteller entstehen, 4. die tatkräftige Vertretung von Berufsinteressen der Schriftsteller gegenüber Gesetz und Verwaltung, 5. die Unterstützung bei Erwerbslosigkeit sowie Arbeitsunfähigkeit, 6. die Einrichtung von Arbeitsvermittlung und Berufsberatung, und 7. die Herausgabe einer Verbandszeitschrift, die die gemeinsamen Interessen aller Schriftsteller und die besonderen der Schriftsteller-Fachgruppen zu vertreten hat."[3]

Im Gegensatz zur Sektion für Dichtkunst an der Preußischen Akademie der Künste kam es deshalb im SDS häufig zu Durchbrüchen ins Gewerkschaftsbetonte oder offen Protestlerische, die jedoch von der Mehrheit seiner eher ins „Unpolitische", das heißt Bürgerlich-Rechtsliberale tendierenden Mitglieder immer wieder abgewiegelt wurden. So bemühte sich etwa eine linksliberale Gruppe, zu der Kurt Hiller, Monty Jacobs und Kurt Tucholsky gehörten, auf einer Generalversammlung des SDS im Mai 1920, diesen Verband in Gewerkschaft deutscher Schriftsteller umzubenennen und ihn zugleich schärfer als zuvor, von dem als „rechts" empfundenen Kurs der Mehrheitssozialdemokraten abzusetzen. In ihren Reihen wurden darum zusehends Stimmen laut, mehr „linke" Solidarität an den Tag zu legen[4] und den Staat aufzufordern, den Schriftstellern und Schriftstellerinnen endlich zu einem ihrer gesellschaftlichen Rolle entsprechenden Einkommen zu verhelfen. Vor allem während der Inflationsperiode von 1921 bis 1923 setzten sich einige Linksliberale innerhalb des SDS nachdrücklich dafür ein, allen in Not geratenen Autoren finanziell unter die Arme zu greifen, wofür sie vor allem bei Friedrich Ebert, dem ersten, sich

bewußt überparteilich gebenden Präsidenten der Weimarer Republik, ein
geneigtes Ohr fanden.

Allerdings wurden solche Bittgesuche nicht von allen Mitgliedern des SDS
gebilligt. Linksradikale oder Anarchisten wie Erich Mühsam sahen darin eine
Gefahr, ehemals „freischaffende" Autoren durch solche finanziellen Zuwen-
dungen auf eine literaturwidrige Staatstreue zu verpflichten. Doch auch andere,
eher zu pluralistisch-liberalen Anschauungen neigende Mitglieder des SDS
drangen darauf, sich von jeder ideologischen Vereinnahmung, sei sie nun staat-
licher, religiöser oder weltanschaulicher Natur, zu distanzieren und am Prinzip
der künstlerischen Autonomie festzuhalten. Deshalb verabschiedete die Mehrheit der SDS-Mitglieder auf ihren Generalversammlungen immer wieder Resolutionen, in denen sie jedem Versuch, diesen Verband auf „eine einseitige politische Linie" festzulegen, „auf das schärfste" widersprach.[5] Selbst ein Linksliberaler wie Alfred Döblin, der 1924 zum 1. Vorsitzenden des SDS gewählt wurde,
sprach sich demzufolge gegen die Gründung einer kommunistischen Fraktion
innerhalb der Berliner Ortsgruppe des SDS aus, da dieser Verband „zur Errei-
chung gemeinsamer wirtschaftlicher und schriftstellerisch ideeller Ziele" weiterhin „neutral und unpolitisch" bleiben solle.[6] Er schrieb zwar, daß man von
jedem Menschen als Individuum einen politischen Aktivismus erwarten müsse,
sich aber der „einzelne Schriftstellermensch nicht im Sinne der zufälligen Parteien" engagieren dürfe.[7]

Daher sind die Resolutionen und Protestversammlungen zugunsten straf-
rechtlich verfolgter kommunistischer Autoren wie Johannes R. Becher, an
denen sich der SDS seit 1925 als Verband beteiligte, nicht als prolinke, sondern
lediglich als liberal gesinnte Bürgerrechtsaktionen zu verstehen. „Der SDS ist
seiner Natur nach eine überparteiliche Organisation", schrieb Theodor Heuss,
ihr damaliger Präsident, im Namen des Gesamtverbandes, „er hat weder Anlaß
noch Möglichkeit, sich mit der politischen Haltung seiner Mitglieder zu identi-
fizieren, noch an dichterische Werke des deutschen Schrifttums einen parteipolitischen Maßstab zu legen. Immerhin kann gesagt werden, daß die überwiegende Mehrheit der Mitglieder der politischen Anschauung, die in den inkrimi-
nierten Werken vorgefunden wird, ablehnend gegenübersteht; ja, daß führende
Mitglieder des SDS, soweit sie sich außerhalb des Verbandes politisch beteiligen, in heftigem Kampfe sich befinden gegen die kommunistische Partei, zu der
sich eine Anzahl der verfolgten Schriftsteller bekennt. Das wird um deswillen
zum Ausdruck der Justiz gebracht, um diesen unseren Einspruch von vornherein von dem Verdacht fernzuhalten, als sei er eine parteipolitische Hilfsaktion.
Davon ist keine Rede. Worum es sich handelt, ist die für das freie literarische
Schaffen vollkommen unerträgliche Haltung der Rechtssprechung, dichterische Darstellungen, deren künstlerische Absicht und Wirkung außer Frage
steht, unter den schwankenden und banalen Begriff der ‚Aufreizung zum Klas-

senhaß' zu rücken, dichterische Manifeste, in denen eine persönliche oder der Zeit gehörende Stimmung sich geformt hat, als ‚Vorbereitung zum Hochverrat' zu behandeln."[8] Selbst Arnold Zweig, der politisch eine wesentlich linkere Position einnahm als Theodor Heuss, schrieb 1930 als Präsident dieser Vereinigung noch einmal, daß zwar jedes Mitglied des SDS „außerhalb des Verbandes seine persönliche oder Klassenüberzeugung als politischer Mensch scharf und radikal zur Geltung bringen" solle, aber die politische Aktivität des Verbandes nur so weit gehen dürfe, „als eine Gewerkschaft sie mit der verschiedenartigen Zusammensetzung ihrer Mitglieder vereinigen kann." Den SDS „zu politisieren", schrieb er apodiktisch, hieße „ihn zu lähmen".[9]

Aus diesem Grunde unterstützten einzelne Ortsgruppen des SDS – im Sinne ihrer pluralistischen Grundanschauungen – nicht nur die Aktivitäten linker Autoren wie Friedrich Wolfs Kampf gegen den Paragraphen 218, der ihm eine zeitweilige Inhaftierung eintrug, sondern auch Autoren, die wegen ihrer völkischen oder präfaschistischen Gesinnungen in Konflikt mit den staatlichen Behörden gerieten. Als diese Widersprüche gegen Ende der Weimarer Republik immer eklatanter wurden und sich angesichts der Radikalisierung der politischen Szene auch mit noch so wohlgemeinten bürgerlich-liberalen Statements nicht mehr überblenden ließen, schlossen sich die politisch engagierteren Autoren und Autorinnen der verschiedenen ideologischen Lager zu eigenständigen Fraktionen zusammen und versuchten, die über ganz Deutschland verstreuten Ortsgruppen des SDS in Hilfsorgane der von ihnen unterstützten Parteien zu verwandeln.

Innerhalb der Berliner Ortsgruppe des SDS, welche die weitaus größte dieses Verbandes war, führte diese Entwicklung 1931 zur Gründung einer linken Fraktion, in der sich vor allem Johannes R. Becher, Alfred Kurella, Georg Lukács, Erich Mühsam, Ludwig Renn und Anna Seghers engagierten. Während sich der SDS, einschließlich seiner Berliner Ortsgruppe, bis dahin mehrheitlich als eine Organisation freischaffender Autoren mit bildungsbürgerlichem Bewußtsein verstanden hatte, wandte sich diese Fraktion in ihrem Kampf gegen die Gefahr einer Machtübernahme durch die Nationalsozialisten immer stärker an die klassenbewußte Arbeiterschaft, in der sie ihren Hauptbundesgenossen sah. Ab August 1931 gab sich diese Fraktion die Bezeichnung Opposition im Schutzverband deutscher Schriftsteller (OSDS) und nahm sich vor, diesen Verband in eine „straffe, tatsächlich kämpfende Gewerkschaft" umzuwandeln. „Die Freiheit der Schriftsteller", hieß es in einer ihrer Erklärungen, „ist die Sache nicht nur aller Schriftsteller, sondern aller *progressiven Elemente* der Gesellschaft – wir wollen das Wort nicht fürchten – sie ist die Sache aller *Werktätigen*."[10]

Daraufhin kam es im Oktober 1931 zu einem von der Verbandsleitung des SDS beschlossenen Massenausschluß aller besonders exponierten kommunistischen Autoren und Autorinnen, darunter Johannes R. Becher, Bertolt Brecht, Hermann Budzislawski, Karl Grünberg, Kurt Kläber, Alfred Kurella, Berta Lask, Erich Mühsam, Klaus Neukrantz, Ludwig Renn und Anna Seghers. Dieser an den kulturpolitischen Leitlinien der SPD orientierte Ausschluß löste eine breite Solidaritätswelle unter den liberalen, linksliberalen und linken Autoren aus, welche in einer öffentlichen *Solidaritätserklärung für die Opposition im SDS* kulminierte, die von rund 150 Schriftstellern, Journalisten und bildenden Künstlern wie Béla Balázs, Hans Fallada, Bruno Frank, Leonhard Frank, Oskar Maria Graf, George Grosz, Kurt Hiller, Max Hodann, Herbert Jhering, Erich Kästner, Alfred Kerr, Hermann Kesten, Egon Erwin Kisch, Georg Lukács, Ludwig Marcuse, Lu Märten, Walter Mehring, Robert Musil, Carl von Ossietzky, Alfons Paquet, Kurt Pinthus, Theodor Plivier, Alfred Polgar, Kurt Tucholsky, Heinrich Vogeler, Armin T. Wegner, Franz Carl Weiskopf und Friedrich Wolf unterzeichnet wurde.

Aufgrund dieser Protestaktion wurden schließlich „nur" 18 Autoren aus dem SDS ausgeschlossen, von denen 16 der kommunistischen Fraktion angehörten. Die auf die Hälfte dezimierte KPD-Fraktion gab sich jedoch keineswegs geschlagen. Sie berief bereits am 23. November 1931 eine neue Generalversammlung des Berliner SDS ein, auf der sie sich als stärkste Fraktion durchsetzte, was schließlich am 11. Dezember des gleichen Jahres zur Spaltung der Berliner Ortsgruppe führte. Während die Kommunisten im Berliner SDS die Macht an sich rissen, schlossen sich die Reste der liberalen und rechten Autoren in der neugegründeten Ortsgruppe Berlin-Brandenburg zusammen, die bis zum Ende der Weimarer Republik einen zwar antikommunistischen, aber ansonsten „pluralistischen" Kurs zu steuern versuchte. Da diese neue Ortsgruppe manchen der rechten Autoren immer noch zu „liberal" erschien, gründeten die eindeutig präfaschistisch orientierten Autoren innerhalb des SDS Ende 1931 eine Arbeitsgemeinschaft nationaler Schriftsteller, die sich um Wilhelm Stapel und die von ihm herausgegebene nationalistisch-antisemitische Monatsschrift *Deutsches Volkstum* scharte.

Noch schärfer wurden die politischen Auseinandersetzungen innerhalb des SDS im Jahr 1932. Obwohl ihr Hauptvorstand im Februar und März dieses Jahres jede Veranstaltung der Berliner Ortsgruppe, darunter die öffentlichen Kundgebungen „Zur Not der Schriftsteller" sowie „Was ist uns heute Goethe?", zu verhindern suchte, ja unter dem Vorsitz von Walter Bloem der Berliner Ortsgruppe mit dem Ausschluß aus dem Gesamtverband drohte, blieb diese Gruppe bei ihrem linken Kurs. Sie protestierte nicht nur gegen das Verbot kommunistischer Romane wie *Sturm auf Essen* von Hans Marchwitza, *Barrikaden am Wedding* von Klaus Neukrantz und *Kämpfende Jugend* von Walter Schönstedt, sondern hielt im Frühjahr 1932 sogar noch eine weitere parteipolitisch gefärbte Kundgebung unter dem Motto „Der Schriftsteller und der Krieg" ab.

Aufgrund dieser Aktivitäten schloß der Hauptvorstand des SDS im September 1932 die Berliner Ortsgruppe endgültig aus dem Gesamtverband aus und bekannte sich – trotz fortschreitender Faschisierungstendenzen innerhalb des Verbandes – nochmals zum Ideal einer „unpolitischen" Literatur. Das hielt allerdings die Berliner Ortsgruppe nicht davon ab, weiterhin linksgerichtete Kundgebungen und Vortragsabende zu veranstalten. Gegen Ende des Jahres gründete sie sogar unter dem Titel *Der oppositionelle Schriftsteller* eine eigene Zeitschrift, von der jedoch 1933 nur noch die Januar- und Februarnummern ausgeliefert werden konnten. Danach bereitete die Machtübergabe an die Nationalsozialisten all diesen Auseinandersetzungen ein jähes Ende.

Der Bund proletarisch-revolutionärer Schriftsteller

Im Gegensatz zur linksliberalen Gruppe 1925, zur Sektion für Dichtkunst an der Preußischen Akademie der Künste und zum Schutzverband deutscher Schriftsteller, die sich zwar für die professionellen Interessen ihrer Mitglieder einsetzten, aber keine programmatischen, das heißt in die Politik eingreifenden Leitlinien entwickelten, welche diesen Autorenvereinigungen eine größere Solidarität und ideologische Geschlossenheit gegeben hätten, versuchte die Kommunistische Partei Deutschlands (KPD) mit den auf sie eingeschworenen oder mit ihr sympathisierenden Autoren seit Mitte der zwanziger Jahre einen Schriftstellerbund aufzuziehen, der – ohne jeden ideologischen Abstrich – auf jenen Grundsätzen beruhen sollte, die sie an den liberalen bis linksliberalen Autorenvereinigungen dieser Ära vermißte: nämlich Parteilichkeit und Solidarität. Aufgrund der Erkenntnis, daß die KPD durch eine geduldige Hinnahme der vielen gegen sie gerichteten staatlichen Unterdrückungsmaßnahmen auf dem Gebiet des Pressewesens und der Literatur ihr Ansehen als revolutionäre Partei verlieren würde, gab sie diesem Bund einen möglichst geschlossenen und kämpferischen Charakter. Nachdem sie lange Zeit auch linkssektiererische, des heißt anarcho-syndikalistische Elemente in ihren Reihen geduldet hatte, wollte sie jetzt eine Kaderpartei im leninistischen Sinne werden und verlangte deshalb von ihren Schriftstellern und Schriftstellerinnen eine wesentlich entschiedenere Parteinahme für die von ihr verkündeten Doktrinen. Bedingt durch diesen drakonischen, alle als angeblich „bürgerlich" geltenden Individualitätsansprüche radikal unterdrückenden Kurs ging darauf der Anteil der linksliberalen Intellektuellen, der anfangs in der KPD relativ groß gewesen war, seit Mitte der zwanziger Jahre allmählich zurück. Dennoch waren selbst in den folgenden Jahren innerhalb der von der KPD eingeschlagenen Kulturpolitik – neben den immer bekannter werdenden Arbeiterschriftstellern – auch weiterhin einige linksliberale oder linke Intellektuelle maßgeblich an der Entwicklung jenes

1928 gegründeten Bundes proletarisch-revolutionärer Schriftsteller (BPRS) beteiligt, mit dem sich die KPD endlich ihren eigenen Autorenverband schuf. Ja, trotz dieser Tendenz ins Proletarische nahm die Zahl der Intellektuellen innerhalb der kulturpolitischen Führungsschicht der Kommunistischen Partei wegen der immer größer werdenden faschistischen Bedrohung nach 1929/30 sogar wieder zu und führte schließlich zu einer Reihe offen ausgetragener Konflikte zwischen den aus der Bourgeoisie herabgestiegenen und den aus dem Proletariat aufsteigenden Autoren und Autorinnen.

Eine entscheidende Rolle bei der Gründung des BPRS spielte Johannes R. Becher, der sich vorher bemüht hatte, unter den linksliberalen Autoren der Gruppe 1925 Sympathisanten für die KPD zu gewinnen, aber an diesem Versuch gescheitert war. Also versuchte er anschließend, nach dem Vorbild der 1924 Moskau gegründeten Internationalen Vereinigung revolutionärer Schriftsteller (IVRS) auch in Deutschland eine Schriftstellerorganisation aufzubauen, die sich eindeutig am „kämpferischen Proletariat" orientieren sollte. Er stützte sich dabei hauptsächlich auf folgende Gruppen: 1. die Arbeitsgemeinschaft kommunistischer Schriftsteller, das heißt die Parteizelle der KPD in der Berliner Ortsgruppe des Schutzverbandes deutscher Schriftsteller, die sich 1925 – im Anschluß an den X. Parteitag der KPD, auf dem die Umwandlung der Partei in eine straff geführte Kaderpartei beschlossen wurde – als eigenständige Gruppe konstituiert hatte und zu der anfangs neben Johannes R. Becher vor allem Gertrud Alexander, Hermann Duncker und Frida Rubiner, aber in den folgenden Jahren auch eine Reihe anderer linksgerichteter Autoren und Autorinnen gehörten; 2. die Mitarbeiter des *Proletarischen Feuilleton-Dienstes*, den Becher seit 1927 im Auftrag der Abteilung Agitation und Propaganda der KPD herausgab und in dem vor allem kommunistisch organisierte Arbeiterschriftsteller tätig waren; 3. die Beiträger der Zeitschrift *Die Neue Bücherschau*, die unter ihrem Schriftleiter Gerhart Pohl seit der Mitte der zwanziger Jahre auch Aufsätze über Klassenkampf und proletarische Kultur abdruckte; 4. die Herausgeber der von Willi Münzenberg 1927 gegründeten *Universum-Bücherei für Alle*, in der bereits in den ersten zwei Jahren Werke von Alfons Goldschmidt, Maxim Gorki, Egon Erwin Kisch, Kurt Kläber und Upton Sinclair erschienen waren; 5. die kommunistischen Theaterpraktiker Erwin Piscator und Gustav von Wangenheim sowie die von Friedrich Wolf innerhalb des sozialdemokratischen Deutschen Arbeiter-Theater-Bundes vertretene kommunistische Sektion; 6. die Mitarbeiter der von Münzenberg herausgegebenen *Arbeiter-Illustrierten-Zeitung*, die in diesen Jahren ihren Wirkungsradius erheblich vergrößern konnte; sowie 7. all jene Autoren, die ihre Werke damals im Malik-Verlag oder beim Verlag für Literatur und Politik veröffentlichten, die ebenfalls eine eindeutig kommunistische Linie vertraten.

Die offizielle Gründungsversammlung des BPRS, an der sowohl linke Schriftsteller als auch kommunistisch organisierte Arbeiterkorrespondenten und
interessierte Arbeiter teilnahmen, fand am 19. Oktober 1928 in den Berliner
Sophiensälen statt. Das Grundsatzreferat unter dem Titel *Unser Bund* hielt
Johannes R. Becher. In ihm erklärte er: „Unser Bund soll zwischen den Schriftstellern ein kameradschaftliches Band sein. Er soll eine Verbindung schaffen
zwischen uns und den Massen. Der Kampf der Arbeiterklasse ist unser Lebenselement, wir wollen immer tiefer auf proletarischem Grund und Boden Wurzel
fassen. Und der Bund soll uns noch fester binden an die Sache, der wir dienen,
an die große Sache der sozialen Revolution, die die beste Sache der Welt ist."[11]
Ins gleiche Horn stießen darauf Arbeiterschriftsteller wie Karl Grünberg und
Kurt Kläber. Auch sie versprachen sich von diesem Bund eine erhebliche Verstärkung des proletarischen Elements innerhalb der KPD und riefen alle klas-
senbewußten Arbeiterschriftsteller auf, sich unverzüglich dieser Organisation
anzuschließen.

In seinem Organisationsstatut empfahl der BPRS unter der Rubrik „Besonders zu ergreifende Maßnahmen" vor allem die Veranstaltung von Schulungs-
und Diskutierabenden, die Durchführung von Autorenlesungen, die Beschaf-
fung von Propagandamaterial für bestimmte politische Kampagnen, die Vermittlung von Referenten und Lehrern für proletarisch-revolutionäre Veranstaltungen, die Wahrnehmung der wirtschaftlichen Interessen seiner Mitglieder
durch eine nachdrückliche Einwirkung auf Zeitungen und Verleger, die Ermög-
lichung von Rundfunkvorträgen, die Unterstützung aller Arbeiter-Theater-,
Arbeiter-Radio-und Arbeiterkorrespondenten-Gruppen sowie die Herausgabe
einer die Ziele dieses Bundes propagierenden Zeitschrift. Als Mitgliederbeitrag
wurden monatlich 50 Pfennige erhoben. Der Hauptvorstand bestand aus neun
Personen, welche die Funktionen des 1. und 2. Vorsitzenden, des Schriftführers, des Kassierers, der zwei Beisitzer und des Sekretärs in kameradschaftlicher
Abstimmung unter sich verteilten. Von den rund 150 Anwesenden der Gründungsversammlung schlossen sich nach dem Ende der Veranstaltung 55 sofort
dem eben aus der Taufe gehobenen BPRS als aktive Mitglieder an.

Es gelang dem BPRS, zwischen 1928 und 1932 insgesamt 26 Bezirksver-
bände zu gründen, von denen sich die wichtigste Gruppe, die letztlich seinen
ideologischen Kurs bestimmte, in Berlin befand. Über sie wissen wir das meiste,
während sich über die Aktivitäten der Ortsgruppen in Bochum, Braunschweig,
Bremen, Breslau, Dortmund, Dresden, Duisburg, Düsseldorf, Essen, Erfurt,
Frankfurt am Main, Halle, Hamborn, Hamburg, Hamm, Hannover, Hindenburg in Oberschlesien, Krefeld, Leipzig, Magdeburg, München, Oldenburg,
Oppeln, Stuttgart und Wiesbaden kaum noch etwas ermitteln läßt. Die Mitgliederzahl dieses Bundes stieg zwischen 1928 und 1932 von 280 auf rund 500 an.
Etwas mehr ist über die politische und klassenmäßige Zusammensetzung des

BPRS bekannt. Um 1930 waren etwa 40 Prozent seiner Mitglieder KPD-Ange-
hörige, die übrigen parteilos, aber vielfach in linken Massenorganisationen wie
der Roten Hilfe, der Internationalen Arbeiterhilfe und ähnlichen Gruppen
tätig. Fast die Hälfte aller Bundesmitglieder bestand aus Arbeitern oder kleinen
Angestellten. 25 Prozent arbeiteten als Redakteure oder Journalisten, meist in
der KPD-Presse. Von den restlichen 25 Prozent, die weitgehend aus den bürgerlichen Intelligenzschichten stammten, gaben sich etwa ein Prozent als „freie
Schrifsteller" aus.[12] Zu den bekannteren Mitgliedern dieses Bundes, die sich
entweder durch literarische oder theoretische Arbeiten einen Namen machten,
gehörten vor allem Alexander Abusch, Bruno Apitz, Theodor Balk, Johannes
R. Becher, Oto Bihalji-Merin, Willi Bredel, Karl Biro-Rösinger, Alfred Kemény,
Andor Gabór, Otto Gotsche, Karl Grünberg, Werner Ilberg, Aladár Komját,
Kurt Kersten, Egon Erwin Kisch, Kurt Kläber, Alfred Kurella, Berta Lask, Franz
Leschnitzer, Hans Lorbeer, Georg Lukács, Hans Marchwitza, Klaus Neu-
krantz, Ernst Ottwalt, Jan Petersen, Ludwig Renn, Walter Schönstedt, Anna
Seghers, Alexander von Stenbock-Fermor, Ludwig Turek, Berta Waterstradt,
Franz Carl Weiskopf, Karl August Wittvogel, Friedrich Wolf und Max Zimme-
ring.

Die Zeitschrift, mit der sich dieser Bund ein Propagandaorgan zu schaffen
suchte, bekam den Titel *Die Linkskurve*. Sie erschien erstmals am 1. August
1929 in einer Auflage von 25 000 Exemplaren und wurde von Johannes R.
Becher, Andor Gabór, Kurt Kläber, Erich Weinert und Ludwig Renn, also unter
starker Beteiligung ehemals bürgerlicher Intellektueller, herausgegeben. Sie
betonte von Anfang an den entschieden klassenkämpferischen Charakter der
proletarisch-revolutionären Literatur und damit ihre unversöhnliche Abneigung allen Ausprägungen der bürgerlichen Literatur gegenüber. Während die
„bürgerlichen Dichter", wie Becher im Leitartikel *Unsere Front* des ersten Hef-
tes der *Linkskurve* erklärte, die Kunst zum „harmlosen Gesellschaftsspiel"
erniedrigt hätten, statt sich Mühe zu geben, „Geschichte mitzuschaffen",[13]
würden die proletarisch-revolutionären Schriftsteller in Zukunft sicher Werke
schreiben, in denen trotz aller bitteren Realistik der geschilderten Verhältnisse
ein weltumstürzender Elan zum Ausdruck komme. Im Gegensatz zu vielen liberalen, ja selbst linksliberalen Autoren, die sich damals einer auch von Walter
Benjamin gebrandmarkten „Melancholie" hingaben, erwartete also Becher
von seinem Bund einen politischen Optimismus und zugleich eine menschheit-
liche Zielrichtung, die in manchem an den Tataktivismus jener expressionistischen Autoren gemahnt, zu denen auch er einmal gehört hatte.

Doch neben solchen ins Universale einer allgemeinen Menschheitsbefreiung
zielenden Perspektiven setzte sich dieser Bund auch Ziele, die wesentlich spezi-
fischer und konkreter waren. Dazu gehörten vor allem folgende: 1. eine enge
Zusammenarbeit mit der Internationalen Vereinigung proletarisch-revolutio-

Die erste Delegation des Bund proletarisch-revolutionärer Schriftsteller in der Sowjetunion (1929). Von links nach rechts: Máté Zalka, Karl Grünberg und Hans Lorbeer; Vorletzter: Kurt Kläber

närer Schriftsteller in Moskau, als deren deutsche Sektion sich der BPRS verstand, 2. die publizistische Verteidigung der in der konservativen Presse ständig verteufelten Sowjetunion und ihrer Kulturpolitik, 3. eine deutliche Frontstellung gegen die „klassenversöhnlerischen" Tendenzen innerhalb des von der SPD am 9. Februar 1926 gegründeten Sozialistischen Kulturbundes sowie der sozialdemokratischen Monatsschrift für Arbeiterbildung *Der Kulturwille*, und 4. eine ebenso scharfe Distanzierung von linksbürgerlichen Autoren wie Alfred Döblin, Kurt Hiller, Heinrich Mann, Carl von Ossietzky, Ernst Toller und Kurt Tucholsky, die in der *Linkskurve* als „Heuchlerpazifisten, Scheinsozialisten und Pseudoanarchisten", kurz: als „Steigbügelhalter des Imperialismus" diffamiert wurden.[14] Während es sich die Wortführer der *Linkskurve* in ihrer Kritik an dem, was sie ablehnten, manchmal allzu leicht machten, kam es bei den Definitionsversuchen, was sie unter „proletarisch-revolutionär" verstanden, oft zu Debatten, die auf wesentlich höherem Niveau geführt wurden.

Die Geschichte der *Linkskurve* und des hinter ihr stehenden BPRS war daher in den wenigen Jahren ihres Bestehens, also zwischen 1928 und 1932, eine recht dramatische. Von allen Seiten angegriffen und sich zugleich gegen alle Seiten zur Wehr setzend, erschien diese Zeitschrift in insgesamt 40 Heften sowie einem Sonderheft zum Goethe-Jahr. Zu ihren wechselnden Herausgebern gehörten neben Johannes R. Becher, Andor Gábor und Kurt Kläber auch Theodor Balk, Hans Marchwitza, Ludwig Renn und Erich Weinert. Zu den Redaktionssitzungen wurden außerdem Oto Bihalji-Merin, Fritz Erpenbeck, Karl Grünberg, Berta Lask, Klaus Neukrantz, Kurt Peterson und Karl August Wittvogel herangezogen. Dazu kamen als ständige Mitarbeiter noch Alexander Abusch, Alfred Durus-Keményi, Alfred Kurella, Georg Lukács, Albert Norden und Anna Seghers hinzu. Während die *Linkskurve* zu Anfang in 25 000 Exemplaren erscheinen konnte, betrug ihre Auflagenhöhe im Jahr 1932 nur noch 3 500. Diese Zahlen belegen, daß sie nicht nur von den rund 500 Mitgliedern des BPRS, sondern auch von vielen anderen linken Redakteuren, Parteiführern und Arbeitern gekauft wurde. Finanziell trug sie sich zum Teil selbst oder wurde von der Moskauer Internationalen Vereinigung proletarisch-revolutionärer Schriftsteller unterstützt.

In ihren Anfängen vertrat die *Linkskurve* weitgehend den 1928 auf dem VI. Weltkongreß der Kommunistischen Internationale ausgegebenen Kurs einer Verschärfung aller linken Tendenzen und damit Stärkung eines proletarisch-revolutionären Aufschwungs in Europa. Dazu paßt, daß sich die *Linkskurve* in ihren ersten Nummern von linksliberalen Zeitschriften wie *Die Front*, *Die neue Bücherschau* und die *Literarische Welt* sowie den in ihnen publizierenden Autoren entschieden absetzte und vor allem die Literatur der Arbeiterkorrespondenten-Bewegung als vorbildlich hinstellte. Dieser Kurs änderte sich erst im Sommer 1930, als sie plötzlich die Mängel einer rein faktographischen Literatur zu beklagen begann und – unter dem Einfluß Karl August Wittfogels – eine an der Hegelschen Dialektik orientierte Literaturtheorie einzufordern begann, für die sich auch einige sowjetische Theoretiker, wie Leopold Averbach, im November 1930 auf der II. Internationalen Konferenz der proletarisch-revolutionären Schriftsteller in Charkow stark zu machen versuchten. Durch diesen Orientierungswandel wurde zwar einem Rückfall ins Proletkultische erst einmal ein Riegel vorgeschoben, aber zugleich die Gefahr heraufbeschworen, daß sich die *Linkskurve* wegen ihrer Neigung zu literarischen Theoriedebatten zu einem Forum basisentfremdeter Intellektueller entwickeln würde.

Aus diesem Grunde kam es unter den Herausgebern und Mitarbeitern der *Linkskurve* sowie den hinter ihr stehenden Parteistrategen zwangsläufig zu heftigen Auseinandersetzungen zwischen dem eher proletarisch-revolutionären und dem eher intellektuell ausgerichteten Flügel. Während die „ultralinke" Fraktion, wie sie jetzt plötzlich hieß, lediglich die inzwischen erschienenen Romane von Arbeiterschriftstellern wie Karl Grünbergs *Brennende Ruhr* (1929) und Adam Scharrers *Vaterlandslose Gesellen* (1930) sowie die seit 1930 von Kurt Kläber beim Internationalen Arbeiter-Verlag herausgegebenen Roten Eine-Mark-Romane, also Werke wie *Sturm auf Essen* (1930) von Hans Marchwitza, *Barrikaden am Wedding* (1929) von Klaus Neukrantz, *Maschinenfabrik N & K* (1930) von Willi Bredel, *Maria und der Paragraph* (1930) von Franz Krey, *Rosenhofstraße* (1931) von Willi Bredel und *Kämpfende Jugend* (1932) von Walter Schönstedt gelten ließ, von denen sie sich eine allmähliche Zurückdrängung der kleinbürgerlichen Trivialliteratur versprach, bestanden die Intellektuellen nach diesem Zeitpunkt immer stärker auf einer nachdrücklichen Anhebung des literarischen Niveaus. Die Hauptsprecher der sogenannten ultralinken Gruppe waren eine Zeitlang Aladár Komját und Karl Biro-Rösinger, die jedoch bei den folgenden Auseinandersetzungen innerhalb der Parteiführung eindeutig Intellektuellen wie Johannes R. Becher, Andor Gábor, Georg Lukács und Karl August Wittfogel unterlagen.

Der erste, der mit diesen Auseinandersetzungen begann, war Lukács mit seiner 1931 in der *Linkskurve* abgedruckten Kritik der Romane Bredels, an denen er vor allem das Steckenbleiben im Reportagehaften und die schematische Figurenzeichnung bemängelte. Statt dessen drang er auf ein wesentlich vertieferes Verständnis der gesellschaftlichen Dialektik sowie eine größere, den bedeutsamen Leistungen der bürgerlichen Romanliteratur entsprechende erzählerische Qualität. Mit solchen Forderungen, die er hauptsächlich in Aufsätzen wie *Tendenz oder Parteilichkeit?* und *Reportage oder Gestaltung?* aufstellte, waren jedoch proletarische Autoren wie Bredel zweifellos überfordert. Während Bredel als überzeugter Parteigenosse sofort Selbstkritik übte, blieb bei anderen im BPRS tätigen Arbeiterkorrespondenten und Arbeiterschriftstellern wie Otto Gotsche, der die Kritik von Lukács als „zersetzend" empfand,[15] nach diesem Zeitpunkt ein kaum unterdrückter Groll gegen die intellektuelle Führungsschicht innerhalb der *Linkskurve* erhalten, der bis in die dreißiger und vierziger Jahre weiterwirkte, ja selbst in den Literaturdebatten der frühen DDR noch eine wichtige Rolle spielte.

Obwohl bei diesen Auseinandersetzungen die Becher-Lukács-Gruppe 1931/ 32 eindeutig den Sieg über Bredel, Neukrantz, Ernst Ottwalt und damit indirekt auch über Bertolt Brecht davontrug, bedeutete das keineswegs den Sieg einer Politik, die später im Exil der mittdreißiger Jahre als „Volksfrontpolitik" bezeichnet wurde. Im Gegenteil, selbst nach dem mühsam erreichten Burgfrieden zwischen den zwei Fraktionen kam es keineswegs zu einer Kontaktaufnahme mit liberalen oder linksliberalen Autoren des sogenannten bürgerlichen Lagers. Statt sich – angesichts der bedrohlich ansteigenden braunen Flut – um eine breitere antifaschistische Front zu bemühen, verharrten die Herausgeber der *Linkskurve* bis zu ihrem letzten Heft im Herbst 1932 auf einem eindeutigen Konfrontationskurs, der sich allein an den jeweiligen Parteizielen sowie der hinter ihnen stehenden sowjetischen Politik orientierte. Und so blieb die Literaturpolitik des BPRS – aufs Große und Ganze gesehen – trotz mancher in die aktuelle Situation „eingreifender" Absichtserklärungen recht unwirksam. Jeden-

falls gelang es diesem Bund nicht, jene breite Mobilisierung der Massen einzu-
leiten, die er ursprünglich beabsichtigt hatte. Indem er sich vornehmlich – ob
nun in seiner proletarischen oder intellektuellen Variante – auf die Strategie der
radikalen Konfrontation beschränkte, die keinerlei Abweichungen zuließ,
blieb er zwar ideologisch „rein", stieß aber weitgehend ins Leere. Demzufolge
produzierte er eine Literatur, die weder bei den sogenannten breiten Massen
noch den ästhetisch anspruchsvollen bürgerlichen Liberalen großen Anklang
fand.

Dennoch waren diese Bemühungen nicht umsonst, da sie in der Folgezeit –
im Rückblick auf den BPRS – immer wieder leidenschaftlich geführte Debatten
über die Schwierigkeiten einer gesellschaftskritischen Literatur auslösten, die
sich mit veristischer Schärfe für die ökonomisch und sozial unterprivilegierten
Schichten einzusetzen versucht. Solange es Klassengesellschaften gibt, wird
daher der BPRS weiterhin ein wichtiger Diskussionsgegenstand im Rahmen
sozialengagierter Literaturtheorien bleiben. Erst wenn es diese Debatten nicht
mehr geben sollte, wird in den hochentwickelten Industriestaaten entweder der
Zustand einer total gerechten Volksherrschaft oder der Zustand einer globalen
„Entfremdung" eingetreten sein, welcher die Mehrheit der Bevölkerung in dem
illusorischen Gefühl bestärkt, in einer postmaterialistischen und damit vom
Makel der Ausbeutung befreiten Welt zu leben.

Der Kampfbund für deutsche Kultur

Die Nationalsozialistische deutsche Arbeiterpartei (NSDAP) verstand es dagegen in der Endphase der Weimarer Republik auf kulturellem Gebiet wesentlich
besser, sowohl große Teile der Arbeiter und Angestellten als auch die Mehrheit
der bildungsbürgerlichen Intellektuellen für sich zu gewinnen. Die Arbeiter
und Angestellten köderte sie durch gefühlsmäßig aufwühlende Werke, die mit
allen Tricks eines ins Kolportagehafte vergröberten völkisch-rassistischen Sen-
dungsbewußtseins ausgestattet waren, um so die durch den herrschenden
Materialismus der kapitalistischen Konsum- und Profitgesellschaft enstande-
nen „Hohlräume des Gefühls", wie sich Ernst Bloch ausdrückte,[16] mit nach
kompensatorischer Absättigung versprechenden Wunschtraumphantasien zu
füllen. Die Bildungsbürger gewann sie, indem sie ihnen eine Stärkung aller ins
Hochkulturelle zielenden Tendenzen versprach, durch die der deutsche Geist
und die deutsche Kultur wieder jene Weltgeltung zurückerhalten sollten, die sie
früher einmal besessen hätten. Und zwar tat sie das – im Gegensatz zu literatur-
zentrierten Marxisten wie Johannes R. Becher und Georg Lukács – auf *allen*
Gebieten der Kultur, nicht nur auf dem der Dichtung. Während die Linken der
Musik und den bildenden Künsten, obwohl sich diese politisch viel suggestiver

einsetzen lassen als die Literatur, meist nur eine untergeordnete Rolle einräumten, erwiesen sich die Nationalsozialisten geradezu als Virtuosen jener Ästhetisierung der Politik, die sich weniger auf das dichterische Wort als auf die ideologisch aufputschenden akustischen und visuellen Eindrücke verließ.

Als die NSDAP in den späten zwanziger Jahren einen ihrer Partei unterstellten Kulturverband gründete, nannte sie darum diesen Verband nicht Kampfbund für deutsche Literatur, sondern Kampfbund für deutsche Kultur.[17] Sein Anführer war Alfred Rosenberg, der sich bereits 1927 auf dem Parteitag der NSDAP für eine solche Organisation ausgesprochen hatte, aber erst im Mai 1928 die nötigen Geldmittel erhielt, um sich in seiner Zeitschrift *Der Weltkampf* an alle nationalbewußten Deutschen wenden zu können, dem von ihm ins Leben gerufenen Kampfbund für deutsche Kultur beizutreten. „Die Gesellschaft (oder der Bund) für deutsche Kultur", hieß es in diesem *Aufruf* bewußt verschwommen, „hat den Zweck, mit aller Entschlossenheit in öffentlichen Veranstaltungen und in jeder anderen Form die Werte des deutschen Charakters zu verteidigen und jede Art eigener Äußerung deutschen kulturellen Lebens zu fördern."[18] Damit war alles und zugleich nichts gesagt. Worin das ideologische Ziel dieses Kampfbundes eigentlich bestand, ging erst aus der Rede des Philosophen Othmar Spann hervor, mit der dieser am 23. Februar 1929 an der Münchner Universität die Tätigkeit dieser Organisation eröffnete. In ihr bekannte sich Spann nachdrücklich zu einem modernen „Führerstaat" und lehnte das parlamentarische System der Weimarer Republik als den Ruin aller höheren Kultur ab.

Während die linksliberale Presse auf diesen Vortrag höchst negativ reagierte, fand er bei vielen deutschnational gesinnten Intellektuellen und Künstlern sofort lebhafte Zustimmung. Vor allem auf dem Gebiet der Malerei, das Rosenberg – neben der Architektur – besonders am Herzen lag, stimmten all jene, welche schon um 1920 den Expressionismus und Dadaismus als unkünstlerisch, wenn nicht „entartet" abgelehnt hatten, der Sehnsucht nach einer höhergearteten und zugleich realistisch-abbildlichen Kunst begeistert zu. Wohl die besten Belege dafür finden sich in den Schriften Paul Schultze-Naumburgs und Bettina Feistel-Rohmeders, die bereits vor 1933 weite Bereiche der sogenannten modernen Kunst als „verjudet", „idiotisch" oder „negroid" diffamierten. Im Rahmen des Musiklebens setzten sich sowohl Dirigenten wie Gustav Havemann und Clemens Krauss, Bayreuth-Heroinen wie Winnifred Wagner und Eva Chamberlain als auch Musikkritiker wie Alfred Heuss für die Ziele des Rosenbergschen Kampfbundes ein. Innerhalb des Buchwesens waren es Verleger wie Hugo Bruckmann und Julius F. Lehmann, die den gleichen Kurs verfolgten.

Soziologisch gesehen, stammten die meisten Anhänger dieses Bundes aus der bürgerlichen Bildungselite, zu der um 1930 etwa drei Prozent der deutschen

Bevölkerung gehörte, während sie in Rosenbergs Kampfbund über 70 Prozent ausmachte. Die größte Gruppe stellten die Künstler mit 15,1 Prozent. Auf sie folgten die Professoren mit 12,5 Prozent, die höheren Verwaltungsbeamten mit 6,1 Prozent, die Adligen mit 4,2 Prozent usw. Rund 50 Prozent seiner Mitglieder waren zugleich Mitglieder von Hitlers NSDAP. Sein Zentrum hatte dieser Bund eindeutig in München und in Universitätsstädten wie Heidelberg, Jena, Bonn und Marburg. Aufgrund des großen Wahlerfolgs der NSDAP im September 1930 wuchs seine Mitgliedschaft zwischen 1929 und 1931 von 300 auf 2100 Mitglieder an. 1932 waren es bereits 6 000, ja nach dem 30. Januar 1933, an dem den Nationalsozialisten die Macht übertragen wurde, schlossen sich weitere 32 000 Menschen diesem Kampfbund an, welche sich auf 25 Ortsgruppen verteilten, die ihrerseits besondere Fachgruppen für Theater, bildende Kunst, Musik, Kleinkunst, Körperbildung und Tanz sowie Schrifttum und Wissenschaft einrichteten.

Was der Rosenbergsche Kampfbund bei seinen Vortragsabenden, Kundgebungen oder Publikationen wie *Der Weltkampf* und *Mitteilungsblatt des Kampfbundes für deutsche Kultur* als minderwertig diffamierte, war in letzter Konsequenz alles Linke oder Kulturbolschewistische. Im Bereich der bildenden Kunst verstand er darunter nicht nur den Expressionismus und Dadaismus, sondern auch die Bauhaus-Architektur, einen Bildhauer wie Ernst Barlach sowie eine linke Graphikerin wie Käthe Kollwitz. In der Musik gehörten dazu neben Arnold Schönbergs Zwölftonkompositionen vor allem die zeitweilig sehr beliebten Jazz-Elemente. Unter den „Asphaltliteraten" der späten zwanziger Jahre waren es neben den Autoren des BPRS besonders Kurt Tucholsky und Erich Kästner, die dieser Bund wegen ihrer witzig „zersetzenden" Art als besonders „undeutsch" anprangerte. All diesen auf Entwurzelung und damit „Abtötung" hinauslaufenden Tendenzen stellte Rosenberg in vielen Aufsätzen dieser Jahre wie auch dem Buch *Der Mythus des 20. Jahrhunderts. Eine Wertung der seelisch-geistigen Gestaltungskämpfe unserer Zeit* (1930) immer wieder seinen Glauben an die angeblich schöpferische und versittlichende Kraft des nordischen Menschen entgegen, der nichts leidenschaftlicher ersehne als die Heraufkunft eines neuen deutschen Reiches, in dem es in Kunst und Leben zu einer Wiederauferstehung jener auf dem Schönheitsideal der germanischen Rasse beruhenden Kräfte kommen werde, die den kulturschöpferischen Impulsen aller anderen Völker weit überlegen seien.

Rosenberg und seine Kampfgefährten – wie auch Heinrich Himmler und Gregor Strasser, die sich diesem Bund sofort anschlossen – fühlten sich in dieser Hoffnung nicht nur durch den sensationellen Aufstieg der NSDAP aus relativer Obskurität zur zweitstärksten Partei der Weimarer Republik, sondern auch durch das rapide Anwachsen der anderen völkischen, deutschnationalen, nationalkonservativen, pangermanischen, deutschgläubigen, jungkonservati-

ven oder deutschvölkischen Kreise, Bünde und Orden zwischen 1925 und
1933 bestätigt, die ebenfalls vom Geist einer „Konservativen Revolution"
beseelt waren und ihre Hoffnung – wie die Nationalsozialisten – auf ein Ende
der als Schmach empfundenen Weimarer „Systemzeit" setzten, auf die ein
Neues oder Drittes Reich folgen sollte. Und da sich diese Gruppen – so zerspal-
ten sie untereinander oft waren – fast alle als Repräsentanten eines gesamtvöl-
kischen Willens verstanden, der sich lediglich der Juden und Kommunisten zu
entledigen brauche, um wieder ganz zu sich selbst zu kommen, entfalteten sie
zwar wohlfinanzierte Propagandafeldzüge für das im nationalen Sinne
„Ewige", also seit Jahrhunderten, wenn nicht Jahrtausenden Bewährte, verzichteten jedoch auf die Gründung besonderer deutschnationaler Dichterbünde, um nicht den Anschein des Vereinzelten, Abgespaltenen oder Sektierischen zu erwecken. Schließlich fühlten sie sich nicht als Vertreter einer
bestimmten Klasse oder gar gesellschaftlichen Randgruppe, sondern als Sprecher aller gesunden, national-gesinnten Deutschen, deren oberstes Ziel die
Schaffung einer wahrhaft großen Kultur bleiben müsse, um sich dadurch vor
allen anderen Völkern, wie Rosenberg immer wieder betonte, als ein zur Welt-
herrschaft berufenes Volk auszuzeichnen.

Die Rosenritterschaft des Wartburgbundes

Lediglich in einer der vielen deutschvölkischen oder nationalkonservativen
Strömungen kam es kurz vor 1933 ansatzweise zur Stiftung eines neuen Dichterbundes. Dies war der Wartburgbund, der sich als militante Gegengründung
zu der von den Protofaschisten als „linksliberal" diffamierten Sektion für
Dichtkunst an der Preußischen Akademie der Künste in Berlin verstand. Der
erste Impuls zu diesem Zusammenschluß ging von Börries Freiherr von
Münchhausen aus, der sich seit der Mitte der zwanziger Jahre gern auf die Lieb-
lingsvorstellung des alten Heimatschriftstellers und Berlin-Gegners Friedrich
Lienhard berief, die Wartburg in einen Gralstempel des deutschen Geistes
umzuwandeln,[19] um damit der völkischen „Erneuerungsbewegung" ein sym-
bolträchtiges Zentrum zu geben. Obwohl Lienhards Ansehen in der Weimarer
Republik, wie das vieler wilhelminischer Autoren, allmählich zu verblassen
begann, faßten ihn einige der in Thüringen lebenden Nationalkonservativen –
in Ermanglung eines besseren Repräsentanten ihrer Denkweise – dennoch als
ihren Kandidaten oder gar Präsidenten einer zu gründenden Deutschen Akademie für Dichtkunst ins Auge. Da jedoch dieser hartnäckige „Los von Berlin"-
Kämpe 1929 in Weimar starb, entschloß sich schließlich Münchhausen, der
mit Hans von der Gabelentz, dem Burghauptmann der Wartburg, eng verwandt war, diese Idee in eigener Person in die Wirklichkeit umzusetzen.

Den Auftakt zu dieser Gründung bildete eine im Frühjahr 1931 auf Schloß Osterstein in Gera veranstaltete Tagung deutschvölkischer Dichter, zu welcher der Erbprinz Heinrich XLV. von Reuß – auf Empfehlung Münchhausens – Autoren wie Paul Ernst, Hans Grimm, Hanns Johst, Erwin Guido Kolbenheyer, Benno von Mechow, Wilhelm Schäfer, Hermann Stehr, Emil Strauß, Joseph M. Wehner und Ernst Wiechert, also die gesamte Garde der in den Augen der Liberalen als konservativ, wenn nicht gar reaktionär geltenden Schriftsteller dieser Jahre, eingeladen hatte. Lediglich der Wunsch Münchhausens, Wilhelm Frick, dem nationalsozialistischen Innenminister von Thüringen, die Leitung der Tagung zu übertragen, scheiterte am Einspruch des Prinzen. Während die meisten der genannten Autoren dieser Einladung Folge leisteten, blieben Grimm, Ernst und Wiechert diesem Treffen – aus unterschiedlichen Gründen – fern. Die liberale und linke Literatur der Weimarer Republik wurde auf dieser Tagung, die vom 30. Mai bis 2. Juni stattfand, mit scharfen Worten als Ausdruck einer undeutschen Überfremdung und Depravierung ins Niedrige, das heißt als „wesensfremd" angegriffen, da sie an die „Stelle von Seele: Intellekt, an die Stelle von Ehrfurcht: Frivolität, an die Stelle von Liebe: Sexus, an die Stelle des Dienstes: Opportunismus" gesetzt habe.[20] Nach dieser Tagung nahm Münchhausen Kontakte zu Wilhelm Frick sowie dessen kulturpolitischen Beratern Paul Schultze-Naumburg und Hans Severus Ziegler auf, die zu aktiven Förderern des Rosenbergschen Kampfbundes gehörten. Außerdem scheute er sich nicht, in einem kleineren Kreise – dem unter anderem der NS-Landwirtschaftsexperte Walter Darré sowie der damalige Führer des Nationalsozialistischen Studentenbundes Baldur von Schirach angehörten – seine Balladen vorzutragen.

Dennoch läßt sich Münchhausen nicht eindeutig unter die Präfaschisten oder Nationalsozialisten einreihen. Vor allem das Populistische der Hitler-Bewegung lag ihm als geborenem Aristokraten fern. Daher ging er bei der Konzeption seines Wartburgbundes, dem lediglich die zwölf besten Dichter Deutschlands angehören sollten, von streng elitären Vorstellungen aus. Von diesem Bund müsse, wie Münchhausen schrieb, „alles International-Pazifistische oder sonstwie Parfümierte, aber auch alles Politisch-Begrenzte" ferngehalten werden. In ihm dürfe es nur um „das deutsche Wesen und die deutsche Kunst" gehen.[21] Als erste Kandidaten für den Wartburgpreis, der mit 2000 Reichsmark dotiert war und die höchste deutsche Dichterauszeichnung werden sollte, wurden Hermann Stehr, Erwin Guido Kolbenheyer und Hanns Johst ins Auge gefaßt. Als er schließlich vergeben wurde, erhielten ihn Stehr, Kolbenheyer und Ernst, während Johst als „zu jung" wieder fallengelassen wurde. Außerdem schlug Münchhausen vor, bei den jährlichen Treffen dieses Bundes auf der Wartburg allen Dichtern, die sich um die „deutsche Sache" Verdienste erworben hätten, die Silberne Wartburgrose zu verleihen. Aus den Trägern die-

Dichtertag auf der Wartburg (1932). Von links nach rechts: Heinrich Lilienfein, Heinrich Vier-
ordt, Johannes Schlaf, Ernst Wiechert, Börries von Münchhausen, Ludwig Finckh, Erwin Guido
Kolbenheyer, Hans Friedrich Blunck und Ottomar Enking

ser hohen Auszeichnung sollte dann im Laufe der Jahre eine Elite von „Rosen-
rittern" hervorgehen und so ein neuer menschlicher und dichterischer Maßstab
innerhalb des angeblich degenerierten Literatenwesens der Weimarer Republik
geschaffen werden.

Die erste Tagung des Wartburgbundes, zu der unter anderen Hans Friedrich
Blunck, Hans Grimm, Hanns Johst, Erwin Guido Kolbenheyer und Will Vesper
geladen wurden, fand am 29. und 30. Mai 1932 statt. Grimm ließ sich abermals
entschuldigen. Anläßlich dieses Treffens wurden Hermann Stehr, Erwin Guido
Kolbenheyer, Börries von Münchhausen, Heinrich Lilienfein und in absentia
Paul Ernst im großen Sängersaal der Wartburg die besagten Silbernen Wartbur-
grosen überreicht. Damit glaubte Münchhausen sein erstes Ziel, nämlich die
Stiftung einer nationalkonservativen Ordensgemeinschaft der besten deutschen Dichter, erreicht zu haben. Eine Möglichkeit, auch sein zweites Ziel, des

heißt die Sektion für Dichtkunst an der Preußischen Akademie der Künste zu unterminieren oder gar völlig auszuschalten, sah er erst gekommen, als am 1. Juni 1932 Franz von Papen Kanzler des Deutschen Reiches wurde und sich mit seinem Kabinett der Barone anschickte, das parlamentarische System der Weimarer Republik durch eine autoritäre Verfassung zu beseitigen. Münchhausen war daher überglücklich, als Papen im Oktober 1932 durch einen Staatssekretär brieflich bei ihm anfragen ließ, ob er bereit sei, sich als nationalbewußter Dichter für den kulturellen Umbau des Deutschen Reiches einzusetzen, ja ihn obendrein mit Theodor Körner verglich, den Stein, Scharnhorst und Gneisenau zu Beginn der Befreiungskriege für eine ähnliche nationale Aufgabe gewonnen hätten.

Darauf sandte Münchhausen am 7. November 1932 eine Denkschrift unter dem Titel *Gedanken über eine deutsche Dichter-Akademie* an Papen, worin er betonte, daß die von ihm geplante Akademie „der Berliner Mentalität, dem ‚Asphalt‘ und der Politik" entrückt sein müsse und am besten auf der Wartburg, „als dem ältesten uns bekannten Mittelpunkt deutscher Dichtung", untergebracht werden solle. Als die entscheidenden Bedingungen, in diese Akademie aufgenommen zu werden, stellte er den „Höchstwert der *dichterischem Leistung*, ein *Deutschtum* ohne parteiliche Bindung sowie eine *sittliche Haltung* des Dichtwerkes ohne jede Bindung an Kirche oder Konfession" hin.[22] Um seinen Vorschlägen eine größere Prägnanz zu geben, zählte Münchhausen außerdem all jene Dichter und Dichterinnen auf, die sich – seiner Meinung nach – bereits durch solchen Kriterien ausgezeichnet hätten, nämlich Paul Alverdes, Hans Friedrich Blunck, Hans Carossa, Max Dreyer, Paul Ernst, Ludwig Finckh, Gustav Frenssen, Friedrich Griese, Hans Grimm, Hanns Johst, Erwin Guido Kolbenheyer, Isolde Kurz, Heinrich Lilienfein, Ernst Lissauer, Agnes Miegel, Wilhelm Schäfer, Jakob Schaffner, Johannes Schlaf, Ina Seidel, Hermann Stehr, Emil Strauß und Ernst Wiechert, also wiederum die bewährten Repräsentanten und Repräsentantinnen einer nationalkonservativen Gesinnung. Doch zehn Tage, nachdem Münchhausen seine Denkschrift abgeschickt hatte, mußte Papen als Reichskanzler demissionieren. Und damit wurde die Machtübergabe an jenen Adolf Hitler möglich, die zwar nicht Münchhausen, aber viele seiner Mitstreiter seit langem herbeigesehnt hatten.

UNTERM FASCHISMUS UND IM EXIL

Die nationalsozialistische Gleichschaltung

Die rücksichtslose Verfolgung aller als „links" geltenden Schriftsteller und Schriftstellerinnen, die nach der am 30. Januar 1933 erfolgten Machtübergabe an Adolf Hitler von seiten der neuen Regierung einsetzte, stellte alles in den Schatten, was diese Berufsgruppe bereits in der Weimarer Republik erdulden mußte. Schon am 4. Februar hieß es im siebten Paragraphen einer von Hindenburg unterzeichneten *Notverordnung zum Schutze des deutschen Volkes*, daß sämtliche „Druckschriften, deren Inhalt geeignet ist, die öffentliche Sicherheit und Ordnung zu gefährden, polizeilich beschlagnahmt und eingezogen" werden können. Am 28. Februar, einen Tag nach dem von den Nationalsozialisten angezettelten Reichstagsbrand, wurde schließlich die bisherige „Pressefreiheit" völlig außer Kraft gesetzt und zugleich der Polizei das Recht eingeräumt, bei allen „verdächtigen", sprich: kommunistischen Autoren und Autorinnen Haussuchungen vorzunehmen. Als besonders „aufrührerisch" geltende Mitglieder dieser Gruppe wurden daraufhin von den Nationalsozialisten kurzerhand verhaftet, ins Gefängnis geworfen und zum Teil übelsten Folterungen ausgesetzt. Um solchen Maßnahmen zu entgehen, setzten sich die bekannteren unter ihnen – vor allem jene, die zum Bund proletarisch-revolutionärer Schriftsteller gehörten – bereits in den ersten Tagen des neuen Regimes ins Ausland, meist nach Prag, Wien, Paris oder London, ab oder suchten Zuflucht bei ihren Genossen in Moskau. Nicht ganz so rabiat gingen die Nationalsozialisten zu Anfang gegen die sozialdemokratischen, linksliberalen oder jüdischen Schriftsteller und Schriftstellerinnen vor. Aber auch viele von ihnen wurden schon ab Sommer 1933 so scharf gemaßregelt oder boykottiert, daß sie es vorzogen, ins Exil zu gehen oder sich – falls sie nicht jüdischer Herkunft waren – in den Bereich der sogenannten Inneren Emigration zurückzuziehen.

Einen ähnlichen Druck übten die NS-Behörden auf die beiden wichtigsten liberalen Schriftstellervereinigungen der Weimarer Republik – den Schutzverband deutscher Schriftsteller sowie die Sektion für Dichtkunst an der Preußischen Akademie der Künste in Berlin – aus. Statt diesen „Umschwung" einfach passiv hinzunehmen, forderte die oppositionelle Berliner Ortsgruppe des SDS schon am 4. Februar 1933, also fünf Tage nach der berühmt-berüchtigten

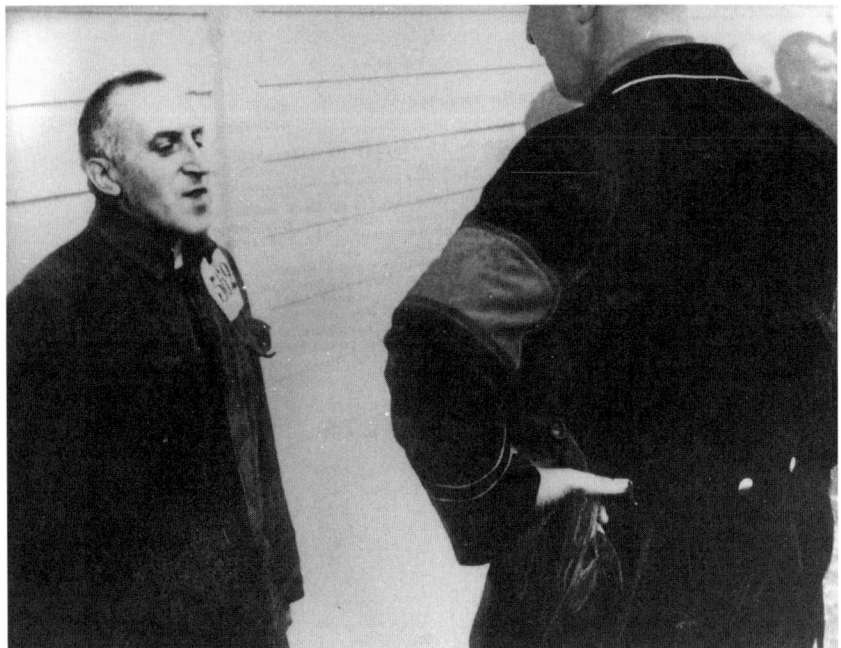

Carl von Ossietzky als Häftling im Konzentrationslager (1934)

Machtübergabe an die Nationalsozialisten, den SDS-Hauptvorstand auf, endlich seine betont „unpolitische" Haltung aufzugeben und sich unverzüglich
gegen die „drohende Faschisierung des Geistes" zu wenden. Als sie darauf
keine Antwort erhielt, veranstaltete sie am 17. Februar eine Protestversamm-
lung, auf der Carl von Ossietzky als Redner auftrat und emphatisch erklärte:
„Ich habe nach allen Seiten gekämpft; mehr nach rechts, aber auch nach links.
Heute jedoch sollten wir wissen, daß links von uns nur noch Verbündete stehen. Ich, der Pazifist, reihe mich nun ein in das große Heer, das für die Freiheit
kämpft."[1] Darauf wurde Ossietzky, am Tag nach dem Reichstagsbrand, mit
anderen Linken verhaftet und in „Schutzhaft" überführt.

Anschließend überschlugen sich die Ereignisse geradezu. Am 10. März
sprengten Angehörige der seit 1932 bestehenden Arbeitsgemeinschaft nationaler Schriftsteller die letzte legale Hauptvorstandssitzung des SDS, erzwangen
den Rücktritt des bisherigen Vorstands und verlangten den sofortigen Ausschluß aller der KPD und ihrer Organisationen angehörigen Mitglieder. Den
Vorsitz des neuen SDS erhielt anschließend – auf Wunsch von Joseph Goebbels,
der am 13. März zum Reichsminister für Volksaufklärung und Propaganda
avancierte – Götz Otto Stoffregen, der kulturpolitische Redakteur des *Völki-*

schen Beobachters, dem als Berater bewährte Präfaschisten wie Hanns Heinz Ewers, Herybert Menzel, Will Vesper und Joseph Magnus Wehner zur Seite traten. Von den bisherigen Vorstandsmitgliedern wurden Julius Bab, Arthur Eloesser, Monty Jacobs, Max Osborn, Alexander Roda Roda und Paul Westheim, also zumeist jüdische Liberale, zum Rücktritt gezwungen bzw. gegen Max Barthel, Werner Bergengruen, Walter Bloem, Wolfgang Goetz, Heinrich Spiero und Bruno E. Werner „ausgetauscht". Als das geschehen war, verabschiedete der gereinigte SDS-Vorstand am 4. Mai 1933 eine neue Satzung, die allen Mitgliedern dieser Vereinigung eine schriftliche Erklärung abforderte, sich in Wort and Tat zu der durch die Nationalsozialisten geschaffenen „deutschen Kulturgemeinschaft" und damit zur völkischen „Gleichschaltung" zu bekennen.[2] Am 10. Mai kam es daraufhin zu den bekannten Bücherverbrennungen, denen vor allem die Hauptwerke der „pazifistischen, defaitistischen und bolschewistischen Literatur", wie es bei diesem Anlaß hieß,[3] zum Opfer fielen. Drei Tage später gab der Börsenverein für den deutschen Buchhandel eine Liste heraus, in der er alle deutschbewußten Volksgenossen aufforderte, sich für die „Nichtverbreitung" der Werke von Lion Feuchtwanger, Ernst Glaeser, Arthur Holitscher, Alfred Kerr, Egon Erwin Kisch, Emil Ludwig, Heinrich Mann, Ernst Ottwalt, Theodor Plivier, Erich Maria Remarque, Kurt Tucholsky und Arnold Zweig einzusetzen. Ja, am 16. Mai erschien im gleichen *Börsenblatt* bereits eine Liste von 131 Autoren, deren Werke im neuen Reich „unerwünscht" seien. Außerdem wurden am 9. Juni der mit einem neuen Vorstand versehene Schutzverband sowie die Arbeitsgemeinschaft nationaler Schriftsteller dem persönlichen Diktat von Goebbels unterstellt und zum Reichsverband deutscher Schriftsteller (RDS) zusammengeschlossen, der als strenggeleitetes Parteiorgan keinerlei Eigeninitiativen mehr duldete.

Nicht minder scharf ging die NSDAP gegen die Sektion für Dichtkunst an der Preußischen Akademie der Künste vor. Ihre letzte Zusammenkunft unter dem Vorsitz Heinrich Manns fand am 6. Februar 1933 statt. Als daraufhin Heinrich Mann und Käthe Kollwitz einen *Dringenden Appell* des Internationalen Sozialistischen Kampfbundes unterschrieben, der sich für eine Einheitsfront von KPD und SPD einsetzte, wurden sie von dem Nationalsozialisten Bernhard Rust, der seit dem 4. Februar als Kommissarischer Leiter des preußischen Kultusministeriums und damit zugleich als Kurator der Akademie der Künste amtierte, sowie von Heinrich von Schillings, dem neuen Präsidenten der Akademie, so unter Druck gesetzt, daß sie es vorzogen, ihren Austritt aus dieser Institution zu erklären. Am 13. März schlug Gottfried Benn in einer Sondersitzung der Sektion eine durchgreifende „Reorganisation" der in ihr versammelten Dichtergruppe im Sinne der neugeschaffenen Verhältnisse vor und verlangte von allen Mitgliedern eine Erklärung, jede „öffentliche politische Betätigung gegen die Regierung" einzustellen und statt dessen die „nationalen Kul-

turaufgaben" des neuen Regimes zu unterstützen.⁴ Von den 27 Sektionsmit-
gliedern antworteten 18, darunter Rudolf G. Binding, Theodor Däubler, Ludwig Fulda, Gerhart Hauptmann, Georg Kaiser, Bernhard Kellermann, Oskar
Loerke, Max Mell, Walter von Molo, Alfred Mombert, Josef Ponten, Wilhelm
Schmidtbonn, Wilhelm von Scholz, Hermann Stehr, Eduard Stucken, Fritz von
Unruh und Franz Werfel mit „ja", 9 mit „nein". Darauf setzten im Mai 1933,
nach den Bücherverbrennungen, die von Alfred Rosenbergs Kampfbund für
deutsche Kultur bereits am 23. Februar des gleichen Jahres im Preußischen
Landtag geforderten „Säuberungen" an der Akademie ein. Nachdem Alfred
Döblin, Ricarda Huch, Thomas Mann und René Schickele bereits auf ihre Mit-
gliedschaft verzichtet hatten, wurden jetzt auch Leonhard Frank, Ludwig
Fulda, Georg Kaiser, Bernhard Kellermann, Alfred Mombert, Alfons Paquet,
Rudolf Pannwitz, Fritz von Unruh, Jakob Wassermann und Franz Werfel aus
der Akademie ausgestoßen.

Als „Wegbereiter des neuen Deutschland" nahmen dafür Werner Beumelburg, Hans Friedrich Blunck, Hans Carossa, Peter Dörfler, Paul Ernst, Friedrich
Griese, Hans Grimm, Hanns Johst, Agnes Miegel, Börries von Münchhausen
und Will Vesper ihre Sitze ein. Zugleich wurden Erwin Guido Kolbenheyer,
Wilhelm Schäfer und Emil Strauß, die 1931 aus Protest gegen den angeblich zu
„liberalen" Kurs dieser Sektion aus der Akademie ausgeschieden waren, wieder
zu vollen Mitgliedern erklärt. Den Vorsitz der „reorganisierten" Sektion führte
erst Gottfried Benn und dann Hanns Johst. Die Rolle des Schriftleiters übernahm Werner Beumelburg, während Erwin Guido Kolbenheyer damit beauftragt wurde, eine neue Satzung auszuarbeiten. Bei weiteren Wahlgängen kamen
als neue Mitglieder noch Hermann Claudius, Enrica von Handel-Mazzetti,
Rudolf Huch, Heinrich Lersch und Johannes Schlaf hinzu. Außerdem schickte
die neue Sektion Huldigungstelegramme an Hindenburg, Hitler und Rust.
Doch alle diese Aktivitäten täuschten nicht darüber hinweg, daß die Nationalsozialisten diese Sektion zwar in ihrem Sinne umfunktionierten, ihr aber keine
für das Kulturleben des neuen Reiches entscheidenden Vollmachten verliehen.
Ja, für kurze Zeit hegte Joseph Goebbels sogar den Plan, die Preußische Akademie und damit auch die Sektion für Dichtkunst im Zuge völkischer Gleich-
schaltungsmaßnahmen einfach abzuschaffen. Doch dieser Plan wurde von
Hermann Göring, der als preußischer Ministerpräsident zugleich Protektor der
Akademie war, in letzter Minute vereitelt, um so dem Goebbelsschen Macht-
streben wenigstens auf diesem Sektor einen Riegel vorzuschieben.

Doch Goebbels hatte als Reichsminister für Volksaufklärung und Propaganda seinen Machtbereich ohnehin erweitert, indem er am 15. November
1933 im Großen Saal der Berliner Philharmonie unter Anwesenheit Hitlers jene
Reichskulturkammer ins Leben rief, die für eine „totale" Gleichschaltung aller
kulturellen Aktivitäten im neuen Reich sorgen sollte. Eine der sieben Kammern

dieser neuen Organisation war die Reichsschrifttumskammer (RSK). Ihre Leitung übertrug Goebbels erst Hans Friedrich Blunck und dann Hanns Johst. Zu den zentralen Aufgabenbereichen dieser Kammer gehörte nicht nur die Förderung einer dem neuen Regime dienlichen Gesinnung, sondern zugleich die strikte Überwachung sämtlicher Autoren, Verlage, Buchhandlungen und Büchereien. Alle, die in diesen Berufen tätig waren, mußten entweder Mitglieder der RSK werden oder erhielten Berufsverbot. In diesem Sinne war die Reichsschrifttumskammer ein auf das gesamte Reich ausgedehnter Dichter-, Verleger- und Buchhändler-Bund, den es in dieser Größe in Deutschland noch nie zuvor gegeben hatte. Im Jahr 1941 umfaßte er rund 30 000 Mitglieder, von denen etwa 5 000 Schriftsteller und Journalisten waren. Der Rest arbeitete entweder im Produktions- oder im Distributionssystem. Jeder Volksgenosse, der in die RSK aufgenommen werden wollte, mußte bei seinem Eintritt in diesen Verband nicht nur den obligaten Ariernachweis sowie eine Dokumentation seiner fachlichen Eignung und politischen Zuverlässigkeit liefern, sondern sich zugleich eine ständige Überwachung der von der Partei eingesetzten Spitzel und Denunzianten gefallen lassen.

Die zweite Kontrollinstanz für das gesamte Schrifttum im NS-Staat war die Reichsstelle für Förderung des deutschen Schrifttums unter der Leitung von Alfred Rosenberg, der 1928 den Kampfbund für deutsche Kultur gegründet hatte, dann die NS-Kulturgemeinde ins Leben rief und schließlich zum Beauftragten des Führers für die Überwachung der gesamten geistigen und weltanschaulichen Schulung und Erziehung der NSDAP aufstieg. In ständiger Konkurrenz mit Goebbels, die zum Teil scharfe Formen annahm, oblag Rosenberg die systematische Begutachtung aller Neuerscheinungen nach politischen, ästhetischen und nationalpädagogischen Gesichtspunkten. Die belletristischen Schriften wurden weitgehend vom Zentrallektorat im Amt Rosenberg überwacht, dessen Leiter Hellmuth Langenbucher war. 1939 bestand dieses Lektorat aus 50 Hauptlektoren, denen ein auf das gesamte Reich ausgedehnter Stab von über 1 400 weiteren Lektoren unterstand. Zugleich arbeitete die Rosenbergsche Reichsstelle für Förderung des deutschen Schrifttums eng mit der parteiamtlichen Prüfungskommission unter dem Vorsitz des Reichsleiters Philipp Bouhler zusammen, der ebenfalls über einen Stab weiterer Lektoren verfügte.

Obwohl es nach 1933 keine offizielle „Zensur" mehr gab, wie die verschiedenen NS-Größen aus taktischen Gründen mehrfach versicherten, wurde somit das gesamte im Dritten Reich erscheinende Schrifttum einer direkten und indirekten Kontrolle unterworfen, die zwar Ausflüchte in eine nichtfaschistische Literatur der sogenannten Inneren Emigration, aber keine offene Kritik am NS-Regime und seinen verschiedenen Organisationen duldete. Ja, das Dritte Reich gestattete seinen Verlegern sogar, ihre Verlage in eigener Verantwortung und persönlicher Profitnutzung weiterzuführen, um nicht den Anschein einer

Eröffnung der Ausstellung „Das politische Deutschland" in der Preußischen Staatsbibliothek durch Alfred Rosenberg, Wilhelm Frick und Hanns Johst am 21. November 1936

„bolschewistischen" Verstaatlichung zu erwecken. Aber letztlich waren sich alle Autoren und Verleger nach 1933 – schon durch ihre Zwangsmitgliedschaft in der Reichsschrifttumskammer – vollauf bewußt, einem sie alle umfassenden „Bund" anzugehören, gegen den zu opponieren sofort zu Berufsverbot, wenn nicht gar schlimmeren Maßnahmen geführt hätte. Also paßte sich die Mehrheit dieser beiden Berufsgruppen dem herrschenden System weitgehend an. Zugegeben, es gab auch Ausnahmen wie Werner Bergengruen, Kasimir Edschmid, Bernt von Heiseler, Elisabeth Langgässer, Ricarda Huch, Hermann Kasack, Erich Kästner, Jochen Klepper, Reinhold Schneider, Ehm Welk, Ernst Wiechert und schließlich sogar Gottfried Benn, die wegen widersetzlicher Äußerungen Vortrags-, Schreib- oder Druckverbot erhielten, wenn nicht gar zu Zwangsarbeit verurteilt wurden, doch die meisten stimmten mit den vom Regime propagierten Gesinnungen weitgehend überein. Sie hatten – als traditionsbewußte Bildungsbürger – schon während der Weimarer Republik alles Expressionistische, Dadaistische oder Sozialistische entschieden abgelehnt und mit deutschvölkischer Einstellung auf eine Wiederkehr der „guten, alten Zustände", das heißt eine Renaissance des klassisch-romantischen Zeitalters gehofft. Und diese

Chance sehen sie im Dritten Reich, das sich mit betont antirevolutionärer Gesinnung zu den Ewigkeitswerten der deutschen Kultur bekannte, endlich gegeben. Die literarischen Vertreter dieser Schicht, die den parlamentarischen Parteienhader sowie die in der Weimarer Republik angeblich einsetzende „Verniggerung und Verjudung" der deutschen Kultur zutiefst abgelehnt hatten, brauchten daher nach 1933 keineswegs gezwungen werden, für die NSDAP zu stimmen oder ihr als Mitglieder beizutreten. Sie taten dies freiwillig, ja zum größten Teil aus tiefster Überzeugung.

Dadurch wurde zwar die Reichsschrifttumskammer – schon wegen ihrer Größe – kein wirklicher Dichterbund, bildete aber doch einen organisatorischen und ideologischen Bezugsrahmen, den viele ihrer Mitglieder lebhaft begrüßten. Schließlich zwang sie diese Vereinigung nicht zu absoluter Konformität, sondern erlaubte ihnen auch Ausflüchte ins Religiöse, Mystische, Abendländisch-Humanistische, Ländlich-Idyllische usw. und gewährte ihnen dadurch – im Rahmen einer allgemeinen „völkischen Gesundung" – das Gefühl, weiterhin eigenverantwortliche, ja für die Gesamtheit der Nation wichtige Individuen zu sein. Es gab zwar auch blinde Fanatiker unter den Schriftstellern des neuen Regimes, die zumeist aus der Frontgeneration des Ersten Weltkriegs oder aus den Reihen der SA und der Hitler-Jugend stammten, welche sich an der „Kampffront" gegen die „jüdische Weltkultur" und den „geistvernichtenden Bolschewismus" als Mitglieder eines „völkischen Waffenbundes" fühlten[5], aber die Mehrheit der in den dreißiger und frühen vierziger Jahren in Deutschland publizierenden Autoren und Autorinnen schrieb nach 1933 einfach so weiter, wie sie es in rechtsliberaler oder nationalkonservativer Tradition gewohnt war, ohne sich dabei besonders „militant" vorzukommen.

Die nationalkonservativen Dichterbünde

Mit eigenen Satzungen auftretende Dichterbünde hätten die Nationalsozialisten nicht geduldet. In ihrem Reich, in dem der Gemeinschaftsgedanke im Vordergrund stehen sollte, mußten sich alle dem gleichen Willen fügen. Linksoppositionelle Schriftstellervereinigungen wie der Bund proletarisch-revolutionärer Schriftsteller wurden daher von den NS-Behörden schon im Frühjahr 1933 verboten. Doch auch deutschvölkischen Dichterbünden stand die NSDAP weitgehend ablehnend gegenüber, da sie in ihnen ideologische Rivalen witterte, die ihre kulturelle Gleichschaltungspolitik in Frage stellen könnten. Was es deshalb im Dritten Reich am Rande des offiziellen Literaturbetriebs an Dichterbünden gab, waren lediglich einige Splittergruppen, die zwar mit den nationalsozialistischen Grundgedanken einer „völkischen Gesundung" übereinstimmten, sich aber nicht von vornherein dem Diktat von Joseph Goebbels und seinen von ihnen als zu „vulgär" empfundenen Doktrinen fügen wollten.

Wohl die wichtigste dieser Gruppen war jene nationalkonservative Dichter-vereinigung, die sich bereits in den späten zwanziger Jahren unter der Schirm-herrschaft von Börries von Münchhausen zum Wartburgbund zusammenge-schlossen hatte. Nachdem sich dieser Bund, zu dem neben Münchhausen vor allem Paul Ernst, Hans Grimm, Erwin Guido Kolbenheyer, Wilhelm Schäfer, Hermann Stehr und Emil Strauß gehörten, schon einmal im Mai 1932 als Rosenritterschaft des deutschen Geistes auf der Wartburg getroffen hatte, ver-suchte er nach dem Machtantritt der Nationalsozialisten – in deutlicher Oppo-sition zu Joseph Goebbels – nicht nur die Sektion für Dichtkunst an der Preußi-schen Akademie der Künste unter seinen Einfluß zu bringen, sondern veran-staltete außerdem am 27. und 28. Mai 1933 ein zweites Treffen auf der Wart-burg, bei dem Paul Ernst, Erwin Guido Kolbenheyer, Heinrich Lilienfein und Hermann Stehr die Silberne Rose dieses Bundes überreicht wurde. 1934 trafen sich Binding, Grimm, Kolbenheyer, Münchhausen, Schäfer und Strauß zwar nicht auf der Wartburg, aber dafür in München, um dort ihr Vorgehen gegen den inzwischen zum Präsidenten der Reichsschrifttumskammer aufgerückten Hanns Johst zu besprechen und zugleich in einem Brief an den preußischen Kultusminister Bernhard Rust darauf zu dringen, daß ihnen im Rahmen der Akademie eine größere Autonomie eingeräumt werde.

Vom 31. August bis zum 2. September 1935 versammelte sich diese Gruppe erneut auf der Wartburg zum Rosenritterfest, wobei sich Münchhausen dage-gen verwahrte, auch jüngere nationalsozialische Heißsporne wie Heinrich Anacker, Baldur von Schirach oder Hans Zöberlein einzuladen. Münchhausen beteuerte zwar immer wieder, daß er in seinen Grundanschauungen mit den politischen Leitlinien des Dritten Reiches völlig übereinstimme, bevorzugte aber weiterhin die nationalkonservativen Autoren der Zeit vor 1933, deren Werke ihm wesentlich „tiefgründiger" erschienen. Er versuchte daher den thü-ringischen Staatsminister Fritz Wächtler mehrfach zu überreden, statt noch unbekannter junger Parteidichter lieber bereits renommierte ältere Dichter und Dichterinnen wie Paul Alverdes, Friedrich von Gagern, Friedrich Griese, Paula Grogger, Rudolf Huch, Isolde Kurz, Jakob Schaffner, Lulu von Strauß und Tor-ney oder Ernst Wiechert zu den vom Staat finanzierten Dichtertreffen auf der Wartburg einzuladen. Daß sich aus diesen gegensätzlichen Vorstellungen stän-dig neue Spannungen ergeben mußten, war kaum zu vermeiden. Schließlich war die NSDAP keineswegs gewillt, eine ihr nicht total botmäßige Schriftstel-lervereinigung anzuerkennen, ja sogar offiziell zu unterstützen. Nach ihrer Meinung sollten alle der auf der Wartburg tagenden Dichter und Dichterinnen das Parteiabzeichen, aber nicht eine Silberne Rose unter der Brusttasche ihres Sakkos oder am Kragen ihrer Bluse tragen.

Dichtertag auf der Wartburg (1933). Von links nach rechts: Leo Weismantel, Ludwig Finckh, Max Dreyer, Hanns Johst, Georg von der Gabelentz, Börries von Münchhausen, Hans Friedrich Blunck, Hans von der Gabelentz und Heinrich Lilienfein. Münchhausen und Lilienfein tragen als Auszeichnung die Silberne Wartburgrose

Doch Münchhausen versuchte sich immer wieder über diese Schwierigkeiten hinwegzusetzen. So wie er in den zwanziger Jahren in der Wartburg eine Trutz-burg gegen den undeutschen Geist der Weimarer Republik gesehen hatte, ver-stand er sie jetzt als eine nationalkonservative Ordensburg, auf der sich eine Dichterelite versammeln sollte, die sich zwar als Stütze der Partei verstand, aber zugleich den Anspruch erhob, die von ihr geschätzte NSDAP in leitender Funk-tion mitzubestimmen oder wenigstens mitzubeeinflussen. Demzufolge geriet Münchhausen mit seinem Wartburgbund immer stärker in einen unüberbrück-baren Widerspruch zu der auf strengster Gefolgschaftstreue aufgebauten NSDAP. Die Schwierigkeiten, die sich bereits 1935 bei der Auswahl der zum Wartburger Dichtertreffen geladenen Autoren ergeben hatten, wiederholten sich deshalb auch bei der Auswahl derjenigen Schriftsteller, die zu dem vom 28. bis 30. August 1936 stattfindenden Wartburgtreffen eingeladen wurden. 1937 fand daher kein weiteres Rosenfest auf der Wartburg statt. Statt dessen ver-suchte Münchhausen in diesem Jahr, seinen Einfluß innerhalb der Sektion für Dichtkunst an der Berliner Akademie auszudehnen, was ihm jedoch – trotz eines geschickt aufgesetzten Denkschreibens an Rust – mißlang. Noch schwie-

riger wurde die Situation für Münchhausen und den Burghauptmann Gabelentz, als ihnen Hans Friedrich Blunck am 18. Februar 1938 schrieb, die Dichtertreffen auf der Wartburg lieber einzustellen, da die „geistige Aufgabe des
Wartburg-Kreises" durch die Tätigkeit der Reichsschrifttumskammer inzwischen hinfällig geworden sei.[6]

Trotz dieser Enttäuschung hielt Münchhausen weiterhin hartnäckig an seiner Wartburg-Idee fest, statt sich in den Bereich der Inneren Emigration
zurückzuziehen. Allerdings wurde er darin von seinen früheren Freunden, die
genau spürten, woher der neue Wind wehte, kaum unterstützt. Auf einen Rund-
brief, den er im Frühjahr 1938 an die anderen Rosenritter abschickte, um sie in
dieser Situation um Rat zu bitten, antworteten ihm deshalb nur die Hälfte.
Aber auch mit Unterstützung seiner ehemaligen Freunde hätte Münchhausen
zu diesem Zeitpunkt bei der Partei nicht mehr viel durchsetzen können. Einen
Schlußstrich unter das Ganze setzte schließlich ein Bescheid des Reichspropa-
gandaamtes Thüringen, der Münchhausen die Abhaltung weiterer Dichtertage
auf der Wartburg untersagte, da Goebbels in dieser Hinsicht bereits andere
Pläne hege. Und diese Pläne setzte Letzterer auch rasch in die Tat um, indem er
im Herbst 1938 200 Autoren zum Ersten Großdeutschen Dichtertreffen nach
Weimar einlud, das dort am 29. und 30. Oktober mit festlichem Gepränge über
die Bühne ging. Wie vereinsamt und wohl auch eingeschüchtert sich Münchhausen durch parteiamtliche Aktivitäten dieser Art fühlte, geht aus seinen Briefen der folgenden Jahre nur allzu deutlich hervor. So beteuerte er etwa in seinem
Antwortschreiben an den Landeskulturwart von Thüringen, der ihm am 30.
März 1939 mitgeteilt hatte, daß in Zukunft – auf Anordnung des Staatsministers Joseph Goebbels – alle Dichterkreise zur Anmeldung und Registrierung
verpflichtet seien, wie sehr er die bestehenden Mißverständnisse bedaure. Als
satzungsgerechten Dichterbund, schrieb er hier, habe es den Wartburgbund nie
wirklich gegeben. Genauer besehen, könne man dem Ganzen lediglich den
Charakter freundschaftlich-gesellige Begegnungen zusprechen. Und damit
hatte dieser Dichterbund, der ursprünglich wesentlich mehr als ein geselliger
Klub sein sollte, endgültig zu existieren aufgehört.

Wie aus den von Goebbels angeforderten Anmeldeformularen hervorgeht,
gab es zu diesem Zeitpunkt – neben dem Wartburgbund – noch acht weitere
nationalsozialistische oder nationalkonservative Dichterkreise im Dritten
Reich: den Eutiner Dichterkreis, den Schwäbischen Dichterkreis, den Dobera-
ner Dichtertag, die Gubener Mannschaft, das Lippoldsberger Dichtertreffen,
das Bamberger Dichtertreffen, das Nordisch-Deutsche Schriftstellerhaus in
Travemünde und das Mainfränkische Dichtertreffen. Als eindeutig „nationalkonservativ" lassen sich von den Aktionen dieser Gruppen wohl am ehesten die
von Hans Grimm veranstalteten Lippoldsberger Dichtertage bezeichnen. Das
erste dieser Treffen, zu dem Grimm als Vortragende Paul Alverdes, Werner Beu-

melburg, Walter Julius Bloem, Joachim von der Goltz und Ernst von Salomon einlud, fand 1934 statt. Bei den folgenden Tagungen, die 1935, 1937, 1938 und 1939 stets Anfang Juli abgehalten wurden, lasen – neben den bereits Genannten – vor allem Rudolf G. Binding, Hans Carossa, Hermann Claudius, Joachim von der Goltz, Karl Benno von Mechow und August Winnig aus ihren in Arbeit befindlichen Werken vor. Neben Grimm waren die Hauptträger dieser Dichtertage eine Reihe ehemaliger Führer der Bündischen Jugend, der Kasseler Bärenreiter-Verlag unter Karl Vötterle, einige Landschulheimlehrer aus dem Solling, der Göttinger Pädagogikprofessor Herman Nohl sowie die Akademische Orchestervereinigung Göttingen, welche die dortigen Lesungen mit Werken von Heinrich Schütz, Leonhard Lechner, Georg Friedrich Händel und Johann Sebastian Bach umrahmte.

Hakenkreuzfahnen oder Ergebenheitsadressen an Hitler waren bei diesen Treffen ausdrücklich verpönt. In Lippoldsberg herrschte eine „völkische" Gesinnung wesentlich älterer Art, die sich in einem nationalkonservativen Sinne als idealistisch-kulturell verstand. Die hier Auftretenden bezeichneten sich nicht als Nationalsozialisten, sondern als deutschempfindende „Werkleute des Wortes und der Musik", welche im Frontgeist des Ersten Weltkrieges noch immer den Ausdruck einer weltballumspannenden „Kulturmission" des deutschen Volkes sahen, wie es in ihren programmatischen Verlautbarungen heißt.[7] Bei den abendlichen Gesprächen im kleinen Kreis herrschte deshalb in Lippoldsberg fast der gleiche konspirative Ton wie bei den Treffen der Rosenritter des Wartburgbundes. Beide stimmten zwar mit vielen Maßnahmen der Nationalsozialisten weitgehend überein, verlangten jedoch, auf literarischem Gebiet als die eigentlichen Leitfiguren der „völkischen Gesundung" anerkannt zu werden. Aber mit diesem Anspruch stießen sie bei Goebbels, der sich als die höchste Instanz in allen kulturellen Fragen des Dritten Reiches empfand, auf keine Gegenliebe. Als Propagandaminister und Leiter der Reichskulturkammer war er keineswegs gewillt, sich nach 1934/35, als sich das neue Regime endgültig konsolidiert hatte, weiterhin von den „alten Herren" der völkischen Bewegung bevormunden zu lassen. Deshalb suchte er sich seine Bündnispartner nach diesem Zeitpunkt lieber unter Gleichaltrigen oder Jüngeren, die er in ihm ergebene Gefolgsleute ummodeln konnte, während er die Älteren zwar zum Teil weitermachen ließ, aber ins kulturpolitische Abseits drängte.

Noch schwieriger hatte es demzufolge jener Kreis, der sich seit 1930 in Berlin um den von Edwin Landau und Wolfgang Frommel gegründeten Verlag Die Runde scharte und weitgehend aus ehrgeizigen Anhängern des George-Kreises bestand. Die NS-Behörden, die zwar die jüdischen Schüler Georges scharf ablehnten, jedoch George sowie seine nichtjüdischen Anhänger, wie etwa Ernst Bertram, wegen ihrer nationalkonservativen Gesinnung anfänglich sehr hochschätzten, ließen darum diesen Kreis nach 1933 eine Weile relativ ungeschoren.

Jedoch schon im Sommer 1934 begannen sie, Die Runde insgeheim zu überwachen. Da ihnen das elitäre Gehabe mancher Mitglieder dieses Kreises ebensowenig zusagte wie die aristokratische Attitüde der Rosenritter des Wartburgbundes, wurden nach 1935 mehrere Schriften dieses Verlages von den zuständigen Stellen abgelehnt. Ja, ab 1939 wurde Die Runde von der offiziellen Papierzuteilung ausgeschlossen und damit zur Stillegung gezwungen. Wolfgang Frommel ging daraufhin nach Amsterdam, wo er Kontakte zu den aus Deutschland geflohenen George-Jüngern aufnahm und kurz nach Kriegsende die Zeitschrift *Castrum peregrini* gründete, die schnell zu einem Sammelpunkt vieler in die gesamte Welt verstreuten George-Anhänger und ihrer Schüler wurde.

Dagegen läßt sich die Dichtergruppe, die zwischen 1929 und 1932 in der von Martin Raschke herausgegebenen Zeitschrift *Die Kolonne* publiziert hatte und auch nach 1933 weiterhin enge persönliche Kontakte aufrechterhielt, trotz ihrer eher rückwärtsgewandten als bürgerlich-liberalen Grundstimmung nicht als Teil der nationalkonservativen Bewegung charakterisieren. Zu ihr gehörten vor allem Lyriker wie Günter Eich, Rudolf Hagelstange, Peter Huchel, Karl Krolow, Friedo Lampe, Wilhelm Lehmann und Oskar Loerke, deren unterm Faschismus geschriebene Werke eindeutig in den Bereich einer naturlyristisch gefärbten Inneren Emigration gehören. Da sich diese Gruppe in der Weimarer Republik gegen alle expressionistischen oder linkspolitischen Tendenzen gewandt hatte, galt sie bei den NS-Behörden als „unverdächtig", obwohl sie ihre betont unpolitische Haltung auch nach 1933 nicht aufgab und sich keineswegs für die nationalsozialistische Ideologie stark machte, sondern weiterhin eine Lyrik pflegte, die sich in die Romantik-, Rilke- oder George-Tradition einzureihen versuchte.

Die Prager Gruppen

Wer gehofft hatte, daß sich die aus Deutschland Vertriebenen im Exil zu einer antifaschistischen Front zusammenschließen würden, sah sich bald getäuscht. Dazu waren diese Gruppen gesellschaftlich und ideologisch viel zu uneinheitlich. „Emigrant und Emigrant, das war von Anfang an durchaus nicht dasselbe", schrieb Wolf Franck 1935 in seinem *Führer durch die deutsche Exilliteratur*, „die Geschäftsleute wollten nichts von den Politikern wissen, die Sozialdemokraten nichts von den Kommunisten, die mit Beziehungen Versehenen schon gar nichts von ihren armen Schicksalsgenossen."[8] Deshalb blieb auch die Exilliteratur in den folgenden Jahren recht „zerklüftet".[9] Auf ihre politische Einstellung befragt, hatten Thomas Mann und Bertolt Brecht, Franz Werfel und Willi Bredel, Alfred Döblin und Anna Seghers, Max Hermann-Neiße und Erich

Weinert, Annette Kolb und Lily Körber oder Richard Beer-Hofmann und
Johannes R. Becher kaum irgendwelche Gemeinsamkeiten. Sogar der Antifaschismus reichte als Solidarisierungsbasis manchmal nicht aus. Schließlich gab
es im Exil einige Schriftsteller wie Bernard von Brentano und Ernst Glaeser, die
sich nicht einmal in diesem Punkt ganz eindeutig verhielten. Es wäre daher
unangemessen, im Hinblick auf diese Autoren und Autorinnen von einer
geschlossenen antifaschistischen oder humanistischen Front zu sprechen, wie
das auf liberaler Seite manchmal geschehen ist. Auch Zweiteilungen in eine
„streitbare" und eine „resignierende" Exilliteratur sowie eine „nazistische
Sklavenliteratur" und eine „gute deutsche Literatur drinnen und draußen"
erweisen sich bei genauerem Zusehen als viel zu grobschlächtig.[10]
  Lediglich die von den Nationalsozialisten besonders aggressiv verfolgten
kommunistischen Autoren und Autorinnen schlossen sich von Anfang an zu
Gruppen oder Bünden zusammen. Während sich viele der bürgerlichen Liberalen im Exil ins Unpolitische zurückzogen und sich auf eigene Faust durchzu-
schlagen versuchten, gab das linke Lager, trotz der Härte der gegen es ange-
wandten Maßnahmen keineswegs sofort auf. Am schwersten hatte es der Bund
proletarisch-revolutionärer Schriftsteller nach dem 30. Januar 1933. Fast der
gesamte Bundesvorstand, darunter Johannes R. Becher, mußte in den folgenden
Tagen Deutschland fluchtartig verlassen. Wer sich nicht früh genug ins Ausland
absetzte, wurde wie Willi Bredel, Klaus Neukrantz, Wolfgang Langhoff und
Ludwig Renn von den Nationalsozialisten verhaftet und eingekerkert. Dennoch arbeiteten einige Ortsgruppen des BPRS – vor allem in Berlin, Breslau,
Görlitz, Hamburg, Magdeburg, Oldenburg und Stettin – illegal weiter. Die
größte und aktivste dieser Gruppen war die in Berlin unter der Leitung von Jan
Petersen. Zu ihr gehörten Elfriede Brüning, Werner Ilberg, Louis Kaufmann,
Erich Lodemann, Karl Maron, Trude Richter, Kurt Steffen, Walter Stolle und
Berta Waterstradt, welche bis 1935 die auf Schreibmaschinenpapier getippte
und dann fotokopierte Zeitschrift *Hieb und Stich* herstellten und im linken
Untergrund verteilten.
  Obwohl der BPRS seine Tätigkeit vor allem auf Deutschland konzentrierte,
unterhielt er auch Beziehungen zu einigen BPRS-Gruppen im Ausland. In der
Tschechoslowakei war es Ernst Ottwalt, der sich um Kontakte zum innerdeut-
schen BPRS bemühte und die ihm durch einen illegalen Kurierdienst zugeleite-
ten Texte – meist Flugblattgedichte, Kurzgeschichten oder Reportagen – an die
von Wieland Herzfelde, Oskar Maria Graf und Anna Seghers in Prag herausgegebenen *Neuen deutschen Blätter* weitervermittelte, die zwischen 1933 und
1935 60 solcher Texte aus dem Reich unter fingierten Autorennamen abdruck-
ten und zeitweilig eine Auflagenhöhe von 7000 Exemplaren pro Heft erreichten. In Paris war es Oto Bihalji-Merin, der als Verbindungsmann zu den deutschen BPRS-Gruppen fungierte. Doch solche Kontakte wie auch die Aktivitä-

ten des BPRS im deutschen Untergrund wurden im Laufe der Zeit – wegen der sich verschärfenden Überwachung von seiten der NS-Behörden – immer gefährlicher. Daher floh selbst Jan Petersen, der aktivste Autor innerhalb dieser Gruppen, 1935 ins Exil. Im Oktober des gleichen Jahres wurden zwölf Mitglieder des illegalen BPRS von den Nationalsozialisten verhaftet und zum Teil zu langjährigen Freiheitsstrafen verurteilt. Angesichts dieser Situation stellten die Restgruppen des BPRS ihre Widerstandsaktivitäten in Deutschland allmählich ein.

Dafür gingen die in die Tschechoslowakei geflohenen kommunistischen Autoren und Autorinnen um so tatkräftiger an den Neuaufbau des BPRS. Zu ihnen gehörten – neben Wieland Herzfelde – vor allem Willi Bredel, Fritz Erpenbeck, Louis Fürnberg, Oskar Maria Graf, Stefan Heym, Jan Koplowitz, Ernst Ottwalt, Adam Scharrer, Alex Wedding, Franz Carl Weiskopf, Johannes Wüsten, Hedda Zinner, Max Zimmering sowie mehrere der früheren Arbeiterkorrespondenten, die nicht nur Kontakte mit den in Berlin verbliebenen BPRS-Mitgliedern, sondern auch zur deutschsprachigen Gruppe des Schriftstellerverbandes der KPTsch aufnahmen, der unter anderem Egon Erwin Kisch angehörte, während sie sich von den rechtsliberalen, nationalkonservativen und nationalsozialistischen Autoren des sudetendeutschen Schriftstellerverbandes scharf absetzten. Um so enger arbeitete diese Gruppe mit Elli Schließer, einem ehemaligen Mitglied der Berliner Agitationsgruppe Das Rote Sprachrohr zusammen, die im Frühjahr 1935 mit Max Vallentin und Amy Frank in Prag eine Theaterorganisation gründete, die sich nach Hans Otto, einem von den Nationalsozialisten ermordeten kommunistischen Berliner Schauspieler und Bühnenbildner, Hans-Otto-Klub nannte. Dieser Klub veranstaltete nicht nur Theateraufführungen, sondern unterstützte auch antifaschistische Publikationen und Manifeste, wobei er sich auf eine – in Zusammenarbeit mit dem Prager Volkstheater – neu aufgebaute Besucherorganisation stützte und zugleich Zweigstellen in Mährisch-Ostrau und Brünn einrichtete.

Neben der Gruppe um die *Neuen deutschen Blätter*, dem Prager BPRS sowie dem Hans-Otto-Klub existierte in Prag zur gleichen Zeit, wenn auch mitgliedsmäßig zum Teil identisch mit ihnen, noch eine weitere Gruppe linker Exilschriftsteller und -schriftstellerinnen, die sich Bert-Brecht-Klub nannte. Dieser Klub wurde am 16. Oktober 1934 – im Zusammenhang der ideologischen Umorientierung der Moskauer Internationalen Vereinigung revolutionärer Schriftsteller – aus einer proletarisch ausgerichteten Kampfgruppe in eine auch humanistische und linksbürgerliche Autoren einschließende Organisation umgewandelt, die nicht nur eine größere Bündnisbereitschaft, sondern auch eine höhere literarische Qualität anstrebte. Im Gefolge dieser politischen Richtungsänderung forderte Johannes R. Becher die Mitglieder der Prager Exilgruppen auf, Literatur in Zukunft nicht mehr als „Angelegenheit irgendeiner

Unterabteilung der Abteilung Agitprop", also als „politische Tagesdichtung" zu betrachten und sich statt dessen um eine den Werken der kritischen Realisten unter den bürgerlichen Schriftstellern angenäherte literarische Qualität zu bemühen.

Brecht, der zu diesem Zeitpunkt auf Fünen in Dänemark saß, hatte mit dem Ganzen persönlich nichts zu tun. Dieser Bund nannte sich lediglich nach ihm, weil er zur literarischen Prominenz der linken Autoren gehörte und außerdem seine *Dreigroschenoper* 1934 im Prager Burian-Theater einen geradezu sensationellen Erfolg hatte. Zu den wichtigsten Mitgliedern dieses Klubs, der bei den Prager Behörden als „unpolitischer Sportverein" zugelassen war, gehörten Theodor Balck, Kurt Barthel (Kuba), Ernst Bloch, Hermann Budzislawski, Fritz Erpenbeck, Bruno Frei, Rudolf Fuchs, Louis Fürnberg, Oskar Maria Graf, Wieland Herzfelde, Kurt Hiller, Werner Ilberg, Kurt Kersten, Egon Erwin Kisch, Ernst Ottwalt, Paul Reimann, Alex Wedding, Franz Carl Weiskopf, Josef Winternitz, Johannes Wüsten, Max Zimmering und Hedda Zinner, die zum Teil gute Beziehungen zur Parteiführung der KPTsch und zu linksorientierten tschechoslowakischen Schriftstellern wie Julius Fucik unterhielten. Ebenso enge Kontakte bildeten sich zwischen einzelnen Mitgliedern dieses Klubs und in Prag ansässigen deutschsprachigen Autoren wie Max Brod, Oskar Baum und Otto Pick heraus.

Der Bert-Brecht-Klub veranstaltete in Prag und anderen Städten der Tschechoslowskei zahlreiche Lesungen und regte zugleich – meist im Anschluß an solche Lesungen – literarische und politische Diskussionen an. Dabei wurden vor allem Werke von Johannes R. Becher, Bertolt Brecht, Lion Feuchtwanger, Egon Erwin Kisch, Heinrich Mann, Thomas Mann, Erich Mühsam und Ludwig Renn vorgestellt, aber auch – im Sinne der neuen, zugleich das Kulturelle Erbe betonenden Volksfrontpolitik – Gedenkveranstaltungen für große deutsche Dichter der Vergangenheit wie Ludwig Börne, Georg Büchner und Friedrich Hölderlin abgehalten. Außerdem arbeitete dieser Klub literarisch und politisch eng mit der tschechoslowakischen Schriftstellerorganisation Linksfront zusammen, die einen ähnlichen Kurs vertrat, wodurch er – trotz ständiger Überwachung durch die staatlichen Behörden – eine relativ große Breitenwirkung entfalten konnte. Und so blieb der von den Exilgruppen ausgehende antifaschistische Widerstandswille wenigstens bis zur nationalsozialistischen Gleichschaltung der Tschechoslowakei in den Jahren 1938 und 1939 erhalten. Danach mußten sich allerdings auch die nach Prag oder Brünn geflohenen Exilautoren nach anderen Zufluchtsorten umsehen.

Die beiden deutschen PEN-Sektionen

Als der PEN-Club, der sich zu den Prinzipien der Meinungsfreiheit und Völkerverständigung bekannte, seinen 11. Internationalen Kongreß im Frühjahr 1933 nach Ragusa in Jugoslawien einberief, mußte es im Hinblick auf die Zusammensetzung der deutschen Sektion notwendig zu scharfen Auseinandersetzungen kommen. Schließlich war diese Sektion nach dem 30. Januar 1933 von den Nationalsozialisten ebenso scharf „gesäubert" worden wie der Schutzverband deutscher Schriftsteller und die Sektion für Dichtkunst an der Preußischen Akademie der Künste zu Berlin. Schon am 17. März warf ihr der Nationalsozialist Carl Haensel in der *Deutschen Allgemeinen Zeitung* vor, den „Verständigungsgedanken" dieser Organisation in einem artvergessenen Sinne mißverstanden, das heißt das deutsche Element weitgehend einer landesverräterischen Europäisierung geopfert zu haben. Die für den 9. April in Berlin angesetzte Vollversammlung der deutschen PEN-Sektion, an der weder Alfred Kerr, ihr Vorsitzender, noch Thomas Mann, Ernst Toller und Alfred Döblin teilnehmen konnten, die sich zu diesem Zeitpunkt bereits im Exil befanden, wurde daher von den Nationalsozialisten, die auf einer Zuwahl neuer Mitglieder bestanden, mittendrin abgebrochen. Kurz darauf ernannten die NS-Behörden einen ihrer ergebensten Anhänger, nämlich Heinrich Hinkel, den neuberufenen Staatskommissar im preußischen Kulturministerium, zum neuen Vorsitzenden der deutschen PEN-Sektion und stellten ihm als weitere Vorstandsmitglieder bewährte Parteigänger wie Arnolt Bronnen, Hanns Martin Elster, Hanns Johst, Franz Schauwecker, Baldur von Schirach, Edgar von Schmidt-Pauli, Heinz Steguweit und Götz Otto Stoffregen zur Seite. Hinkel fuhr daraufhin mit Elster und Schmidt-Pauli als offizieller Führer der von den Nationalsozialisten gleichgeschalteten deutschen PEN-Club-Sektion zu der vom 25. bis 28. Mai 1933 stattfindenden Konferenz in Ragusa, um dort die neue deutsche Literaturpolitik in einem möglichst positiven Licht darzustellen und somit internationale Symphatien für das Dritte Reich zu erwecken.

Allerdings hatte die NS-Delegation – im Vertrauen auf die „westliche" Anerkennung des Hitler-Regimes – nicht damit gerechnet, daß auf dieser Tagung auch der aus Deutschland vertriebene PEN-Vertreter Ernst Toller auftreten würde, um sich gegen die faule Appeasement-Politik der meisten westlichen Staaten zu wenden und der neuen deutschen PEN-Club-Sektion das Recht abzusprechen, sich als offizielle Vertretung aller deutschen Schriftsteller auszugeben. Die NS-Delegation verließ daher kurz vor seiner Rede empört den Saal. Was Toller den Nationalsozialisten vorwarf, war vor allem folgendes: 1. zehn Autoren aus der deutschen Sektion des PEN-Clubs ausgestoßen zu haben, weil sie „kommunistischen", sprich: antifaschistischen Gesinnungen nahestünden, 2. Schriftsteller wie Hermann Duncker, Carl von Ossietzky, Erich Mühsam,

Ludwig Renn und Karl August Wittfogel ins Gefängnis geworfen zu haben, 3. am 10. Mai, also vor gut zwei Wochen, voller Genugtuung zugesehen zu haben, wie fanatisierte NS-Studenten die Werke weltberühmter Autoren öffentlich verbrannt hätten, und 4. zum Schriftführer der deutschen PEN-Club-Sektion jenen „Herrn Johann von Leers" ernannt zu haben, der in seinem Buch *Juden sehen Dich an* unter die Bilder von Albert Einstein, Theodor Lessing und Emil Ludwig das Wort „ungehängt" gesetzt habe.[12] Obwohl Herbert George Wells, der als Präsident des Internationalen PEN-Clubs diese Veranstaltung leitete, den Aufruhr, den Tollers Anklagen auslösten, mit britischer Fair-Play-Attitüde wieder zu glätten versuchte, hinterließ diese Rede, bei der – außer den Vertretern des Dritten Reichs – auch die österreichischen, niederländischen und Schweizer Delegierten zeitweilig den Saal verließen, dennoch einen tiefen Eindruck. Eine Resolution, welche die Maßnahmen des NS-Regimes gegen ihm unliebsame Autoren verurteilte, erhielt daher immerhin 12 „Ja"-Stimmen, während nur 2 Delegierte dagegen stimmten und sich 14 der Stimme enthielten, da sie im Prinzip gegen jede Einmischung des PEN-Clubs in Fragen der Politik waren.

In Berlin zog man aus diesen Vorkommnissen folgende Konsequenzen. Nachdem die NS-Regierung am 19. Oktober ihren Austritt aus dem Völkerbund erklärt hatte, trat auch die NS-Sektion des PEN-Clubs aus dem Internationalen PEN-Club aus. Als Anlaß dazu benutzte sie die am 8. November 1933 von einer Londoner Exilgruppe aufgestellte Forderung, daß die deutsche PEN-Club-Sektion in Zukunft neben nationalsozialistischen auch kommunistische Autoren aufweisen müsse, um wirklich im Namen des gesamten deutschen Schrifttums sprechen zu können. Das bedeutete notwendigerweise das Ende der deutschen PEN-Club-Sektion in ihrer bisherigen Form, da man in London genau wußte, daß die Nationalsozialisten auf eine solche Forderung nicht eingehen würden. Als Gegenorganisation zum PEN-Club gründeten darauf die Nationalsozialisten einen neuen Autorenverband, der sich Union nationaler Schriftsteller nannte und dessen Vorsitz Hanns Johst übernahm. In den Gründungsausschuß dieses Verbandes wurden außerdem der Präsident der Reichsschrifttumskammer Hans Friedrich Blunck sowie Werner Beumelburg und Gottfried Benn berufen. Diese Union wandte sich in ihrem Aufruf *An die Schriftsteller aller Länder!*, der am 1. März 1934 im *Völkischen Beobachter* erschien und von Johst als Präsidenten und Benn als Vizepräsidenten unterzeichnet war, an die „nationalbewußten" Autoren innerhalb und außerhalb Deutschlands, sich am „Aufbau einer neuen menschlichen Gemeinschaft" zu beteiligen, bei welcher der „Ehrbegriff" der einzelnen Völker nicht einem unbestimmten Internationalismus geopfert werden dürfe.

In London hatten inzwischen Lion Feuchtwanger, Max Herrmann-Neiße, Rudolf Olden und Ernst Toller am 28. Dezember 1933 ein Rundschreiben an die wichtigsten Exilschriftsteller verfaßt, in dem sie diese aufforderten, unverzüglich der von ihnen ins Auge gefaßten PEN-Club-Sektion aller aus Deutschland vertriebenen Autoren beizutreten. Zum Präsidenten dieser Sektion wurde Heinrich Mann, zu ihrem Schriftführer Rudolf Olden ernannt. Zu den 30 Gründungsmitgliedern gehörten unter anderen Johannes R. Becher, Bertolt Brecht, Lion Feuchtwanger, Leonhard Frank, Max Hermann-Neiße, Arthur Holitscher, Alfred Kerr, Emil Ludwig, Heinrich Mann, Klaus Mann, Rudolf Olden, Ernst Toller und Arnold Zweig.[13] Diese neue PEN-Sektion wurde vom Internationalen PEN-Club offiziell anerkannt und eingeladen, zu dem vom 17. bis 21. Juni 1934 in Edinburgh tagenden 12. Internationalen PEN-Kongreß zwei Delegierte zu senden. Neben Olden trat hier wiederum Toller auf, der sich nochmals in einer erregten Rede gegen die nationalsozialistische Literaturpolitik wandte und eine Resolution für die Freilassung der aus politischen Gründen in Deutschland eingekerkerten Autoren einbrachte, gegen die lediglich der Schweizer Delegierte Peter Meyer sein Veto einlegte.

An der 13. Internationalen PEN-Club-Tagung, die ein Jahr später in Barcelona tagte, nahm als einziger deutscher Delegierter Klaus Mann teil, der sich abermals für die in Deutschland eingekerkerten Schriftsteller einzusetzen versuchte. Ihm trat jedoch auf dieser Tagung Herbert George Wells entgegen, der die versammelten Delegierten ausdrücklich davor warnte, den Internationalen PEN-Club nicht in einen Klub der Linken umzufunktionieren, da die größere Gefahr für die Freiheit heute von den Kommunisten und nicht von den Faschisten ausgehe. 1936 reiste zum 14. Kongreß des PEN-Clubs in Buenos Aires, bei dem sich die Mehrheit wiederum zu einem unpolitisch-elitären Humanismus bekannte, von den deutschen Autoren lediglich Emil Ludwig an. Die gleiche Einstellung zu ideologischen Fragen herrschte auf dem 15. Kongreß des Internationalen PEN-Clubs in Paris. Auch hier versuchten Delegierte wie Jules Romains und Stefan Zweig das „Politische" – trotz der Schrecken des Spanienkriegs – aus den stattfindenden Debatten möglichst herauszuhalten, um das „humanitäre Erbe" nicht den „nationalen Leidenschaften" auszuliefern.[14] Da Paris zu den Hauptstädten des deutschen Exils gehörte, war die Beteiligung der deutschen Schriftsteller und Schriftstellerinnnen, darunter Ernst Feder, Lion Feuchtwanger, Bruno Frei, Hermann Kesten, Egon Erwin Kisch, Leo Lania, Hubertus zu Löwenstein, Rudolf Olden, Ludwig Renn, Bruno Schönlank und Anna Seghers, an dieser Tagung besonders groß. Eine der wenigen politischen Reden, die von der Kongreßleitung zugelassen wurden, hielt diesmal Feuchtwanger, der sich für den Friedensnobelpreisträger Carl von Ossietzky einsetzte, welcher noch immer in einer von der NSDAP überwachten Heilanstalt festgehalten werde.

Danach überstürzten sich die Ereignisse nicht nur an der politischen, sondern auch an der literarischen Front. Nachdem im März 1938 Adolf Hitler die Annexion Österreichs befahl, wurde eine weitere Gruppe deutschsprachiger Schriftsteller ins Exil gezwungen, die in London – neben der deutschen PEN-Club-Sektion – eine österreichische PEN-Club-Sektion gründete, als deren Vorsitzender Franz Werfel fungierte, während Robert Neumann die Geschäftsführung übernahm. Für den 16. Kongreß des Internationalen PEN-Clubs, der vom 26. bis 30. Juni 1938 in Prag stattfand, war es – wegen der bedrängten Situation der Tschechoslowakei – schwer, überhaupt noch deutsche Delegierte zu finden. Obwohl das Programmkomitee scheinbar unverfängliche Themen wie „Hohe und populäre Literatur", „Kinderliteratur" sowie „Die Literatur und ihre Vermittlung in den Medien" auf die Tagesordnung gesetzt hatte, ließ sich diesmal das Politische nicht mehr so glatt verdrängen wie auf manchen früheren Tagungen des PEN-Clubs, wofür unter anderem Oskar Maria Graf und Wieland Herzfelde, die zwei Delegierten der deutschen PEN-Sektion, sorgten. Das gleiche gilt für den Weltkongreß der Schriftsteller, den der Internationale PEN-Club vom 8. bis 10. Mai 1939 – aus Anlaß der dortigen Weltausstellung – in New York abhielt. Hier setzte sich vor allem Dorothy Thompson vom amerikanischen PEN-Club in Zusammenarbeit mit der American Guild for German Cultural Freedom dafür ein, die literarische Welt endlich auf das mörderische Wesen des deutschen Faschismus aufmerksam zu machen und diesem die „alte Kultur des wahren Deutschland", nämlich die Welt des deutschen Idealismus und der deutschen Klassik, entgegenzustellen. Sie wurde darin vor allem von Thomas Mann unterstützt, der eine der Hauptreden auf dieser Tagung hielt. Doch nicht nur er, selbst der inzwischen zum Antifaschisten gewordene PEN-Club-Präsident Jules Romains rief auf diesem Kongreß die versammelten Delegierten auf, ihren Elfenbeinturm zu verlassen und sich zugunsten der Verteidigung der Demokratie aktiv in die Politik einzumischen. Von den deutschen Autoren sekundierten ihn hierbei vor allem Ferdinand Bruckner, Klaus Mann, Ernst Toller und Arnold Zweig, von denen einige anschließend sogar von Eleanor und Franklin Delano Roosevelt im Weißen Haus in Washington empfangen wurden, um sie in ihrem kämpferischen Engagement für die Freiheit der westlichen Welt zu bestärken.

Der Schutzverband deutscher Schriftsteller in Paris

Im Gegensatz zum Internationalen PEN-Club entschied sich der Schutzverband deutscher Schriftsteller, der sich nach seinem Verbot durch die Nationalsozialisten im Frühjahr 1933 in Paris neu konstituierte, von Anfang an zu einem klaren antifaschistischen Kurs. Die erste Anregung zu seiner Neugründung ging von Rudolf Leonhard aus. Seinem vorbereitenden Komitee gehörten unter anderem Alfred Kurella, Gustav Regler, Anna Seghers und Ludwig Marcuse,

also drei Kommunisten und ein Liberaler, an. Ihre erste Stellungnahme gab
diese Gruppe im Mai 1933 anläßlich der Tagung des Internationalen PEN-
Clubs in Ragusa ab, als sie – wie Ernst Toller – der NS-Delegation das Recht
absprach, im Namen des gesamten deutschen Schrifttums aufzutreten. Zum
geschäftsführenden Vorsitzenden der Pariser Ortsgruppe wurde Rudolf Leonhard gewählt. Sein Stellvertreter war anfangs Alfred Kurella, später Egon Erwin
Kisch. Den Posten des Sekretärs übernahm David Luschnat. Bereits im Juni
1933 hielt diese Gruppe in Paris antifaschistische Versammlungen ab, auf
denen neben Klaus Mann und Egon Erwin Kisch auch Henri Barbusse und Paul
Nizan Reden hielten. Die offizielle Gründungsversammlung des neuen Schutzverbandes deutscher Schriftsteller, bei dem das Wort „Schutz" einen wesentlich
konkreteren Charakter annahm als in den zwanziger Jahren, fand am 30.
Oktober des gleichen Jahres in Paris statt, auf der ein „Programm zum Aufbau
einer Gesamtorganisation aller nichtgleichgeschalteten deutschen Schriftsteller" ausgearbeitet wurde. Obwohl die Pariser Sektion mit ihren 150 Mitgliedern allgemein als die Zentrale des neuen SDS anerkannt wurde, kam es 1936
in Brüssel, 1938 in New York und 1939 in London zur Gründung weiterer solcher Schutzverbände, in denen aus Deutschland vertriebene Schriftsteller und
Schriftstellerinnen einen ideologischen Rückhalt zu finden versuchten.

In Paris stellten zu Anfang die Kommunisten – meist ehemalige Mitglieder
der Berliner Ortsgruppe des SDS oder Angehörige der Pariser Zelle des BPRS –
die stärkste Fraktion. Im Zuge der auch humanistischen oder linksbürgerlichen
Autoren die gebührende Reverenz erweisenden Volksfrontpolitik, die im
Herbst 1934 einsetzte, gewannen allerdings auch Autoren wie Lion Feucht-
wanger und Heinrich Mann einen erheblichen Einfluß auf diesen Verband.
Obwohl Kommunisten wie Johannes R. Becher, Alfred Kantorowicz, Egon
Erwin Kisch und Anna Seghers weiterhin im Vorstand blieben, wurde Heinrich
Mann die Ehrenpräsidentschaft des SDS angetragen. Diese Allianz erwies sich
jahrelang als äußerst stabil. So stand etwa die Haupttagung des Pariser SDS im
Januar 1935 völlig im Zeichen der auch von den Kommunisten voll unterstützten Volksfrontpolitik. Zu ideologischen Krisen innerhalb dieser Organisation
kam es erst, als in Frankreich die Volksfrontregierung unter Léon Blum zurück-
treten mußte, der Spanienkrieg ausbrach, die Moskauer Schauprozesse begannen und sich daraufhin in Paris der antikommunistische Bund Freie Presse und
Literatur. Verband deutscher unabhängiger Schriftsteller und Journalisten im
Exil bildete, zu dem vor allem Hermann Kesten, Annette Kolb, Ludwig Marcuse, Walter Mehring, Joseph Roth und Leopold Schwarzschild gehörten und
dessen Vorsitz Konrad Heiden übernahm. Dennoch löste sich die Pariser Sektion des SDS nicht auf und blieb unter wechselnden Vorständen und der aktiven Mitarbeit von Willi Bredel, Hermann Budzislawski, Wolf Franck, Bruno
Frei, Egon Erwin Kisch, Hans Marchwitza, Anna Seghers, Paul Westheim,

Arnold Zweig und vielen anderen solange tätig, bis sie im Herbst 1939 – nach Kriegsbeginn – von den französischen Behörden als „Sowjetagentur" verboten wurde.

Die politischen und literarischen Aktivitäten der Pariser Ortsgruppe des SDS waren höchst beachtlich. Sie versuchte nicht nur durch Vortrags- und Diskussionsabende, sondern auch durch Solidaritätsveranstaltungen für in Deutschland eingekerkerte Autoren wie Erich Mühsam, Carl von Ossietzky und Ludwig Renn die Aufmerksamkeit der französischen Öffentlichkeit auf das Horrorregime der deutschen Nationalsozialisten zu lenken. Außerdem gab sie seit September 1933 die Verbandszeitschrift *Der Deutsche Schriftsteller* heraus und ließ von ihr verfaßte Flugschriften illegal nach Deutschland einschmuggeln. Doch auch in ganz konkreten Dingen tat der Pariser SDS sein Möglichstes. So bemühte er sich jahrelang, den durch die Exilsituation in Not geratenen deutschen Schriftstellern und Schriftstellerinnen durch Preisverleihungen unter die Arme zu greifen, Geld für die Angehörigen der in Deutschland eingekerkerten Autoren zu sammeln oder den in Paris Neueingetroffenen bei der Beantragung von Aufenthaltsgenehmigungen sowie der Regelung von Honorar- und Urheberrechtsfragen behilflich zu sein. Ja, er hielt unter der Leitung von Kisch und Marchwitza sogar Kurse zur Förderung des literarischen Nachwuchses ab, um neue Autoren zum Kampf gegen den deutschen Faschismus heranzubilden.

Eine tatkräftige Unterstützung bei all diesen Aktivitäten erfuhr der Pariser SDS durch die im Mai 1934 in Paris gegründete Deutsche Freiheitsbibliothek, die durch das Wirken eines Initiativkomitees zustande gekommen war, dem unter anderem Ernst Bloch, Hanns Eisler, Alfred Kerr, Egon Erwin Kisch, Rudolf Leonhard, Lucien Lévy-Bruhl, Hubertus zu Löwenstein, Frans Masareel, Rudolf Olden, Theodor Plivier, Joseph Roth, Bertrand Russel, Anna Seghers, Ernst Toller und Herbert George Wells angehört hatten. Zum Präsidenten dieses Komitees wurde Heinrich Mann gewählt, dem als Ehrenpräsidenten André Gide, Romain Rolland und Lion Feuchtwanger zur Seite traten. Diese Bibliothek versuchte, sämtliche Bücher zu sammeln, die in Deutschland verboten waren oder nicht erscheinen konnten. In den Jahren 1934 und 1935 leitete Max Schröder diese Bibliothek, dann übernahm Lya Kralik diese Aufgabe. Zugleich druckte sie in ihren *Mitteilungen der Deutschen Freiheitsbibliothek* die wichtigsten in Paris gehaltenen Reden deutscher Exilanten ab und veranstaltete außerdem in ihren Räumen eine Reihe gut besuchter Autorenabende.

Ebenso aktiv beteiligte sich der SDS an den Vorbereitungen zu dem vom 21. bis 25. Juni 1935 in Paris stattfindenden Schriftstellerkongreß „Zur Verteidigung der Kultur", bei dem 20 deutsche, 30 französische und 15 sowjetische Autoren auftraten und zu einer internationalen Allianz gegen den immer mächtiger werdenden Faschismus aufriefen. Von den deutschen Rednern erregten Johannes R. Becher, Bertolt Brecht, Lion Feuchtwanger, Heinrich Mann, Lud-

Bertolt Brecht, Johannes R. Becher, Ilja Ehrenburg und Gustav Regler auf dem Internationalen Schriftstellerkongreß „Zur Verteidigung der Kultur" in Paris (Juni 1935)

wig Marcuse, Robert Musil, Anna Seghers sowie der illegal angereiste Jan Petersen von der Berliner Ortsgruppe des BPRS, der seine Ansprache mit einer Maske vor dem Gesicht hielt, das meiste Aufsehen. Das Spektrum der ideologischen Anschauungen reichte dabei von der vorsichtig taktierenden Haltung eines Musil, der einen deutlichen Trennungsstrich zwischen den Niederungen der Politik und den Höhen der „wirklichen Literatur" zog, bis zu der kruden Forderung Brechts: „Kameraden, sprechen wir von den Eigentumsverhältnissen!" Trotz solcher Gegensätze gab es auf diesem Kongreß auch Momente, wo sich alle Teilnehmer und Teilnehmerinnen, deren Zahl auf 1 000 geschätzt wurde, in ihrer antifaschistischen Gesinnung durchaus einig waren und sich – angesichts der in Deutschland geschehenen Greuel – plötzlich wie ein großer „Bund" der humaneren und friedlicheren Menschen fühlten. Dieses erhabene Gefühl währte zwar bei manchen nicht lange und wurde bald wieder von egoistischen Impulsen überdeckt, bewirkte aber bei anderen eine tataktivistische Gesinnung, deren Wirkung bis in ihre Werke der vierziger und fünfziger Jahre andauerte.

Exilgruppen in anderen Zufluchtsländern

Andere linksgerichtete Schriftstellerbünde hatten es dagegen im Exil wesentlich schwerer, die literarisch interessierten Schichten der jeweiligen Zufluchtsländer auf ihre prekäre Situation und zugleich die Greueltaten der Nationalsozialisten aufmerksam zu machen. Sie besaßen weder so viele Mitglieder wie der Kreis um die *Neuen deutschen Blätter* in Prag oder die Ortsgruppe des Schutzverbandes deutscher Schriftsteller in Paris noch erfreuten sie sich der aktiven Unterstützung antifaschistischer Literatenklubs oder Theatergruppen, geschweige denn lokaler Parteiorganisationen. Falls solche Bünde überhaupt eine finanzielle Beihilfe erhielten, stammte sie anfangs meist von der Internationalen Vereinigung revolutionärer Schriftsteller in Moskau bzw. dem Internationalen revolutionären Theaterbund, dem als Hauptsprecher zeitweilig Erwin Piscator vorstand. Danach war es die deutsche Sektion des Sowjetischen Schriftstellerverbandes, in der Johannes R. Becher, Fritz Erpenbeck, Olga Halpern-Gabór, Georg Lukács und Adam Scharrer tätig waren, welche die literarischen Aktivitäten der antifaschistischen Schriftsteller und Schriftstellerinnen im Exil zu unterstützen versuchte. Ja, nach 1943 bemühte sich auch das in Moskau gegründete Nationalkomitee Freies Deutschland, zu dessen Gründern Johannes R. Becher, Willi Bredel, Erich Weinert und Friedrich Wolf gehörten, um ähnliche Beihilfen.

Daß diese Hilfsmaßnahmen – wegen der ideologischen Zerklüftung der Exilautoren und -autorinnen – zu vielen politischen Auseinandersetzungen zwischen kommunistischen, sozialdemokratischen, linksliberalen und bürgerlich-humanistischen Exilanten und Exilantinnen führen mußten, konnte kaum ausbleiben. Lediglich in Prag und Paris bildeten sich vorübergehend relativ solidarisch empfindende Gruppen und Fraktionen heraus, die stets aufs Neue zu gemeinsamen antifaschistischen Aktivitäten ansetzten. Nicht ganz so leicht hatten es dagegen jene linken Autoren und Autorinnen, die zwischen 1933 und 1939 nicht in diesen beiden Hauptzentren des Exils saßen, sondern in andere Exilländer verschlagen wurden, sich mit Gleichgesinnten zu Arbeitsgemeinschaften, literarischen Klubs oder regelrechten Schriftstellerorganisationen zusammenzuschließen, um so antifaschistische Aktivitäten entfalten zu können. Dem stand in vielen Fällen nicht nur die repressive Politik der jeweiligen Gastländer, die eine offene Konfrontation mit Hitler-Deutschland vermeiden wollten, sondern auch die eigene Vereinsamung, ein mangelndes Organisationstalent sowie die zwangsläufige Verarmung vieler Schriftsteller und Schriftstellerinnen im Exil entgegen. Dafür wenigstens einige Beispiele.

So scheiterte etwa Bertolt Brechts bereits im Sommer 1933 gefaßter Plan, eine Vereinigung zu gründen, der er die Bezeichnung Gesellschaft für materialistische Dialektik geben wollte, vor allem daran, weil Brecht nicht in Prag oder Paris, sondern in Dänemark Zuflucht gefunden hatte. Auch die Union der Zwölf, zu der ihn Wieland Herzfelde ein Jahr später bewegen wollte und zu der außer Brecht und Herzfelde als weitere Mitglieder George Grosz, John Heartfield, Hanns Eisler, Erwin Piscator, Egon Erwin Kisch, Johannes R. Becher, Franz Carl Weiskopf, Oskar Maria Graf, Arnold Zweig und ein noch zu benennender Bildhauer gehören sollten, kam nicht zustande. Das gleiche gilt für die von Brecht im März 1937 ernsthaft ins Auge gefaßte Diderot-Gesellschaft, die trotz des hohen Ansehens, daß Brecht zu diesem Zeitpunkt unter linken Schriftstellern besaß, weshalb man ihm in Moskau sogar zum nominellen Mitherausgeber der Zeitschrift *Das Wort* machte, ebenfalls in der Planungsphase steckenblieb. Als Mitglieder dieser Gesellschaft versuchte Brecht vor allem W. H. Auden, Slatan Dudow, Sergej Eisenstein, Hanns Eisler, Mordecai Gorelik, Nordahl Grieg, George Grosz, Christopher Isherwood, Fritz Kortner, Päär Lagerkvist, Archibald MacLeish, Nicolai Ochlopkow, Erwin Piscator, Jean Renoir und Sergej Tretjakow, also hauptsächlich linke Theater- und Filmpraktiker, zu gewinnen, die sich wechselseitig bei der Durchsetzung einer „antimetaphysischen und sozialen Kunst" behilflich sein sollten. Wie schon in den späten zwanziger Jahren, als Brecht mit Dudow, Eisler und Piscator zusammengearbeitet hatte, wollte er damit seinen „materialästhetischen Bemühungen" endlich wieder eine „kollektive Basis" geben.[15] In Skandinavien gab es jedoch für eine solche Gesellschaft – weder in theaterpraktischer noch in ideologischer Hinsicht – keinerlei Wirkungsmöglichkeiten. Und auf schriftlichem Wege ließ sich eine Vereinigung dieser Art nicht aufziehen, zumal Brecht ein höchst lakonischer Briefsteller war, der für eine umfangreiche Korrespondenz nicht die genügende Geduld aufbrachte, und obendrein nur ein mangelhaftes Organisationstalent besaß.

Ebenso vereinzelt saß Arnold Zweig seit Ende 1933 in Palästina. Da er wegen seiner linksliberalen Anschauungen von den dortigen Rechtszionisten weitgehend boykottiert wurde, konnte er anfangs überhaupt keinen Kreis um sich scharen. Erst als Hitler im Juni 1941 die deutschen Truppen, die bereits auf Kreta gelandet waren, nicht weiter nach Osten – in Richtung Palästina – vorstoßen ließ, sondern den Befehl erteilte, die Sowjetunion zu überfallen, ergab sich für ihn zum ersten Mal die Chance, sich mit Gleichgesinnten zusammenzuschließen, die wie er ihre Hoffnung auf die Widerstandskraft der Roten Armee setzten. Daher gründete er 1942 nicht nur mit Wolfgang Yourgrau die Zeitschrift *Orient*, um so den deutschen Mitemigranten, darunter Louis Fürnberg, Franz Goldstein, Sally Großhut, Else Lasker-Schüler und Manfred Vogel, endlich eine Stimme in Palästina zu verleihen, sondern beteiligte sich auch an der Gründung der Liga Victory und des Nationalkomitees Freies Deutschland. Ebenso interessiert verfolgte er die Bemühungen des Kulturbundes Lepac, der unter der Leitung des mit dem Kommunismus sympathisierenden Arnold Czempin die deutschsprachige Zeitschrift *Chug* herausgab, in der neben Nachdrucken von Texten bekannter Exilautoren wie Willi Bredel, Lion Feuchtwanger, Oskar Maria Graf, Thomas Mann, Anna Seghers, Theodor Plivier und Erich Weinert auch Originalbeiträge von in Palästina ansässigen Autoren wie Louis Fürnberg, Rudolf Hirsch und Ernst Loewy erschienen. Doch außer der

Tätigkeit der Liga Victory blieben alle diese Aktivitäten auf einen relativ kleinen Kreis beschränkt und wurden von der jüdischen Bevölkerung Palästinas, die des Deutschen nicht mächtig war, kaum wahrgenommen.

Etwas mehr Erfolg war dagegen dem Heinrich-Heine-Klub in Mexiko City beschieden, der im November 1941 gegründet wurde und bis zum Februar 1946 bestand. Über die Hälfte seiner rund 200 Mitglieder waren aus Europa vertriebene deutschsprachige Juden, die in den Wirren des Kriegsbeginns nach Mexiko geflohen waren, da ihnen andere Länder zum Teil keine Einreisegenehmigungen bewilligt hatten. Obwohl die meisten von ihnen politisch links orientiert waren, nahm dieser Klub – im Gefolge der Volksfrontpolitik des SDS – auch bürgerliche Liberale auf, sofern sie sich zu einem entschiedenen Antifaschismus bekannten. Seine Gründungsmitglieder waren Rudolf Feistmann, Egon Erwin Kisch, Paul Mayer, Ernst Römer und Anna Seghers. Später kamen als entschiedene Linke noch Alexander Abusch, Walter Janka, Otto Katz, Paul Merker, Ludwig Renn, Kurt Stern und Bodo Uhse hinzu. Aber auch seit langem in Mexiko ansässige liberale und linksliberale Deutsche und Österreicher fanden sich häufig zu den Lesungen und Konzerten, den politischen, literarischen und wissenschaftlichen Vorträgen sowie den Filmabenden oder Theateraufführungen ein, welche der Heinrich-Heine-Klub veranstaltete. Zu den von den Klubmitgliedern selbst inszenierten Werken gehörten vor allem die *Dreigroschenoper* von Brecht und das Stück *Winterschlacht* von Becher. Auch die Gründung des Verlags „El Libro Libre" (Das freie Buch) in Mexiko City ging weitgehend von Mitgliedern des Heinrich-Heine-Klubs aus. Neben Werken deutscher Exilautoren in den USA wie Lion Feuchtwanger, Bruno Frank, Heinrich Mann und Franz Carl Weiskopf publizierte dieser Verlag fast ausschließlich Bücher von nach Mexiko geflüchteten deutschsprachigen Autoren und Autorinnen, worunter sich die von Abusch, Katz, Kisch, Merker, Seghers und Uhse am nachdrücklichsten zum Prinzip des „eingreifenden" Denkens bekannten.

Einen ähnlichen Charakter wie der Heinrich-Heine-Klub in Mexiko City hatte der 1938 gegründete Freie Deutsche Kulturbund (FDKB) in England. Auch hier waren die Kommunisten, darunter Kurt Barthel, John Heartfield, Werner Ilberg, Jan Koplowitz, Jürgen Kuczynski, Jan Petersen und Max Zimmering, die aktivsten Mitglieder. Daher wurde der FDKB von den Sozialdemokraten weitgehend boykottiert. Auch Alfred Kerr, sein erster Präsident, trat schon nach kurzer Zeit aus Aversion gegen die „Linken" wieder aus dem Vorstand dieser Vereinigung aus. Dennoch konnte der FDKB beachtliche Erfolge für sich verbuchen. Er veranstaltete Dichterlesungen, inszenierte Brechts *Die Gewehre der Frau Carrar* und Bechers *Winterschlacht*, stellte Broschüren wie *Verbannte und Verbrannte* sowie *10 Jahre Kulturbarbarei im Dritten Reich – 10 Jahre Freie Deutsche Kultur im Exil* zusammen und gab zwischen 1939 und

1945 ein Mitteilungsblatt unter dem Titel *Freie Deutsche Kultur* heraus, in dem zahlreiche Beiträge von Exilautoren wie Becher, Kuba, Thomas und Heinrich Mann, Theodor Plivier, Anna Seghers, Max Zimmering und Stefan Zweig erschienen. Auf dem Höhepunkt seiner Aktivitäten besaß der FDKB über 1000 eingeschriebene Mitglieder. Die antikommunistische Gegenorganisation Unabhängiger Deutscher Autoren, die Kurt Hiller 1939 gründete, brachte es dagegen nur auf 15 Anhänger. Und auch der Club 1943, den Hans J. Rehfisch, Grete Fischer, Monty Jacobs und Hans Flesch aus Abneigung gegen die kommunistische Führungsschicht im FDKB ins Leben riefen, blieb relativ klein.

Zu ähnlichen Zwistigkeiten zwischen Linken und Liberalen kam es im amerikanischen Exil. Dort traf die Mehrheit der Exilautoren und -autorinnen erst nach 1939 ein, als in Europa der Zweite Weltkrieg begann. Auf amerikanischer Seite stießen sie dabei auf die konservative American Guild for Cultural Freedom sowie die sozialistisch orientierte League of American Writers, die zwar beide humanitäre Hilfsprogramme unterstützten, aber in ihren programmatischen Erklärungen deutlich voneinander abwichen. Während Thomas Mann und Hubertus zu Löwenstein der American Guild for Cultural Freedom nahestanden, schlossen sich die Linken der German-American Writers Association an. Dennoch traten in diesen Gruppen die ideologischen Unterschiede zwischen 1939 und 1942 noch nicht so scharf hervor wie gegen Kriegsende, als im Deutsch-Amerikanischen Kulturverband sowie in der German-American Writers Association die Linken immer stärker die Führung an sich rissen und sich deshalb die Sozialdemokraten sowie die bürgerlichen Liberalen weitgehend von ihnen distanzierten, was zu einer deutlichen Schwächung dieser zwei Verbände führte. Auch die German-American Emergency Conference, die daraufhin von Lion Feuchtwanger, Oskar Maria Graf, Alfred Kantorowicz und anderen ins Leben gerufen wurde, blieb eine Randerscheinung. Sogar das Anfang 1944 von dem Theologen Paul Tillich gegründete Council for a Democratic Germany, an dem sich neben Sozialdemokraten und Kommunisten auch Anhänger der Gruppe Neu Beginnen, des Zentrums und der Sozialistischen Arbeiterpartei beteiligten, konnte sich trotz starker Anfangsimpulse nicht auf ein gemeinsames politisches Programm einigen. Das gleiche gilt für das auch in den USA aktiv werdende Nationalkomitee Freies Deutschland, das nach einer kurzen Phase der Solidarität wieder auseinanderfiel, da Thomas Mann, der politisch einflußreichste unter den deutschen Exilschriftstellern in Amerika, seine Unterschrift, die er unter den Gründungsaufruf gesetzt hatte, schon einen Tag später wieder zurückzog, um nicht als Kommunist verdächtigt zu werden.

Zusammenfassend läßt sich sagen, daß in den wichtigsten Organisationen der deutschen Exilschriftsteller und -schriftstellerinnen, ob nun dem Bund proletarisch-revolutionärer Schriftsteller, dem Schutzverband deutscher Schriftsteller, dem Bert-Brecht-Klub, dem Heinrich-Heine-Klub, dem Freien Deut-

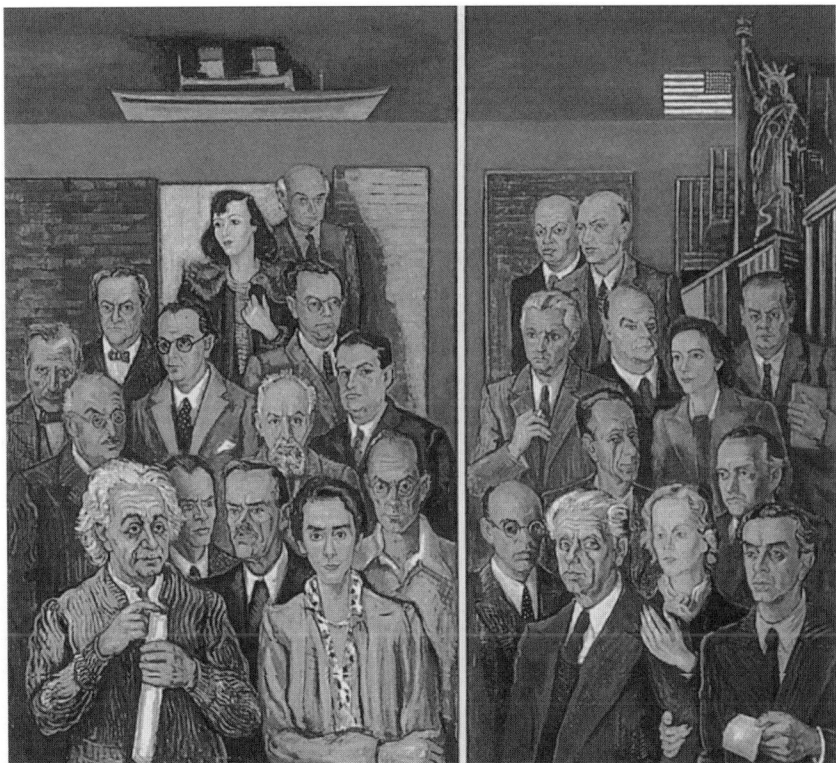

Arthur Kaufmann: Die geistige Emigration (1938–40), Ausschnitt. Mülheim, Museum. Unter den Porträtierten sind: Heinrich Mann, Arnold Zweig, Albert Einstein, Klaus Mann, Thomas Mann, Erika Mann, Erwin Piscator, Kurt Weill, Max Reinhardt, Ludwig Renn, Bruno Frank, Oskar Maria Graf und Ernst Toller

schen Kulturbund oder dem Deutsch-Amerikanischen Kulturverband, weitgehend die Linken, als die von den Nationalsozialisten am schärfsten verfolgte Gruppe, dominierten, welche jedoch zur Stärkung einer möglichst breiten antifaschistischen Front auch bürgerlich-humanistische Autoren und Autorinnen mit einer klaren antifaschistischen Gesinnung für ihre Ziele zu gewinnen suchten. Daß sich daraus viele Krisen und Auseinandersetzungen ergaben, die auf die ideologischen Gegensätze der Weimarer Republik zurückverweisen, aber auch schon einige der Konfrontationen der Zeit nach dem Ende des Zweiten Weltkrieges vorwegnehmen, konnte nicht ausbleiben. Und so kam es zwar im Exil zu vielen literarischen Zusammenschlüssen auf politischer oder kultureller Ebene, aber nicht zu jenem Gesamtverband aller aus dem Dritten Reich vertriebenen oder geflohenen Schriftsteller und Schriftstellerinnen, von dem anfangs manche geträumt hatten. Dazu waren die ideologischen Unterschiede zwischen

den einzelnen Gruppen – trotz der auf vielen Ebenen propagierten Volksfront-
konzepte – einfach zu groß. Doch das sollte niemanden verwundern. Viel frap-
piernder ist, daß es in der Misere des Exils überhaupt zu solchen Zusammenschlüssen kam, ja daß sich immer wieder Autoren und Autorinnen bereit fanden, sich aufgrund ihrer linken oder linksliberalen Gesinnung im Kampf gegen
den mörderischen Rechtsradikalismus des Dritten Reichs in politisch für sie
nicht ungefährlichen Widerstandsgruppen zu engagieren.

Auf seiten der Konservativen, die meist nur die Freiheit des Individuums
hochhielten, hat es dagegen im Exil – von den Stefan-George-Anhängern einmal abgesehen, die nach 1933 auch außerhalb der deutschen Grenzen eine
gewisse Gruppensolidarität bewahrten – kaum irgendwelche literarischen
Organisationsversuche gegeben. Schließlich hätte das unter den damaligen
Umständen fast ein indirektes Bekenntnis zum reaktionären Gemeinschaftsgeist des Faschismus bedeutet. Also blieben die nichtlinken Exilanten lieber
Einzelgänger und vertrauten auf die von allen gutbürgerlichen Schriftstellern
und Schriftstellerinnen in solchen Situationen immer wieder beschworene
„Liberalität", mit der sie zwar in der Weimarer Republik gescheitert waren, die
ihnen aber weiterhin als die einzige Ideologie der Nichtideologie erschien, bei
der sich glaubten, nicht auf ihre moralisch-integre Haltung verzichten zu müssen.

DIE UNMITTELBARE NACHKRIEGSZEIT

Die Situation in der Viermächtestadt Berlin

Nach der militärischen Niederlage des Dritten Reichs im Mai 1945 war nicht nur politisch, sondern auch kulturell ein gewisser Endpunkt erreicht. Während es nach dem Ersten Weltkrieg sofort zu freien Wahlen zu einer konstituierenden Nationalversammlung gekommen war, wurde Deutschland diesmal politisch weitgehend entmündigt, das heißt in vier Besatzungszonen aufgeteilt und jahrelang den Kontrollbehörden der alliierten Siegermächte unterstellt. Im Gegensatz zu den novembristisch-expressionistischen Zukunftshoffnungen der Jahre zwischen 1918 und 1923, die auch literarisch zu vielen Gruppenbildungen geführt hatten, herrschte darum nach dem 8. Mai 1945 auf kulturellem Gebiet erst einmal ein Zustand allgemeiner Verdrossenheit. Nach der Diktatur der Nationalsozialisten gab es keine angestaute Opposition, die mit dem revolutionären Anspruch einer neuen geistigen und literarischen Führungsschicht aufgetreten wäre. Schließlich waren die meisten Systemgegner zwischen 1933 und 1945 entweder brutal liquidiert oder ins Exil getrieben worden. Und von diesen Vertriebenen konnten manche – wegen der westalliierten Visabestimmungen – selbst nach dem Krieg nicht umgehend nach Deutschland zurückkehren. Wer sich überhaupt zur Remigration entschloß, hatte meist zum linken Flügel der antifaschistischen Exilgruppen gehört und ging dementsprechend in die Sowjetische Besatzungszone (SBZ) und nicht in eine der westlichen Besatzungszonen.[1] Deshalb kam es nach Kriegsende – im Zuge der ersten Kontakte zwischen den aus Moskau zurückkehrenden Kommunisten und den in Deutschland gebliebenen Nichtfaschisten – vornehmlich in der Viermächtestadt Berlin und der SBZ zu ersten Gruppenaktivitäten, die eine kulturelle Neugestaltung Deutschlands ins Auge faßten.

Diese Bemühungen wären sicher im Cliquenhaften steckengeblieben, wenn nicht die Sowjets von Anfang an auf der Gründung einer zentralen Schriftstellerorganisation bestanden hätten. Dafür spricht die bereits im Sommer 1945 mit Unterstützung der sowjetischen Militärverwaltung geschaffene Kammer der Kulturschaffenden, der als führende Mitglieder Herbert Jhering, Friedrich Luft, Rudolf Pechel, Paul Rilla, Paul Wegener und Günther Weisenborn angehörten. Eine Unterabteilung dieser Kammer bildete jene Sektion für Literatur, die sich

Walter Kolbenhoff, Ernst Penzoldt und Johannes Tralow auf dem Ersten Deutschen Schriftstel-
lerkongreß in Berlin (1947)

am 9. November 1945 zur Gründung des Schutzverbandes Deutscher Autoren
(SDA) entschloß. Ihren Vorsitz führten Rudolf Pechel, Edwin Redslob, Roland
Schacht und Günther Weisenborn, denen als wichtigste Beiratsmitglieder
Johannes R. Becher, Günther Birkenfeld, Karl Friedrich Borée, Michael Jary,
Walther Karsch, Ilse Langner, Friedrich Luft, Theo Mackeben, Erik Reger, Werner Schendell, Friedrich Wolf und Hedda Zinner zur Seite traten. Da in den folgenden drei Jahren auch Fritz Erpenbeck, Alfred Kantorowicz, Rudolf Leonhard, Jan Petersen, Anna Seghers und Arnold Zweig im SDA aktiv wurden, verlagerte sich das Schwergewicht allmählich von den Liberalen zu den Linken.
Dennoch hielt der SDA bis 1948, das heißt bis zur Verschärfung des Kalten Krieges, weiterhin an einer überparteilichen Orientierung fest. Das beweist nicht nur
sein ab 1946 erscheinendes Verbandsorgan *Der Autor* und seine eher gewerkschaftliche als parteipolitische Strukturierung, sondern auch sein im Mai 1947
veranstalteter „Tag des freien Buches", bei dem nicht nur der linken, sondern
aller Opfer der nationalsozialistischen Verfolgungen gedacht wurde.
    Die gleiche überparteiliche Orientierung lag dem Ersten Deutschen Schrift-
stellerkongreß zugrunde, den der SDA vom 4. bis 8. Oktober 1947 in Berlin
veranstaltete, der die Autoren der äußeren Emigration mit den Autoren der

inneren Emigration zusammenführen sollte. An ihm nahmen 265 Schriftsteller und Schriftstellerinnen teil, von denen 18 aus dem Ausland, 120 aus den West-zonen und 127 aus Berlin und der SBZ kamen. Die Leitung hatte Günther Wei-senborn, während das Ehrenpräsidium Ricarda Huch angetragen wurde. Die wichtigsten Referate hielten Johannes R. Becher, Axel Eggebrecht, Stephan Hermlin, Ricarda Huch, Alfred Kantorowicz, Elisabeth Langgässer, Rudolf Leonhard, Hans Mayer, Ernst Penzoldt, Edwin Redslob, Anna Seghers, Erich Weinert und Günther Weisenborn. Trotz der Entschiedenheit beider Lager, das heißt der in Deutschland Verbliebenen und der aus dem Exil Zurückgekehrten, im Sinne der Widerstandskämpfer gegen das Dritte Reich weiterhin an der poli-tischen Einheit Deutschlands festzuhalten und sich jeder Spaltungstendenz energisch entgegenzustellen, kam es jedoch auf diesem Kongreß nicht zu der vorher erhofften ideologischen Einhelligkeit, da im Herbst 1947 bereits der Kalte Krieg seine ersten Schatten über das Ganze zu werfen begann. Ja, die durch diese Tagung ausgelösten Provokationen bewirkten schon wenige Wochen später, daß der bisher hauptsächlich von den sowjetischen Militärbe-hörden geförderte SDA in tiefe ideologische Krisen geriet, die zu seiner Spal-tung und schließlich Auflösung führten.

Der gleiche Polarisierungsprozeß spielte sich innerhalb des Kulturbundes zur demokratischen Erneuerung Deutschlands ab. Dieser Bund konstituierte sich bereits im Juni 1945 und führte seine erste öffentliche Veranstaltung am 3. Juli im großen Sendesaal des Berliner Rundfunks durch. Im Spätsommer des glei-chen Jahres gründete er mit Hilfe der sowjetischen Militärverwaltung den Auf-bau-Verlag und schuf sich mit der Zeitschrift *Aufbau* und dem Wochenblatt *Sonntag* zwei im Ostteil Deutschlands vielbeachtete Publikationsorgane. Zu seinem ersten Präsidenten wurde Johannes R. Becher gewählt, während der Schriftsteller Bernhard Kellermann, der Maler Carl Hofer und der Altphilologe Johannes Stroux die Vizepräsidentschaftsverpflichtungen übernahmen. Als Ehrenpräsident fungierte vorübergehend der greise Gerhart Hauptmann. Zu den Autoren und Autorinnen, die innerhalb dieses Bundes führende Positionen übernahmen, gehörten unter anderem Willi Bredel, Ricarda Huch, Ludwig Renn und Günther Weisenborn. Um nach den langen, deprimierenden Kriegs-jahren überhaupt wieder kulturell aktiv zu werden, schlossen sich dem Kultur-bund schon im ersten Jahr seines Bestehens 45 000 Menschen an, die sich in 395 Ortsgruppen organisierten. Ja, bis zum Jahr 1948 stieg die Zahl der regulä-ren Mitglieder auf 120 000 an, als so groß erwies sich der Kulturhunger der unmittelbaren Nachkriegszeit.

Das Grundsatzprogramm des Kulturbundes, das seine Mitglieder auf der Gründungsversammlung ausarbeiteten, folgte in vielem der im Exil propagier-ten Volksfrontstrategie und bestand aus sieben Hauptpunkten: „1. Vernich-tung der Naziideologie auf allen Lebens- und Wissensgebieten. Kampf gegen die geistigen Urheber der Naziverbrechen. Kampf gegen alle reaktionären, militaristischen Auffassungen. Säuberung und Reinhaltung des öffentlichen Lebens. 2. Bildung einer nationalen Einheitsfront der deutschen Geistesarbeiter. Schaffung einer unverbrüchlichen Einheit der Intelligenz mit dem Volk. Neugeburt des deutschen Geistes im Zeichen einer streitbaren demokratischen Weltanschauung. 3. Überprüfung der geschichtlichen Gesamtentwicklung unseres Volkes und damit im Zusammenhang Sichtung der positiven und negativen Kräfte, wie sie auf allen Gebieten unseres geistigen Lebens wirksam waren, 4. Wiederentdeckung und Förderung der freiheitlichen humanistischen, wahrhaft nationalen Tradition unseres Volkes. 5. Einbeziehung der geistigen Errungenschaften anderer Völker in den kulturellen Neuaufbau Deutschlands. Anbahnung einer Verständigung mit den Kulturträgern anderer Völker. Wiedergewinnung des Vertrauens und der Achtung der Welt. 6. Verbreitung der Wahrheit. Wiedergewinnung objektiver Maße und Werte. 7. Kampf um die moralische Gesinnung des Volkes, insbesondere Einflußnahme auf die geistige Befreiung der deutschen Jugenderziehung und der studentischen Jugend. Tatkräftige Förderung des Nachwuchses und Anerkennung hervorragender Leistungen durch Stiftungen und Preise. 8. Zusammenarbeit mit allen demokratisch eingestellten weltanschaulichen, religösen und kirchlichen Bewegungen und Gruppen."[2]

Ein derartiges Programm wirkte zwar sehr engagiert, aber auch sehr allgemein. Doch eine solche Doppelstrategie war in der unmittelbaren Nachkriegszeit sicher nötig, um die Mehrheit der weiterhin in konservativ-reaktionären, völkischen oder faschistischen Ideologien befangenen Künstler und Kunstinteressierten nicht sofort vor den Kopf zu stoßen. Durch und durch „revolutionäre" Zielsetzungen hätten damals sicher keine Wirkung gehabt. In Anbetracht dieser Voraussetzungen trat der Kulturbund zwar „ohne Scheuklappen, aber doch mit Entschiedenheit, sachlich, aber nicht neutral" auf, wie es in einer Werbung für die Zeitschrift *Aufbau* hieß.[3] In anderen Publikationen betonte diese Vereinigung, daß sie im Gegensatz zu den Nationalsozialisten niemandem eine bestimmte Ideologie aufzwingen wolle, sondern sich lediglich bemühe, in allen Menschen „den wahren Geist der Menschlichkeit wachzurufen und zu fördern". Nur in einem Punkt machte der Kulturbund keinen Kompromiß, nämlich in der Forderung, daß es in aller Kunst stets um die großen nationalen, politischen und gesellschaftlichen Belange gehen müsse. Aus diesem Grunde verwarf er sowohl jede „elitäre" Absonderung der Kunst von der breiten Masse der Bevölkerung als auch alle bloß „zerstreuenden und unterhaltenden Tendenzen" auf künstlerischem Gebiet.[4] Statt dessen wollte er dem alten bildungsbürgerlichen wie auch sozialistischen Traum, nämlich allen Menschen den Zugang zur „hohen Kunst" zu eröffnen, endlich eine ins Humanistisch-Fortschrittliche konkretisierte Form geben.

Seine Hauptaktivitäten entfaltete der Kulturbund in Berlin und in der sowjetischen Besatzungszone, während er in den drei anderen Zonen von den westlichen Militärbehörden – aufgrund ihrer Abneigung gegen alle zentralistischen Tendenzen – nur auf lokaler Ebene zugelassen wurde und sich zudem andere Bezeichnungen zulegen mußte. Demzufolge nannte sich die Kulturbund-Gruppe in München Kulturliga und in Frankfurt am Main Freie deutsche Kulturgesellschaft. Besonders rührig waren anfangs in diesen Organisationen die bildenden Künstler und die Schriftsteller, während die Vertreter der Sektionen Musik, Theater, Wissenschaft, Rundfunk, Film und Presse erst im Laufe der Jahre allmählich aktiver wurden. So veranstaltete die Sektion Bildende Kunst schon relativ früh eindrucksvolle Ausstellungen von im Dritten Reich verfehmten Künstlern wie Hans Baluschek, Ernst Barlach, Käthe Kollwitz, Max Liebermann und Heinrich Zille. Auf dem Gebiet der Literatur begann der Kulturbund seine Aktivitäten im November 1945 mit einem *Ruf an die deutschen Emigranten*, möglichst bald nach Deutschland zurückzukehren und sich in den Dienst des kulturellen Neuaufbaus zu stellen. Ja, er ließ diesem *Ruf* sogar konkrete Stellen- und Wohnungsangebote folgen, statt die Exilierten lediglich mit leeren Versprechungen zu ködern. Außerdem bemühte er sich wie der SDA, die jahrelang getrennten Vertreter der inneren und äußeren Emigration wieder miteinander vertraut zu machen und womöglich zu einer antifaschistischen Einheitsfront zusammenzuschließen.

Daß diese „Front" nicht zustande kam, hängt vor allem mit den Spaltungstendenzen des Kalten Krieges zusammen, die sich in Berlin besonders drastisch auswirkten. Wohl die größten Folgen hatte in diesem Zusammenhang – nach der im März 1947 verkündeten Truman-Doktrin und dem im Juli des gleichen Jahres anlaufenden Marshall-Plan – die von den Westmächten am 23. Juni 1948 im Alleingang durchgeführte Währungsreform, auf welche die Sowjets zwei Tage später mit der Blockade Westberlins antworteten. Dadurch entstand eine politische Situation, welche eine Zusammenarbeit zwischen den in Ost und West lebenden Schriftstellern und Schriftstellerinnen immer schwieriger machte. Im Zuge dieser Entwicklung wurden aus dem Schutzverband deutscher Autoren und dem Kulturbund zur demokratischen Erneuerung Deutschlands, die als gesamtdeutsche Verbände angefangen hatten, schließlich mehr oder weniger sowjetzonale Organisationen. Beim Kulturbund, der von den drei Westmächten kurzerhand verboten wurde, ging das relativ schnell. Beim SDA zog sich dieser Auflösungsprozeß etwas länger hin. Hier traten in West-Berlin als antikommunistische Künstlerorganisationen zuerst die im Oktober 1948 von Günther Birkenfeld und Edwin Redslob gegründete Liga für Geistesfreiheit und dann der im Oktober 1949 ins Leben gerufene Berliner Schriftstellerverband auf den Plan, worauf sich die übriggebliebenen Ost-Berliner Mitglieder des SDA immer enger an die Sozialistische Einheitspartei Deutschlands anschlossen.

Friedenskundgebung des Kulturbundes zur demokratischen Erneuerung Deutschlands am 24. Oktober 1948 in Berlin. Von links nach rechts: Alexander Abusch, Arnold Zweig und Hanns Eisler

Welche Ziele sich die SED zu diesem Zeitpunkt auf dem Gebiet der Literatur setzte, geht vor allem aus den Programmen der von ihr einberufenen Kulturtagungen im Frühjahr und Sommer 1948 hervor. Auf ihnen forderte Anton Ackermann – voller Hoffnungen, unter den ostdeutschen SDA-Mitgliedern eine geschlossene Front vorzufinden – die an ihnen teilnehmenden Schriftsteller und Schriftstellerinnen auf, sich stärker als bisher in den Dienst des Aufbaus des Sozialismus zu stellen, das heißt „zu den Arbeitern in die Fabriken" zu gehen, um so an der Überwindung der längst überfälligen Trennung in „Hand- und Kopfarbeit" mitzuwirken.[5] Statt wie bisher vornehmlich Themen aus der Zeit der Emigration und der Konzentrationslager zu behandeln, erklärte er, müsse es in Zukunft auch in der Literatur in erster Linie darum gehen, sich den aktuellen Problemen bei der Durchsetzung sozialistischer Ideen zuzuwenden. Zugleich warnte er vor den westlichen Einflüssen von seiten des Existentialismus und Formalismus, womit er den SED-Theoretikern bereits wichtige Stichworte für die Literaturdebatten der fünfziger Jahre in der DDR lieferte.

Gruppenbildungen in den drei westlichen Besatzungszonen

In Westdeutschland blieben dagegen zwischen 1945 und 1949 der Schutzverband deutscher Autoren und der Kulturbund zur demokratischen Erneuerung Deutschlands relativ marginale Erscheinungen. Wirklich effektiv wurde hier der Kulturbund nur eine Zeitlang im Ruhrgebiet, wo er sich am 30. Oktober 1946, nach der Gründung des Landes Nordrhein-Westfalen, als umfassender Landesverband entfalten konnte. Stärker als anderswo gelang es ihm in dieser Region, Kontakte mit den Gewerkschaften aufzunehmen, um so eine mögliche Einheitsfront von Intellektuellen und Arbeitern in die Wege zu leiten. Doch solchen Versuchen wurde ab 1947 – nach dem Beginn des Kalten Krieges – von seiten der Besatzungsmächte sowie des westdeutschen Industrieverbandes ein immer größerer Widerstand entgegengesetzt, was schließlich zum Scheitern dieser Bestrebungen führte. Selbst die enge Zusammenarbeit, die sich im Winter 1946/47 zwischen den Bergarbeitern von Recklinghausen und einer Reihe Hamburger Schriftsteller und Theaterleute anbahnte, brachte diese beiden Gruppen ideologisch nicht viel näher, sondern bewirkte eher, die sogenannte Arbeiterkultur noch nahtloser in das bestehende bürgerliche Bildungssystem einzubinden. Überhaupt hatten nach diesem Zeitpunkt alle antifaschistischen Volksfrontstrategien, denen noch das alte Konzept einer „Hohen Kunst für jedermann" zugrunde lag, in den drei Westzonen keine Chance mehr. Schließlich war der Hauptgegner des sich hier durchsetzenden Systems nach 1947 nicht mehr der Nationalsozialismus, sondern immer eindeutiger der Kommunismus. Und damit gerieten alle linksorientierten Neuordnungskonzepte, selbst die kulturellen unter ihnen, in Gefahr, von jenen Kräften, die auf eine konsequente Wiederherstellung der alten Wirtschafts- und Gesellschaftsordnung drangen, einfach von der Tagesordnung abgesetzt zu werden.

In geradezu exemplarischer Form läßt sich diese Gesamttendenz in den drei westlichen Besatzungszonen am Schicksal jener Autoren und Autorinnen ablesen, aus denen – nach vielen Hoffnungen und Enttäuschungen – schließlich die Gruppe 47 hervorging. Die meisten ihrer Mitglieder begannen nach dem Krieg als engagierte Sozialisten oder zumindest Radikaldemokraten und wurden erst im Zuge des Kalten Krieges zu sogenannten konformistischen Nonkonformisten, die ihr bisheriges Engagement zugunsten einer größeren ideologischen Zurückhaltung aufgaben, was sich in ihren literarischen Werken meist als Übergang von betont veristischen zu eher chiffrierenden Stilmitteln äußerte. Die Anfänge dieser Richtung gehen auf jene Autorengruppe zurück, zu der Alfred Andersch, Gustav René Hocke, Walter Mannzen und Hans Werner Richter gehörten, die 1944/45 in einem amerikanischen POW-Lager an der Zeitschrift *Der Ruf* mitgearbeitet hatten, um auf diese Weise zur politischen Umerziehung der immer noch in die nationalsozialistische Ideologie verstrick-

ten Mitgefangenen beizutragen. Diese Autoren verstanden sich von Anfang an
als „politisch engagierte Publizisten mit literarischen Ambitionen", wie Richter später schrieb.[6] Im Sinne von Franklin D. Roosevelts „One-World"-Kon-
zept traten sie in aller Entschiedenheit für einen weltweiten Frieden sowie eine
Synthese sozialistischer und demokratischer Vorstellungen ein, um so die Entstehung neuer totalitärer Regime zu verhindern. Dieser politische Kurs führte
schon vor Kriegsende zu Schwierigkeiten mit den amerikanischen Redaktions-
mitgliedern der betreffenden Lagerverwaltung, die in diesem Blatt allein den
„American Way of Life" propagieren wollten.

Ähnliche Probleme ergaben sich, als Andersch und Richter im August 1946
in München die Zeitschrift *Der Ruf* neu begründeten, die in den drei Westzonen schnell zu einer der wirkungsmächtigsten Nachkriegszeitschriften wurde
und zeitweilig eine Spitzenauflage von 70 000 verkauften Exemplaren
erreichte. Viele Autoren dieses Blatts, darunter Walter Kolbenhoff und Wolfdietrich Schnurre, traten zu diesem Zeitpunkt nachdrücklich für einen „dritten
Weg" zwischen Sozialismus und Demokratie ein, ja scheuten sogar vor einer
offenen Kritik der ideologisch eindimensionalen Politik der westlichen Besatzungsmächte nicht zurück. Besonders Andersch und Richter, die vor 1933 Mitglieder linker Organisationen gewesen waren, machten den Amerikanern wiederholt den Vorwurf, von „Demokratie" zu sprechen und zugleich „mißliebige
Konkurrenten" einfach auszuschalten, das heißt eine „Befreiung der Völker"
zu propagieren und dann diese Völker schamlos in ihre eigenen „imperialisti-
schen Pläne" einzubeziehen.[7] Trotz ihrer ebenso entschiedenen Absage an die
Politik der UdSSR führte ein solcher Kurs notwendig zu einer offenen Konfrontation mit der Information Control Division der amerikanischen Militärregie-
rung in München, welche im April 1947 dem *Ruf* nach 16 Nummern vorübergehend die Lizenz entzog und damit die Absetzung der beiden Herausgeber
erzwang. In ihren literarischen Beiträgen bevorzugten die Autoren dieser Zeitschrift – wie auch des *Skorpion*, den Hans Werner Richter daraufhin zu gründen versuchte, für den er jedoch keine Lizenz erhielt – meist eine Mischung aus
objektivierendem Realismus und persönlichem Engagement. Sie orientierten
sich dabei an so unterschiedlichen Autoren wie Bertolt Brecht, Albert Camus,
William Faulkner, Erich Kästner, Theodor Plivier und Jean-Paul Sartre. Unter
den jüngeren deutschen Autoren empfanden sie vor allem Wolfgang Borchert,
Stephan Hermlin und Wolfgang Weyrauch als vorbildlich oder zumindest
wesensverwandt.

Nach dem Scheitern des *Skorpion* scharte Richter schließlich im Herbst
1947 einen Freundeskreis um sich, der weitgehend aus früheren Beiträgern des
Ruf bestand und als Gruppe 47 in die Literaturgeschichte eingegangen ist. Die
Autoren und Autorinnen dieser höchst lockeren Vereinigung, zu der neben den
bereits Genannten auch Ilse Aichinger, Arnold Bauer, Heinrich Böll, Günter

Treffen der Gruppe 47 in Marktbreit (1949). Von links nach rechts: Arnold Bauer, Ulrich Heinz, Hans Werner Richter, Walter Mannzen, Nicolaus Sombart und Ilse Schneider-Lengyel

Eich, Ulrich Heinz, Walter Jens, Ilse Schneider-Lengyel und Nicolaus Sombart hinzukamen, gaben um 1948/49 den aggressiven Verismus der unmittelbaren Nachkriegszeit allmählich zugunsten einer Mischung aus realistischen und surrealistischen Stilmitteln auf. Auf diese Weise kam es selbst in dieser Gruppe, die zu den engagiertesten literarischen Zusammenschlüssen dieser Zeit in Westdeutschland gehörte, zu einer merklichen Abschwächung der gesellschaftskritischen Tendenzen, wenn nicht gar Inneren Emigration. Da die Gruppe 47 in der Folgezeit auch recht unpolitische Autoren oder Autorinnen bei ihren Tagungen lesen ließ, nahm sie schließlich Züge einer literarischen Werkstatt an, bei der vor allem das Metierhafte und Freundschaftsbündlerische in den Vordergrund rückte. Dafür spricht folgende Kurzbeschreibung ihrer ersten Tagung aus dem Jahr 1948: „Ein Kreis von privaten Freunden und literarischen Bekannten. Niemand hat ihn einberufen, beauftragt oder gar lizensiert. Niemand dachte oder denkt daran, ihn zu organisieren. Die Gruppe, die eigentlich gar keine Gruppe ist und 1947 bemerkte, daß sie existierte, ist ein freier Zusammenschluß von jungen Schriftstellern, von Publizisten und Journalisten. Sie hat keine Statuten und keine Mitgliederlisten. Sie hat keineswegs (wie die meisten Gruppen nach dem ersten Weltkrieg) ihr Manifest. Sie hat keineswegs (wie die meisten Gruppen nach dem zweiten Weltkrieg) ihre ideologische Konzeption.

Sie ist ein Arbeitskreis: man kommt zuweilen zusammen, tauscht Erfahrungen aus, liest und kritisiert neue Arbeiten und hält menschlichen Kontakt."[8]

Trotz einer weiterbestehenden antifaschistischen Grundstimmung trug somit auch die frühe Gruppe 47 zu jenem inhaltlich unverbindlichen Modernismus bei, der in den fünfziger Jahren in Westdeutschland zu den Hauptcharakteristika der sogenannten E-Literatur gehörte. Schon auf dem 2. Treffen dieser Gruppe im Frühjahr 1949, also noch vor der Gründung der Bundesrepublik, war in diesem Kreis die Hauptfrage nicht mehr „Was schreibst Du?" sondern „Wie schreibst Du?" Immerhin, irgendwelchen Ausflügen ins Metaphysische oder Abendländische setzten die Autoren und Autorinnen der Gruppe 47 weiterhin einen deutlichen Widerstand entgegen. Weniger gefeit waren sie allerdings gegen jenen ins Schwerverständliche verfremdeten Realismus, der damals als „Magischer Realismus" bezeichnet wurde. Und auch gegen jene „Ästhetik des Machens", die in den fünfziger Jahren häufig genug ins Formalistische oder Spielerische ausartete, grenzten sie sich nicht scharf genug ab, wodurch es in manchen ihrer Werke zu unübersehbaren Tendenzen ins Ideologisch-Verharmlosende kam.

Eine ähnliche Entwicklung läßt sich in anderen Schriftstellervereinigungen beobachten, die zwischen 1945 und 1949 in den drei westlichen Besatzungszonen gegründet wurden. Auch in ihnen machten sich zu Anfang durchaus antifaschistische Impulse bemerkbar, die jedoch nach Beginn des Kalten Krieges, der von den Westalliierten durchgeführten Währungsreform und der sowjetischen Blockade Westberlins immer stärker von antikommunistischen Affekten überblendet wurden. Da die drei westlichen Besatzungsmächte – im Gegensatz zu den Sowjets – allen zentralistischen Organisationen mißtrauten und nur lokale Zusammenschlüsse erlaubten, war das Bemühen mancher westdeutscher Autoren und Autorinnen, sich dem in Berlin gegründeten Kulturbund zur demokratischen Erneuerung Deutschlands anzuschließen oder den vor 1933 existierenden Schutzverband deutscher Schriftsteller als gesamtdeutsche Organisation wiederbeleben zu wollen, von vornherein zum Scheitern verurteilt. Lediglich gegen lokale Vereinigungen hatten die westlichen Besatzungsbehörden nichts einzuwenden. So wurden allein in der britischen Besatzungszone mit Erlaubnis der dortigen Militärbehörden acht verschiedene nordwestdeutsche Schriftstellerverbände gegründet: der Schutzverband Deutscher Autoren Nordwest, die Lübecker Ortsgruppe des gleichen Schutzverbandes, der Schleswig-Holsteinische Schriftsteller-Verband, der Schutzverband Deutscher Autoren Land Braunschweig, der Schriftstellerverein Hellwig, der Deutsche Autoren-Verband Hannover, der Deutsche Schriftsteller-Verband Bad Pyrmont und der Rheinisch-Westfälische Schriftstellerverband. Die Amerikaner lizensierten in ihrer Zone den Schutzverband Deutscher Schriftsteller in Hessen, den Schutzverband Deutscher Schriftsteller in München und den Schutzverband Deut-

scher Schriftsteller in Stuttgart, während die Franzosen in ihrer Zone den Mittelrheinischen Autoren-Verband und den Verband Südwestdeutscher Autoren
zuließen.

Wie der Berliner SDA, der eine Zeitlang Teil des sowjetzonalen Freien Deutschen Gewerkschaftsbundes (FDGB) war, schlossen sich auch von diesen Verbänden einige den in den westdeutschen Bundesländern neugegründeten
Gewerkschaftsbünden an. So gliederte sich der Frankfurter Schutzverband
deutscher Schriftsteller schon kurz nach seiner Gründung im Dezember 1945
im Rahmen der Gewerkschaft Freie Berufe in den Freien Gewerkschaftsbund
Hessen ein, löste sich aber im Jahr 1949, als die verschiedenen westdeutschen
Einzelgewerkschaften im Deutschen Gewerkschaftsbund (DGB) zusammenge-
faßt wurden, wieder aus den als einengend empfundenen gewerkschaftlichen
Bindungen. In Bayern formierte sich im Herbst 1946 die Gewerkschaft der Geistig und Kulturell Schaffenden, die sich als 13. Landesverband dem Bayerischen
Gewerkschaftsbund anschloß. In ihrer Fachgruppe Schriftsteller und Journali-
sten kam es jedoch ebenfalls bald zu heftigen Diskussionen im Hinblick auf die
Gefahr eines möglichen Verlusts der schriftstellerischen Unabhängigkeit im
Rahmen gewerkschaftlicher Organisationsstrukturen. Ja, in dieser Gruppe
wurde sogar die Befürchtung geäußert, daß damit die Gefahr des „Kommunismus" heraufbeschworen werde.[9] Deshalb setzten sich viele ihrer Mitglieder bei
Versammlungen immer wieder für eine konzessionslose Individualität jenseits
aller Machtgruppierungen ein und waren sogar bereit, dafür auf gewisse materielle Vorteile zu verzichten, die sich durch einen engeren Anschluß an die
Gewerkschaft ergeben hätten. Demzufolge fand sich in München, als der Baye-
rische Gewerkschaftsbund 1949 im DGB aufging, niemand, der weiterhin an
der Fortführung einer Schriftstellergewerkschaft interessiert gewesen wäre.

Obwohl in diesen Verbänden auch einige „engagierte" Vertreter der inneren
und äußeren Emigration – wie Erich Kästner in München und Alfred Döblin in
der französischen Besatzungszone – aktiv wurden, beschränkten sich die meisten dieser Vereinigungen auf rein professionelle Belange. Falls sie sich überhaupt ins Weltanschauliche vorwagten, priesen sie meist das Klassisch-
Bewährte, das heißt vor allem die Werke des Altmeisters Goethe, der in diesen
Jahren wegen seiner angeblich allem Politischen abholden und nur auf die
eigene Person bezogenen Gesinnung zum leitbildlichen Idol einer „wahrhaft
großen" Literatur erhoben wurde. Schließlich wollten sich jene Schriftsteller
und Schriftstellerinnen, die sich im Dritten Reich auf der falschen Seite engagiert hatten, nicht noch ein zweites Mal die Finger verbrennen, indem sie sich
erneut für einen über das Private hinausgehenden „Gemeinsinn" einsetzten.
Wenn sie zu diesem Zeitpunkt überhaupt von den Jahren vor 1945 sprachen,
bedienten sie sich mit Vorliebe irrational aufgeladener Wortkomplexe wie
„Schicksalsverstrickung", „Dämonenherrschaft" oder „Weg in die Irre". Doch

selbst solche ideologischen Vernebelungstendenzen erschienen vielen Autoren und Autorinnen schon nach kurzer Zeit unnötig. Ab 1947/48 redeten sie als „freischwebende" Liberale meist nur noch von aus allen politischen Zusammenhängen herausgelösten „Dichtungen", wenn sie auf ihre eigenen Werke zu sprechen kamen, die man – im Gegensatz zu den Werken von Schriftstellern hinter dem Eisernen Vorhang – nicht von vornherein mit einem gesellschaftsverändernden Anspruch belasten solle. Und damit hatten die auf Restauration drängenden Kräfte, die zu diesem Zeitpunkt in Westdeutschland in Politik und Wirtschaft die entscheidenden Machtpositionen bezogen, auch auf dem Feld der Literatur ein relativ leichtes Spiel.

Das beweist bereits jener Zweite Deutsche Literaturkongreß, der im Mai 1948 in Frankfurt am Main stattfand. Hier war es nur noch Hans Mayer, der weiterhin den „humanistisch-fortschrittlichen" Auftrag der Literatur vertrat. Statt sich an „westliche" Leitbilder wie André Gide, Ernst Jünger und Franz Kafka zu halten, berief er sich im Sinne eines linken Gruppenbewußtseins lieber auf Bertolt Brecht und Maxim Gorki. Man spürt dieser Rede deutlich an, daß 1948 bereits Mut dazu gehörte, nicht einfach dem westdeutschen Status quo das Wort zu reden, sondern – wie die Vertreter des Pariser Schutzverbandes Deutscher Schriftsteller oder des Heinrich-Heine-Klubs in Mexiko City – am Glauben an die „aus geschichtlicher Erfahrung gespeiste Auffassung von der Wandelbarkeit und Erziehbarkeit des Menschen" festzuhalten.[10] Die meisten anderen Sprecher und Sprecherinnen, darunter Rudolf Hagelstange, Elisabeth Langgässer, Kurt W. Marek, Rudolf Alexander Schröder und W. E. Süßkind, verwarfen dagegen jede Form der „Littérature engageé", jedes Gruppenbewußtsein, jede Realistik – und traten für die „Überzeitlichkeit" aller wahren Dichtungen ein. Besonders scharf drückte sich in dieser Hinsicht Marek aus, der – im Gefolge der sich zu diesem Zeitpunkt herausbildenden Totalitarismustheoreme – voller Häme jene östliche „Generallinienliteratur" attackierte, die von der „Überlegenheit des Kaders dem Individuum" gegenüber ausgehe. Um so nachdrücklicher pries er ichbesessene Vertreter eines „magischen Realismus" wie Franz Kafka, Hermann Kasack und Ernst Kreuder, die sich nie in die Politik eingelassen hätten. Auch Heinrich Bechthold, der einige dieser Vorträge im Herbst 1948 in einem Sammelband unter dem Titel *Literatur und Politik* herausbrachte, stellte im Vorwort dieser Publikation der Politisierung der Literatur nochmals die „Suche nach der höheren Wahrheit und Wirklichkeit" entgegen. Statt wie die Kulturbund- oder *Ruf*-Autoren auf „Engagement" oder „propagandistische Absichtlichkeit" zu dringen, schrieb er, sei es jetzt an der Zeit, vom „Unkultivierten wieder zum Kultivierten", kurz: vom „Schrifttum wieder zur Dichtung" zurückzukehren.

Die Gruppe 47

Als sich die politischen Gegensätze im Zuge des Kalten Krieges immer stärker zuspitzten, wurde das deutsche Restterritorium – nach der von den Westmächten ohne vorherige Absprache mit den Sowjets durchgeführten Währungsreform und der dadurch provozierten Blockade Westberlins – schließlich im Herbst 1949 in zwei Staaten geteilt: die Bundesrepublik Deutschland (BRD) und die Deutsche Demokratische Republik (DDR). Während im Ostteil Deutschlands die Sozialistische Einheitspartei Deutschlands (SED) mit Hilfe der Sowjets versuchte, in ihrem Staat die politischen, ökonomischen und gesellschaftlichen Verhältnisse in einem kommunistischen Sinne umzugestalten, setzte sich die Christlich-Demokratische Union (CDU), welche aus den westdeutschen Wahlen von 1949 als die stärkste Partei hervorgegangen war, in der BRD für eine durchgreifende Restaurierung bzw. Renovierung der älteren marktwirtschaftlichen Grundstrukturen – wenn auch ohne deren faschistisch-imperialistische Auswüchse – ein.

Literaturpolitisch gesehen, ergaben sich aus der Verschiedenheit dieser Zielsetzungen folgende Konsequenzen. Im Gegensatz zur DDR, wo ab 1949/50 auch das Verlags- und Buchverteilungswesen in das Gesamtsystem der sozialistischen Kulturpolitik einbezogen wurde, verzichteten die Behörden der BRD in diesem Bereich auf irgendwelche staatlichen Eingriffe und vertrauten darauf, daß sich im Zuge der Wiedereinführung des Prinzips der freien Konkurrenz auch in der Literatur eine subjektivistische, das heißt lediglich auf den eigenen Vorteil bedachte und damit dem Sozialismus entgegenwirkende Grundhaltung durchsetzen würde. Und daraus resultierte in letzter Instanz, daß im Osten der staatliche Schriftstellerverband zum literarischen Führungsgremium aufstieg, während sich im Westen selbst die bis dahin bestandenen literarischen Vereinigungen entweder auflösten oder durch die Einführung konkurrentistischer Praktiken den marktbedingten Mechanismen anzupassen versuchten.

Beginnen wir mit den Literaturverhältnissen in der frühen BRD. Nach dem Verbot des Kulturbundes zur demokratischen Erneuerung Deutschlands, der Unterdrückung der Gruppe um die Zeitschrift *Der Ruf* sowie der weitgehenden Ausschaltung der nationalsozialischen oder nationalkonservativen Dichter-

gruppen, die sich zwar zwischen 1949 und 1959 weiterhin bei Hans Grimm in
Lippoldsberg trafen und sich mit Zeitschriften wie *Nation Europa* neue Foren
für ihre Anschauungen zu verschaffen suchten, aber damit nur einen höchst
marginalen Leserkreis erreichten, konnte hier bloß die Gruppe 47 eine größere
Aufmerksamkeit auf sich ziehen. Sie war in ihren Anfängen, wie bereits
beschrieben, als eine kollegiale, ja fast kameradschaftliche Autoren- und Auto-
rinnengruppe mit linksliberaler Ausrichtung bekannt geworden, die zwar auf
jede emphatische Überhöhung, aber nicht auf ein dem Ideal der „littérature
engagée" verpflichtetes Eintreten zugunsten eines Dritten Weges zwischen den
zwei großen politischen Machtblöcken verzichtet hatte. Als sich dieses Engagement in den Jahren 1948/49 im Zuge des Kalten Krieges und der Teilung
Deutschlands als illusorisch erwies, setzte auch in dieser Gruppe ein immer
deutlicher werdender Rückzug auf subjektiv-verinnerlichte Positionen ein, der
sich – im Gegensatz zu den neokatholisch-abendländischen Tendenzen innerhalb des offiziellen oder offiziösen Literaturbetriebs – als nonkonformistisch
und damit widersetzlich verstand, aber seine bisherigen inhaltlichen Bestim-
mungen einbüßte. Die meisten Mitglieder dieser Gruppe lehnten zwar in den
fünfziger Jahren den von der CDU eingeschlagenen politischen, ökonomischen
und kulturellen Restaurierungskurs weiterhin ab, wußten aber immer weniger,
was sie diesem Kurs ideologisch entgegensetzen sollten. Demzufolge stellte sich
bei ihnen mehrheitlich eine prononcierte „Ohne mich"-Haltung ein, welche
sich jedoch nicht mehr politisch manifestierte, sondern lediglich die Geste hilf-
los vereinzelter Außenseiter annahm, die wenigstens im engeren Kollegenkreis
eine freundschaftliche Verbundenheit weiterzupflegen versuchten.

   Doch selbst solche Gesten sollten sich schnell als obsolet erweisen. Schließlich bildete sich in der BRD – durch die politische Restauration und vor allem
den wirtschaftlichen Konkurrenzdruck – auch auf literarischem Gebiet ein
Klima heraus, in dem nur noch das Durchsetzungsvermögen des Einzelnen,
aber nicht mehr eine auf ideologischer Solidarität gegründete Gemeinschaftlichkeit im Vordergrund stand. Die meist euphorisch als Aufstiegsperiode der
Gruppe 47 bezeichnete Zeit zwischen 1950 und 1957 stand daher im Zeichen
eines merkwürdigen Zwiespalts. Einerseits ging in diesen Jahren das Gefühl der
Kameradschaftlichkeit zwischen den einzelnen Gruppenmitgliedern erheblich
zurück, andererseits gelang es ihrem Spiritus rector, dem früheren *Ruf*-Heraus-
geber Hans Werner Richter, dieser Gruppe durch eine geschickte Imagepflege
und zugleich Werbetaktik dennoch den Anschein einer Zusammengehörigkeit
zu geben, der fast dem Charakter eines Markenartikels gleichkam. Aufgrund
dieser Strategien nahm diese Gruppe, die in der unmittelbaren Nachkriegszeit
aus einer randständigen Vereinigung sich ideologisch heimatlos empfindender
Schriftsteller und Schriftstellerinnen hervorgegangen war, bereits gegen Mitte
der fünfziger Jahre fast eine literarische Monopolstellung ein. Genau besehen,

Jürgen Becker vorlesend beim Treffen der Gruppe 47 in Princeton (1966). Neben ihm Hans Werner Richter

erreichte sie das auf dreierlei Weise: 1. durch den literarischen Spürsinn Hans Werner Richters, 2. durch eine geschickte Vernetzung mit an sogenannter moderner Literatur interessierter Verleger, Kritiker und Rundfunkredakteure, und 3. durch eine der allgemeinen gesellschaftlichen Entwicklung angepaßte Haltung, die im Zuge der ökonomischen Hybris der fünfziger Jahre auf jede ideologische Festlegung zu verzichten glaubte und lediglich eine den technischen Innovationen dieser Jahre entsprechende formalistisch-orientierte Literatur in den Vordergrund rückte, die sich weder rechts noch links engagierte, sondern sich als betont nachideologisch ausgab.

Auf ihren alljährlich stattfindenden Tagungen, die schnell zu großen Medienspektakeln wurden, ja fast den Charakter von Literaturbörsen annahmen, wurde deshalb der geradezu kumpelhafte Ton der Anfangsjahre der Gruppe 47 nach und nach durch einen professionalisierten Branchen- und Wissenschaftsjargon abgelöst, mit dem jeder den anderen – im Zuge immer größerer Profilierungszwänge – zu überbieten oder gar auszustechen versuchte. Ihre Treffen spielten sich demnach stets folgendermaßen ab. Die von Hans Werner Richter eingeladenen Autoren oder Autorinnen durften höchstens eine halbe Stunde vorlesen und mußten sich dann, ohne selbst das Wort ergreifen zu können, die

lobenden oder ablehnenden Bemerkungen der anderen Schriftsteller und Kritiker anhören. Unter den Kritikern, die bei der anschließenden Zensurenvertei-
lung die wichtigste Rolle spielten, taten sich vor allem Walter Höllerer, Walter
Jens, Joachim Kaiser, Hans Mayer und Marcel Reich-Ranicki hervor. Allerdings durften sich Lob und Tadel nur auf die formalen Aspekte der vorgetragenen Texte beziehen. Politische Akzente zu setzen, war dagegen – wie in der Metternichschen Restaurationsperiode oder Nachmärz-Ära – weitgehend verpönt.
Auf den meisten dieser Tagungen wurde am Schluß dem Autor oder der Autorin
des „besten" Textes der von allen begehrte Preis der Gruppe 47 verliehen, der
manchmal selbst relativ unbekannte Autoren oder Autorinnen über Nacht
berühmt machte. 1951 war es Heinrich Böll, 1952 Ilse Aichinger, 1953 Ingeborg Bachmann, 1955 Martin Walser, 1958 Günter Grass und 1962 Johannes
Bobrowski, die diesen Preis erhielten. Als Voraussetzungen der Preisverleihung
galten dabei zusehends Kriterien wie „literarische Feinsinnigkeit", „melancho-
lische Tönung" oder „ästhetisch-sublimierte Ironie" – also Kriterien, die der
Stimmung eines konformistischen Nonkonformismus entsprachen. Besonders
beliebt waren deshalb anfänglich Texte, denen, selbst wenn sie auf Probleme
der gesellschaftlichen Entfremdung eingingen, keine genauere ideologische
Ortsbestimmung zugrunde lag. Im Sinne Theodor W. Adornos sollte Literatur
im Rahmen dieser Gruppe ihr letztmögliches Widerstandspotential lediglich
durch eine sich gegen jegliche weltanschauliche Vereinnahmung sperrende
Hermetik, einen Rückzug ins ästhetische Reservate, mit anderen Worten: eine
weitgehende Automomie allem Politischen gegenüber beweisen.
    Die bevorzugten Textsorten waren meist Kurzgeschichten, Gedichte oder
Hörspiele, die sich am besten in den Rahmen einer halbstündigen Lesung ein-
fügten, während Ausschnitte aus Dramen oder längeren Romanen in der
Anfangszeit dieser Tagungen nur selten vorgetragen wurden. In vielen der zwischen 1950 und 1957 vorgelesenen Texte kam zwar eine merkliche Distanz,
wenn nicht gar Verwerfung der in dieser Zeit schnell anwachsenden Kulturindustrie und der hinter ihr stehenden Wohlstandsideologie zum Ausdruck, die
jedoch im Laufe der Jahre immer unglaubwürdiger wurde, da fast alle Autoren
oder Autorinnen dieser Gruppe weder auf die ihnen zur Prominenz verhelfende
Kulturindustrie noch auf den steigenden Wohlstand verzichten wollten. Im
Gegenteil, die meisten partizipierten fleißig daran. Die von ihnen verkündete
literarische „Moderne", mit der sie erst den reaktionären Tendenzen der NS-
Periode und dann den ideologischen Ansprüchen aller sogenannten totalitären
Regime entgegentraten, hatte daher – im Gegensatz zu den sich als „fortschrittlich" verstehenden literarischen Avantgarden zwischen 1910 und 1933 – keine
ins Progressive oder Utopische vorausweisenden Züge mehr, sondern verstand
sich ausdrücklich als eine nachrevolutionäre Moderne, deren Hauptmerkmale
weniger die inhaltlichen als die technisch-formalen Innovationen waren.

Treffen der Gruppe 47 in Princeton (1966). Von links nach rechts: Hans Mayer, Peter Weiss,
Walter Höllerer, Inge Jens und Marcel Reich-Ranicki

Dementsprechend distanzierte sich die Gruppe 47 in den fünfziger Jahren
von allen neuen Kunstismen, Manifesten oder programmatischen Zielsetzungen. Genau besehen, wollte sie „eine Gruppe sein, die keine Gruppe ist", wie
Hans Werner Richter schließlich zugab.[1] Sie verstand sich nicht als Kreis oder
Bund, sondern als lockere Ansammlung freischaffender Individuen, die auch
auf literarischem Gebiet dem in dieser Zeit immer wieder verkündeten Ideal
einer offenen, das heißt angeblich pluralistischen Gesellschaft huldigten, ohne
dabei zu erkennen, wie eng die von ihnen gepriesene Offenheit – wegen der
Ausschließung aller politisch und gesellschaftlich relevanten Themen – letztlich
war. Im Rahmen dieser Gruppe wurde also Literatur weniger bewertet als ver-
wertet, mit anderen Worten: für den bestehenden Markt aufbereitet. Und damit
paßten sich diese Tagungen zusehends den Hauptprinzipien des sie umgebenden kapitalistischen Wirtschaftssystems an: sie eliminierten die Sehnsucht nach
Solidarität, sie verstärkten die ohnehin vorhandenen Konkurrenzzwänge, sie
züchteten Stars heran und sie versahen deren literarische Produkte mit profit-
versprechenden Gütesiegeln, um sie bei jenen Verlagen unterbringen zu können, die sich – wie Suhrkamp, Rowohlt, Fischer oder Luchterhand – auf den
Sektor „Gegenwartsliteratur" spezialisiert hatten. Auf diese Weise avancierten
die von der Kritikerschicht dieser Gruppe ausgewählten Werke immer stärker

aus obskuren Randerscheinungen zu den Hauptwerken einer als arriviert gel-
tenden Moderne, mit denen diese Gruppe endlich den allseits geforderten
Anschluß an die betont ichbezogene, absurde oder strukturell-verkomplizierte
Literatur des Westens zu erreichen hoffte.

Im Zuge dieser Entwicklung wandelte sich die Gruppe 47 aus einem ideologischen Dissidenten-Klub in ein Clearing House der Moderne, dem gesellschaftskritische Außenseiter wie Wolfgang Koeppen oder Arno Schmidt
bewußt fernblieben. Um so enger schlossen sich im Verlauf der fünfziger und
frühen sechziger Jahre Autoren und Autorinnen wie Ingeborg Bachmann, Jürgen Becker, Nicolas Born, Paul Celan, Hubert Fichte, Peter Handke, Helmut
Heißenbüttel, Wolfgang Hildesheimer oder Ror Wolf der Gruppe 47 an, denen
es im Gegensatz zu Heinrich Böll, Hans Magnus Enzensberger, Günter Grass
und Martin Walser weniger um das Gesellschaftskritische als um eine modernistisch-elitäre Sprachbehandlung ging. Auf den Tagungen dieser Gruppe
schrumpfte demzufolge das kritische Vokabular, wie Wolfdietrich Schnurre,
einer der älteren „Realisten", 1962 mit bedauernder Geste erklärte, allmählich
auf formalistische Jargonkriterien wie „Sprachmaterial", „Textfläche", „Rea-
litätsraster" oder „mathematische Durchstrukturierung" zusammen, als habe
man es mit nichtgegenständlichen Gemälden oder Produkten der seriellen
Musik dieser Zeit zu tun.[2] Ja, Hans Mayer, enttäuscht von all diesen Anpas-
sungsritualen, die dennoch den Schein des „Avantgardistischen" aufrechtzuerhalten suchten, schrieb später noch verbitterter über die Entwicklung der
Gruppe 47: „Was als Protest gegen die Ökonomie begonnen hatte, pervertierte
zum Service für sie!"[3]

Die Wiener Gruppe und das Grazer Forum Stadtpark

Eine andere Autorenvereinigung, die während der fünfziger und frühen sechziger Jahre in Westdeutschland Aufsehen erregte, nannte sich die „Wiener
Gruppe". Ihre Autoren waren zwar nicht Bürger der BRD, sondern Österreicher, wurden aber dennoch – wie Ingeborg Bachmann und Peter Handke –
wegen ihres betonten Nonkonformismus und ihrer artistischen Sprachbehandlung von manchen jüngeren Mitgliedern der Gruppe 47 als durchaus wesensverwandt empfunden. Diese Gruppe, zu deren Gründern Friedrich Achleitner,
Konrad Bayer, H. C. Artmann, Gerhard Rühm und Oswald Wiener gehörten,
war 1946 in Wien aus dem artclub um Paris von Gütersloh hervorgegangen
und verstand sich von Anfang an als ein avantgardistischer Zusammenschluß
gegen die herkömmlichen Literaturformen, denen sie mit einer bewußt experi-
mentierfreudigen Lust an der Sprachverdrehung entgegenzutreten versuchte.
Sie stützte sich dabei sowohl auf barocke, surrealistische und dadaistische Satz-

und Wortbildungen als auch die Sprachtheorien Ludwig Wittgensteins, Gertrude Steins und des Sturm-Kreises um Herwarth Walden. Besonders aktiv war
diese Gruppe in den Jahren von 1952 bis 1964, in denen sie nicht nur die meisten ihrer Texte verfaßte, sondern auch häufig gemeinsame literarische Kaba-
rettabende veranstaltete, die in manchem auf die späteren Happenings der Flu-
xus-Gruppe unter den bildenden Künstlern vorausweisen.

Ihre literarischen Hauptausdrucksmittel waren Lautdichtungen, Textmonta-
gen, Seh- und Hörtexte, Kleinbühnenpossen, literarische Chansons oder ins
Makabre verfremdete Dialektdichtungen, die entweder durch ihre Neigung
zum sprachlichen Konkretismus à la Eugen Gomringer oder zur inhaltlichen
Blödelei, wie „scheissen und brunzen/sind kunsten", in einem neodadaistischen Sinne schockierend wirken sollten. Daher gaben die Autoren dieser
Gruppe ihren Texten gern verwirrende Titel wie *verbaristische szenen, kleine
percussions-lehre, grammatik & chrestomanie der melone, elegische ode an
den kaiser kru, invocation et miracle du tlu, montage mit weiss, epitaf auf den
selbstmörder dlü, farbengedicht, tök ph'rong sülleng* oder *notwendiger beitrag
zur erlegung des werwolfes* sowie *Da. eine buchstabengeschichte für kinder*,
um nur ja keinen Zweifel an der bewußten Artistik ihrer literarischen Bemühungen aufkommen zu lassen. Den gleichen Grundtenor hatten viele ihrer programmatischen Erklärungen, in denen sich die Mitglieder der Wiener Gruppe
zu einer Dichtung bekannten, die auf alle weltanschaulichen Zweckbestim-
mungen verzichtet. Wohl am nachdrücklichsten formulierte das H. C. Artmann
1953 in seiner *acht-punkte-proklamation des poetischen actes*, wo es – in einer
fast ans Kindliche grenzenden Apodiktik – heißt: „1. ein poetischer act ist dichtung um der reinen dichtung willen. er ist reine dichtung und frei von aller
ambition nach anerkennung, lob und kritik" und „2. der poetische act ist materiell vollkommen wertlos und birgt deshalb von vornherein nie den bazillus der
prostitution. seine lautere vollbringung ist schlechthin edel."[4]

Bekannt wurde diese Gruppe vor allem durch ihre Vortrags- und Kabarett-
abende, die sie anfangs im gesellschaftlich exklusiven Strohkoffer, einem Lokal
unter der Loosschen Kärntnerbar, dann in einem weiten, labyrinthischen Keller
in der Ballgasse 10 und schließlich im Café Glory schräg gegenüber der Universität oder in der Adebar in der Annagasse 3 veranstalteten. Wenn ihre Mitglieder dabei – neben ihren Lautgedichten, Hörtexten und Chansons – auch ins
betont Groteske tendierende Manifeste vortrugen, liefen diese wie bei vielen
Vertretern der Gruppe 47 häufig auf die Formel hinaus: „diesmal sei es ohne
uns!",[5] um sich in aller Offenheit von dem österreichischen Parteiengezänk
sowie den staatlichen Wiederbewaffnungsbemühungen zu distanzieren. Aufgrund dieser vielfältigen Übereinstimmungen sind sich die Texte dieser Gruppe
– sowohl in ihren literarischen Ausdrucksformen als auch in ihrer Haltung des
allgemeinen Ideologieverdachts, die meist auf eine bewußte Verhohnepiepe-

lung jeder inhaltlichen Verbindlichkeit hinauslief – zum Teil so ähnlich, daß sie im Nachhinein nur von Kennern auseinandergehalten werden können.

Auf den ersten Blick sieht das nach einer deutlich ausgeprägten Gruppenkohärenz aus, zumal die Vertreter dieser Gruppe nicht nur zusammen auftraten, sondern manchmal sogar ihre Texte gemeinsam verfaßten und unter doppelter oder mehrfacher Autorschaft veröffentlichten. Und doch fehlte dieser Gruppe ein Element, um ihr den Charakter eines richtigen Dichterbundes zu geben, nämlich ein ausgeprägtes programmatisches Profil. Sie war zwar nicht so stark auf den literarischen Markt bezogen wie die Gruppe 47, sondern verharrte in einer Außenseiterposition, die sie weniger profitorientiert als bohemienhaft zu nutzen versuchte, aber sie verzichtete darauf, ihrer Widerborstigkeit einen tieferen Sinn unterzulegen. Zugegeben, auch die Wiener Gruppe behauptete in ihren Anfängen mehrfach, durch ihre Abneigung gegen alles „Gesunde und Unentartete" entschieden antifaschistisch eingestellt zu sein, wußte aber nicht, welche ideologische Tendenz sie diesem Antifaschismus zugrunde legen sollte. Also wich sie mehrheitlich ins Ästhetische aus, statt sich unter gesellschaftskritischer Perspektive mit der unmittelbaren Vergangenheit oder auch der eigenen Gegenwart auseinanderzusetzen. Wie im Rahmen der Gruppe 47 kam es darum auch in der Wiener Gruppe nur in Ausnahmefällen zu Kontaktaufnahmen mit antifaschistischen Autoren oder Autorinnen der Exilzeit. Schließlich war bei den Mitgliedern dieser Gruppe „Engagiertes" – entweder aus eigener Überzeugung oder unter dem Druck der Westmächte – ebenso verpönt wie bei den meisten Schriftstellern und Schriftstellerinnen der frühen Bundesrepublik.

Statt also irgendwelchen linken „Sirenentönen" zu lauschen, wie es damals gern hieß, schloß sich auch die Wiener Gruppe lieber dem allgemeinen Trend zur Westintegrierung an und stellte als ihre literarischen Vorbilder – neben Wortkünstlern wie Arno Holz und August Stramm sowie Dadaisten wie Hugo Ball, Raoul Hausmann und Kurt Schwitters – vor allem Samuel Beckett, Jean Cocteau, Jean Genet, Eugène Ionesco und Gertrude Stein heraus. Über diesen Trend dürfen auch ihre sogenannten Dialektgedichte nicht hinwegtäuschen, die mit älteren österreichischen Dichtungen dieser Art fast nichts gemeinsam haben, sondern – im Gegenteil – wie der Lyrikband *med ana schwoazzen dintn. gedichta r aus bradnsee* (1958) von H. C. Artmann eindeutig ins Bizarre, wenn nicht gar Makabre oder bewußt Unsinnige tendierten. Ja, manchmal gingen die Autoren dieser Gruppe bei ihren Sprachexperimenten so weit, daß ihre Texte jeden landläufigen Aussagewert einbüßten und nur noch das in einem neodadaistischen Sinne Hanebüchene akzentuierten. Und auch bei ihren öffentlichen Auftritten – wie dem „flagello-mechanischen" Happening, bei dem sie mit Bleikugelschnüren aus alten Schreibmaschinen neue Texte herauszupeitschen versuchten – dominierte meist das bewußt „Ver-Rückte".

Allerdings ließen sich solche Effekte, nachdem sich ihr Nouveauté-Reiz verbraucht hatte, nicht ins Unendliche perpetuieren. Artmann schied daher schon in den späten fünfziger Jahren aus dieser Gruppe aus. Dennoch versuchten die anderen vier, ermutigt durch größere Publikationen in Wien und in der BRD sowie engere Kontake zur Gruppe 47 und zur Ulmer Hochschule für Gestaltung, ihre Gemeinschaftsarbeiten fortzusetzen und sich neue Auftrittsmöglichkeiten zu verschaffen. Als jedoch in den frühen sechziger Jahren in der Bundesrepublik eine stärkere Betonung des Gesellschaftskritischen einsetzte, flaute das Interesse an der Wiener Gruppe allmählich ab. Einen wichtigen Einschnitt in ihren Aktivitäten bildete das Jahr 1964, in dem Konrad Bayer Selbstmord beging. Der 1967 von Gerhard Rühm bei Rowohlt in Hamburg herausgegebene Band *Die Wiener Gruppe. Texte, Gemeinschaftsarbeiten, Aktionen* wirkte daher fast schon wie ein Epitaph.

Einen ähnlich gearteten Modernismus, der sich als avantgardistisch ausgab, vertrat in Österreich während dieses Zeitraums lediglich jene Gruppe von Grazer Malern, Architekten, Photographen und Schriftstellern, deren Hauptsprecher der Rundfunkjournalist Emil Breisach war. Um dieser Gruppe ein festes Zentrum zu geben, gründete Breisach 1958 ein Aktionskomitee, verschaffte sich den nötigen finanziellen Rückhalt und ließ schließlich in Graz das leerstehende Stadtpark-Café in ein Klubhaus mit Ausstellungsraum und Theatersaal umbauen. Auf ihrer Gründungsversammlung im Januar 1959 gab sich diese Gruppe den Namen „Forum Stadtpark", um mit dem Wort „Forum" von vornherein ihre programmlose Offenheit allen als spezifisch modern verstandenen Kunstformen gegenüber zu akzentuieren. Ihr offizieller Eröffnungsakt fand am 4. November 1960 mit einer Reihe musikalischer Darbietungen sowie einer Ausstellung von Gemälden, Graphiken und Plastiken statt. Irgendwelche programmatischen Tendenzen waren dabei ebenso wenig zu erkennen wie in den Verlautbarungen der Wiener Gruppe aus der Mitte der fünfziger Jahre. Jeder sollte hier als besondere „Individualität" auftreten, wie es im *Programmheft* hieß, und sich bemühen, in den „mannigfaltigen Aussagen unserer Zeit" die ihm gemäße künstlerische „Ausdrucks- und Darstellungsform" zu finden.

Im Bereich des Literarischen war als Anreger innerhalb dieser Gruppe vor allem Alfred Kolleritsch wichtig, der zu diesem Zeitpunkt die hektographierte Mittelschülerzeitschrift *manuskripte* in ein erst dreimal, dann viermal im Jahr erscheinendes Journal verwandelte. Mit der Geste des Épater-le-Bourgeois versuchte er in ihm das ältere Bildungsbürgertum, das noch weitgehend in monarchischen, katholischen und nationalistischen Anschauungen befangen war, mit betont modernistischen Text-Collagen, Sprechgedichten und Unsinnspoesien zu schockieren. Zu den Autoren und Autorinnen, die er dabei favorisierte und auch zu Lesungen ins Stadtpark-Café einlud, gehörten vor allem Wolfgang Bauer, Rudolf Bayr, Barbara Frischmuth, Peter Handke und Michael Scharang,

aber auch Vertreter der Wiener Gruppe sowie Ernst Jandl, Elfriede Jelinek und
Friederike Mayröcker. Ja, selbst Thomas Bernhard, der allerdings ein betonter
Einzelgänger blieb, zeigte sich an solchen Aktivitäten interessiert.

Nachdem diese Lesungen sowie die damit verbundenen Theateraufführungen und Kunstausstellungen auf der österreichischen Kunstszene um 1965 ein
beachtliches Aufsehen erregt hatten, das dieser Gruppe sogar in der bundesrepublikanischen Presse ein gewisses Renommee verschaffte, wurde es in den
späten sechziger Jahren, als das Sprachlich-Innovative im Zuge der ständig
stärker werdenden gesellschaftskritischen Relevanzansprüche für eine Weile in
den Hintergrund trat, auch um diese Vereinigung allmählich stiller, bis sie
schließlich – wie die Wiener Gruppe und die Gruppe 47 – mit der Einstellung
der *manuskripte* im Jahr 1972 immer bedeutungsloser wurde. Damit zeigte
sich auch hier, daß selbst eine gruppenzentrierte Zeitschrift und ein fester Versammlungsort nicht ausreichten, um dieser Künstlervereinigung zu größerer
Dauer zu verhelfen, weil sie sich letztlich nur aus „Individualitäten" zusammensetzte, die kein gemeinsames Programm verband. Wie viele solcher Gruppen, die nach 1945 aus Abneigung gegen falsche oder als veraltet empfundene
Weltanschauungen das Kind einfach mit dem Bade ausschütteten und sich zu
einer prononcierten Ideologielosigkeit bekannten, tendierte deshalb die Grazer
Gruppe schon nach wenigen Jahren notwendig ins Modernistisch-Elitäre, ja
Solipsistische, das heißt blieb ein unverbindliches „Forum", das zwar einigen
Autoren und Autorinnen einen größeren Bekanntheitsgrad innerhalb der auf
Novitätsreize eingerasteten Literaturszene gab, aber gesellschaftlich weitge-
hend irrelevant blieb.

Die professionellen Schriftstellerorganisationen der Adenauer-Ära

Da ohne einen neuen ideologischen Elan auch keine neuen Dichterbünde entstehen, mußte die literarische Entwicklung in der westdeutschen Bundesrepublik zwangsläufig einen völlig anderen Verlauf nehmen als die literarische Entwicklung in der Weimarer Republik. Während damals, vor allem in den frühen
zwanziger Jahren, fast jedes Jahr ein neuer Dichterbund mit einem auf Weltver-
änderung drängenden Manifest auftrat und selbst in der sogenannten wirtschaftlichen Stabilisierungsperiode zwischen 1923 und 1929 weiterhin eine
Fülle neuer Dichterbünde im rechten, mittleren und linken Lager gegründet
wurden, blieb es in der BRD und in Österreich in den fünfziger Jahren – wegen
des allgemein lähmenden Ideologieverdachts – weitgehend still. Genau besehen, sind die Gruppe 47, die Wiener Gruppe und das Grazer Forum Stadtpark
die einzigen interessanten literarischen Zusammenschlüsse, die in diesem Zeit-

raum entstanden. Daß sie überhaupt existieren konnten, hängt weitgehend damit zusammen, daß innerhalb der akademisch und literarisch interessierten Mittelschichten ein ähnlich gearteter konformistischer Nonkonformismus herrschte wie unter den Autoren dieser Jahre, die sich beide auf die Formel „Ohne mich!" beriefen, an deren Stelle erst im Laufe der sechziger Jahre die Formel „Mehr Demokratie wagen!" trat.

Ähnliches gilt – wie zu erwarten – für die berufsständischen Schriftstellerorganisationen, die im gleichen Zeitraum gegründet wurden. Während es in Österreich schon im Herbst 1945 zur Gründung einer für alle vier Besatzungszonen verbindlichen Autorenvereinigung kam, die sich erst Verband demokratischer Schriftsteller und Journalisten Österreichs und sich dann einfach Österreichischer Schriftstellerverband nannte, erlaubten die westlichen Besatzungsmächte auf dem Restterritorium des ehemaligen Dritten Reichs – im Gegenzug zu dem von den Sowjets als gesamtdeutsche Organisation geförderten Kulturbund zur demokratischen Erneuerung Deutschlands – nur die Gründung relativ isolierter Schriftstellerverbände auf lokaler Ebene. Als sich im März 1949, dem Jahr der Gründung der Bundesrepublik, einige dieser Gruppen in Berlin bemühten, für die bereits existierenden Schriftstellerverbände eine umfassende Dachorganisation in Form eines Verbandes deutscher Autoren ins Leben zu rufen, stieß demzufolge ein solches Bemühen bei einigen der bereits gegründeten Verbände, die um ihre bisher wohlgehütete Autonomie bangten, auf wenig Gegenliebe.

Ein zweiter Anlauf, endlich alle westdeutschen Autoren und Autorinnen, die bereits den um 1945/46 gegründeten oder den um 1950 entstandenen Autorenverbänden – wie dem Mittelrheinischen Schriftsteller-Verband, dem Süddeutschen Schriftstellerverband, dem Verband Saarländischer Autoren, dem Verband Deutscher Kritiker und dem Verband Deutscher Bühnenschriftsteller – beigetreten waren, in einer umfassenden Schriftstellerorganisation zu vereinigen, wurde auf Anregung des Bundespräsidenten Theodor Heuss, der in der Mitte der zwanziger Jahre kurzfristig das Amt des Ersten Vorsitzenden des Schutzverbandes Deutscher Schriftsteller innegehabt hatte, im Februar 1952 in Berlin unternommen. Ja, es kam sogar zur Gründung eines solchen Verbandes, der sich jedoch vorsichtigerweise Vereinigung deutscher Schriftstellerverbände nannte, da die einzelnen Landesverbände in ihm eine weitgehende Selbständigkeit behalten wollten und der dadurch von vornherein keine durchgreifenden Maßnahmen zur professionellen Absicherung seiner Mitglieder einleiten konnte. Außerdem wurde im Paragraphen 3 dieser Vereinigung – dem konformistischen Nonkonformismus dieser Ära entsprechend – in wohlformulierter Klarheit festgelegt, daß sich diese Organisation ausschließlich auf wirtschaftliche Probleme beschränken und „weder politische noch sozialpolitische oder religiöse Ziele" verfolgen solle.[6]

Doch solche Erklärungen waren von vornherein hypokritisch. In allen ideologischen Auseinandersetzungen des Kalten Krieges stellte sich diese Vereinigung – trotz ihrer angeblichen Nichteinmischungshaltung – sehr wohl auf die Seite der BRD-Politik. So schlug sie etwa im August 1954 eine Einladung der DDR zu einem Schriftstellertreffen auf der Wartburg mit der Begründung aus, daß sie nicht an einer Konferenz teilnehmen könne, auf der auch „engagierte Kommunisten" wie Anna Seghers und Wieland Herzfelde das Wort ergreifen würden. Dieselbe Entscheidung traf sie, als sie sich entschloß, keinem der durch das 1956 von der Adenauer-Regierung erlassene Verbot der KPD in der Bundesrepublik in Not oder Bedrängnis geratenen Schriftsteller zu Hilfe zu eilen. Autoren dieser Couleur waren für sie keine „wirklichen Kollegen", wie es in der Verbandsspitze hieß, sondern lediglich „Opfer" einer selbstverschuldeten Verblendung.[8] Der CDU-Regierung kamen solche Erklärungen natürlich sehr gelegen. Aber auch von der Mehrheit der westdeutschen Autoren der fünfziger Jahre wurde diese Haltung entweder begrüßt oder schweigend hingenommen. Erst seit der Anfang der sechziger Jahre einsetzenden Liberalisierungswelle kam es in ihren Reihen zu ersten Protesten gegen eine derart starr gehandhabte ideologische Einseitigkeit, so daß die Vereinigung deutscher Schriftstellerverbände im Laufe der Zeit schließlich an einem Punkt ankommen mußte, an dem sie anachronistisch wurde.[9] Dieser Punkt war im Jahr 1969 erreicht, als es dem Sozialdemokraten Dieter Lattmann gelang, die einzelnen Landesverbände von der Notwendigkeit einer zentralen, dem Demokratisierungsprozeß dienenden Neugründung zu überzeugen, welche die Bezeichnung „Verband deutscher Schriftsteller" erhielt.

Einen etwas anderen Verlauf nahm die Entwicklung der zweiten professionellen Schriftstellerorganisation, nämlich des PEN-Clubs, in der Adenauer-Ära. Dieser Club hatte sich 1948, ein Jahr vor der Gründung der beiden deutschen Teilstaaten, auf Betreiben Peter de Mendelssohns und Johannes R. Bechers in Göttingen neu konstituiert und darauf Becher, Hermann Friedmann und Ernst Penzoldt zu seinen drei Vorsitzenden gewählt. Allerdings kam es schon ein Jahr später unter seinen Mitgliedern zu heftigen politischen Auseinandersetzungen, wofür vor allem die auf dem Westberliner Kongreß für kulturelle Freiheit und dem auf ihn reagierenden Ostberliner 2. Schriftstellertag gehaltenen Reden beredte Zeugnisse ablegen. Trotzdem wurde 1950 auf dem Wiesbadener Treffen des deutschen PEN-Clubs Johannes R. Becher – neben Hermann Friedmann und Erich Kästner – nochmals zum gleichberechtigten Präsidenten dieser Organisation wiedergewählt. Voller Empörung über dieses Wahlergebnis verlangten darauf mehrere westdeutsche Autoren und Autorinnen den sofortigen Ausschluß Bechers und seiner Gesinnungsgenossen aus dem PEN-Club. Ebenso scharf distanzierte sich das Bundesministerium für gesamtdeutsche Fragen in Bonn von dieser Wahl und ließ unter den westdeutschen

Schriftstellern und Schriftstellerinnen eine Broschüre unter dem Titel *Die Freiheit fordert klare Entscheidungen. Johannes R. Becher und der PEN-Club* verteilen, worin es auf die Unvereinbarkeit der westlichen und östlichen Ideologien hinwies und die DDR-Auroren als Handlanger eines politischen Totalitarismus anprangerte, den es mit allen Mitteln zu bekämpfen gelte. Dennoch erhielt Becher auf der nächsten Tagung des PEN-Clubs im Oktober 1951 in Düsseldorf, an dem fünfzehn westdeutsche und acht ostdeutsche Mitglieder dieser Vereinigung teilnahmen, bei der Wahl zu einem der drei Präsidenten – neben Günther Weisenborn und Johannes Tralow – nochmals die nötige Stimmenmehrheit.[10] Nach dieser von der Hälfte der bundesrepublikanischen Schriftsteller und Schriftstellerinnen als „schmählich" empfundenen Niederlage entschieden sich die in Westdeutschland lebenden antikommunistisch eingestellten Mitglieder, trotz der warnenden Proteste von Hans Henny Jahnn, Johannes Tralow und Günther Weisenborn, im Dezember 1951 in Darmstadt ein separates PEN-Zentrum Bundesrepublik zu gründen.[11]

Dennoch existierte die gesamtdeutsche Sektion des Internationalen PEN-Clubs, deren Vorsitz zwischen 1953 und 1956 Bertolt Brecht übernahm, unter der Bezeichnung Deutsches PEN-Zentrum Ost und West noch bis zum Jahr 1967 weiter. Erst dann kam es zu einer endgültigen Trennung in ein PEN-Zentrum West und ein PEN-Zentrum Ost. Während das PEN-Zentrum der DDR auch in der Folgezeit an der Volksfrontpolitik der Exil-PEN-Sektion festzuhalten versuchte, die viele der aus Deutschland vertriebenen und jetzt in der DDR ansässigen Autoren und Autorinnen schon in den dreißiger Jahren tatkräftig unterstützt hatten, bemühte sich das PEN-Zentrum der BRD in den fünfziger Jahren, an die Haltung der zwar an professionellen Belangen interessierten, aber politisch eher desengagierten deutschen PEN-Sektion vor 1933 anzuknüpfen. Seine schnell wechselnden Präsidenten, darunter Erich Kästner, Bruno E. Werner und Dolf Sternberger, wie auch die meisten seiner Mitglieder kamen nicht aus dem Exil, sondern aus den Bereichen einer nichtfaschistisch gesinnten Inneren Emigration. Das entscheidende Kriterium bei der Zuwahl neuer Mitglieder war daher im Westen weniger eine auch in schwierigen Zeiten bewiesene sozialistische oder humanistisch-liberale Gesinnungstreue als eine weitgehend entideologisierte „Ohne mich"-Einstellung. Auf diese Weise manövrierte sich das westdeutsche PEN-Zentrum in eine bewußt elitäre Position hinein, die es erst in den sechziger und siebziger Jahren – unter Präsidenten wie Hermann Kesten, Heinrich Böll und Walter Jens – zugunsten einer auch ins Tagespolitische eingreifenden Haltung wieder aufgab. Doch das gehört bereits in ein anderes Kapitel der westdeutschen Literaturgeschichte, wofür sich in den fünfziger Jahren noch kaum nennenswerte Ansätze finden.

Der ostdeutsche Schriftstellerverband

Daß auf der anderen Seite des damals viel apostrophierten „Eisernen Vorhangs" die literarische Entwicklung völlig anders verlaufen würde, war schon 1947 – nach dem Beginn des Kalten Krieges zwischen den USA und der UdSSR – klar vorherzusehen. Und es war ebenso vorhersehbar, daß es im Zuge der sozialistischen Integrationspolitik innerhalb der sowjetischen Besatzungszone nicht zu einzelnen privaten Gruppenbildungen, sondern zum Zusammenschluß aller Autoren und Autorinnen im Rahmen eines von der Sozialistischen Einheitspartei Deutschlands kontrollierten Schriftstellerverbandes (SV) nach sowjetischem Vorbild kommen würde. Dafür sprachen schon die von der SED im Jahr 1948 einberufenen Kulturtagungen, auf denen Alexander Abusch und Anton Ackermann die in der SBZ lebenden Schriftsteller und Schriftstellerinnen mit bewegten Worten aufforderten, sich an der Propagierung des von der SED ausgearbeiteten Zweijahresplans für die SBZ zu beteiligen. Als daher im Juli 1950, neun Monate nach der Gründung der Deutschen Demokratischen Republik, der vom Kulturbund zur demokratischen Erneuerung Deutschlands einberufene 2. Schriftstellerkongreß in Berlin stattfand, der sich in aller Entschiedenheit von den „Befreiungs"-Parolen des Westberliner Kongresses für kulturelle Freiheit absetzte, konstituierte sich auf ihm ein alle Autoren und Autorinnen der DDR umfassender Schriftstellerverband, dessen Vorsitz Bodo Uhse übernahm. In den engeren Arbeitsausschuß, der die Richtlinien dieser Vereinigung festlegen sollte, wurden kurz darauf Johannes R. Becher, Willi Bredel, Stephan Hermlin, Rudolf Leonhard und Arnold Zweig berufen.

Als besonders aktives Mitglied dieses Verbandes forderte Alexander Abusch am 4. Juli 1950 – mit einem Hinweis auf Stalins Vorstellung von den Schriftstellern als den „Ingenieuren der Seele" – im *Neuen Deutschland* alle Schreibenden in der DDR auf, sich im Rahmen des SV zu den Prinzipien des Sozialistischen Realismus zu bekennen und in ihren Werken vor allem positive, vorbildliche Helden und Heldinnen zu gestalten, um so die Menschen in der DDR – nach der Niederschlagung des Nationalsozialismus durch die Rote Armee – zum Aufbau eines anderen, besseren Vaterlandes, eines Deutschlands des Friedens und der gesamtgesellschaftlichen Solidarität, zu motivieren. Und viele der dort lebenden Autoren und Autorinnen, wie Johannes R. Becher, Eduard Claudius, Stephan Hermlin, Kuba (Kurt Barthel), Erich Loest, Hans Marchwitza, Jan Petersen, Anna Seghers, Erwin Strittmatter und Friedrich Wolf, waren anfangs – nach den Erfahrungen unter dem Faschismus oder im Exil – auch durchaus gewillt, diesen Leitvorstellungen zu folgen und hielten sich in weitgehender Übereinstimmung mit ihnen an die vom Schriftstellerverband der DDR aufgestellten Ziele.

Erste Schwierigkeiten zwischen dem Staat und seinen Autoren und Autorinnen entwickelten sich erst, als auf dem 5. Plenum des Zentralkomitees der SED im März 1951 scharfe Erklärungen gegen den volksfremden, bürgerlich-dekadenten, kurz: „westlichen" Formalismus verlesen wurden. Dies führte zwangsläufig zu einer Konfrontation zwischen den noch mit den avantgardistischen Stilmitteln der „linken Materialästhetik" der zwanziger Jahre[12] großgewordenen DDR-Künstlern, die weiterhin, wie Bertolt Brecht, Hanns Eisler und John Heartfield, von der politischen Wirksamkeit solcher Techniken überzeugt blieben, sowie den sich auf die Schriften des sowjetischen Kulturtheoretikers Alexej Shdanow berufenden Vertretern eines – im Zuge des Kalten Krieges – immer enger werdenden Konzepts des Sozialistischen Realismus, die sich hartnäckig gegen jede Abweichung von der stalinistischen Parteilinie sperrten. Um bei diesen Auseinandersetzungen den Formalismus-Gegnern unter die Arme zu greifen, gründete die SED am 12. Juli 1951 eine Staatliche Kommission für Kunstangelegenheiten, die eine Begutachter- und Lenkungsfunktion zugunsten des Sozialistischen Realismus erfüllen sollte. Eine ähnliche Zielsetzung hatte das am 1. September 1951 eingerichtete Amt für Literatur und Verlagswesen beim Ministerrat der DDR, das unter Leitung von Fritz Apelt die ideologische Begutachtung der eingesandten Texte übernahm.

Da durch diese Maßnahmen die Shdanow-Anhänger vorerst die Oberhand behielten, wurde auf dem 3. Schriftstellerkongreß der DDR, der vom 22. bis 25. Mai 1952 stattfand, der als „liberal" geltende 1. Sekretär des SV, nämlich Bodo Uhse, von dem wesentlich linientreueren Kurt Barthel und einem Präsidium, das aus Stephan Hermlin, Hans Marchwitza und Anna Seghers bestand, abgelöst. Barthel warf zwei Tage nach Abschluß dieses Kongresses im *Neuen Deutschland* nicht nur dem bisherigen Vorstand vor, sich in vielen Fragen „unentschlossen" verhalten zu haben, sondern rügte auch Bertolt Brecht und Friedrich Wolf, so selten zu den Sitzungen des SV zu kommen und stets angeblich wichtigere, auf ihr literarisches Schaffen bezogene Aufgaben vorzuschieben. Dadurch sei zwischen den jüngeren Autoren, welche zwar die Probleme der Zeit sehr genau erfaßten, aber ihnen literarisch noch nicht gewachsen seien, und den älteren Autoren, die sich zwar als große Meister ihres Metiers bewährt hätten, aber weiterhin in ihren Werken den Problemen der DDR aus dem Wege gingen, ein tiefer Graben entstanden, der sich nur durch eine wesentlich intensivere Zusammenarbeit dieser beiden Gruppen überbrücken lasse. Außerdem rief Barthel alle Autoren der DDR auf, angesichts der durch den Kalten Krieg heraufbeschworenen Gefahren nie zu vergessen, daß in den folgenden Jahren auch Situationen entstehen könnten, in denen sie ihre Feder zur Verteidigung des Friedens notfalls mit dem Gewehr vertauschen müßten.

Erst nach dem Tode Stalins am 5. März 1953 lockerte sich die Spannung im SV etwas, intensivierte sich jedoch schon am 17. Juni des gleichen Jahres erneut, als es wegen der Erhöhung der Arbeitsnormen in der DDR überall zu gravierenden Unruhen kam. Dennoch trat nach dem Ende der sich daraus ergebenden politischen Turbulenzphase auf literarischem Sektor eher eine Entspannung als eine Verschärfung der bisherigen Situation ein. Im Zuge dieser Entwicklungen wurde noch im gleichen Jahr die Antiformalismus-Kampagne abgeblasen und ein Jahr später die bei vielen Schriftstellern und Schriftstellerinnen verhaßte Staatliche Kommission für Kunstangelegenheiten der SED aufgelöst, die sich zu einer allgewaltigen Kontrollinstanz des gesamten kulturellen Lebens ausgewachsen hatte.

Auf dem im Januar 1956 stattfindenden 4. Schriftstellerkongreß der DDR, der unter dem Motto „Literatur im Neuen Kurs" stand und sich den Themengruppen „Erhöhung der künstlerischen Meisterschaft", „Größere Vielseitigkeit in Genres und Thematik", die „Problematik der Darstellung historischer Stoffe", die „Meisterung der Literatursprache" sowie „Maßnahmen zur Qualifizierung unserer Literaturkritik" widmete, herrschte deshalb ein wesentlich positiverer, der Zukunft zugewandter Ton. Sowohl der Erste Sekretär der SED Walter Ulbricht als auch der seit 1954 amtierende Kulturminister der DDR Johannes R. Becher hielten auf dieser Tagung Grundsatzreferate, in denen sie zwar voller Stolz auf die bereits erreichten Leistungen der DDR-Autoren und -autorinnen zurückblickten, aber von ihnen zugleich eine noch größere Einsatzbereitschaft beim Aufbau des Sozialismus verlangten. Die Literatur müsse in der DDR – durch ihre optimistische Perspektive, ihre vorbildschaffenden Charaktere und ihren unverrückten Friedenswillen – endlich eine „Macht" werden, erklärten sie, an der niemand mehr vorbeigehen könne. Wohl das überzeugendste Referat auf dieser Konferenz war das von Anna Seghers, in dem sie vor der Gefahr eines eilfertigen „Schematismus" warnte und alle Schreibenden in der DDR zu einer parteilichen Auseinandersetzung mit der tatsächlich existierenden gesellschaftlichen Wirklichkeit aufforderte. Kurz darauf trat durch den auf dem 20. Parteitag der KPdSU in Moskau eingeleiteten Entstalinisierungsprozeß auch in der DDR eine kurze „Tauwetter"-Periode ein, die jedoch durch den Ungarn-Aufstand im Herbst des gleichen Jahres wieder in Frage gestellt wurde und auf dem 30. Plenum des ZK der SED im Januar 1957 ihren offiziellen Abschluß fand.

Im Juli 1958 wurde auf dem 5. Parteitag der SED eine durchgreifende Sozialistische Kulturrevolution verkündet, welche die Mitglieder des DDR-Schriftstellerverbandes enger mit den breiten Massen der werktätigen Bevölkerung verbinden sollte. Erwin Strittmatter zitierend, forderte Walter Ulbricht auf diesem Parteitag die Autoren des SV auf, sich weniger mit Problemen der Subjektivität als mit Fragen eines steigenden Produktionsethos auseinanderzusetzen.[13] Vor allem die jungen Künstler, erklärte er, müßten stärker als bisher Kontakte mit den Werktätigen in den großen Industriekombinaten aufnehmen, um sich mit den dort Arbeitenden wechselseitig in ihrer Parteilichkeit und in ihrem Aufbauwillen zu bestärken. Aufgrund dieser Forderungen kam

es im April 1959 zur ersten Bitterfelder Konferenz, an der neben 150 Schrift-
stellern, darunter Bruno Apitz, Willi Bredel und Ludwig Renn, auch 300
schreibende Arbeiter- und Volkskorrespondenten teilnahmen und darüber
berieten, mit welchen Mitteln sich die von der SED verkündete Sozialistische
Kulturrevolution am besten in Gang setzen lasse. Nachdem Ulbricht und
Strittmatter die bisherige Arbeit des SV – wegen seiner „revisionistischen"
Bequemlichkeit – einer ausführlichen Kritik unterzogen hatten, forderte das
Plenum am Schluß dieser Konferenz alle Schriftsteller und Schriftstellerinnen
auf, in die DDR-Betriebe zu gehen und dort mit einzelnen Brigaden zusam-
menzuarbeiten, um sich einen besseren Einblick in die Probleme der gesellschaftlichen Basis zu verschaffen. Zugleich spornte es die Werktätigen an, ihre
alltäglichen Kämpfe und Fortschritte in den Fabriken auf eine vorbildliche
Weise in Geschriebenes umzusetzen und sich durch diese Tätigkeit – wie auch
die Lektüre der Meisterwerke der klassischen und sozialistischen Literatur –
allmählich zu den von der SED herbeigesehnten „Höhen der Kultur" empor-
zuarbeiten. Einer der Arbeiterkorrespondenten faßte diese Entschlüsse in folgenden Sätzen zusammen: „Nur der Schriftsteller kann Erfolg haben, der den
Menschen in der Produktion kennt, mit ihm fühlt und mit ihm lebt. Ja, die
größte Unterstützung bekommt unsere literarische Entwicklung durch den
Arbeiter selbst, wenn er zum Autor wird. Kumpel greif zur Feder, die sozialistische Nationalkultur braucht dich!"[14]
Das klang als Programm recht überzeugend, erwies sich jedoch in der Verwirklichung als äußerst schwierig. Schließlich waren nur wenige Autoren und
Autorinnen tatsächlich gewillt, ihre literarische Produktion für längere Zeit
einzustellen und in einem der großen Betriebe zu arbeiten. Es gab zwar einige
„Blitzbesuche" namhafter Autoren und Autorinnen in verschiedenen Industriekombinaten sowie offizielle „Patenschaften" zwischen Fabriken und Leuten der Feder, aber die literarische Ausbeute dieser Bemühungen war gering.
Dazu war das ältere Klischee vom Dichter als eines mit besonderer Schöpfer-
kraft begnadeten und damit zur Vereinzelung prädestinierten Menschen immer
noch zu stark. Eine Bewegung, die alle literarisch Schaffenden der DDR erfaßt
hätte, blieb deshalb aus. Dagegen setzte sich auf der Ebene der männlichen und
weiblichen Arbeiterschriftsteller und -korrespondenten durchaus einiges in
Bewegung. Die Zahl der Arbeiterkorrespondenten und -korrespondentinnen,
die vornehmlich für Zeitungen schrieben, wuchs noch im gleichen Jahr auf
über 9000 an. Zugleich entstanden rund 300 Zirkel schreibender Arbeiter und
Arbeiterinnen, die vor allem auf der Betriebs- oder Stadtteilebene aktiv wurden. Als die geeignetste Ausdrucksform dieser bisher im Schreiben ungeübten
Gruppen erwies sich das Brigadetagebuch, in dem sich nicht nur neue Formen
kollektiver Arbeit, sondern auch neue Formen menschlicher Verhaltensweisen
darstellen und auf die Entwicklung des Sozialismus beziehen ließen.

Obwohl im April 1964 noch eine 2. Bitterfelder Konferenz stattfand, auf der – neben dem DDR-Kulturminister Hans Bentzien – auch Walter Ulbricht erneut das Wort ergriff und sich für eine „schöpferische Zirkelarbeit" zugunsten eines neuen „sozialistischen Lebensgefühls" einsetzte,[15] waren die 1959 mit großen Hoffnungen verkündeten Forderungen der 1. Bitterfelder Konferenz – durch die mangelnde Bereitwilligkeit der führenden Schriftsteller und Schriftstellerinnen, die dort aufgestellten Postulate zu zentralen Leitlinien ihres Schaffens zu machen – bereits in den frühen sechziger Jahren auf halbem Wege steckengeblieben. Und dieser Einstellung trug schließlich sogar die SED Rechnung, indem sie die einzelnen Autoren und Autorinnen zwar weiterhin durch kritische Stellungnahmen anzuspornen versuchte, aber nicht mehr dazu zwang, sich stärker als bisher – neben ihrer als wichtig bezeichneten Kopfarbeit – auch mit einer als ebenso wichtig empfundenen Handarbeit zum Wohle der Gesamtheit einzusetzen. Deshalb blieb es auch in den frühen sechziger Jahren, in denen zwar die SED-Führung nach wie vor versuchte, die Schriftsteller und Schriftstellerinnen der DDR für den Aufbau des Sozialismus zu gewinnnen, letztlich bei einer Pattsituation zwischen der SED und dem SV. Während sich die SED eine totale Integration ihrer Autoren und Autorinnen in die von ihr angestrebte „sozialistische Menschengemeinschaft" erhoffte, in der es zwischen Kopf- und Handarbeitern keine Entfremdung mehr geben sollte, beharrten viele Mitglieder des SV weiterhin hartnäckig auf ihrer Sonderrolle als einer von anderen Menschen unterschiedenen gesellschaftlichen Spezies.

Trotz einer Reihe positiver Absichtserklärungen kam es darum selbst in diesem Zeitraum nur selten zu einem produktiven Wechselverhältnis dieser beiden Extrempositionen. Im Gegenteil, immer wieder ergaben sich aus dieser Aporie neue Spannungen, die aufgrund des steigenden Wohlstands der sechziger Jahre und der durch ihn ausgelösten größeren Erwartungshaltung dem Staat gegenüber nicht nachließen, sondern eher intensiver wurden. Mehr und mehr Autoren und Autorinnen drangen daher seit 1965 auf eine steigende Respektierung ihrer „persönlichen Handschrift" oder zumindest ein sinnvolleres Wechselverhältnis von Subjektivität und Parteilichkeit. Zu ihnen gehörten unter anderem Kurt Bartsch, Wolf Biermann, Thomas Brasch, Volker Braun, Heinz Czechowski, Adolf Endler, Elke Erb, Uwe Großmann, Bernd Jentzsch, Rainer Kirsch, Sarah Kirsch, Wulf Kirsten, Reiner Kunze, Richard Leising, Kito Lorenc, Karl Mickel, Inge Müller, B. K. Tragelehn und Walter Werner, die sich in unregelmäßigen Abständen bei Karl Mickel am Müggelsee oder bei Erich Arendt in Berlin trafen und für die Adolf Endler 1979 den Sammelbegriff „Dresdner Dichterschule" prägte.[16] Und damit wurde bereits in diesen Jahren das vorprogrammiert, was in der Folgezeit ständig zu neuen Friktionen zwischen der Partei sowie einzelnen Schriftstellern und Schriftstellerinnen führen sollte, die zum Teil so scharfe Formen annahmen, daß es mehrere Mitglieder des SV in den siebziger Jahren vorzogen, die DDR zu verlassen und ihren Wirkungsraum in die BRD zu verlegen. Aber auch dieser Schritt erwies sich für sie, nachdem ihr anfänglicher Status als „Dissidenten" allmählich verblaßte, nicht nur positiv, da sie auf der anderen Seite des „Eisernen Vorhangs" – trotz einiger linker Literaturvereinigungen, die sich in den späten sechziger Jahren gebildet hatten, aber sich kurz darauf wieder auflösten – in eine literarische Konkurrenzgesellschaft gerieten, in der es fast überhaupt kein ideologisches Zusammengehörigkeitsgefühl gab und sich manche dadurch auf eine doppelte Weise „entfremdet" fühlten.

Linksliberale Zusammenschlüsse

Das Jahr 1961 bedeutete nicht nur in der Politik, sondern auch in der Literatur der BRD aus mehreren Gründen einen bedeutsamen Einschnitt. Wohl der wichtigste war, daß in diesem Jahr die Sozialdemokraten bei den Bundestagswahlen erstmals Willy Brandt als ihren Kanzlerkandidaten aufstellten, der auf alle marxistisch klingenden Parolen verzichtete und sich zu einem betont liberalen Demokratiekonzept bekannte, mit dem auch die ideologisch ortlosen, vornehmlich auf ihre persönliche Eigenheit bedachten Schriftsteller und Schriftstellerinnen der Gruppe 47, die sich bisher von keiner Partei repräsentiert gesehen hatten, sympathisieren konnten. Brandt verlor zwar diese Wahl, aber nicht die Unterstützung desjenigen Flügels der Gruppe 47, der nach der verbreiteten „Ohne mich"-Haltung der mittfünfziger Jahre – angesichts der autoritären Haltung des vergreisenden Adenauer und der kulturellen Verflachung ins Wirtschaftswunderliche – allmählich ins Gesellschaftskritische drängte.

Das beweisen sowohl der 1961 von Martin Walser herausgegebene Band *Die Alternative oder Brauchen wir eine neue Regierung* als auch der 1965 – anläßlich der nächsten Bundestagswahl – von Hans Werner Richter publizierte Band *Plädoyer für eine neue Regierung oder Keine Alternative*, in denen sich Schriftsteller und Publizisten wie Carl Amery, Axel Eggebrecht, Hans Magnus Enzensberger, Erich Fried, Günter Grass, Peter Härtling, Helmut Heißenbüttel, Rolf Hochhuth, Walter Jens, Robert Jungk, Erich Kuby, Siegfried Lenz, Reinhard Lettau, Peter Rühmkorf, Paul Schallück, Wolfdietrich Schnurre, Franz Schonauer, Gerhard Szczesny, Klaus Wagenbach und andere für die SPD einsetzten, von der sich diese Autoren – nach den langen Jahren der Adenauer-Herrschaft – eine durchgreifende Demokratisierung der politischen und kulturellen Verhältnisse in der BRD versprachen. Diesem Engagement blieben viele dieser Autoren auch in den späten sechziger und frühen siebziger Jahren treu. Ja, manche unter ihnen hielten sogar Wahlreden für die SPD oder leisteten bei Parteiaufrufen Formulierungshilfe für sie.

Allerdings führten diese Aktivitäten nicht zur Gründung einer neuen Dichtergruppe, die sich ein den politischen Zielen der SPD entsprechendes literari-

sches Programm vorgenommen hätte. Die meisten der eben genannten Autoren
blieben weiterhin Mitglieder der Gruppe 47, die auch in diesen Jahren an ihren
modernistischen Stiltendenzen festhielt und von den liberalen Literaturkriti-
kern unentwegt als die bedeutsamste Dichtervereinigung der BRD schlechthin
gefeiert wurde. Zugegeben, es gab in diesem Zeitraum auch konservative Kritiker wie Rudolf Krämer-Badoni, Günter Blöcker, Hans Habe, Hans Egon Holt-
husen und Friedrich Sieburg, welche die Werke dieser Gruppe – im Vergleich zu
den Großwerken der klassischen, romantischen oder bürgerlich-realistischen
Tradition – als maßlos „überschätzt" empfanden. Und es gab auch einen Politiker wie Hermann Josef Dufhues, der 1963 als Generalsekretär der CDU die
ihm als „links" erscheinende Gruppe 47 – im Sinne der konservativen Totalitarismustheoreme – als die „geheime Reichsschrifttumskammer" der BRD
bezeichnete.[1] Ja, andere Politiker der CDU/CSU – wie Ludwig Erhard und
Franz Joseph Strauss – entblödeten sich in den mittsechziger Jahren nicht, die
Autoren dieser Gruppe mit „Pinschern", „Kötern" oder „Schmeißfliegen" zu
vergleichen. Aber selbst solche Angriffe gaben den Siebenundvierzigern lediglich einen noch größeren Bekanntheitsgrad und verstärkten damit ihre Akzeptanz innerhalb der literaturinteressierten Schichten der BRD.
  Erst als in ihren eigenen Reihen mehr und mehr Stimmen gegen die erstarrten
Tagungsrituale sowie die offenkundige Bevorzugung ins Formalistische drängender Schreibweisen laut wurden, kam es unter den Mitgliedern dieser
Gruppe zu einer immer deutlicher werdenden Krisenstimmung. Von entscheidender Bedeutung war dabei, daß im gleichen Zeitraum – nach dem Rücktritt
Adenauers als Bundeskanzler und den ersten wirtschaftlichen Rückschlägen –
innerhalb der BRD auch auf anderen Gebieten eine liberale bis linksliberale
Protestwelle einsetzte, die schließlich 1967/68 zu ersten öffentlichen Krawallen
gegen die bereits seit 1949 andauernde CDU-Herrschaft führte. Einige Mitglieder der Gruppe 47 versuchten zwar in ihren politischen Proklamationen und
Manifesten mit dieser Entwicklung Schritt zu halten,[2] fielen jedoch in ihren
modernistisch-elitär geprägten Werken zusehends hinter die ins Progressive
drängenden Tendenzen zurück. Trotz der immer größeren Entfaltung dieser
Gruppe zeichnete sich deshalb in diesem Zeitraum zugleich ihre innere Auflösung ab. Dafür spricht, daß Heinrich Böll schon 1965 die Tagungseinladungen
mit „Aufforderungen zu einem perversen Gesellschaftsspiel" verglich, bei dem
sich der vielgepriesene „Pluralismus" als allgemeine „Promiskuität" zu erkennen gebe.[3] Hermann Peter Piwitt prangerte kurz darauf die Mehrheit der Siebenundvierziger als „Klassiker der Anpassung" an.[4] Nicht minder abschätzig
äußerte sich Hans Mayer später über die von einem Großteil dieser Gruppe
produzierte „Literatur der Ideologielosigkeit", die sich immer wieder ins Formalistische verirrt habe.[5] Ja, als im Jahr 1968 die aufrührerischen Studenten
und Studentinnen die Siebenundvierziger, die in der Gaststätte Pulvermühle zu

Waischenfeld tagten, als unpolitisch und damit anachronistisch angriffen, berief Hans Werner Richter danach keine weiteren Treffen dieser Gruppe mehr ein.

Doch „Jetzt wohin?", hätte Heinrich Heine gesagt. Die westdeutsche Sektion des Internationalen PEN-Clubs erschien diesen Autoren trotz mancher hochtönenden Bekenntnisse zu Meinungsfreiheit und Völkerverständigung nicht engagiert genug. Auf der anderen Seite empfanden sie die literarischen Gruppen um Franz Josef Degenhardt, Hanns Dieter Hüsch, Gerd Semmer, Hannes Stütz und Dieter Süverkrüp, die zu diesem Zeitpunkt mit den Aktionen der Außerparlamentarischen Opposition (APO) sympathisierten, als zu radikal. Statt sich in die Demonstrationszüge der Ostermarschierer, der Vietnamkriegsgegner oder der Studentenbewegung einzureihen,[6] die sich in ihren literarischen Ausdrucksformen zu Anfang weitgehend auf Agitprop-Formen wie Lied und Losung beschränkten und die von Willy Brandt angestrebten Reformbemühungen zugunsten der von den Maoisten oder der Deutschen Kommunistischen Partei (DKP) ausgegebenen Parolen verwarfen, ja selbst vor gewalttätigen Ausschreitungen nicht zurückschreckten, zogen es viele der liberal bis linksliberal eingestellten Autoren und Autorinnen unter den ehemaligen Siebenundvierzigern vor, lieber bei ihren eigenen Leisten zu bleiben und sich zu einem Verband zusammenzuschließen, der nicht von vornherein ins Weltverändernde zielte, sondern sich im Sinne der SPD auf eine Politik der „kleinen Schritte" konzentrierte und zugleich die Berufsinteressen seiner Mitglieder zu fördern versuchte.

Dementsprechend gründeten diese Autoren am 6. Juni 1969 im Kölner Gürzenich einen Verband deutscher Schriftsteller, der sich sowohl von allem unverbindlichen Liberalitätsgerede als auch von allen Formen einer überspitzten Radikalität absetzte und statt dessen einen betont „konkreten" Kurs zu steuern versuchte. All jene, die erwartet hatten, daß dieser Verband auch gesamtgesellschaftliche Fragen aufwerfen würde, waren daher arg enttäuscht. Die hier versammelten Autoren einigten sich relativ schnell darauf, das Ideologische weitgehend auszuklammern und diesen Verband als eine Art Schriftstellergewerkschaft zu organisieren, die vornehmlich ihren Interessen als Autoren dienen sollte. So gab Heinrich Böll bereits auf der Gründungsversammlung dieser Vereinigung die Losung aus, daß im Hinblick auf die literarischen Verdienstmöglichkeiten die „Zeit der Bescheidenheit" endlich vorbei sein müsse. Ihm beipflichtend, forderten daraufhin Günter Grass und Dieter Lattmann einen möglichst umgehenden Anschluß des ebengegründeten Verbandes an die bereits bestehende Industriegewerkschaft Druck und Papier. Dem anschließend verabschiedeten Zehn-Punkte-Programm lagen vor allem folgende Postulate zugrunde: 1. Die Durchführung einer Sozialenquete zur Situation der Schriftsteller und Schriftstellerinnen in der Bundesrepublik, 2. die Einführung von

Honoraren für die Ausleihe geschützter Literatur durch Bibliotheken, 3. eine berufseigene Altersversorgung, 4. die Korrektur des Schulbuchparagraphen, der Schulbuchbeiträge von Honorarzahlungen ausgenommen hatte, 5. die Mitwirkung an bilateralen Urheberrechtsabkommen, 6. die Rechtsberatung von Autoren, 7. die Einführung von Rahmenverträgen mit Verlagen und Sendern, 8. die Abschaffung der Umsatzsteuer für Schriftsteller, 9. die Mitwirkung an öffentlichen Aufgaben und 10. die Kontaktaufnahme zu anderen Schriftstellerverbänden. Zum 1. Vorsitzenden wurde der Sozialdemokrat Dieter Lattmann gewählt, dem als Stellvertreter Hans Bayer (Thaddäus Troll), Helmut M. Braem, Ingeborg Drewitz und Eberhard Horst zur Seite traten. Darauf führten im Februar 1970 Günter Grass, Dieter Lattmann, Siegfried Lenz und Paul Schallück als Sprecher dieses Verbandes erste Gespräche mit dem Vorstand des westdeutschen Gewerkschaftsbundes (DGB) sowie dem Führungsgremium der SPD über den Schulbuchparagraphen, die Bibliothekstantieme und die Frage einer gewerkschaftlichen Organisation.

Der 1. Kongreß des westdeutschen Schriftstellerverbandes (VS), der von Willy Brandt eingeleitet wurde, fand am November 1970 in der Stuttgarter Liederhalle statt. Auf ihm wurde von den meisten der anwesenden Schriftsteller und Schriftstellerinnen eine engere Zusammenarbeit mit dem DGB, wenn auch unter strikter Wahrung der Selbständigkeit der Fachgruppe Literatur, gefordert. Heinrich Böll stellte sein Referat diesmal unter den Titel *Einigkeit der Einzelgänger*, das heißt unterstrich einerseits die berechtigte Forderung nach einer besseren materiellen Absicherung der freiberuflichen Autoren und Autorinnen innerhalb der herrschenden „Eigentumsgesellschaft", verwahrte sich jedoch andererseits gegen alle plakativen „Seid einig, Autoren"-Parolen. Ähnlich argumentierte Günter Grass, der zwar stärker ins Gewerkschaftliche tendierte als Böll und sich außerdem offen zur SPD bekannte, aber ebenfalls nicht auf eine relative Autonomie aller „Schreibenden" verzichten wollte. Eine wesentlich linkere Position bezog dagegen Martin Walser, der dem Schriftstellerverband vorwarf, wie die inzwischen „anachronistisch" gewordene Gruppe 47 auf jede politische Verbindlichkeit zu verzichten und sich auf die Rolle einer „Edellobby mit Gewerkschaftstouch" zu beschränken.[7]

Was folgte, waren langwierige Verhandlungen mit der IG Druck und Papier sowie der Gewerkschaft Kunst, bei denen die Verbandssprecher zwar ihren Willen zu einem organisatorischen Zusammenschluß mit einer der beiden Gewerkschaften bekundeten, aber zugleich die Sonderrolle der Schriftsteller und Schriftstellerinnen innerhalb solcher Vereinigungsbestrebungen betonten. Als ersten Erfolg seiner Bemühungen konnte der Schriftstellerverband im August 1971 die Aufhebung des Schulbuchparagraphen durch das Bundesverfassungsgericht in Karlsruhe für sich verbuchen. Am 4. November 1971 entschied sich eine Versammlung von Verbandsdelegierten in Berlin noch einmal für den

Heinrich Böll, Günter Grass und Willy Brandt auf dem 1. Kongreß des westdeutschen Schrift-
stellerverbandes in der Stuttgarter Liederhalle (1970)

Anschluß des Gesamtverbandes an die IG Druck und Papier, der jedoch nicht
umgehend vollzogen wurde, da die IG Druck und Papier, die mitgliederstärkste
Gewerkschaft im Rahmen der Medienindustrien, zu diesem Zeitpunkt den
Zusammenschluß mit einem Verband, in dem „nur oder vorwiegend Intellektuelle organisiert" sind, noch für illusorisch hielt.[8] Erst als im Januar 1973 der
2. Kongreß des westdeutschen Schriftstellerverbandes in Hamburg stattfand,
erklärte sich Leonhard Mahlein, der 1. Vorsitzende der IG Druck und Papier zu
einem solchen Zusammenschluß bereit, was auf beiden Seiten als ein bedeutender Schritt in Richtung auf eine Gewerkschaft aller im Medienbereich geistig
und technisch Tätigen aufgefaßt wurde.

Doch dieser Schritt hatte nicht nur organisatorische, sondern auch politische
Folgen. Er führte nämlich dazu, daß die eher konservativ und standespolitisch
ausgerichteten Autoren, die in diesem Zusammenschluß eine unziemliche Politisierung erblickten, aus dem westdeutschen Schriftstellerverband austraten
und einen Freien Deutschen Autorenverband gründeten (FDA), der sich im 2.
Paragraphen seiner Satzung ausdrücklich zur ästhetischen Selbstverantwort-
lichkeit aller Kulturschaffenden bekannte. Allerdings blieb dieser Verband –
außer in Bayern – eine relativ mitgliederarme Organisation. Im Hauptverband

der westdeutschen Schriftsteller, der sich der IG Druck und Papier angeschlossen hatte, verstärkte sich dagegen nach diesem Zeitpunkt die Tendenz, auch in politischen Fragen ein Wort mitreden zu wollen. Statt sich – wie die meisten Gewerkschaften – aus allen parteipolitischen Querelen herauszuhalten, wandte er sich 1973/74 mehrfach scharf gegen die von seiten der Nationaldemokratischen Partei Deutschlands (NPD) ausgehenden neofaschistischen Tendenzen, während er sich systemkritischen Stimmen von links gegenüber wesentlich toleranter verhielt, ja sich sogar ebenfalls für eine nachdrückliche, wenn auch unbestimmt bleibende „Demokratisierung der Wirtschaft" aussprach.

Der 3. Kongreß des Verbandes westdeutscher Schriftsteller und Schriftstellerinnen fand deshalb 1975 in einem wesentlich politisierteren Klima statt als die beiden vorhergegangenen. Auf ihm forderte Günter Wallraff mit provokatorischer Geste alle Autoren auf, „Radikale im öffentlichen Dienst" zu werden und endlich den Mut aufzubringen, gegen jenes „ziellose, konzeptionslose Wirtschaftssystem" zu protestieren, das sich „Freie Marktwirtschaft" nenne, aber dessen Freiheit nur den wirtschaftlich Stärkeren zugute komme und das darum besser „Freie Wildbahnwirtschaft" genannt werden solle. Demzufolge rief Wallraff alle Anwesenden auf, in Zukunft weniger an sich selber zu denken, als sich auf eine ganz unmittelbare, konkrete Weise mit all jenen zu „solidarisieren", die in diesem System zu den Unterdrückten und Unterprivilegierten gehörten.[9] Nicht minder engagiert, wenn auch weniger „direkt" als Wallraff, trat Walter Jens auf diesem Kongreß auf. Trotz seines Bekenntnisses zum ideologischen Pluralismus ließ auch er durchblicken, daß die westdeutsche Demokratie einer starken sozialen, wenn nicht gar sozialistischen Komponente bedürfe, um nicht – nach dem Abklingen der allgemeinen Protestwelle zwischen 1967/68 und 1973/74 – immer weiter nach rechts abzugleiten. Doch als es zur Wahl eines neuen Vorstandes kam, bewarben sich nicht die Linken um die führenden Positionen, sondern überließen den Vorsitz einem ideologisch farblosen Autor wie Horst Bingel. Auch die auf diesem Kongreß gefaßten medienpolitischen Beschlüsse waren eher professioneller als politischer Art. Das gleiche gilt für die meisten weiteren Aktionen dieses Verbandes, die letztlich – trotz einiger Verbalradikalismen – im Bereich des Wohlgemeinten, aber Unkonkreten blieben.

Obwohl sich diesem Verband im Laufe der Jahre rund 2000 Autoren und Autorinnen anschlossen, blieb er im Rahmen der IG Druck und Papier, die Anfang der achtziger Jahre über 160 000 Mitglieder besaß, eine so verschwindende Minderheit, daß er nur in Ausnahmefällen daran dachte, eigene Delegierte zu den entsprechenden Gewerkschaftstagen oder Hauptvorstandssitzungen zu entsenden. Obendrein spielten seine Mitglieder – wegen ihres freiberuflichen Status – in dieser Organisation ohnehin eine Sonderrolle. Sie hatten weder die Möglichkeit zu streiken noch mit ihren Arbeitgebern Tarifverhandlungen zu führen, was zu den Grundrechten einer jeden Gewerkschaft gehört. Und so blieb dieser Zusammenschluß weitgehend formaler Natur und hatte weder für die Gesamtstruktur der IG Druck und Papier noch für den westdeutschen Schriftstellerverband irgendwelche Konsequenzen.

Die Dortmunder Gruppe 61

Die einzige Schriftstellervereinigung in der Bundesrepublik, die während der sechziger Jahre mit ihren Werken nicht nur die Literaturinteressierten innerhalb der bürgerlichen Mittel- und Oberschichten, sondern auch die lesenden Arbeiter und Arbeiterinnen erreichen wollte, war jene Gruppe, die am 17. Juni 1961 von Fritz Hüser, dem Direktor der Dortmunder Volksbücherei und Leiter des 1958 eröffneten Archivs für Arbeiterdichtung und soziale Literatur, sowie Walter Köpping, dem Kulturreferenten der Industriegewerkschaft Bergbau, in Dortmund gegründet wurde und sich deshalb Dortmunder Gruppe 61 nannte. Zu ihrer Entstehung trugen vor allem folgende Faktoren und Entwicklungstendenzen bei: 1. die 1959 auf der Ersten Bitterfelder Konferenz in der DDR von Walter Ulbricht und führenden Vertretern des ostdeutschen Schriftstellerverbandes aufgestellten Forderungen nach einer engagierteren Darstellung der industriellen Arbeitswelt und zugleich engeren Zusammenarbeit von Schriftstellern und Werktätigen im Rahmen zu gründender Zirkel schreibender Arbeiter, welche auch in der Bundesrepublik einige Gewerkschaftssekretäre und Sozialwissenschaftler dazu anregten, ähnliche Postulate aufzustellen, um nicht auf diesem Gebiet hinter die Entwicklung in der DDR zurückzufallen, 2. die Klagen einiger gesellschaftskritisch eingestellter Vertreter der Gruppe 47 wie Alfred Andersch und Walter Jens, die in den Jahren 1959 und 1960 mehrfach erklärten, daß die westliche Literatur lediglich „Individuen" darstelle, die im „Zustand des ewigen Feiertages" lebten, statt sich auch an die Schilderung der modernen Arbeitswelt heranzuwagen,[10] sowie 3. die im Jahr 1961 durch die Bundeskanzlerkandidatur Willy Brandts ausgelöste Hoffnung, daß es durch einen Sieg der Sozialdemokraten über die von Konrad Adenauer angeführte CDU/CSU und die sie unterstützenden Industriellenverbände zu einer fortschreitenden Demokratisierung und damit stärkeren Beachtung der unteren Bevölkerungsschichten kommen könnte.

Ihren ersten gedruckten Niederschlag fanden diese Tendenzen in der von Hüser und Köpping zusammengestellten Anthologie mit Dichtungen von Bergarbeitern aus dem Ruhrgebiet, die 1960 beim christlich-sozial eingestellten Paulus-Verlag unter dem Titel *Wir tragen ein Licht durch die Nacht* erschien. Aufgrund dieser Anthologie ergaben sich zwischen den Herausgebern und den Autoren nicht nur sachbezogene, sondern auch menschliche Kontakte, die

Treffen der Dortmunder Gruppe 61 am 17. Juni 1961 in Dortmund. Von links nach rechts: Fritz Hüser, Heinz Kosters, Walter Köpping und Bruno Gluchowski

schnell die Form geselliger Zusammenkünfte annahmen. Und bei einem dieser Treffen, an dem auch ältere Bergwerksdichter wie Bruno Gluchowski und Otto Wohlgemuth teilnahmen, faßten Hüser und Köpping 1961 schließlich den Entschluß, die besagte Dortmunder Gruppe 61 zu gründen.

Diese Vereinigung, die sich in den Dienst einer eindeutig basisorientierten Literaturproduktion stellte, das heißt Arbeiter und Arbeiterinnen – zum Teil unter Anleitung bürgerlicher Intelektueller – zum Schreiben über ihr Leben in der industriellen Arbeitswelt anregen wollte, traf sich daraufhin regelmäßig an drei arbeitsfreien Tagen im Jahr, nämlich am Karfreitag, am 17. Juni und am Bußtag, zu internen Sitzungen und veranstaltete außerdem pro Jahr zwei öffentliche Lesungen. Auf ihren internen Sitzungen, an denen zwischen 20 bis 30 Autoren und Autorinnen teilnahmen, endschied sie sich, an die Tradition der Arbeiter- und Industriedichtung vor 1933, vor allem den Bund der Werkleute auf Haus Nyland und den Ruhrlandkreis, anzuknüpfen, die Gewerkschaftspresse für ihre Werke zu interessieren, ein Mitteilungsblatt oder eine Zeitschrift zu gründen, junge Arbeiter und Arbeiterinnen für die literarische Gestaltung von Problemen der industriellen Arbeitswelt zu gewinnen, das Dortmunder Archiv als Verbindungsstelle aller gruppenbezogenen Aktivitäten zu betrachten sowie durch Lesungen, Vorträge und Publikationen auf die Werke ihrer Mitglieder hinzuweisen. Neben Bibliothekaren, Gewerkschaftsse-

kretären und Journalisten wie Fritz Hüser, Walter Köpping und Heinz Kosters
gehörten zu dieser Gruppe vor allem Schriftsteller und Schriftstellerinnen wie
Josef Büscher, Klas Ewert Everwyn, Bruno Gluchowski, Artur Granitzki, Max
von der Grün, Günter Herburger, Kurt Küther, Angelika Mechtel, Erika Runge,
Karin Struck, Günter Wallraff und Peter-Paul Zahl. Wie stark sich manche Mitglieder dieser Gruppe mit den Arbeiterdichtern der Zeit vor 1933 verbunden
fühlten, beweisen ihre halb biographischen, halb literaturtheoretischen Bei-
träge, welche sie zwischen 1961 und 1963 in der *Gewerkschaftlichen Rund-
schau* unter der Rubriküberschrift „Der Ruf gilt dir, Kamerad!" publizierten.
Josef Büscher schrieb hier über Erich Grisar und Josef Winckler, Max von der
Grün über Max Barthel, Karl Bröger, Gerrit Engelke, Otto Krille und Heinrich
Lersch, Heinz Kosters über Otto Wohlgemuth sowie Walter Köpping über
Richard Dehmel, Heinrich Kämpchen, Kurt Kläber, Bruno Schönlank und Paul
Zech. Und zwar stellten sie diese Autoren – im Gegensatz zu vielen bürgerlichen
Dichtern – als Schriftsteller hin, die nie das Wohl der hartarbeitenden Men-
schen aus dem Auge verloren hätten.

Nach vielen und zum Teil streitbar geführten Debatten verabschiedete die
Gruppe 61 am 22. März 1964 ein sorgfältig ausgearbeitetes Programm, das
vor allem folgende Aufgabenstellungen umriß: „1. Die literarisch-künstleri-
sche Auseinandersetzung mit der industriellen Arbeitswelt der Gegenwart und
ihrer sozialen Probleme. Die geistige Auseinandersetzung mit dem technischen Zeitalter. Die Verbindung mit der sozialen Dichtung anderer Völker.
Die kritische Beschäftigung mit der früheren Arbeiterdichtung und ihrer
Geschichte. 2. Die Dortmunder Gruppe 61 setzt sich zusammen aus Schriftstellern, Journalisten, Lektoren, Kritikern, Wissenschaftlern und anderen Persönlichkeiten, die sich durch Interesse oder Beruf mit den Aufgaben und der
Arbeit der Gruppe 61 verbunden fühlen und mitarbeiten wollen. 3. Die Dortmunder Gruppe 61 ist in jeder Hinsicht unabhängig und nur den selbstgestell-
ten künstlerischen Aufgaben verpflichtet – ohne Rücksicht auf Interessen-
gruppen. 4. Die Begegnung verschiedener Charaktere, die Entfaltung unterschiedlicher Begabungen, der Austausch gegensätzlicher Meinungen und
Gestaltungsformen soll anregend auf die Arbeit der Gruppe und ihrer Mitglieder einwirken. 5. Unter Berücksichtigung der Thematik bleibt jedem Mitglied
der Dortmunder Gruppe 61 grundsätzlich die Wahl der Themen, der Gestal-
tungsmittel und Ausdrucksformen überlassen. 6. Die künstlerischen Arbeiten
müssen individuelle Sprache und Gestaltungskraft aufweisen oder entwick-
lungsfähige Ansätze zu eigener Form erkennen lassen. 7. Bevor Arbeiten von
Bewerbern oder Mitgliedern in öffentlichen Veranstaltungen der Dortmunder
Gruppe 61 vorgetragen oder in gemeinsamen Publikationen veröffentlicht
werden, müssen sich die Autoren mit ihren Texten und Themen der Kritik der
Gruppe stellen."[11]

Aus diesem Programm wird deutlich, daß es dem Vorstand der Dortmunder Gruppe 61 zwar auch um die Förderung schreibender Arbeiter ging, die allerdings in diesem Statut in auffälliger Weise ausgespart blieben, er jedoch bei der Darstellung der modernen Arbeitswelt in erster Linie die „professionelle Schriftstellerei und den literarischen Markt anvisierte".[12] Und die Anfangserfolge einiger seiner Autoren schienen dieser Tendenz durchaus recht zu geben. Wohl das größte Aufsehen der von der Gruppe 61 geförderten Werke erregte der Roman *Irrlicht und Feuer* (1963) des Bergmanns Max von der Grün, der in mehrere Sprachen übersetzt wurde und von dem sich in den ersten zehn Jahren nach seinem Erscheinen Hunderttausende von Exemplaren verkaufen ließen. Dieser Roman, in dem die Geschichte eines Arbeiters erzählt wird, der durch die Zechenstillegungen im Ruhrgebiet seinen Job als Hauer verliert und nach Anstellungen in der Bauindustrie sowie auf dem Verladeplatz einer Eisenhandlung schließlich in einem automatisierten Elektrobetrieb landet, strafte all jene Lügen, die noch in den fünfziger Jahren gesagt hatten, daß die literarische Bearbeitung des Themas „Arbeitswelt" heute niemanden mehr interessiere. Ebenso charakteristisch für die frühen Arbeiten dieser Gruppe ist der Almanach *Aus der Welt der Arbeit* (1966), der sich in seinem Vorwort zu dem gleichen „neuen sozialen Realismus" bekannte, den auch einige Jungfilmer dieser Ära, die sich 1961 in Oberhausen zu der Gruppe Neuer deutscher Film zusammengeschlossen hatten, zu fördern suchten. Außerdem gab die Gruppe 61 ab 1962 eine Buchreihe unter dem Titel *Neue Industriedichtung* heraus, in der unter anderem Günter Wallraff eine seiner ersten Industriereportagen veröffentlichte, die er später in seinen Sammelband *13 unerwünschte Reportagen* aufnahm.

Doch nicht alle Autoren und Autorinnen der Dortmunder Gruppe 61 stießen zu so kritischen Positionen wie Max von der Grün oder Günter Wallraff vor. Andere, wie Bruno Gluchowski oder Artur Granitzki hielten sich weiterhin an die inzwischen ins Klischeehafte erstarrten Traditionen der älteren Arbeiterdichtung von 1900 bis 1945, das heißt setzen in ihrer Lyrik bedenkenlos das Pathos expressionistischer Dichter wie Gerrit Engelke, Heinrich Lersch und Paul Zech fort, während sie sich in ihren Erzählungen und Romanen an den idyllischen, religiösen oder klassenversöhnlerisch gestimmten Abschnitten in den Werken von Max Barthel, Karl Bröger, Erich Grisar und Otto Wohlgemuth orientierten, die sich nach 1933 entweder den Nationalsozialisten angeschlossen oder zumindest ihren rebellischen Ton aufgegeben hatten. Von irgendwelchen systemkritischen Tendenzen war daher in ihren Werken kaum etwas zu spüren.[13] Daß manche dieser Publikationen bei den Industriellen und ihren Verbänden – schon wegen des in ihnen dargestellten Milieus – dennoch auf Widerstand stoßen würden, hatten die Mitglieder der Gruppe 61 von vornherein erwartet. Daß sie aber auch von den zuständigen Gewerkschaften, die – trotz der Zechenstillegungen im Ruhrgebiet – wegen der weitverbreiteten Wirt-

Treffen der Dortmunder Gruppe 61 am 8. November 1969 in Dortmund. Von links nach rechts: Fritz Hüser, Max von der Grün, Peter Kühne, Erwin Sylvanus, Günter Wallraff (sprechend), Peter Schütt und Erasmus Schöfer

schaftswundergesinnung und der zweimaligen Niederlage Willy Brandts bei den Bundestagswahlen von 1961 und 1965 eisern an der öffiziösen „Sozial-partnerschafts"-Ideologie festhielten, abgelehnt wurden, erbitterte dagegen einige der ins Gesellschaftskritische drängenden Mitglieder dieser Gruppe zutiefst, während die Konservativen innerhalb der gleichen Gruppe daraus eher die Konsequenz zogen, sich in ihren Werken noch vorsichtiger zu verhalten als zuvor, um bei den herrschenden Gesellschaftsschichten nur ja keinen Anstoß zu erregen.

Diese Polarisierung mußte schließlich 1968 – auf dem Höhepunkt der allge-meinen Protestwelle in der BRD, als sich auch die literarische Szene zusehends ins Gesellschaftskritische politisierte – zum Auseinanderbruch der Dortmun-der Gruppe 61 führen. Auf der Herbsttagung dieses Jahres warfen die inzwi-schen ins linke oder linksliberale Lager übergewechselten jüngeren Autoren dem Rest der Gruppe vor, in ihrer ideologischen Argumentationsebene auf das Niveau eines „Kleingärtnervereins" abgesunken zu sein, ja in manchen ihrer Proklamationen einer deutlichen „Arbeiterfeindlichkeit" zu huldigen.[14] Statt weiterhin auf einer Einstellung zu beharren, der eine „pluralistische Überparteilichkeit", eine „Verpflichtung auf normative ästhetische Maßstäbe" und eine „unreflektierte Verwendung des Mediums Literatur unter Inanspruchnahme ihrer bürgerlichen Vermittlungsinstanzen" zugrunde liege, durch welche die Arbeiter zu „*Objekten* der literarischen Darstellung und der kommerziellen Verwertung" degradiert würden,[15] wollten die Rebellen innerhalb der Gruppe 61 plötzlich viel konkreter und klassenbezogener, das heißt im Interesse der Arbeiter auf die als zutiefst „krisenhaft" empfundenen politischen und sozio-ökonomischen Vorgänge ihrer unmittelbaren Umgebung reagieren. Schließlich waren dies die Jahre der ersten ökonomischen Krise in der BRD, die sich vor allem im Ruhrgebiet stark bemerkbar machte und zu einer verbreiteten Arbeitslosigkeit führte. Außerdem kam es im gleichen Zeitpunkt zum Anschwellen neofaschistischer Organisationen, zur Gründung der Deutschen Kommunistischen Partei (DKP) und zu einer Notstandsgesetzgebung, die in weiten Kreisen der Bevölkerung heftige Gegenreaktionen hervorrief. Wie bekannt, erwuchs daraus in letzter Konsequenz jene Außerparlamentarische Opposition (APO), die politisch wesentlich radikaler auftrat als die Liberalen und Linksliberalen der frühen sechziger Jahre und auf literarischem Gebiet vor allem gesellschaftskritische Formen wie skandalerregende Reportagen, Straßentheaterszenen und Agitprop-Chansons befürwortete.

Aufgrund dieser Entwicklung traten im Laufe des Jahres 1969 dreizehn Autoren und Autorinnen, darunter Günter Wallraff, Erika Runge und Erasmus Schöfer, aus der Dortmunder Gruppe 61 aus und entschieden sich, lieber in der Arbeiterbildung aktiv zu werden, als weiterhin vornehmlich nach literarischen Erfolgen im Rahmen des herrschenden Medienbetriebs zu streben. Und so kam es – nach stürmischen Debatten auf der Tagung der Gruppe 61 im November 1969 – schließlich Anfang 1970 zur Gründung einer neuen, wesentlich kritischer eingestellten Gruppe, die sich Werkkreis Literatur der Arbeitswelt nannte.

Der Werkkreis Literatur der Arbeitswelt

Die offizielle Gründung dieses „Werkkreises" erfolgte am 7. März 1970 bei einem Treffen mehrerer Mitglieder und Sympathisanten der Gruppe 61 im Kölner Gürzenich. Im Gegensatz zu den Dortmundern ging es den hier Versammelten vor allem darum, schreibinteressierten Arbeitern und Angestellten die nötige Formulierungshilfe zu leisten. Dabei sollte der Hauptnachdruck weniger auf literarische Einzelleistungen als auf Formen kollektiver Literaturherstellung gelegt werden, um so zu einer Verstärkung der gesellschaftskritischen Tendenzen beizutragen. In einer programmatischen Erklärung der Werkkreis-

Gründer hörte sich das folgendermaßen an: „1. Der Werkkreis Literatur der Arbeitswelt ist eine Vereinigung von Arbeitern und Angestellten, die in örtlichen Werkstätten mit Schriftstellern, Journalisten und Wissenschaftlern zusammenarbeiten. Seine Aufgabe ist die Darstellung der Situation abhängig Arbeitender. Auf diese Weise versucht der Werkkreis, die menschlichen und materiell technischen Probleme der Arbeitswelt gesellschaftlich bewußt zu machen. Er will dazu beitragen, die gesellschaftlichen Verhältnisse im Interesse der Arbeitenden zu verändern. In dieser Zielsetzung verbindet der Werkkreis seine Arbeit mit dem Bestreben aller Gruppen und Kräfte, die für eine demokratische Veränderung der gesellschaftlichen Verhältnisse tätig sind. Der Werkkreis hält eine entsprechende Zusammenarbeit mit den Gewerkschaften, als der größten Organisation der Arbeitenden, für notwendig. 2. Die im Werkkreis Literatur der Arbeitswelt hergestellten Arbeiten wenden sich vor allem an die Werktätigen, aus deren Bewußtwerden über ihre Klassenlage sie entstehen. Die kritischen und schöpferischen Kräfte der Arbeitenden, deren Entfaltungsmöglichkeiten behindert werden, versucht der Werkkreis durch theoretische Anleitung und praktische Beispiele wirksam zu unterstützen. Gesellschaftskritische, sozial verbindliche Literatur wird hergestellt, diskutiert und veröffentlicht. Inhalt dieser Informationen, Dokumentationen, beschreibenden und gestalteten Arbeiten ist die kritische und schöpferische Auseinandersetzung mit den Arbeits- und Alltagsverhältnissen. Alle erprobten und neuen Formen realistischer Gestaltung werden benutzt. 3. Der Werkkreis Literatur der Arbeitswelt nutzt die vorhandenen Möglichkeiten der Verbreitung gesellschaftskritischer Literatur, vornehmlich die den Arbeitenden zugänglichen Publikationen; er erstrebt eine Änderung der Verbreitungs- und Aufnahmeweise solcher Literatur im Sinne seiner Ziele; er paßt sich der Vermarktung der Literatur in den Händen und im Interesse weniger nicht an; er arbeitet an der Beseitigung der Kultur- und Bildungsprivilegien.“[16]

Bereits aus diesem Programm vom Fruhjahr 1970 ging fur damalige Leser und Leserinnen deutlich hervor, daß sich der neugeschaffene Werkkreis – im Gegensatz zur Dortmunder Gruppe 61, bei der eher sozialdemokratische Tendenzen im Vordergrund gestanden hatten – auf Drängen von Erika Runge, Erasmus Schöfer und Günter Wallraff weitgehend an links von der SPD situierten Kulturvorstellungen orientierte, wie sie unter anderem die 1968 gegründete Deutsche Kommunistische Partei (DKP) und die von ihr herausgegebene *Deutsche Volkszeitung* vertraten. Und dieser Unterschied hatte neben ideologischen auch organisatorische Folgen. Während sich die Gruppe 61 gegen jede sozialistisch motivierte Aktivierung von Arbeitern zum Schreiben verwahrte und stets ihren systemverpflichteten Charakter betonte, verstand sich der Werkkreis – mit Unterstützung der bereits 1967 von Josef Büscher ins Leben gerufenen Literarischen Werkstatt Gelsenkirchen und der 1968 gegründeten Hamburger

Schule schreibender Arbeiter – von vornherein als eine basisdemokratisch aufgebaute Organisation verschiedener linkspolitischer Werkstätten, die sich auf
eine eindeutig systemkritische Weise mit den lokalen Arbeitsproblemen auseinandersetzen wollten.

Wie schnell er mit diesem Konzept Erfolg hatte, bewies schon das 1. Werk-
kreistreffen im Juni 1970 in Gelsenkirchen, an dem bereits sechs Werkkreise –
die Literarische Werkstatt Gelsenkirchen, die Hamburger Schule schreibender
Arbeiter, die Werkstatt West-Berlin, die Kölner Werkstatt „Georg Weerth", die
Wuppertaler Werkstatt und die Essener Werkstatt – teilnahmen, an das sich im
November des gleichen Jahres ein 2. Werkstatttreffen im Mannheim anschloß.
Auf der 3. Tagung des Werkkreises im Juni 1971 in Wuppertal waren bereits 15
Werkstätten durch Delegierte vertreten. Diese kamen aus Aachen, Bonn, Dort-
mund, Düsseldorf, Duisburg, Essen, Frankfurt, Gelsenkirchen, Hamburg,
Köln, Mannheim, München, Tübingen, West-Berlin und Wuppertal, wo sie
Gruppen zwischen fünf bis sechs bzw. 30 bis 40 Mitgliedern angehörten. Den
Vorsitz, den bis dahin Eramus Schöfer innehatte, übernahm jetzt Carlo Brett-
hauer. Im Rahmen eines Reportagewettbewerbs des gleichen Jahres unter dem
Titel „Wie ist mein Arbeitsplatz – wie könnte er sein?" erhielt die Werkkreislei-
tung von Arbeitern, Angestellten, Hausfrauen, Lehrlingen, Ersatzdienstleistern
und Betriebsgruppen über 200 Einsendungen, von denen einige beim Rowohlt-
Verlag in der Werkkreis-Anthologie *Ihr aber tragt das Risiko. Reportagen aus
der Arbeitswelt* erschienen. Aufgrund der wachsenden Mitgliederzahl ließ sich
der Werkkreis schließlich als gemeinnütziger Verein eintragen. Sein beschluß-
fassendes Organ war die alljährliche Delegiertenversammlung, auf der als Lei-
tungsgremium ein mehrköpfiger Sprecherrat gewählt wurde. Für die Publikation der Texte sorgten die einzelnen Werkstätten selbst. Einige gaben anfangs
nur hektographierte Publikationen in Form von Werkstattheften heraus.
Andere gingen bereits kurze Zeit später dazu über, auch Bücher zu veröffentlichen. So gab die Tübinger Werkstatt schon 1971 die Anthologie *Lauter Arbeit-
geber. Lohnabhängige sehen ihre Chefs* und die Werkstätte Gelsenkirchen ein
Jahr später den Band *Schrauben haben Rechtsgewinde* heraus. Eine größere
Publizität erreichte der Werkkreis allerdings erst, als sich der Fischer-Taschenbuchverlag entschloß, eine Werkkreis-Reihe zu gründen und in ihr ab Frühjahr
1973 alljährlich bis zu sechs Bände zu veröffentlichen. Der erste Band dieser
Reihe war das Buch *Gehen oder Kaputtgehen*, dem ein Betriebstagebuch von
Helmut Creutz zugrunde lag.

Als im Mai 1973 in Nürnberg die 5. Delegiertenversammlung des Werkkreises stattfand, unterstrich Erasmus Schöfer noch einmal die basisbezogene Rolle
dieser Vereinigung und wandte sich gegen jene intellektuellen Eindringlinge,
die den Werkkreis – weil das Thema Arbeitswelt im Zuge der studentischen
Protestwelle einen „modischen" Charakter angenommen habe – lediglich als

Sprungbrett für ihre literarische Karriere betrachteten. Auch Jürgen Alberts, der auf der Nürnberger Tagung zum neuen 1. Vorsitzenden gewählt wurde, warnte davor, die Publikationen beim Fischer-Taschenbuchverlag als geglückten Anschluß an die Literatur der bürgerlichen Öffentlichkeit zu begrüßen, und forderte die Delegierten der verschiedenen Werkstätten auf, über solchen Erfolgen nicht die eigentliche Basisarbeit, nämlich die lokalen Veranstaltungen von Lesungen und Gruppenabenden zu vergessen. Zugleich regte er an, einen neuen Wettbewerb unter dem Motto „Kollegen schreibt Streikberichte" auszuschreiben. Auf der 6. Delegiertentagung am Mai 1974 in Dortmund stellte sich heraus, daß der Werkkreis inzwischen auf 350 Mitglieder angewachsen war, von denen etwa 70 Prozent aus der Arbeiter- und Angestelltenklasse kamen, während unter den restlichen 30 Prozent der Anteil der Studenten und Studentinnen überwog. Zu diesem Zeitpunkt waren in der Fischer-Taschenbuchreihe, die Peter Fischbach betreute, bereits sechs Bände, darunter die relativ erfolgreichen *Der rote Großvater erzählt. Berichte und Erzählungen von Veteranen der Arbeiterbewegung aus der Zeit von 1914 bis 1945* und *Mit 15 hat man noch Träume. Arbeiterjugend in der Bundesrepublik*, in einer Gesamtauflage von 140 000 Exemplaren erschienen.

Durch die Vielfalt der daraus entstehenden Aufgaben wurde es nötig, den Werkkreis, der sich jetzt – in Form von 30 Werkstätten – über das gesamte Bundesgebiet erstreckte, in fünf Regionalverbände aufzuteilen. Doch daraus erwuchsen keine allzu großen Schwierigkeiten. Als wesentlich problematischer erwies sich hingegen eine genauere inhaltliche Bestimmung seiner politischen Konzeptionen und Zielvorstellungen. Er verstand sich zwar als „links", distanzierte sich jedoch sowohl von der SPD als auch von den maoistischen K-Gruppen dieser Jahre, ja lehnte sogar einen direkten Anschluß an die DKP – trotz aller Sympathie für einzelne ihrer kulturpolitischen Richtlinien – mehrheitlich ab. Durch diese Haltung bewahrte sich der Werkkreis eine relative ideologische Autonomie innerhalb des parteipolitischen Spektrums der BRD und stellte seinen Mitgliedern frei, sich – jenseits der einzelnen Werkstätten – auch in anderen linken Organisationen zu betätigen und an deren Tagungen als Sprecher oder Sprecherinnen teilzunehmen. So vertrat etwa Horst Kamrad den Werkkreis 1973 auf der 2. Tagung des westdeutschen Schriftstellerverbandes in Hamburg und forderte die dort Versammelten auf, sich der IG Druck und Papier anzuschließen und bei ihrer literarischen Arbeit nie die grundlegenden ökonomischen Rahmenbedingungen zu vergessen. Am Schluß seiner Rede rief er sie sogar auf, nicht nur ihr „isoliertes Elfenbeinturmdasein" und ihre „wirtschaftliche Situation" zu beklagen, sondern sich lieber zu überlegen, wie sie „ihre Arbeit in die organisierten Arbeitsmethoden des Werkkreises einbringen könnten".[17] Ähnlich engagiert bekannte sich Erika Däbritz Ende März 1974 auf einer Arbeitstagung der DKP zu Fragen der Literatur – an der neben linken

Autoren und Autorinnen wie Gerd Fuchs, Ulla Hahn, Günter Herburger, Franz Xaver Kroetz, Uwe Timm und Martin Walser von den Werkkreis-Organisatoren auch Jürgen Alberts, Erika Runge und Erasmus Schöfer teilnahmen – zu einer basisbezogenen Werkstättenarbeit, bei der die Arbeiter und Arbeiterinnen im Zentrum stehen müßten.

Als inhaltliche Vorgabe der Werkkreis-Arbeit wurde bei all solchen Grundsatzerklärungen der frühen siebziger Jahre, wie etwa denen von Jürgen Alberts und Erasmus Schöfer, stets die Forderung aufgestellt, eine klassenbewußte, antikapitalistische Literatur zu schaffen, die sich in erster Linie an ein Publikum von Arbeitern und Arbeiterinnen wenden solle. Statt sich allein auf eine reporterhafte Berichterstattung der Verhältnisse innerhalb der betrieblichen Arbeitswelt zu beschränken, forderten die verschiedenen Werkkreis-Sprecher die Mitglieder dieser Vereinigung immer wieder auf, in ihren Werken auf die Erkenntnis hinzuarbeiten, daß eine grundlegende Veränderung der politischen, ökonomischen und sozialen Verhältnisse nur kollektiv zu erreichen sei. Diese Absicht faßten sie meist in folgenden Leitvorstellungen zusammen: „Erfahrungen organisieren", „Zusammenhänge darstellen", „Informationen einholen", „Ideologien durchleuchten" und „Interessen artikulieren". Als potentielle Bündnispartner wiesen sie dabei – im Sinne einer breiten Volksfrontpolitik – vor allem auf die verschiedenen Industriegewerkschaften, die Jungsozialisten und Jungdemokraten, den Marxistischen Studentenbund Spartakus, die DKP, die sozialdemokratische Naturfreunde-Bewegung, einige linke Pfarrer wie überhaupt alle politischen Organisationen in der BRD hin, die an einer durchgreifenden Demokratisierung der herrschenden Wirtschafts- und Gesellschaftsordnung interessiert seien.

Ihren Höhepunkt erlebten diese Bestrebungen im Jahr 1974. Um seine Bündnisbereitschaft zu betonen, nahm der Regionalverband der nordrhein-westfälischen Werkkreise zu diesem Zeitpunkt enge Kontakte mit der Kulturkooperative Ruhr auf, zu der unter anderem der Dortmunder Schallplattenverlag Pläne, die Rockgruppe Franz K. aus Witten, die Dortmunder Arbeitersänger Die Stahlkocher, die Songgruppe Münster und das Dortmunder Lehrlingstheater gehörten, mit denen er Erfahrungen austauschte und gemeinsame Veranstaltungen organisierte. Zugleich hielten verschiedene Werkstätten 1974/75 projektbezogene Bildungsseminare ab, bei denen Buchprojekte oder allgemeine politische Probleme diskutiert wurden. Ja, schließlich entschloß sich der Gesamtverband der Werkkreise sogar auf der Dortmunder Delegiertenversammlung von 1974, eine eigene Zeitschrift herauszugeben, die den Titel *Werkstatt* erhielt und deren erstes Heft im September des gleichen Jahres herauskam. In diesem Blatt, das eine Auflage von 3000 Exemplaren erreichte, versuchte der Werkkreis einerseits auf Anfragen einzelner Werkstätten oder Mitglieder einzugehen, andererseits eine breitere Öffentlichkeit über seine kultur-

Ilse Straeter: Impressionen einer Werkstätten-Tagung (1979)

politischen Absichten zu informieren. Ein besonderer Nachdruck wurde dabei auf eine engere Zusammenarbeit mit den Gewerkschaften gelegt. Vor allem deren Kulturprogramme wurden ausführlich erörtert, um so den DGB von der Bereitschaft des Werkkreises zu einer engeren Kooperation zu überzeugen.

Doch trotz dieser ideologischen Bündnisbereitschaft sowie aller ins Progressive, aber parteilich Ungebundene tendierenden kulturpolitischen Aktivitäten, mit denen der Werkkreis seine Wirksamkeit zu verbreitern suchte, ließ nach 1975 das Engagement für eine basisbezogene Solidarität allmählich nach. Auch das Interesse an der Fischer-Taschenbuchreihe, in der in diesem Zeitraum neben Werkkreis-Anthologien wie *Liebe Kollegin. Texte zur Emanzipation der Frau in der BRD, Schichtarbeit. Reportagen, Geht dir nicht ein Auge auf. Gedichte, Dieser Betrieb wird bestreikt. Berichte über die Arbeitskämpfe in der Bundesrepublik, Zwischen den Stühlen. Über die Schwierigkeit, nicht ganz unten, auch nicht oben zu sein, Die Kinder des roten Großvaters erzählen, Weg vom Fenster. Über Entlassungen und Disziplinierungen* und *Liebesgeschichten* auch Werkkreis-Romane wie *Muskelschrott* von Herbert Somplatzki, *Am Kanthaken* von Josef Ippers und *Ich stehe meine Frau* von Margot Schröder erschienen, ging in der Folgezeit merklich zurück. Für diesen Rückgang lassen sich mehrere Gründe anführen: 1. die zunehmende Verkleinbürgerlichung der Arbeiterklasse im Rahmen einer hochindustrialisierten „Wohlstands"-Gesellschaft wie der BRD, die nach der ökonomischen Rezession der späten sechziger Jahre in diesem Zeitraum wieder eine neue Konjunktur erlebte, 2. der durch den wirtschaftlichen Aufschwung und zugleich die von der SPD verkündeten Radikalenerlasse bewirkte Rückgang der linken Protestwelle nach 1974/75, 3. das steigende Interesse an Subjektivitäts- und Identitätsfragen, das sich in der Folgezeit verbreitete, sowie 4. der zwangsläufige Verschleiß des Neuigkeitsfaktors, welcher der Werkkreis-Literatur anfänglich zugute gekommen war, sich jedoch im Laufe der Zeit ebenso verbrauchte wie der Nouveauté-Reiz aller literarischen Strömungen im Rahmen einer vornehmlich auf modische Innovationen eingerasteten Kulturindustrie.

Demzufolge ging die Mitgliederzahl des Werkkreises Literatur der Arbeitswelt schon 1977, als sich die Delegierten im Jugenddorf auf dem Hohen Meißner versammelten, von 350 auf 200 zurück. Der harte Kern der Werkstätten arbeitete zwar noch einige Jahre weiter, doch der anfängliche Elan, für die westdeutsche Arbeiterklasse endlich die ihr gemäße Literatur zu schaffen, erlahmte – angesichts der überwältigenden Gegenmacht der Massenmedien und ihrer verführerischen Unterhaltungs- und Zertreuungstaktiken – immer mehr. Die meisten Angehörigen der Arbeiterklasse – einerseits stolz auf ihren kleinbürgerlichen Wohlstand, andererseits zu abgespannt, sich in ihrer Freizeit mit anstrengender Lektüre auseinanderzusetzen – quittierten deshalb die Publikationen des Werkkreises, falls sie überhaupt damit in Berührung kamen, ledig-

lich mit einer abwehrenden „Na und?"-Gebärde. Mit anderen Worten: sie
sahen zwar den Wahrheitsgehalt mancher dieser Schriften ein, wollten aber in
ihrer arbeitsfreien Zeit lieber auf eine „angenehmere" Weise unterhalten sein.
Ja, selbst viele der linkskritischen Intellektuellen, die anfangs diesen Texten ein
großes Interesse entgegengebracht hatten, ließen sich seit den späten siebziger
Jahren entweder ebenfalls von den Reizen der Medienindustrie umgarnen oder
zogen sich in modernistisch-elitäre Randzonen zurück. Und so wurde sogar die
Werkkreis-Reihe beim Fischer-Taschenbuchverlag, von der sich bis 1977
immerhin 505 000 Exemplare verkauft hatten, schließlich von der Verlagslei-
tung als unrentabel eingestellt.

Die Zeit von 1975 bis 1989

Die offizielle Literaturszene in der DDR

In der Mitte der siebziger Jahre kam es in beiden Teilen Deutschlands zu einer Situation, die der Entstehung neuer Dichterbünde nicht besonders günstig war. Was sich zu diesem Zeitpunkt – nach dem Scheitern des ostdeutschen Bitterfelder Weges und der westdeutschen Achtundsechziger-Bewegung – im Bereich des Literarischen als „neue Stimmung" verbreitete, lief in ihrer Skepsis an allen Kollektivvorstellungen letzten Endes auf eine immer stärkere Hervorhebung des sogenannten subjektiven Faktors hinaus.[1] Zu diesem Paradigmawechsel trugen – etwas vereinfacht gesprochen – vor allem folgende Entwicklungen bei: 1. die bereits erwähnten Ohnmachtsgefühle vieler bis dahin von ihrer gesellschaftsverändernden Rolle überzeugten Schriftsteller und Schriftstellerinnen, welche – angesichts der von den Verlockungen der Massenmedien „eingelullten" Mehrheit der Arbeiter- und Angestelltenschichten – ideologisch zusehends kapitulierten, 2. der damit verbundene Verlust utopischer Hoffnungen auf die Herbeiführung einer anderen, besseren Gesellschaft, sowie 3. die durch den Bericht *Grenzen des Wachstums* ausgelösten Ängste vor den herannahenden ökologischen Katastrophen, welche in breiten Bevölkerungsschichten eine Art „Doomsday"-Panik erzeugten. Zugegeben, diese Tendenzen wirkten sich zwar in beiden deutschen Literaturen nicht mit der gleichen Intensität oder den gleichen ideologischen Vorzeichen aus, liefen aber auf eine durchaus vergleichbare Grundstimmung hinaus: nämlich die einer merklichen Inaktivität vieler bis zu diesem Zeitpunkt in Ost und West von solidarischen Aufbruchsstimmungen beseelten Autoren und Autorinnen.

In der DDR spielte sich dieser Vorgang folgendermaßen ab. Nach dem Rücktritt Walter Ulbrichts im Mai 1971 setzte seit dem 8. Parteitag der SED im Juni des gleichen Jahres im Bereich Kultur eine merkliche Lockerung der bisherigen Zensur- und Lenkungsmaßnahmen ein. Im Zuge dieser Entwicklung verkündete Erich Honecker auf dem 4. Plenum des Zentralkomitees der SED im Dezember 1971, daß es in der DDR-Literatur in Zukunft keine „Tabus" mehr geben solle. Auch auf dem 7. Kongreß des ostdeutschen Schriftstellerverbandes (SV) im November 1973, der unter dem Vorsitz von Anna Seghers stattfand, wurde dieser neue Kurs von Hermann Kant noch einmal ausdrücklich unter-

Anna Seghers als 1. Vorsitzende des ostdeutschen Schriftstellerverbandes und Erich Honecker als 1. Sekretär der SED auf dem VII. Schriftstellerkongreß der DDR in Berlin (1973)

strichen. Von den auf beiden Bitterfelder Konferenzen gefaßten Beschlüssen einer sozialistischen Überwindung der Entfremdung zwischen Kopf- und Handarbeit durch eine umfassende Kulturrevolution war auf diesem Kongreß keine Rede mehr. Statt die Zirkel schreibender Arbeiter neu zu beleben, ging es in den verschiedenen Arbeitssitzungen vornehmlich um die persönlichen und professionellen Belange der hier versammelten Autoren und Autorinnen. Diese Entwicklung führte zwangsläufig zu vermehrten Spannungen zwischen jenen Verbandsmitgliedern, die weiterhin an einem gesamtgesellschaftlichen Literaturkonzept sozialistischer Prägung festzuhalten versuchten, sowie jenen Schriftstellern und Schriftstellerinnen, die im Zuge ihres steigenden Selbstartikulierungsdranges die praskriptive Ästhetik des Sozialistischen Realismus als überständig empfanden. Und daraus ergaben sich immer schärfere Konfrontationen, auf welche die SED im Jahr 1976 mit dem Ausschluß Rainer Kunzes aus dem Schriftstellerverband und der Ausbürgerung Wolf Biermanns aus der DDR reagierte. Ja, als erst 12 und dann rund 150 Künstler gegen die Ausbürgerung Biermanns protestierten, zog die SED die sogenannte Antiliberalisierungsschraube noch schärfer an, da sie – bei einem „weicheren Kurs" – einen Abbau aller sozialistischen Positionen in der Literatur und damit einen Durchbruch zu „westlichen" Ichvorstellungen befürchtete. Im Gefolge dieser Maßnahmen verließen 1976 Sarah Kirsch, Rainer Kunze, Hans Joachim Schädlich und Jürgen Fuchs die DDR und zogen in die BRD um.

Auf dem 8. Kongreß des ostdeutschen SV im Mai 1978 wurde – unter Abwesenheit von etwa zehn der bekanntesten Mitglieder dieses Verbandes – Hermann Kant zum neuen 1. Vorsitzenden gewählt. Er gab die Parole aus, daß unter den DDR-Schriftstellern und -Schriftstellerinnen wieder eine neue Einigkeit eintreten müsse und sich alle zu einer wirklichen „Mannschaft" zusammenschließen sollten. Darauf stellten Jurek Becker und Erich Loest bei den staatlichen Behörden den Antrag, die DDR für drei Jahre verlassen zu dürfen, was ihnen diese auch gestatteten. Im folgenden Jahr wurden Kurt Bartsch, Adolf Endler, Stefan Heym, Klaus Schlesinger, Rolf Schneider und Joachim Seyppel – wegen „abweichenden Verhaltens" – aus dem SV ausgeschlossen. Kurze Zeit später beantragten Günter Kunert, Rolf Schneider und Joachim Seyppel langfristige Visa und siedelten ebenfalls zeitweilig oder ganz in die BRD über. Das gleiche taten ein Jahr später Kurt Bartsch, Klaus Schlesinger und Stefan Schütz.

Eine leicht veränderte Situation ergab sich für den DDR-Schriftstellerverband erst im Jahr 1980, als sich in Westdeutschland – im Zuge der atomaren Hochrüstung – die Friedensbewegung und die Partei der Grünen formierten, die von einer Reihe gesellschaftskritisch gebliebener BRD-Autoren und -Autorinnen lebhaft begrüßt wurden. Auch auf seiten der SED-Führungsspitze wurde die Friedensbewegung anfänglich durchaus gutgeheißen und zugleich als ein Mittel betrachtet, unter den Schriftstellern und Schriftstellerinnen der DDR wieder eine neue Einigkeit zu stiften, das heißt die allzu starke Betonung des subjektiven Faktors zugunsten überindividueller Ziele zurückzudrängen. Daher nahm Hermann Kant als 1. Vorsitzender des ostdeutschen SV Anfang 1981 erstmals Kontakte mit dem westdeutschen VS auf und verabredete mit Bernt Engelmann, dem damaligen 1. Vorsitzenden dieses Verbandes, am 13. und 14. Dezember dieses Jahres in Ost-Berlin ein erstes gesamtdeutsches Schriftstellertreffen seit der deutschen Teilung von 1949 zu veranstalten, um dort eine möglichst einhellige Resolution gegen weitere Hochrüstungspläne der Mitgliedsstaaten der NATO und des Warschauer Pakts zu beraten.

Und dieses Treffen fand – trotz vieler Bedenken auf beiden Seiten – auch tatsächlich statt. Von östlicher Seite nahmen an ihm unter anderem Alexander Abusch, Helmut Baierl, Volker Braun, Jurij Brezan, Günter de Bruyn, Franz Fühmann, Stephan Hermlin, Stefan Heym, Wieland Herzfelde, Hermann Kant, Heiner Müller, Erik Neutsch, Dieter Noll, Rolf Schneider, Erwin Strittmatter, Christa Wolf und Alfred Wellm – auf westlicher Seite unter anderem Carl Amery, Ingeborg Drewitz, Bernt Engelmann, Erich Fried, Günter Grass, Peter Härtling, Günter Herburger, Heinar Kipphardt, Dieter Lattmann, Luise Rinser, Peter Rühmkorf und Peter Schneider teil. Wie zu erwarten, kam es im Hinblick auf den Willen zum Frieden sofort zu einer schnellen Übereinstimmung, während bei der Diskussion der Wege, wie dieser zu erreichen sei, die Meinungen beider Lager weitgehend gespalten blieben. Nicht minder einig und doch kontrovers verlief die am 22. und 23. April 1983 in West-Berlin stattfin-

Günter Grass, Walter Höllerer und Stephan Hermlin auf der 2. Berliner Begegnung „Den Frieden erklären" am 22./23. April 1983

dende 2. Schriftstellertagung zur Förderung des Friedens, an der jedoch nur eine kleinere Gruppe der bereits genannten Autoren und Autorinnen teilnahm und auf welcher der gemeinsame Wille zum Frieden ebenfalls hinter den jeweiligen Lagermentalitäten oder auch subjektiven Ansichten zurücktrat.[2]

Was sich danach in der DDR im Rahmen des Schriftstellerverbandes abspielte, war von einer seltsamen Ambivalenz gezeichnet, in der – angesichts der durch die Rohstoffkrisen ausgelösten ökonomischen Schwierigkeiten – die steigende Unsicherheit der Parteiführung zum Ausdruck kam. Während die SED einerseits alles aufbot, den subjektiven Erfolgsbedürfnissen ihrer bekanntesten Autoren und Autorinnen durch die Möglichkeit längerer Reisen in den Westen sowie der Verleihung hochdotierter Preise so weit wie möglich entgegenzukommen, versuchte sie andererseits, wenigstens ein Minimum sozialistischer Solidarität aufrechtzuerhalten, indem sie keine offenen Attacken auf ihr System duldete. Dementsprechend verlieh sie den Nationalpreis 1986 an Christa Wolf, 1987 an Heiner Müller und 1988 an Volker Braun, ja gestattete ihnen gleichzeitig längere Aufenthalte in nichtsozialistischen Ländern. Dennoch konnte sie nicht verhindern, daß in den gleichen Jahren Wolfgang Hilbig, Barbara Honigmann, Uwe Kolbe und Monika Maron wegen ihrer systemkritischen Ansichten die DDR verließen und in die BRD übersiedelten. Um ihre neue „Offenheit" noch deutlicher zu demonstrieren, förderte die SED zugleich wesentlich engere Kontakte mit westdeutschen Autoren und Kritikern, bei

denen sie eine linksliberale Haltung voraussetzte. So ernannte sie 1986 Walter
Jens und Peter Rühmkorf zu Mitgliedern der Ost-Berliner Akademie der Künste und lud 1987 erstmals Günter Grass, der wegen seiner Polemiken gegen
Brecht in der DDR lange Zeit als eine Unperson galt, zu einer Lesung nach Leipzig ein. Obendrein kündigte sie einen Band mit Werken von Uwe Johnson,
einem der bekanntesten „DDR-Flüchtlinge", an, ja ließ sich sogar auf die im
Westen zu gleicher Zeit vieldiskutierten Werke Friedrich Nietzsches ein, die bis
dahin – im Gefolge von Georg Lukács – in der DDR auf dem Index gestanden
hatten.

Doch alle diese Manöver kamen zu spät. Da sich in der DDR keine sozialistische Grundstimmung einer gesamtgesellschaftlichen Solidarität und damit eine
Überwindung der früheren Entfremdungserscheinungen durchgesetzt hatte,
siegte auch hier – wie im Westen – im Bereich der Literatur letztlich der subjektive Artikulierungsdrang der auf ihre persönliche Eigenheit bedachten Autoren
und Autorinnen, welche den Direktiven des offiziellen Schriftstellerverbandes
immer weniger Gehör schenkten und weitgehend auf ihr eigenes Entschei-
dungsvermögen vertrauten. Ein gutes Spiegelbild dieser Situation bot 1987 der
10. Schriftstellerkongreß der DDR, auf dem sich Stephan Hermlin und Hermann Kant noch einmal zu den sozialistischen Idealen der SED bekannnten,
auf dem aber sonst eher ein Stimmengewirr auseinanderlaufender Meinungen
herrschte. Besonders begrüßt wurden von den hier Versammelten die Äußerungen Christoph Heins gegen die staatliche Zensur. Und auch Horst Matthies
erhielt nach seinem Einwurf, daß ihm der Satz von Helga Königsdorf: „Es ist
leichter, sich als Vertreter einer Institution, einer Organisation oder gar eines
Landes zu fühlen, als einmal ‚Ich' zu sagen", besonders „tief unter die Haut
gegangen" sei, viel Beifall.[3] Dagegen ging auf eine vereinzelte Stimme, doch
auch das Thema Naturverschandelung anzuschneiden,[4] kaum jemand ein, so
sehr dominierte auf diesem Kongreß eine allgemeine Abneigung gegen gesamtgesellschaftliche Fragen, die von vielen der inzwischen ins subjektiv-liberale
Lager übergewechselten Schriftsteller und Schriftstellerinnen als unzumutbare
Belästigungen empfunden wurden.

Diese Einstellung ließ für die Zukunft der DDR, deren einzige Identität – im
Gegensatz zu anderen Ostblockländern – nicht in ihrer nationalen Eigenheit,
sondern nur in ihrer sozialistischen Programmatik bestand, nicht viel hoffen.
Wenn sich schon die relativ privilegierten Autoren und Autorinnen dieses Staates nicht mit der Idee eines sozialistischen „Wir"-Gefühls anfreunden konnten,
um wieviel geringer mußte dann die Akzeptanz gesamtgesellschaftlicher Postulate bei den sogenannten breiten Massen sein, die nach einem streßerfüllten
Arbeitstag vor allem nach Konsum und Unterhaltung lechzten. Und die Befriedigung solcher Bedürfnisse bot ihnen das westdeutsche Fernsehen in wesentlich
lustversprechenderer Form als ihre eigene Medienindustrie, bei der das Unter-

haltende ständig mit als „langweilig" abgelehnten Politik- und Kultursendungen unterbrochen wurde. Wie wir wissen, zogen sie daraus 1989 die allerseits bekannten Konsequenzen – und fast keiner der zum ostdeutschen Schriftstellerverband gehörenden Autoren und Autorinnen stellte sich diesem Trend entgegen.

Ostdeutsche Oppositionsgruppen der achtziger Jahre

Die einzige Autorengruppe in der DDR, die sich schon in den frühen achtziger Jahren vom offiziellen Schriftstellerverband ablöste und ein außerhalb seines Einflußbereiches kaum beachtetes Eigendasein führte, war jener Freundeskreis, der nach der Maueröffnung von 1989 unter der Bezeichnung „Prenzlauer Berg" in die Literaturgeschichte eingegangen ist. Politisch gesehen, versuchte dieser Literatenklub das herrschende System weder von rechts noch von links, sondern lediglich durch ein uneingeschränktes, elitäres Autonomiestreben zu unterlaufen. Zu ihm gehörten unter anderem Sascha Anderson, Stefan Döring, Jürgen Fuchs, Katja Havemann, Uwe Kolbe, Frank-Wolf Matthies, Bert Papenfuß-Gorek, Lutz Rathenow, Rainer Schedlinski und Dorothea von Thörne. Falls man im Hinblick auf diese Gruppe überhaupt von einem Programm sprechen kann, verstand sie sich – vor allem in ihrer apolitisch-sprachexperimentellen Lyrik – als literarischer Untergrund zur offiziellen Literaturszene der DDR und setzte sich, wie die Wiener Gruppe in den fünfziger und sechziger Jahren, in Anlehnung an dadaistisch-formalistische Sprachspiele für eine nichtdiskursive, hermetisierende Sprechweise ein, die den Zustand des subjektiven Ausgestoßenseins widerspiegeln sollte. Ihre Gedichte liefen daher weitgehend auf einem prononcierten Erkenntnisrelativismus heraus, der sich jenseits aller gesellschaftlichen Verpflichtungen im angeblich ideologiefreien Raum einer bohemehaften Ungebundenheit anzusiedeln versuchte.

Daß der Staat von ihren literarischen Bemühungen und der hinter ihnen stehenden Gesinnung wußte, war den Mitgliedern dieser Gruppe selbstverständlich bewußt. Allerdings ahnten sie vor der Maueröffnung noch nicht, daß zwei ihrer Mitglieder, nämlich Sascha Anderson und Rainer Schedlinski, Informanten des Staatssicherheitsdienstes waren, die für eine weitgehende Ghettoisierung dieser Gruppe sorgen sollten, um sie nicht zu einem „Seuchenherd" antisozialistischer Anschauungen innerhalb der Literaturszene der DDR werden zu lassen. Ja, die Partei unterstützte sogar indirekt den ins Metaphernreiche, Hermetische und damit Politisch-Harmlose tendierenden Manierismus dieser Gruppe, welcher zwar manchen der sich subjektiv gegen das autoritäre Staatssystem auflehnenden jungen Autoren und Autorinnen äußerst „brisant" erschien, aber in Wirklichkeit ihre literarischen Aktivitäten ins Modernistisch-

Exklusive und damit Wirkungslose verpuffen ließ. Lediglich Schriftsteller, die aus der selbstgewählten Exklusivität dieser Gruppe durch einen politisch rebellischen Ton auszubrechen versuchten, ja dieses Bemühen in eine relativ „verständliche" Prosa einzukleiden versuchten, wurden von den mit dem Staatssicherheitsdienst kooperierenden Hermetikern des Prenzlauer Bergs von den Gruppenaktivitäten möglichst ausgeschlossen und damit zum Schweigen verurteilt.

Aus diesem Grunde lassen sich die Dichter und Dichterinnen des Prenzlauer Bergs kaum als politische Widerstandsgruppe interpretieren. Ihr Leben spielte sich letztlich auf einer vom Staatssicherheitsdienst überwachten und politisch entfunktionalisierten Spielwiese ab, auf der sie ihren literarischen Experimenten solange frönen konnten, bis sich das Ganze – nach dem Zusammenbruch der DDR – als eine wohlintegrierte und damit harmlose Randzone innerhalb des ostdeutschen Literaturbetriebs erwies. Daher wäre es falsch, dieser Gruppe den Rang eines sich programmatischen Zielen unterstellenden Dichterbundes zu geben. Genau besehen, wollte sie nichts anderes als eine lockere Vereinigung nach literarischer und menschlicher Freizügigkeit strebender junger Menschen sein, die es leid waren, ständig von „revolutionärer Geduld" oder den „Mühen der Ebenen" beim Aufbau des Sozialismus zu hören. Nach langen Jahren der Entbehrung sehnten sie sich – im Gegensatz zum „grauen Alltag" der realexistierenden DDR – in den frühen achtziger Jahren danach, jetzt endlich „alles" zu haben. Und da sie für solche utopischen Intentionen, welche der Marxismus mit seinem Konzept des „totalen Menschen" in ihnen geweckt hatte, in der sie umgebenden Gesellschaft keine konkreten Realisierungschancen fanden, versuchten sie ihre ästhetischen und hedonistischen Bedürfnisse wenigstens im bohemehaften Abseits, in den – wegen ihrer altmodischen Stukkaturen und baufälligen Heimeligkeit – als extravagant empfundenen Altbauwohnungen des Prenzlauer Bergs zu befriedigen. Und daran wurden sie bis zum Ende der DDR von fast niemanden gehindert.

Wesentlich größeren Repressionen sahen sich dagegen jene Schriftsteller und Schriftstellerinnen ausgesetzt, die in Ostdeutschland im Rahmen literarischer Gruppen für vom Staat geförderte ökologische Schutzmaßnahmen einzutreten versuchten. Da die DDR in ihrer Energieversorgung weitgehend von ihren Atomkraftwerken sowie ihren Braunkohleablagerungen in der Lausitz abhängig war, wies sie in ökologischer Hinsicht von Anfang an große Schwachpunkte auf. Außerdem sah sie sich in dem Versuch, mit der durch den Marshall-Plan und die Vernetzung mit dem westlichen Wirtschaftssystem begünstigten Bundesrepublik ökonomisch wenigstens annähernd Schritt zu halten, ständig gezwungen, in ihren industriellen Herstellungsprozessen auf einige besonders kostspielige Filter- und Entsorgungsanlagen zu verzichten. Die ersten DDR-Autoren, die dagegen zu protestieren wagten, waren Wolfgang Harich, Robert

Havemann und Rudolf Bahro, welche allerdings ihre diesbezüglichen Schriften, in denen sie nicht nur auf die ökologischen Schäden in der DDR, sondern der gesamten Welt hinwiesen, lediglich im Westen publizieren konnten, wo sie jedoch weitgehend als kritische Stimmen am SED-Regime ausgelegt und dementsprechend hochgespielt wurden.[5]

Doch auch in der DDR selbst meldeten sich seit Beginn der achtziger Jahre eine Reihe ökologiebewußter Wissenschaftler, Theologen und Schriftsteller zu Wort, die entweder auf lokaler Ebene eine weitere Zerstörung der bedrohten Natur zu verhindern suchten oder vorsichtig formulierte Resolutionen gegen die immer hektischer angekurbelte industrielle Produktion verfaßten. Eine wichtige Rolle spielte dabei die im Rahmen des Kulturbundes im Jahr 1980 in Ostberlin gegründete Gesellschaft für Natur und Umwelt, von ihren Anhängern meist GNU genannnt, die sich mit den durch die industrielle Wohlstands- und Wachstumsgesellschaft entstandenen ökologischen Schäden befassen sollte. Wie groß die Resonanz ihrer Bemühungen war, geht allein aus der Tatsache hervor, daß sie bis 1989, also dem Jahr der Wende, auf 60 000 Mitglieder anwuchs.[6] Mit dieser Gesellschaft auf personeller und weltanschaulicher Ebene eng verbunden und ebenfalls vom Kulturbund unterstützt, bildete sich 1981 ein Kreis von Schriftstellern und Schriftstellerinnen, der sich mit einer Reihe engagierter Naturschützer und Naturschützerinnen alljährlich in einem 50 Kilometer östlich von Berlin gelegenen Dorf Brodowin traf und bald als Brodowiner Kreis galt. Zu dieser Gruppe, die sich offiziell Arbeitskreis Literatur und Umwelt nannte, gehörten vor allem der Sach- und Kinderbuchautor Reimar Gilsenbach, die Biologin und Liedermacherin Hannelore Kurth, die Roman- und Hörspielautorin Lia Pirskawetz, die Publizistin Daniela Dahn, der Lyriker Richard Pietraß und die Romanautorin Elfriede Brüning. Auch Volker Braun und Jurij Koch nahmen manchmal an den Gesprächen dieses Kreises teil. Neben dem Problem des aktuellen Umweltschutzes wurde hier vor allem darüber diskutiert, welche Aufgaben die Literatur angesichts der rücksichtslosen Ausbeutung der Natur und der fortschreitenden Zerstörung ehemaliger Kulturlandschaften und Heimatregionen übernehmen solle.

Die gleichen Fragen warf in diesen Jahren der Arbeitskreis sorbischer Schriftsteller auf, als dessen prominenteste Sprecher Jurij Brezan und Jurij Koch auftraten, die immer wieder gegen den massiven Braunkohleabbau inmitten der altsorbischen Siedelgebiete in der Lausitz protestierten.[7] Brezan und Koch konnten sich solche Proteste eher leisten als andere DDR-Schriftsteller, da die SED-Führung – mit einen Blick auf ihre östlichen Nachbarn – der slawischen Minderheit der Sorben eine besondere Beachtung schenkte und ihr einige Privilegien einräumte, die sie anderen nicht gewährte. Dennoch konnte auch der Arbeitskreis sorbischer Schriftsteller nicht verhindern, daß die DDR-Behörden – aufgrund der ständig bedrohten Energieversorgung – den Abbau der Braun-

kohlenflöze in dieser Region weiter vorantrieben und dadurch viele Sorben zur
Umsiedlung zwangen. Ebenso erfolglos blieben die Bemühungen der literarischen Vereinigung FÖN unter der Leitung von Lia Pirskawetz, die 1985 mit
ihrem ökologiebewußten Roman *Der stille Grund* herauskam und das Schlag-
wort vom „Dichter mit der anderen Dimension" prägte. Neben der Lyrikerin
Helga Krafft setzte sich auch in dieser Vereinigung vor allem Jurij Koch für eine
stärkere Berücksichtigung ökologischer Probleme ein.[8] Es ist darum nicht ver-
wunderlich, daß die Werke von Dschingis Aitmatow und Valentin Rasputin
sowie die Novelle *Störfall* (1987) von Christa Wolf, die sich mit der bedrohlichen Dialektik von technischem Fortschritt und fortschreitender Naturzerstörung auseinandersetzten, gerade in diesem Kreis besonders lebhafte Diskussionen auslösten.

Daß diese Gruppen dennoch keine größere Wirkung hatten, hängt nicht
allein mit der restriktiven Politik der DDR zusammen. Auch nach der Maueröffnung blieben sie ebenso randständig wie zuvor, da sie plötzlich in ein Staats-
gebilde eingegliedert wurden, das sich ebenfalls gegen eine stärkere Berücksichtigung ökologischer Gesichtspunkte sträubte. Deshalb schlug die Mehrheit der
ehemaligen DDR-Autoren und -Autorinnen, selbst die ökologisch Betroffenen
unter ihnen, nach 1989 den gleichen Weg in die subjektive Vereinzelung und
Verinnerlichung ein, auf dem sich ihre westlichen Kollegen und Kolleginnen
schon seit langem befanden. Ja, bei manchen ehemaligen DDR-Grünen stellte
sich in den neunziger Jahren heraus, daß sie ihre ökologischen Forderungen
zum Teil nur darum aufgestellt hatten, um eine mehr oder minder versteckte
Kritik an den sozialistischen Solidarierungsparolen der SED üben zu können.
Andernfalls hätten sie ja versucht, die offizielle Politik ihres Staates mit besseren Solidarisierungsparolen zu unterlaufen, statt sich vornehmlich dem Ideal
einer steigenden Ichbesorgtheit zu verschreiben. Schließlich ließe sich ein wahrer Solidarpakt mit der Natur nur dann erreichen, wenn sich alle Menschen
einer bestimmten Region wieder als kollektiv empfindende Socii sämtlicher
Lebewesen ihres Heimatlandes empfänden und dementsprechend verhalten
würden. Dazu war jedoch sowohl in der GNU- als auch in der FÖN-Bewegung
der subjektive Faktor viel zu stark und verhinderte so die Aufstellung eines ökologischen Maßnahmekatalogs, der solchen Vereinigungen eine konkretere
Basis gegeben hätte.

Die Literatur der Neuen sozialen Bewegungen in der BRD

Noch ungünstiger für die Herausbildung neuer Dichter- und Dichterinnenver-
einigungen erwies sich die allgemeine Entwicklung in der ehemaligen Bundesrepublik, wo es nach dem Abebben der systemkritischen Achtundsechziger

Bewegung auf literarischem Gebiet zur Ausbreitung jener Mentalität kam, die meist euphemistisch mit dem Stichwort „Neue Subjektivität" charakterisiert wird, um ihren zutiefst egoistischen Grundzug mit einer ins Wissenschaftliche stilisierten Etikettierung zu verschleiern. Vom westdeutschen Schriftstellerverband gingen deshalb in den späten siebziger und achtziger Jahren kaum noch solidarisierende oder gar ins politische Leben eingreifende Impulse aus. Eine seiner Hauptaktivitäten war in diesem Zeitraum die Unterstützung der in die BRD übergesiedelten ostdeutschen Dissidenten, die er so förderte, daß sie zeitweilig führende Positionen innerhalb dieses Verbandes einnehmen konnten. Die immer weniger werdenden bundesrepublikanischen Linksliberalen, die in den siebziger Jahren noch einen scharfen Gesellschaftskritiker wie Bernt Engelmann zum 1. Vorsitzenden des westdeutschen VS gewählt hatten, blieben deshalb in den achtziger Jahren diesem Verband weitgehend fern oder zogen sich – angesichts des allgemeinen Utopieverlustes, der daraus resultierenden Apathiegefühle sowie der von den Anhängern der Postmoderne verkündeten ideologischen Beliebigkeit – mehr und mehr in eine politische Abseitslage zurück.

So beteuerte etwa Hans Magnus Enzensberger in den frühen achtziger Jahren auf einer amerikanischen Konferenz, bei der es um das Schicksal der älteren Avantgarde und zugleich um die Möglichkeit neuer Dichterbünde ging,[9] daß es der größte Fehler seines Lebens gewesen sei, sich von einem Anschluß an die Achtundsechziger Bewegung die Entstehung einer neuen bedeutsamen Literatur zu erhoffen. Große Literatur, sagte er jetzt, entstehe immer nur dann, wenn ein einsamer Mann in einem möglichst stillen Zimmer an seinem eigenen Schreibtisch sitze. Und wenn schon Enzensberger so etwas sagte, um wieviel selbstgefälliger muß die ideologische Einstellung anderer ehemaliger Linksliberaler in diesen Jahren gewesen sein, bei denen sich bereits vor dem Zusammenbruch des Ostblocks die affirmierende Anschauung verbreitete, in einem Lande zu leben, das ihnen sowohl politisch als auch sozial eine kaum noch zu überbietende Freizügigkeit biete und wo zugleich ein immer größeres Medienangebot für die nötige Information und Unterhaltung sorge. Wie sollte es also in einem solchen Staat, in dem sich eine merkliche Amnese allen früheren systemkritischen Forderungen gegenüber verbreitete, zu neuen literarischen Gruppenbildungen kommen, denen ein über die Literatur hinausgreifender Veränderungswille zugrunde lag?

An dieser Einstellung haben selbst die sich um 1980 entwickelnden sogenannten Neuen sozialen Bewegungen, worunter damals die Frauenbewegung, die Friedensbewegung und die Ökologiebewegung verstanden wurden, wenig oder nichts geändert. Auch in ihnen herrschten – nach dem Aufbruch in die Neue Subjektivität in den späten siebziger Jahren – viele jener forciert „libertären" Strömungen weiter, die in ihrem Affekt gegen das Autoritäre oder Totalitaristische schon im Rahmen der Achtundsechziger Bewegung gewisse Tendenzen ins Anarchische oder zumindest Enthemmte keineswegs verschmäht hatten.[10] Daher fanden sich auch in den Reihen der Neuen sozialen Bewegungen nicht nur Befürworter und Befürworterinnen eines sozialen Gewissens, sondern auch solche, die eher auf eine schrankenlose persönliche Selbstentfaltung als auf eine kollektive Einschränkung der kommerziell aufgeputschten Bedürfnisse drangen. Statt Leitbildern wie Macht, Hierarchie, Autorität, Status, Konkurrenz, Karriere, technischer Effizienz und geplanter Obsolenz im Sinne eines gesamtgesellschaftlichen Veranwortungsbewußtseins Vorstellungen wie Solidarität, Bescheidenheit oder Opferbereitschaft entgegenzustellen, setzten sich selbst viele Sprecher und Sprecherinnen dieser Bewegungen vornehmlich für Leitvorstellungen wie Selbstbestimmung, Persönlichkeitserweiterung oder privates Wohlbefinden ein. Schließlich lebten auch sie – wie alle anderen Bundesbürger und Bundesbürgerinnen – in einem kommerzialisierten Environment, das sie ständig mit höchst verlockenden Reklamen eines befreiten Sichauslebens kulinarischer, touristischer und erotischer Wunschträume umgaukelte, deren möglichst intensive Befriedigung ihnen durch die pausenlose Wiederholung der Werbeimpulse als durchaus natürlich erschien.

Die Zweite Welle der Frauenbewegung, wie die erste dieser Neuen sozialen Bewegungen um 1980 allgemein hieß, um sie von den ihr vorausgegangenen eher sozial- oder basisbezogenen Frauengruppen zu unterscheiden, stand von vornherein im Zeichen der Neuen Subjektivität und berief sich meist auf den aus Amerika importierten Slogan „The personal is the political". Das schien auf Anhieb eine Tendenz ins Gesellschaftskritische anzudeuten. Allerdings verlagerte sich dieser Impetus schnell aus dem Sozialen ins Ästhetische, Kulturelle oder Subjektiv-Erotische, wodurch er immer weniger Ansatzpunkte zu einer klassenübergreifenden Solidarisierung aller Frauen bot. Demzufolge kam es weder in der Bundesrepublik noch in anderen „westlichen" Ländern mit einem vergleichbar hohen Lebensstandard zu irgendwelchen Bünden oder Organisationen weiblicher Autoren, die sich für eine kämpferische Durchsetzung ihres feministischen Programms mit literarischen Mitteln eingesetzt hätten. Es gab zwar in den folgenden Jahren viele Frauenverlage, Frauenbuchhandlungen, Frauenzeitschriften, Frauenkalender, Frauenselbsterfahrungsgruppen und Frauenromane – aber keine nennenswerten Schriftstellerinnenverbände mit einem klar erkennbaren Programm.[11] Wie auf vielen Teilgebieten der herrschenden E-Kultur erwies sich auch in diesem Bereich das subjektive Artikulationsbedürfnis als der entscheidende Antriebsimpuls und schwächte damit alle Tendenzen ins Solidarische von vornherein ab. Und hieran änderte sich im Bereich der feministischen Literatur – trotz des großen Interesses, das ihr auf der literarischen Szene entgegengebracht wurde – auch später relativ wenig.[12]

Die Friedensbewegung hatte dagegen der Literatur gegenüber ein völlig anderes Verhältnis. Während die anspruchsvollen, sprich: e-kulturellen Literaturformen innerhalb der sogenannten Zweiten Welle des Feminismus – schon durch die Dominanz des universitären Diskurses auf diesem Gebiet – eine zentrale Rolle spielten, blieben sie im Rahmen der Friedensbewegung – von einigen Protestliedern und Anti-Atomtod-Romanen einmal abgesehen – weitgehend am Rande.[13] In dieser Bewegung zählten in erster Linie der solidarische Einsatz in Form von Demonstrationen, Sternmärschen auf Bonn, Menschenschlangen um Raketenstützpunkte sowie gemeinsam verfaßten Resolutionen, bei denen nicht das Persönliche, sondern das Überindividuelle im Vordergrund stand. Daraus ergab sich folgender Widerspruch: politisch sympathisierten fast alle westdeutschen Schriftsteller und Schriftstellerinnen mit dieser Bewegung, ja setzten sich 1981 und 1983 sogar mit den ostdeutschen Schriftstellern und Schriftstellerinnen an einen großen Tisch, um über gemeinsame Aktionen gegen die forcierte Hochrüstung im Rahmen der NATO und der Länder des Warschauer Pakts zu beraten, literarisch gingen sie dagegen kaum auf die sich daraus ergebenden Themen ein, da ein solches Engagement gegen ihr in den späten siebziger Jahren neu entworfenes Konzept einer wahrhaft anspruchsvollen, das heißt subjektiv gefärbten Literatur verstoßen hätte. Außerdem flaute die Friedensbewegung bereits nach wenigen Jahren wieder ab und wurde schließlich nach dem Zusammenbruch des Ostblocks ohnehin immer irrelevanter.

Ebensowenig an Literatur interessiert war die im gleichen Zeitraum in der ehemaligen Bundesrepublik entstehende ökologische Bewegung. Auch mit ihr sympathisierten zwar anfangs viele Autoren und Autorinnen, schreckten aber vor Folgerungen, die auch ihr Schreiben betroffen hätte, in den meisten Fällen zurück. Dabei wurden die ökologischen Fragestellungen nach 1980 keineswegs unwichtiger, sondern von Jahr zu Jahr immer dringlicher. Schließlich drängte die rastlose Bevölkerungsvermehrung innerhalb der marktwirtschaftlich organisierten Überflußgesellschaften und die sich daraus ergebende Naturzerstörung notwendig zu einer steigenden Bedrohung der gesamten Biosphäre. Da jedoch diese Perspektive gegen die immer stärker angeheizten Wohlstandserwartungen in den hochindustrialisierten Ländern verstieß, wurde sie schon im Laufe der späten achtziger Jahren von vielen Menschen – im Sinne einer „Hauptsache ich"- oder „Nach mir die Sintflut"-Einstellung – wieder verdrängt oder als apokalyptische Vision einiger überengagierter Spinner lächerlich gemacht.[14] Genau genommen, würde nämlich ein Ernstnehmen jener Warnungen, die sich in der ehemaligen Bundesrepublik seit den mittsiebziger Jahren vor allem in den Schriften von Carl Amery, Hoimar von Ditfurth, Eugen Drewermann, Erhard Eppler, Günter Grass, Herbert Gruhl, Robert Jungk, Petra Kelly, Gudrun Pausewang usw. finden, eine drastische Reduzierung des bisherigen Komforts bedeuten. Und sich in den Dienst einer solchen Gesinnung zu stellen, ist im Rahmen eines marktwirtschaftlichen Systems, das auf dem

Fetisch der unentwegten Akzelerierung der ökonomischen Expansionsrate beruht, fast ein verfassungsfeindlicher Akt. Deshalb kam es auch auf diesem Gebiet – trotz vieler nobler Sentiments sowie die eigene Gesundheit betreffender Sorgen – nicht zu einer anschwellenden Solidarisierungswelle, die selbst die Schriftsteller und Schriftstellerinnen erfaßt und zu einer programmatisch ausgerichteten Gruppe zusammengefügt hätte. Letztlich war den meisten ihr eigenes Wohlergehen doch wichtiger als die Frage eines zukünftigen Überlebens der Menschheit, die ihnen entweder als zu emphatisch oder zu abstrakt erschien.[15]

Aus diesem Grunde haben zwar die Frauen- und die Ökologiebewegung – im Rahmen eines weiterhin unter der Flagge des Pluralismus segelnden Gesellschaftssystems – das Bewußtsein einzelner Menschen oder auch kleiner Gruppen verändert, sind aber nicht zu Bewegungen angewachsen, denen ein solidaritätsstiftendes Engagement zugrunde liegt. Zugegeben, es gibt eine ideologisch diffuse Frauenbewegung, ja es gibt sogar ökologiebewußte Parteien, aber keine dieser Gruppen hat irgendwelche kulturellen Avantgarde-Konzepte entwickelt, die zur Grundlage literarischer Zusammenschlüsse geworden wären, welche sich mit den wahrhaft engagierten Dichterbünden innerhalb der bürgerlichen oder proletarischen Revolutionsbewegungen vom 18. bis zum frühen 20. Jahrhundert vergleichen ließen. Statt dessen herrscht heutzutage im Rahmen jener gesellschaftlichen Gruppen, die überhaupt noch politische Unzufriedenheit äußern, häufig eine Stimmung des kritischen Nörgelns vor, die weniger gesellschaftskritisch als egozentrisch eingestellt ist und in ihren ästhetischen Manifestationen weitgehend dazu neigt, über dem Niederreißenden das Aufbauende, dem Negativen das Positive, dem Ichbezogenen das Universale zu vergessen. Und damit verstößt diese Unzufriedenheit gegen die Grundmaxime aller widerständlerischen Kunst, nämlich nicht nur Kritik, sondern auch Utopie zu sein. Angesichts dieser Situation stellte Antje Vollmer bereits 1987 bei einer Diskussion über die Documenta 8 in Kassel – die vorgab, sich mit der „sozialen Dimension der Kunst" auseinanderzusetzen, aber dann doch ins Ästhetisierende auswich – im Hinblick auf die Kunst der Neuen sozialen Bewegungen die bewußt provozierende Frage, auf die zwar keiner der damaligen Gesprächspartner einging, die aber weiterhin die entscheidende Frage auf diesem Gebiet geblieben ist: „Jede frühere Emanzipationsbewegung hat immer auf eine positive Widerstandskultur Wert gelegt. Das war beim Bürgertum so, das war bei der Arbeiterbewegung so, das ist eigentlich bei allen Revolutionen so. Offensichtlich kennt aber die ökologische Widerstandsbewegung keine positive Widerstandskultur, jedenfalls nicht eine, die sich als solche beschreiben ließe. Sie kann eigentlich nur die Zerstörungsbilder wiederholen. Sie begnügt sich mit der möglichst genauen Beschreibung eines Zustands, den man dann sinnlich betrauern muß."[16]

DIE HEUTIGE SITUATION

Was sich aufgrund des zunehmenden Egozentrismus im ideologischen Allgemeinverständnis der hochindustrialisierten Länder seit den späten siebziger Jahren durchgesetzt hat, ist demnach die steigende Wertschätzung einer gesellschaftlichen Dezentrierung, die sich im Rahmen pluralistischer Selbstrealisierungsvorstellungen und Political-Correctness-Konzepte vornehmlich am Durchsetzungs- und Bereicherungsdrang des Einzelnen, aber nicht mehr am Wohlergehen der Gesamtheit aller Menschen oder gar aller Lebewesen innerhalb eines bestimmten Staatsgebildes orientiert. Statt eine wirkliche Demokratie, das heißt Volksherrschaft, anzustreben, welche auf den seit 200 Jahren uneingelösten Postulaten von „Freiheit, Gleichheit und Brüderlichkeit" beruhen würde,[1] herrscht auf fast allen Gebieten der gegenwärtigen Gesellschaft, selbst auf dem Sektor der früher von christlichen, humanistischen, nationalen oder sozialistischen Idealen beflügelten Kultur, ein kommerzieller Utilitarismus, der fast ausschließlich auf privatwirtschaftlichen Aneignungskonzepten beruht. Demzufolge gibt es auch im Bereich der literarischen Aktivitäten heutzutage immer weniger brüderlich, schwesterlich oder mitmenschlich verbundene Socii, sondern fast nur noch Konkurrenten und Konkurrentinnen, die zwar im professionellen Umgang miteinander meist die Attitüde des Fair Play hervorkehren, aber über jeden solidaritätsstiftenden Gemeinschaftsgeist nur noch lächeln würden. Schließlich sind die zentralen Leitfiguren dieser Gesellschaft weitgehend der Star oder die Diva, die es aufgrund ihrer genetisch prädestinierten Begabung oder ihres motorisch bedingten Durchsetzungsvermögens im Bereich der Politik, der Wirtschaft, des Sports oder der Massenmedien geschafft haben, nach „oben" aufzusteigen, um dort den alle anderen Wertvorstellungen überstrahlenden Glanz ihrer persönlichen „Erfolgserlebnisse" genießen zu können.

Wie sollte es daher in solchen Gesellschaften noch aufopferungswillige, engagierte oder zumindest auf ein gemeinsames Programm eingeschworene Dichter- oder Dichterinnenbünde geben? Hat sich nicht in ihnen sogar im Rahmen der zwar weiterbestehenden, aber aufgrund des Verlustes überindividueller Werte immer sinnentleerter werdenden politischen Parteien, Gewerkschaften und Kirchengemeinden zusehends das fernsehwirksame Starprinzip und damit der privategoistische Aufsteigerwille durchgesetzt? Wäre es deshalb nicht fast absurd, ausgerechnet von der allmählich schrumpfenden Schar der anspruchsvollen Dichter und Dichterinnen, welche von der restlichen Gesellschaft ohnehin als eine Clique antiquierter Außenseiter empfunden wird, einen ideologischen Korpsgeist zu erwarten, der ihr von allen Rechtsliberalen erwartetes Image als egozentrische Einzelne beeinträchtigen könnte? Schließlich würden sie sich durch jede programmatische Äußerung, die über ihr eigenes Ich hinausginge, sofort jenem Ideologieverdacht aussetzen, den die kulturellen Wortführer dieser Gesellschaft – trotz ihrer angeblich pluralistisch-toleranten Haltung – im Sinne der immer noch höchst wirksamen Totalitarismustheoreme nach wie vor als normativ, moralisierend, präskriptiv oder zumindest einengend zu diffamieren suchen.[2] Daher bleiben die meisten der heutigen Autoren und Autorinnen lieber im Bereich des Randständigen oder Außenseiterischen und kultivieren dort ihre jeweiligen stilistischen oder inhaltlichen Besonderheiten, statt sich auf das Glatteis irgendwelcher weltanschaulich festgelegter Verbindlichkeiten zu begeben.

Die Frage, wie unter all jenen anspruchsvollen Außenseitern und Außenseiterinnen, die sich im Rahmen der herrschenden Medienindustrie nicht als branchengerechte Texthersteller verdingt haben, sondern weiterhin auch die Bedürfnisse der an E-Literatur interessierten Schichten anzusprechen versuchen, eine neue „Einigkeit" entstehen könnte, welche Heinrich Böll 1970 bei der Gründung des westdeutschen Schriftstellerverbandes aufgeworfen hat,[3] wird daher heutzutage von den meisten Autoren und Autorinnen als völlig irrelevant empfunden. Schließlich sind die von Böll mit dieser Frage verbundenen politischen, sozialen und kulturellen Hoffnungen inzwischen weitgehend verblaßt. Wer verbindet denn mit Literatur noch immer einen moralischen Anspruch im Sinne Bölls? Wer würde denn auf dem Terrain der gegenwärtigen Medienlandschaft weiterhin mit anspruchsvollen Dramen oder Gedichten für eine andere, bessere Gesellschaft eintreten? Solche Forderungen, die im Rahmen vieler Dichterbünde der letzten fünf Jahrhunderte einmal als selbstverständlich galten, haben innerhalb des heutigen Kulturbetriebs, wo allerorten mit publizistischer Betriebsamkeit von subjektiver Identität, Eigensinn, Pluralismus, Multikulturalität, fortschreitender Ausdifferenzierung oder „Splitting" in Teilkulturen die Rede ist, fast den Charakter des Lächerlichen oder zumindest Unsinnigen angenommen. Nicht einmal in der sogenannten höheren Literatur sind deshalb momentan noch überindividuelle Gesinnungen, Haltungen oder utopische Postulate gefragt. Selbst sie wird meist – nach dem „Abschied von den historischen Avantgarden", ja dem „Ende der Geschichte", wie es häufig heißt – so stark ins Individuell-Bizarre, Abseitige oder Modernistisch-Elitäre reduziert, daß sich alle anderen Fragestellungen wie von selbst zu erübrigen scheinen.

Zugegeben, ein gewisses Interesse an den Genres des älteren E-Literatur hält weiterhin an, aber dieses Interesse gilt nicht mehr ihren gesellschaftsrelevanten,

geschichtsbetonten und damit werteverpflichteten Aspekten, sondern fast aus-
schließlich ihren nouveauté-süchtigen und damit Aufsehen erregenden Merk-
malen. Demzufolge gibt es in Deutschland zwar noch eine Fülle hochdotierter
Literaturpreise, die jedoch jede wegweisende oder zumindest maßstabsetzende
Funktion verloren haben und sich allein im Bankguthaben der Preisträger und
Preisträgerinnnen niederschlagen.[4] Der gleiche Funktionsverlust läßt sich im
Hinblick auf die Literaturhäuser, Art Factories oder ähnliche Einrichtungen
beobachten. Ja, selbst die noch existierenden literarischen Gesellschaften – wie
die Neue Gesellschaft für Literatur in Berlin, das St. Ingberter Literaturforum,
die Neue Literarische Gesellschaft in Marburg, das Literarische Colloquium in
Berlin oder die Neue Gesellschaft für Literatur in Erlangen, welche nach wie vor
Dichterlesungen veranstalten, Tagungen abhalten, Autorentage einberufen,
Preise ausschreiben, Anthologien herausgeben, Werkstätten für Nachwuchs-
schriftsteller einrichten, Autoren aus der Dritten Welt einladen oder sich als Dis-
kussionsforen für „Schreibende aller Art"[5] verstehen – vertreten keine Konzepte mehr, denen noch die Vorstellung eines „eingreifenden Denkens"
zugrunde läge.

Doch solche Charakterisierungen treffen nicht nur auf die dort auftretenden
Schriftsteller und Schriftstellerinnen, sondern auch auf das sich dort versam-
melnde Publikum zu. Es gibt zwar immer noch genügend Menschen, die an solchen Veranstaltungen teilnehmen. Allerdings werden ihre Gründe dafür immer
dubioser. Die meisten tun das weniger aus Bildungshunger oder Kulturbeflis-
senheit, sondern weil solche Anlässe – neben Auswärtsessen, sportlichen Betä-
tigungen, Konzertbesuchen oder touristischer Mobilität – das gesteigerte Kon-
taktbedürfnis jener Vereinsamten befriedigen, denen aufgrund der allgemeinen
Dezentrierung und des mit ihr verbundenen Werteschwunds selbst der
Anschluß an kirchliche oder parteipolitische Organisationen keine innere
Befriedigung mehr gibt. Mit einem Interesse an höherer Literatur oder dem
Wunsch, dort Gesinnungsgenossen oder -genossinnen zu treffen, haben daher
viele dieser Aktivitäten, kaum noch etwas zu tun. Wie auf anderen Gebieten des
heutigen Kulturbetriebs herrscht hier eher eine als „postmodern" oder auch als
„postidealistisch" bezeichnete Beliebigkeit, die sich aus der allgemeinen Enti-
deologisierung, Enthistorisierung und damit Entpflichtung in politisch-morali-
scher Hinsicht ergeben hat. Ideologiekritisch gesehen, hat das, was sich bei solchen Veranstaltungen als kulturelle Betriebsamkeit äußert, meist mehr mit
weltanschaulicher Desorientierung, seelischer Aushungerung, Lust an der
Informationsüberflutung oder blasierter Wohlstandsübersättigung als mit kritischer Sehnsucht nach einer neuen werterfüllten oder gar solidaritätsstiftenden Literatur zu tun.

Man sage nicht, daß es schließlich noch immer den PEN-Club, ja sogar zwei
deutsche PEN-Zentren gebe, in denen weiterhin um eine gesellschaftliche

Funktionsbestimmung „höhergearteter" Literaturformen gerungen werde. Gerade diese beiden Gesellschaften beweisen wohl zur Genüge, wie widersprüchlich gegenwärtig der Zustand von Dichterbünden ist, die nach wie vor behaupten, gesellschaftskritisch eingestellt zu sein, aber diesem Anspruch keinerlei Taten mehr folgen lassen. Wie man weiß, sind beide Zentren schon in den siebziger und achtziger Jahren jedem wahrhaft eingreifenden Denken aus dem Wege gegangen. Noch betrüblicher ist, daß sie auch in den frühen neunziger Jahren versagten. Statt nach der Wende von 1989 ihren jeweils systemkonformen Anspruch auf „Alleinvertretung" fallen zu lassen und sich zu einer Phalanx auf soziale Gerechtigkeit drängender Autoren und Autorinnen zusammenzuschließen, haben sie sich lediglich mit kleinlichen Querelen abgegeben. Dabei wäre der 4. Hauptpunkt der Charta des Internationalen PEN-Clubs ein guter Ansatz für eine neue Zielsetzung dieser beiden Gruppen gewesen. Dieser Paragraph lautet nämlich: „Der PEN-Club ist des Glaubens, daß der notwendige Fortschritt der Welt zu einer höher organisierten politischen und wirtschaftlichen Ordnung hin eine freie Kritik gegenüber den Regierungen, Verwaltungen und Einrichtungen gebieterisch verlangt."[7] Allerdings hätte man bei einem solchen Zusammenschluß auf beiden Seiten sowohl dem Begriff „Fortschritt" als auch der Vorstellung einer „höher organisierten politischen und wirtschaftlichen Ordnung" einen neuen Sinn geben müssen. Doch nichts oder wenig dergleichen geschah. Statt dessen blieben beide Zentren nach wie vor auf sich selbst bezogene Clubs. Sie verliehen zwar ihren Mitgliedern weiterhin ein gewisses Prestige, verlangten jedoch von ihnen kein näher definiertes Engagement, das über ihren professionellen Status als in das gesellschaftliche System eingebundene Schriftsteller und Schriftstellerinnen hinausgegangen wäre. Hans Mayer, einer der schärfsten Kritiker dieser Entwicklung, nannte daher den PEN-Club kürzlich einen „BMW der armen Literaten", in dessen Hochglanzpolitur sich zwar der Wohlstand der Hochindustrialisierung widerspiegele, der aber nicht über das Ende jener Literatur hinwegtäuschen könne, die sich einmal als Gewissen der Nation empfunden habe.[8]

Ähnliches gilt für den Verband deutscher Schriftsteller (VS) in der Industriegewerkschaft Medien. Auch in ihm herrscht seit über zehn Jahren ein perspektiveloses Gerangel, das teilweise so scharfe Formen annahm, daß viele seiner bedeutenderen Mitglieder, wie Günter Grass, aus diesem Verband ausgetreten sind. Erst war es die Friedensinitiative Bernt Engelmanns, die den VS 1984 in zwei Lager spaltete. Darauf sorgte die sogenannte Wende und die sich daran anschließende Vereinigung des VS mit den Resten des ostdeutschen Schriftstellerverbandes für eine Fülle neuer Affektentladungen. Obwohl Engelmann, als zeitweiliger Vorsitzender dieses Verbandes, unentwegt an die „Solidarität" aller Verbandsmitglieder appellierte,[9] wurde die Stimmung innerhalb des VS mit den Jahren ständig gereizter. Das zeigte sich vor allem auf dem ersten

gesamtdeutschen Kongreß dieses Verbandes im Mai 1991 in Lübeck-Travemünde, der unter dem vieldeutigen Motto „Komm! ins Offene, Freund!" stand
und sich fast ausschließlich mit den „stalinistischen" Methoden der DDR-Lite-
raturbehörden, mit anderen Worten: ihren Menschenrechtsverletzungen und
Überwachungsmaßnahmen beschäftigte,[10] ohne allerdings solchen Praktiken
ein von wahrhaft demokratischen Wertvorstellungen erfülltes Literaturkonzept entgegenzustellen. Ja, auf dem nächsten Kongreß dieses Verbandes 1994
in Aachen, wo abermals – neben der Empörung über den islamischen Fundamentalismus – die Taktiken des Staatssicherheitsdienstes in der ehemaligen
DDR im Vordergrund standen, bekannte sich die Mehrheit der dort Versammelten ausdrücklich zu einem „Schreiben aus dem Labyrinth". Uwe Friesel
interpretierte diese Einstellung dahingehend, daß es heute keinen „Ariadnefa-
den" mehr gebe, der wieder auf „ein sicheres Terrain" zurückführen würde.[11]
Auch hier wurden also lediglich Affekte abreagiert, aber keine wegweisenden
Resolutionen abgefaßt, aus denen sich irgendeine politische Zielrichtung ergeben hätte.

Erich Loest, der anschließend die Verbandsleitung übernahm, sagte daher im
April 1995 erbittert, daß es selbst in dieser Vereinigung, die weitgehend auf die
finanzielle Unterstützung der Arbeitskollegen in den Medienbetrieben angewiesen sei, überhaupt keinen inneren Zusammenhalt mehr gebe. Das Wort
„Solidarität", habe ihm die „kalte Einzelgängerin" Herta Müller versichert,
„verursache bei ihr das Kotzen". Und auch Monika Maron, erklärte Loest als
hartnäckiger Gegner aller Tendenzen ins Solipsistische, habe für den Gewerk-
schaftsgedanken dieser Vereinigung nur „noch ein schmallippiges Lächeln"
übrig. Wen man auch frage, hieß es in einer seiner Reden, überall breite sich in
diesem Verband eine zunehmende Privatisierung und damit „Ferne aus der
Politik, den Politikern und den politischen Parteien" aus.[12] Loest bedauerte
diese Entwicklung zwar, wußte aber ebenfalls nicht, welche weltanschaulichen
Konzepte oder neuen Paradigmata man solchen Tendenzen entgegensetzen
solle. Eine der letzten Publikationen, die von den hessischen Mitgliedern des VS
herausgegeben wurde, hieß daher nicht ohne Grund *Schweigen. Eine literarische Anthologie* (1996).

Die von Böll aufgeworfene Frage, wie unter den heutigen Schriftstellern eine
neue „Einigkeit der Außenseiter" entstehen könne, würde daher selbst bei
Tagungen der beiden PEN-Zentren oder des VS weitgehend im Leeren verhal-
len. Und doch sollte man sie immer wieder stellen. Meiner Meinung nach wäre
eine solche Einigkeit nur dann möglich, wenn im Rahmen der noch immer existierenden Reste der sogenannten Neuen sozialen Bewegungen – wie der Friedensbewegung, der Ökologiebewegung oder der postpatriarchalischen Frauenbewegung – ein solidaritätsstiftender Geist entstehen würde, der dem ungezügelten und damit in letzter Instanz selbstmörderischen Materialismus der

Der Bundesvorstand des Verbandes deutscher Schriftsteller (1994). Von links nach rechts: Sabine Herholz, Liz Wieskerstrauch, Erich Loest, Klaus-Dieter Sommer, Angela Sussdorf-di Ciriaco und Robert Stauffer

heutigen industriellen Überflußgesellschaften, in denen als einziger Wert der Fetisch der Akzeleration der wirtschaftlichen Zuwachsrate zugunsten egoistischer Verbraucherbedürfnisse übrig geblieben ist, eine Gesinnung entgegensetzte, die nicht davor zurückschreckte, auch politische, sozio-ökonomische und ökologische Reform- oder Alternativvorschläge zu machen, die neben dem „Ich" auch das „Wir" akzentuieren würden. Erst dann hätten auch die Schriftsteller und Schriftstellerinnen wieder neue Leitbilder und könnten sich erneut zu Dichterbünden oder Avantgardebewegungen zusammenschließen, die aufgrund ihrer gesellschaftskritischen Programme, welche nicht allein auf ihre eigenen Interessen bezogen wären, solche Bezeichnungen wirklich verdienten.[13] Ich weiß, solche Konzepte werden von hartgesottenen Zynikern, die sich meist als „Realisten" ausgeben, sicher als „utopisch" belächelt werden. Aber wenn in einer Gesellschaft „die utopischen Oasen austrocknen", wie Jürgen Habermas schon in den achtziger Jahren erklärte, breitet sich zwangsläufig „eine Wüste von Banalität und Ratlosigkeit aus".[14]

Anmerkungen

Vorwort

1 Vgl. die Sekundärliteratur zu den jeweiligen Gruppen in dem Abschnitt „Weiterführende Literatur".
2 Vgl. mein Buch: Geschichte der Germanistik, Reinbek 1994, S. 225–234.
3 Vgl. den Band: Postmodern Pluralism and Concepts of Totality. Hrsg. von Jost Hermand, New York 1995, S. 1–26.
4 Vgl. u. a. Deborah Hertz: Jewish High Society in Old Regime Berlin, New Haven 1988, Petra Wilhelmy: Der Berliner Salon im 19. Jahrhundert 1780–1914, Berlin 1989, Peter Seibert: Der literarische Salon. Literatur und Gesellschaft zwischen Aufklärung und Vormärz, Stuttgart 1993, sowie: Handbuch der literarisch-kulturellen Vereine, Gruppen und Bünde 1825–1933. Hrsg. von Wulf Wülfing, Karin Bruns und Rudolf Parr, Stuttgart 1997.
5 Vgl. meinen Aufsatz: Die Metapher ‚heile Welt‘. Zu Adornos Antiutopismus. In J. H.: Orte. Irgendwo. Formen utopischen Denkens, Königstein 1981, S. 104–117.
6 Vgl. Seyla Benhabib: Autonomie, Moderne und Gemeinschaft. Kommunitarismus und kritische Gesellschaftstheorie im Dialog. In S. B.: Selbst im Kontext, Frankfurt a. M. 1995, S. 76–95.
7 Vgl. Richard Herzinger und Hannes Stein: Endzeit-Propheten oder Die Offensive der Antiwestler, Reinbek 1995, S. 82–85.
8 Walter Benjamin: Illuminationen, Frankfurt a. M. 1961, S. 257.
9 Bertolt Brecht: Gesammelte Werke in acht Bänden, Frankfurt a. M. 1967, Bd.IV, S. 724.
10 Vgl. den Band: Mit den Bäumen sterben die Menschen. Zur Kulturgeschichte der Ökologie. Hrsg. von Jost Hermand, Köln 1993, S.VII-X.

Vom Spätmittelalter bis zum Ende des 17. Jahrhunderts

1 Zit. in Reinhard Hahn: Meistergesang, Leipzig 1985, S. 10.
2 Ebd., S. 16.
3 Ebd., S. 93.
4 Heinz Otto Burger: Die Kunstauffassung der frühen Meistersinger, Berlin 1936, S. 1.
5 Vgl. Irene Stahl: Die Meistersinger von Nürnberg, Nürnberg 1982, S. 17 ff.
6 Reinhard Hahn: Meistergesang, S. 54.
7 Ebd., S. 58.
8 Bernt Nagel: Meistersang, Stuttgart 1962, S. 15.
9 Vgl. Robert Staiger: Benedict von Watt, Leipzig 1914, S. 75 ff.
10 Zit. in Reinhard Hahn: Meistergesang, S. 90.
11 Vgl. Peter Nusser: Deutsche Literatur im Mittelalter, Stuttgart 1992, S. 308 ff.

12   Ebd., S. 314.

13   Zit. in ebd., S. 320.

14   Vgl. Bernt Nagel: Meistersang, S. 69.

15   Der Fruchtbringenden Geselschaft Nahmen / Vorhaben, Gemählde und Wörter, Frankfurt a. M. 1646, S. 2

16   Vgl. Friedrich Zöllner: Einrichtung und Verfassung der Fruchtbaren Gesellschaft vornehmlich unter dem Fürsten Ludwig zu Anhalt-Köthen, Berlin 1899, S. 57.

17   Karl F. Otto: Die Sprachgesellschaften des 17. Jahrhunderts, Stuttgart 1972, S. 20.

18   Ebd., S. 16.

19   Friedrich W. Barthold: Geschichte der Fruchtbringenden Gesellschaft, Berlin 1848, S. 272.

20   Otto Schulz: Die Sprachgesellschaften des 17. Jahrhunderts, Leipzig 1824, S. 1.

21   Carl Gustav Hille: Der Teutsche Palmbaum, Nürnberg 1647, S. 25.

22   Georg Neumark: Der Neu-Sprossende Teutsche Palmbaum, Weimar 1668, S. 34.

23   Ebd., S. 82.

24   Vgl. Jost Hermand: Geschichte der Germanistik, Reinbek 1994, S. 19–21.

25   Philipp von Zesen: Das Hochdeutsche Helikonische Rosenthal, Amsterdam 1669, S. 38,

26   Ebd.

27   Johann Herdegen: Historische Nachricht von deß löblichen Hirten- und Blumen-Ordens an der Pegnitz Anfang und Fortgang, Nürnberg 1744, S. 32.

28   Ebd., S. 47.

29   Joachim G. Boeckh u. a.: Geschichte der deutschen Literatur von 1600 bis 1700, Berlin 1963, S. 212.

30   Eberhard Mannack: Hamburg und der Elbschwanenorden. In: Sprachgesellschaften, Sozietäten, Dichtergruppen. Hrsg. von Martin Bircher und Ferdinand von Ingen, Hamburg 1978, S. 165.

31   Conrad von Hövelen: Des Hochlöblich-ädelen Swan-Ordens Deutscher Zimber-Swan, Lübeck 1666, S. 178.

32   Karl F. Otto: Die Sprachgesellschaften des 17. Jahrhunderts, S. 54.

33   Conrad von Hövelen: Des Hochlöblich-ädelen Swan-Ordens Deutscher Zimber-Swan, S. 90.

34   Johann Rist: Das AllerEdelste Leben der gantzen Welt, Hamburg 1663, S. 1–39.

35   Zit. in Karl F. Otto: Die Sprachgesellschaften des 17. Jahrhunderts, S. 59.

36   Ebd., S. 60.

37   Zit. in Hans Schultz: Die Bestrebungen der Sprachgesellschaften des 17. Jahrhunderts für die Reinigung der deutschen Sprache, Göttingen 1888, S. 124.

Im Zeitalter der Frühaufklärung und Empfindsamkeit

1   Nachricht von der Deutschen Gesellschaft zu Leipzig, Leipzig 1731, S. 28. Vgl. hierzu auch Jürgen Habermas: Strukturwandel der Öffentlichkeit. Untersuchungen zu einer Kategorie der bürgerlichen Gesellschaft, 6. Aufl., Neuwied 1974, S. 50.

2   Nachricht, S.XVI.

3   Ebd., S.III.

4   Vgl. Peter Seibert: Der literarische Salon, Stuttgart 1993, S. 94–97.

5   Vgl. Christel Matthias Schröder: Die „Bremer Beiträge". Vorgeschichte und Geschichte einer deutschen Zeitschrift des 18. Jahrhunderts, Bremen 1956, S. 48.

6 Vgl. u. a. Wolfdietrich Rasch: Freundschaftskult und Freundschaftsdichtung im deutschen Schrifttum des 18. Jahrhunderts, Halle 1936, Albert Salomon: Der Freundschaftskult des 18. Jahrhunderts in Deutschland. Versuch zur Soziologie einer Lebensform. In: Zeitschrift für Soziologie 8, 1979, S. 280–308, und Eckhardt Meyer-Krentler: Freundschaft im 18. Jahrhundert. Zur Einführung in die Forschungslage. In: Frauenfreundschaft – Männerfreundschaft. Literarische Diskurse im 18. Jahrhundert. Hrsg. von Wolfram Mauser und Barbara Becker-Cantarino, Tübingen 1991, S. 3–20.

7 Vgl. zum folgenden besonders Wolfdietrich Rasch: Freundschaftskult, S. 43 ff.

8 Ebd., S. 51.

9 Ebd., S. 174.

10 Vgl. Johann Wilhelm Ludwig Gleim: Sämtliche Werke, Halberstadt 1911 ff., Bd.I, S. 292.

11 Vgl. Gotthardt Frühsorge: Freundschaftliche Bilder. Zur historischen Bedeutung der Bildersammlung im Gleimhaus zu Halberstadt. In: Theatrum Europaeum. Festschrift für Elida Maria Szarota. Hrsg. von Richard Brinkmann u. a., München 1982, S. 429–452.

12 Vgl. Grundkurs 18. Jahrhundert. Die Funktion der Literatur bei der Formierung der bürgerlichen Klasse Deutschlands im 18. Jahrhundert. Hrsg. von Gert Mattenklott und Klaus R. Scherpe, Kronberg 1974, S. 131.

Der gescheiterte Epochenumbruch

1 Vgl. Robert Prutz: Der Göttinger Dichterbund, Leipzig 1841, S. 277 f.

2 Zit. in ebd., S. 247–250.

3 Der Göttinger Hain. Hrsg. von Alfred Kelletat, Stuttgart 1967, S. 11, 151.

4 Vgl. meinen Aufsatz: Simplex teutonicus. Bescheidenheitspostulate in der deutschen Literatur zwischen 1750 und 1815. In J. H.: Im Wettlauf mit der Zeit. Anstöße zu einer ökologiebewußten Ästhetik, Berlin 1991, S. 19–23.

5 Zit. in Walter Gunzert: Darmstadt und Goethe, Darmstadt 1949, S. 7.

6 Ebd., S. 10.

7 Vgl. Ursula Salentin: Anna Amalia. Wegbereiterin der Weimarer Klassik, Köln 1996.

8 Zit. in Walter Grab: Ein Volk muß sich seine Freiheit selbst erobern. Zur Geschichte der deutschen Jakobiner, Frankfurt a. M. 1984, S. 434.

9 Vgl. Mainz zwischen Rot und Schwarz. Die Mainzer Revolution 1792–1793 in Schriften, Reden und Briefen. Hrsg. von Claus Träger, Berlin 1963.

10 Vgl. Walter Grab: Ein Volk muß sich seine Freiheit selbst erobern, S. 277 ff.

11 Zit. in ebd., S. 421.

12 Vgl. hierzu die Anthologien: Von deutscher Republik. 1775–1795. Hrsg. von Jost Hermand, 2 Bde, Frankfurt a. M. 1968, und Deutsche revolutionäre Demokraten. Hrsg. von Walter Grab, 4 Bde, Stuttgart 1973.

13 Goethes Werke. Hamburger Ausgabe. Hrsg. von Erich Trunz, Bd. X, München 1976, S. 539 f.

14 Vgl. Wolfgang Fahs: Zum Verhältnis Goethe – Schiller. In: Frauenfreundschaft – Männerschaft. Literarische Diskurse im 18. Jahrhundert. Hrsg. von Wolfram Mauser und Barbara Becker-Cantarino, Tübingen 1991, S. 333.

15 Vgl. Die Klassik-Legende. Hrsg. von Reinhold Grimm und Jost Hermand, Frankfurt a. M. 1971, S. 7–16.

16 Vgl. Jost Hermand: Geschichte der Germanistik, Reinbek 1994, S. 29.

17 Ebd., S. 30 f.

18 Josef Nadler: Die Berliner Romantik 1800–1814, Berlin 1921. S. 166. – Zu den reaktionären Tendenzen dieses Bundes vgl. Susanne Moßmann: Die exklusive Nation. Arnims „Christlich-deutsche Tischgesellschaft". In: Machtphantasie Deutschland. Hrsg. von Hans Peter Herrmann u. a., Frankfurt a. M. 1996, S. 141 ff.

19 Vgl. Dirk Grathoff: Kleists Geheimnisse. Unbekannte Seiten seiner Biographie, Opladen 1993.

20 Heinrich Heine: Düsseldorfer Ausgabe, Bd.X. Hrsg. von Jan-Christoph Hauschild, Hamburg 1993, S. 269.

Rückzüge ins Biedermeierliche

1 Vgl. Peter Seibert: Der literarische Salon, Stuttgart 1993. S. 159 f.

2 Zit. in Otto Zausmer: Der Ludlamshöhle Glück und Ende. In: Jahrbuch der Grillparzer-Gesellschaft 33, 1933, S. 85.

3 Karl Wache: Jahrmarkt der Wiener Literatur, Wien 1966, S. 13.

4 Fritz Behrend: Der Tunnel über der Spree I. Kinder- und Flegeljahre 1827–1840, Berlin 1919, S. 14.

5 Zit. in: Der Tunnel 1831 bis 1931. Hrsg. von Walter Lange, Leipzig 1931, S. 10.

6 Zit. in Paul Heyse. Dichterfürst im bürgerlichen Zeitalter. Hrsg. von Siegfried von Maisy, München 1981, S. 31.

7 Zur Rolle der jüdischen Liberalen in dieser Vereinigung vgl. Hubertus Fischer: Der jüdische Tunnel über der Spree und die Politik. Ein Kapitel vergessener Vereinsgeschichte. In: Zeitschrift für Germanistik 4, 1994, S. 557–575.

8 Zwischen 1846 und 1848 hatte es in Berlin bereits einen anderen Rütli-Kreis um Ernst Kossak gegeben, der jedoch nicht aus dem Tunnel über der Spree hervorgegangen war.

Glanz und Elend des Liberalismus

1 Vgl. Helmut Koopmann: Das Junge Deutschland. Analyse seines Selbstverständnisses, Stuttgart 1970, S. 19.

2 Heinrich Heine: Düsseldorfer Ausgabe, Bd.VIII,1. Hrsg. von Manfred Windfuhr, Hamburg 1979, S. 218.

3 Ebd.

4 Ebd.

5 Ebd.

6 Vgl. Das Junge Deutschland. Texte und Dokumente. Hrsg. von Jost Hermand, Stuttgart 1966, S. 331.

7 Walter Benjamin: Illuminationen, Frankfurt a. M. 1961, S. 249.

8 Karl Gutzkow: Liberale Energie. Eine Sammlung der kritischen Schriften. Hrsg. von Peter Demetz, Frankfurt a. M. 1974, S. 146.

9 Ebd., S. 147.

10 Heinrich Laube: Geschichte der deutschen Literatur, Stuttgart 1939 f., Bd.IV, S. 227.

11 Heinrich Heine: Sämtliche Schriften. Hrsg. von Klaus Briegleb, München 1968 ff., Bd.III, S. 23.

12 Das Junge Deutschland. Texte und Dokumente, S. 358 f.

13 Zit. in Friedhelm Kron: Schriftsteller und Schriftstellerverbände. Schriftstellerberuf und
    Interessenspolitik 1842–1973, Stuttgart 1976, S. 32.
14 Zit. in: Realismus und Gründerzeit. Manifeste und Dokumente zur deutschen Literatur
    1848–1880. Hrsg. von Max Bucher u. a., Stuttgart 1976, Bd.I, S. 216.
15 Vgl. Wolfgang Stegers: Der Leipziger Literatenverein von 1840. In: Archiv für Geschichte
    des Buchwesens 19, 1978, S. 257.
16 Zit. in ebd., S. 308.
17 Zit. in ebd., S. 257.
18 Über den bereits 1840 gehegten Plan Maximilians, einen Deutschen Dichterverein zu grün-
    den, vgl. Peter Wruck: Der deutsche Dichterverein des bayerischen Kronprinzen Maximi-
    lian. In: Zeitschrift für Germanistik 4, 1994, S. 576–590.
19 Véronique de la Giroday: Die Übersetzertätigkeit des Münchner Dichterkreises, Wiesbaden
    1978, S. 6.
20 Vgl. Der Münchner Dichterkreis. Hrsg. von Eduard Stemplinger, Leipzig 1933, S. 15,
21 Zit. in ebd., S. 15.
22 Vgl. Die Krokodile. Ein Münchner Dichterkreis. Hrsg. von Johannes Mahr, Stuttgart 1987,
    S. 22.
23 Zit. in ebd., S. 22.
24 Vgl. hierzu meinen Aufsatz: Zur Literatur der Gründerzeit. In: Deutsche Vierteljahrsschrift
    für Literaturwissenschaft und Geistesgeschichte 41, 1967, S. 202–232.
25 Vgl. Joachim Barck: Der Wuppertaler Dichterkreis, Bonn 1969, S. 39.
26 Zit. in ebd., S. 39 f.
27 Ebd., S. 63.
28 Friedrich Theodor Vischer: Kritische Gänge. Hrsg. von Robert Vischer, Bd. V, Stuttgart
    1898, S. 120.
29 Vgl. die Aufrufe des Kartells lyrischer Dichter in der Zeitschrift „Die Feder" 5, 1902, Nr. 7,
    S. 1 und 7, 1904, Nr. 117, Beilage.
30 Vgl. Karl Thieß: Der Verband Deutscher Journalisten- und Schriftstellervereine, Hamburg
    1905, S. 45.
31 Friedhelm Kron: Schriftsteller und Schriftstellerverbände, S. 319.
32 Franz Mehring: Gesammelte Schriften. Hrsg. von Thomas Höhle u. a., Bd.XII, Berlin 1976,
    S. 225
33 Ebd., S. 228 f.
34 Bruno Wille: Erinnerungen an Gerhart Hauptmann. In: Mit Gerhart Hauptmann. Hrsg.
    von Heinrich Heynen, Berlin 1922, S. 89.
35 Adalbert von Hanstein: Das jüngste Deutschland, Leipzig 1900, S. 69.
36 Ernst von Wolzogen: Wie ich mich ums Leben brachte, Braunschweig 1922, S. 130.
37 Katharina Günther: Literarische Gruppenbildungen im Berliner Naturalismus, Bonn 1972,
    S. 62 f.
38 Heinrich Hart: Literarische Erinnerungen, Berlin 1907, S. 85.
39 Anselma Heine: Die neue Gemeinschaft. In: Das literarische Echo 14, 1911–12, Sp. 688.
40 So schrieb Holz schon im Sommer 1985 an Oskar Jerschke, daß er der Sozialdemokratie,
    mit der er kurz „geliebäugelt" habe, jetzt völlig „kalt" gegenüberstehe und sich zu Max Stir-
    ner bekenne. Vgl. Arno Holz: Das Werk, Berlin 1926, Bd.X, S. 402 f.
41 Arno Holz und Johannes Schlaf: Neue Gleise. Gemeinsames, Berlin 1892, S. 5.
42 Ebd., S. 323.
43 Ebd., Bd.V, S. 232.
44 Die Zukunft 6, 1898, S. 564 f.
45 Johannes Schlaf: Arno Holz und ich. In: Das literarische Echo 4, 1902, H.23, Sp. 1623 f. –

Vgl. hierzu auch Helmut Scheuer: Arno Holz im literarischen Leben des ausgehenden 19. Jahrhunderts (1883–1895). Eine biographische Studie, München 1971, S. 99–152.

Um die Jahrhundertwende

 1 Vgl. Richard Hamann und Jost Hermand: Impressionismus, Berlin 1960, S. 35–80.
 2 Vgl. Helmut Kreuzer: Die Boheme. Beiträge zu ihrer Beschreibung, Stuttgart 1968.
 3 Vgl. Hans-Ulrich Simon: Sezessionismus. Kunstgewerbe in literarischer und bildender Kunst, Stuttgart 1976.
 4 Vgl. Richard von Kralik: Ein literarisches Programm. In: Der Gral 1, 1906/07, H.2, S. 49–52.
 5 Ebd., S. 74.
 6 Ebd., S. 50.
 7 Samuel Lublinski: Die Bilanz der Moderne, Cronbach 1904, S. 350.
 8 Samuel Lublinski: Der Ausgang der Moderne, Dresden 1909, S. 52, 2, 86.
 9 Samuel Lublinski: Nachgelassene Schriften, München 1914, S. 60, 57.
10 Vgl. ebd., S. 3, 19, 45.
11 Samuel Lublinski: Der Ausgang der Moderne, S. 160, 165.
12 Paul Ernst: Gesammelte Werke, München 1928 ff., Ergbd. II, S. 76, 359.
13 Ebd., S. 5.
14 Ebd., Bd.III,1, S. 41, 43.
15 Ebd., Bd.III, S. 104, 132, 137.
16 Ebd., Bd.II,2, S. 117
17 Wilhelm von Scholz: Gedanken zum Drama, München 1915, S. 5.
18 Ebd., S. 23.
19 Emanuel von Bodmann: Die gesamten Werke, Stuttgart 1951 ff., Bd. IV, S. 418.
20 Brief von Hans Müller an Paul Ernst vom 5. Juli 1904. Marbach, Deutsches Literaturarchiv.
21 Vgl. Rolf Parr: Der „Werdandi-Bund". In: Handbuch zur „Völkischen Bewegung 1871–1918. Hrsg. von Uwe Puschner, Walter Schmitz und Justus H. Ulbricht, München 1996, S. 319.
22 Zit. in ebd., S. 322.
23 Stefan George: Einleitungen und Merksprüche der Blätter für die Kunst, Düsseldorf 1964, S. 15, 17.
24 Ebd., S. 7.
25 Ebd., S. 13 f.
26 Friedrich Nietzsche: Werke, Leipzig 1910 ff., Bd.VIII, S. 436.
27 Jahrbuch für die geistige Bewegung 1, 1910, S. 23.
28 Ebd., S. 12.
29 Jahrbuch für die geistige Bewegung 3, 1912, S. 8.
30 Stefan George: Gesamt-Ausgabe, Berlin 1927 ff., Bd.V, S. 16.
31 Ebd., Bd.IV, S. 109.
32 Ebd., Bd.VI-VII, S. 7.
33 Ebd., Bd.VIII, S. 42, 40, 93.
34 Ebd., S. 31.
35 Alfred Schuler: Fragmente und Vorträge aus dem Nachlaß. Hrsg. von Ludwig Klages, Leipzig 1940, S. 1–119.
36 Ludwig Klages: Rhythmen und Runen. Nachlaß, Leipzig 1944, S. 18 f.

37 Helmut Röttger: Otto zur Linde. Strukturen der Persönlichkeit und geistigen Welt, Wuppertal 1970, S. 23.
38 Zit. in ebd., S. 495.
39 Vgl. Richard Hamann und Jost Hermand: Stilkunst um 1900, Berlin 1967, S. 364 f.
40 Zit. in Kurt Marti: Tagebuch mit Bäumen, Darmstadt 1989, S. 99.
41 Ernst Rudorff: Heimatschutz, 2. Aufl., Leipzig 1901, S. 12, 16, 24, 31, 51, 80, 87.
42 Paul Schultze-Naumburg: Die Gestaltung der Landschaft durch den Menschen, 2. Aufl., Leipzig 1901, S. 14 f.
43 Mitteilungen des Bundes Heimatschutz, 1904–05, S. 1.
44 Zit. in Rolf Peter Sieferle: Fortschrittsfeinde? Opposition gegen Technik und Industrie von der Romantik bis zur Gegenwart, München 1989, S. 255.
45 Vgl. Heimatschutz 7, 1911, S. 110.
46 Michael Georg Conrad: Erinnerungen zur Geschichte der Moderne, Leipzig 1902, S. 8.
47 Michael Georg Conrad: In purpurner Finsternis, Leipzig 1895, S. 10, 24, 26, 48, 95, 153, 174, 182, 205, 255, 291, 333, 358.
48 Adolf Bartels: Der Bauer in der deutschen Vergangenheit, Leipzig 1900, S. 142.
49 Adolf Bartels: Zur Heimatkunst. In: Deutsche Heimat 6,1, 1902–03, S. 194.
50 Zit. in Walther Schoenichen: Naturschutz – Heimatschutz, Stuttgart 1954, S. 179.
51 Vgl. hierzu meinen Aufsatz: Der „neuro-mantische" Seelenvagabund. In J. H.: Der Schein des schönen Lebens. Studien zur Jahrhundertwende, Frankfurt a. M. 1972, S. 128–146.
52 Vgl. Peter Morris-Keitel: Literatur der deutschen Jugendbewegung. Bürgerliche Ökologiekonzepte zwischen 1900 und 1918, Frankfurt a. M. 1994, S. 65.
53 Ludwig Klages: Mensch und Erde, 3. Aufl., Jena 1929, S. 20 f.
54 Vgl. Peter Morris-Keitel: Literatur der deutschen Jugendbewegung, S. 101.
55 Vgl. Ulrich Linse: Barfüßige Propheten. Erlöser der zwanziger Jahre, Berlin 1983.

Die Ära der expressionistischen Revolte

1 Vgl. Helmut Gold: Werkleute auf Haus Nyland. In: Literatur im Industriezeitalter. Hrsg. von Ulrich Ott, Marbach 1987, Bd. II, S. 639 f.
2 Quadriga, Sommer 1912, S. 4 f.
3 Ebd., Herbst 1913, S. 70.
4 Zit. in: Werkleute auf Haus Nyland, S. 646.
5 Josef Winckler: Eiserne Sonette, Leipzig 1914, S. 34.
6 Gerrit Engelke: Das Gesamtwerk, München 1960, S. 451.
7 Heinrich Lersch: Mensch im Eisen, Stuttgart 1925, S. 96.
8 Ruhrland. Dichtungen werktätiger Menschen. Hrsg. von Otto Wohlgemuth, Essen 1923, S. 3.
9 Zit. in Peter Gust: Georg Heym in der Zirkelbildung des Berliner Frühexpressionismus. In: Literarisches Lebens in Berlin. Hrsg. von Peter Wruck, Berlin 1987, Bd.II, S. 15.
10 Vgl. Die Aktion 1, 1911, Sp. 126.
11 Vgl. Lothar Peter: Literarische Intelligenz und Klassenkampf. „Die Aktion" 1911–1932, Köln 1932, S. 19.
12 Die Aktion 2, 1912, Sp. 647.
13 Ebd., S. 649.
14 Vgl. Hanne Bergius: Das Lachen Dadas. Die Berliner Dadaisten und ihre Aktionen, Gießen 1989, S. 313.

15 Zit. in: Die deutsche Literatur der Weimarer Republik. Hrsg. von Wolfgang Rothe, Stuttgart 1974, S. 118.
16 Vgl. hierzu u. a. Heinrich Wiegand Petzet: Von Worpswede nach Moskau. Heinrich Vogeler, 3. Aufl., Köln 1973 S. 129–134, und Thomas Freeman: Hans Henny Jahnn, Hamburg 1986, S. 146–163.
17 Vgl. meinen Aufsatz: Expressionismus als Revolution. In J. H.: Von Mainz nach Weimar 1793–1919. Studien zur deutschen Literatur, Stuttgart 1969, S. 298–354.
18 Vgl. Kurt Kreiler: Die Schriftstellerrepublik. Zum Verhältnis von Literatur und Politik in der Münchner Räterepublik, Berlin 1978.

Während der Weimarer Republik

1   Vgl. Werner Herden: Die „preußische Dichterakademie" 1926–1933. In: Literarisches Leben in Berlin. Hrsg. von Peter Wruck, Berlin 1987, Bd.II, S. 153.
2   Der Dolchstoß der Literaten. In: Völkischer Beobachter vom 20. November 1931.
3   Vgl. Friedhelm Kron: Schriftsteller und Schriftstellerverbände, Stuttgart 1976, S. 37.
4   Vgl. Kurt Tucholsky: Solidarität. In: Der Schriftsteller 8, 1921, H.1, S. 5–7.
5   Friedhelm Kron: Schriftsteller und Schriftstellerverbände, S. 321.
6   Ebd.
7   Ebd., S. 321 f.
8   Ebd., S. 322.
9   Zit. in Ernst Fischer: Der „Schutzverband deutscher Schriftsteller" 1909–1933. In: Archiv für Geschichte des Buchwesens 21, 1980, S. 578
10 Ebd., S. 579.
11 Abgdr. in: Zur Tradition der sozialistischen Literatur in Deutschland, Berlin 1961, S. 86.
12 Vgl. Elisabeth Simons: Zur Tätigkeit des Bundes proletarisch-revolutionärer Schriftsteller Deutschlands 1928–1933, Diss. Berlin 1960, S. 187 ff.
13 Johannes R. Becher: Unsere Front. In: Die Linkskurve 1, 1929, H.1, S. 1.
14 Vgl. Linkskurve 2, 1930, H.6, S. 21 ff. und 3, 1931, H.6, S. 28 f.
15 Zit. in Helga Gallas: Marxistische Literaturtheorie. Kontroversen im Bund proletarisch-revolutionärer Schriftsteller, Neuwied 1971, S. 78.
16 Ernst Bloch: Poesie im Hohlraum. In: Literarische Aufsätze, Frankfurt a. M. 1965, S. 117–134.
17 Ein Vorläufer des Rosenbergschen Kampfbundes war der 1920 von Walter Loose, Woldemar Bartmuß und Hans Severus Ziegler gegründete Bartels-Bund, der 1924 mit dem von Adolf Bartels bereits 1910 ins Leben gerufenen Deutschvölkischen Schriftstellerverband verschmolz und zu dessen Vorstand nach 1925 fast nur NSDAP-Mitglieder gehörten. Vgl. Thomas Rösner: Adolf Bartels. In: Handbuch zur „Völkischen Bewegung" 1871–1918. Hrsg. von Uwe Puschner, Walter Schmitz und Justus H. Ulbricht, München 1996, S. 886–892.
18 Alfred Rosenberg: Kampf gegen den kulturellen Niedergang. In: Der Weltkampf, Mai 1928. Wiederabgedruckt in A. R.: Blut und Ehre. Ein Kampf um die deutsche Wiedergeburt. Reden und Aufsätze 1919–1933, München 1938, S. 231.
19 Vgl. zum folgenden vor allem Werner Mittenzwei: Der Untergang einer Akademie, Berlin 1992, S. 167–183.
20 Zit. in ebd., S. 169 f.
21 Ebd., S. 173.
22 Ebd., S. 182.

Unterm Faschismus und im Exil

1 Zit. in Alexander Stephan: Die deutsche Exilliteratur 1933–1945, München 1979, S. 35.
2 Vgl. Friedhelm Kron: Schriftsteller und Schriftstellerverbände, Stuttgart 1976, S. 329.
3 Vgl. Ernst Fischer: Der „Schutzverband deutscher Schriftsteller" 1909–1933. In: Archiv für Geschichte des Buchwesens 21, 1980, S. 632.
4 Vgl. Alexander Stephan: Die deutsche Exilliteratur, S. 34.
5 Vgl. Dietrich Strothmann: Nationalsozialistische Literaturpolitik, 2. Aufl., Bonn 1963, S. 82–89.
6 Zit. in Werner Mittenzwei: Der Untergang einer Akademie, Berlin 1992, S. 420.
7 Zit in: Literarisches Leben in Exil und Nationalsozialismus. Hrsg. von Gerd Koch, Frankfurt a. M. 1996, S. 93 ff.
8 Wolf Franck: Führer durch die deutsche Emigration, Paris 1935, S. 17.
9 Lion Feuchtwanger: Exil, Amsterdam 1940, S. 151.
10 Vgl. meinen Aufsatz: Schreiben in der Fremde. Gedanken zur deutschen Exilliteratur. In: Exil und Innere Emigration. Hrsg. von Reinhold Grimm und Jost Hermand, Frankfurt a. M. 1972, S. 7–30.
11 Exil in der Tschechoslowakei, Großbritannien, Skandinavien und Palästina. Hrsg. von Ludwig Hoffmann u. a., Leipzig 1980, S. 132.
12 Vgl. Der deutsche PEN-Club im Exil 1933–1948, Frankfurt a. M. 1980, S. 28 f.
13 Vgl. Exil in der Tschechoslowakei, in Großbritannien, Skandinavien und Palästina, S. 232.
14 Der deutsche PEN-Club im Exil, S. 165.
15 Werner Mittenzwei: Das Leben des Bertolt Brecht, Berlin 1986, S. 576.

Die unmittelbare Nachkriegszeit

1 Vgl. meinen Aufsatz: Der Kalte Krieg in der Literatur. Über die Schwierigkeiten bei der Rückeingliederung der deutschen Exilautoren und -autorinnen nach 1945. In: Ende des Dritten Reiches. Hrsg. von Hans-Erich Volkmann, München 1995, S. 581–606.
2 Abgedruckt in: Eine Kulturmetropole wird geteilt. Literarisches Leben in Berlin (West) 1945–1961. Hrsg. vom Kunstamt Schöneberg, Berlin 1987, S. 15 f.
3 Vgl. Jost Hermand: Kultur im Wiederaufbau, München 1986, S. 105.
4 Ebd.
5 Carsten Gansel: Parlament des Geistes. Literatur zwischen Hoffnung und Depression 1945–1961, Berlin 1996, S. 96 f.
6 Vgl. Kultur im Wiederaufbau, S. 113.
7 Vgl. Eberhard Falcke: Die Gruppe 47. In: Literarische Moderne. Hrsg. von Rolf Grimminger u. a., Reinbek 1995, S. 558.
8 Zit. in Friedhelm Kröll: Die Gruppe 47, Stuttgart 1979, S. 27.
9 Vgl. Ulrike Buergel-Godwin: Die Reorganisation der westdeutschen Schriftstellerverbände 1945–1952. In: Archiv für Geschichte des Buchwesens 18, 1977, S. 471 f.
10 Vgl. Kultur im Wiederaufbau, S. 151 f.

In den fünfziger Jahren

1   Zit. in Friedhelm Kröll: Die Gruppe 47, Stuttgart 1979, S. 3.
2   Zit. in Reinhard Lettau: Die Gruppe 47. Bericht, Kritik, Polemik. Ein Handbuch, Neuwied 1967, S. 170.
3   Vgl. Die Gruppe 47. Ein kritischer Grundriß. Hrsg. von Heinz Ludwig Arnold, München 1980, S. 257.
4   Vgl. Die Wiener Gruppe. Hrsg. von Gerhard Rühm, Reinbek 1962, S. 10.
5   Ebd., S. 18.
6   Zit. in Friedhelm Kron: Schriftsteller und Schriftstellerverbände, Stuttgart 1976, S. 42.
7   Ebd., S. 335.
8   Ebd.
9   Vgl. hierzu: Unsere Republik. Politische Statements westdeutscher Autoren. Hrsg. von Alfred Estermann, Jost Hermand und Merle Krueger, Wiesbaden 1980, S. 35–51.
10 Vgl. zu dem höchst komplizierten Verlauf dieser Ereignisse Dieter Schlenstedts Einleitung zu: Autorenlexikon des Deutschen PEN Zentrums Ost, Berlin 1995, und Friedrich Dieckmann: Penniana secreta. Eine Akten-Lese. In: Neue deutsche Literatur 44, 1996, S. 173–201.
11 Vgl. hierzu Petra Schrott: Das Scheitern des kulturellen Neubeginns. In: Eine Kulturmetropole wird geteilt. Literarisches Leben in Berlin (West) 1945–1961. Hrsg. vom Kunstamt Schöneberg, Berlin 1987, S. 27–29.
12 Vgl. Werner Mittenzwei: Brecht und die Schicksale der Materialästhetik. Illusion oder versäumte Entwicklung einer Kunstrichtung? In: Wer war Brecht? Hrsg. von W. M., Berlin 1977, S. 695–731.
13 Vgl. Neues Deutschland vom 12. Juli 1958.
14 Zit. in Wolfgang Emmerich: Kleine Literaturgeschichte der DDR, 5. Aufl., Frankfurt a. M. 1989, S. 109.
15 Ebd., S. 109 f.
16 Vgl. Gerrit-Jan Berendse: Die „Sächsische Dichterschule". Lyrik in der DDR der sechziger und siebziger Jahre, Frankfurt a. M. 1990, S. 130.

Gesellschaftskritische Schriftstellerorganisationen in der BRD nach 1961

1   Vgl. Jost Hermand: Kultur im Wiederaufbau, München 1986, S. 546.
2   Vgl. Unsere Republik. Politische Statements westdeutscher Autoren. Hrsg. von Alfred Estermann, Jost Hermand und Merle Krueger, Wiesbaden 1980, S. 90–114.
3   Vgl. Friedhelm Kröll: Die Gruppe 47, Stuttgart 1979, S. 65.
4   Ebd.
5   Die Gruppe 47. Ein kritischer Grundriß. Hrsg. von Heinz Ludwig Arnold, München 1980, S. 257.
6   Vgl. Jost Hermand: Pop International. Eine kritische Analyse, Frankfurt a. M. 1971, S. 161–173.
7   Zit. in Hannes Schwenger: Vom langen Marsch zum großen Sprung? Die Autorenverbände auf dem Weg in die Mediengewerkschaft. In: Literaturbetrieb in der Bundesrepublik Deutschland. Hrsg. von Heinz Ludwig Arnold, 2. Aufl., München 1981, S. 167.

8   Ebd., S. 169.
9   Vgl. Friedhelm Kron: Schriftsteller und Schriftstellerverbände, Stuttgart 1976, S. 345.
10 Zit. in Franz Schonauer: Die Dortmunder Gruppe 61. In: Handbuch der deutschen Arbei-
    terliteratur. Hrsg. von Heinz Ludwig Arnold, München 1977, S. 125 f.
11 Ebd., S. 135.
12 Ebd.
13 Vgl. hierzu Krystyna Nowak: Arbeit und Arbeiter in der westdeutschen Literatur 1951–
    1961, Köln 1977.
14 Vgl. Ulla Hahn: Literatur in Aktion. Zur Entwicklung operativer Literaturformen in der
    Bundesrepublik, Wiesbaden 1978, S. 113.
15 Vgl. Sozialgeschichte der deutschen Literatur von 1918 bis zur Gegenwart. Hrsg. von Jan
    Berg u. a., Frankfurt a. M. 1981, S. 707.
16 Zit. in Jürgen Alberts: Arbeiteröffentlichkeit und Literatur. Zur Theorie des Werkkreises
    Literatur der Arbeitswelt, Hamburg 1977, S. 98.
17 Horst Kamrad: Werkkreis Literatur der Arbeitswelt. In: Entwicklungsland Kultur. Doku-
    mentation des 2. Schriftstellerkongresses des Verbandes deutscher Schriftsteller. Hrsg. von
    Dieter Lattmann, München 1973, S. 106–109.

Die Zeit von 1975 bis 1989

1   Vgl. hierzu für die BRD u. a. Helmut Kreuzer: Neue Subjektivität. Zur Literatur der siebzi-
    ger Jahre in der Bundesrepublik Deutschland. In: Deutsche Gegenwartsliteratur. Ausgangs-
    positionen und aktuelle Entwicklungen. Hrsg. von Manfred Durzak, Stuttgart 1981,
    S. 77–106, Michael Schneider: Von der alten Radikalität zur Neuen Subjektivität. In M. S.:
    Den Kopf verkehrt aufgesetzt oder Die melancholische Linke, Darmstadt 1981, S. 141–165,
    und Jost Hermand: Die Kultur der Bundesrepublik Deutschland 1965–85, München 1988,
    S. 471–506, sowie für die DDR u. a. Wolfgang Thierse und Dieter Kliche: DDR-Literatur-
    wissenschaft in den siebziger Jahren. In: Weimarer Beiträge, 1985, S. 276 ff.
2   Vgl. Berliner Begegnung zur Friedensförderung. Protokolle des Schriftstellertreffens am 13.
    /14. Dezember 1981, Darmstadt 1982, und: Den Frieden erklären. Protokolle des zweiten
    Berliner Schriftstellertreffens am 22./23 April 1983, Darmstadt 1983.
3   Vgl. Schriftstellerkongreß der Deutschen Demokratischen Republik, Berlin 1988, Bd.II,
    S. 25.
4   Ebd., S. 182 f.
5   Vgl. mein Buch: Grüne Utopien in Deutschland. Zur Geschichte des ökologischen Bewußt-
    seins, Frankfurt a. M., 1991, S. 144–147, und Peter Morris-Keitel: Nicht auf bessere Zeiten
    warten. Zu Robert Havemanns Vision eines Ökosozialismus. In: Monatshefte 88, 1996,
    S. 489–506.
6   Vgl. Hermann Behrens: Wurzeln der Umweltbewegung. „Die Gesellschaft für Natur und
    Umwelt" (GNU) im Kulturbund der DDR, Marburg 1993.
7   Vgl. Andrew Reaves: The Development of an Ecologically Critical Sorbian Literature as a
    Consequence of the GDR'S Dependence on Soft Coal as an Energy Source, Diss. Wisconsin
    1995.
8   Vgl. Hubertus Knabe: „Der Mensch mordet sich selbst". Ökologiekritik in der erzählenden
    DDR-Literatur. In: Deutschland Archiv 9, 1983, S. 954–973.
9   So auf der Konferenz „Beyond the Avantgarde?" 1985 in Houston, Texas.
10 Vgl. mein Buch: Pop International. Eine kritische Analyse, Frankfurt a. M. 1971, S. 95–147.

11 Vgl. Evelyn Torton Beck und Patricia Russian: Die Schriften der modernen Frauenbewe-
    gung. In: Neues Handbuch der Literaturwissenschaft, Bd. 22. Hrsg. von Jost Hermand,
    Wiesbaden 1979, S. 357–386.

12 Selbst die Gruppe GEDOK ist kein Dichterinnenbund, sondern lediglich eine Literatur-
    preise verleihende Förderungsgesellschaft. Vgl. Ich schreibe, weil ich schreibe. Autorinnen
    der GEDOK. Eine Dokumentation. Hrsg. von Irma Hildebrandt und Renate Massmann,
    Stuttgart 1990.

13 Vgl. Her mit dem Leben. Illustriertes Arbeitsbuch für Abrüstung und Frieden. Hrsg. von
    Annemarie Stern und Agnes Hüfner, Oberbaum 1982.

14 Vgl. Richard Herzinger: Totalitarismus in Grün. In Richard Herzinger und Hannes Stein:
    Endzeit-Propheten, Reinbek 1996, S. 78–86.

15 Vgl. meinen Aufsatz: „Können Dichter die Welt verändern?" Literarische Proteste gegen
    den industriellen Fortschrittswahn. In: Berliner LeseZeichen 3, 1995, H.3, S. 10–20.

16 Vgl. Öko-Kunst? Zur Ästhetik der Grünen. Hrsg. von Jost Hermand und Hubert Müller,
    Berlin 1989, S. 89. Vgl. hierzu auch meinen Aufsatz: Ohne Leitbild? Zur Rolle des Positiven
    in einer kritischen Kunst. In J. H.: Avantgarde und Regression. 200 deutsche Kunst, Leipzig
    1995, S. 186–200.

Die heutige Situation

1 Vgl. meinen Aufsatz: Liberté – Égalité – Fraternité. Die Postulate einer unvollendeten Revolution. In: Freiheit, Gleichheit, Brüderlichkeit. 200 Jahre Französische Revolution in
   Deutschland. Hrsg. von Rainer Schoch, Nürnberg 1989, S. 31–41.

2 Vgl. den Band: Postmodern Pluralism and Concepts of Totality. Hrsg. von Jost Hermand,
   New York 1995.

3 Heinrich Böll: Einigkeit der Einzelgänger. In: Einigkeit der Einzelgänger. Dokumentation
   des ersten Schriftstellerverbandes deutscher Schriftsteller (VS). Hrsg. von Dieter Lattmann,
   München 1971, S. 19–24.

4 Vgl. Hanna Leitgeb: Der ausgezeichnete Autor. Städtische Literaturpreise und Kulturpolitik
   in Deutschland 1926–1971, Berlin 1994, S. 380–382.

5 Vgl. Literarische Gesellschaften in Deutschland. Ein Handbuch. Hrsg. von Christiane Kus-
   sin, Berlin 1995.

6 Vgl. hierzu Dieter Schlenstedt: Einheit der Kultur? Kultur der Einheit. Rede auf der Jahresta-
   gung des Deutschen PEN-Zentrums (Ost) im Januar 1996. In: Neue deutsche Literatur 44,
   1996, S. 189–200.

7 Vgl. PEN Bundesrepublik Deutschland. Autorenlexikon. Hrsg. von Bernard Fischer, Göttingen 1993, S. 7f.

8 Hans Mayer: Der BMW der armen Literaten. Kritische Anmerkungen über den ernsthaften
   Umgang mit Literatur und Gesellschaft. In: Die Zeit, 1997, Nr. 12 vom 14. März, S. 64.

9 Vgl. Verfeindete Einzelgänger. Schriftsteller streiten über Politik und Moral. Hrsg. von
   Renate Chotjewitz-Häfner und Carsten Gansel, Berlin 1997, S. 271.

10 Vgl. Komm! ins Offene, Freund! Erster gesamtdeutscher Kongreß des Verbandes deutscher
   Schriftsteller (VS) in der IG Medien vom 24. bis 26. Mai 1991 in Lübeck-Travemünde.
   Hrsg. von Wolfram Dorn und Klaus-Dieter Sommer, Göttingen 1992.

11 Vgl. Schreiben aus dem Labyrinth. 12. Kongreß deutscher Schriftsteller (VS) in der IG
   Medien vom 28. April bis 1. Mai 1994 in Aachen. Hrsg. von Uwe Friesel, Göttingen 1995,
   S. 9.

12 Erich Loest: Über die Literaturferne von der Politik, den Politikern und den politischen Parteien. In: Schweigen. Eine literarische Anthologie. Hrsg. von Wiegand Lange u. a., Frankfurt a.M. 1996, S. 205.
13 Vgl. Jost Hermand: Theoria cum praxi. Aufgaben einer rot-grünen Literaturwissenschaft. In: Literaturtheorie und Geschichte. Hrsg. von Rüdiger Scholz und Klaus-Michael Bogdal, Opladen 1996, S. 202–216.
14 Jürgen Habermas: Die neue Unübersichtlichkeit, Frankfurt a. M. 1985, S. 161.

Weiterführende Literatur

Allgemeines

Bruno Markwardt: Dichterschule (Dichterkreis). In: Reallexikon der deutschen Literaturgeschichte. Hrsg. von Werner Kohlschmidt und Wolfgang Mohr, Bd. I, Berlin 1958, S. 262–266.

Levin L. Schücking: Soziologie der literarischen Geschmacksbildung, 3. Aufl., Bern 1961.

Friedrich H. Tenbruck: Freundschaft. Ein Beitrag zu einer Soziologie der persönlichen Beziehungen. In: Kölner Zeitschrift für Soziologie und Sozialpsychologie 16, 1964, S. 431–456.

Helmut Kreuzer: Die Boheme. Beiträge zu ihrer Beschreibung, Stuttgart 1968.

Clemens Neutjens: Die Funktionsänderung der Dichterkreise in Deutschland im zwanzigsten Jahrhundert. In: Dichtung, Sprache, Gesellschaft. Akten des IV. Internationalen Germanisten-Kongresses 1970 in Princeton. Hrsg. von Victor Lange und Hans Gert Roloff, Frankfurt a. M. 1971, S. 339–346.

Peter Bürger: Theorie der Avantgarde, Frankfurt a. M. 1974.

Friedhelm Kron: Schriftsteller und Schriftstellerverbände. Schriftstellerberuf und Interessenpolitik 1842–1973, Stuttgart 1976.

Friedhelm Kröll: Die Eigengruppe als Ort sozialer Identitätsbildung. Motive des Gruppenanschlusses bei Schriftstellern. In: Deutsche Vierteljahrsschrift für Literaturwissenschaft und Geistesgeschichte 52, 1978, S. 652–671.

Jost Hermand: Das Konzept „Avantgarde". In: Faschismus und Avantgarde. Hrsg. von Reinhold Grimm und Jost Hermand, Königstein 1980, S. 1–19.

Angelika Beck: „Der Bund ist ewig". Zur Physiognomie einer Lebensform im 18. Jahrhundert, Erlangen 1982.

Vereinswesen und bürgerliche Gesellschaft in Deutschland. Hrsg. von Otto Dann, München 1984.

Petra Wilhelmy: Der Berliner Salon im 19. Jahrhundert 1780–1914, Berlin 1989.

Walter Schmitz: Dichterkreis. In: Literatur Lexikon. Hrsg. von Walther Killy, Bd. XIII, Bielefeld 1992, S. 174–178.

Peter Seibert: Der literarische Salon. Literatur und Gesellschaft zwischen Aufklärung und Vormärz, Stuttgart 1993.

Handbuch literarisch-kultureller Vereine, Gruppen und Bünde 1825–1933. Hrsg. von Wulf Wülfing, Karin Bruns und Rolf Parr, Stuttgart 1997.

Meistergesang

Ernst Martin: Die Meistersinger von Straßburg, Straßburg 1882.

Curt Mey: Der Meistersang in Geschichte und Kunst, 2. Aufl., Leipzig 1901.

Heinrich Lütcke: Studien zur Philosophie der Meistersinger, Berlin 1911.

Rolf Weber: Zur Entwicklung und Bedeutung des deutschen Meistergesangs im 15. und 16. Jahrhundert, Diss. Berlin 1921.

Wolfgang Stammler: Die Wurzeln des Meistergesangs. In: Deutsche Vierteljahrsschrift für Literaturwissenschaft und Geistesgeschichte 1, 1923, S. 529–556.

Kurt Unold: Zur Soziologie des deutschen Meistergesangs, Heidelberg 1932.

Heinz Otto Burger: Die Kunstauffassung der frühen Meistersinger, Berlin 1936.

Archer Taylor: The Literary History of Meistergesang, New York 1937.

Bert Nagel: Der deutsche Meistersang. Poetische Technik, musikalische Form und Sprachgestaltung der Meistersinger, Heidelberg 1952.

Fritz Schnell: Zur Geschichte der Augsburger Meistersingerschule, Augsburg 1958.

Franz Streinz: Die Singschule in Iglau und ihre Beziehungen zum allgemeinen deutschen Meistergesang, München 1958.

Wolfgang Stammler: Meistergesang. In: Reallexikon der deutschen Literaturgeschichte. Hrsg. von Werner Kohlschmidt und Wolfgang Mohr, Bd. II, Berlin 1965, S. 292–301.

Der deutsche Meistersang. Hrsg. von Bert Nagel, Darmstadt 1967.

Heinz C. Christiansen: The Guilds and the Meistersinger Schools. Parallelism in Educational Patterns. In: Amsterdamer Beiträge zur Älteren Germanistik 3, 1972, S. 201–18.

Heinz C. Christiansen: Meistergesang and Humanism. In: Amsterdamer Beiträge zur Älteren Germanistik 4, 1973, S. 203–216.

Christoph Petzsch: Singschule. Ein Beitrag zur Geschichte des Begriffes. In: Zeitschrift für Deutsche Philologie 95, 1976, S. 400–416.

Hartmut Kugler: Handwerk und Meistergesang, Göttingen 1977.

Irene Stahl: Die Meistersinger vom Nürnberg, Nürnberg 1982.

Frieder Schanze: Meisterliche Liedkunst zwischen Heinrich von Mügeln und Hans Sachs, München 1983.

Annegret Haase: Die Herausbildung des institutionalisierten Meistersangs, Diss. Greifswald 1983.

Reinhard Hahn: Meistergesang, Leipzig 1985.

Die Schulordnung und das Gewerkbuch der Augsburger Meistersinger. Hrsg. von Horst Brunner u. a., Tübingen 1991.

Sprachgesellschaften

Julius Tittmann: Die Nürnberger Dichterschule. Beitrag zur Literatur- und Kulturgeschichte des 17. Jahrhunderts, Göttingen 1847.

Friedrich Wilhelm Barthold: Geschichte der Fruchtbringenden Gesellschaft. Sitte, Geschmacksbildung und schöne Redekünste deutscher Vornehmen vom Ende des 16. bis über die Mitte des 17. Jahrhunderts, Berlin 1848.

Heinrich Schultz: Die Bestrebungen der deutschen Sprachgesellschaften des 17. Jahrhunderts für Reinigung der Deutschen Sprache, Göttingen 1888.

Karl Disser: Philipp von Zesen und die Deutschgesinnte Genossenschaft, Heidelberg 1890.

Friedrich Zöllner: Einrichtung und Verfassung der Fruchtbringenden Gesellschaft, Berlin 1898.

Ludwig Keller: Die Großloge Zum Palmbaum und die sogenannten Sprachgesellschaften des 17. Jahrhunderts. In: Monatshefte der Comenius-Gesellschaft 16, 1907, S. 189–236.

Albert Rode: Das Elbschwanen-Büchlein. Zum Andenken an Johann Rist, Hamburg 1907.

L. Neubaur: Zur Geschichte des Elbschwanenordens. In: Altpreußische Monatsschrift 47, 1910, S. 113–183.

Victor Martin Otto Denk: Fürst Ludwig von Anhalt-Köthen und der erste deutsche Sprachver-
ein, Marburg 1917.

Blake Lee Spahr: The Archives of the Pegnesischer Blumenorden, Berkeley 1960.

Hans Hendrik Scholte: Nürnberger Dichterschule. In: Reallexikon der deutschen Literaturgeschichte. Hrsg. von Werner Kohlschmidt und Wolfgang Mohr, Bd. II, Berlin 1965, S. 705–
708.

Adolf Layer: Die Oettinger Blumengenossen. Eine schwäbische Sprachgesellschaft der Barock-
zeit. In: Jahrbuch des Historischen Vereins Dillingen 70, 1968, S. 176–184.

Die Pegnitz-Schäfer. Hrsg. von Eberhard Mannack, Stuttgart 1968.

Karl F. Otto: Die Sprachgesellschaften des 17. Jahrhunderts, Stuttgart 1972.

Ferdinand van Ingen: Die Sprachgesellschaften des 17. Jahrhunderts. Versuch einer Korrektur.
In: Daphnis 1, 1972, S. 14–23.

Christoph Stoll: Sprachgesellschaften im Deutschland des 17. Jahrhunderts, München 1973.

Albrecht Schöne: Kürbishütte und Königsberg. Modellversuch einer sozialgeschichtlichen Ent-
zifferung poetischer Texte. Am Beispiel Simon Dach, München 1975.

Walter Ernst Schäfer: Straßburg und die Tannengesellschaft. In: Daphnis 5, 1976, S. 531–547.

Albrecht Schöne: Kürbishütte und Königsberg. In: Stadt – Schule – Universität. Buchwesen und
die deutsche Literatur im 17. Jahrhundert. Hrsg. von A. S., München 1976. S. 601–660.

Helmut Motekat: Die musikalische Kürbishütte über dem Pregel. In H. M.: Ostpreußische Literaturgeschichte, München 1977, S. 67–77.

Sprachgesellschaften, Sozietäten, Dichtergruppen. Hrsg. von Martin Bircher und Ferdinand van
Ingen, Hamburg 1978.

Hans Moser: Sprachgesellschaften. In: Reallexikon der deutschen Literaturgeschichte, Bd. IV.
Hrsg. von Dorothea Kanzog, Klaus Kanzog, Achim Masser, Paul Merker und Wolfgang
Stammler, Berlin 1979, S. 122–132.

Wilhelm Kühlmann: Rompler, Hecht und Thiederich. Neues zu den Mitbegründern der Straßburger Tannengesellschaft. In: Jahrbuch der Deutschen Schillergesellschaft 25, 1981, S. 171–
195.

Heinz Engels: Die Sprachgesellschaften des 17. Jahrhunderts, Gießen 1983.

Leopold Kretzenbacher: Zur „Kürbishütte" in Alt-Königsberg. In: Jahrbuch für ostdeutsche
Volkskunde 26, 1983, S. 61–77.

Jane Ogden Newman: Institutions in the Pastoral. The Nuremberg Pegnesischer Blumenorden
(1644), Diss. Princeton 1983.

Ferdinand van Ingen: Die Sprachgesellschaften des 17. Jahrhunderts. Zwischen Kulturpatriotis-
mus und Kulturvermittlung. In: Muttersprache 96, 1986, S. 137–146.

Klaus Conermann: Die Tugendliche Gesellschaft und ihr Verhältnis zur Fruchtbringenden
Gesellschaft. Sittenzucht, Gesellschaftsidee und Akademiegedanke zwischen Renaissance und
Aufklärung. In: Daphnis 17, 1988, S. 513–626.

Jane O. Newman: Literary, Social, and Textual Functions. Interpreting Sprachgesellschaften as
Institutions. In: Daphnis 17, 1988, S. 493–511.

Deutsche Gesellschaften

Paul Otto: Die Deutsche Gesellschaft in Göttingen 1738–1758, Hildesheim 1898.

Friedrich Neumann: Gottsched und die Leipziger Deutsche Gesellschaft. In: Archiv für Kulturgeschichte 18, 1928, S. 194–212.

Gerhard Schimansky: Gottscheds deutsche Bildungsziele, Königsberg 1939.

Carl Diesch: Deutsche Gesellschaften. In: Reallexikon der deutschen Literaturgeschichte. Hrsg. von Werner Kohlschmidt und Wolfgang Mohr, Bd. I, Berlin 1958, S. 229–231.
Thomas C. Rauter: The Eighteenth-Century Deutsche Gesellschaft. A Literary Society of the German Middle Class, Diss. Illinois 1970.

Die Bremer Beiträger

Bremer Beiträger. Hrsg. von Franz Muncker, Berlin-Stuttgart 1889.
Christel Matthias Schröder: Die „Bremer Beiträger". Vorgeschichte und Geschichte einer deutschen Zeitschrift im 18. Jahrhundert, Bremen 1956.
Hans Heckel: Bremer Beiträger. In: Reallexikon der deutschen Literaturgeschichte. Hrsg. von Werner Kohlschmidt und Wolfgang Mohr, Bd. I, Berlin 1958, S. 185–186.
Fritz Meyen: Die Bremer Beiträger am Collegium Carolinum in Braunschweig, Braunschweig 1962.

Die Halleschen Dichterkreise

Ferdinand Josef Schneider: Die Erste Hallesche Dichterschule, Halle 1936.
Wolfdietrich Rasch: Freundschaftskult und Freundschaftsdichtung im deutschen Schrifttum des 18. Jahrhunderts, Halle 1936, S. 152–180.
Erna Merker: Hallesche Dichterkreise. In: Reallexikon der deutschen Literaturgeschichte. Hrsg. von Werner Kohlschmidt und Wolfgang Mohr, Bd. I, Berlin 1958, S. 185–186.
Wolfgang Martens: Hallescher Pietismus und schöne Literatur. In W. M.: Literatur und Frömmigkeit in der Zeit der frühen Aufklärung, Tübingen 1989, S. 76–181.
Beat Hanselmann: Johann Wilhelm Ludwig Gleim und seine Freundschaften oder Der Weg nach Arkadien, Bern 1989.

Der Göttinger Hainbund

Robert Eduard Prutz: Der Göttinger Dichterbund, Leipzig 1841.
Der Göttinger Dichterbund. Hrsg. von August Sauer, 2 Bde., Berlin 1887–1895.
F. Lüdecke: Zur Geschichte des Göttinger Dichterbundes. In: Euphorion 11, 1904, S. 433–464.
Rothraut Baesken: Die Dichter des Göttinger Hains und die Bürgerlichkeit. Eine literatursoziologische Studie, Köln 1937.
Werner Kohlschmidt: Göttinger Hain. In: Reallexikon der deutschen Literaturgeschichte. Hrsg. von Werner Kohlschmidt und Wolfgang Mohr, Bd. I, Berlin 1958, S. 597–601.
Karl August Schleiden: Die Dichter des Göttinger Hains. In: Der Deutschunterricht 10, 1958, H. 2, S. 62–85.
Zur Geschichte des Göttinger Dichterbundes 1772–1774. Hrsg. von Ernst Metelmann, Stuttgart 1965.
Der Göttinger Hain. Hrsg. von Alfred Kelletat, Stuttgart 1967.
Annelen Kranefuß: Klopstock und der Göttinger Hain. In: Sturm und Drang. Ein literaturwissenschaftliches Studienbuch. Hrsg. von Walter Hinck, Kronberg 1978, S. 134–162.

Hans-Jürgen Schräder: Mit Feuer, Schwert und schlechtem Gewissen. Zum Kreuzzug der Hainbündler gegen Wieland. In: Euphorion 78, 1984, S. 325–367.

Die Musenhöfe

Wilhelm Bode: Der weimarische Musenhof 1756–1781, Berlin 1917.
Valerian Tornius: Schöne Seelen. Studien über Männer und Frauen aus der Wertherzeit, Leipzig 1920.
Lilli Rahn-Bechmann: Der Darmstädter Freundeskreis, Diss. Erlangen 1934.
Walter Gunzert: Darmstadt und Goethe, Darmstadt 1949.
Wolfgang Liepe: Darmstädter Kreis. In: Reallexikon der deutschen Literaturgeschichte. Hrsg. von Werner Kohlschmidt und Wolfgang Mohr, Bd.I, Berlin 1958, S. 222–223.
Ursula Salentin: Anna Amalia. Wegbereiterin der Weimarer Klassik, Köln 1996.

Aufklärer, Illuminaten und Jakobiner

Georg Schuster: Die geheimen Gesellschaften, Verbindungen und Orden, Leipzig 1906.
Kenneth Keeton: The Berliner Montagsklub: A Center of German Enlightenment. In: Germanic Review 36, 1961, S. 148–153.
Claus Träger: Aufklärung und Jakobinismus in Mainz 1792–93. In: Weimarer Beiträge 1963, S. 684–704.
Jost Hermand: In Tyrannos. Über den politischen Radikalismus der sogenannten Spätaufklärung. In J. H.: Von Mainz nach Weimar. Studien zur deutschen Literatur, Stuttgart 1969, S. 9–52.
Hans Werner Engels: Gedichte und Lieder deutscher Jakobiner, Stuttgart 1971.
Klaus Gerteis: Bildung und Revolution. Die deutschen Lesegesellschaften am Ende des 18. Jahrhunderts. In: Archiv für Kulturgeschichte 53, 1971, S. 127–139.
Marlies Prüsener: Lesegesellschaften im achtzehnten Jahrhundert. Ein Beitrag zur Lesergeschichte, Frankfurt 1972.
Richard van Dülmen: Der Geheimbund der Illuminaten. Darstellung, Analyse, Dokumentation, Stuttgart 1975.
Ulrich Herrmann: Lesegesellschaften an der Wende des 18. Jahrhunderts. In: Archiv für Kulturgeschichte 57,1975, S. 473–484.
Inge Stephan: Literarischer Jakobinismus in Deutschland 1789–1806. Stuttgart 1976.
Otto Dann: Die deutsche Aufklärungsgesellschaft und ihre Lektüre. Bibliotheken in den Lesegesellschaften des 18. Jahrhunderts. In: Buch und Sammler. Private und öffentliche Bibliotheken im 18. Jahrhundert, Heidelberg 1979, S. 187–199.
Günter Mühlpfordt: Radikale Aufklärung und nationale Leserorganisation. Die Deutsche Union von Karl Friedrich Bahrdt. In: Lesegesellschaften und bürgerliche Emanzipation. Ein europäischer Vergleich. Hrsg. von Otto Dann, München 1981, S. 103–122.
Walter Grab: Ein Volk muß sich seine Freiheit selbst erobern. Zur Geschichte der deutschen Jakobiner, Frankfurt a. M. 1984, S. 273–460.
Werner Rieck: Geheimbündlerische Wirkungsstrategien deutscher Aufklärer zur Zeit der Großen Französischen Revolution. In: 200 Jahre Französische Revolution. Hrsg. von Hans Henseke, Potsdam 1989, S. 45–58.

W. Daniel Wilson: Geheimräte gegen Geheimbünde. Ein unbekanntes Kapitel der klassisch-romantischen Geschichte Weimars, Stuttgart 1991.
Helmut Reinalter: Bahrdt und die geheimen Gesellschaften. In: Carl Friedrich Bahrdt (1740–1792). Hrsg. von Gerhard Sauder und Christoph Weiss, St. Ingbert 1992, S. 258–274.

Der „klassische" Dichterbund

Herbert Scurla: Bund des Ernstes und der Liebe, Berlin 1955.
Benno von Wiese: Goethe und Schiller im wechselseitigen Vor-Urteil, Köln 1967.
Michael Böhler: Die Freundschaft von Schiller und Goethe als literatur-soziologisches Paradigma. In: Internationales Archiv für Sozialgeschichte der deutschen Literatur 5, 1980, S. 33–67.
Wolfgang Fahs: Zum Verhältnis Goethe – Schiller. In: Frauenfreundschaft -Männerfreundschaft. Literarische Diskurse im 18. Jahrhundert. Hrsg. von Wolfram Mauser und Barbara Becker-Cantarino, Tübingen 1991, S. 333–340.

Romantik

Rudolf Haym: Die romantische Schule, Berlin 1870.
Ambros Mayr: Der schwäbische Dichterbund, Innsbruck 1886.
Josef Nadler: Die Berliner Romantik 1800–1814, Berlin 1921.
Herbert Levin: Die Heidelberger Romantik, 1922.
Gerhard Storz: Schwäbische Romantik. Dichter und Dichterkreise im alten Württemberg, Stuttgart 1967.
Hellmut Thomke: Schwäbischer Dichterkreis. In: Reallexikon der deutschen Literaturgeschichte. Hrsg. von Werner Kohlschmidt und Wolfgang Mohr, Bd. III, Berlin 1977, S. 678–689.
Susanne Moßmann: Arnims „Christlich-deutsche Tischgesellschaft". In: Machtphantasie Deutschland. Hrsg. von Hans Peter Herrmann u. a., Frankfurt a. M. 1996, S. 123–160.

Biedermeier

Ignaz Vincenz Franz Castelli: Die Ludlamshöhle. In I. V. F. C: Memoiren meines Lebens, München 1910, Bd. II, S. 1–79.
Friedrich Wiegand: Der Verein der Maikäfer in Berlin. In: Deutsche Rundschau 160, 1914, S. 279–292.
Fritz Behrend: Der Tunnel über der Spree, Berlin 1919.
Der Tunnel 1831 bis 1931. Hrsg. von Walter Lange, Leipzig 1931.
Otto Zausmer: Der Ludlamshöhle Glück und Ende. In: Jahrbuch der Grillparzer-Gesellschaft 33, 1933, S. 86–112.
Fritz Behrend: Geschichte des Tunnels über der Spree, Berlin 1938.
Karl Wache: Ignaz Franz Castelli. Der Vater der Ludlamshöhle. In K. W.: Jahrmarkt der Wiener Literatur, Wien 1966, S. 7–29.

John Ormrod: Bürgerliche Organisation und Lektüre in den literarisch-geselligen Vereinen der Restaurationsepoche. In: Zur Sozialgeschichte der deutschen Literatur von der Aufklärung bis zur Jahrhundertwende. Hrsg. von Günter Häntzschel und John Ormrod, Tübingen 1985, S. 123–149.

Roland Berbig: Der „Tunnel über der Spree". Ein literarischer Verein in seinem Öffentlichkeitsverhalten. In: Fontane Blätter 50, 1990, S. 18–46.

Peter Wruck: Neue Untersuchungen zum „Tunnel über der Spree". In: Fontane Blätter 50, 1990, S. 10–84.

Wulf Wülfing: Der „Tunnel über der Spree" im Revolutionsjahr 1848. In: Fontane Blätter 50, 1990, S. 46–84.

Peter Sprengel: Moritz Gottlieb Saphir in Berlin. Journalismus und Biedermeierkultur. In: Studien zur Literatur des Frührealismus. Hrsg. von Günter Blamberger, Frankfurt a. M. 1991, S. 243–275.

Ulrike Brandt-Schwarze: „Der Maikäfer", Bonn 1991.

Horst Belke: Ludlamshöhle. In: Handbuch literarisch-kultureller Vereine 1825–1933. Hrsg. von Wulf Wülfing u. a., Stuttgart 1997, S. 311–32.

Wulf Wülfing: Tunnel über der Spree. In: Ebd., S. 430–455.

Junges Deutschland und Vormärz

Das Junge Deutschland. Texte und Dokumente. Hrsg. von Jost Hermand, Stuttgart 1966.

Der deutsche Vormärz. Texte und Dokumente. Hrsg. von Jost Hermand, Stuttgart 1967.

Politische Avantgarde. 1830–1840. Eine Dokumentation zum „Jungen Deutschland". Hrsg. von Alfred Estermann, Frankfurt a. M. 1972.

Wolfgang Stegers: Der Leipziger Literatenverein von 1840. Die erste deutsche berufsständische Schriftstellerorganisation. In: Archiv für Geschichte des Buchwesens 19, 1978, S. 226–363.

Manfred Windfuhr: Das Junge Deutschland als literarische Opposition. Gruppenmerkmale and Neuansätze. In: Heine-Jahrbuch 22, 1983, S. 47–69.

Das Junge Deutschland. Hrsg. von Joseph A. Kruse und Bernd Kortländer, Hamburg 1987.

Die Münchner und Wuppertaler Dichterkreise

Fritz Buwick: Die Kunsttheorie des Münchner Dichterkreises. Diss. Greifswald 1932.

Der Münchner Kreis. Hrsg. von Eduard Stemplinger, Leipzig 1933.

Erich Petzet und Werner Kohlschmidt: Münchener Dichterkreis. In: Reallexikon der deutschen Literaturgeschichte. Hrsg. von Werner Kohlschmidt und Wolfgang Mohr, Bd. II, Berlin 1965, S. 432–439.

Joachim Barck: Der Wuppertaler Dichterkreis. Untersuchungen zum Poeta minor im 19. Jahrhundert, Bonn 1969.

Michael Krausnick: Paul Heyse und der Münchener Dichterkreis, Bonn 1974.

Die Krokodile. Ein Münchner Dichterkreis. Hrsg. von Johannes Mahr, Stuttgart 1987.

Renate Werner: ‚Und was er singt, ist wie die Weltgeschichte'. Über Emanuel Geibel und den Münchner Dichterkreis. In: Dichter und ihre Nation. Hrsg. von Helmut Scheuer, Frankfurt a. M. 1993, S. 273–289.

Professionelle Schriftstellervereinigungen

Karl Thieß: Der Verband Deutscher Journalisten- und Schriftstellervereine, Hamburg 1905.
Johannes Hofmann: Die erste deutsche Schriftstellerorganisation und die Schriftstellerbewe-
gung, Leipzig 1921.
Bruno Rauecker: Die Fachvereine der deutschen Schriftsteller. In: Die geistigen Arbeiter. Hrsg.
von L. Sinzheimer. Erster Teil, München-Leipzig 1922, S. 157–198.
Wilhelm Wendtland: Die Geschichte des Deutschen Schriftsteller-Verbandes seit seiner Gründung 1879, Berlin 1934.

Die Friedrichshagener

Adalbert von Hanstein: Das Jüngste Deutschland, Leipzig 1901.
Anselma Heine: Die Neue Gemeinschaft. In: Das literarische Echo 14, 1911/12, S. 687–690.
William Richard Cantwell: The Friedrichshagener Dichterkreis. A Study of Change and Conti-
nuity in the German Literature of the Jahrhundertwende, Diss. Wisconsin 1967.
George Fülberth: Proletarische Partei und bürgerliche Literatur. Auseinandersetzungen in der
deutschen Sozialdemokratie der II. Internationale über Möglichkeiten und Grenzen einer
sozialistischen Literaturpolitik, Neuwied 1972.
Katharina Günther: Literarische Gruppenbildung im Berliner Naturalismus, Bonn 1972.
Dietger Pforte: Die deutsche Sozialdemokratie und die Naturalisten. In: Naturalismus. Bürgerli-
che Dichtung und soziales Engagement. Hrsg. von Helmut Scheuer, Stuttgart 1974, S. 175–
205.
Herbert Scherer: Bürgerlich-oppositionelle Literaten und sozialdemokratische Arbeiterbewe-
gung nach 1890, Stuttgart 1974.
Jürgen Schutte und Peter Sprengel: Die Berliner Moderne 1885–1914, Stuttgart 1987.
Gertrude Cepl-Kaufmann und Rolf Kauffeldt: Friedrichshagener Dichterkreis. In: Handbuch
literarisch-kultureller Vereine 1825–1933. Hrsg. von Wulf Wülfing u. a., Stuttgart 1997,
S. 112–126.
Karin Bruns: Die neue Gemeinschaft. In: Ebd., S. 358–371.

Neukatholische, neuklassische und völkische Dichterbünde

Robert Faesi: Paul Ernst und die neuklassischen Bestrebungen im Drama, Leipzig 1913.
Iduna. Freie deutsche Gesellschaft für Literatur. In Eduard Castle: Deutsch-österreichische Lite-
raturgeschichte, Bd. IV, Wien 1937, S. 1931–1941.
K. A. Kutzbach: Die neuklassische Bewegung 1905, Emsdetten 1972.
Andreas Wohrmann: Das Program der Neuklassik. Die Konzeption einer modernen Tragödie bei
Paul Ernst, Wilhelm von Scholz und Samuel Lublinski. Frankfurt a. M. 1979.
Rolf Parr: Der „Werdandi-Bund". In: Handbuch zur „Völkischen Bewegung" 1871–1918.
Hrsg. von Uwe Puschner u. a., München 1996, S. 316–327.
Rolf Parr: Gralbund. In: Handbuch literarisch-kultureller Vereine 1825–1933. Hrsg. von Wulf
Wülfing u. a., Stuttgart 1997, S. 182–187.

Der George-Kreis

Hans Dahmen: Lehren über Kunst und Weltanschauung im Kreise um Stefan George, Marburg 1926.

Friedrich Wolters: Stefan George und die „Blätter für die Kunst", Berlin 1930.

Dominik Jost: Stefan George und seine Elite, Zürich 1949.

Hansjürgen Linke: Das Kultische in der Dichtung Stefan Georges und seiner Schule, München 1960.

Stefan George. 1868–1968. Der Dichter und sein Kreis. Hrsg. von Bernhard Zeller, Marbach 1968.

Manfred Durzak: Epigonenlyrik. Zur Dichtung des George-Kreises. In: Jahrbuch der Deutschen Schiller-Gesellschaft 13, 1969, S. 482–529.

Hans Norbert Fügen: Zur literarischen Strategie und Diffusion des Georgekreises. In H. N. F.: Dichtung in der bürgerlichen Gesellschaft, Bonn 1972, S. 51–64.

Michael Winkler: George-Kreis, Stuttgart 1972.

Roderich Huch: Alfred Schuler, Ludwig Klages und Stefan George. Erinnerungen an Kreise und Krisen der Jahrhundertwende in München-Schwabing. In: Castrum Peregrini 110, 1973, S. 5–49.

Hans Norbert Fügen: Der George-Kreis in der „dritten Generation". In: Die deutsche Literatur in der Weimarer Republik. Hrsg. von Wolfgang Rothe, Stuttgart 1974, S. 334–358.

Karlhans Kluncker: Blätter für die Kunst. Zeitschrift der Dichterschule Stefan Georges, Frankfurt a. M. 1974.

Georg Peter Landmann: Stefan George und sein Kreis, 2. Aufl., Hamburg 1976.

Maximilian Nutz: Werte und Wertungen im George-Kreis. Zur Soziologie literarischer Kritik, Bonn 1976.

Klaus Landfried: Politik der Utopie. Stefan George und sein Kreis in der Weimarer Republik. In: Schriftsteller und Politik in Deutschland. Hrsg. von Werner Link, Düsseldorf 1979, S. 62–82.

Michael Landmann: Figuren um Stefan George. In: Castrum Peregrini 31, H. 151–152, 1982, S. 5–150, und 37, H. 183, 1988, S. 5–86.

Franz Karl von Stockert: Stefan George und sein Kreis. Wirkungsgeschichte vor und nach dem 30. Januar 1933. In: Literatur und Germanistik nach der „Machtübernahme". Hrsg. von Beda Allemann, Bonn 1983, S. 52–89.

Gestalten um Stefan George. Hrsg. von Jan Aler, Amsterdam 1984.

Karlhans Kluncker: „Das geheime Deutschland". Über Stefan George und seinen Kreis, Bonn 1985.

Stefan Breuer: Ästhetischer Fundamentalismus. Stefan George und der deutsche Antimodernismus, Darmstadt 1995.

Rainer Kolk: George-Kreis. In: Handbuch literarisch-kultureller Vereine 1825–1933. Hrsg. von Wulf Wülfing u. a., Stuttgart 1997, S. 141–155.

Kosmiker und Charontiker

Alfred Schuler: Fragmente und Vorträge aus dem Nachlaß. Hrsg. von Ludwig Klages, Leipzig 1940.

Dominik Jost: Ludwig Derleth. Gestalt und Leistung, Stuttgart 1965.

Wolfram von den Steinen: Über Ludwig Derleth. In: Deutsche Vierteljahrsschrift für Literaturwissenschaft und Geistesgeschichte 42, 1968, S. 553–572.
Helmut Röttger: Otto zur Linde. Die Strukturen der Persönlichkeit und der geistigen Welt, Wuppertal 1970.
Johann Albrecht von Rantzau: Zur Geschichte der sexuellen Revolution. Die Gräfin Franziska
zu Reventlow und die Münchener Kosmiker. In: Archiv für Kulturgeschichte, 56, 1974,
S. 394–446.
Rolf Parr: Charon, Charontiker, Gesellschaft der Charonfreunde. In: Zeitschrift für Germanistik
4, 1994, S. 520–532.

Heimatschutz und Wandervogel

Christiane Volpel: Hermann Hesse und die deutsche Jugendbewegung. Eine Untersuchung über
die Beziehungen zwischen dem Wandervogel und Hermann Hesses Frühwerk, Bonn 1977.
Jost Hermand: Heimatschutz als Forderung der Völkischen Opposition. In J. H.: Grüne Utopien
in Deutschland. Zur Geschichte des ökologischen Bewußtseins, Frankfurt a. M. 1991,
S. 82–98.
William Rollins: Bund Heimatschutz. Zur Integration von Politik und Ästhetik. In: Mit den Bäu-
men sterben die Menschen. Zur Kulturgeschichte der Ökologie. Hrsg. von Jost Hermand,
Köln 1993, S. 149–182.
Peter Morris-Keitel: Literatur der deutschen Jugendbewegung. Bürgerliche Ökologiekonzepte
zwischen 1900 und 1918, Frankfurt a. M. 1994.
William H. Rollins: Aesthetic Environmentalism. The Heimatschutz Movement in Germany,
1904–1918, Diss. Wisconsin 1994.

Die expressionistische Revolte

F. A. Hoyer: Die Werkleute auf Haus Nyland, Diss. Tübingen 1941.
Der Sturm. Ein Gedenkjahrbuch. Hrsg. von Lothar Schreyer und Nell Walden, Baden-Baden
1954.
Ich schneide die Zeit aus. Expressionismus und Politik in Franz Pfemferts „Aktion" 1911–1918.
Hrsg. von Paul Raabe, München 1964.
Helga Kliemann: Die Novembergruppe, Berlin 1969.
Eva Kolinsky: Engagierter Expressionismus. Politik und Literatur zwischen Weltkrieg und Wei-
marer Republik, Stuttgart 1970.
Alvin H. Overbeck: The „Sturm-Kreis": Culmination of a Movement, Diss. Vanderbilt 1971.
Lothar Peter: Literarische Intelligenz und Klassenkampf. „Die Aktion" 1911–1932, Köln 1972.
Kurt Kreiler: Die Schriftstellerrepublik. Zum Verhältnis von Literatur und Politik in der Münch-
ner Räterepublik, Berlin 1978.
Eckhard Philipp: Dadaismus. Einführung in den literarischen Dadaismus und die Wortkunst des
„Sturm"-Kreises, München 1980.
Juliane Habereder: Kurt Hiller und der literarische Aktivismus, Frankfurt a. M. 1981.
Roy F. Allen: Literary Life in German Expressionism and the Berlin Circles, Ann Arbor 1983.
Die Schriften des Neuen Clubs 1908–1914. Hrsg. von Richard W. Sheppard, 2 Bde., Hildesheim
1983.

Volker Pirsich: Der Sturm. Eine Monographie, Harzburg 1985.

Helmut Goed: Werkleute auf Haus Nyland. In: Literatur im Industriezeitalter. Hrsg. von Ulrich Ott, Bd. II, Marbach 1987, S. 639–663.

Peter Gust: Neuer Club und Neopathetisches Cabaret. In: Literarisches Leben in Berlin. Hrsg. von Peter Wruck, Bd. II, Berlin 1987, S. 13–24.

Thomas Rietzschel: Die Aktion. Eine politische Zeitschrift im expressionistischen Jahrzehnt. In: Zeitschrift für Germanistik 1, 1991, S. 25–40.

Maurice Gode: Herwarth Waldens Werdegang von der „autonomen Kunst" zum Kommunismus. In: Études Germaniques 46, 1991, S. 335–347.

Peter Sprengel: Institutionalisierung der Moderne. Herwarth Walden und Der Sturm. In: Zeitschrift für Deutsche Philologie 110, 1991, S. 247–281.

Karin Bruns: Der neue Club/Neopathetisches Cabaret. In: Handbuch literarisch-kultureller Vereine 1825–1933. Hrsg. von Wulf Wülfing u. a., Stuttgart 1997, S. 350–358.

Die Berliner Dadaisten

Dada. Eine literarische Dokumentation. Hrsg. von Richard Huelsenbeck, Reinbeck 1964.

Reinhart Meyer: Dada in Zürich und Berlin 1916–1920. Literatur zwischen Revolution und Reaktion, Kronberg 1973.

Hans-Georg Kemper: Vom Expressionismus zum Dadaismus. Eine Einführung in die dadaistische Literatur, Kronberg 1974.

Dada Berlin. Texte, Manifeste, Aktionen. Hrsg. von Karl Riha in Zusammenarbeit mit Hanne Bergius, Stuttgart 1977.

Richard W. Sheppard: Dada and Expressionism. In: Publications of the English Goethe Society 49, 1978–79, 45–83.

Richard W. Sheppard: Dada and Politics. In: Journal of European Studies 9, 1979, S. 39–74.

Sinn aus Unsinn. Dada International. Hrsg. von Wolfgang Paulsen und Helmut G. Hermann, Bern 1982.

Hanne Bergius: Das Lachen Dadas. Die Berliner Dadaisten und ihre Aktionen, Gießen 1993.

Hermann Korte: Die Dadaisten, Reinbeck 1994.

Die Gruppe 1925

Klaus Peter Hinze: Gruppe 1925. Notizen und Dokumente. In: Deutsche Vierteljahrsschrift für Literaturwissenschaft und Geistesgeschichte 54, 1980, S. 334–346.

Klaus Petersen: Die Gruppe 1925. Geschichte und Soziologie einer Schriftstellervereinigung, Heidelberg 1981.

Die Sektion für Dichtkunst

Werner Herden: Die „preußische Dichterakademie" 1926–1933. In: Literarisches Leben in Berlin. Hrsg. von Peter Wruck, Bd. II, Berlin 1987, S. 151–193.

Werner Mittenzwei: Der Untergang einer Akademie, Berlin 1992, S. 51–156, 185–216.

Inge Jens: Dichter zwischen rechts und links. Die Geschichte der Sektion für Dichtkunst an der Preußischen Akademie der Künste, dargestellt nach den Dokumenten, Leipzig 1994.

Der Schutzverband deutscher Schriftsteller

Sabine T. Kaynis: Der SDS (Schutzverband deutscher Schriftsteller) in Berlin und Paris. Die Geschichte eines freiheitlichen Verbandes und seines Schriftführers David Luschnat, Diss. Cincinnati 1973.

Ernst Fischer: Der „Schutzverband deutscher Schriftsteller" 1909–1933. In: Archiv für Geschichte des Buchwesens 21, 1980, S. 1–666.

Der Bund proletarisch-revolutionärer Schriftsteller

Elisabeth Simons: Zur Tätigkeit des Bundes proletarisch-revolutionärer Schriftsteller Deutschlands 1928–1933, Diss. Berlin 1960.

Paul Brand: Der „Bund proletarisch-revolutionärer Schriftsteller". In: Zur Tradition der sozialistischen Literatur in Deutschland, Berlin 1961, S. 77–106.

Proletarisch-revolutionäre Literatur 1918 bis 1933. Hrsg. von Heinz Neugebauer, Gunter Albrecht und Paul G. Krohn, Berlin 1962.

Friedrich Albrecht und Alfred Klein: Der Kampf der Opposition im Schutzverband Deutscher Schriftsteller 1931–1933. In: Aktionen, Bekenntnisse, Perspektiven. Berichte und Dokumente vom Kampf um die Freiheit des literarischen Schaffens in der Weimarer Republik. Hrsg. von Alfred Klein u. a., Berlin-Weimar 1966, S. 321–467.

Zur Tradition der sozialistischen Literatur in Deutschland. Hrsg. von der Deutschen Akademie der Künste, 2. Aufl., Berlin 1967.

Helga Gallas: Marxistische Literaturtheorie. Kontroversen im Bund proletarisch-revolutionärer Schriftsteller, Neuwied 1971.

Walter Fähnders und Martin Rector: Linksradikalismus und Parteilichkeit in der proletarisch-revolutionären Literatur. In W. F. und M. R.: Linksradikalismus und Literatur. Untersuchungen zur Geschichte der sozialistischen Literatur in der Weimarer Republik, Reinbek 1974, Bd. II, S. 154–263.

Franz Schonauer: Die Partei und die Schöne Literatur. Kommunistische Literaturpolitik in der Weimarer Republik. In: Die deutsche Literatur der Weimarer Republik. Hrsg. von Wolfgang Rothe, Stuttgart 1974, S. 114–142.

Frank Trommler: Sozialistische Literatur in Deutschland. Ein historischer Überblick, Stuttgart 1976.

Walter Fähnders: Proletarisch-revolutionäre Literatur in der Weimarer Republik, Stuttgart 1977.

Friedrich Albrecht und Klaus Kändler: Der Bund proletarisch-revolutionärer Schriftsteller Deutschlands 1928–1935, Leipzig 1978.

Rob Burns: Theorie und Organisation der proletarisch-revolutionären Literatur in der Weimarer Republik. In: Das literarische Leben in der Weimarer Republik. Hrsg. von Keith Bullivant, Königstein 1978, S. 218–249.

Florian Vaßen: „Das illegale Wort". Literatur und Literaturverhältnisse des Bundes proletarisch-revolutionärer-Schriftsteller nach 1933. In: Kunst und Kultur im deutschen Faschismus. Hrsg. von Ralf Schnell, Stuttgart 1978, S. 285–327.

Manfred Lefèvre: Von der proletarisch-revolutionären zur sozialistisch-realistischen Literatur. Literaturtheorie und Literaturpolitik deutscher kommunistischer Schriftsteller vom Ende der Weimarer Republik bis in die Volksfrontära, Stuttgart 1980.

Gerhard Friedrich: Proletarische Literatur und politische Organisation. Die Literaturpolitik der KPD in der Weimarer Republik und die proletarisch-revolutionäre Literatur, Frankfurt a. M. 1981.

Alfred Klein: ‚Poesie der revolutionären Klarheit'. Über den Beitrag von Georg Lukács zur Programmbildung im Bund proletarisch-revolutionärer Schriftsteller Deutschlands. In: Weimarer Beiträge 34, 1988, S. 1675–1694.

Christoph M. Hein: Der BPRS. Biographie eines kulturpolitischen Experiments in der Weimarer Republik, Münster 1991.

Simone Barck: Bund proletarisch-revolutionärer Schriftsteller. In: Lexikon sozialistischer Literatur. Ihre Geschichte in Deutschland bis 1945. Hrsg. von Simone Barck, Silvia Schlenstedt, Tanja Bürgel, Volker Giel und Dieter Schiller, Stuttgart 1994, S. 97–102.

Der Kampfbund für deutsche Kultur und der Wartburgbund

Alan E. Steinweis: Weimar Culture and the Rise of National Socialism. The Kampfbund für deutsche Kultur. In: Central European History 24, 1991, S. 402–423.

Werner Mittenzwei: Der Wartburgkrieg gegen die Akademie. In W. M.: Der Untergang einer Akademie, Berlin 1992, S. 157–184.

Unterm Faschismus

Hildegard Brenner: Die Kunstpolitik des Nationalsozialismus, Reinbek 1963.

Dietrich Strothmann: Nationalsozialistische Literaturpolitik. Ein Beitrag zur Publizistik im Dritten Reich, 2. Aufl., Bonn 1963.

Joseph Wulf: Literatur und Dichtung im Dritten Reich. Eine Dokumentation, Gütersloh 1963.

Hildegard Brenner: Ende einer bürgerlichen Kunst-Institution. Die politische Formierung der Preußischen Akademie der Künste der Künste ab 1933, Stuttgart 1972.

Volker Dahm: Die Reichskulturkammer als Instrument kulturpolitischer Steuerung und sozialer Reglementierung. In: Vierteljahrshefte für Zeitgeschichte 34, H. 1, 1986, S. 53–84.

Walter Huder: Die sogenannte Reinigung. Die „Gleichschaltung" der Sektion für Dichtkunst der Preußischen Akademie der Künste 1933. In: Exilforschung 4, 1986, S. 144–159.

Glenn R. Cuomo: Hanns Johst und die Reichsschrifttumskammer. Ihr Einfluß auf die Situation des Schriftstellers im Dritten Reich. In: Leid der Worte. Panorama des literarischen Nationalsozialismus. Hrsg. von Jörg Thunecke, Bonn 1987, S. 108–132.

Uwe-K. Ketelsen: Literatur und Drittes Reich, Schernfeld 1992.

Werner Mittenzwei: Der Untergang einer Akademie, Berlin 1992, S. 277–517.

Karl-Heinz Joachim Schoeps: Literatur im Dritten Reich, Bern 1992.

Norbert Hopster und Petra Josting: Literaturlenkung im „Dritten Reich". Eine Bibliographie, Hildesheim 1993.

Gerd Koch: Dichtertage bei Hans Grimm. In: Literarisches Leben. Exil und Nationalsozialismus. Hrsg. von Gerd Koch, Frankfurt a. M. 1996, S. 93–151.

Autorengruppen im Exil

Walter A. Berendsohn: Die deutsche Literatur der Flüchtlinge aus dem Dritten Reich und ihre Hintergründe. In: Colloquia Germanica 5, 1971, S. 1–156.

Hans-Albert Walter: Deutsche Exilliteratur, Neuwied 1972 ff.

Sabine T. Kaynis: Der SDS (Schutzverband deutscher Schriftsteller) in Berlin und Paris. Die Geschichte eines freiheitlichen Verbandes und seines Schriftführers David Luschnat, Diss. Cincinnati 1973.

Kunst und Literatur im antifaschistischen Exil 1933–1945, Leipzig 1978 ff.

Hartmut Kahn: Bewährung und Bündnis. Zum antifaschistischen Kampf der Mitglieder des Bundes proletarisch-revolutionärer Schriftsteller in den Jahren des Exils 1933–1935. In: Weimarer Beiträge 25, 1979, H. 4, S. 63–84.

Alexander Stephan: Die deutsche Exilliteratur 1933–1945, München 1979.

Der deutsche Pen-Club im Exil 1933–1948. Hrsg. von der Deutschen Bibliothek, Frankfurt a. M. 1980.

Wolfgang Klein und Silvia Schlenstedt: Wirkungsstrategien auf dem Pariser Schriftstellerkongreß 1935. In: Wer schreibt, handelt. Strategien und Verfahren literarischer Arbeit vor und nach 1933. Hrsg. von Silvia Schlenstedt, Berlin-Weimar 1983, S. 532–555.

Wolfgang Breckle: Die illegale Arbeit von Mitgliedern des Bundes proletarisch-revolutionärer Schriftsteller in Deutschland 1933–1935. In W. B.: Schriftsteller im antifaschistischen Widerstand 1933–1945 in Deutschland, Berlin 1985, S. 39–62.

Dieter Schiller: Der Pariser Schutzverband deutscher Schriftsteller. Eine antifaschistische Kulturorganisation im Exil. In: Exilforschung. Ein Internationales Jahrbuch 6, 1988, S. 174–190.

Literarische Reorganisationsbemühungen nach 1945

Der Kulturbund in Berlin. Eine Denkschrift. Hrsg. vom Kulturbund zur demokratischen Erneuerung Deutschlands, Berlin 1948.

Der Ruf. Eine deutsche Nachkriegszeitschrift. Hrsg. von Hans Schwab-Felisch, München 1962.

Volker Christian Wehdeking: Der Nullpunkt. Über die Konstituierung der deutschen Nachkriegsliteratur (1945–1949) in den amerikanischen Kriegsgefangenenlagern, Stuttgart 1971.

Hannes Schwenger: Das Scheitern der gewerkschaftlichen Organisation deutscher Autoren 1945–1952. In H. S.: Schriftsteller und Gewerkschaft. Ideologie, Überbau, Organisation, Darmstadt-Neuwied 1974, S. 137–161.

Ulrike Buergel-Goodwin: Die Reorganisation der westdeutschen Schriftstellerverbände 1945–1952. In: Archiv für Geschichte des Buchwesens 18, 1977, S. 362–523.

Horst Engelbach und Konrad Krauss: Der Kulturbund und seine Zeitschrift „Aufbau" in der SBZ. In: Zur literarischen Situation. 1945–1949. Hrsg. von Gerhard Hay, Kronberg 1977, S. 169–188.

Jérme Vaillant: Der Ruf. Unabhängige Blätter der jungen Generation 1945–1949, München 1978.

Merle Krueger: Der „Dritte Weg" der „Jungen Generation". Hans Werner Richter und „Der Ruf". In: Nachkriegsliteratur in Westdeutschland. Hrsg. von Jost Hermand, Helmut Peitsch und Klaus R. Scherpe, Bd. II, Berlin 1983, S. 28–40.

Der Frankfurter Schriftstellerkongreß im Jahr 1948. Hrsg. von Waltraud Wende-Hohenberger, Frankfurt a. M. 1989.

Anneli Hartmann und Wolfram Eggeling: Kontroverse Ost/West. Der I. Deutsche Schriftstellerkongreß. Ein Beginn des Kalten Krieges. In: Internationales Archiv für Sozialgeschichte der
deutschen Literatur 17, 1992, S. 66–92.

Magdalene Heider: Politik – Kultur – Kulturbund. Zur Gründungs- und Frühgeschichte des Kul-
turbunds zur demokratischen Erneuerung Deutschlands 1945–1954 in der SBZ/DDR, Köln
1993.

Carsten Gansel: Parlament des Geistes. Literatur zwischen Hoffnung und Depression 1945–
1961. Literarische Reorganisationsbemühungen nach 1945, Berlin 1996.

Die Gruppe 47

Almanach der Gruppe 47. 1947–1962. Hrsg. von Hans Werner Richter, Reinbek 1962.

Gruppe 47. Die Polemik um die deutsche Gegenwartsliteratur. Hrsg. von Horst Ziermann,
Frankfurt a. M. 1966.

Die Gruppe 47. Bericht, Kritik, Polemik. Ein Handbuch. Hrsg. von Reinhard Lettau, Neuwied
1967.

Heinz Plavius: Gruppe 47. In H. P.: Zwischen Protest und Anpassung. Westdeutsche Literatur.
Theorie – Funktion, Halle 1970, S. 5–56.

Herbert Lehnert: Die Gruppe 47. Ihre Anfänge und ihre Gründungsmitglieder. In: Die deutsche
Literatur der Gegenwart. Aspekte und Tendenzen. Hrsg. von Manfred Durzak, Stuttgart
1971, S. 31–62.

Friedhelm Kröll: Die „Gruppe 47". Soziale Lage und gesellschaftliches Bewußtsein literarischer
Intelligenz in der Bundesrepublik, Stuttgart 1977.

Friedhelm Kröll: Gruppe 47, Stuttgart 1979.

Hans A. Neunzig: Hans Werner Richter und die Gruppe 47, München 1979.

Die Gruppe 47. Ein kritischer Grundriß. Hrsg. von Heinz Ludwig Arnold, München 1980.

Rudolf Walter Leonhardt: Aufstieg und Niedergang der Gruppe 47. In: Deutsche Gegenwartsliteratur. Ausgangspositionen und aktuelle Entwicklungen. Hrsg. von Manfred Durzak, Stuttgart 1981, S. 61–76.

Eckhart Pohl: Die Gruppe 47 und der Literaturbetrieb. Ein Rückblick. In: Literaturbetrieb in der
Bundesrepublik Deutschland. Hrsg. von Heinz Ludwig Arnold, München 1981, S. 28–42.

Rhys W. Williams: Deutsche Literatur in der Entscheidung. Alfred Andersch und die Anfänge
der Gruppe 47. In: Die Gruppe 47 in der Geschichte der Bundesrepublik. Hrsg. von Justus Fet-
scher, Eberhard Lämmert und Jürgen Schutte, Würzburg 1991, S. 23–43.

Eberhard Falcke: Die Gruppe 47. Eine Agentur der literarischen Moderne. In: Literarische
Moderne. Hrsg. von Rolf Grimminger u. a., Reinbeck 1995, S. 568–584.

Die Wiener Gruppe und das Grazer Forum Stadtpark

Die Wiener Gruppe. Achleitner, Artmann, Bayer, Rühm, Wiener. Texte, Gemeinschaftsarbeiten,
Aktionen. Hrsg. von Gerhard Rühm, Reinbek 1962.

Roger Bauer. Die Dichter der ‚Wiener Gruppe' und das surrealistische Erbe. In: Jahrbuch der
Grillparzer-Gesellschaft 12, 1976, S. 11–25.

Bernhard Sorg: Abgesang. Die Wiener Gruppe als Paradigma. In: Sprachkunst. Beiträge zur Literaturwissenschaft 7, 1976, S. 279–293.

Anton Reininger: Dem Ende des experimentellen Romans entgegen? Zur Entwicklung der Grazer Gruppe. In: Österreichische Literatur seit den zwanziger Jahren. Beiträge zu ihrer historisch-politischen Lokalisierung. Hrsg. von Friedbert Aspetsberger, Wien 1979, S. 124–139.
Rainer Fischer: Zur Geschichte und Poetologie der Wiener Gruppe (1952 bis 1964). In: Wissenschaftliche Zeitschrift der Ernst Moritz Arndt Universität Greifswald. Gesellschaftswissenschaftliche Reihe 29, 1980, S. 71–78.
Hugh Rorrison: The „Grazer Gruppe". Peter Handke and Wolfgang Bauer. In: Modern Austrian Writing: Literature and Society after 1945. Hrsg. von Alan Best und Hans Wolfschütz, London 1980, S. 252–266.
Harriett Watts: Die Wiener Gruppe. Eine Weiterentwicklung der Dada-Experimente. In: Österreichische Gegenwart. Die moderne Literatur und ihr Verhältnis zur Tradition. Hrsg. von Wolfgang Paulsen, Bern 1980, S. 207–220.
Dagmar Sonja Winkler: Ideologische Ziele der „Wiener Gruppe" und ihre Bedeutung für die Gegenwartsliteratur. In: Zeitschrift für Germanistik 1, 1991, S. 588–599.
Manfred Geier: Der Wiener Kreis, Reinbek 1992.

Die Autoren des Bitterfelder Wegs

Frank Trommler: DDR-Erzählung und Bitterfelder Weg. In: Basis. Jahrbuch für Deutsche Gegenwartsliteratur 3, 1972, S. 61–97.
Ingeborg Gerlach: Bitterfeld. Arbeiterliteratur und Literatur der Arbeitswelt in der DDR, Kronberg 1974.
Therese Hörnigk: Die erste Bitterfelder Konferenz. Programm und Praxis der sozialistischen Kulturrevolution am Ende der Übergangsperiode. In: Literarisches Leben in der DDR 1945 bis 1960: Literaturkonzepte und Leseprogramme. Hrsg. von Ingeborg Münz-Koenen, Berlin 1980, S. 196–243.

Die westdeutsche Autorengewerkschaft

Einigkeit der Einzelgänger. Dokumentation des ersten Schriftstellerkongresses des Verbandes deutscher Schriftsteller (VS). Hrsg. von Dieter Lattman, München 1971.
Entwicklungsland Kultur. Dokumentation des zweiten Schriftstellerkongresses des Verbandes deutscher Schriftsteller (VS). Hrsg. von Dieter Lattmann, München 1973.
Hannes Schwenger: Die gewerkschaftliche Orientierung westdeutscher Autoren 1967–1973. In H. S.: Schriftsteller und Gewerkschaft. Ideologie, Überbau, Organisation, Darmstadt-Neuwied 1974, S. 161–188.
Phantasie und Verantwortung. Dokumentation des dritten Schriftstellerkongresses des Verbandes deutscher Schriftsteller (VS) in der IG Druck und Papier. Hrsg. von Horst Bingel, Frankfurt a. M. 1975.
Renate Tepper: Die Gewerkschaftsfrage der Schriftsteller und die Bündnispolitik der DKP. In: Weimarer Beitrage 22, 1976, S. 24–48.
Hannes Schwenger: Vom langen Marsch zum großen Sprung? Der Autorenverbände auf dem Weg in die Mediengewerkschaft. In: Literaturbetrieb in der Bundesrepublik Deutschland. Hrsg. von Heinz Ludwig Arnold, 2. Aufl., München 1981, S. 231–241.

Die Dortmunder Gruppe 61

Wolfgang Friedrich: Bemerkungen zum literarischen Schaffen der Dortmunder Gruppe 61. In: Weimarer Beiträge 11, 1965, S. 758–778.

Almanach der Gruppe 61 und ihrer Gäste. Hrsg. von Fritz Hüser und Max von der Grün, Neuwied 1966.

Hanno Möbius: Arbeiterliteratur in der BRD. Eine Analyse von Industriereportagen und Reportageromanen. Max von der Grün, Christian Geissler, Günter Wallraff, Köln 1970.

Gruppe 61. Arbeiterliteratur – Literatur der Arbeitswelt? Hrsg. von Heinz Ludwig Arnold, München 1971.

Keith Bullivant: Gruppe 61 nach 10 Jahren. In: Basis. Jahrbuch für deutsche Gegenwartsliteratur 3, 1972, S. 98–111.

Ursula Reinhold: Von der Gruppe 61 zu den Werkkreisen. In: Weimarer Beiträge 20, 1974, S. 53–80.

R. Hinton Thomas und Keith Bullivant: Literatur und Arbeitswelt. In R. H. Th. und K. B.: Westdeutsche Literatur der sechziger Jahre, München 1975, S. 157–187.

Franz Schonauer: Die Dortmunder Gruppe 61. Ein Kapitel neuester westdeutscher Literaturgeschichte. In: Handbuch zur deutschen Arbeiterliteratur, Bd. I. Hrsg. von Heinz Ludwig Arnold, München 1977, S. 123–148.

Bernd Witte: Arbeiterliteratur. Zwischen künstlerischer Auseinandersetzung mit der industriellen Arbeitswelt und Wirkungen in der Praxis. In: Literatur nach 1945. Hrsg. von Jost Hermand, Bd. II, Wiesbaden 1979, S. 335–356.

Alexander von Bormann: Arbeiterliteratur in der Bundesrepublik seit 1965. In: Deutsche Literatur in der Bundesrepublik seit 1965. Hrsg. von Paul Michael Lützeler und Egon Schwarz, Königstein 1980, S. 99–114.

Die Dortmunder Gruppe 61. In: Literatur im Industriezeitalter. Hrsg. von Ulrich Ott, Bd. II, Marbach 1987, S. 926–940.

Der Werkkreis Literatur der Arbeitswelt

Peter Kühne: Arbeiterklasse und Literatur. Dortmunder Gruppe 61. Werkkreis Literatur der Arbeitswelt, Frankfurt a. M. 1972.

Walter Deuber: Realismus der Arbeiterliteratur. Praxis und Theorie im Werkkreis Literatur der Arbeitswelt, Zürich 1976.

Jürgen Alberts: Arbeiteröffentlichkeit und Literatur. Zur Theorie des Werkkreises Literatur der Arbeitswelt, Hamburg-Berlin 1977.

Ingrid Laurien: Zwischen Arbeiterkulturverein und literarischem Zirkel. Die Entwicklung des „Werkkreises Literatur der Arbeitswelt". In: Handbuch zur deutschen Arbeiterliteratur, Bd. I. Hrsg. von Heinz Ludwig Arnold, München 1977, S. 149–183.

Ulla Hahn: Literatur in Aktion. Zur Entwicklung operativer Literaturformen in der Bundesrepublik, Wiesbaden 1978.

Ulla Hahn und Uwe Naumann: Romane mit Gebrauchswert. Zur Romanproduktion des Werkkreises Literatur der Arbeitswelt. In: Basis. Jahrbuch für deutsche Gegenwartsliteratur 8, 1978, S. 155–173.

Zehn Jahre Werkkreis Literatur der Arbeitswelt. Dokumente, Analysen, Hintergründe. Hrsg. von Peter Fischbach u. a., Frankfurt a. M. 1979.

Manfred Durzak: Literatur der Arbeitswelt in der Bundesrepublik Deutschland. In: Deutsche Gegenwartsliteratur. Ausgangspositionen und aktuelle Entwicklungen. Hrsg. von M. D., Stuttgart 1981, S. 314–335.

Die Neuen sozialen Bewegungen

Renate Möhrmann: Feministische Trends in der deutschen Gegenwartsliteratur. In: Deutsche Gegenwartsliteratur. Ausgangspositionen und aktuelle Entwicklungen. Hrsg. von Manfred Durzak, Stuttgart 1981, S. 336–358.

Jost Hermand: Die „Neuen sozialen Bewegungen". In J. H.: Die Kultur der Bundesrepublik Deutschland 1965–1985, München 1988, S. 508–611.

Eckard Holler: Grüne Kulturpolitik und kulturelle Bewegung „von unten". In: Öko-Kunst? Zur Ästhetik der Grünen. Hrsg. von Jost Hermand und Hubert Müller, Berlin 1989, S. 55–70.

Reinhilde Wiegmann: Graue Gegenwart – Aufgehellte Zukunft. Literarische Texte im Umfeld der Grünen. In: Öko-Kunst? Ebd., S. 125–148.

Ich schreibe, weil ich schreibe. Autorinnen der GEDOK. Eine Dokumentation. Hrsg. von Irma Hildebrandt und Renate Massmann, Stuttgart 1990.

Der Prenzlauer Berg

Martin Kane: From Oobliadooh to Prenzlauer Berg. Literature, Alternative Lifestyle and Identity in the GDR. In: Geist und Macht: Writers and the State in the GDR. Hrsg. von Axel Goodbody und Dennis Tate, Amsterdam 1992, S. 90–103.

Philip Brady: ‚Wir hausen im Prenzlauer Berg'. On the Very Last Generation of GDR Poets. In: 1870/71–1989/90: German Unifications and the Change of Literary Discourse. Hrsg. von Walter Pape, Berlin 1993, S. 278–301.

Christine Cosentino und Wolfgang Müller: Die Kunst der Rebellion. Zur Lyrik des „Prenzlauer Bergs", als er noch hinter der Mauer lag. In: „im widerstand/in mißverstand?" Zur Literatur und Kunst des Prenzlauer Bergs. Hrsg. von Ch. C. und W. M., New York 1995, S. 5–22.

Quellenverzeichnis der Abbildungen

Originalfotografien

Akademie der Künste Berlin-Brandenburg, Berlin 214, 271, 279
Archiv des Gleim-Hauses, Halberstadt 59
Archiv für Kunst und Geschichte, Berlin 240
Deutsches Literaturarchiv, Marbach 83, 101, 134
Fritz-Hüser-Institut, Dortmund 304, 310
Archiv Werner Mittenzwei, Bernau 233, 243
Archiv des Verfassers, Madison 45, 52, 78, 153, 179, 198, 214, 236, 268

Reproduktionen aus Büchern und Zeitschriften

Friedrich Albrecht und Klaus Kändler: Bund proletarisch-revolutionärer Schriftsteller 1928–1935, Leipzig: Bibliographisches Institut 1978, 225.
Friedrich Wilhelm Barthold: Geschichte der Fruchtbringenden Gesellschaft, Berlin: Alexander Duncker 1848, 25
Hanne Bergius: Das Lachen Dadas, Gießen: Anabas 1993, 205
Bilderatlas zur Geschichte der deutschen Nationalliteratur. Hrsg. von Gustav Könnecke, Marburg: Elwertsche Buchhandlung 1895, 28, 35, 69
Robert Boehringer: Mein Bild von Stefan George, 2. Aufl., Düsseldorf: Helmut Küpper 1958, 164, 168
Bertolt Brecht. Sein Leben in Texten und Bildern. Hrsg. von Werner Hecht, Frankfurt a.M.: Suhrkamp 1978, 256
Daheim, 1865, 121
Deutsche Literaturgeschichte in Bildern, Leipzig: Bibliographisches Institut 1979, 63
Eine Kulturmetropole wird geteilt. Literarisches Leben in Berlin (West) 1945–1961. Hrsg. vom Kunstamt Schöneberg, Berlin 1987, 264
Günter Grass: Ein Werkstattbericht 1951–1992, Göttingen: Steidl 1992, 298
Gruppe 47. Hrsg. vom Antiquariat Herbert Blank, Stuttgart 1988, 277
Reinhard Hahn: Meistergesang, Leipzig: Bibliographisches Institut, 1985, 16
Johannes Howald: Geschichte der deutschen Literatur, Bd. II, Konstanz: Hirsch, 1904, 90
Arno Holz und Johannes Schlaf: Der geschundene Pegasus, Berlin: Fontane 1892, 141
Jahrhundertende – Jahrhundertwende. Hrsg. von Helmut Kreuzer, Wiesbaden: Akademische Verlagsgesellschaft Athenaion 1958, 157
Kulturchronik, 1987, H.4 261
Die Mainzer Republik, Mainz: Hase und Koehler 1993, 74

Josef Nadler: Literaturgeschichte des deutschen Volkes, Bd. II, Berlin: Propyläen-Verlag 1938, 119

Volker Pirsich: Der Sturm. Eine Monographie, Herzberg: Traugott Bautz 1985, 193

Anselm Salzer und Eduard von Tunk: Illustrierte Geschichte der deutschen Literatur, Köln: Naumann und Göbel o. Js., 49

Gerhard Scheid: Franz Grillparzer, Reinbek: Rowohlt 1989, 96

Ralf Schnell: Die Literatur der Bundesrepublik, Stuttgart: Metzler 1986, 301

Schreiben aus dem Labyrinth. Hrsg. von Uwe Friesel, Göttingen: Steidl 1995, 331

VII. Schriftstellerkongreß der Deutschen Demokratischen Republik (1973). Hrsg. vom Schriftstellerverband der DDR, Berlin: Aufbau 1974, 314

Die Schwestern Bardua. Hrsg. von Johannes Werner, Leipzig: Koehler und Amelang 1929, 104

Toilette-Almanach für Damen. Hrsg. von Emil Trimmel, Wien 1832, 93

Zweite Berliner Begegnung „Den Frieden erklären", Darmstadt: Luchterhand 1983, 316

Böhlau

KÖLN WEIMAR

Jost Hermand
Judentum und 1996. VI, 266 Seiten.
deutsche Kultur Gebunden mit
Beispiele einer Schutzumschlag.
schmerzhaften Symbiose ISBN 3-412-11395-6

Jost Hermand beleuchtet aus kulturgeschichtlichem Blickwinkel das widersprüchliche Verhältnis jüdischer Künstler und Intellektueller zu ihrer Heimat. Jenseits von völkerpsychologischen Klischees über »den Juden« und »den Deutschen« werfen die 13 Beiträge dieses Buches ein neues Licht auf die deutsch-jüdische Symbiose.

Jost Hermand (Hg.)
Mit den Bäumen
sterben Literatur-Kultur-Geschlecht,
die Menschen Kleine Reihe Bd. 6
Zur Kulturgeschichte 1993. X, 244 S. 9 Abb. Br.
der Ökologie ISBN 3-412-02593-3

Das Buch geht auf eine Reihe von Naturschutzkonzepten ein, die zwischen 1770 und 1910 in Deutschland entwickelt wurden. Es liefert Bausteine zu der noch ungeschriebenen Geschichte des ökologischen Bewußtseins in Deutschland und versteht sich zugleich als Kritik an der anthropozentrischen Sicht unserer »Umwelt«.

THEODOR-HEUSS-STR. 76, D-51149 KÖLN, TELEFON (0 22 03) 30 70 21